# DICTIONNAIRE RAISONNÉ

DU

# MOBILIER FRANÇAIS

## II

Bar-le-Duc. — Imprimerie Comte-Jacquet, Facdouel, dir.

# DICTIONNAIRE RAISONNÉ

DU

# MOBILIER FRANÇAIS

## DE L'ÉPOQUE CARLOVINGIENNE A LA RENAISSANCE

PAR

## E. VIOLLET-LE-DUC

ARCHITECTE

TOME DEUXIÈME

Illustré de 391 gravures sur bois, sur acier et en chromolithographie

PARIS

LIBRAIRIE GRÜND ET MAGUET

9, RUE MAZARINE, 9

# DEUXIÈME PARTIE

## USTENSILES

# INTRODUCTION

Nous avons publié, il y a dix ans, la première partie de cet ouvrage. Notre intention était de continuer, sans désemparer, l'œuvre commencée; mais, à parler vrai, l'accueil favorable que le public voulut bien faire à ce premier volume nous effraya un peu. Le succès réagit différemment sur l'esprit d'un auteur : ou bien il l'enhardit, ou il le rend défiant en ses propres ressources. Nous nous rangeons parmi ces derniers : succès oblige. Avant de commencer la publication de la seconde partie du *Dictionnaire du mobilier,* qui doit comprendre : les ustensiles, les vêtements, les bijoux, les armes, l'orfèvrerie, les instruments de musique, les outils, nous nous sommes imposé la tâche de réunir le plus de matériaux possible, et surtout de laisser achever des publications importantes relatives à ces diverses branches de l'industrie du moyen âge, de compulser les collections particulières ou publiques, qui chaque jour prennent plus d'étendue, d'examiner et d'analyser avec scrupule les monuments. Nous n'avons pas cette prétention de dire le dernier mot sur une des parties les plus intéressantes de la civilisation de notre vieux sol français ; un scrupule de conscience nous imposait le devoir de fournir aux nombreux lecteurs qui ont bien voulu encourager nos premiers efforts tout ce que nous pouvions donner au moment où l'âge commande de grouper les matériaux recueillis, de résumer, en un mot.

Pour connaître une époque, pour prendre une idée quelque peu exacte de ses habitudes, de ses mœurs, il ne suffit point de choisir, parmi les objets qu'elle nous a laissés, certains types rares et précieux, exceptionnels ; il est nécessaire de grouper les objets usuels, les vêtements ordinaires, les armes communes ; cette partie de notre travail nous a demandé beaucoup de temps et de recherches, car les musées, faits bien plus pour la montre que pour l'étude, dédaignent ces produits vulgaires, qui sont cependant les manifestations les plus instructives de l'état d'une civilisation. Il nous a fallu souvent arracher à la destruction, ou tout au moins à l'indifférence, beaucoup de ces débris, d'autant plus intéressants pour nous qu'ils appartenaient à la fabrication courante. Nous ne dédaignons pas, certes, tant de rares exemples des industries anciennes qui garnissent les vitrines des musées ; mais ces objets, reproduits bien des fois par la gravure, sont connus de tout le monde et ne sauraient fournir des renseignements utiles sur la manière de vivre de nos aïeux. Or, ce n'est pas par l'examen des objets de luxe qu'on peut juger une époque, mais au contraire par l'étude des produits les plus usuels. Quand on visite le musée de Naples, ce qui laisse une impression profonde dans l'esprit, ce ne sont pas tant les chefs-d'œuvre d'art que ces ustensiles communs trouvés à Pompéi, si gracieux de forme, si parfaitement appropriés à l'usage, qui montrent comment l'art, dans cette lumineuse époque de l'histoire des civilisations, avait pénétré jusque dans les couches inférieures de la société. Le moyen âge ne saurait atteindre ce degré de perfection ; mais il a sur notre temps une supériorité marquée, il ne connaît pas le faux luxe : chaque objet remplit exactement sa destination ; et, si grossière que soit la matière, si simple que soit l'exécution, on sent que l'art vrai régnait encore en maître au milieu de ces populations industrieuses que le XVIIe siècle nous a appris à dédaigner à notre dommage.

Nos lecteurs ne seront donc pas surpris si, dans cette seconde partie de nos recherches, on trouve quantité de ces objets à l'usage du vulgaire.

# DEUXIÈME PARTIE

## USTENSILES

---

**ACÉROFAIRE,** s. m. (*acérofère*). Du Cange dit que l'*acerra* est le vase sacré dans lequel les églises conservent l'encens [1], il l'entend comme *navette*. M. de Laborde, dans son *Glossaire* [2], considère l'acérofaire comme l'encensoir ou le trépied sur lequel on le pose. Cette dernière définition conviendrait mieux à l'étymologie du mot. En effet, les encensoirs les plus anciens ne sont pas munis d'un pied, ce sont des cassolettes sphériques (voyez ENCENSOIR). Lorsque ces encensoirs n'étaient pas suspendus au râtelier [3], qu'il fallait ainsi, que la liturgie l'exigeait, dans certains cas, les déposer sur l'autel ou sur les marches de l'autel, un trépied devait être prêt à les recevoir. Nous pensons donc qu'il faut entendre par acérofaires ces petits trépieds ou coupelles destinés à porter l'encensoir. Nous n'avons pas trouvé d'ailleurs d'exemples existants de ces petits meubles, et n'en avons point vu de figurés dans des peintures ou bas-reliefs anciens.

[1] Du Cange, *Gloss.*; ACERIS pro ACERRA.

[2] *Gloss. et Répert., notice des émaux, bijoux, etc., expos. dans les galeries du Louvre*, par M. le comte de Laborde, Paris, 1853.

[3] Voyez à l'art. HERSE, *Meubles*, I⁰ partie.

**AIGUIÈRE**, s. f. (*aiguer*)[1]. Vase, ainsi que son nom l'indique, à contenir de l'eau, garni d'une anse et d'un pied, habituellement reposant sur un plateau ou cuvette destinée à laver. L'aiguière, pendant le moyen âge, est faite de métal ou de matières précieuses garnies de métal. L'argent, l'or, les émaux, contribuaient à la décoration de ces vases destinés à divers usages. L'Église se servait et se sert encore d'aiguières pendant certaines cérémonies. Dans la vie

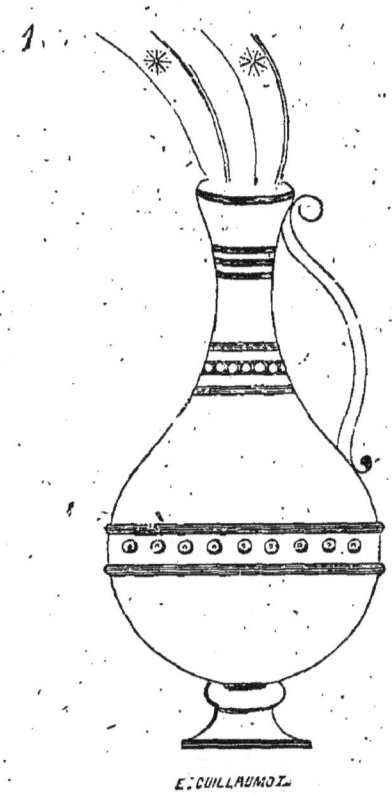

E. CUILLAUMOT.

civile, c'était avec l'aiguière qu'on donnait à laver avant et après le repas. On appelait aussi aiguière un plateau contenant tout ce qui était nécessaire au service d'une collation, flacons, tasses, salières, etc. M. Blavignac[2] donne une gravure de la célèbre aiguière décorée d'émaux cloisonnés qui fut envoyée, dit la tradition, par un kalife à Charlemagne, et qui se trouve aujourd'hui déposée dans le trésor de l'abbaye de Saint-Maurice. Il est certain que ce vase d'or, enrichi non seulement d'émaux, mais de saphirs, est de fabrication orientale, et qu'il peut remonter au VIIIᵉ siècle. Sa hauteur de 30 cen-

[1] « Pintes, pos, aiguiers, chopines. » (Eust. Deschamps, *le Miroir de mariage*.)
[2] *Hist. de l'archit. sacrée dans les anc. dioc. de Genève, Lausanne et Sion*, 1853.

timètres; sa panse est en forme de disque surmonté d'un goulot prismatique à huit pans, terminé par un orifice à trois lobes; il est muni d'une anse et d'un pied. Nous voyons des aiguières figurées dans des vignettes de manuscrits occidentaux du ix⁰ siècle qui rappellent encore les formes antiques (fig. 1) [1]. Les aiguières représentées dans quelques bas-reliefs du commencement du xii⁰ siècle sont souvent munies de couvercles (fig. 2) [2]. Parfois, mais rarement,

3

2

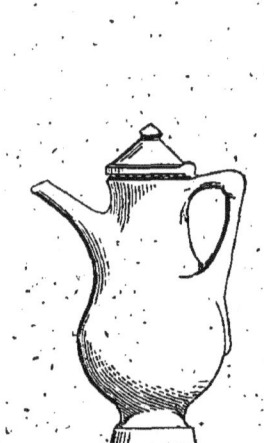
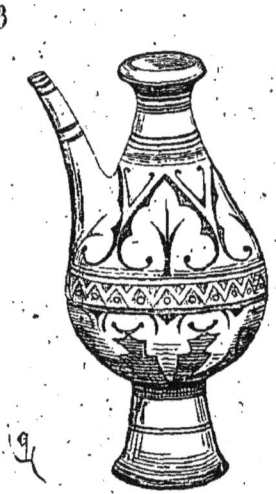

ces aiguières sont dépourvues d'anses (fig. 3) [3]. Les trésors des princes renfermaient beaucoup de ces vases de luxe, qui décoraient les dressoirs et buffets pendant les fêtes et les banquets. On leur donnait les formes les plus variées et les plus propres à exciter l'attention. L'inventaire de l'argenterie du roi dressé en 1353, au moment où Étienne de Lafontaine quitta les fonctions d'argentier [4], relate une assez grande quantité de ces aiguières, curieusement composées.

Il va sans dire que tous ces objets étaient de fabrication antérieure à cette époque. Voici quelques-uns de ces vases : « Pour une aiguière quarrée, assise sur un entablement à 3 lionceaux, pesant 4 mars 6 onces 5 esterlins........ » — « Pour une aiguière d'un homme assis sur un coq esmaillée, pesant 6 mars 2 onces..... » — « Pour une aiguière d'un homme assis sur un serpent à elles dorée et

---

[1] Biblioth. impér., mss. des *Constellations*.
[2] D'un chapiteau de la nef de l'église abbatiale de Vézelay.
[3] Manuscr. de Herrade de Landsberg, biblioth. de Strasbourg.
[4] *Invent. du garde-meuble de l'argenterie en 1353*, Archives de l'emp. rég., k 8, fᵒˢ 174 à 182. Voy. *Comptes de l'argenterie des rois de France au xiv⁰ siècle*, publ. par M. Douët d'Arcq, 1851.

esmaillée, pesant 6 mars 5 onces 10 esterlins....... » — « Pour une aiguière d'une seraine filant, dorée et esmaillée, pesant 4 mars 6 onces....... » — « Pour une aiguière d'un homme assis sur un griffon....... » — « Pour 2 aiguières, l'une d'un coq, l'autre d'une géline, dont le ventre est de coquille de perles, pesant l'un 4 mars 5 onces, l'autre 3 mars 3 onces 10 esterlins....... — « Pour une aiguière nervée et esmailliée....... » — « Pour une aiguière semée d'esmaux...... » — « Pour une aiguière cisellée...... » — « Pour une aiguière venue du Temple (provenant du trésor du Temple), etc. » On compte dans cet inventaire seulement quarante-quatre de ces

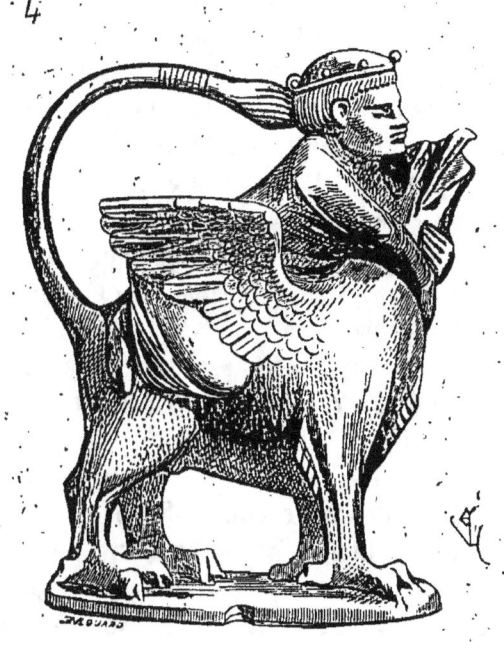

4

aiguières d'argent, de vermeil avec pierres ou émaux. Pendant les XII° et XIII° siècles, on fabriquait beaucoup de ces vases en façon d'animaux, de monstres avec figures d'hommes. On retrouve ce même goût chez tous les peuples à une certaine époque de leurs arts, depuis les Égyptiens jusqu'au moyen âge. Il est à croire que les aiguières qui sont mentionnées dans l'inventaire royal de 1353, et qui affectent des formes qui semblent se prêter si peu à l'usage auquel ces objets sont destinés, étaient d'une époque relativement ancienne. De ces objets il ne reste rien ou presque rien dans les collections particulières ou publiques. Voici cependant un de ces pots à eau dont la matière (laiton) et le travail sont grossiers, quoique d'un assez bon style, qui ne paraît pas être postérieur à 1250 (fig. 4) [1], et qui rappelle quelques-uns des vases cités dans l'inventaire de 1353. On fabriquait encore des pots de ce genre, mais en terre cuite, dans les Flandres et en Champagne, il y a quelques années. Ces vases étaient aussi désignés sous le nom d'*aquamanille* (eau à la main), lorsqu'ils étaient pourvus d'anses, munis d'un goulot et d'une ouverture supérieure pour les remplir. Dans l'exemple donné (fig. 4), l'eau était introduite dans l'aiguière en soulevant le dessus de la tête de l'homme, et était versée par le bec du griffon. Ce vase semblait avoir été fait pour être posé au milieu d'un plateau, les pattes du griffon étant fixées sur un disque circulaire possédant deux encoches latérales, réservées probablement pour le maintenir. Mais aussi ces vases étaient-ils simplement posés sur leur pied, et, lorsqu'on donnait à laver, on prenait un bassin.

Le musée de Cluny possède une belle aiguière de cuivre fondu, cisé et doré (fig. 4 *bis*), qui représente une tête de jeune garçon. Un ornement placé sur son front, en guise de bijou, sert de goulot, et ce vase se remplit par un orifice, avec couvercle à charnière placé en A sur le sommet de la tête. Une anse dont nous donnons le détail en B, et qui figure un petit dragon, permet d'incliner l'aiguière lorsqu'on veut verser l'eau qu'elle contient. En C, est tracé le détail, moitié d'exécution, de la broderie gravée sur le collet. Une fleur de lis, en plein, sur un écu, est placée au centre du collet. La fonte de cette aiguière est d'une légèreté remarquable et d'une seule pièce, sans soudures ; les broderies, les cheveux, les yeux et les détails du dragon ailé sont retouchés au burin avec une sûreté de main merveilleuse. La hauteur totale du vase est de 0ᵐ,25. Il porte sur trois pieds.

Le musée de Vienne (Autriche) renferme une de ces aiguières en forme de cheval qui devaient être assez communes pendant les xiiᵉ, xiiiᵉ et xivᵉ siècles, car on en rencontre dans plusieurs collections qui datent de ces époques, et entre autres dans celle de l'hôtel de Cluny, laquelle possède deux de ces vases de cuivre fondu. Nous reproduisons (fig. 4 *ter*) l'un d'eux, qui ne manque pas de style. Un dragon posé sur le cheval forme l'anse ; on introduisait l'eau par l'orifice A muni d'un couvercle à charnière, et le biberon B est garni d'un robinet, de telle sorte que cette aiguière pouvait servir de fontaine pour laver les mains avant les repas. Jusqu'à la fin du dernier siècle, il y avait à l'entrée de toutes les salles à manger de ces fontaines de

---

[1] Coll. des dessins de l'auteur ; copié sur l'original, de cuivre fondu, en vente à Bordeaux, 1843.

cuivre ou de faïence, qui étaient la dernière tradition de l'aiguière.
On en rencontre encore dans les campagnes ou les hôtels de petites

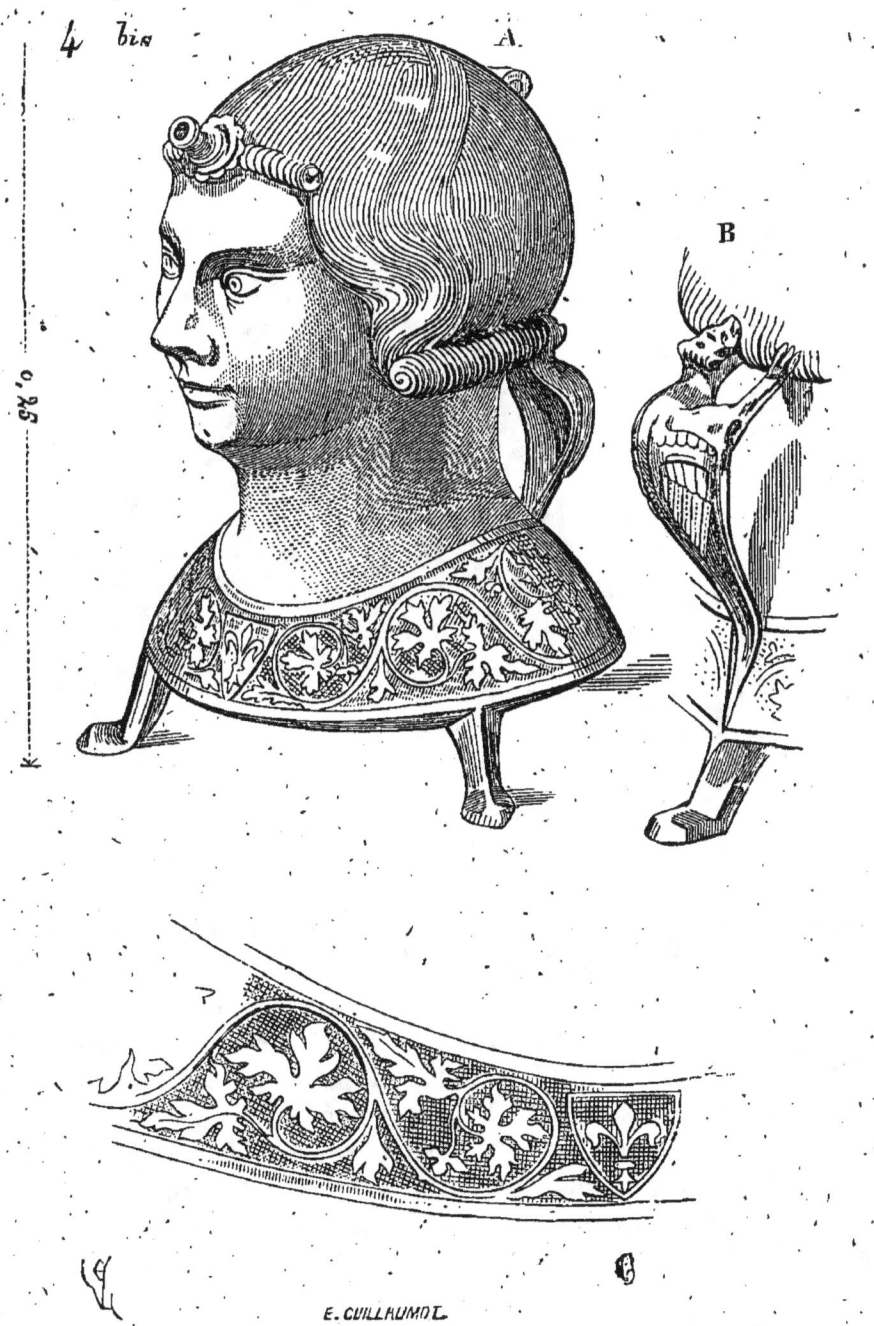

E. GUILLAUMOT

villes. Il semblerait, d'après ce qui précède, que les aiguières affectaient fréquemment des formes empruntées au règne animal, aux bes-

tiaires. Cependant, le trésor de l'église abbatiale de Saint-Denis possédait deux jolies aiguières données par Suger, et qui étaient façonnées

A

4 ter

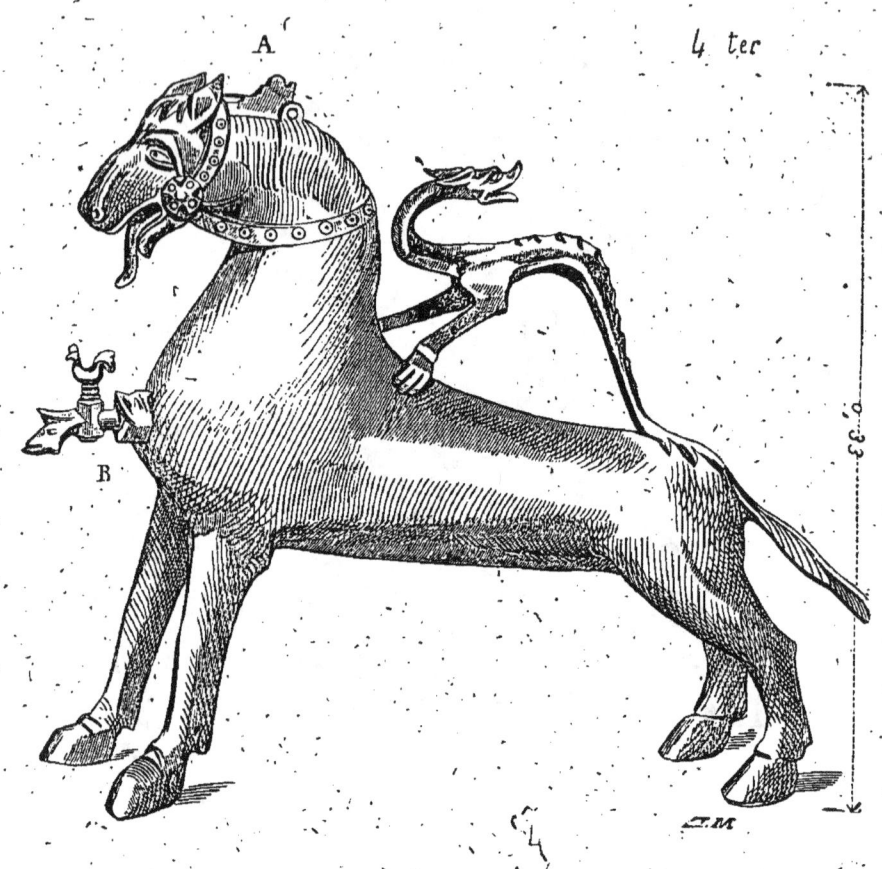

en forme de vases. L'une d'elles est conservée dans la galerie de l'orfèvrerie et des bijoux au Louvre. Sa panse est de cristal de roche. Elle est dépourvue d'anse et son couvercle est arraché. Mais cet objet est plutôt une burette qu'une aiguière ; il est fort bien reproduit dans l'ouvrage de M. Labarte [1]. Lorsque la panse de ces vases était faite de pierre dure, jaspe, cristal de roche, onyx, calcédoine, les montures hautes et basses, de métal, étaient souvent réunies par des filets, car il n'était pas toujours possible de les attacher solidement à ces pierres dures. (fig. 5). Il n'est guère besoin d'ajouter que ces sortes de vases n'étaient que pour la montre [2]. Les aiguières, dont on se

[1] *Hist. des arts industriels.*

[2] « Le comte Thibaut ordonna d'apporter, au milieu de ceux qui l'entouraient, deux « vases d'or d'un poids considérable et d'un admirable travail, sur lesquels étaient « incrustées des pierres précieuses de la plus grande valeur, que son oncle Henri, roi

servait à table, comme nous l'avons dit, étaient de cuivre ou d'argent fondu ou repoussé, avec semis d'émaux, aux armés du seigneur, et d'une assez grande dimension pour contenir au moins une pinte

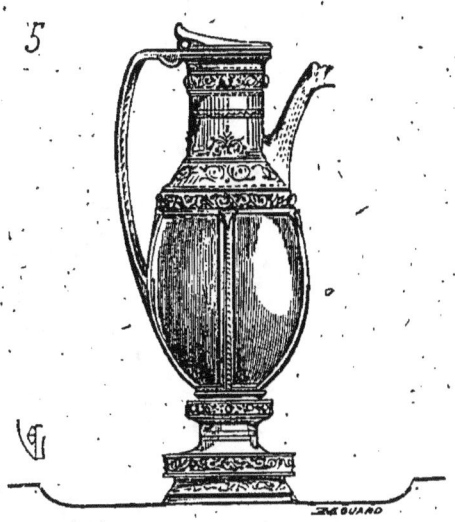

5

d'eau. D'une main celui qui donnait à laver tenait le plateau, de l'autre il versait de l'eau sur les doigts de la personne qui quittait la table.

Ces vases ! se conformaient aux modes de chaque époque ; et au commencement du xv⁰ siècle, alors que le luxe s'était développé avec une sorte de fureur, ils étaient d'une richesse excessive. « Une « esguière d'or poinçonnée à oizeaulx, à trois biberons (goulots) et « le pié de dessoubz à coulombes et à fenestres, pesant ii marcs « v onces iii esterlins². » Il n'est pas besoin de rappeler ici les belles aiguières que l'on fabriquait pour les riches personnages pendant le xvi⁰ siècle, soit en émaux, soit en métaux précieux repoussés et ornés de pierreries. Nos musées renferment d'assez beaux exemples de ces objets dont il est facile de se procurer des copies. A cette époque, on fabriqua aussi beaucoup d'aiguières de terre cuite. Elles ont, de notre temps, atteint des prix exorbitants. Limoges produisit une quantité prodigieuse de ces vases émaillés sur métal (cuivre rouge).

« des Anglais, avait, lors de la solennité de son couronnement, fait placer à table devant « lui pour étaler sa gloire et ses richesses... » (Arnaud de Bonneval, *Vie de saint Bernard*, liv. II, *Coll. des mémoires relat. à l'hist. de France.*)

¹ Voyez Orfèvrerie.

² *Comptes de la duchesse d'Orléans, Valentine de Milan* (voy. *Louis et Charles d'Orléans...*, par A. Champollion-Figeac, Paris, 1844).

**AIGUILLIER,** s. m. (*aguiller*). Étui à mettre des aiguilles.

> « Lors trais une aiguille d'argent
> « D'un aguiler mignot et gent,
> « Si pris l'aguille à enfiler[1]. »

Ces étuis étaient d'os, d'ivoire ou de métal ciselé ou émaillé.

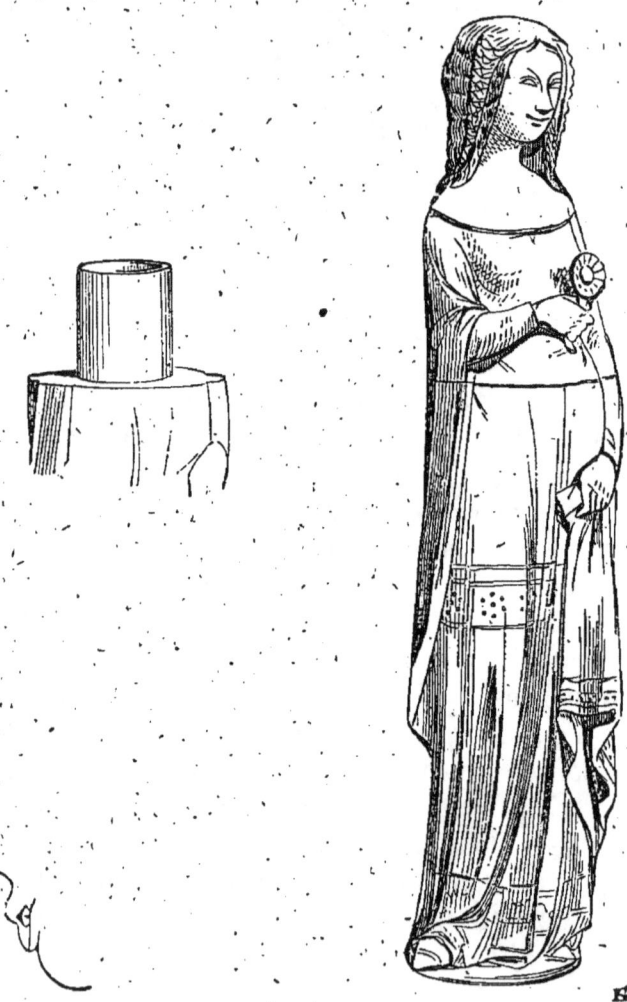

Voici (fig. 1) un de ces objets d'os qui nous paraît être de fabrication française et appartenir au commencement du XIVe siècle[2].

---

[1] *Le Roman de la Rose*, édit. Méon, vers 90.

[2] Dessin de la coll. Garneray, provenant, dit une note, de l'ancien trésor de la cathédrale d'Arras.

Ces aiguilliers étaient offerts aux dames, celles-ci occupant leurs loisirs, dans les châteaux, à broder des étoffes, à faire de la tapisserie
et d'autres menus ouvrages de femmes. Il y avait aussi des aiguilliers
de bois recouverts de cuir gaufré ou d'étoffes précieuses.

**AMPOULE,** s. f. (*ampulle*). Fiole, burette, petit vase au ventre
large et au goulot long et étroit, ordinairement sans anses, qui était
destiné à conserver l'huile sainte, le saint chrême, le vin destiné à
la célébration de la messe. On en fabriquait en verre et en métal.
Le moine Théophile[1] donne le moyen de faire des ampoules en
argent repoussé, de les orner de reliefs, de nielles, et de les dorer,
de les ciseler, d'y souder une anse et un goulot. (Voyez. Orfèvrerie.)
Il existe, dans le musée des antiquaires de Caen, une très jolie
ampoule de cristal de roche, avec couvercle en orfèvrerie garni de
pierres fines[2].

**ARROSOIR,** s. m. (*arrousoir*). De tout temps, on a fabriqué des
ustensiles propres à arroser les plantes des jardins. Les arrosoirs
d'horticulteurs, pendant le moyen âge, ne différaient guère des
nôtres, et il est probable que ces objets usuels dataient des Romains,
grands amateurs de jardins, comme on sait. Mais on se servait aussi
d'arrosoirs (de terre cuite) propres à l'arrosage des pavés dans les
appartements. Les Grecs, dès la plus haute antiquité, possédaient
des arrosoirs disposés pour cet usage[3], exactement façonnés comme
ceux que nous retrouvons dans les débris de poterie du moyen âge.
Ces sortes d'arrosoirs (fig. 1) consistent en un pot de terre d'une
capacité médiocre (un litre environ) muni d'une anse, d'un petit
trou supérieur et de trous multipliés percés dans le fond. Pour remplir ces arrosoirs, on les plongeait dans l'eau ; le liquide, grâce à la
prise d'air supérieure A, entrait dans le ventre du vase par les trous
capillaires du fond. Le vase plein, avec le pouce on bouchait l'ori-

---

[1] *Diversarum artium schedula*, lib. II, cap. LVII : « De ampulla ».
[2] Ce joli vase est parfaitement gravé dans les *Annales archéologiques* de Didron,
t. XXII, p. 143.
[3] M. Salzmann a découvert à Camyros (île de Rhodes) quelques arrosoirs grecs,
semblables à ceux dont nous retrouvons des fragments dans les fouilles des sols du
moyen âge. Mais telle est notre insouciance, lorsqu'il s'agit d'objets de cette dernière
époque, qui nous touche de si près, à moins qu'ils n'aient une valeur intrinsèque, que
nous laissons perdre les ustensiles vulgaires du moyen âge, tandis que nous recueillons
avec scrupule ceux qui datent de la période antéchrétienne. Aussi savons-nous avec
plus d'exactitude comment vivaient les contemporains de Périclès que nous ne savons
comment vivaient nos ancêtres sous Philippe-Auguste.

fice A, et l'on retenait ainsi toute l'eau qui remplissait le vase: Lorsqu'on voulait arroser le pavé, on laissait entrer l'air par cet orifice A, l'eau s'échappait alors en minces filets par les trous du

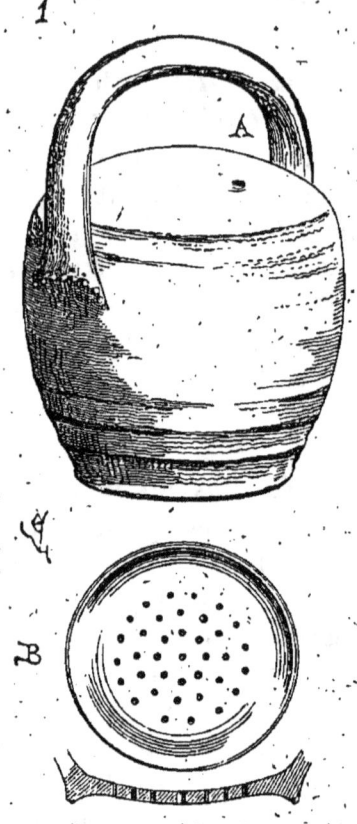

1

fond B. Nous avons maintes fois trouvé les débris de ces arrosoirs, et nous ne savons si nos musées en possèdent un seul entier.

**ASSIETTE,** s. f. Ce mot n'est guère employé qu'à la fin du XVᵉ siècle. Les assiettes de métal, de terre ou de bois, dans lesquelles on mangeait, étaient appelées : plats. Ce n'est guère qu'au XIIᵉ siècle que l'on voit des assiettes posées devant des convives; encore une assiette servait-elle habituellement pour deux personnes. Avant cette époque on prenait les mets découpés dans les plats, avec la main, ainsi que cela se pratique encore en Orient ; les débris étaient laissés sur la table ou jetés à terre. L'assiette devint d'un usage général quand l'art culinaire se perfectionna et que l'on servit des ragoûts, des crèmes. Les peuples primitifs font, avant tout autre mets, usage des viandes grillées [1]. On servait sur la table certains brouets, mais

[1] Voyez les repas des Grecs dans l'*Iliade*.

chacun alors avait sa cuiller et puisait à même le vase, comme nos
soldats puisent à la gamelle. Avant de faire usage des assiettes, chez
les personnages où régnait un certain luxe, les viandes étaient posées devant chaque convive, par l'écuyer tranchant, sur un morceau
de pain plat. Sur cette tranche de pain, chacun coupait sa viande
avec un couteau, on se servait de ses doigts pour la séparer en bou-
chées. A chaque viande on changeait l'assiette de pain. L'usage de
placer sous le menu gibier rôti des tranches de pain est une dernière tradition de cette ancienne coutume qui s'est conservée jusqu'à
notre temps.

Les assiettes les plus anciennes rappellent à très peu près la forme
de nos assiettes modernes. Cependant elles étaient plus petites, très
plates, si l'on servait des mets secs, très creuses, au contraire, pour

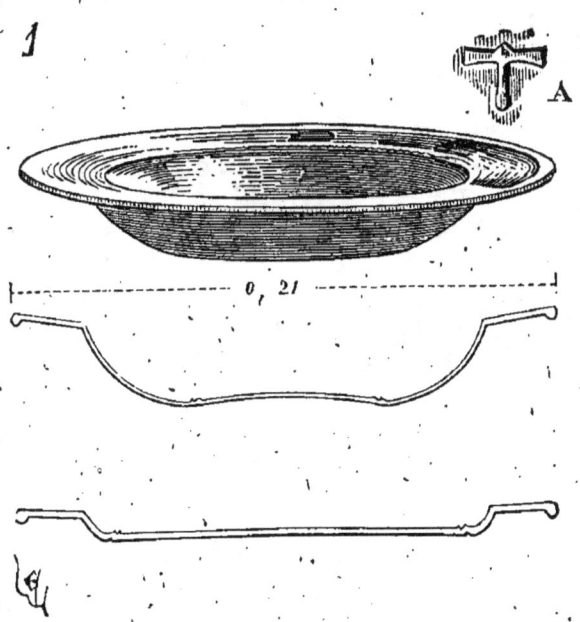

les mets liquides. On faisait rarement usage d'assiettes de terre. Le
bois chez les pauvres, l'étain chez les personnes aisées et l'argent
chez les grands seigneurs étaient les matières employées. Le métier
de potier d'étain avait-il aussi, pendant le moyen âge, une très
grande importance. Nous avons eu souvent entre les mains de ces
assiettes d'étain dont la fabrication datait du XIVᵉ siècle ; nous donnons (fig. 1) deux de ces assiettes, l'une plate, l'autre creuse[1]. Les

---

[1] Du musée des fouilles du château de Pierrefonds. En A est donnée la marque de
fabrique poinçonnée sur ces plats.

petits plats de terre cuite ont la forme d'écuelles et ne possèdent pas le bord horizontal qui distingue particulièrement l'assiette ; c'est pourquoi nous ne les rangeons pas dans cet article.

Un ménage bien monté comportait, au xive siècle. un grand nombre de ces plats servant d'assiettes :

> « Maint plat d'argent, si com je tain
> « Les faut-il de plomb ou d'estain [1]. »

Certains mets étaient servis très chauds dans des assiettes d'argent ou d'étain ; pour ne pas brûler les mains du serviteur qui plaçait ces assiettes devant les convives, on avait des doublures de métal à jour, ayant la forme de cylindres plats. On trouve encore des débris de ces doublures d'assiettes dans quelques collections [2]. L'orbe plat de l'assiette débordait quelque peu la galerie ajourée de la doublure, et cette galerie ne reposait que sur trois petits pieds, sans fond. Voici (fig. 2) un dessin d'une de ces doublures d'assiettes de cuivre,

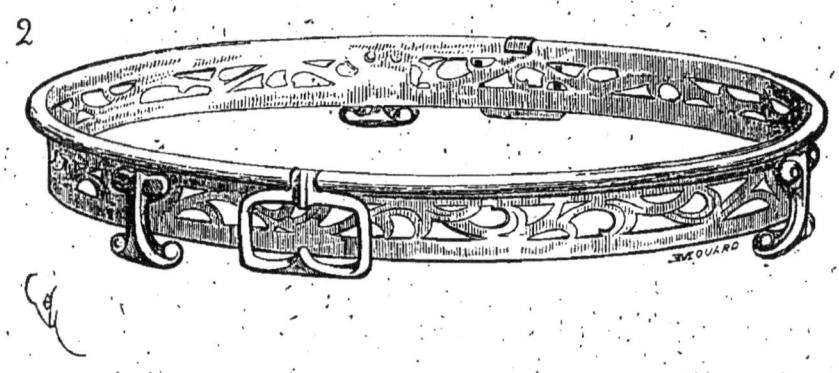

2

qui date du xve siècle [3]. Ces doublures étaient munies de deux anses mobiles, de sorte que les mains ne pouvaient toucher l'assiette en la transportant. L'assiette chaude était isolée et ne portait pas sur la nappe. Dans les comptes du château de Gaillon du commencement du xvie siècle, il est encore question de ces plats doubles : « Pour « la corbeille, les plats doubles et gobelletz... [4]. »

---

[1] Eust. Deschamps, *le Miroir de mariage*, xive siècle.
[2] Ces objets sont habituellement désignés à tort comme des réchauds ou comme provenant de réchauds.
[3] Dessins du cabinet de l'auteur.
[4] *Dépenses du château de Gaillon*, p. 345.

**BAGHE,** s. f. (*bague*). Vieux mot qui exprime tout l'avoir qu'on peut emporter sur des sommiers, dans des malles, dans une peau de vache, *vacca ;* d'où *bacca,* et le mot conservé de *bâche.* Quand une garnison capitulait honorablement, elle pouvait sortir « vies et bagues sauves », c'est-à-dire que chacun pouvait enlever son avoir transportable [1].

**BAIGNOIRE,** s. f. On croit assez volontiers que l'usage des bains n'était pas habituel pendant le moyen âge, et, de ce qu'au XVII<sup>e</sup> siècle la cour de Louis XIV ne se montrait pas difficile en fait de propreté, on en conclut que deux ou trois siècles auparavant, nobles et vilains prenaient peu de soin de leur corps. Cette appréciation n'est pas établie sur les faits. Les guerres de religion de la fin du XVI<sup>e</sup> siècle eurent, à ce point de vue, une influence fâcheuse sur les habitudes de la cour et de la ville ; des raffinements excessifs de la cour des Valois on tomba dans l'excès opposé, et chacun sait que le bon roi Henri se vantait d'avoir « le gousset fin ». Les chansons et romans des XII<sup>e</sup> et XIII<sup>e</sup> siècles mentionnent souvent des scènes de bains, et, pour ne citer qu'un de ces passages :

> « Mais au matin se lièvre tempre,
> « .I. bain fait caufer, puis le tempre ;
> « A priés à sa dame esvillie.
> « Tant c'est la vielle travillie,
> « Qu'en la cambre bainguier la mainne :
> « Anchois que passast la semainne,
> « Comperra-elle le baignier ;
> « Molt le devoit bien resoignier.
> « Quant elle dut el baing entrer,
> « Ne se valt pas nue monstrer ;
> « La vielle maintenant commande
> « Qu'elle isse fors ; car ne demande
> « Que nule ame avoec li remaigne
> « En dementiers qu'ele se baigne [2]. »

---

[1] Voyez le *Glossaire et Répertoire* de M. le comte de Laborde : *Notice des émaux, bijoux et objets divers exposés dans les galeries du Louvre.* Voyez, dans la partie des BIJOUX, le mot BAGUE.

[2] Gilbert de Montreuil, *Roman de la Violette*, XIII<sup>e</sup> siècle, vers 1215, publ. par Francisque Michel.

Les hommes se baignaient fréquemment en eau courante, et dans toutes les villes et bourgades étaient établis des bains chauds. Beaucoup de ces localités ont encore conservé le nom de *rue des Étuves.* Il semble que ces habitudes de propreté n'étaient pas perdues dans la bourgeoisie au commencement du xviiᵉ siècle, car dans les *Caquets de l'accouchée,* on lit ce passage :

« ..... Je me résolus, avec quelques-unes de mes voisines, d'aller « aux étuves pour me rafraischir ; car la nature est tellement sortie « de ses premiers ressorts qu'il n'est point maintenant permis aux « femmes de se baigner à la rivière, à cause peut-être qu'on les ver-« rôit à découvert....... Comme je fus arrivée aux baings, où d'or-« dinaire nous avons coustume entre nous autres de nous rafrais-« chir, je me trouvay au milieu d'une bonne et agréable compaignie « de bourgeoises et dames de Paris, qui estoient venues au mesme « lieu pour ce subjet..... [1] »

En énumérant ce qu'il faut aux nouveaux mariés pour monter une maison, Eustache Deschamps, entre autres objets, cite les « chaudières, baignoires et cuviaux », comme essentiels. On avait donc, au xivᵉ siècle, des baignoires chez soi.

Ces baignoires d'appartement, figurées dans des vignettes de manuscrits, sont de bois et faites en forme de cuves cylindriques ou ovales.

Dans les châteaux, on établissait souvent la chambre des bains, l'étuve, qui contenait une piscine de pierre qu'on remplissait d'eau tiède, et dans laquelle plusieurs personnes pouvaient se baigner en compagnie. Il existe encore, dans quelques villes du nord de l'Angleterre, des piscines faites de cette façon. La scène extraite des *Caquets de l'accouchée,* citée plus haut, se passa dans une étuve ou piscine commune.

**BALAI,** s. m. La forme de cet ustensile ne diffère pas, pendant le moyen âge, de celle actuellement en usage. On avait des balais de bouleau ou de jonc, les balais de crin pour les appartements, les balais de four (*escovillon, escovettes*) :

« Sec et noir comme escovillon [2] »

Le dicton : *Rôtir le balai,* s'applique à ces balais de four.

[1] Publ. pour la première fois en 1622 (voy. l'édition publ. par M. Ed. Fournier, Jannet, 1855, p. 195).
[2] Villon.

**BALANCES**, s. f. On voit des balances figurées dès les premiers siècles de notre ère. Les Grecs et les Romains de l'antiquité
n'employaient, pour peser, que la tige (levier) armée d'un plateau à

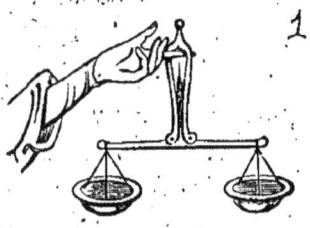

l'une de ses extrémités, avec poids mobile à l'autre bout, que l'on
appelle *romaine*. Mais, parmi les peintures récemment découvertes
dans l'ancienne basilique de Saint-Clément, à Rome, sont figurées
des balances avec leurs deux plateaux.

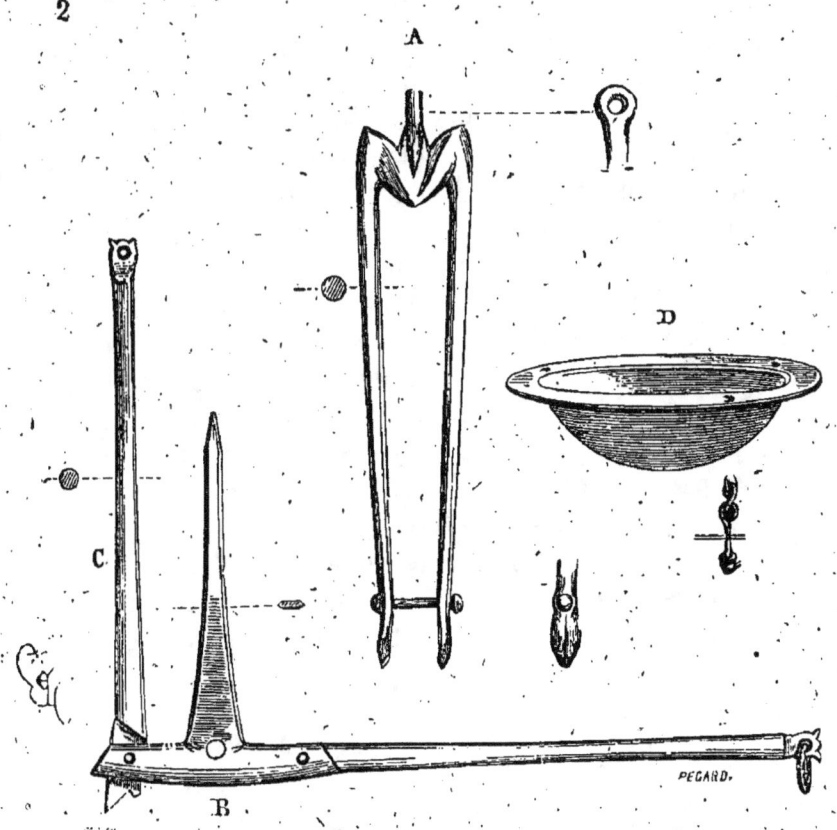

Des manuscrits du ix° siècle montrent des balances dans leurs
vignettes, munies, comme les nôtres, de deux plateaux suspendus
à trois chaines, d'un fléau, d'un style et d'une bielle. Ces représen-

tations sont fréquentes. Au xiii⁰ siècle, les plateaux sont souvent orlés d'un bord horizontal (fig. 1)[1].

On fabriquait aussi des balances avec fléau pliant que l'on pouvait mettre dans sa poche. Voici (fig. 2) une de ces balances, qui paraît dater du xiv⁰ siècle[2]. Notre dessin est à moitié de l'exécution. En A est tracée la bielle, et en B le fléau, dont l'un des bras C est relevé contre le style ; en D, un plateau avec bord plat. Cet objet de bronze est finement travaillé, d'un joli caractère et bien à la main. On voit encore dans les marchés des villes du Midi des balances à fléau pliant, que les femmes mettent dans leur poche après avoir décroché les deux plateaux.

**BARIL,** s. m. (*barris, barisiaux*). Petits tonneaux faits habituellement de bois précieux : « Barisiaux de ciprès[3] ». Les barilliers formaient une corporation à Paris, et ne pouvaient employer que certaines qualités de bois, savoir : le cœur de chêne, le poirier, l'alisier et l'érable ; ils façonnaient aussi les barils en bois de senteur[4].

On faisait encore des barillets d'ivoire : « Quatre barils de ivoir garny de laton[5] » ; d'argent, que l'on plaçait sur les buffets et dressoirs pendant les repas, et qui contenaient des liqueurs, des eaux de senteur, de la moutarde : A Guillaume Arode, orfèvre, pour avoir « réappareillé et mis à point un baril d'argent à mettre moustarde, « pour le Roy, pour ce — xii s. p.[6] » ; des sauces froides, condiments : — « Deux barils d'argent blanc, à mettre saulces, fermant « à clef, pesant xvii marcs[7]. » Ces barils de buffets étaient parfois richement ornés et portés par des figurines : « Un baril de bois, « tout à œuvre de Damas, ouvré d'argent doré, dont les deux fonds « sont d'yvoire à ymaiges enlevées, séant sur quatre angelz d'yvoire « chacun tenant un doublet, et y a une ceinture azurée clouée de « cloux de semblable œuvre — xxiv liv. t.[8]. » — Ces sortes de barils s'ouvraient par l'un des bouts ou étaient munis d'un petit robinet. Il y avait aussi des barils que l'on transportait au moyen d'une courroie, sur les épaules ou sous les bras. Les religieux quêteurs

[1] Mss. *Apocalypse.* Biblioth. impér., n⁰ 7013, fonds français.
[2] Fouilles du château impérial de Pierrefonds, musée du château.
[3] *Invent. d'Artois,* 1313.
[4] *Livre des mestiers* d'Étienne Boileau.
[5] *Invent.* de Pierre Gaveston.
[6] *Comples royaux.*
[7] *Idem.*
[8] *Invent. du duc de Berry,* xiv⁰ siècle.

s'en allaient avec des barils sur l'épaule, demander du vin ou de l'huile (fig. 1)[1].

Chez les grands, la charge de barillier était importante. Le duc de Bourgogne (Charles le Hardi), écrit Olivier de la Marche, « a deux « barilliers, lesquels doivent livrer l'eaue au sommelier pour la

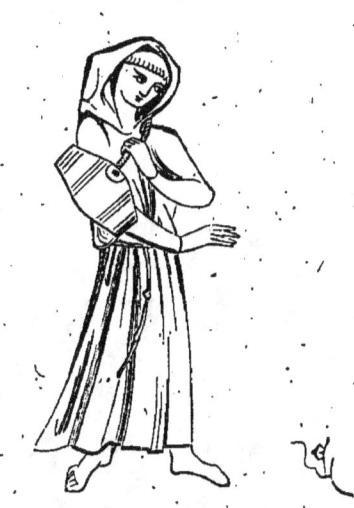

« bouche du prince, et avoir le soing des barils que l'on porte en « la salle pour la grande despense. » (Il y avait beaucoup d'ordre dans la maison des ducs de Bourgogne.) « Et aussi doivent-ils « mettre en escript les quarts de vin (barils) qui se donnent par « jour et despensent, noter ceux lesquels sont hors d'ordonnance « (qui ne sont pas en mesure), les crues (fournitures) qui se font, « à quoy, qui et comment, et aussi combien, pour les bailler au « sommelier, afin d'en rendre compte au bureau, et dessoubs eux « (les deux barilliers) a (il y a) deux porte-barils, qui doivent porter « les barils du commun de l'eschansonnerie en la salle. Et en la cave « doit avoir un portier, afin que nul homme n'entre où est le vin « du prince, sans estre cognu, ou par congé[2]. » Les barils de table, de bois, posés pendant les repas sur les crédences et buffets, étaient maintenus par des supports de cuivre, d'argent ou de ver- meil, et ceux des princes étaient fermés par un cadenas. L'officier (échanson) chargé de faire l'essai avait la clef de ce cadenas. La figure 2 présente un de ces barils avec son support[3], consistant en deux figurines de *hotteux* portant deux crochets A sur lesquels

---

[1] Manuscr. anc. fonds Saint-Germain, n° 37, Biblioth. impér.

[2] Olivier de la Marche *État de la maison du duc de Bourgogne* (*Coll. des mémoires*).

[3] *Invent. de Charles V.*

le sommelier dépose le baril. Le moraillon B du cadenas fermait la bonde ; il a été ouvert, et un robinet a remplacé cette bonde. Les figurines sont fixées sur un plateau à rebord, afin que le liquide ne puisse égoutter sur la table de la crédence. Un gobelet est placé sous le robinet, prêt à être rempli. Ce n'est qu'au xvi⁰ siècle que l'on a commencé à placer sur les tables à manger des flacons con-

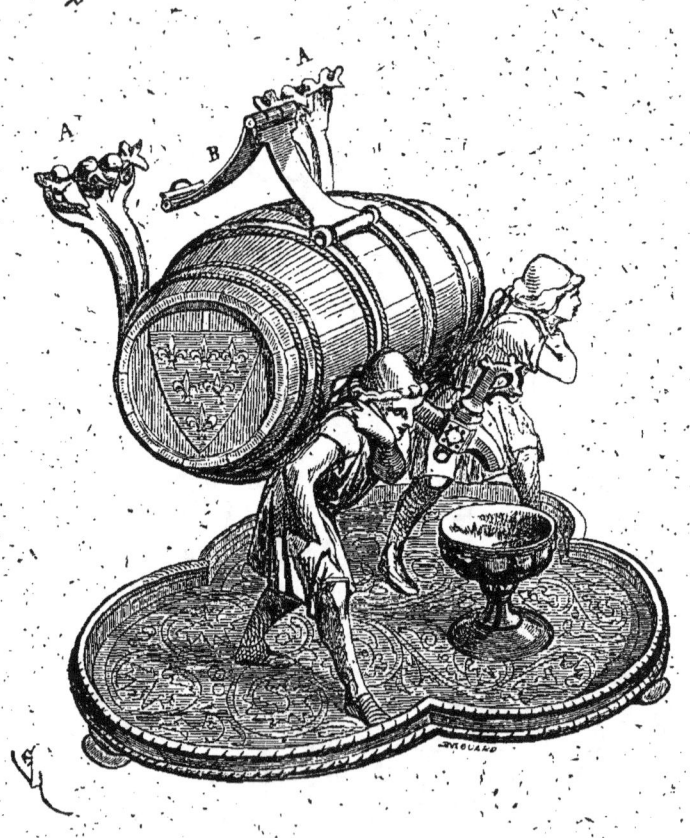

tenant les boissons ; jusqu'alors, chez les personnes riches et les grands, les convives passaient leurs gobelets aux échansons, valets ou pages, qui étaient chargés de les rapporter pleins (voyez Coupe, Gobelets, Hanap). A l'article Table du *Dictionnaire du Mobilier*[1], on voit un repas pendant lequel les convives, suivant l'antique usage des Germains, boivent en dehors de la table. Ce n'était donc pas des bouteilles que l'on apportait pour les repas, mais des tonneaux, pendant l'époque primitive de la conquête des peuples du Nord, et plus tard, quand les mœurs s'adoucirent, des barils. Au lieu

[1] Tome I⁰⁰.

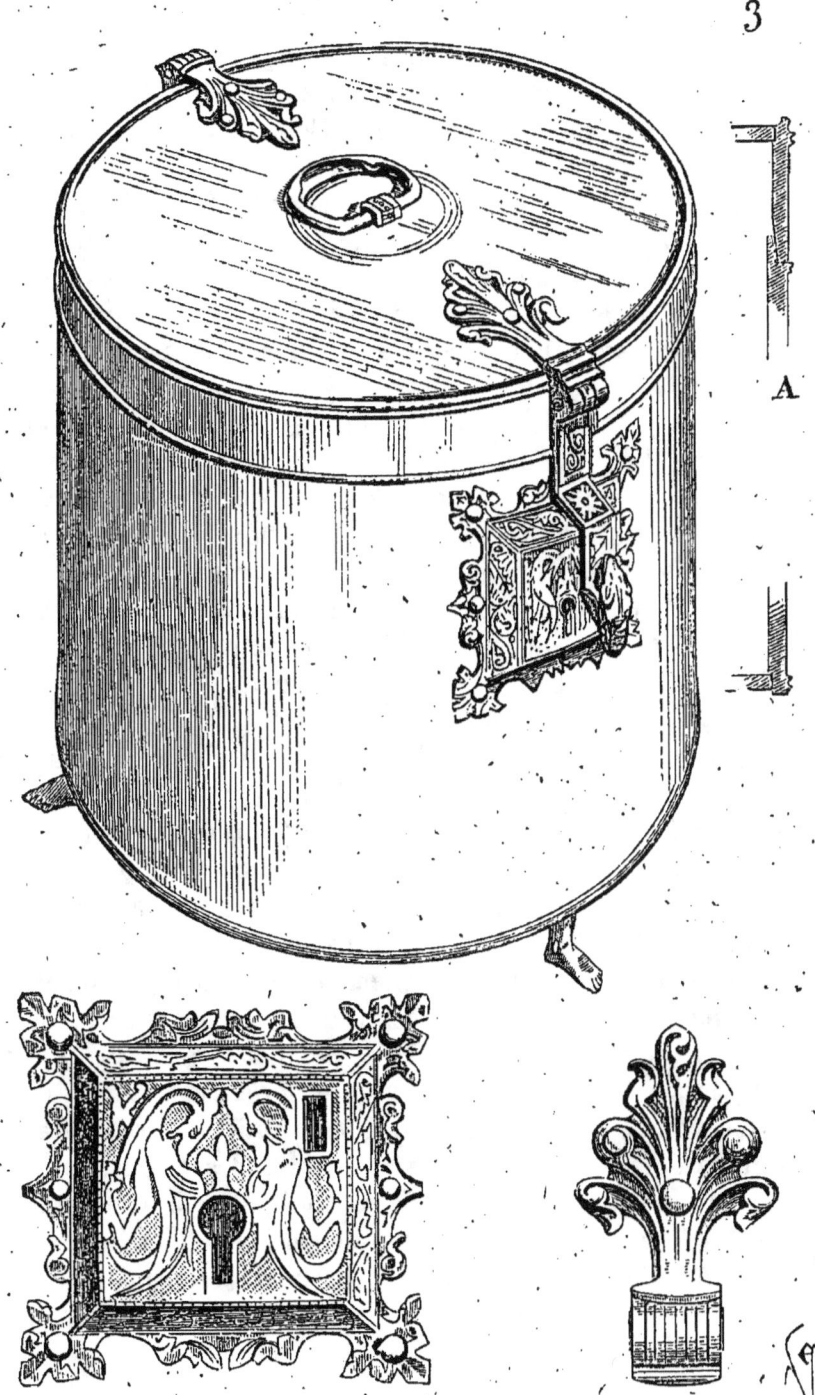

3

A

B

D

E. GUILLAUMOT.

de poser ces barils à terre, on les mit sur des crédences, puis sur des supports, pour faciliter le service, et l'on fabriqua ces objets avec des matières plus ou moins précieuses.

On donnait aussi le nom de *barisiaux* ou *barillets* à de petites boîtes cylindriques avec couvercle, fermant à clef, faites d'ivoire ou de bois précieux, montées en argent. Ces boîtes servaient à renfermer des parfums, des épices rares. On en trouve encore quelques-unes dans nos musées, d'une époque assez ancienne. Ces objets paraissent avoir été, dans l'origine, fabriqués en Orient, car il en existe quelques-uns qui sont évidemment dus à des artisans d'outremer. Le trésor de la cathédrale de Narbonne possède un de ces barillets d'ivoire avec une inscription arabe, qui paraît dater du XIII° siècle.

Voici (fig. 3) un barillet de fabrication française du commencement du XIII° siècle [1]. Les cylindres de la boîte et du couvercle sont tournés ; le fond et le dessus rapportés, ainsi que l'indique le détail (profil A). Les montures sont d'argent. La boîte de la serrure à moraillon est faite de même métal et très finement gravée (voy. le détail B). En D est donné le détail de l'attache de la charnière. Ce barillet a 0$^m$,105 de hauteur sur 0$^m$,11 de diamètre. Il porte sur trois pieds d'argent maintenus au fond par des rivets.

**BASSIN,** s. m. (*bacin, bachin*). Il y avait plusieurs sortes de bassins : les *bassins à laver* avant et après le repas ; les *bassins de toilette* ; les *bassins à barbe* ; les *bassins des offrandes*, à l'église, ou *de mariage* ; les *bassins à puiser de l'eau* ; les *bassins magiques* et les *bassins à lampes*. La forme de ces diverses sortes de bassins se rapproche toujours de celle d'une large capsule.

Les bassins à laver sont habituellement doubles ou accompagnés de leur aiguière (voy. ce mot), et ces ustensiles apparaissent dès la plus haute antiquité. Les sculptures et peintures de l'Égypte montrent des bassins à laver avec leur vase propre à contenir de l'eau. On en voit figurés sur les bas-reliefs de l'antiquité grecque et sur les peintures de leurs poteries. Les vignettes des manuscrits grecs des premiers siècles du christianisme indiquent la continuité de l'emploi de cet ustensile. Le beau psautier de la Bibliothèque impériale qui date de la fin du IX° siècle [2], dans la vignette qui représente la maladie d'Ézéchias, reproduit un de ces bassins à aiguière d'une

[1] De la collection de M. Arondel.
[2] Comment. des Pères de l'Église grecque sur les Psaumes, n° 189.

composition remarquable (fig. 1). Cet objet paraît être de terre cuite, le bassin à laver est muni d'un goulot qui sert en même temps de manche, de manière à pouvoir vider le contenu dans un évier, sans avoir à craindre les éclaboussures. Ces goulots (biberons) se retrou-

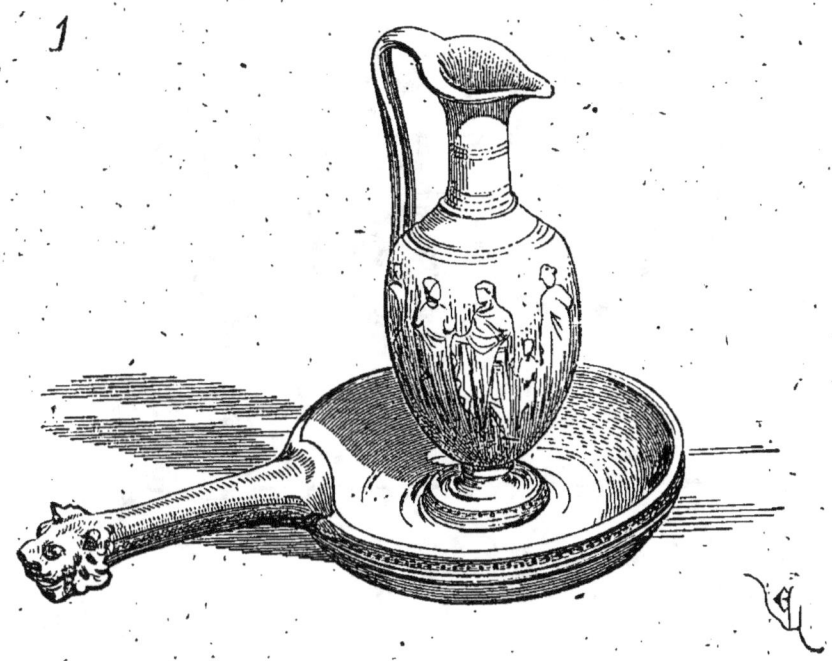

*1*

vent adaptés à des bassins destinés à cet usage, pendant toute la période du moyen âge. En effet, on voit encore dans nos musées[1] des bassins doubles (gémillons) qui datent des xiie et xiiie siècles, dont l'un est muni d'un orifice latéral. Tel est le célèbre bassin trouvé près de Soissons, et qui fait partie de la collection de la Bibliothèque impériale (fig. 2). Ce bassin est de cuivre rouge avec émaux champlevés. Les fonds sont bleus et les figures, qui représentent des joueurs d'instruments, se détachent en or sur ces fonds. Le goulot de vidange est en forme de tête de dragon[2]. Les inventaires des trésors

[1] Notamment au musée du Louvre, au musée de Cluny.

[2] Notre figure est au quart de l'exécution. Ce bassin devait avoir son double, sans orifice, ainsi que la plupart des bassins à laver, désignés souvent, dans les inventaires, sous le nom de *gémillons*. Nous engageons nos lecteurs à recourir à l'article de M. Darcel, sur les *bassins émaillés*, inséré dans les *Annales archéol.* de Didron (t. XXI, p. 190, qui donne la copie exacte d'un de ces bassins émaillés, avec écus armoyés, provenant du trésor de l'abbaye de Conques. Ce même article reproduit une vignette d'un manuscrit du xiiie siècle, de la Bibliothèque impériale (fonds Saint-Germain, latin, n° 37), qui représente Pilate se lavant les mains; un serviteur se sert des deux plats. Nous rendons compte plus loin de cet usage.

des princes mentionnent un grand nombre de ces bassins d'argent et même d'or. Dom Vaissette rapporte [1] que Sisenand, l'un des principaux chefs des Wisigoths, demandant des secours à Dagobert, lui offrit, au prix de ce service, un riche bassin d'or qui était conservé

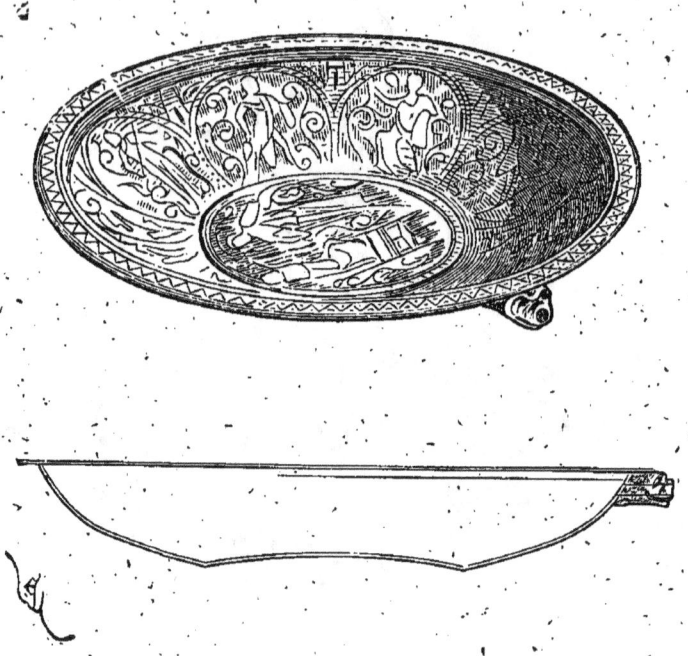

dans le trésor de la couronne. Plus tard, les Wisigoths, n'ayant pas voulu souffrir que cet objet passât en des mains étrangères, le rachetèrent 200,000 sols d'or, et ce serait avec cette somme que Dagobert aurait fait élever l'église de Saint-Denis. Si l'histoire est vraie, ce bassin était un cratère de plusieurs mètres de circonférence. Aussi ne garantissons-nous pas le fait, malgré tout ce que l'on sait de la richesse du trésor des souverains wisigoths.

Dans l'inventaire du duc d'Anjou, dressé vers 1365, on ne compte pas moins de soixante grands bassins d'argent et de vermeil, parmi lesquels plusieurs sont émaillés et munis de *biberons*, c'est-à-dire de goulots. Ces bassins sont généralement désignés sous le titre de *bassins à laver sur table*. « Deux bacins d'argent, dorez dedenz et « dehors, ensizelez les bords de menuz feuillages, et ou fons de chas- « cun a un esmail ront d'azur sur lequel a .ii. papegaux (perroquets) « vers, qui s'entreregardent, et tient chascun en son bec une longue

[1] *Hist. du Languedoc*, t. 1, p. 252.

« feuille vert, et dessure leur testes a un serpent volant. Et en l'un
« d'iceux bacins a un biberon qui est d'une teste, et poisent en tout
« xi mars [1]. »

Nos musées possèdent un grand nombre de bassins de vermeil,
d'argent blanc ou d'étain, qui datent du xvi° siècle. Plusieurs
sont d'un travail excellent et habituellement accompagnés de leur
aiguière. Voici un de ces objets, datant de la fin du xv° siècle
(fig. 3) [2].

3

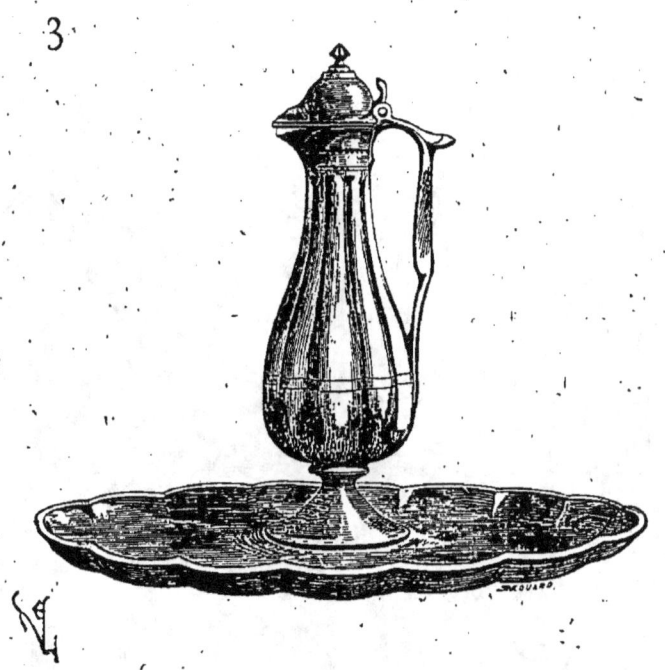

A l'occasion de certaines cérémonies, ou pour donner à laver
à table à de grands personnages, on devait donc se servir de deux
bassins, l'un couvrant l'autre. Celui de dessous était seul muni d'un
goulot et contenait l'eau à laver, dans laquelle on jetait des essences,
de l'eau de rose, etc. Au moment du lavement des mains, « le maistre
« d'hostel appelle l'eschanson et abandonne la table et va au buffet
« et treuve les *bacins couverts* que le sommelier a apportés et
« apprestés, il les prend et baille l'essay de l'eauë au sommelier »
(c'est-à-dire fait reconnaître par le sommelier, dont c'est la charge,
si l'eau est préparée comme il convient), « et s'agenouille devant
« le prince, et lève le bacin qu'il tient de la main senestre, et verse

[1] *Inventaire du duc d'Anjou.*
[2] Tapisserie de Nancy.

« de l'eau de l'autre bacin sur le bord d'iceluy, et en fait créance et
« essay, donne à laver de l'un des bacins et reçoit l'eauë en l'autre
« bacin, et sans recouvrir les dits bacins, les rend au sommelier[1]. »

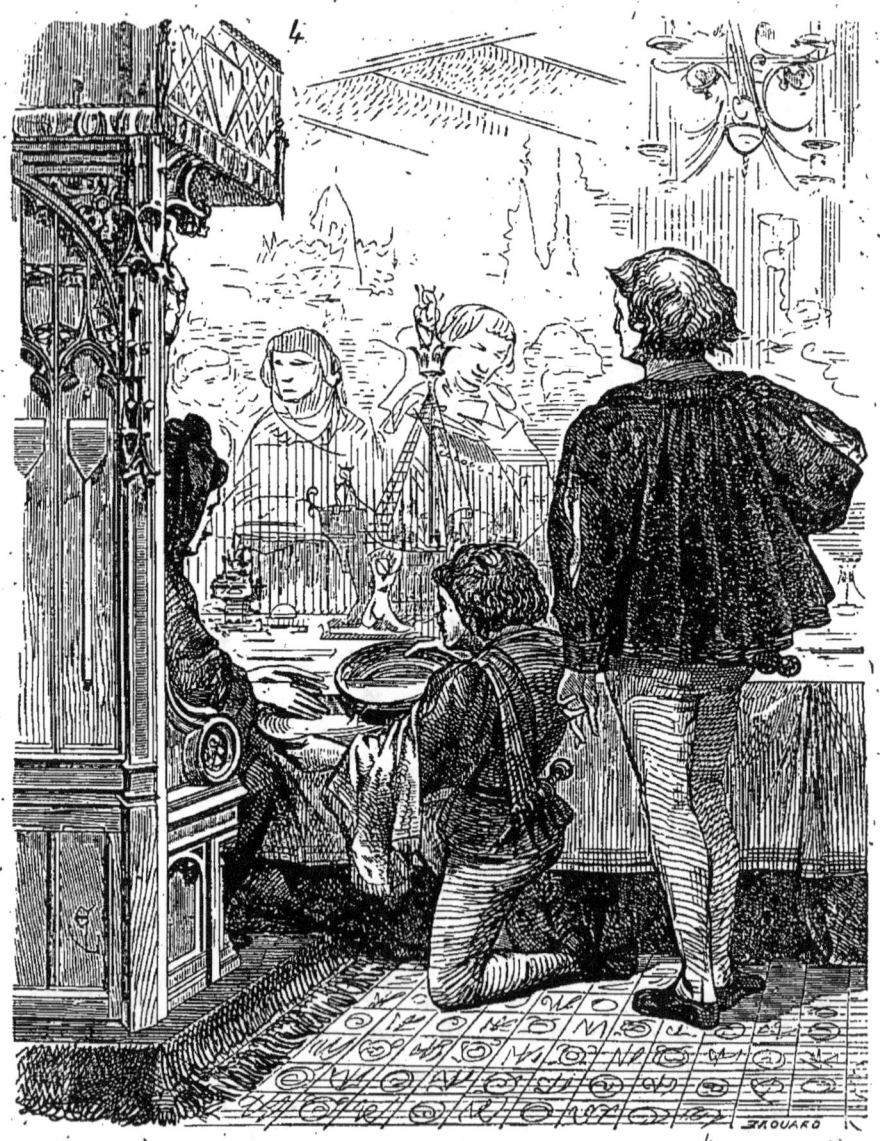

Cette description explique clairement l'usage de ces bassins doubles
si fréquemment relatés dans les inventaires. Dans ce cas, il n'était
pas besoin d'aiguière. L'eau aromatisée était préparée dans l'un des

[1] Olivier de la Marche, *État de la maison de Charles le Hardy* (*Coll. des mémoires*,
Michaud, Poujoulat, t. III, p. 588).

bassins muni d'un goulot, l'autre bassin était placé sur celui-ci.
L'échanson prenait de sa main droite le bassin du dessous, contenant l'eau, de la gauche il enlevait le bassin du dessus et versait l'eau
du premier bassin dans le second par le goulot, sur les mains du
personnage auquel on donnait à laver ; l'opération achevée, il passait au sommelier les deux bassins (fig. 4). Ainsi peut-on se rendre
un compte exact de l'utilité de ces goulots (biberons) dont étaient
munis certains bassins.

Ce cérémonial n'était adopté que pour les princes. L'officier donnait à laver aux autres personnes en versant de l'eau d'une aiguière
qu'il tenait de la main droite, sur leurs doigts ; cette eau tombait
dans le bassin qu'il soutenait de la main gauche.

Dans les inventaires, d'autres bassins sont mentionnés « pour chau-
fouère ». Ils sont plats et servaient de réchauds, au moyen d'un
double fond que l'on remplissait de cendre chaude.

Les bassins de toilette « à laver la teste » étaient plus creux qué
ceux à laver sur table ; ils étaient grands, fabriqués en argent ou en

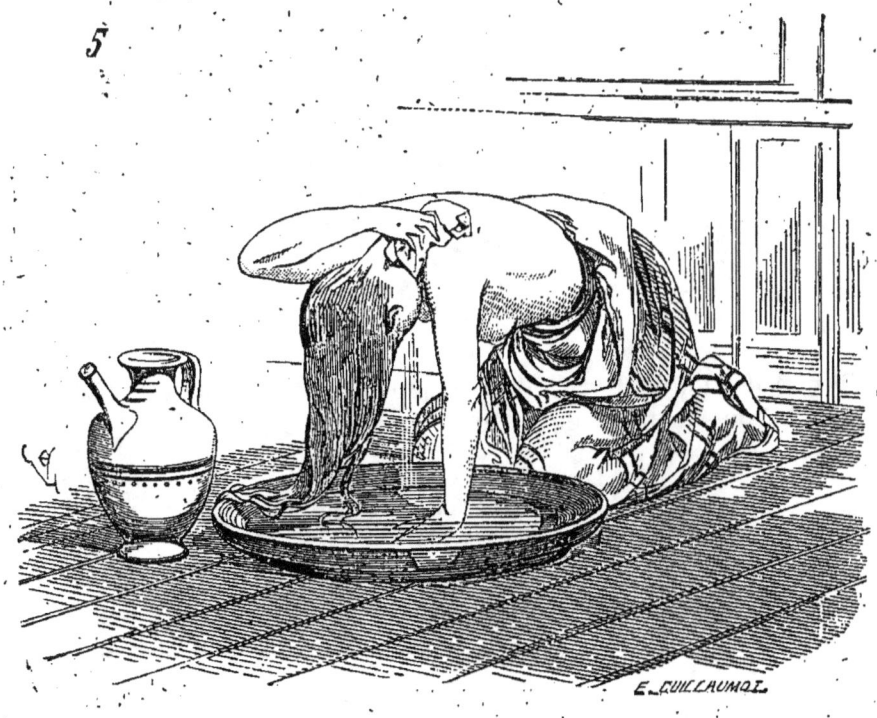

cuivre, et munis d'un goulot. Lisses par dedans pour pouvoir être
facilement rincés et ne pas retenir le savon, leur dehors était parfois orné de gravures ; mais leur dimension ne permettait pas de les

émailler. Ces bassins étaient posés à terre sur des nattes, et l'on se lavait à genoux, non seulement la tête, mais le haut du corps (fig. 5)[1].

« Un bacin crois (creux), d'argent tout blanc (uni) à laver la teste, et poise xi mars vii onces[2]. »

Les bassins à puiser étaient quelquefois munis d'anses ou d'oreilles (voy. ÉCUELLE, PUISETTE). Quant aux bassins à lampes, ils étaient placés sous les petites lampes qui garnissaient les lustres, pour que l'huile ne pût tomber sur le sol en cas de fuite (voy. LAMPE). On en voit encore attachés à quelques couronnes de lumières.

Les bassins magiques servaient aux sorciers à prédire l'avenir, comme aujourd'hui encore un vase rempli d'eau sert aux charlatans qui courent les campagnes à faire retrouver les objets perdus.

**BÉNITIER**, s. m. (*orzuel, ourcel, benoistier, embenoistier*). Vase habituellement de métal, avec anse, propre à contenir l'eau

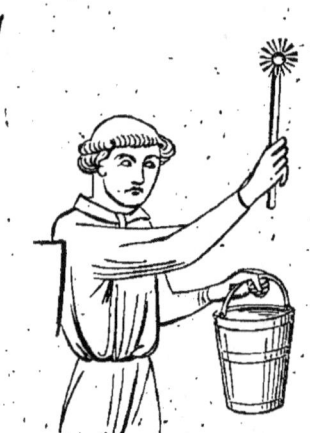

*1*

bénite. Un goupillon est toujours joint au bénitier. Les plus anciens bénitiers sont façonnés en forme de seau :

> « Le guipellon avant porta
> « Que en l'orzuel primes molla[3]. »

« Ourcel avec l'esperget (goupillon)[4]. »

« Pour refaire l'aspergès d'un embenoistier d'argent[5]. »

La figure 1 montre un de ces bénitiers qui ne sont que des seaux

---

[1] *Ménagier de Paris.*
[2] *Invent. du duc d'Anjou.*
[3] *Roman du mont Saint-Michel,* xiiie siècle.
[4] *Invent. d'Artois,* 1313.
[5] *Invent. de l'argent. des rois de France,* xive siècle.

en cône tronqué[1]; la figure 2, un autre bénitier qui ne pouvait être posé que sur un trépied lorsqu'on ne le tenait pas à la main[2].

Cette forme de bénitiers persista longtemps ; ils étaient souvent fabriqués en métaux précieux repoussés, ou même creusés dans des pierres dures ou dans un tronçon d'ivoire. Le trésor de la cathédrale de Milan conserve un de ces derniers bénitiers, qui date du

**2**

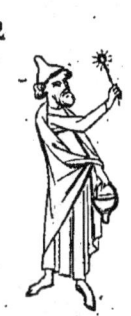

xie siècle et qui est d'un beau style. Ce seau d'ivoire porte 0[m],19 de hauteur sur 0[m],12 de diamètre au bord supérieur et 0[m],09 à la base. Les figures de la Vierge et des quatre évangélistes décorent son pourtour en plat relief ; une anse de métal richement ciselée et maintenue par deux mufles de lion sert à porter ce vase, très bien reproduit dans les tomes XVI et XVII des *Annales archéologiques* de Didron. Le trésor de la cathédrale de Lyon possède également un bénitier d'ivoire dû à l'art italien. Mais le plus ancien de ces seaux se trouve dans le trésor d'Aix-la-Chapelle : on croit qu'il date du ixe siècle, et cela est possible. Taillé de même dans un morceau d'ivoire, il est décoré de cabochons et d'arcatures que remplissent des personnages armés, des princes et des évêques[3].

Le trésor de Saint-Marc de Venise possède encore un bénitier d'une époque très ancienne, taillé dans un grenat. Il est donc certain que l'Église considérait ces vases comme très précieux dès les premiers siècles, et qu'ils étaient, relativement à ceux en usage depuis le xve siècle, de petite dimension. Voici (fig. 3) un bénitier de cuivre repoussé[4], d'un très beau style, et qui nous paraît dater, si l'on tient compte des procédés de fabrication, de la fin du xve siècle.

---

[1] Manuscr. Biblioth. impér., anc. fonds Saint-Germain, n° 37, xiiie siècle.

[2] Manuscr. *Biblia sacra*, Biblioth. impér., anc. fonds Saint-Germain, latin, n° 1191, iiie siècle.

[3] Voyez, dans les *Annales archéol.*, t. XVII, p. 139, l'article de M. Darcel.

[4] Du cabinet de l'auteur.

Cette forme se retrouve assez fréquemment dans les vignettes, les

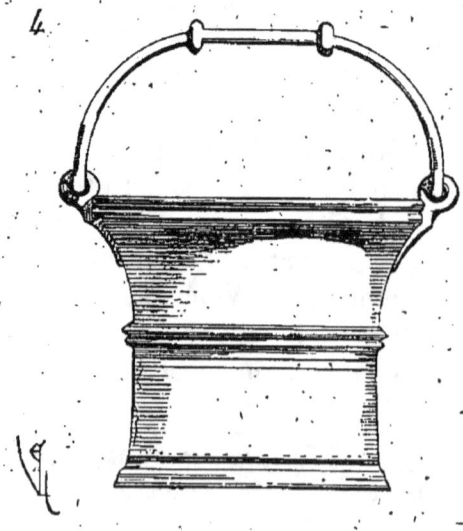

E.CUILLAUMOT.

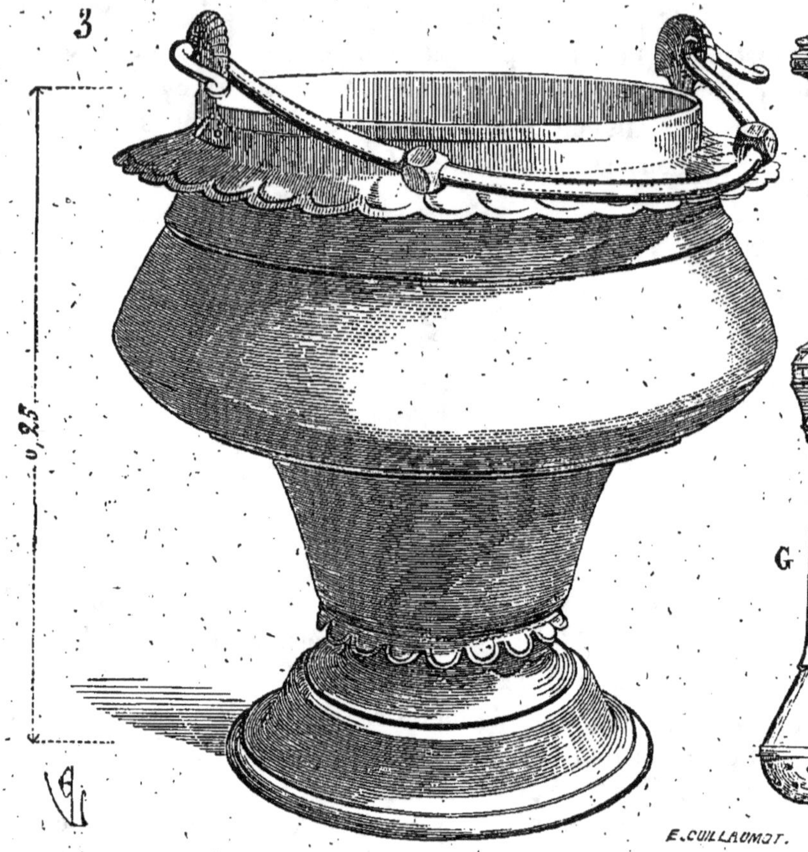

peintures et les vitraux de cette époque ; le pied est soudé à l'étain

au-dessous de la bague perlée inférieure. Quant au collet d'oves

supérieur, il est pris sous l'orle retourné et battu de la gorge. Les
attaches de l'anse sont rivées, et cette anse est fondue. Le goupillon G
est copié sur un de ces objets sculpté sur un bas-relief du portail
nord de la cathédrale de Reims.

Un de ces bas-reliefs, qui représente le baptême de Clovis,
montre un bénitier en forme de seau, mais à galbe courbé avec
ceintures (fig. 4), d'un profil gracieux. Ce bas-relief date de 1230
environ.

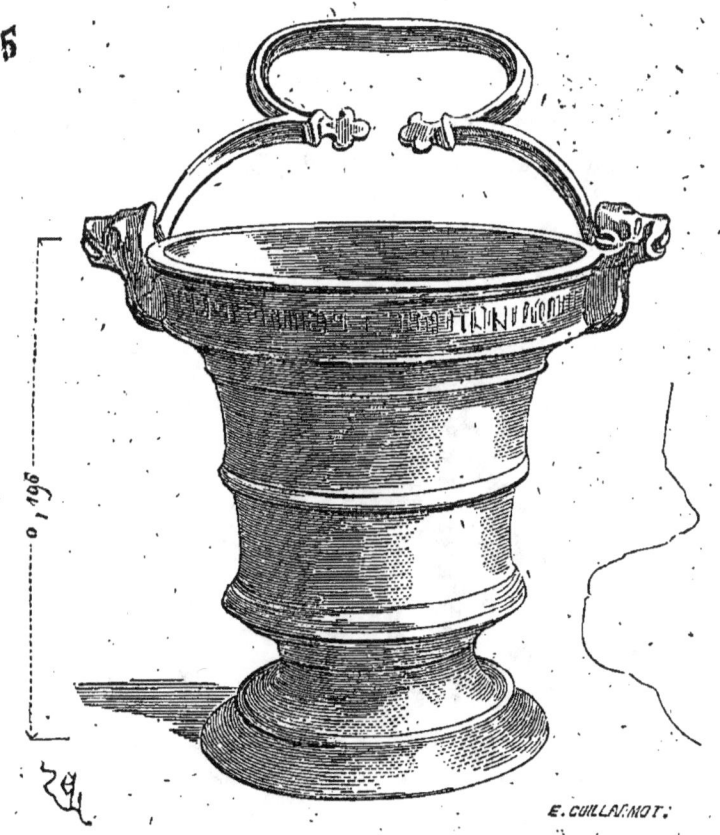

E. GUILLAUMOT.

Voici (fig. 5) un de ces bénitiers en forme de seau, coulé en
bronze, et qui date du xv° siècle. La ceinture supérieure est décorée
d'une inscription. La hauteur de ce vase est de 0ᵐ,19.

Au xɪv° siècle, on fabriquait des bénitiers fort riches par la matière
et le travail :

« Pour .i. eaubenoitier avec l'espergès de cristal assiz sur 3 pieds
d'argent dorez, pesant 5 mars 5 esterlins... [1] »

---

[1] *Invent. de l'argent. des rois de France dressé en* 1353, publ par la Soc. de l'*Hist.
de France*, Douët d'Arcq.

**BIBERON**, s. m. L'invention du biberon destiné à l'allaitement n'est pas nouvelle.

Robert le Diable enfant :

« Et quant li malfès aletoit
« Sa noriche tous tans mordoit ;
« Tous tans huie, tous tans resquinge [1].
« Ja n'ert à aisse s'il ne winge [2] ;
« Les noriches cel aversier
« Redoutent tant à alaitier [3]
« C'un *cornet* li afaitièrent
« C'onques puis ne l'alaitièrent [4]. »

On donnait aussi le nom de *biberons* à certains petits vases de terre que l'on suspendait au cou des enfants, et qui contenaient du lait ou

1

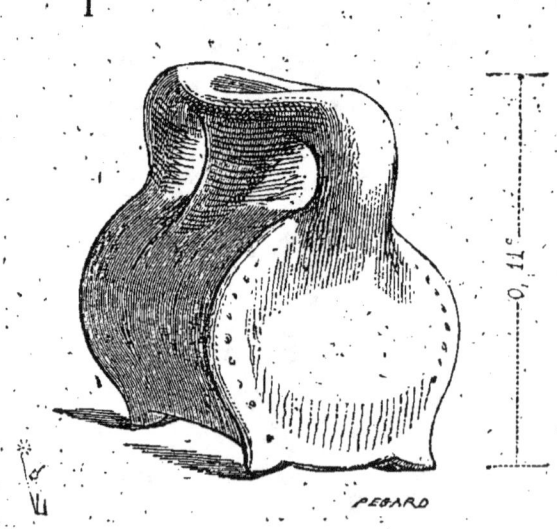

quelque liqueur sucrée. Voici (fig. 1 et 2) des formes variées de ces vases [5] qui datent de la fin du XIVe siècle. L'un (fig. 1) est fait en

[1] « Tant il crie, tant il se révolte. » — [2] « Il n'est en peine que de mal faire. » — [3] « Les nourrices craignent si fort d'allaiter ce mauvais. »

[4] *Li Romans de Robert le Diable* (XIIIe siècle), publ. d'après le ms. de la Biblioth. impér. par la Société des antiquaires de Normandie, 1836, p. 130.

[5] Musée des fouilles du château impérial de Pierrefonds.

façon de barillet à pieds, avec un goulot et deux anses pour passer un cordon ; il est émaillé. L'autre (fig. 2) rappelle la forme de ces bouteilles de grès que les laboureurs portent en bandoulière. Les

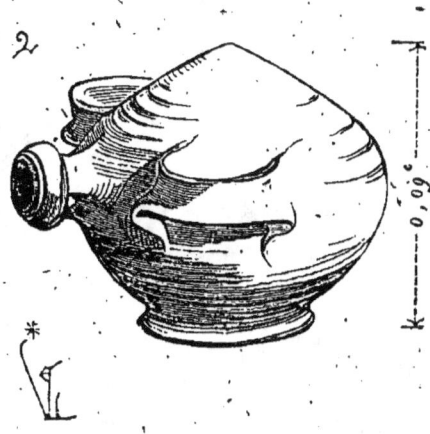

orifices de ces vases sont très étroits ; il fallait nécessairement humer la liqueur qu'ils contenaient. Pleins, ils ne peuvent être vidés que si on les secoue fortement.

Le nom de *biberons* était donné aussi aux goulots dont certains bassins à laver étaient munis. (Voyez BASSIN.)

**BIDON,** s. m. (*canter*). Grande bouteille en forme de disque, avec goulot et oreilles pour la porter. Les bidons étaient employés en campagne et étaient fabriqués en fer. On les suspendait aux chariots au moyen d'une chaîne, et ils contenaient l'eau à boire ; c'est pour cela qu'on les fabriquait en fer. Le musée de Cluny conserve un bidon du xv$^e$ siècle aussi remarquable par sa forme que par sa fabrication (fig. 1). Ce bidon est de fer battu, façonné en deux coquilles soudées à l'étain. Deux bandes A, également de fer battu, avec renforts B, enveloppent de chaque côté une partie de la circonférence, et se terminent par les oreilles C, qui reçoivent la chaîne avec poignée qui sert à porter le vase. Ces bandes sont rivées et soudées ; elles répartissent le tirage sur une partie notable du bord de la panse. Le goulot D est soudé à la panse au moyen d'une plaque carrée de fer battu. Trois pieds courts permettent de poser ce bidon sur une surface plane. Un écu chargé d'un globe surmonté d'une croix décore seul ce vase de campagne, qui contient environ vingt-cinq litres. En F, on voit comment les deux coquilles de fer battu sont emboîtées et soudées.

Quand les bidons étaient de petites dimensions et qu'ils pouvaient

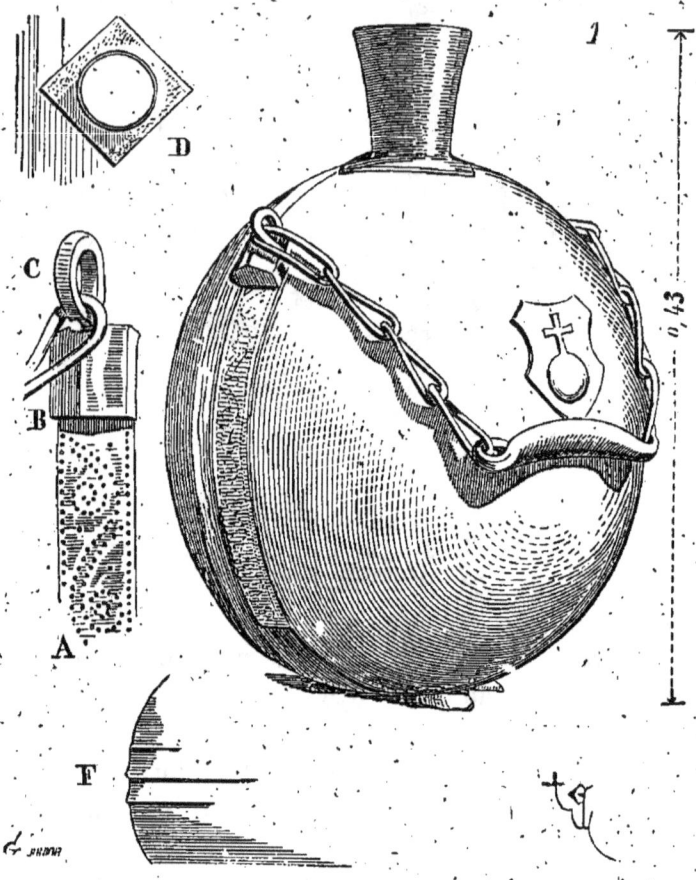

ainsi faire partie de l'équipement d'un homme, on les appelait des *biberons* (voyez ce mot).

**BOITE,** s. f. (*boiste, liette*). Petit coffret (voyez COFFRET, *Dict. du mobilier*, t. Ier). On fabriquait des boîtes d'orfèvrerie (voyez ORFÈVRERIE).

« Pour 1 boiste de cristal, garnie d'argent, à mettre pain à « chanter... [1] »

**BOUGETTE,** s. f. Petite valise.

**BOUSSOLE,** s. f. (*marinière, marinette*). La propriété de l'aiguille aimantée de diriger l'un de ses pôles vers le nord était

<hr/>

[1] *Invent. de l'argent. des rois de France*, 1353.

connue dès la fin du XIIe siècle, ainsi que le prouve le texte de Guyot de Provins [1]. Ces premières boussoles consistaient en une aiguille aimantée couchée en un fétu de paille que l'on laissait flotter sur l'eau remplissant un bassin.

**BOUTEILLE**, s. f. On ne se servait point de bouteilles de verre pendant le moyen âge pour conserver le vin. Cette liqueur était enfermée dans des fûts ou dans des vases de terre appelés *boutiaux, boutilles, bouties.* Les Anglais fabriquaient des bouteilles de cuir qui étaient fort estimées :

« Pour 2 boteilles de cuir achetées à Londres pour monseigneur « Philippe, 9 s. 8 d. [2]. »

Les bouteilles de verre étaient plutôt des flacons destinés à contenir des liqueurs précieuses :

« Pour 2 petites boteilles de voirre grinellé garnies d'argent, à tout « les tissus de soye senz ferrure... [3] »

Cependant des vignettes de manuscrits des IXe et Xe siècles figurent des repas pendant lesquels des convives boivent à même des bouteilles en forme de *ballons* [4]. Nous ne saurions dire si ces bouteilles étaient de terre cuite ou de verre.

**BROCHE**, s. f. (*hastier*). L'usage des broches pour faire cuire les viandes remonte à la plus haute antiquité. Les héros de l'*Iliade* rôtissaient les viandes à l'aide de broches de bois ou de métal. Les peuples venus du nord-est dans les Gaules, au Ve siècle, étaient grands mangeurs de viandes rôties, comme le sont tous les descendants des races aryennes. Éginhard [5] rapporte que le repas de Charlemagne se composait de quatre mets, sans compter le rôti, qui lui était ordinairement apporté en broche par les chasseurs, et dont il mangeait avec plus de plaisir que de toute autre chose.

La tapisserie de Bayeux nous montre l'armée de Guillaume le Bâtard festinant aussitôt qu'elle a mis le pied sur le sol anglo-saxon. Des serviteurs apportent quantité de viandes embrochées aux chevaliers, qui mangent devant leurs boucliers disposés en guise de tables. Dans le camp, les chevaliers prennent ces viandes à même

[1] Bible. Voyez *Fabliaux ou contes du XIIe et du XIIIe siècle.* Legrand d'Aussy, édit. 1779, t. II, p. 27 (note).

[2] *Journal de dépenses du roi Jean en Angleterre.*

[3] *Invent. de l'argent. des rois de France dressé en 1353.*

[4] Voyez le *Dict. du mobilier*, t. Ier, à l'art. TABLE.

[5] *Vita Karoli imperatoris,* XXIV.

les broches. A table, on les présentait devant chaque convive sur
des tranches de pain. Nos aïeux tenaient fort à manger chaud, et les
pièces rôties étaient désembrochées juste au moment d'être portées
sur table. Les broches étaient tournées par des garçons devant le
brasier, et l'usage des tournebroches mécaniques à poids ne remonte
pas au-delà de la fin du xiv° siècle. Elles étaient posées sur des crochets tenant aux landiers [1].

**BROUETTE**, s. f. Petit véhicule à une roue, muni de deux bras
qui servent à maintenir en équilibre et à pousser le fardeau placé sur
un plateau garni de rebords. Nous ne savons qui le premier a dit que
la brouette avait été inventée par un sieur Dupin, en 1669 [2]. Beaucoup de manuscrits des xiii°, xiv° et xv° siècles mentionnent cepen-

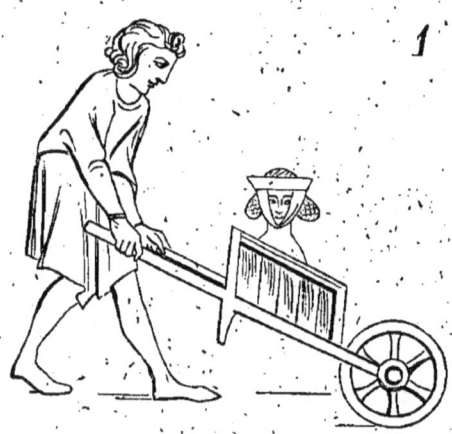

*1*

dant des brouettes. On pourrait croire peut-être que ce mot ne signi-
fiait pas exactement ce que nous entendons aujourd'hui par une
brouette. Or voici (fig. 1) la copie d'une vignette d'un manuscrit de
la fin du xiii° siècle [3], qui donne une brouette absolument semblable
à celles que l'on emploie aujourd'hui, et cet exemple n'est pas le seul;
ce qui n'empêchera certainement pas de répéter longtemps encore
que la brouette, ce petit véhicule, est une de ces découvertes aussi
simples qu'utiles, due au grand siècle. C'est une question d'ordre
public dans un certain monde, que tout, depuis l'art de penser jus-

[1] Voyez le *Dict. du mobilier*, t. Ier, art. LANDIER.
[2] Dans son excellent *Dictionnaire de la langue française*, M. Littré reproduit cette
erreur. Cela peut paraître d'autant plus étrange, qu'il cite des documents des xiii° et
xiv° siècles dans lesquels la brouette est mentionnée.
[3] *Hist. du saint Graal*, Biblioth. impér., n° 6769.

qu'à la brouette inclusivement, date du règne de Louis XIV. Avouons cependant, pour ne rien exagérer, que les esprits larges admettraient peut-être que le XVIᵉ siècle a été témoin d'un certain effort de l'esprit humain, et qu'alors, peut-être, la brouette aurait pu sortir du cerveau d'un des novateurs de cette époque. Mais remonter au delà, donner à la brouette une origine plus ancienne, est une de ces témérités qui ne tendent à rien moins qu'à nous faire rétrograder en pleine féodalité.

**BUFFET,** s. m. Vieux mot qui désignait l'ustensile que nous appelons aujourd'hui *soufflet*, et qui sert à activer le feu. On disait encore *buffet* ou *bufflier* pour soufflet, en Champagne, il y a cinquante

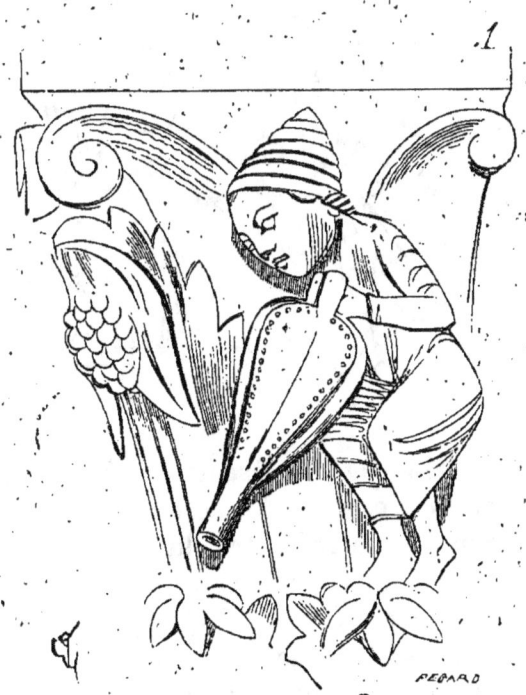

ans. Le mot *buffet* s'entendait aussi comme soufflet (sur la joue). Voici un jeu de mots qui le prouve clairement :

« Se je di à un vilain : « Je te donrai un buffet », il s'ira clamer « de moi ; et encore valt mes *buffès* v. sols u. vj. à mettre en la mai-« son d'un borgois [1]. »

Cet ustensile, le soufflet, est de date ancienne ; nous ne saurions dire à quelle époque le mot « soufflet » a été substitué au mot « buffet »,

[1] *La riote du monde,* XIIIᵉ siècle.

mais la double signification du mot « soufflet » s'est évidemment sub-
stituée à la double signification du mot « buffet ».

Sur les chapiteaux de la nef de l'église abbatiale de Vézelay, qui
date des premières années du XII° siècle, nous voyons déjà un buffet
sculpté ayant exactement la forme de nos soufflets modernes (fig. 1).

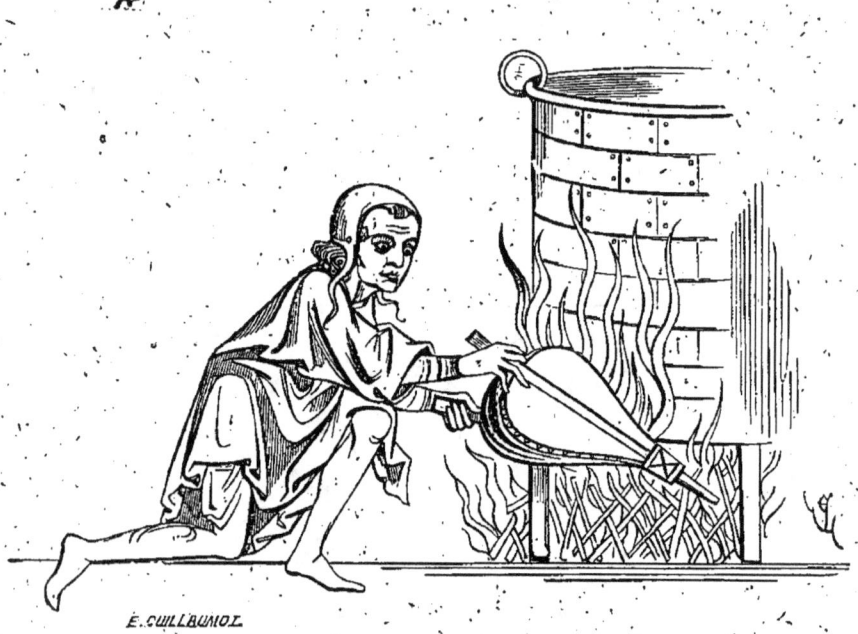

E. CUILLBUMOL

Il est vrai que le personnage représenté ici est un vanneur qui épure
le grain. Cet ustensile n'est pas, dans cette sculpture, destiné à souffler le feu, c'est un instrument d'agriculture.

Au XIII° siècle, le soufflet conserve cette même forme et est employé à activer la flamme (fig. 2)[1]. Quelquefois le porte-vent est
orné[2]; les tablettes de bois se couvrent de sculptures. C'est au
XV° siècle que cet ustensile, introduit dans les appartements et appendu aux montants des cheminées, est souvent richement décoré,
garni de clous de cuivre, d'un porte-vent de bronze très finement
ciselé.

La figure 3 présente un de ces buffets qui date des premières
années du XV° siècle[3]. Les plats sont de bois, et le porte-vent de

[1] *Apocalypse*, Biblioth. impér., fonds français, n° 7013.
[2] Voyez dans le *Dict. du mobilier*, t. I°', le résumé historique.
[3] Collect. des dessins de l'auteur.

cuivre. En A est tracé l'évent, qui est percé par le plat postérieur uni. Nous ne connaissons pas de soufflets anciens à deux ventricules.

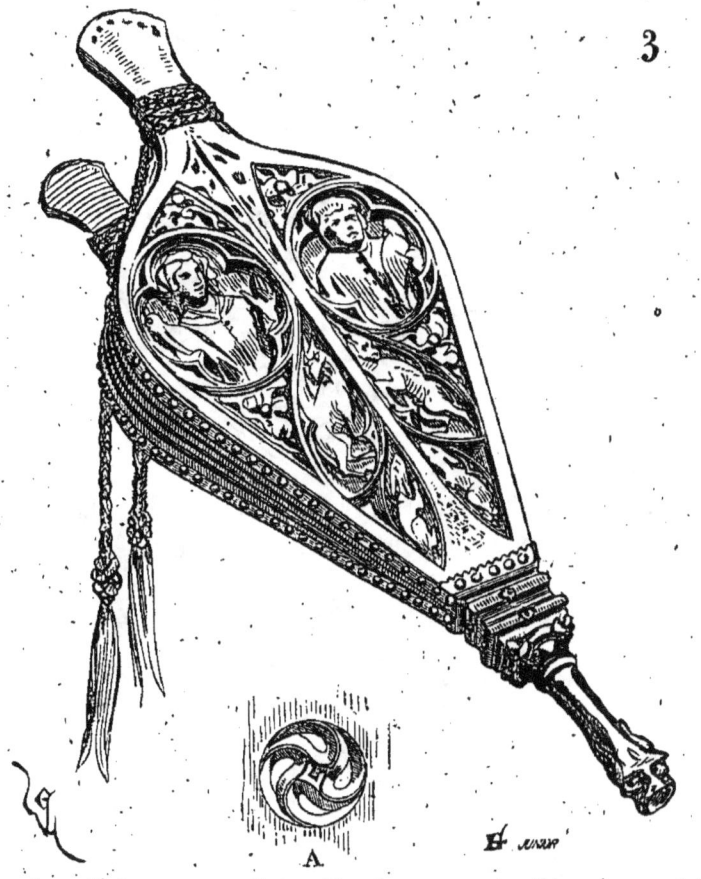

3

A

Les musées et beaucoup de collections particulières possèdent de beaux soufflets des xvi° et xvii° siècles, mais d'une forme beaucoup plus lourde que celle de l'objet donné (fig. 3).

**BUIRE**, s. f. (*buye, buie*). Vase en manière d'amphore, avec ou sans pied, propre à contenir des liquides et particulièrement du vin.

« Del vin emporte buire... [1] »
« Avoir veulz le vin à la buire [2]. »

« Au dehors du chastel et de la ville a une très-belle fontaine,
« où, par usage, tous les matins, les femmes de la ville venoient à
« tout buire et autres vaisseaux..... [3]. »

[1] *Poëme anglo-normand*, t. III. p. 111, publ. par Francisque Michel.
[2] Eust. Deschamps. *Poésies*, xiv° siècle.
[3] Froissart. xv° siècle.

« Payé pour les plats doubles, la nef et la buye d'argent... [1]. »

Ces buires étaient souvent, comme les amphores romaines, sans pied, et enfoncées en terre, ainsi que l'indique la vignette (fig. 1) [2].

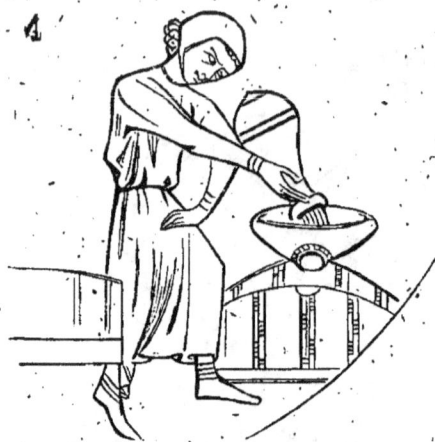

Il y avait des buires de toutes grandeurs ; toutefois la buire est portative, et elle est généralement munie d'une anse. On en fabriquait

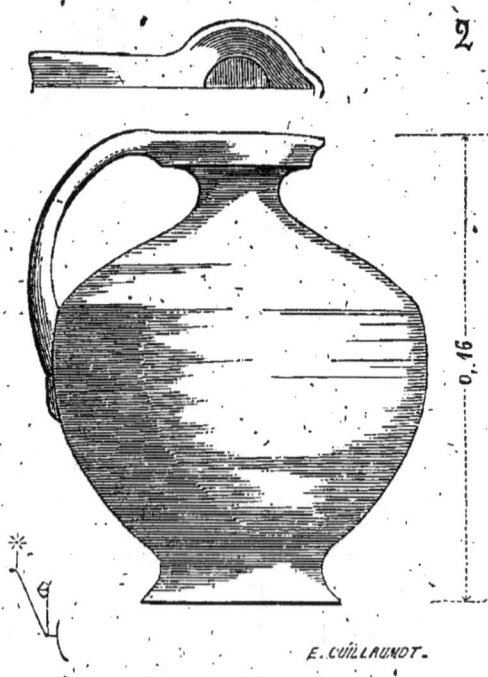

E. GUILLAUMOT.

en terre et aussi en métal précieux. Ces dernières étaient de petites

[1] Invent. du château de Gaillon, XVI° siècle.
[2] Manuscr. Biblioth. impér., anc. fonds Saint-Germain, n° 37, XIII° siècle.

dimensions et ressemblaient aux vases qu'on appelle aujourd'hui burettes.

La figure 2 est une buire de terre cuite trouvée dans les fouilles du château de Pierrefonds ; elle date du xıv° siècle [1]. Le xvı° siècle fabriqua des buires en faïence et en émaux d'une grande richesse. Nous avons l'occasion de parler de ces vases dans le *Dictionnaire de l'orfèvrerie*, blanche, dorée et émaillée.

**BURETTE,** s. f. Petit vase en forme d'aiguière, et qui était particulièrement destiné à contenir le vin et l'eau pour le sacrifice de la messe. Deux burettes étaient placées sur un plateau oblong pour cet usage. Elles étaient généralement fabriquées en argent ou en cuivre doré et émaillé. (Voyez le *Dict. de l'orfèvrerie*.)

**CADENAS,** s. m. Nom que l'on donnait au coffre fermé d'une chaine, avec vertevelle ou petite serrure, et dans lequel on enfermait les divers objets du service de table des grands, c'est-à-dire la salière, les épices, les cuillers, fourchettes, couteaux, etc. Ce coffre, habituellement en forme de nef, était placé sur la table, devant le personnage, et était ouvert devant lui au moment du service. (Voy. Nef.)

**CALICE,** s. m. Coupe dans laquelle, depuis les premiers siècles de l'Église, le prêtre, à l'autel, verse le vin du sacrifice de la messe, en commémoration de la cène de Jésus et des apôtres.

Suivant l'Évangile-apocryphe de Nicodème, Joseph d'Arimathie, disciple de Jésus, ayant conservé la coupe dont son divin Maître s'était servi pendant la cène, aurait recueilli dans ce vase des gouttes du sang qui tombait des plaies de Jésus, après que le corps eut été descendu de la croix, et aurait légué ce calice, ou *graal*, à son neveu, nommé Alain.

Sur ce thème, le moyen âge fit une des légendes les plus populaires en Occident. « Un des premiers missionnaires qui vinrent en Angle-

[1] Musée du château impérial de Pierrefonds.

terre prêcher le christianisme se nommait Josèphe. A ces époques d'ignorance et de foi crédule, il ne fallut pas beaucoup de temps et beaucoup de peine pour faire de cet apôtre de la Grande-Bretagne le fils du personnage de l'Évangile [1]. »

Le cycle des épopées bretonnes fit de ce Joseph, supposé fils de Joseph d'Arimathie, l'ancêtre d'Artus et des chevaliers de la Table ronde. Au XIIe siècle, un roman fut écrit en latin par Gautier Map, chapelain du roi d'Angleterre Henri II, sur le saint Graal, c'est-à-dire sur les aventures des chevaliers en quête du saint Graal. Cet écrit fut mis en français par Robert de Borron.

La conquête de ce calice type, divin talisman, fut pendant le moyen âge le sujet de maintes légendes, de romans, de peintures et tapisseries. C'est ainsi, d'après le roman français du *saint Graal* [2], que s'exprime Jésus lui-même, apparaissant à Joseph d'Arimathie :

« Cist veissiaus où men sanc méis,
« Quant de men corps le requeillis,
« Calices apelez sera,
« La platine ki sus girra
« Iert la pierre senefiée
« Qui fu deseur moi scelée,
« Quant ou sepulchre m'éus mis [3]. »

Dès les premiers siècles du christianisme, le calice était adopté dans la célébration des saints mystères. Le testament de Perpetuus, évêque de Tours, mort en 474, lègue à son église « deux calices d'or ».

A Gourdon, près de Chalon-sur-Saône, on trouva en 1846 un vase d'or qui était certainement un calice de chapelle privée (*singularis*), et qui est orné de turquoises et de grenats. Ce calice est muni de deux anses. Ainsi est souvent représenté le calice dans lequel l'Église personnifiée recueille le sang de Jésus sur la croix. Telle était probablement la forme donnée aux calices de la primitive Église (fig. 1), forme à laquelle on substitua celle d'un cractère avec pied, et qui fut conservée jusqu'au XVe siècle. Un de nos plus beaux calices de ce genre, de style français, est le célèbre calice de saint

[1] Voyez la *Notice* publiée par M. Francisque Michel en tête du *Roman du saint Graal*. Bordeaux, 1841.
[2] Voyez la publ. de ce roman par M. Fr. Michel.
[3] Vers 907 et suiv.

Remi, qui date du XIIIᵉ siècle. Cette coupe est d'or (fig. 2) et est ornée d'émaux et de pierres fines. Faisant autrefois partie du trésor de Notre-Dame de Reims, ce calice passa dans celui de Saint-Denis.

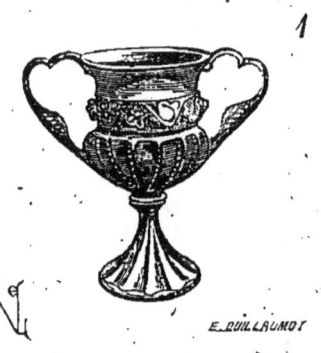
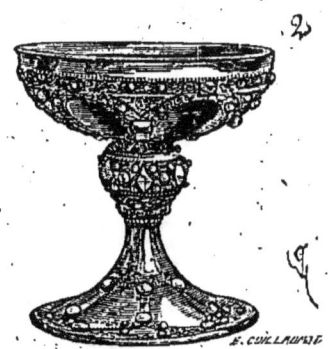

En 1792, il fut déposé à la Bibliothèque nationale, où il resta jusqu'en ces derniers temps. Aujourd'hui, ce précieux objet a été confié au trésor de la cathédrale de Reims.

La forme de cratère fut remplacée, vers la fin du XVᵉ siècle, par une coupe en manière de tulipe (voy. l'ORFÈVRERIE) [1].

On ne se sert plus aujourd'hui que de calices d'argent ou de vermeil ; mais, dans les premiers siècles du moyen âge, on en fabriquait de toutes matières, bois, verre, ivoire, cuivre, étain. En Angleterre, après le paiement de la rançon du roi Richard, le clergé ne se servait plus que de calices de bois [2]. L'abbé Lebeuf parle, dans son *Histoire du diocèse de Paris* [3], d'un calice de cuivre rouge qui aurait appartenu à saint Crodegrand, évêque de Séez, et qui était déposé dans le trésor de l'abbaye de Saint-Martin des Champs à Paris. Ce calice avait été doré, ainsi que la patène, et datait du VIIIᵉ siècle. La coupe était étroite et profonde, comme celle des calices primitifs ; il n'était orné que par une inscription et une colombe gravées sur ses parois.

Nous n'avons pu découvrir exactement à quelle époque la patène fut jointe au calice. L'usage de la patène dut être admis au moment où le culte, en ce qui concerne la manière de communier à l'autel, fut réglé par l'Église en Occident.

**CANIF**, s. m. (*kenivet*). — Voy. COUTEAU.

[1] Voyez la *Notice* très développée de M. l'abbé Barraud, sur les calices, insérée dans le tome VIII du *Bulletin monumental* publ. par M. de Caumont, p. 385.

[2] André Pottier. Guillaume Durand parle de calices de bois et de verre.

[3] Tome Iᵉʳ, p. 310.

**CANTINE**, s. f. Jusqu'au xv<sup>e</sup> siècle, les nobles avaient pour habitude de transporter avec eux, en campagne, tous les ustensiles nécessaires à la vie matérielle : batterie de cuisine, meubles, vaisselle, etc. Les bagages occupaient ainsi, dans les armées mobiles,

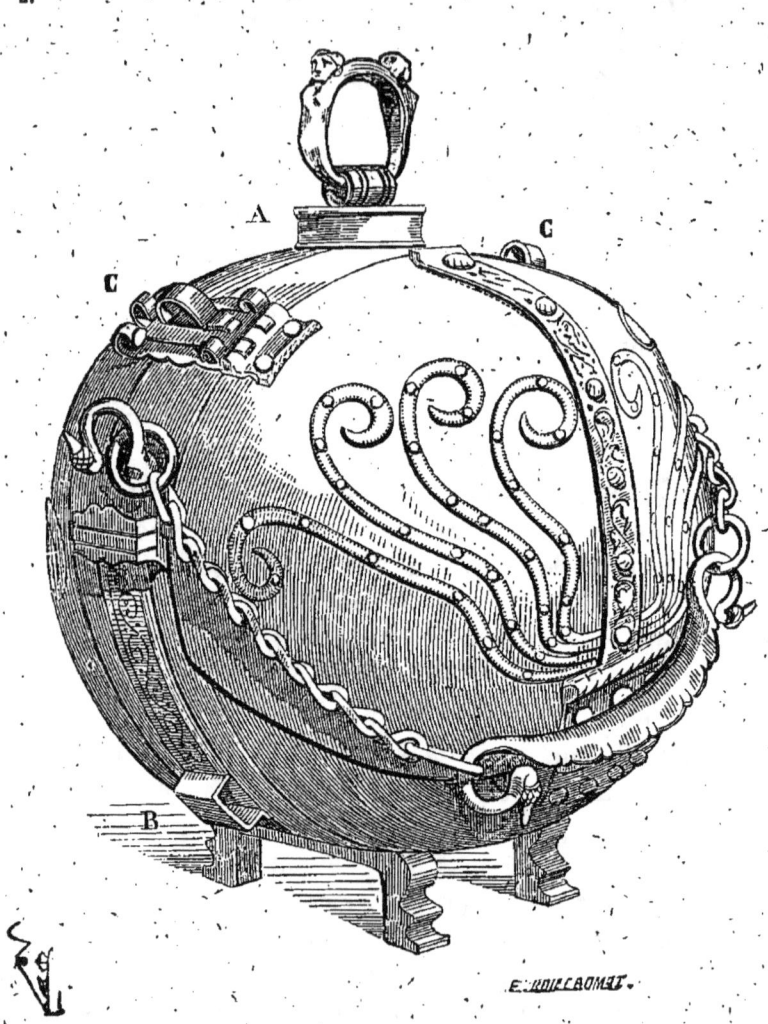

un nombre considérable de valets, de goujats, de charretiers, qui devenaient souvent l'occasion d'embarras et même de désastres. Après les tristes campagnes du commencement du xv<sup>e</sup> siècle, les capitaines qui continuèrent la lutte contre l'invasion anglaise prirent des habitudes militaires plus conformes aux nécessités du temps. Obligés de se multiplier, de tenir les champs, trouvant partout des villages abandonnés, des partis ennemis, des châteaux fermés, il

leur fallut faire la guerre de partisans, et ne plus traîner avec eux
ces bagages encombrants qui suivaient les corps d'armée de la noblesse
sous Charles VI. Le temps n'était plus où un camp ressemblait à une
ville, où le luxe de table pouvait se déployer dans des tentes divisées
comme des habitations permanentes, où chaque baron traînait derrière lui des cuisiniers, des pourvoyeurs, des valets et des chariots
munis de tout ce qui peut contribuer au bien-être. Des capitaines
comme les Dunois, les La Hire, les Poton de Xaintrailles et tant
d'autres, toujours par les chemins, ne pouvaient avoir avec eux
qu'un bagage fort mince. Il fallait vivre cependant, et vivre dans des
provinces dévastées par vingt ans de guerres. Ce fut alors, et au
moment de l'organisation des compagnies régulières, qu'on s'oc-

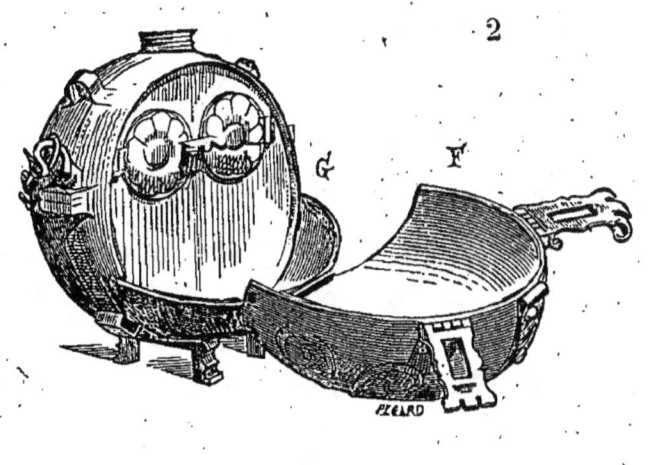

2

cupa des moyens de pourvoir ces corps de vivres pour quelques
jours pendant les expéditions ; les capitaines eurent alors leur
cantine. Et habituellement ces vivres et cantines étaient transpor-
tés sur les chariots d'artillerie. Les troupes des ducs de Bourgogne
étaient bien pourvues, vers le milieu du xvᵉ siècle, de ces transports
de guerre, qui pouvaient suivre les mouvements d'une armée, si
rapides qu'ils fussent. Les cantines des capitaines étaient disposées
parfois de manière à transporter les repas tous préparés pour une
journée. Le musée de Cluny possède une de ces cantines, qui, bien
que d'une fabrication plus récente (xviiᵉ siècle), confirme la forme
de celles que les vignettes des manuscrits du xviᵉ figurent suspendues
aux chariots d'artillerie. Nous donnons cette cantine (fig. 1) ; elle est
de fer battu et étamé. L'anse supérieure est de bronze, et permet de
dévisser le bouchon qui ferme un orifice A, par lequel on introduisait
de l'eau bouillante dans la moitié de la sphère. Une autre anse atta-

chée à deux chaînettes était passée dans la courroie de suspension ; d'autres courroies passées par les oreilles B empêchaient la cantine de ballotter. Un cadenas et une clavette fermaient les moraillons en C. La cantine ouverte est représentée fig. 2 ; le bouchon supérieur est dévissé. On aperçoit à l'intérieur deux disques qui bouchent des manchons (sortes de petits fours) pouvant contenir des viandes cuites, tenues chaudes par l'eau bouillante. Un autre manchon s'ouvre à l'extérieur en sens inverse. Dans la partie abattue F et posée sur un brasier, ou même dans la poche G, on pouvait cuire des légumes, une soupe. La coquille, abattue, était ainsi une véritable gamelle. Cette cantine a 40 centimètres de hauteur. Dans la partie antérieure qui s'abat, on logeait facilement un pain, une serviette, des couteaux, cuillers et fourchettes.

Cet objet est fabriqué avec beaucoup de soin ; les coquilles sont renforcées par des nerfs rivés, et les attaches tiennent à des bandes de fer battu rivées et soudées. Les charnières sont également rivées très solidement. Dans une expédition d'une journée, cette cuisine portative suffisait à deux ou trois personnes ; et si l'on n'avait pas le temps d'allumer du feu, l'eau bouillante jetée au départ dans la demi-sphère close maintenait les viandes chaudes pendant plusieurs heures.

**CHALUMEAU,** s. m. Fistule d'argent ou d'or destinée à boire le vin versé dans le calice, lorsqu'on communiait sous les deux espèces. Le chalumeau était usité dans la primitive Église. Du temps de Piganiol, les religieux se servaient encore, dans l'église abbatiale de Cluny, d'un chalumeau pour communier. Bocquillot [1] décrit ainsi le chalumeau eucharistique dont on se servait pour la communion sous les espèces du vin : « Le bout que l'on trempoit dans le calice étoit « large et convexe, ou fait en bouton, et l'autre bout, qui se mettoit « dans la bouche, étoit tout petit et tout uni. On le tenoit dans un « petit sac de toile ou d'étoffe fait exprès [2].... »

L'inventaire du trésor de la cathédrale de Laon mentionne un *roseau* d'argent doré par les bouts et milieu, « pour administrer « au diacre le sang précieux de N.-S., sous les espèces du vin ».

**CHANDELIER,** s. m. Porte-lumière. S'entendait comme candélabre, porte-bougie de cire ou chandelle de résine ou de suif, porte-

---

[1] *Traité histor. de la liturgie sacrée.*

[2] Voyez la note de M. Ch. Barthélemy dans sa traduction du *Rational* de Guillaume Durand, t. II, p. 394.

lampe, fixe ou mobile. On admet généralement que nos aïeux s'éclairaient fort mal. Nous ne mettons pas en doute que leurs salles fussent très médiocrement éclairées, si l'on prétend comparer ce qui se pratiquait alors avec ce que nous voyons aujourd'hui dans nos salons. Mais, entre l'abus des lumières et l'obscurité, il est un moyen terme. On doit admettre que, pendant le moyen âge, dans les fêtes de nuit, dans les cérémonies religieuses, l'abondance du luminaire était considérée comme un *luxe nécessaire,* et ce luminaire consistait principalement en bougies de cire, cierges et *tortis* ou torches à main. Les bougies de cire étaient fichées, soit sur des chandeliers suspendus (lustres), soit sur des candélabres fixes à plusieurs branches, soit sur des chandeliers mobiles. En outre, pendant les banquets, les bals, des serviteurs en grand nombre portaient des torches de cire. Nos musées, nos trésors d'église possèdent encore des exemples variés de ces chandeliers de toutes formes et dimensions ; on en fabriquait en bois, en fer, en cuivre, en argent et même en or. Des chandeliers d'argent, il en reste très peu ; des chandeliers d'or, si tant est que les inventaires soient exacts, pas un seul. Mais les chandeliers de cuivre abondent, fabriqués ou repoussés, fondus, émaillés, niellés, à une ou plusieurs branches ; et ces ustensiles affectent une variété de formes incroyable. Les termes qui servent à désigner ces objets sont nombreux : *tortis, torches, chandélabres, flambiaux, chandeliers, cierges, chandeliers à l'huile, flambiaux de poing, chandeliers à branches.* Il est difficile de croire que des gens qui possédaient une si grande variété de supports de lumières s'éclairassent aussi mal qu'on voudrait le supposer.

Nous avons parlé, dans le *Dictionnaire du mobilier,* des couronnes de lumières, des lampiers, des grands candélabres fixes à plusieurs branches, des pieds de cierge pascal, etc., que l'on plaçait dans les églises et les grand'salles des châteaux ; nous ne reviendrons pas sur ces objets. Il n'est question ici que des rapports de lumières transportables, qui rentrent dans la catégorie des ustensiles.

Dans les *Mélanges archéologiques* des RR. PP. Martin et Cahier[1], sont gravés plusieurs chandeliers de cuivre fondu des xi$^e$, xii$^e$ et xiii$^e$ siècles, qui représentent un dragon sur lequel est assis un personnage tenant une fleur épanouie qui sert de bobèche à la bougie. Ces chandeliers, d'une forme singulière, proviennent de plusieurs collections privées. Ils ne sont pas les seuls. En Angleterre,

[1] Tome I, p. 91, pl. XIV, XV, XVI et XVII.

en France, en Belgique, dans le nord de l'Italie, on retrouve encore des exemples assez nombreux de ces flambeaux aux figures symboliques. Le R. P. Cahier admet que ces sujets sont empruntés à la mythologie scandinave ; quelques archéologues ont même prétendu

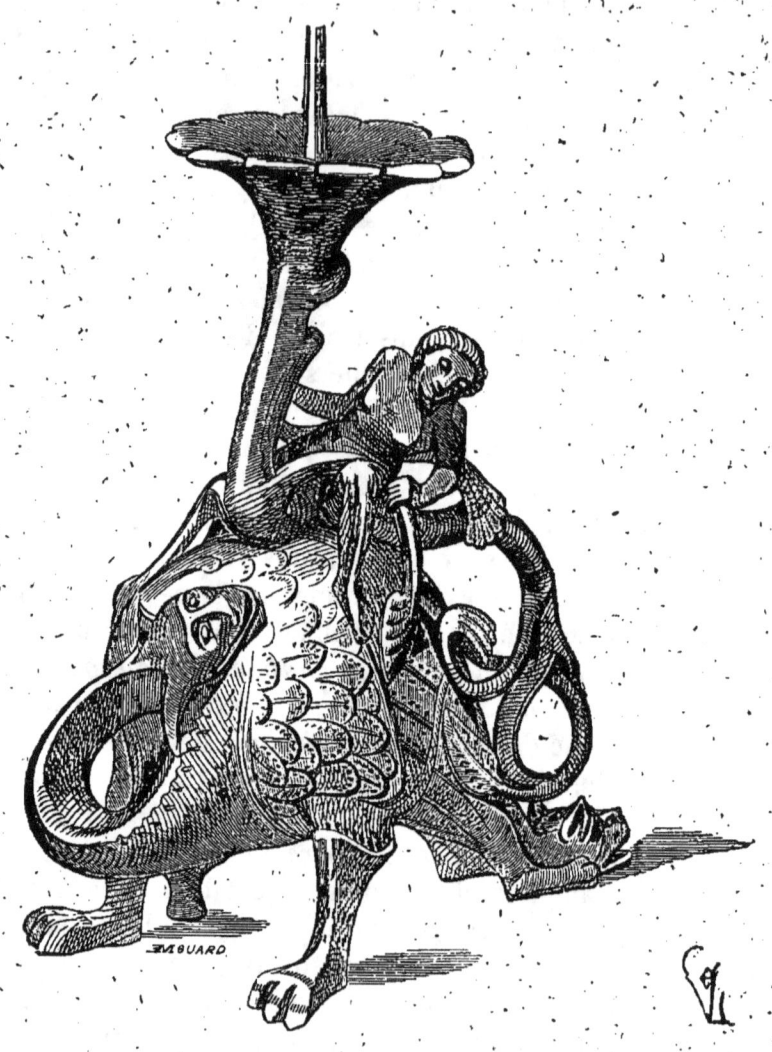

que ces porte-lumière étaient de fabrication orientale. Cette dernière hypothèse ne nous paraît guère admissible, car on retrouve dans le style de ces bronzes tous les éléments de notre sculpture romane du commencement du XII° siècle. Nous ne discuterons pas ce point archéologique, ce n'est pas de cela qu'il s'agit ici ; il suffit de présenter un de ces exemples (fig. 1) [1], dont la fabrication paraît

___

[1] Anc. collection de M. Dugué.

appartenir aux dernières années du xi° siècle. L'enroulement qui se détache au-dessus de la croupe du monstre servait d'anse, et ces flambeaux auraient eu ainsi à peu près la destination donnée à nos bougeoirs. Ces objets sont habituellement bien fondus à cire perdue,

2

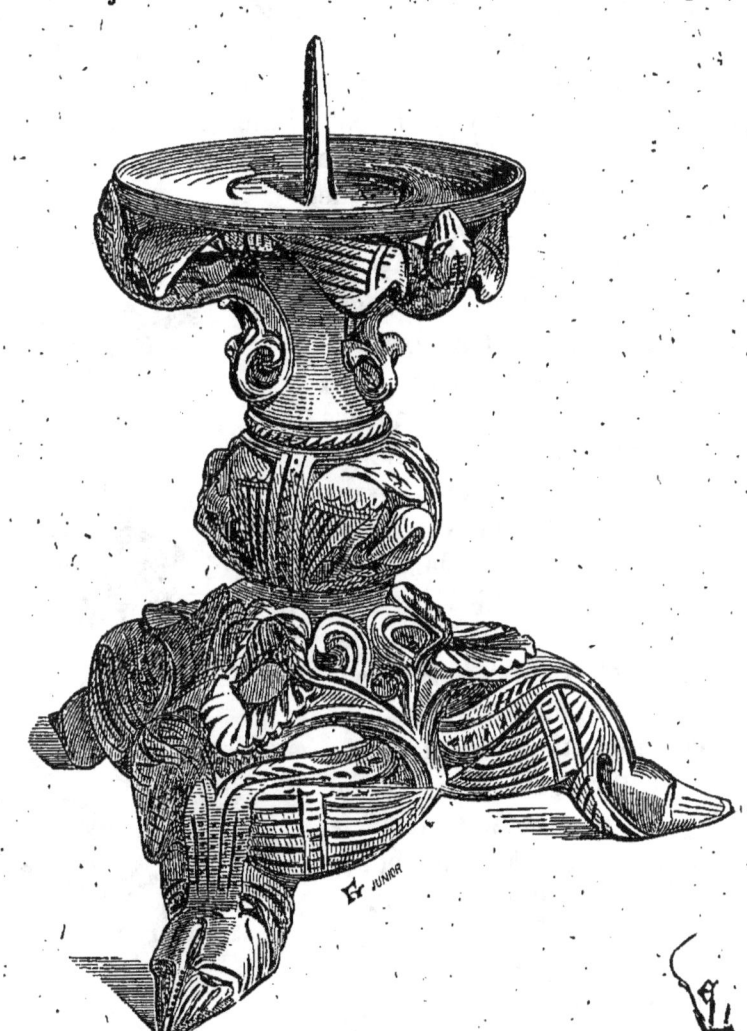

et retouchés au burin, comme le sont les bronzes hindous. Nous les croyons cependant de fabrication occidentale. Mais il ne faut pas oublier qu'à cette époque l'Occident rapportait d'Orient un grand nombre d'objets qui eurent sur le style des arts appliqués à l'industrie une grande influence. Nous avons eu l'occasion maintes fois de constater ce fait [1]. Ces formes bizarres données à certains petits

[1] Voyez l'article SCULPTURE dans le *Dictionnaire d'architecture*.

flambeaux de main persistèrent assez tard. On en voit qui datent du XIVᵉ siècle ; mais, dans ces derniers, le style oriental s'efface. Vers le même temps, c'est-à-dire du XIᵉ au XIIᵉ siècle, on fabriquait aussi beaucoup de petits flambeaux dont la forme se rapproche de ceux en usage aujourd'hui. Nos musées et collections privées en possèdent un assez grand nombre. Ils sont fondus de même sur cire perdue et retouchés au burin. Voici (fig. 2) un de ces objets [1], qui paraît dater des dernières années du XIᵉ siècle. Le dragon est, presque sans exception, un des symboles employés dans l'ornementation de ces ustensiles jusqu'au XIIIᵉ siècle [2].

L'époque romane nous a laissé un assez grand nombre de flambeaux conçus d'après ce motif et exécutés avec plus ou moins de soin. Il en est dont la fonte et les retouches au burin sont tellement grossières, qu'on en doit conclure que l'usage en était très répandu. Vers la fin du XIIᵉ siècle apparaissent les flambeaux de cuivre battu et émaillé (fig. 3) [3]. Plus légers, plus élevés que les chandeliers précédents, ceux-ci paraissent avoir été fort répandus pendant le cours du XIIIᵉ siècle. L'exemple que nous présentons ici, et qui se trouve souvent répété quant à la forme générale, possède une bobèche, une bague et un pied émaillés-champlevés. La tige est simplement burinée. Le tout était doré, l'émail appelant nécessairement la dorure.

A la même époque, on se servait aussi de chandeliers composés d'un plateau circulaire ou polygonal, surmonté d'une longue pointe sur laquelle on fichait le cierge de cire. Ces plateaux, larges, légèrement coniques où en pyramide, sont également décorés de gra-

E. GUILLAUMOT.

---

[1] Collection de l'auteur ; aux deux tiers de l'exécution.

[2] Voyez, dans les *Annales archéol.* de Didron (t. XVIII, p. 161, et t. X, p. 141), des gravures faites d'après des flambeaux analogues.

[3] Du musée de Cluny.

vures et d'émaux. Parmi ces flambeaux, un des plus remarquables
fait partie de la collection de M. le comte de Nieuwerkerke. Sur le
plateau sont gravés quatre cavaliers armés et deux servants d'armes.
Ces figures se détachent sur un fond émaillé en bleu et fleurdelisé
or. Les quatre cavaliers portent des écus armoyés de leurs armes,

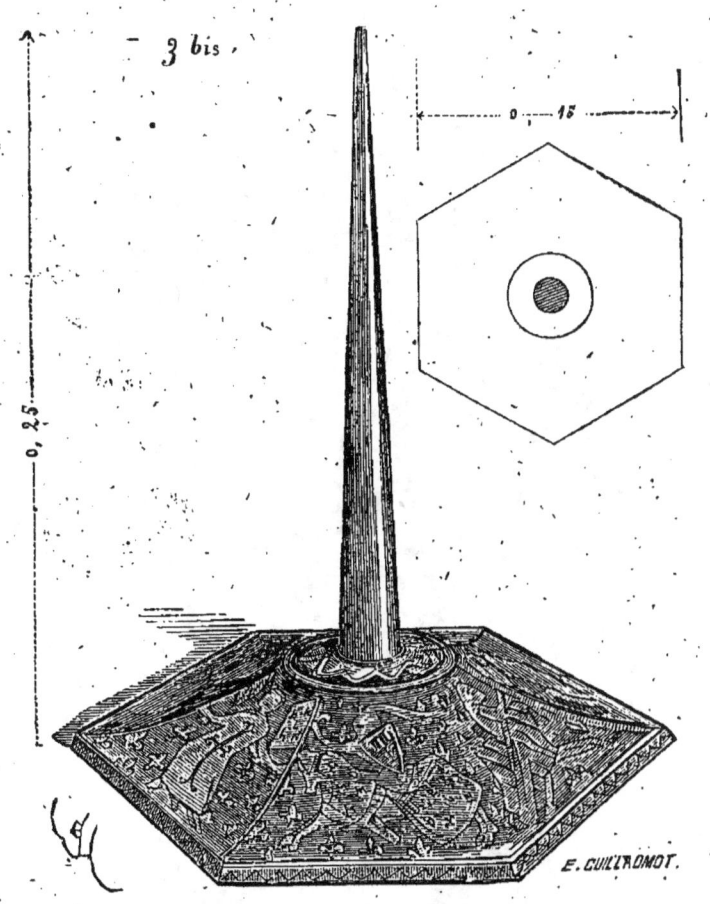

3 bis

et sont montés sur des chevaux houssés de même à leurs armes
(voyez, fig. 3 bis, l'ensemble de ce chandelier). Le premier cavalier
porte de France ancien au lambel de gueules chargé de tours de
Castille ou de couronnes. Ce peut être Charles d'Anjou, roi de Sicile ;
car cet objet appartient bien évidemment au milieu du xiii° siècle.
Le quatrième est un duc de Bourgogne, puisqu'il porte bandé d'or
et d'azur de six pièces, à la bordure de gueules. Le deuxième porte
fascé d'argent et d'azur, qui est de Dammartin. Le troisième porte
échiqueté d'or et de gueules au franc canton d'hermine, à la bordure de gueules, qui est de Dreux-Bretagne. Les deux servants

d'armes sont couverts d'une dalmatique d'argent (émail blanc) à la croix fleurdelisée de gueules. - La figure 3 *ter* donne, grandeur d'exécution, l'un des cavaliers et l'un des servants d'armes. Ce flambeau a dû être fabriqué à l'occasion d'un tournoi auquel aurait pris part Charles d'Anjou. On remarquera que les cavaliers ont tous

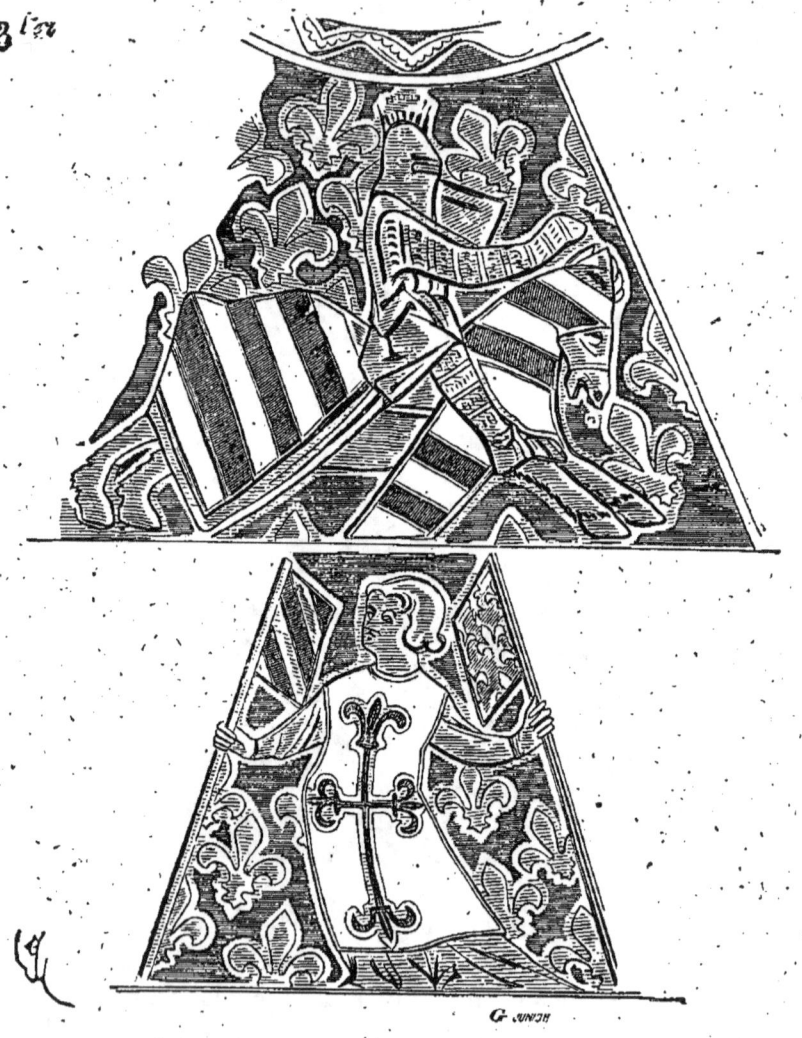

le même geste, ne sont armés ni de lances, ni d'épées. Ils ont le bras droit étendu, s'apprêtant à prendre les lances avec pennons que tendent les servants d'armes, pour entrer en lice. Il était d'usage, en effet, pendant le moyen âge, de reproduire des faits contemporains sur les ustensiles et meubles vulgaires ; et c'est pourquoi il est bon d'examiner avec une attention scrupuleuse les objets qui n'ont pas une destination religieuse. Ils peuvent, comme les médailles, aider à expliquer certains faits historiques. Aussi a-t-on voulu voir, dans le chandelier que nous donnons ici, un monument rappelant le défi porté par Charles d'Anjou au roi d'Aragon, Pierre III, et le tournoi projeté à Bordeaux à cette occasion. Mais le cavalier qui

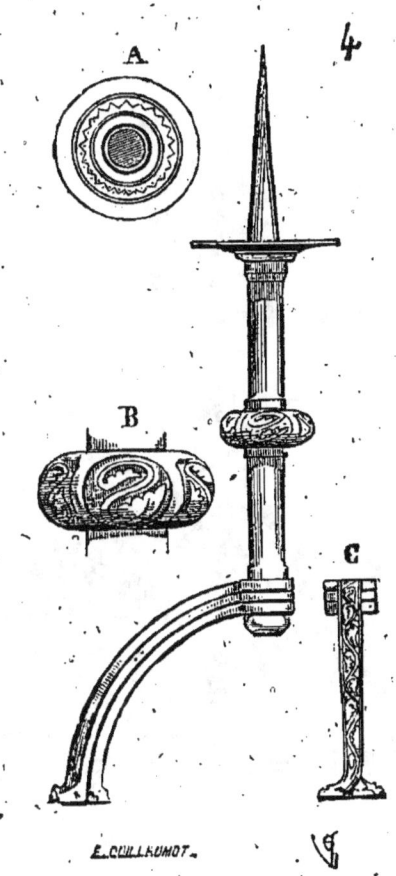

E. GUILLAUMOT.

porte fascé d'argent et d'azur ne peut être un roi d'Aragon, puisque les armes d'Aragon sont d'or aux quatre pals de gueules. Peut-être le cavalier (troisième) est-il Arthur II, vicomte de Limoges et de Bretagne. Quel que soit le fait auquel se rattache la fabrication de ce chandelier, il peut passer pour un des ustensiles les plus curieux du XIIIᵉ siècle, d'autant que la gravure en est d'un très bon style.

Il ne faut pas omettre les flambeaux à pieds tournants qu'on pouvait ranger facilement dans les bagages. Voici (fig. 4) un de ces objets qui se trouve aujourd'hui dans le musée de Nevers. La bague est émaillée ; les trois pieds gravés se replient les uns sous les autres, ainsi que le fait voir notre gravure. Au XIIIᵉ siècle encore, les seigneurs emportaient en voyage tout un mobilier, sièges pliants, lits de camp, flambeaux, batterie de cuisine ; or, il était facile de ranger dans un coffre plusieurs de ces flambeaux à pieds tournants, et qui tenaient ainsi peu de place. En A est figuré le dessous de la bobèche, en B la bague, et en C l'un des trois pieds vu sur son plat.

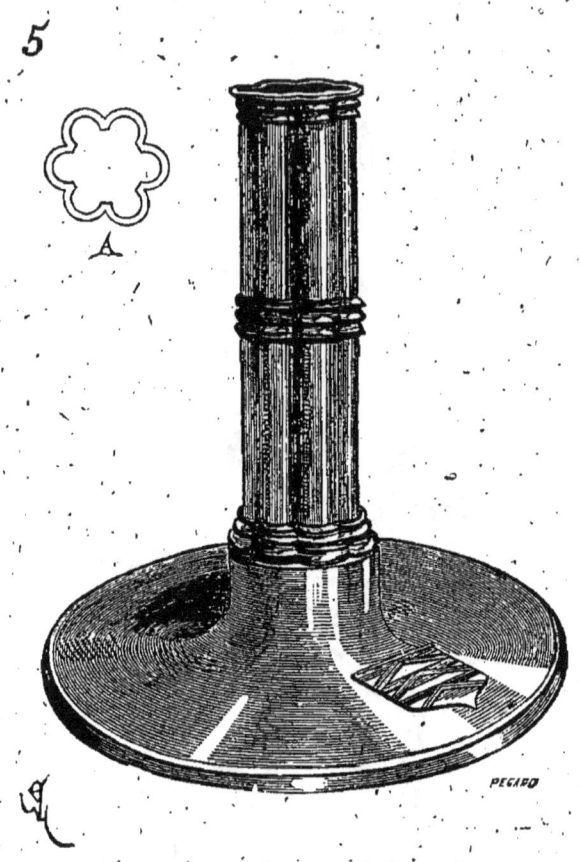

On observera que les cierges étaient fichés sur les bobèches au moyen d'une pointe qui entrait dans la partie inférieure du cylindre de cire. Ce n'est guère qu'au xıvᵉ siècle que la pointe est remplacée par une douille dans laquelle entre le pied de la bougie, comme cela est encore pratiqué aujourd'hui. Alors (au xıvᵉ siècle) on fabrique des flambeaux simplement cylindriques, ou à pans, ou en lobes, ou carrés, avec large pied. Voici (fig. 5) un de ces flambeaux, dont la tige donne, en section horizontale, la forme tracée en A. Le cylindre de cire entrait plus aisément dans des tubes prismatiques ou lobés que dans des tubes cylindriques, car les parois de la cire ne touchaient ainsi que sur certains points, et comme les cierges

n'étaient pas parfaitement réguliers, puisqu'ils n'étaient point encore
moulés, mais simplement *roulés*, en forçant un peu, leur souche

6

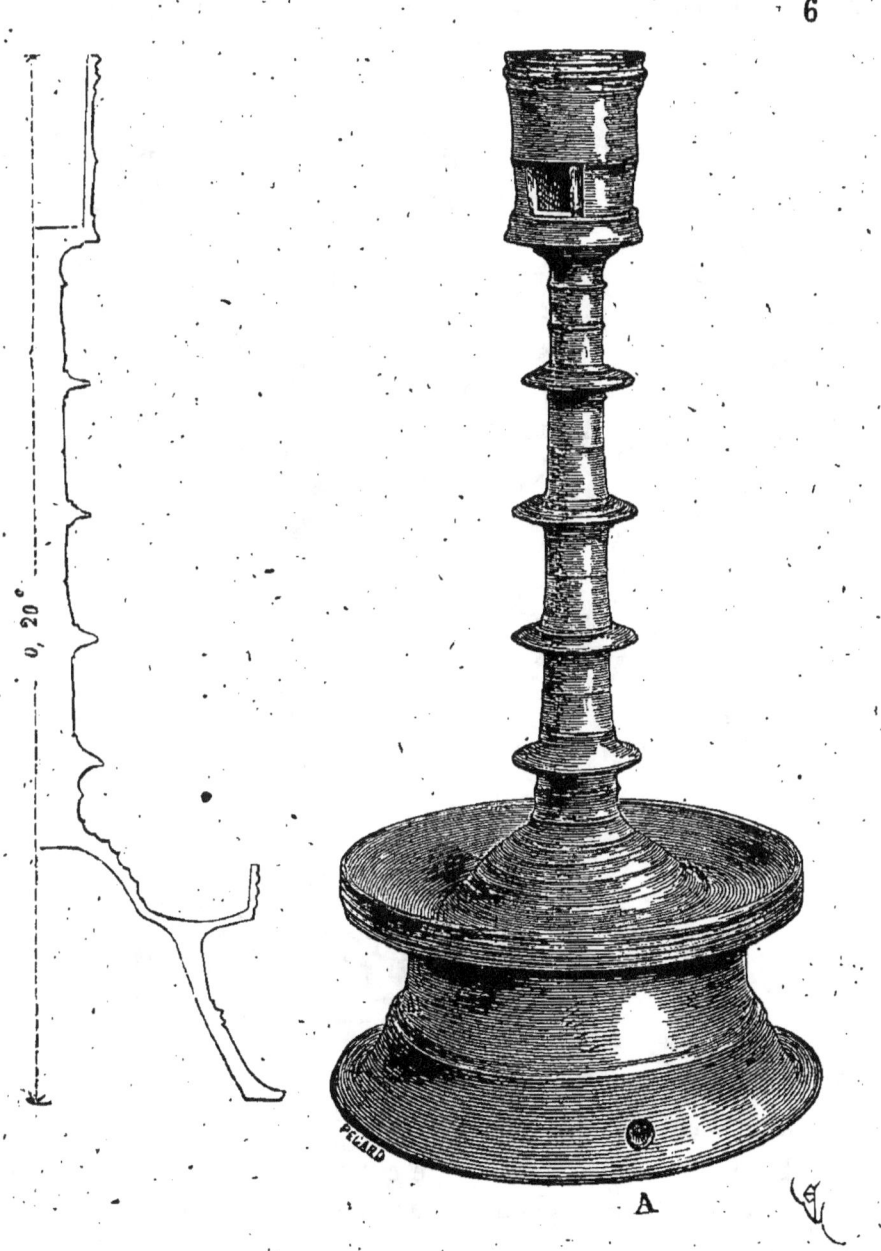

A

pouvait être introduite dans la douille ; tandis que lorsque celle-ci
était cylindrique, ou le cierge ballottait, s'il ne la remplissait pas
très exactement, ou il ne pouvait entrer, s'il avait un diamètre un

peu plus fort que celui de la douille. Ce n'était donc pas sans motif que l'on donnait aux tiges des flambeaux des formes prismatiques ou à quatre ou six lobes. Les cierges destinés à ces flambeaux étaient gros et devaient donner beaucoup de lumière. Ils étaient munis d'un

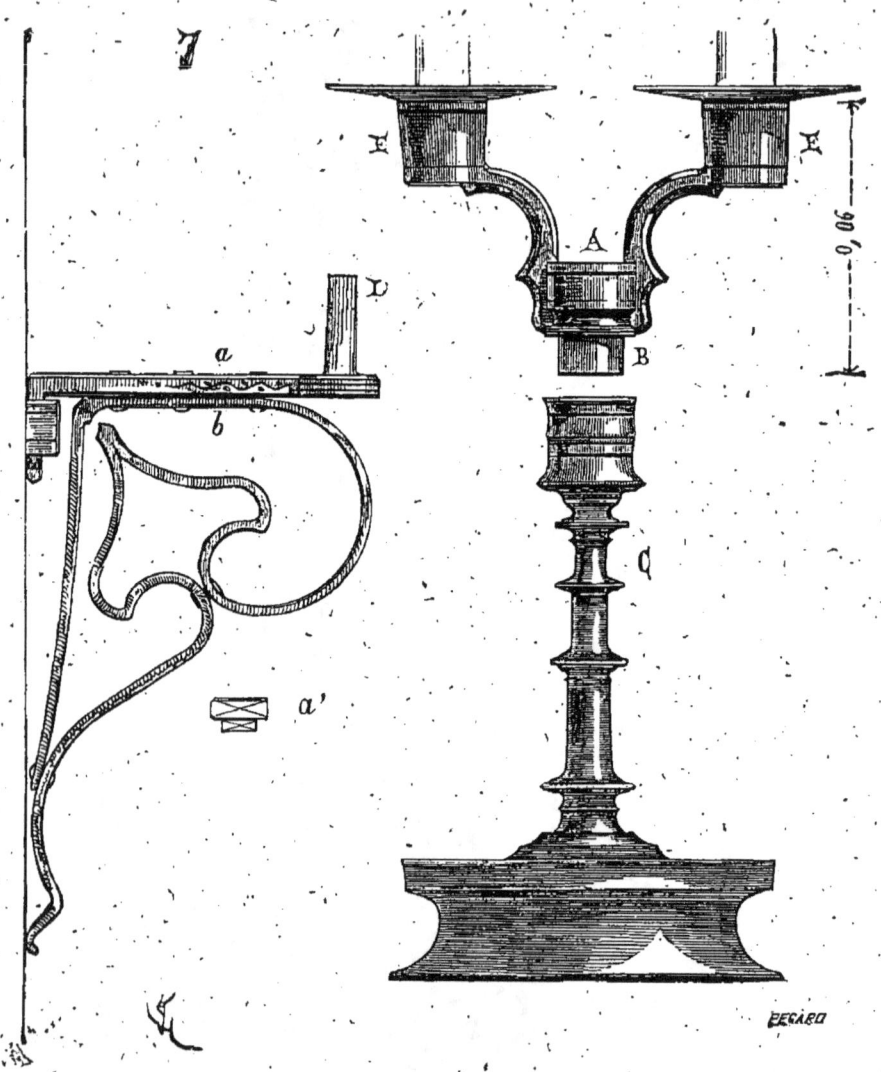

petit cornet de parchemin ou de bois léger peint, qui tenait lieu de nos bobèches de verre. Le pied de ces sortes de flambeaux est très large et souvent plaqué d'un écu armoyé émaillé, ainsi que le fait voir la figure 5. Les tiges sont percées de part en part de manière à pouvoir repousser en dehors la souche du cierge lorsqu'il a brûlé jusqu'au ras de la douille.

Nous donnons dans l'ORFÈVRERIE un très beau chandelier de cette époque, d'argent doré.

Ce n'est que vers le milieu du xv° siècle que cette forme de flambeaux est abandonnée pour une nouvelle, se rapprochant beaucoup plus de celles en usage aujourd'hui.

La figure 6[1] donne un de ces chandeliers si fréquents à dater du règne de Charles VII jusqu'au moment de la renaissance. Cette nouvelle forme était une importation vénitienne. Venise fabriquait alors un très grand nombre de ces objets imités des formes orientales[2]. La douille pour recevoir la bougie est portée sur une tige et munie d'ajours, afin de permettre l'extraction de la souche de cire lorsque la bougie est brûlée. Le pied, relevé, possède un rebord qui empêche la cire de couler en dehors du flambeau ; un trou A est pratiqué dans le bord de ce pied pour recevoir la chaînette à laquelle est attachée une paire de mouchettes, déposée dans le plateau. Alors aussi on fabriquait des chandeliers à deux douilles (fig. 7), qui pouvaient être placés sur un pied ou sur une potence de fer fixée à la boiserie ou scellée à la muraille. Notre figure 7[3] montre un de ces chandeliers. Le collet A est élégi en B, pour entrer dans la douille du pied C, et est percé pour pouvoir être fiché, si on le préfère, sur un goujon D d'un bras fixé au mur. Ici les douilles E des bougies sont percées de part en part, afin de permettre l'extraction des bouts de cire.

Nous ne devons pas omettre de mentionner les chandeliers à deux bougies qu'on pouvait hausser ou baisser à volonté, et qu'on fabriquait communément à la fin du xiv° siècle et au commencement du xv°. Voici (fig. 7 bis) un de ces flambeaux, de laiton fondu, qui fait partie du musée de Cluny. Sa hauteur est de 25 centimètres. La tige est en forme de vis, et la douille A est taraudée de manière à pouvoir monter ou descendre le long de cette tige, selon qu'on tourne les bras dans un sens ou dans l'autre. Mais comme on risquerait de faire tomber de la cire brûlante sur les doigts en tournant les bras, un animal est embroché à l'extrémité de la tige et pivote facilement sans pouvoir s'engager dans la vis. Si l'on prétend hausser ou baisser les bougies, on prend cet animal par la queue et on le fait pivoter à droite ou à gauche ; le corps de la bête touche les bougies ou même les douilles et les fait tourner dans un sens ou dans l'autre,

---

[1] Musée des fouilles du château de Pierrefonds.

[2] Il existe un grand nombre de ces flambeaux vénitiens qui datent des xv° et xvi° siècles et qui sont décorés de gravures imitées des dessins orientaux, ou niellés.

[3] Musée des fouilles du château de Pierrefonds. Le tracé est la moitié de l'exécution. La section a' est faite sur ab.

c'est-à-dire monter ou descendre, sans que la cire fondue puisse couler sur les doigts.

Vers la fin du xv⁰ siècle on se servait, chez les particuliers riches,

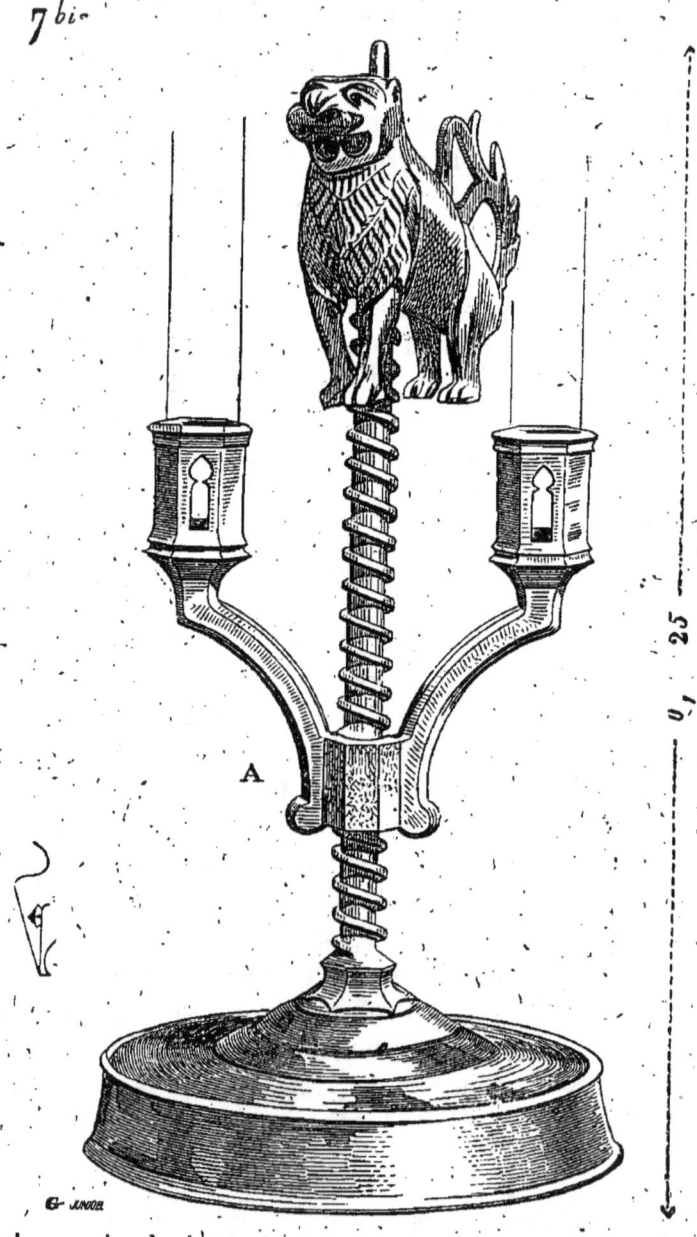

de flambeaux à plusieurs bougies posées sur une seule ligne. Ces sortes de candélabres étaient spécialement destinés à la table, et ils étaient souvent fabriqués en argent, d'après ce que rapportent les inventaires. La collection de M. Arondel possédait un de ces flam-

beaux datant de la fin du xv° siècle (fig. 8), d'une bonne exécution
et de laiton fondu et ciselé.

Les jours de gala, ces candélabres étaient garnis de fleurs ou de

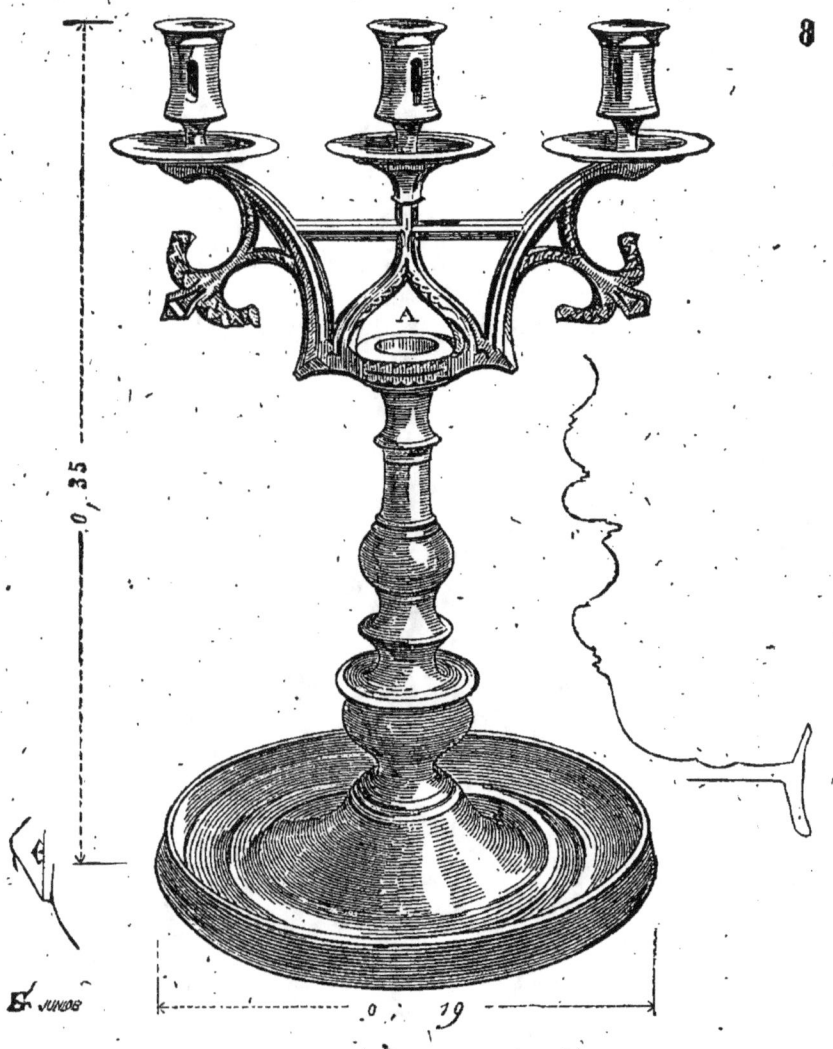

8

boules de cristal. Dans l'exemple que nous donnons ici, il est à croire
que la petite coupelle réservée en A était destinée à recevoir une de
ces boules.

On se servait aussi, pour éclairer les salles, de grands candélabres
qui portaient plusieurs lumières étagées. Le musée de Cluny possède un de ces candélabres de fer forgé qui appartient à la fabrication de la fin du xiv° siècle. Sa tige (fig. 9) se compose de quatre
verges de fer rondes (voy. en A), réunies de distance en distance par

des bagues soudées à chaud. Le sommet du candélabre porte un large plateau avec pointe, pour recevoir un gros cierge ; puis, de

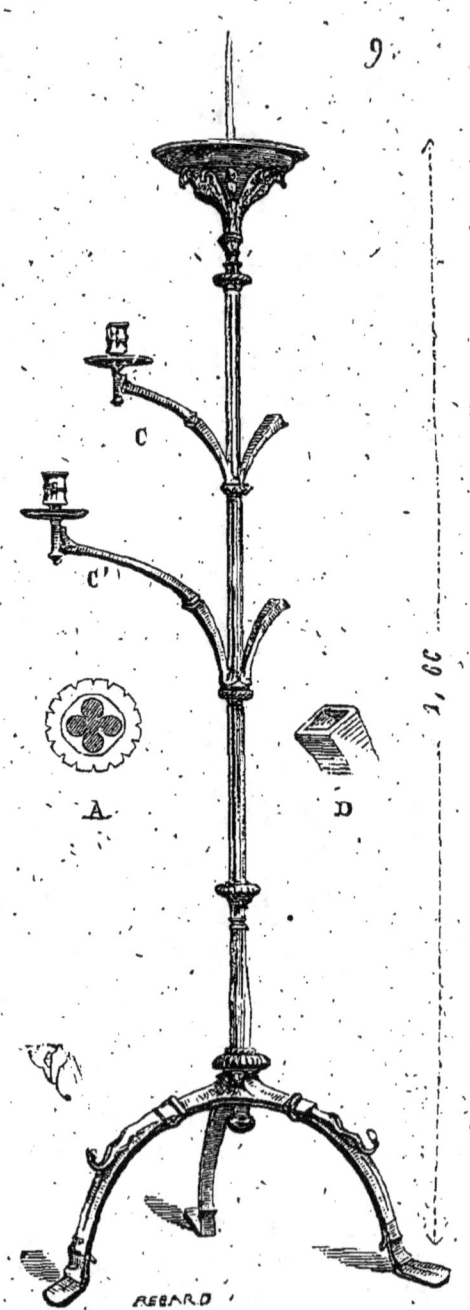

chacune des deux bagues supérieures de la tige sortent deux douilles carrées, dans lesquelles on fichait des bouts de bras avec bobèches, comme on peut le voir en C et C′. Ainsi obtenait-on un éclairage étagé. Les douilles sont carrées (voyez en D), afin d'empêcher les bras de tourner ; ceux-ci étaient le plus souvent fabriqués en bronze. On trouve assez fréquemment de ces bouts de bras qui, par la facilité avec laquelle on les posait et on les enlevait, permettaient de transporter sans embarras, le pied de fer d'une salle dans l'autre. On ne fichait les bras dans leurs douilles qu'autant qu'on voulait allumer un plus ou moins grand nombre de bougies ; et ces candélabres à longue tige, posés à terre, portaient souvent un grand nombre de ces douilles.

La plupart des ustensiles que nous venons de décrire appartiennent à la fabrication ordinaire : ce sont des objets usuels, comme on en trouvait partout. Nos collections et certaines publications présentent des flambeaux d'un travail beaucoup plus précieux ; mais nous tenons principalement à faire connaître ces objets vulgaires, qui indiquent seuls l'état d'une civilisation. Or, on voudra bien reconnaître que, si simples que soient ces ustensiles, leur forme est toujours heureuse et parfaitement appropriée à la destination.

Si l'on trouve ainsi des traces d'art dans les objets les plus ordinaires, à plus forte raison l'art se développe-t-il dans les meubles et ustensiles d'une certaine valeur comme matière ou comme travail. Nous n'avons que des débris des magnifiques candélabres à plusieurs branches qui décoraient certaines églises, notamment celle de l'abbaye de Saint-Rémi à Reims[1], et quelques rares exemples de chandeliers remarquables par la main-d'œuvre ou la matière[2]. Le plus beau parmi ces chandeliers d'église faisait, il y a quelques années, partie de la collection de M. d'Espaulart, au Mans ; il avait appartenu à la cathédrale de cette cité, qui l'avait reçu de l'abbaye de Saint-Pierre de Glocester, ainsi que le constatent les inscriptions gravées sur ses parois. En effet, sur les bords de la coupe supérieure à trois lobes (voy. pl. XXIX), on lit cette inscription :

LUCIS : ONUS : VIRTUTIS : OPUS : DOCTRINA : REFULGENS :
PREDICAT : UT : VICIO : NON : TENEBRETUR : HOMO.

Sur le ruban qui entoure la couronne :

ABBATIS : PETRI : GREGIS : ET : DEVOTIO : MITIS :
M : DEDIT : ECCLESIE : SCI : PETRI : GLOCESTRE.

[1] Voyez dans le musée de la ville de Reims le tiers du pied de ce beau candélabre de bronze, qui datait du XIIe siècle.
[2] Voyez l'ORFÈVRERIE.

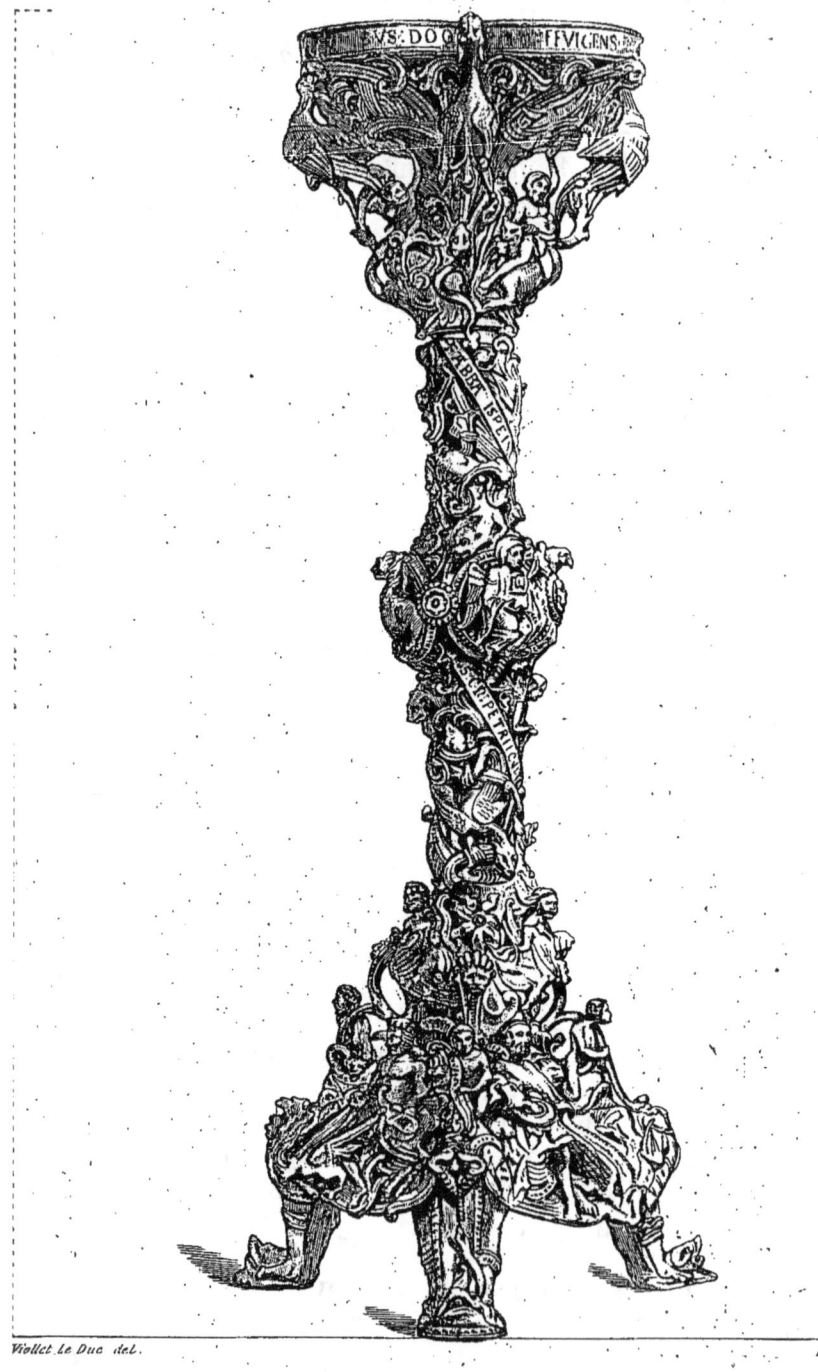

Viollet Le Duc del.

P. Ad. Varin sc

CHANDELIER EN BRONZE DORÉ

DE LA CATHEDRALE DU MANS

En dedans de la coupe, gravée après la dorure et postérieurement à la fabrication du chandelier, on lit :

† HOC CENOMANENSIS RES ECCLESIE POCIENSIS : THOMAS DITAVIT
CUM SOLANNUM.

Ce chandelier avait donc été donné à la cathédrale du Mans par Thomas de Poché (manoir du Maine), et avait appartenu auparavant au trésor de l'abbaye de Saint-Pierre, à Glocester. Or, ainsi que le signale le R. P. A. Martin dans la notice donnée sur ce monument (voyez *Mélanges archéologiques*[1]), cet abbé, Pierre, gouverna l'abbaye de Glocester de 1109 à 1112 au moins, et le caractère archéologique du monument concorde parfaitement avec cette date.

On ne distingue sur ce chandelier, en fait de sujets symboliques explicables, que les signes des quatre évangélistes (sur la bague); tout le reste de la décoration consiste en des figures d'hommes et d'animaux fantastiques mêlés à des rinceaux d'un style excellent. L'objet a été fondu sur cire perdue, tout d'une pièce, retouché au burin, et nous devons avouer qu'on aurait grand'peine aujourd'hui à obtenir un bronze aussi pur, dans tous ses détails d'une seule fonte.

Ce chandelier a été racheté, il y a quelques années, par l'Angleterre, à la vente de M. d'Espaulart.

L'inscription du bord de la coupe que le R. P. Martin traduit ainsi: « *La dette des lumières est la pratique de la vertu. La doctrine lumineuse (de l'Évangile) engage l'homme à fuir les ténèbres du vice* », explique peut-être l'imagerie étrange de ce chandelier. En effet, sur la bague sont représentés les quatre évangélistes.; partout ailleurs règne une confusion cherchée d'hommes et de bêtes qui semblent se tuer, se dévorer, se poursuivre. Est-ce une image du mal en opposition avec la doctrine évangélique?...

**CHAUFFERETTE,** s. f. (*chaufête, escaufaile, escaufaile de mains*). Il y avait des chaufferettes pour les pieds, des chaufferettes pour les mains.

« Pour enfans, fault bers et drapiaux,
« Nourrice, chaufete et bacin[2]. »

[1] Tome IV, p. 279.
[2] Eustache Deschamps.

Les inventaires des trésors mentionnent la chaufferette à mains[1]. Villard de Honnecourt la décrit de la manière suivante : « Si vous « voulez faire une chaufferette à mains, vous ferez comme une pomme « de cuivre de deux moitiés qui s'emboîtent. Par dedans la pomme « de cuivre il doit y avoir une petite poêle suspendue par deux tou- « rillons. Les tourillons doivent être contrariés de telle façon que « la petite poêle à feu reste toujours horizontale, car chaque cercle « porte les tourillons de l'autre[2]... » En effet, une sphère creuse

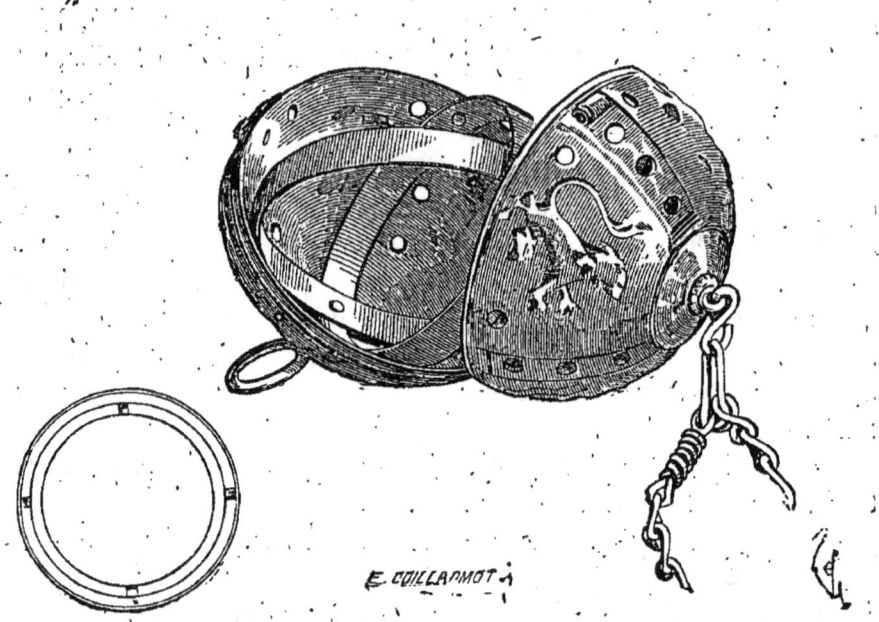

E. COILLARMOT

garnie de deux cercles à l'intérieur, mobiles sur tourillons contra- riés, permet à un vase de conserver l'horizontalité. C'est le principe adopté pour la suspension des boussoles marines. Villard de Honne- court, dans le croquis qu'il donne, multiplie les cercles jusqu'au nombre de six, plus le noyau, la poêle dans laquelle on pouvait mettre des charbons allumés ; mais deux cercles suffisent.

M. Carrand possède, dans sa précieuse collection, une de ces chaufferettes à mains, d'un beau travail, et qui date du XIII⁰ siècle. Bien entendu, cette sphère s'ouvre en deux coquilles, et celles-ci sont ajourées pour permettre aux charbons de rester allumés. Ces

[1] Du Cange, *Gloss.*, CALEFACTORIUM.
[2] *Album* de Villard de Honnecourt, arch. du XIII⁰ siècle, publ. par J.-B. Lassus et A. Darcel, 1858, pl. XVI.

chaufferettes à mains étaient posées sur un trépied, ou suspendues par une chaînette. Le prêtre, en hiver, en avait une sur l'autel pour dégourdir ses doigts. Voici une de ces *escaufailes* à mains, qui provient du musée de Cluny (fig. 1). Elle est de laiton repoussé et ne conserve qu'un de ses cercles intérieurs ; une chaîne permettait de la suspendre. Cet objet, d'un travail grossier, est d'une fabrication assez récente (xvi° siècle), mais il est identique comme forme avec les chaufferettes si fréquemment employées pendant les xiii° et

2

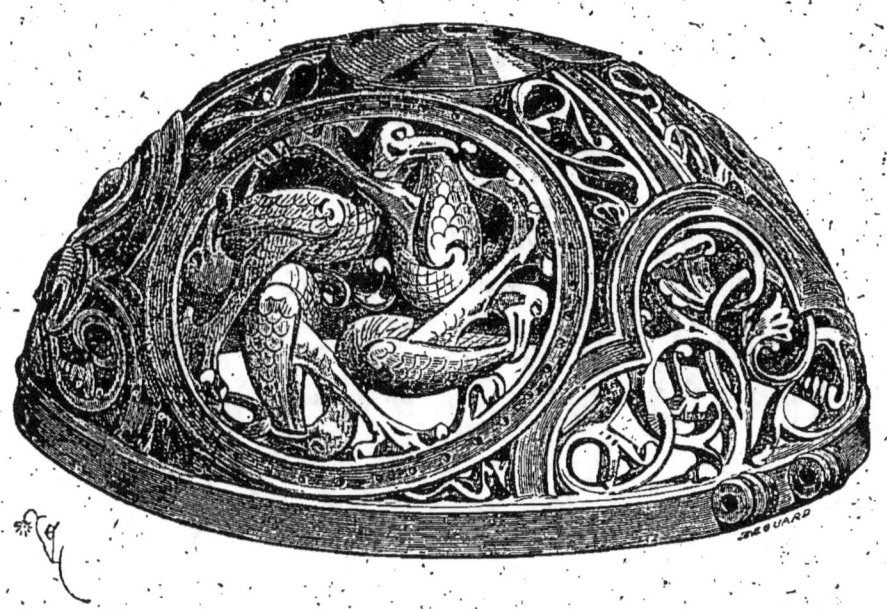

xiv° siècles. Voici (fig. 2) une coquille appartenant à une chaufferette à mains du xii° siècle, dont la convexité est richement décorée de rinceaux à jour d'un très beau style [1].

Souvent aussi on se contentait de suspendre dans ces sphères une boule de fer rougie au feu.

Les plus anciennes chaufferettes à pieds que nous connaissions sont de date assez récente (xv° siècle) ; elles sont de terre, de forme cylindrique, munies de deux boutons avec une anse de fer, et étaient placées dans des *placets* (tabourets) de bois. On se servait aussi de chauffe-pieds de métal, dans lesquels on versait de l'eau bouillante, et qui avaient la forme d'un carreau. Ces chauffe-pieds entraient dans un sac de fourrure ou d'étoffe.

[1] Collection des dessins de l'auteur.

**CIBOIRE,** s. m. Vase de métal, or ou argent, destiné à renfermer les hosties consacrées. On fabriquait aussi, pendant le moyen âge, des ciboires de cuivre doré et émaillé, le plus souvent en forme de colombe. Dans la partie touchant l'ORFÈVRERIE, nous nous occupons de quelques-uns de ces objets[1].

**CISEAUX** (PAIRE DE), s. m. (*cisiax*). Les anciens connaissaient cet outil, et le moyen âge l'a de tout temps employé.

Les ciseaux sont à pivot ou à ressorts :

« Et uns cisiax et un bacin[2]. »

On en fabriquait en métaux précieux.

« Uns ciseaux d'or pesans une once ix esterlins. » (*Invent.* de *Charles V.*)

(Voyez la partie des OUTILS.)

**CLOCHETTE,** s. f. (*cloquette*). Sonnette maniable, en usage, pendant le moyen âge, pour le service religieux principalement, pour accompagner le prêtre portant le viatique. Ces clochettes étaient parfois ajourées et d'un joli travail. Tout le monde connaît la clochette du xIIe siècle, ajourée, dont on a fait un grand nombre de surmoulés.

**CORNET,** s. f. (*écritoire*). — Voyez le *Dictionnaire du mobilier*, à l'article SCRIPTIONALE.

**COUPE,** s. f. (*cupe*). Vase à boire. On fabriquait pendant le moyen âge, comme pendant l'antiquité, des coupes d'or, d'argent, de pierres dures, d'étain et de bois :

« Itant (aussitôt) out li Quens un présent
« D'une cupe chiere d'argent[3]. »

« Bernars regarde le Lohérenc Garin
« Qui sert le roi de la coupe d'or fin[4]. »

Les vases à boire pendant les banquets étaient de formes diverses.

---

[1] Voyez le *Dict. du mobilier*, SUSPENSION.
[2] *Roman du Renart*, vers 2264.
[3] Le *Roman de Rou*, vers 7567, xIIe siècle.
[4] *Li Romans de Garin le Loherain*, t II, p. 16, édition publ. par M. P. Paris, Techener, 1835.

Il y avait des coupes ou cratères à pied. Pour les personnages de distinction, les coupes étaient couvertes :

« Une coupe couverte, dorée et esmaillée, et ou fonds ladite « coupe a une ymage de saint Martin[1]. »

On se servait aussi de coupes sans pied pendant le xve siècle. Dans l'ORFÈVRERIE, nous parlons des coupes faites de matières précieuses.

Voici (fig. 1) une coupe d'étain datant du xive siècle[2].

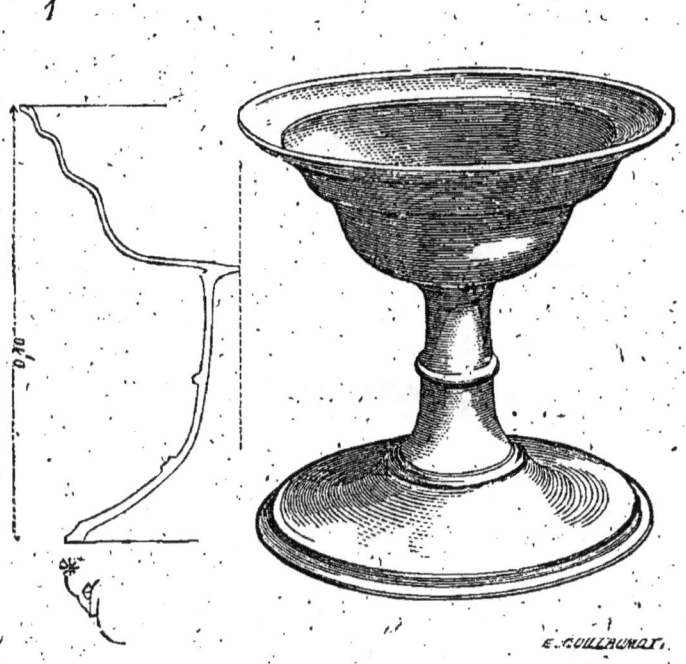

1

Villard de Honnecourt donne une coupe, un cratère à pied[3], qu'il appelle *hanap* : « Vesci une cantepleure con peut faire en .I. « henap... » Ce nom de hanap ne fut donné beaucoup plus tard qu'aux gobelets allongés, à pied, couverts et fermés, dans lesquels on présentait à boire aux seigneurs. L'essai se faisait dans la coupelle qui formait couvercle.

Habituellement, à table, on se servait de coupes sans pied, de cratères de métal assez semblables, comme forme, à une tasse très

---

[1] *Invent. du duc de Normandie*, 1363. (Voy. *Gloss. et Répert. de la Notice des émaux, bijoux, etc., du musée du Louvre*, par M. le comte de Laborde.)
[2] Musée des fouilles de Pierrefonds.
[3] *Album*, pl. XVI.

large et basse, sans anse. Souvent la coupe était accompagnée d'un gobelet cylindrique ; alors l'essai se faisait dans le gobelet.

Voici (fig. 2) une de ces coupes avec son gobelet, qui fait partie

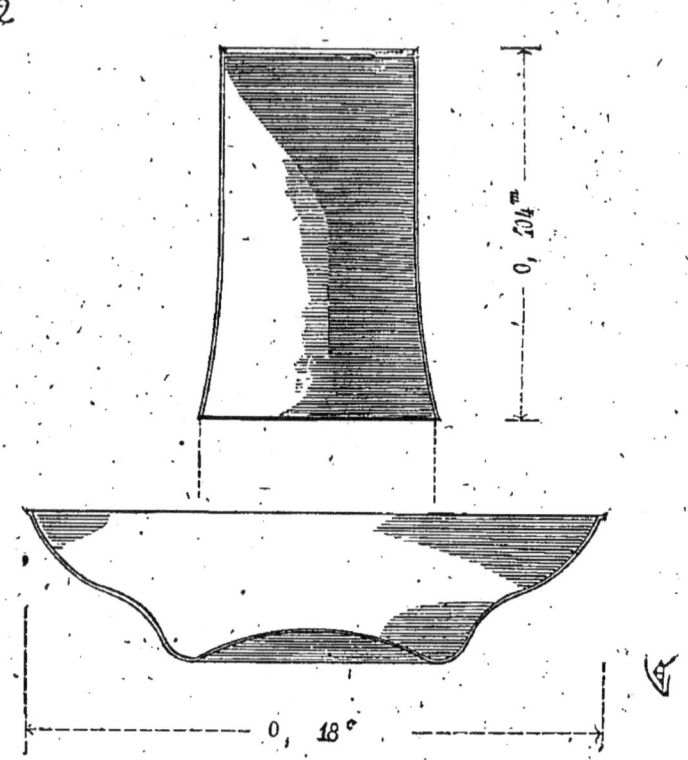

2

du musée de Cluny. Ces objets sont de mauvais argent et d'une forme très simple (xvᵉ siècle).

Voici une autre coupe, d'un joli travail, de bel argent, avec dorures, appartenant au même musée, et datant du commencement du xvᵉ siècle (fig. 3). Le gobelet manque, s'il a jamais existé.

Au fond de la coupe est fixée une plaque d'émail dont le détail est présenté en A, grandeur d'exécution. Les émaux sont rouge foncé, rouge clair et jaune mordoré pour le fond de l'oiseau, qui est très délicatement gravé. En B, est tracé le profil de la coupe, moitié d'exécution. Cet objet porte un poinçon de fabrique donné en P.

Dans les célèbres tapisseries de Nancy, qui datent de la fin du xvᵉ siècle, on voit des personnages à table, buvant tous dans des coupes sans pied et fort plates [1].

[1] Cet usage explique comment, dans les banquets, on semait des feuilles de roses sur le liquide qui remplissait ces cratères larges et plats.

Dans les monastères, les religieux buvaient dans des tasses de bois ressemblant à de petites écuelles. C'était une marque de déférence de boire dans des coupes découvertes en présence d'un per-

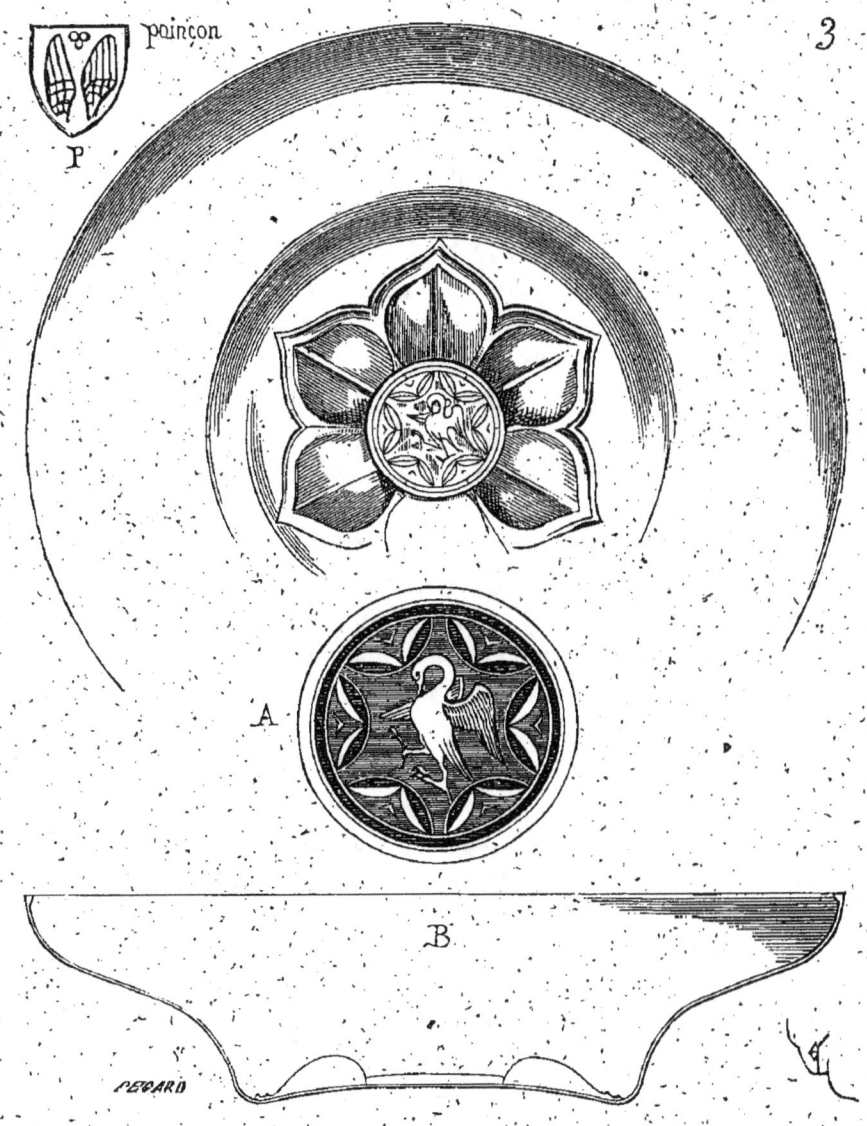

poinçon

P

3

A

B

sonnage buvant dans une coupe couverte, après qu'on avait fait l'essai.

« Quand madame la Duchesse (de Bourgogne) mangeoit là où
« monsieur le Dauphin estoit, l'on ne la servait point à couvert, et
« ne faisoit-on pas d'essay devant elle, mais bevoit en sa couppe
« sans couvrir. » (Aliénor de Poictiers.)

**COUTEAU,** s. m. [*cuteal, cutel, coutel, cotel, coulteaulx, kenivet, knivet* (petit couteau)].

Nous ne nous occupons ici que des couteaux de table ou de poche; il est question des couteaux de combat ou de chasse dans la partie des ARMES.

Il y avait diverses sortes de couteaux destinés à la table, pendant le moyen âge. Les couteaux *à trancher* les viandes ; les couteaux *parepains,* destinés à chapeler le pain et à couper les tranches de mie sur lesquelles on servait les pièces de viandes rôties aux convives. Il y avait des couteaux pour le *maigre* et des couteaux pour le *gras* ; des couteaux à *imagerie,* c'est-à-dire dont les manches étaient ornés de figures ; les couteaux de *queux* pour la cuisine ; des *kenivets,* petits couteaux de poche avec étui, d'où l'on a fait le mot *canif* ; des couteaux pour ouvrir les huîtres.

Savoir dépecer les viandes était un talent qu'un gentilhomme ne devait pas négliger.

Après la consécration de l'église abbatiale de Longpont, en 1227, le roi Louis IX assista avec sa mère à un banquet somptueux, pendant lequel Raoul, comte de Soissons, fit les fonctions de sénéchal et de grand maître. Il servit le roi, et découpa les viandes présentées au jeune prince avec deux « grands couteaux d'une figure extraor- « dinaire et dont les manches étaient couverts de lames d'or cise- « lées, et les lames damasquinées en plusieurs endroits. Ces lames, « longues de onze pouces et larges de dix-huit lignes, étaient ter- « minées en forme de croissant ». Ces couteaux étaient encore con- servés dans l'abbaye de Longpont en 1774 [1]. Joinville raconte comment il servait d'écuyer tranchant à la table du roi saint Louis : « Et à une autre table devant le Roy, à l'endroit du conte de Dreux, « mangeoit le Roy de Navarre, devant lequel je tranchoie..... » Et ailleurs il dit comment le roi servait les pauvres : « En quaresme « et ès auvens croissoit le nombre des poures et plusieurs foiz avint « que le Roy les servoit et leur mettoit la viande devant eulz et leur « tranchoit la viande devant eulz..... » Ces lames de couteaux à dé- couper, terminées en forme de croissant, se retrouvent figurées dans des vignettes de manuscrits et dans des bas-reliefs. Et, en effet, la pointe extrême du croissant, dont la concavité était tournée du côté du dos, servait à piquer les morceaux de viandes dépecées, pour les placer sur les plats ou les tranchoirs, comme il convenait (fig. 1). Ces cou- teaux sont toujours mentionnés par paires, et une paire de couteaux

---

[1] C. Carlie, *Hist. du duché de Valois,* t. II, p. 119.

s'entend comme une trousse de couteaux, à savoir : « Pour une
« paire de couteaux à manche de madre[1] et à grève[2], à viroles
« d'argent dorez, armoiez et esmaillez au armes du Roy et de la
« Royne, garnie de trois cousteaux et un parepain. » Une paire de
couteaux à trancher comprenait deux couteaux à dépecer, un couteau
parepain, pour faire les tranchoirs sur lesquels on déposait les mor-

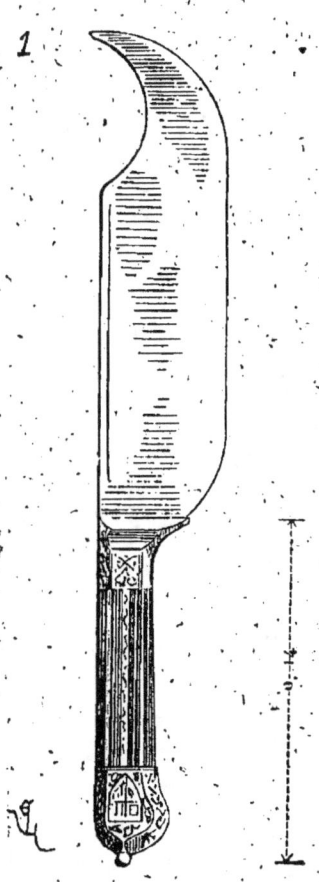

ceaux de viande, et plusieurs petits couteaux pour découper le
menu gibier ou la volaille. Mais il y avait de ces couteaux à trancher pour le carême, à manches d'ébène, d'autres pour les temps
ordinaires à manche d'ivoire, et d'autres enfin à manches mi-partie
d'ébène et d'ivoire, pour la fête de la Pentecôte. « Pour une paire, à
« manches d'ybenus, pour la saison du Karesme, et l'autre paire,
« à manches d'yvoire, pour la feste de Pasques... Pour une paire de

---

[1] Peut-être une pierre dure de diverses nuances, comme l'agate.
[2] Garniture longitudinale de métal sur les faces étroites du manche.

« couteaux à trancher, livrée en ce terme par devers le Roy, à tout
« le parepain, à manches escartelez d'yvoire et d'ybenus, garniz de

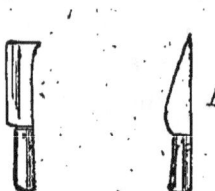

« viroles et de cinglètes[1] d'argent, dorées et esmaillées aux dictes
« armes, pour la feste de la Penthecouste...[2] »

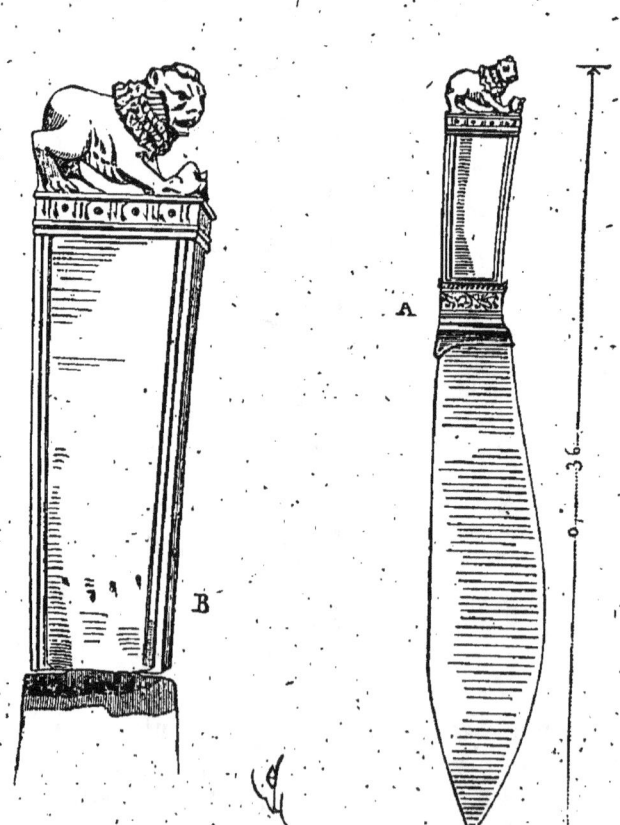

On distinguait encore par *gros coutel* une gaine ou trousse contenant un grand couteau, une fourchette, un ou plusieurs petits

[1] Anneaux.
[2] *Comptes de l'argent. des rois de France d'Etienne de la Fontaine,* XIVᵉ siècle,
publ. par M. Douët d'Arcq, 1851.

couteaux, un poinçon, une *lime* ou fusil propre à aiguiser les lames.
« Un gros coustel d'Alemaigne, garni de VI cousteaulx, une lyme et
« un poinsson et d'une forsetes, pendans à une courroye de fil blanc,
« à clous de leton. » Ces gaines de batteries de couteaux étaient
habituellement fabriquées en cuir gaufré.

Nous ne connaissons pas de grands couteaux de service de table
antérieurs au XIVᵉ siècle, quoique ces objets soient représentés sou-

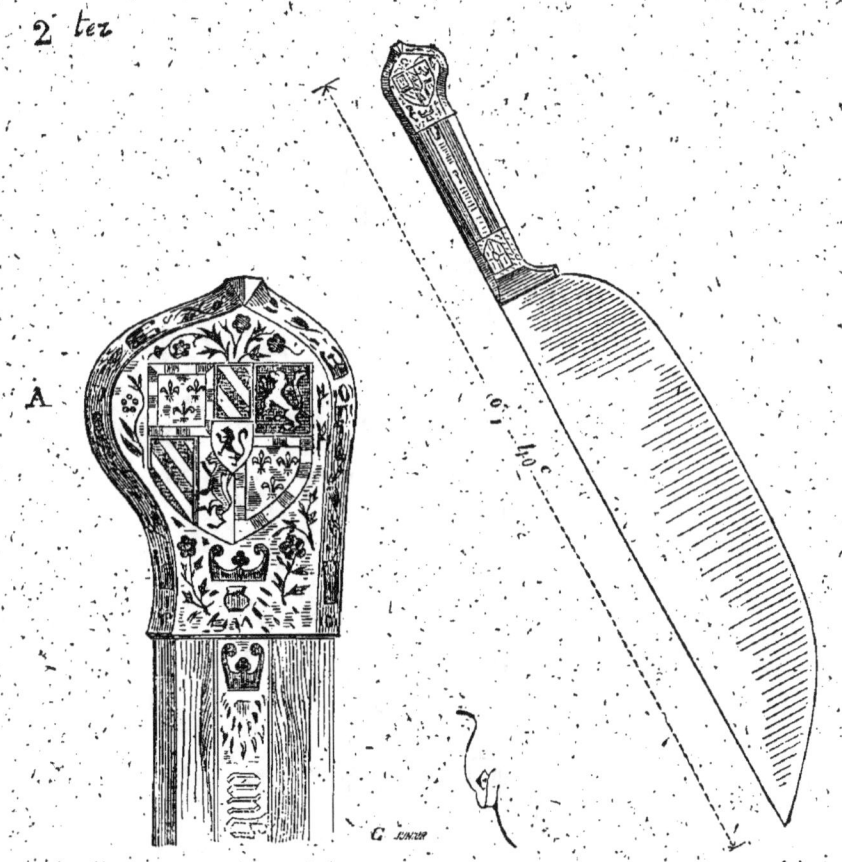

vent dans des vignettes de manuscrits et dans des bas-reliefs antérieurs à cette époque (fig. 2)[1]. Les lames de ces couteaux à trancher
sont larges et terminées de diverses façons, tantôt arrondies, ou
en forme de lame de cimeterre, ou en pointe, ou carrément. La
forme A est celle qu'on trouve adoptée dans les documents les
plus anciens. M. le comte de Nieuwerkerke possède dans sa collection un beau couteau à trancher du commencement du XIVᵉ siècle,

---

[1] Manuscr. ancien fonds Saint-Germain, 37, Biblioth. impér., XIIIᵉ siècle.

dont le manche est d'ivoire (voy. fig. 2 *bis*). La lame de ce couteau est large, très mince et d'excellent acier. Une virole (d'argent probablement) était placée en A ; elle a été enlevée, et l'on n'en aperçoit plus que les attaches (voy. le détail du manche en B). La soie de la lame s'engage à force dans le manche d'ivoire. Celui-ci est terminé par un lion tenant un petit animal entre ses pattes.

A partir du règne de Charles V, nos collections renferment un assez grand nombre de ces couteaux à trancher d'une belle fabrication. Un des plus remarquables appartient également à M. le comte de Nieuwerkerke. Nous en donnons la copie (fig. 2 *ter*). La lame est large, mince et d'un beau galbe ; le manche est de bois

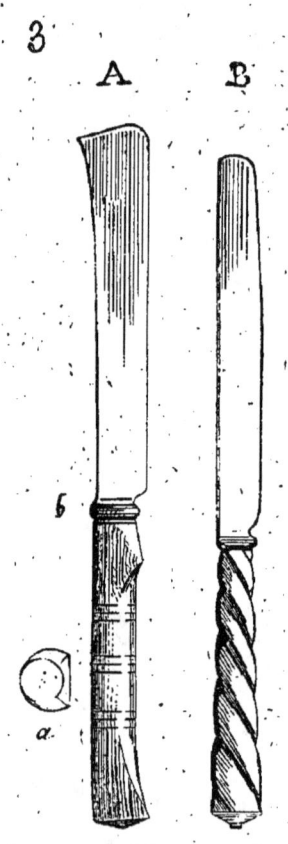

3

A    B

dur, garni d'une virole, d'un pommeau et de deux bandes d'argent doré et émaillé. Sur les bandes, on lit la devise : « *Autre norai* », qui fut adoptée par Philippe le Bon, duc de Bourgogne, quand il épousa, en 1429, Isabelle de Portugal. Les armes émaillées sur les deux faces du pommeau et de la virole sont bien celles de ce prince. En effet, l'écu est écartelé au premier et quatrième de Bourgogne

moderne, et au deuxième et troisième, parti de Bourgogne ancien
et de Brabant, de Bourgogne ancien et de Limbourg, et brochant
sur le tout de Flandre. Sous l'écu et sur les rives se voit, au
milieu de fleurettes émaillées, le *briquet* de Bourgogne. En A, est
figurée une des faces du pommeau. Cet objet, d'une merveilleuse
conservation, est fabriqué avec un soin extrême. La virole est fixée
à la base de la lame et au manche par une main habile, car on
n'aperçoit sur ce point délicat aucune trace d'ébranlement. Les musées de Dijon et du Mans possèdent des couteaux à trancher qui ont
évidemment appartenu au même prince, et qui peut-être faisaient
partie de la vaisselle de Charles le Téméraire. Cette vaisselle fut, comme

on sait, pillée à Granson et
à Morat. Les couteaux de
Dijon possèdent leur gaine
de cuir gaufré avec le briquet bourguignon et deux C,
ce qui indiquerait que ces
couteaux ont appartenu à
Charles de Bourgogne, qui
épousa, étant alors comte
de Charolais, Catherine de
France en 1439. Le couteau
du musée du Mans est éga-
lement d'une merveilleuse
fabrication ; son manche est
d'ébène, et sur la virole se
voient les deux C [1].

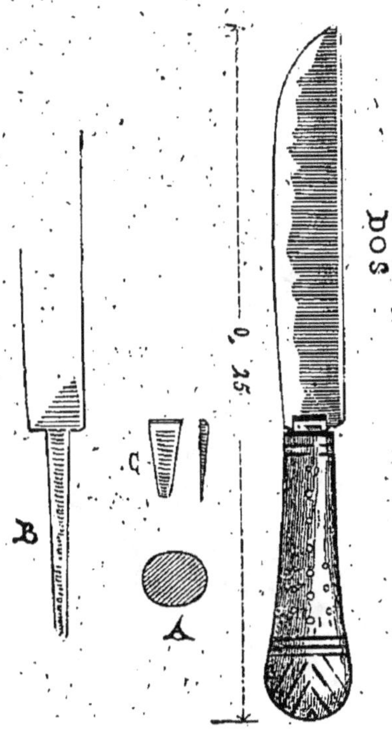

Pour les couteaux de pe-
tite dimension, leur forme
se rapproche sensiblement de
celles aujourd'hui en usage.
Voici (fig. 3) deux de ces couteaux. L'un, celui A, paraît
dater du XIIIe siècle ; son
manche est d'ivoire et pré-

sente la section *a* ; il a 21 centimètres de longueur ; la soie de la
lame est rivée à l'extrémité inférieure du manche ; une virole de
cuivre est placée en *b*. Le couteau B est d'une date plus récente,

---

[1] Voyez la Notice de M. Hucher sur le couteau du Mans, dans le *Bulletin de la Société
d'agric., sciences et arts du Mans*, 1859.

fin du xiv° siècle ; sa longueur n'est que de 15 centimètres, et le manche est de cuivre repoussé et soudé [1].

Cette forme donnée aux couteaux de table remonte à la plus haute antiquité, car on voit dans le musée égyptien du Louvre un couteau à lame de fer et à manche de bois (fig. 3 *bis*), dont la forme ne diffère pas de celles encore usitées aujourd'hui. Le manche de bois présente la section A. La soie B de la lame, entrée à force dans le manche, est en outre maintenue serrée par deux petites cales de cuivre C, qui remplacent ainsi la virole.

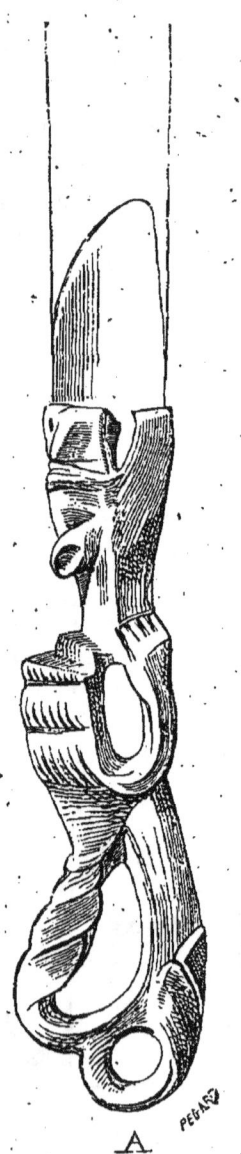

A

Pour les petits couteaux de poche, à gaine ou fermants, on en retrouve qui datent d'une époque très reculée. Le musée particulier du château de Compiègne possède un couteau fermant, à manche d'os, qui est certainement gaulois. Voici un de ces couteaux (non fermants) dont la lame et le manche sont de bronze, coulés d'une seule pièce, et qui, par son style, peut appartenir au xi° siècle (fig. 4). Cet objet est reproduit grandeur d'exécution ; il devait être suspendu à la ceinture par l'anneau A : la lame, très usée par un long service et des répassages successifs, entrait dans une gaine [2].

Les couteaux à huîtres sont également une invention très ancienne. Nos aïeux, les Gaulois, étaient grands mangeurs d'huîtres, car on retrouve des écailles de ce coquillage en grande quantité dans les

---

[1] Musée des fouilles du château de Pierrefonds. La lame, de fer, est presque entièrement rongée.

[2] Musée du château de Pierrefonds.

tombeaux et les traces d'habitations antérieures à la conquête romaine sur toutes les côtes de la Manche et jusque dans le voisinage de Paris.

Pendant le moyen âge, on fabriquait des couteaux spéciaux pour ouvrir les huîtres. Voici (fig. 5) un de ces couteaux dont la lame

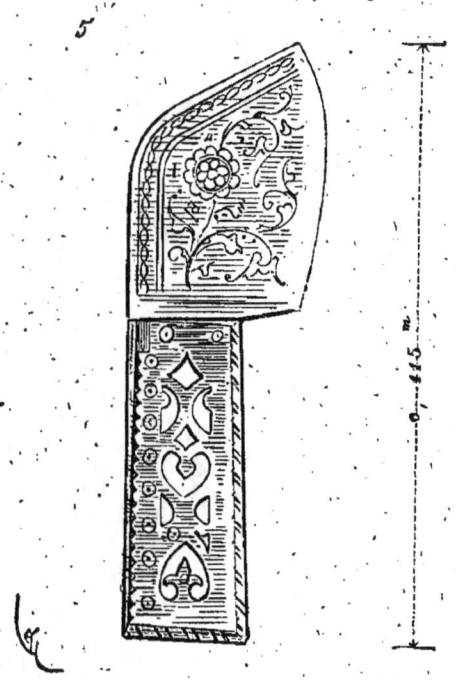

se ferme dans le manche ajouré, en soulevant le ressort posé au dos[1]. Cette lame est de fer avec ornements gravés ; le manche est composé de deux plaques de cuivre jaune ajourées.

Aux gaines des couteaux de chasse ou de guerre, aux gaines des couteaux de *coutilliers* (fantassins), étaient joints de petits couteaux. (Voy. la partie des ARMES.)

**COUTELET,** s. m. Désignait un cure-dent. (Voy. ce mot.)

**CRÉMAILLÈRE,** s. f. Tige de fer avec crochet, pouvant être haussée ou baissée à volonté au moyen d'un engrenage vertical, et servant à suspendre les marmites au-dessus de l'âtre des cheminées. Des princes ont possédé parfois des crémaillères d'argent. L'inven-

[1] Musée de Cluny, xv° siècle.

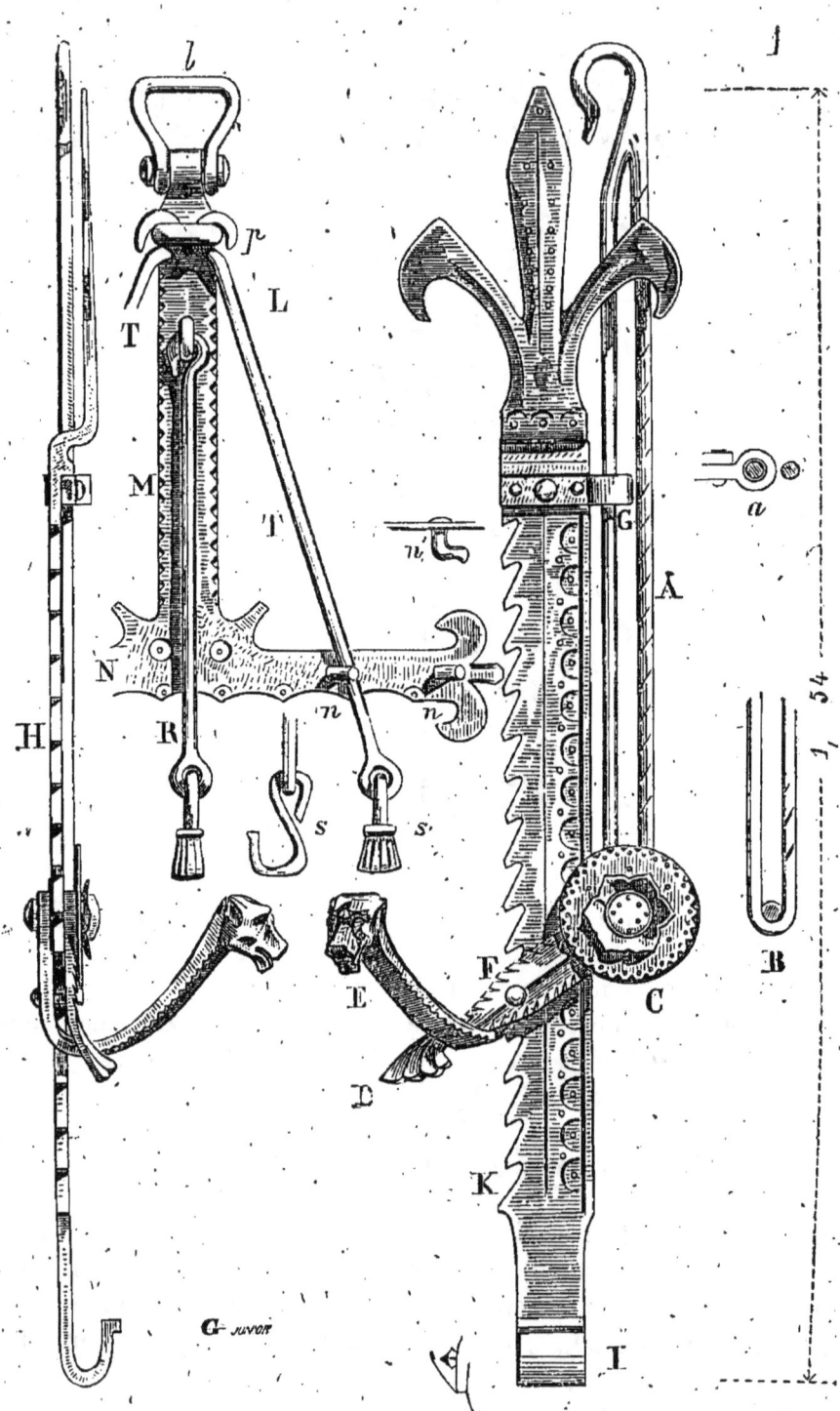

G. JUVOR

taire de Charles V fait mention d'une de ces crémaillères du poids de

24 marcs 6 onces avec les grils et le trépied. On voit des crémaillères
figurées dans des vignettes de manuscrits du xiii° siècle, qui se composent d'une tige de fer avec un anneau oblong, à travers lequel
passe une lame de fer dentelée se terminant en crochet à son extrémité inférieure. Mais nous ne connaissons pas de crémaillères per-
fectionnées avant le xiv° siècle. Celle que nous donnons ici (fig. 1)
date de cette époque ; elle est de fer forgé et très complète[1]. Elle se
compose d'une double tringle de fer A que l'on suspendait à un
crochet tenant à une chaîne scellée dans le tuyau de la cheminée,
au-dessus de l'âtre. A l'extrémité inférieure de ces tringles jumelles
et terminées en boucle (voy. en B), passe un boulon libre, muni
d'une large rondelle C sur le devant, et d'un morceau de fer plié D E
qui se croise ; il est traversé par un goujon F qu'on engage dans
les dents de la crémaillère. Un guide G, fixé au sommet de celle-ci,
coule sur l'une des tiges (voy. la section *a*). Lorsqu'on veut hausser
ou baisser la crémaillère, on prend d'une main l'extrémité E, de
l'autre la fleur de lis, en soulevant la lame dentelée, le goujon F
échappe l'engrenage, et on le fait entrer dans le cran convenable,
suivant le niveau qu'on veut donner au crochet inférieur I. Quand
le guide G vient toucher la rondelle C, le crochet I est aussi bas que
possible ; quand le goujon F entre dans la dernière entaille K, le
crochet I est au point le plus élevé. En H, est présentée la crémaillère
de profil. Mais il fallait pouvoir suspendre à cette crémaillère une
ou plusieurs marmites. A cet effet, était disposée la suspension L.
L'anneau *b* entrait dans le crochet I de la crémaillère. A cet anneau,
par un boulon, était attachée la tige plate M, terminée par une traverse N, munie de crochets *n* (voy. le profil *n'*). Deux tringles T,
attachées librement à un piton *p*, étaient terminées par deux boucles
avec crochets *s*. Suivant que les marmites étaient d'un diamètre plus
ou moins grand, on arrêtait les tringles T aux deux premiers ou aux
deux seconds crochets *n*. Si l'on ne mettait qu'une marmite au feu,
on la suspendait à la tringle centrale R. Tous ces objets sont tracés
au dixième de l'exécution. Le musée de Cluny conserve de belles
crémaillères du xv° siècle, de fer forgé. Ces objets, très communs
encore dans les petites villes et dans les campagnes, il y a quelques
années, sont devenus fort rares ; la plupart ont été vendus comme
vieille ferraille ; plusieurs ont été achetés par les brocanteurs et font
aujourd'hui partie de collections particulières.

[1] Collect. des dessins de l'auteur, provenant de l'abbaye de Flavigny (Côte-d'Or).

**CROSSE,** s. f. (*bâton pastoral*). Après les notices étendues et savantes données sur les crosses épiscopales par M. l'abbé Barraud et le R. P. Artur Martin[1], nous ne pourrions fournir sur cet ustensile symbolique, appartenant aux évêques, de nouveaux renseignements. Nous renvoyons nos lecteurs à ces articles et aux nombreuses planches qui les accompagnent. Nos musées sont très riches en crosses épiscopales de matières variées : le bois, l'ivoire, le cristal de roche, le cuivre doré et l'or même ont été employés dans la confection de ces objets, presque toujours d'un riche travail et parfois d'un beau style[2]. (Voyez la partie de l'ORFÈVRERIE.)

**CRUCHE,** s. f. — Voy. BUIRE.

**CUILLER,** s. f. (*coilliers, cuilliers*). Capsule de bois, de métal ou d'os avec manche, faite pour porter les mets liquides à la bouche :

> « Cil prist li coilliers è bailla,
> « En sa manche une en buta.
> «  .   .   .   .   .   .   .   .   .   .   »
> « Cil ki out li coilliers livrées,
> « Al recoillir les ad cuntées,
> « Li coilliers par nombre coilli,
> « Et quant il a une failli,
> « Asez la quist (chercha) è demanda
> « E cil ki l'oust, mot ne suna[3]. »

La cuiller se trouve mentionnée dans les plus anciens manuscrits du moyen âge ; on la voit figurée dans les vignettes dès le ix<sup>e</sup> siècle. Cet ustensile ne changea guère de forme depuis l'antiquité romaine jusqu'au xvi<sup>e</sup> siècle. On se servait, pendant le moyen âge, de cuillers destinées à divers usages. Il y avait des cuillers propres à servir les mets liquides, les cuillers-passoires, les cuillers à manger. Sur des bas-reliefs du xii<sup>e</sup> siècle, sont figurées des cuillers à pot absolument semblables aux nôtres[4]. 

Les cuillers les plus anciennes, à l'usage de la table, sont à manche court et à capsule circulaire peu profonde. Ces objets étaient fabriqués en argent, pour les personnes riches ; le vulgaire se servait de cuillers de cuivre ou d'étain, et souvent chacun portait sa

---

[1] *Mélanges d'archéologie*, t. IV.
[2] Voyez aussi les *Annales archéologiques* et l'*Hist. des arts industriels* de M. Labarte.
[3] Le *Roman de Rou*, vers 7036 et suiv.
[4] Chapiteaux de l'église abbatiale de Vézelay.

cuiller sur lui, comme on porte de nos jours un couteau de poche. Les cuillers de métal précieux sont devenues très rares, mais il en existe beaucoup de laiton et d'étain, ou même de cuivre doré.

Les cuillers de cuisine étaient de fer, grandes et pesantes. Dans le *Roman de Garin,* Bègues appelle le cuisinier et ses aides, et tous s'arment de broches, de crochets, de cuillers, pour combattre Fromont, Isoré et les comtes de leur parti :

> « La véissiez tant grant pestel (pilon) saisir,
> « Tantes cuillers et tant crochet tenir,
> « Que il vouront desor Fromont férir[1]. »

La cuiller que nous donnons ici (fig. 1) a 18 centimètres de lon-

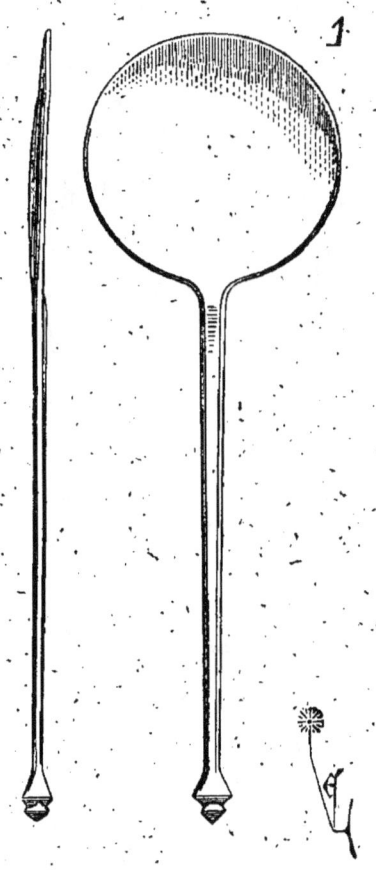

gueur et est d'étain ; elle est de forme ancienne, c'est-à-dire sem-

---

[1] *Li Romans de Garin le Loherain,* t. II, p. 19, édit. de M. Paulin Paris, Techener, 1835.

blable à celles des cuillers figurées dans les vignettes du XII° siècle [1]. La capsule est parfaitement circulaire et très peu concave. Voici (fig. 2) la forme des cuillers usitées pendant le XIII° siècle ; l'exemple que nous présentons ici [2] est de cuivre fondu et retouché au marteau et au burin. Cet objet a 165 millimètres de longueur. En *b'*, est tracée la section du manche sur *ab*. Vers le XIV° siècle, les cuillers sont garnies de manches plus courts ; le cuilleron s'allonge, et le manche est façonné : l'exemple (fig. 3) [3] présente une de ces

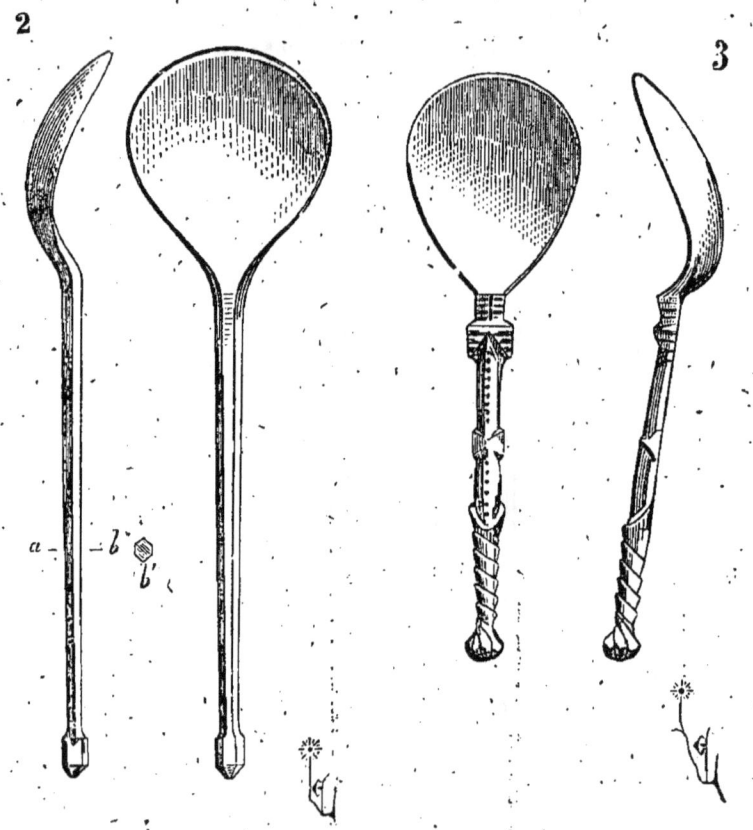

cuillers dont la longueur est de 134 millimètres. Elle est de cuivre jaune fondu, martelé et ciselé. Ces cuillers étant portées habituellement dans la poche, on en fabriqua à manche pliant. Voici (fig. 4) une de ces cuillers, qui date du XV° siècle, et qui provient du musée de Cluny : elle a 125 millimètres de longueur ; le manche se replie dans le cuilleron, et, quand il est développé, l'arrêt *a* empêche ce manche de se renverser.

[1] Du musée des fouilles du château de Pierrefonds.
[2] Idem.
[3] Idem.

Chez les princes, on avait des cuillers de cuisine d'argent :
« Pour rappareiller et ressouder une cuiller d'argent de cuisine...
« Pour faire et forger tout de neuf une cuiller de cuisine, d'un autre
« viex, dont le culleron estoit fendu à moité... [1]. » Il est fait mention

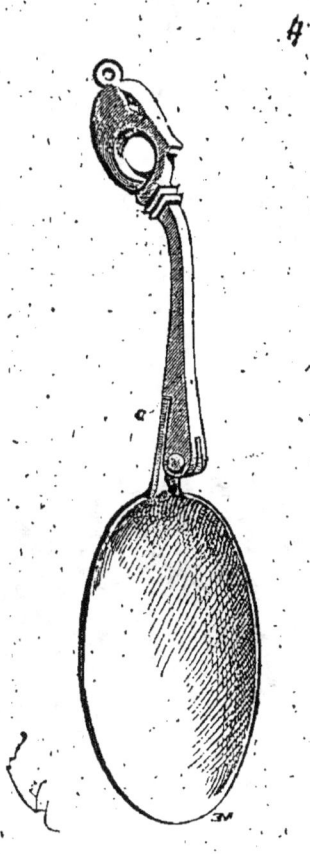

aussi, dans les inventaires, de cuillers *à biberon*, c'est-à-dire à goulot, pour verser les sauces, de cuillers-passoires, de cuillers de drageoirs ; de cuillers d'argent à trous pour passer le vin de la messe [2],
dont le manche est muni d'un grand anneau ; on façonnait aussi des
cuillers *à ymaiges*, c'est-à-dire dont les manches étaient ciselés et
figuraient des animaux ou des personnages. A la fin du xve siècle,
on fabriquait beaucoup de cuillers à manches d'ivoire ou d'ébène
sculptés, avec viroles et agréments d'argent. Nos musées possèdent
quelques-uns de ces objets.

[1] *Comptes d'Étienne de la Fontaine : Argent. des rois de France au* xive *siècle.*
[2] *Trésor de la cathédrale de Laon, invent.*

**CURE-DENT,** s. m. (*furgette, kenivet, èsguillette, coutelet*).
Ces menus objets étaient renfermés dans la nef, ou le cadenas, qu'on
plaçait sur la table devant le maître ; ils étaient parfois très riches,
d'or, garnis de pierres fines :

« Ung curedent ouquel est mis en œuvre ung de dyamant nommé
« la Lozenge et une grosse pointe de dyamant et une grosse perle [1]. »

Les trousses contenant un couteau, une fourchette, une cuiller
et un poinçon, portaient aussi un cure-dent d'argent ou d'ivoire
monté en or ou en argent.

**CUSTODE,** s. f. S'entendait comme étui, enveloppe, gaine :

« Trois custodes de cuir, paintes d'or, où a, en chascune custode,
« deux fluctes d'yvoire que grandes que petites, dont l'une des deux

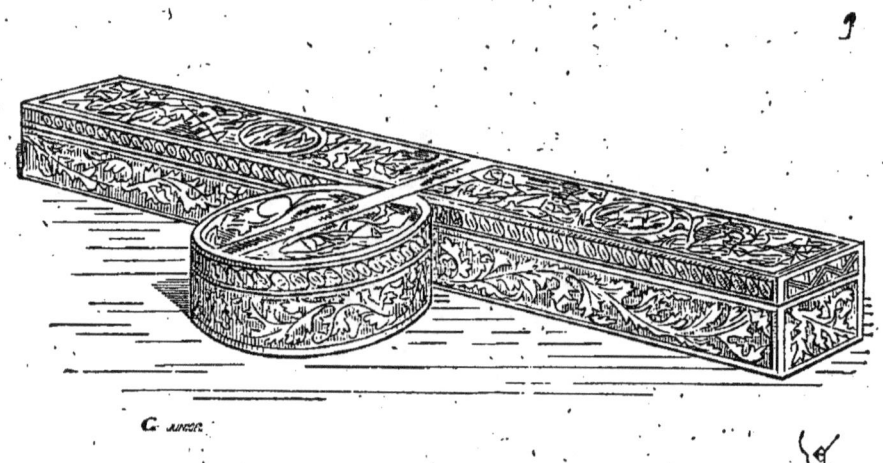

« grosses flutes est garnye au sifflet d'or et par en bas garnye de
« deux sercles d'or et semées de petites perles, d'émeraudes, grenas
« et rubis et n'y fault rien [2]. »

L'industrie des étuis ou custodes de cuir gaufré était très floris-
sante en France à dater du xiiie siècle [3]. On en fabriquait pour renfermer des objets de table, des armes de main, des bijoux, des
épices, des chartes, que l'on tenait à garantir contre les effets de
l'humidité. L'église de Saint-Quiriace, à Provins, conserve encore
l'étui de cuir gaufré qui contient la grande charte en parchemin,

---

[1] *Invent. du duc de Bourgogne,* xve siècle.
[2] *Ibid.,* 1467.
[3] Voyez, dans le *Dict. du mobilier,* l'article ÉCRINIER.

scellée d'un sceau de cire rouge, octroyée aux chanoines de Saint-Quiriace par le comte Henri, en 1176. Cet étui a été refait au XIVe siècle et est parfaitement approprié à sa destination, ainsi que le fait voir la figure 1. La charte est roulée, et le seau trouve sa place dans la protubérance ménagée sur la paroi de l'étui[1].

Aujourd'hui on ne donne guère le nom de *custode* qu'aux petites boîtes de métal destinées à contenir l'eucharistie, et qui affectent ordinairement la forme d'un cylindre terminé par un couvercle

2

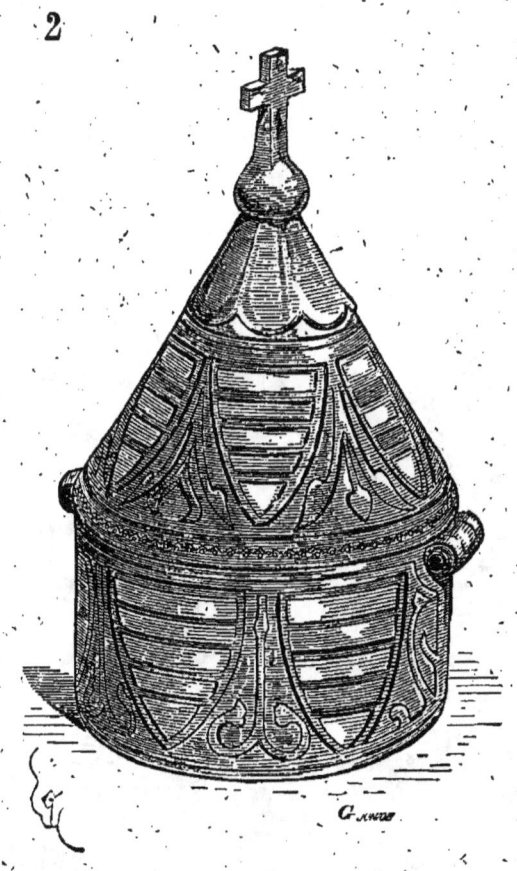

G. KNOB

conique. Ces custodes, très communes pendant les XIIe, XIIIe et XIVe siècles, sont de cuivre doré et émaillé ; nous en donnons un exemple (fig. 2) qui appartient au musée de Cluny[2].

On entendait aussi par *custode*, pendant le moyen âge, le voile qui enveloppait le ciboire appendu à la suspension. (voy. ce mot dans le *Dictionnaire du mobilier*).

[1] Voyez, pour de plus amples détails sur cet objet, les *Monuments de Seine-et-Marne*, publ. par MM. C. Fichot et A. Aufauvre, 1858, in-fol.

[2] Les écus émaillés sur cette custode sont d'argent à deux fasces d'azur.

Dans les chapitres, il y avait la charge de custode. Le trésorier custode gardait le trésor et les reliques.

**DAMOISELLE A ATOURNER,** s. f. Cet objet était à la fois un meuble et un ustensile. C'était un porte-miroir, fait de bois ou

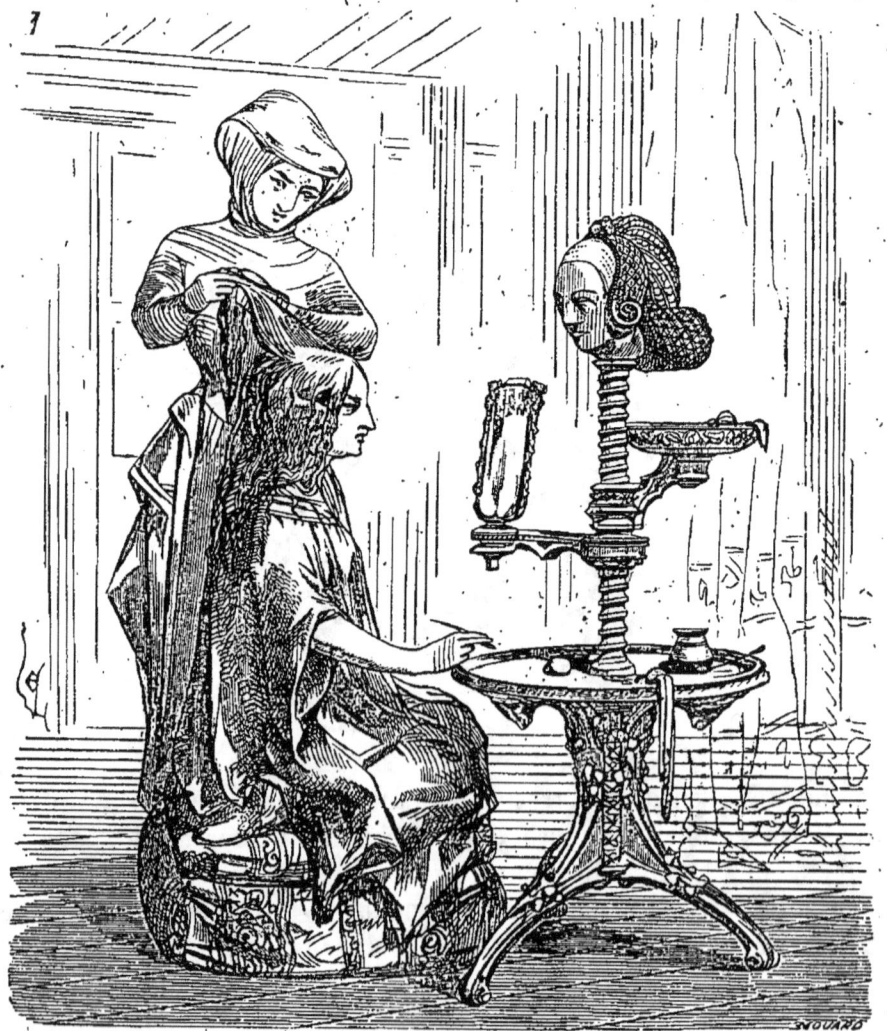

de métal (voire d'argent), tournant sur un pied, et auquel les dames pouvaient suspendre des coiffures, de menus objets de toilette. —

« Une damoiselle d'argent en iiij pièces, pesant. vij mars x ester-
« lins... [1]. » — « Ledit maistre Girart d'Orliens, paintre, pour la
« façon de iiij damoiselles de fust, nettement ouvrées et paintes, à
« bon or bruni, à tenir les miroirs desdictes dames, à cause de leur
« dict atour, iij écus la pièce [2]. » Le nom de *damoiselles* avait été
donné à ces meubles de toilette, parce qu'ils se composaient de deux
bras, d'un pied avec guéridon, et d'une tête sur laquelle on apprê-
tait la coiffure. Un des bras portait le miroir, l'autre des épingles, et
sur le guéridon étaient posés les peignes, cosmétiques et affiquets
de coiffure. Les ornements de tête pour les femmes, pendant la
période comprise entre les xiie et xve siècles, étaient fort compli-
qués [3], et depuis le milieu du xive siècle notamment, jusque vers le
milieu du xve, les coiffures des dames nobles exigeaient des soins
infinis et un temps très long pour être convenablement posées ; il
était naturel d'avoir, à cet effet, dans les garde-robes, des meubles et
ustensiles spéciaux. La figure 1 présente la disposition de ces objets
et leur usage.

**DÉ** (A COUDRE), s. m. (*déel*). Cet ustensile, nécessaire à tout
ouvrier en couture, date d'une haute antiquité. On trouve des dés à
coudre, d'os, parmi les objets gaulois. Le dé est mentionné dans
les fabliaux du xiiie siècle :

> « G'é laissié pendre mon déel
> « Avec l'aguille en cel surcot
> « Dont ge sui, lasse à tel escot,
> « S'ainsi rendre le me convient [4]. »

On donnait le nom de *deyciers* aux fabricants de dés à jouer et à
coudre : « Des deyciers fesères de dez à dame pour coudre [5]. »

**DÉVIDOIR**, s. m. (*vertou, desvidouere*).

> « Ou en vertous, ou en fusiaus [6]...
> « Une desvidouere [7]... »

Les femmes nobles, aussi bien que les roturières, s'occupaient

---

[1] *Invent. de la royne Clémence*, 1328.
[2] *Comptes royaux*, 1353.
[3] Voyez la partie des VÊTEMENTS.
[4] *D'Auberée la vieille maq.* (*Contes, dicts, fabliaux des* xiii*, xiv* *et* xv* *siècles*, recueill. par A. Jubinal, 1839, t. I, p. 220.)
[5] *Us des mestiers de Paris.*
[6] *Ledict de la Maille* (voy. JONGLEURS et TROUVÈRES), publ. par Jubinal, 1835.
[7] *Invent. de la royne Clémence.*

beaucoup, pendant le moyen âge, à des ouvrages d'aiguille, broderies, tapisseries ; le dévidoir était donc un ustensile nécessaire. On
en fabriquait en bois et en os ou en ivoire.. Le dévidoir se composait d'un plateau inférieur à rebords, d'une tige et d'un moulinet

1

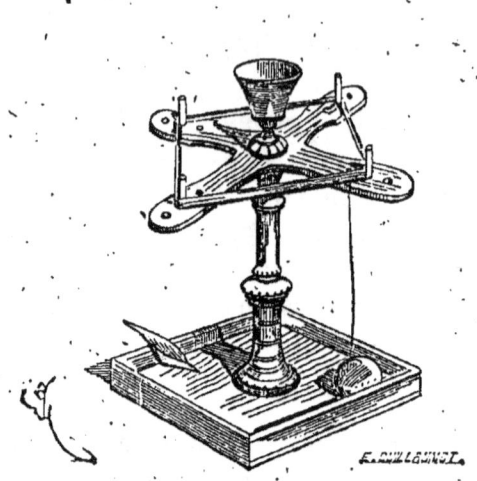

horizontal formé de deux palettes divisées avec trous espacés, afin
de pouvoir maintenir sur ces palettes des écheveaux de fil, de laine
ou de soie de dimensions différentes, en avançant ou reculant les
chevillettes qui entraient dans ces trous. Ces objets ne différaient pas
de ceux encore en usage aujourd'hui. Voici un dévidoir copié sur
une vignette d'un manuscrit du xv⁰ siècle [1] (fig. 1).

**DRAGEOIR,** s. m. (*dragier, dragoer*). Dans toutes les maisons,
il y avait des drageoirs sur les crédences, et l'on offrait à chaque arrivant, ainsi que cela se pratique encore aujourd'hui en Orient, des
sucreries, des confitures, des épices que contenaient ces drageoirs.
Les drageoirs étaient présentés aux convives après le repas :

> « En chambres, après les grans mangiers
> « Touailles blanches sanz reprouche,
> « A quoy on essura sa bouche,
> « Quant le dragoir y est découvert [2]. »

Bien que les formes données aux drageoirs fussent très variées,

---

[1] *Proverbes, adages, allégories,* manuscrits français, fonds la Vallière, n° 44,
Biblioth. impér.

[2] Eustache Deschamps, *le Miroir de mariage,* xiv⁰ siècle.

ces objets se composaient habituellement d'une sorte de coupe couverte, posée sur un plateau, garni de cuillers ou pellettes, pour
prendre les confitures ou épices poissantes : « Un grant drageoir
« d'argent doré, dont le bacin et à pate (le pied) sont en façon de
« rose, armoyée de France sur les bords, et ou bacin un esmail rond
« de France et ou pommel du pied a viij petits esmails de France
« ronds, pesant xi marcs iij onces [1]. » — « Une peslecte d'argent
« doré, à prendre espices à un drageoir [2]. » Il y avait de grands et
de petits drageoirs ; ces derniers étaient souvent d'or. Ils étaient
ornés d'émaux, d'amoiries, de personnages.

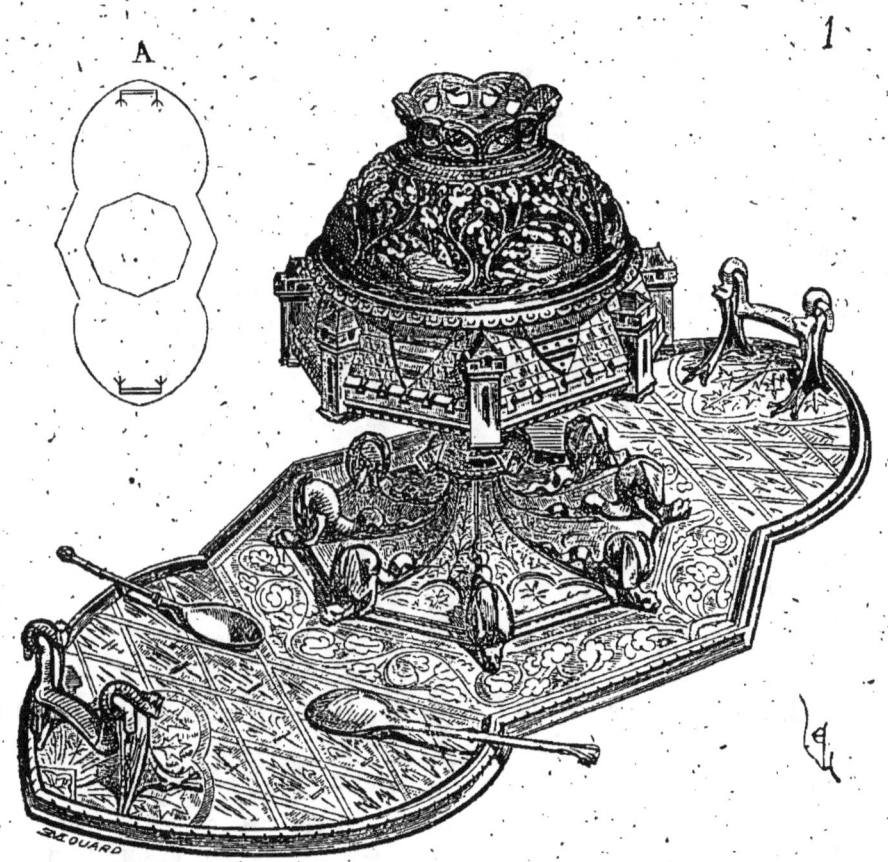

Le plateau sur lequel reposait le drageoir était généralement
oblong et garni d'anses, de manière à pouvoir être facilement porté
et présenté. Sur l'un des bouts du plateau on posait le couvercle
du drageoir, sur l'autre les cuillers ou pellettes. Voici (fig. 1) un de

[1] *Invent. de Charles V*, 1380.
[2] *Invent. des ducs de Bourgogne*, xve siècle.

ces drageoirs, qui, par sa forme, appartient au xiv° siècle [1]. Le couvercle enlevé était posé sur la couronne qui le surmonte, et pouvait recevoir les petites serviettes ou touailles qui devaient accompagner ces objets, et qui servaient à essuyer les pellettes où les doigts des personnes qui puisaient au drageoir. En A, est tracé le plan du drageoir. C'était, chez les grands, l'épicier auquel incombait la charge de remplir les drageoirs : « Le duc de Bourgogne (Charles le Hardy) « a deux espiciers et deux aides, et sont iceux espiciers si privés du « prince, qu'ils lui baillent, sans nuls autres appeller, tout ce que le « prince demande touchant médecine ; l'espicier apporte le drageoir « du prince, jusques à sa personne, à quelque grand feste ou estat « que ce soit, et le premier chamberlan prend le drageoir et baille « l'essay à l'espicier, et puis baille le drageoir au plus grand de « l'hotel du duc qui là soit, et sert iceluy du drageoir le prince, et « puis le rend au premier chamberlan, et le premier chamberlan à « l'espicier, ledit espicier délivre toutes drageries et confitures [2]. »

Les drageoirs de la maison des ducs de Bourgogne étaient d'une extrême richesse, comme tout ce qui dépendait du service de ces princes : « Tantost après fut apporté le vin et les espices, lesquelles « espices estoyent en sept dragoers, dont la pluspart estoyent de « pierreries [3]. » L'usage des drageoirs se conserva jusqu'au xvii° siècle. Il en est encore question dans les *Caquets de l'accouchée.*

**ÉCHIQUIER,** s. m. (*eschequier*). — Voyez les Jeux.

**ÉCRIN,** s. m. (*escrin*). — Voyez tome I°r, l'Écrinier.

**ÉCRITOIRE,** s. f. (*escriptouère, calemart*). On se servait d'écritoires fixes (tenant au scriptionale [4]), d'écritoires posées sur les tables et d'écritoires pendues à la ceinture, ces dernières en forme de corne.

[1] Manuscrits français du xv° siècle, biblioth. de Munich.
[2] Olivier de la Marche, *Estat de la maison de Charles le Hardy.*
[3] Olivier de la Marche, *Mémoires,* liv. I.
[4] Voyez tome I, Scriptionale.

Louis XI, ayant appris, un jour, que plusieurs gentilshommes de sa maison n'avaient pas d'armures, envoya son trésorier, Jean le Clerc, acheter des écritoires, pour les attacher à la ceinture de ces barons négligents :

« ..... A M° Jehan Le Clerc... 27 s. 6 d. pour avoir acheté plu-
« sieurs escriptoueres pour donner à aucuns des gentilz hommes de
« son hostel, pour icelles porter en lieu de ce qu'ilz n'avoient point
« de harnois [1]. »

Les écritoires sur table ne se composaient pas seulement d'un récipient propre à contenir l'encre, mais comprenaient des plumes, un canif, des ciseaux, des poinçons, un grattoir, etc. « Une escri-
« toire d'or, a façon d'une gayne (trousse) à barbier, et est hachiée
« par dehors aux armes d'Estampes ; et a dedans, une penne à
« escripre, un greffe (grattoir), un compas, une cizalles, un coutel,
« unes furgettes, tout d'or et pendent, avec un cornet à enque (encre)
« d'or, à un laz d'or, pesant ij marcs iij ionces ij esterlins [2]. »

**ÉCUELLE,** s. f. (escuele). Plat profond, avec rebord ou oreilles, dans lequel on servait un mets pour une ou deux personnes. L'écuelle a précédé l'assiette. On mangeait habituellement, pendant les repas, deux personnes dans la même écuelle avant le xve siècle. « Il y eust jusques à huyt cent chevaliers séans à table, et si n'y eust
« celuy qui n'eust une dame et une pucelle à son costé ou à son
« escuelle [3]. »

L'écuelle était faite de bois, de terre cuite vernissée, d'étain, de cuivre ou d'argent. On apportait le repas d'une personne seule, d'un prisonnier, dans une écuelle :

« C'une petite fenestrele
« Où on mettoit une escuele
« Quant on lui donnoit à mangier
« Adès quand on avoit mestier [4]. »

Voici une écuelle de cuivre (laiton) qui date de la fin du xive siècle, et qui ressemble fort à ce qu'on appelle aujourd'hui une *gamelle*

[1] *Manuscrit interpolé de la chron. scand. Comptes de Jean Le Clerc* (voyez *Biblioth.* de l'École des Chartes, 4e série, t. I, p. 251).
[2] *Invent. de Charles V.*
[3] *Perceforest.*
[4] *Roman du Saint-Graal,* xiiie siècle.

(fig. 1 [1]). Elle est munie d'un rebord simplement gravé de deux

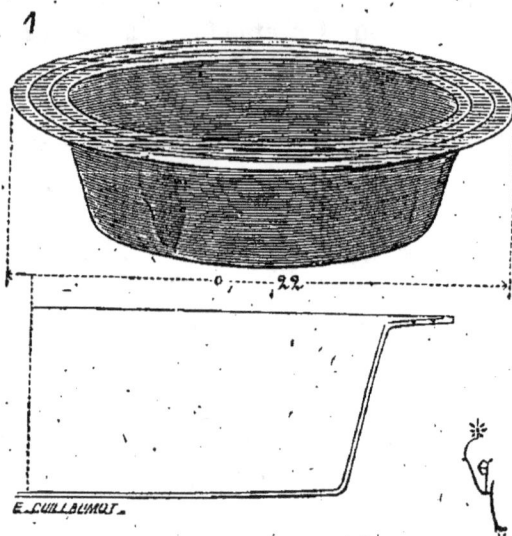

cercles concentriques. Ce vase était probablement destiné à aller sur le feu, et paraît avoir été étamé.

L'écuelle d'étain à oreilles est encore en usage dans les campagnes

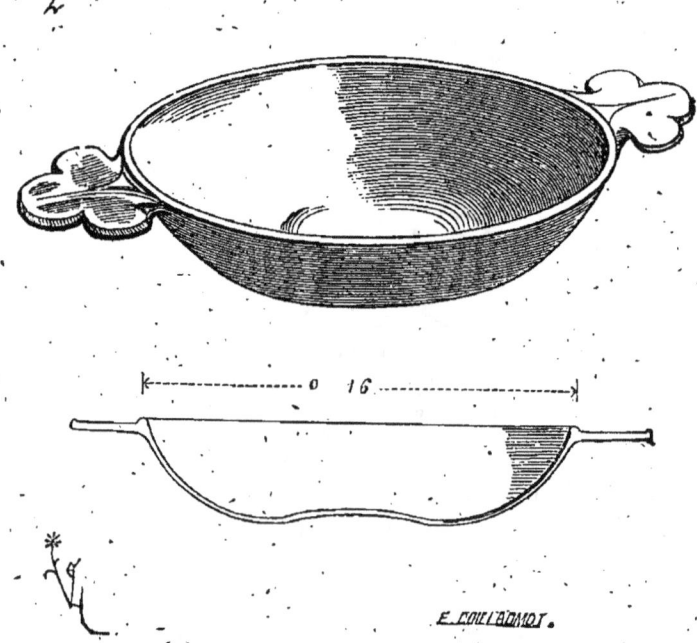

de l'Est. La figure 2 montre une de ces écuelles [2], qui appartient

[1] Musée des fouilles du château de Pierrefonds.
[2] Idem.

également à la fin du xiv° siècle. Ces oreilles étaient souvent délicatement travaillées, ou plutôt fondues en étain sur de bons modèles. Il n'en coûtait pas davantage. Nous donnons (fig. 3) une de ces oreilles portant une tête en plat relief, d'un excellent style, et qui semble appartenir au xiv° siècle [1].

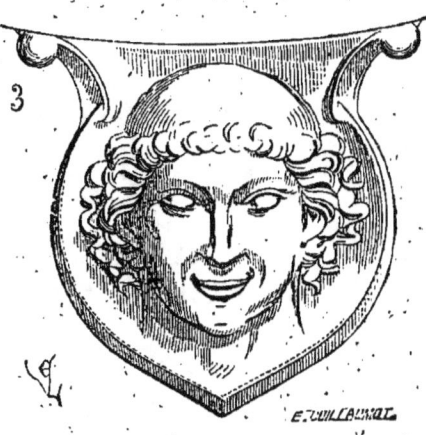

**ENCENSOIR,** s. m. L'usage de l'encensoir remonte aux premiers siècles du christianisme et a été emprunté aux cultes orientaux. Cet ustensile se compose d'une capsule inférieure de métal, dans laquelle on dépose de la braise incandescente, d'une capsule formant couvercle, ajourée, glissant sur trois ou quatre chaînes fixées aux bords de la capsule inférieure ; de plus, une chaîne centrale, tenant à la partie supérieure du couvercle, sert à enlever celui-ci. Les trois ou quatre chaînes sont retenues à une platine que le thuriféraire tient dans sa main, et la chaîne centrale, munie d'un anneau, passe à travers cette platine. Le moyen âge a fabriqué des encensoirs de formes variées ; les plus anciens figurent, lorsque les deux capsules sont jointes, une sphère complète, presque toujours munie d'un pied qui permet de poser l'objet à terre ou sur un meuble.

Les représentations très grossières des encensoirs, avant le xiie siècle, ne permettent guère de se rendre un compte exact de leur usage, des moyens employés pour les ouvrir et jeter l'encens sur la braise allumée. Les capsules sont parfois attachées à trois chaînons qui se réunissent à une seule chaîne centrale. On ne comprend pas alors comment on pouvait soulever la capsule formant couvercle

[1] Cabinet de l'auteur.

sans se brûler les doigts. L'exemple (fig. 1) que nous donnons ici [1]
présente un de ces encensoirs sphériques. La capsule inférieure est
pleine, pour recevoir la braise. Cette capsule est munie de trois

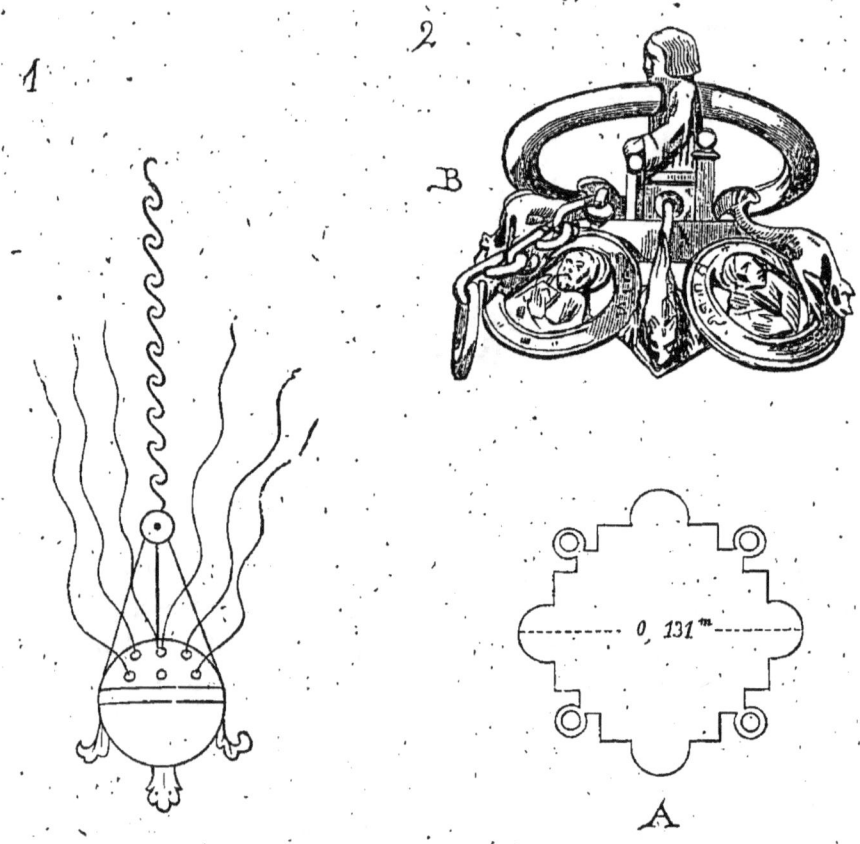

pieds ; trois tiges ou chaînons, partant des bords de cette capsule,
se réunissent à une chaîne centrale. La capsule-couvercle est percée
de trous pour laisser passer la fumée de l'encens.

Les plus anciens encensoirs que possèdent les trésors d'églises,
ou les collections particulières, ne remontent pas au-delà du
XIIe siècle, et, parmi ces objets, un des plus remarquables par son
style et sa composition est l'encensoir de Trèves (pl. XXX) [2]. Il est
de bronze coulé, ciselé et doré, est muni de quatre chaînes cou-
lantes et d'une chaîne centrale, et paraît dater de la seconde moitié

[1] Manuscrits du xe siècle (*Prophéties*). Biblioth. impér., 6/3.
[2] Cet encensoir est aujourd'hui conservé dans le musée de la cathédrale de Trèves.
(Voyez, dans les *Annales archéologiques* de Didron, t. IX, p. 357, la description de cet
encensoir.)

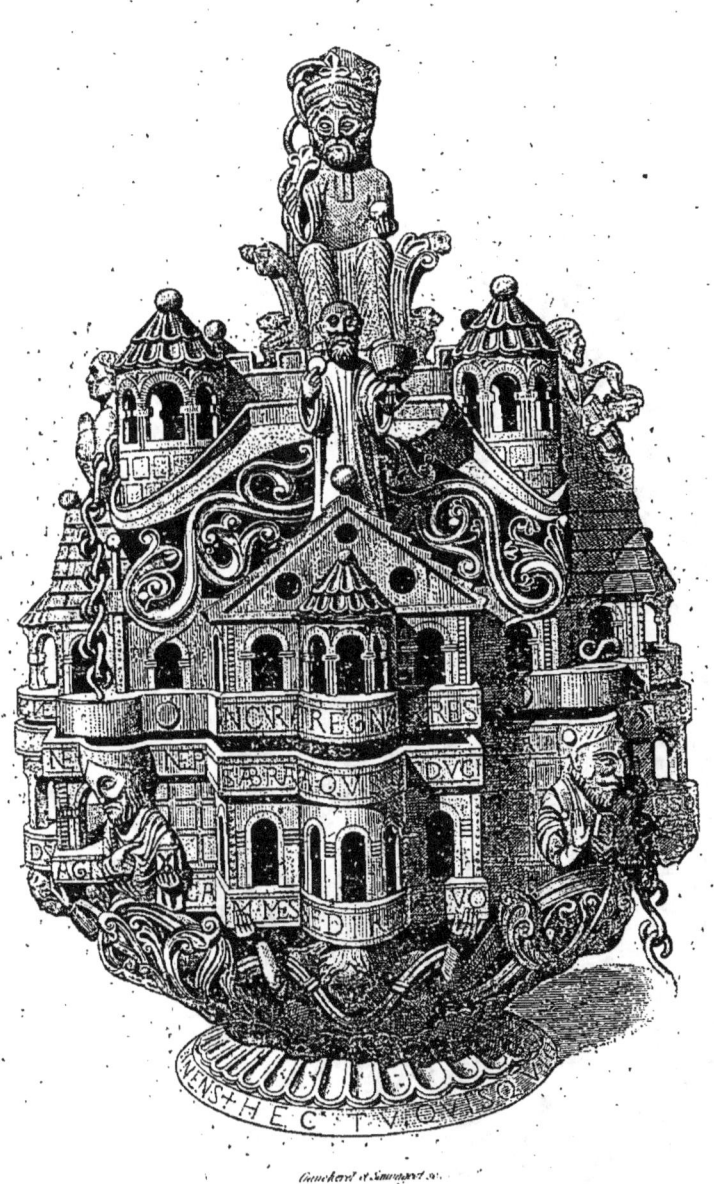

Gaucherel et Sauvaget sc.

ENCENSOIR DE TRÈVES

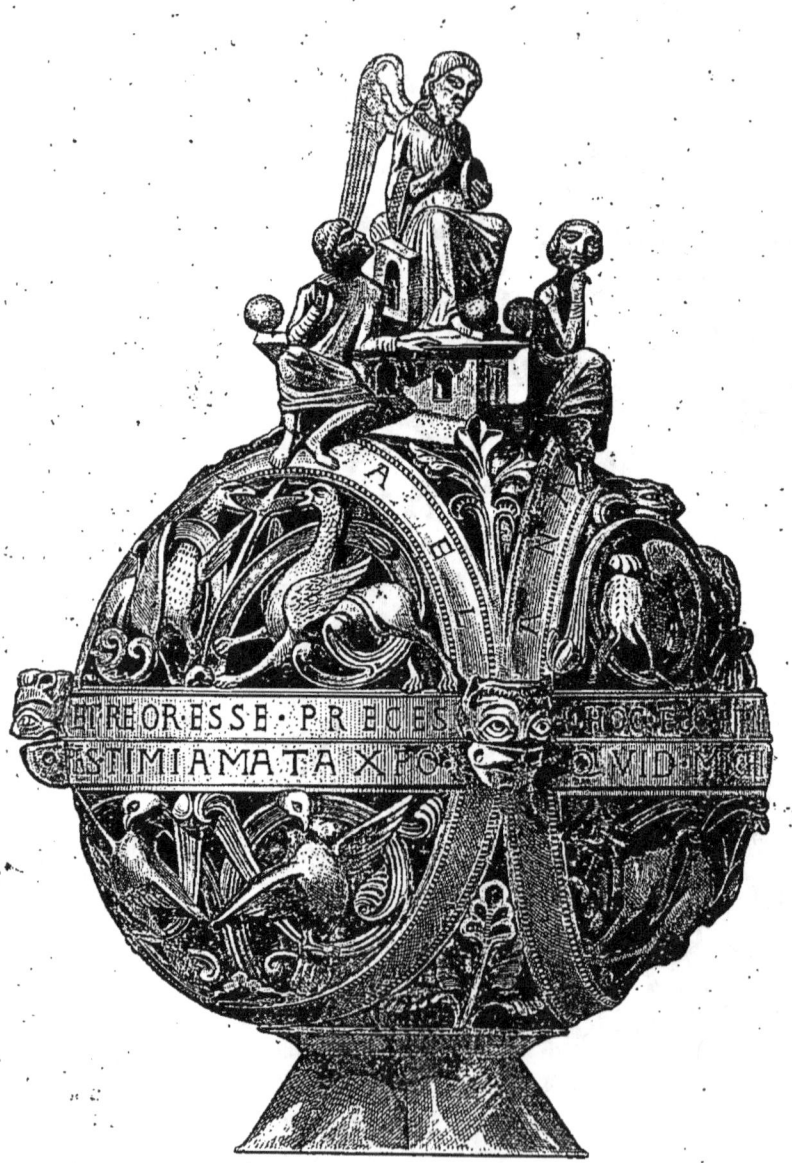

L. Boucherot et Saumyrot sc.

ENCENSOIR

EN CUIVRE FONDU ET DORÉ

du xii° siècle. Le plan de cet encensoir est tracé en A dans la figure 2. Les coulants des quatre chaînes ont été refaits après coup et masquent une partie de l'inscription qui remplit l'orle et la capsule supérieure. Au sommet, est représenté Salomon assis sur un trône entouré de quatorze lions. Sur les quatre gâbles s'élèvent les quatre patriarches emblématiques du sacrifice du Nouveau Testament, savoir : Abel, avec l'agneau ; Melchisédech, avec le pain et le calice ; Abraham prêt à immoler Isaac ; Isaac bénissant Jacob. La capsule inférieure montre, en bustes, Moïse, Aaron, Isaïe et Jérémie. Les quatre chaînes sont attachées au sommet de la tête de ces personnages. La platine de main (voyez en B, fig. 2) qui reçoit les chaînes porte les bustes de quatre apôtres. Une petite figure, qui probablement représente le Christ, surmonte cette platine et sert à retenir l'anneau terminal [1]. L'évêque de Munster, Mgr Muller, auquel on doit la conservation de ce précieux ustensile, dans une notice fort détaillée, a donné les diverses inscriptions qui accompagnent ces figures symboliques [2]. « On conviendra, ajoutait le prélat, que l'artiste du moyen âge auquel est dû cet encensoir a su résumer dans cet objet les dogmes qui constituent l'essence de la liturgie, à laquelle il devait être employé. » L'observation est parfaitement juste, et c'est qu'en effet, dans les ustensiles qui tiennent à la liturgie, les artistes, au xii° siècle particulièrement, savaient choisir les sujets ou symboles exactement convenables à l'objet. D'ailleurs, si la composition de l'encensoir de Trèves est remarquable et le style assez bon, l'exécution en est barbare. Il n'en est pas de même de l'encensoir également de bronze coulé, ciselé et doré, qui provient d'une collection de Lille, et qui est, pensons-nous, aujourd'hui en Angleterre. Cet encensoir date du commencement du xii° siècle et est en forme de sphère avec pied (voy. pl. XXXI). Il est de fabrication française et d'une exécution excellente [3]. Sa composition est éminemment symbolique. La partie supérieure de l'encensoir représente les trois jeunes gens : Ananias, Misaël, Azarias, sauvés de la fournaise par l'ange envoyé du Seigneur. Suivant l'Écriture, ces jeunes gens entonnent le cantique dans lequel ils invitent la nature entière à louer Jéhovah. Trois cercles divisent la sphère, et à leur rencontre se trouvent les attaches et coulants des trois chaînes. Sur

---

[1] Les dessins de ce curieux objet ont été relevés avec le plus grand soin par M. Bœswilwald, qui a bien voulu nous les communiquer.

[2] Voyez les *Annales archéol.*, t. IX, p. 358.

[3] Voyez, sur cet encensoir, la notice de Didron (*Annales archéol.*, t. IV, p. 293).

l'orle double qui sépare les deux capsules, on lit les trois vers hexa-
mètres suivants :

✝ HOC . EGO . REINERUS . DO . SIGNUM . QUID . MIHI . VESTRIS .

ENEQUIAS . SIMILES . DEBETIS . MORTE . POTITO .

ET . REOR . ESSE . PRECES . VRANS . TIMIAMATA . CHRISTO .

que Didron a traduits ainsi :

« Moi, Reinerus, je donne ce gage. A moi en possession de la
« mort, vous me devez quelques preuves semblables d'amitié. Les
« parfums qu'on brûle en l'honneur du Christ sont, à mon avis, des
« prières. »

La hauteur totale de cet encensoir est de 0$^m$,17. Les chaînes et la
platine de main manquent.

Le moine Théophile, dans son *Essai sur divers arts*[1], indique la
manière de faire les encensoirs de métal repoussé ou fondu à cire
perdue[2]. Ses descriptions, très minutieuses, signalent l'importance
qu'au XII$^e$ siècle on attachait à ces ustensiles destinés au service
religieux. Bien que les encensoirs de métal repoussé dussent être
d'une moindre valeur que ceux de métal fondu sur cire perdue,
Théophile orne son encensoir battu d'une quantité de détails gravés
très précieux, d'ajours délicats. Il n'est pas jusqu'à la platine de
main, à laquelle il donne le nom de *lis*, qu'il ne décore de fleurs
et d'oiseaux. Cet encensoir battu est muni de trois chaînes, tandis
que l'encensoir fondu, qui représente la cité sainte, possède quatre
chaînes.

Les encensoirs de métal repoussé étaient les plus communs et
affectaient souvent une grande simplicité. Tels sont ceux qui sont
représentés sur un grand nombre de bas-reliefs, ou qui accompagnent des statues d'anges thuriféraires des XII$^e$ et XIII$^e$ siècles. Voici
un de ces objets (fig. 3) qui tient à l'une des statues de la cathédrale de Chartres. Les deux capsules sont ajourées, ainsi que dans
les deux exemples précédents ; mais une doublure pleine (voy. en A)
était fixée à l'intérieur de la capsule inférieure, pour recevoir la
braise et l'encens. Cet encensoir a trois chaînes avec coulants, et la
chaîne centrale fixée à l'anneau B qui surmonte le lis. Comme cela
se pratique aujourd'hui, quand on voulait soulever le couvercle C
pour mettre du charbon ou de l'encens dans la capsule inférieure, on

[1] Cap. LIX et LX.

[2] *Diversarum artium Schedula*. Paris, 1843, trad. du comte de l'Escalopier.

tirait sur l'anneau B. Ici les chaînes paraissent être fabriquées comme des gourmettes à section carrée, plus souples et moins sujettes à s'embrouiller que les chaînes ordinaires. Les encensoirs

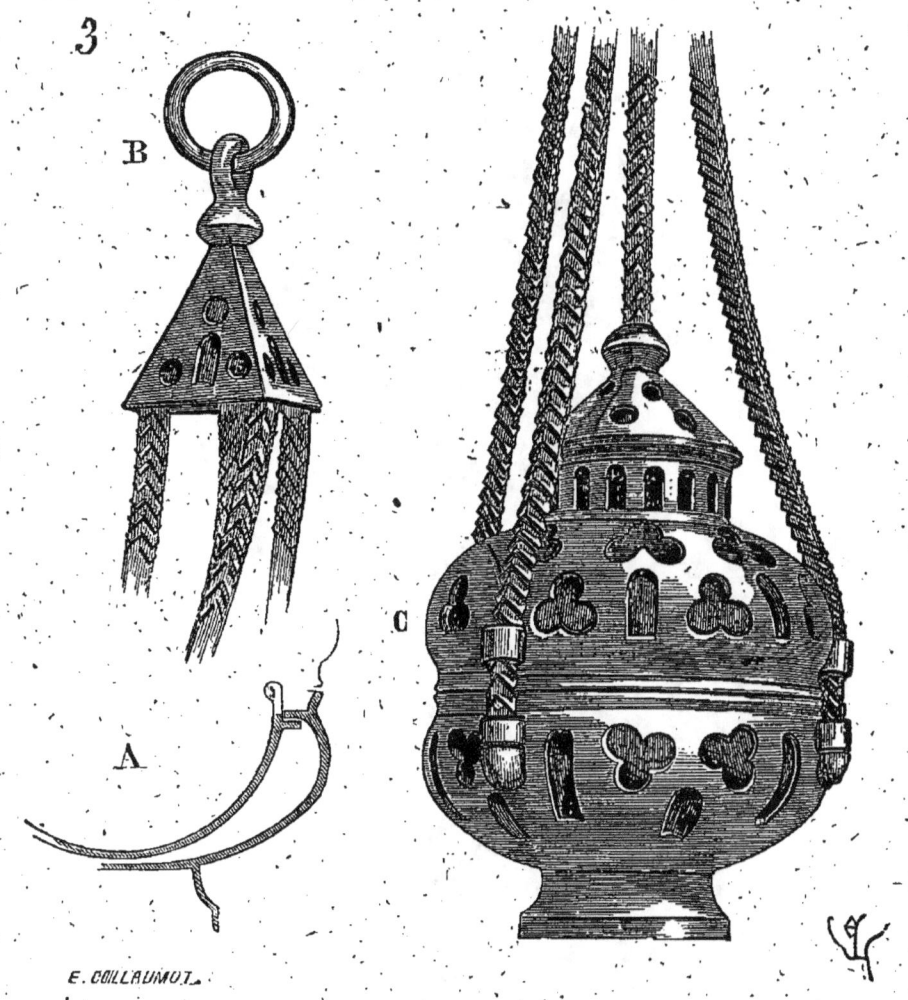

E. COILLAUMOT.

de cuivre repoussé et émaillé étaient en usage pendant le xiiie siècle, et nos collections publiques et privées possèdent un certain nombre de ces objets. Plus tard les encensoirs furent composés en façon de réunions de tourelles, avec toits, petites fenêtres découpées, gâbles, le tout très chargé de gravures et de détails. Ces ustensiles ayant été reproduits bien des fois, il ne paraît pas nécessaire de les donner ici [1].

[1] Voyez Étude sur les encensoirs, par M. l'abbé Fernand Pottier (Moniteur de l'archéologue, Toulouse, 1766).

**ESIMOUERE,** s. f. Vieux mot employé pour *gaufrier*.

**ESMOUCHOIR,** s. m. *(flabellum, esmouchoer)*. Cet ustensile

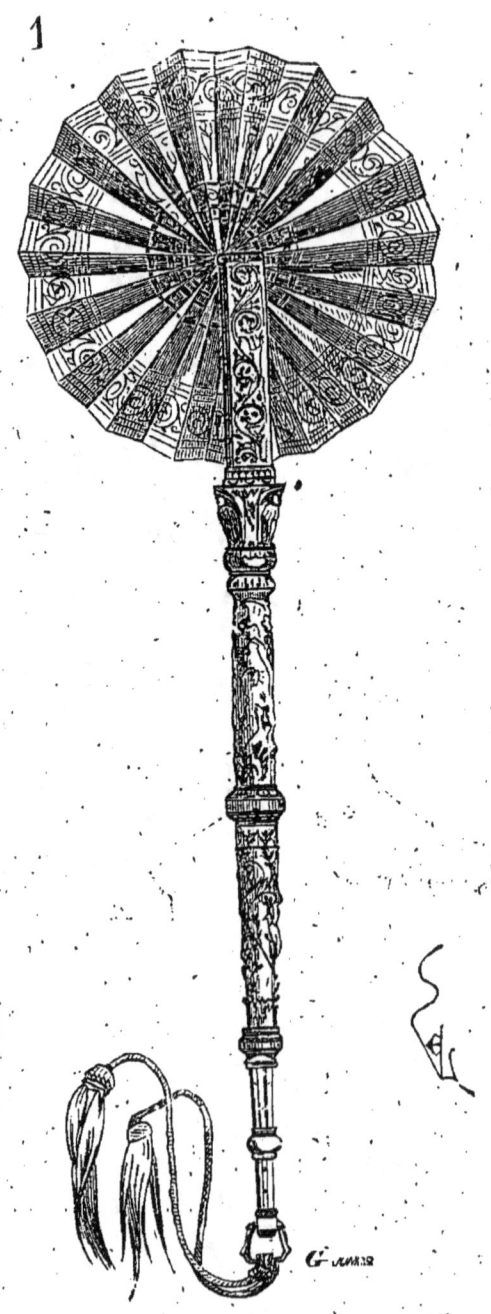

était fort usité dès la plus haute antiquité. En Orient, on le voit figuré sur les bas-reliefs assyriens et égyptiens. Il consistait alors en une sorte d'éventail de feuilles ou de plumes au bout d'un long manche que les serviteurs agitaient au-dessus des personnages auxquels on voulait éviter l'incommodité des mouches. Les sacrificateurs assyriens sont accompagnés d'acolytes, qui tiennent le flabellum formé de palmes au-dessus de l'autel. A côté des divinités égyptiennes ou des princes, on voit souvent des porteurs de grands éventails de plumes ou de feuilles. Dès les premiers siècles du christianisme cet ustensile fut considéré comme nécessaire à la célébration des saints mystères. Dans les *Coutumes de Cluny* [1], il est dit que deux diacres doivent toujours se tenir près du célébrant, munis d'esmouchoirs pour empêcher les mouches d'approcher de l'autel [2]; « Flabellum factum de serico et auro ad repellendas muscas et im- « munda [3]. » Dès le XIIe siècle, on donna en France à l'esmouchoir une forme circulaire. Cet ustensile consistait alors en une bande de parchemin ou d'étoffe pliée autour d'un axe, muni d'un long manche (fig. 1) : « Un esmouchouer rond, qui se ploye, en yvoire, aux armes « de France et de Navarre, à un manche d'ybenus [4]. » Il existe encore un de ces ustensiles provenant de l'abbaye de Tournus et qui pa- raît dater du commencement du XIIe siècle. Le manche est d'ivoire orné d'arabesques, avec viroles de métal. Ces manches étaient par- fois fabriqués en argent : « Un esmouchouer à tout le manche « d'argent [5]. »

**ÉVENTAIL**, s. m. (*esventour*). Il est à croire que l'éventail adopté pendant les premiers siècles du moyen âge n'était autre chose que le *flabellum* : « un esventour de plumes duquel il esventa le feu [6] ». Cependant nous avons trouvé dans les fouilles du château de Pierre- fonds [7] des fragments bien caractérisés d'un éventail construit comme ceux qu'on fait de nos jours, et ces fragments doivent être anté- rieurs au siège de 1422, puisqu'ils ont été trouvés dans les débris carbonisés appartenant à cette époque. La figure 1 donne ces frag-

[1] Udalric, lib. II, cap. XXIX.

[2] Voyez du Cange, *Gloss:*, vº FLABELLUM.

[3] *Invent. de l'église d'Amiens.*

[4] *Invent. de Charles V.*

[5] *Invent. de la comtesse Mahaut d'Artois.* Voyez l'article FLABELLUM, dans le *Dic- tionn. iconogr.* de M. Güenebault, et la note sur cet ustensile dans la traduction du *Rational* de Guillaume Durand par M. C. Barthélemy, t. II, p. 501.

[6] Du Cange, *Gloss.*, vº EVENTARE.

[7] Musée de ces fouilles.

ments grandeur d'exécution ; ils sont de métal d'alliage, cuivre et argent. Le morceau A présente l'un des plats, côté extérieur, et le

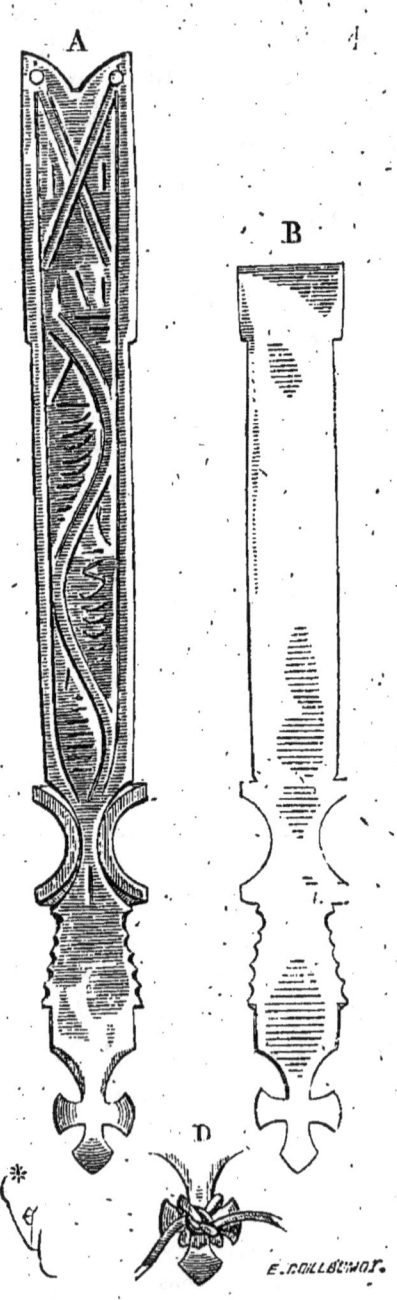

morceau B l'une des branches. La tige A était rivée à une garde de bois ou de métal très mince à laquelle était collée l'étoffe ou le vélin.

La queue de cette tige et celle des branches n'étant pas percées, mais étant terminées par une croisette, il est à présumer que les plats et branches étaient réunis à leur extrémité inférieure au moyen d'un cordonnet de soie, ainsi que le fait voir le tracé D. Ce cordonnet de soie permettait de suspendre cet éventail à la ceinture. L'invention du *flabellum* remontant à une haute antiquité, il est difficile d'admettre que l'éventail, qui n'en est qu'un dérivé, n'ait été en usage qu'au XVIe siècle, ainsi que certains auteurs l'ont prétendu (voy. ESMOUCHOIR).

**FER** (A REPASSER), s. m. L'usage des fers chauds, propres à repasser les étoffes et le linge particulièrement, remonte à une assez haute antiquité. Dès l'époque des Sassanides, on portait en Asie des

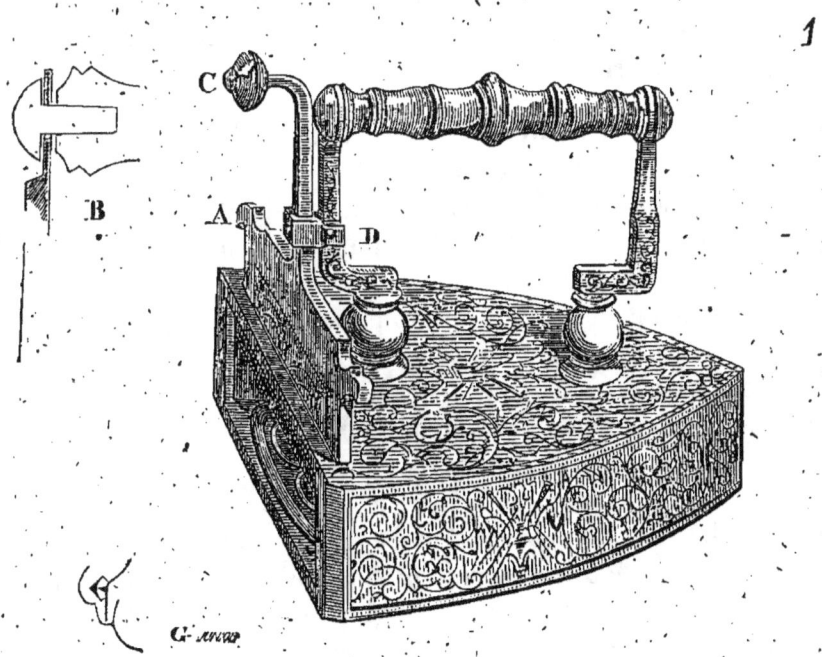

vêtements d'étoffes légères, de mousseline, qui étaient plissés à très petits plis, et qui conservaient cependant une certaine roideur, ce qu'on ne pouvait obtenir qu'au moyen du repassage. Cette coutume de porter des vêtements de dessous plissés, gaufrés au fer, était fort répandue en France dès la fin du xi° siècle, probablement à la suite des croisades, et depuis lors on ne cessa jamais de repasser le linge de corps et même le linge de table ou de toilette. Nous ne possédons pas, cependant, parmi les ustensiles déposés dans nos musées, des fers à repasser antérieurs au xv° siècle. Mais le peu de valeur de ces objets et la facilité avec laquelle ils se détruisent expliquent leur disparition. Les fers les plus anciens que nous connaissions sont creux, habituellement, avec une petite tablette ouvrante, qui permet d'introduire à l'intérieur un saumon de fer rouge.

M. le comte de Nieuwerkerke possède, dans sa belle collection, un de ces fers qui date du xvi° siècle, et qui est une œuvre d'art. Nous en donnons (fig. 1) le dessin. On voit comment on soulève la vanne A au moyen du bouton C : cette vanne glisse dans une rainure pratiquée à la partie postérieure du dessus du fer et dans une virole D tenant à l'une des branches de la poignée. A l'intérieur est fixé un fer contourné qui empêche le morceau de fer rouge de toucher le fond. La poignée est de bois et fixée aux branches, ainsi que l'indique le profil B. Cet ustensile est entièrement recouvert extérieurement, sauf au dessous, bien entendu, de damasquinures saillantes d'argent, d'un charmant style.

**FLACON**, s. m. Bouteille à panse aplatie. On en faisait de verre, de cuir, d'argent, de fer (voyez BIDON).

Les flacons sont fermés à vis, « ou ferme-bouteilles à bouchons et « flacons à vis [1] », et peuvent être attachés au moyen de courroies ; c'est ce qui les distingue des bouteilles. « Deux flacons d'or à deux « esmaux, chacun des armes de Monseigneur le Duc, à ij. courroyes « de soye, ferrés d'or, poisant tout ensemble xxvij marcs vj onces [2]. » Ces flacons étaient souvent enrichis, non seulement d'armoiries émaillées, mais de figures, de supports. On donnait aussi au xvi° siècle, le nom de *flacon* à des cantines (voyez ce mot) : « Ung flacon d'argent « blanc que la ducesse de Bavière a donné à l'empereur (Charles- « Quint), de l'un des costez armoyé aux armes de Bavières, et à « l'autre costé *il se ouvre par le milieu, où il se peult mettre pain* « *et chairs* qui veult, et à l'autre le vin, pesant, avec deux serrures « de fer qui y sont xj marcs xij onces [3]. »

[1] Tabourot.
[2] *Invent. du duc de Normandie*, 1363.
[3] *Invent. de Charles-Quint*, 1536.

**FONTAINE,** s. f. Il y avait presque toujours, dans les vesti-

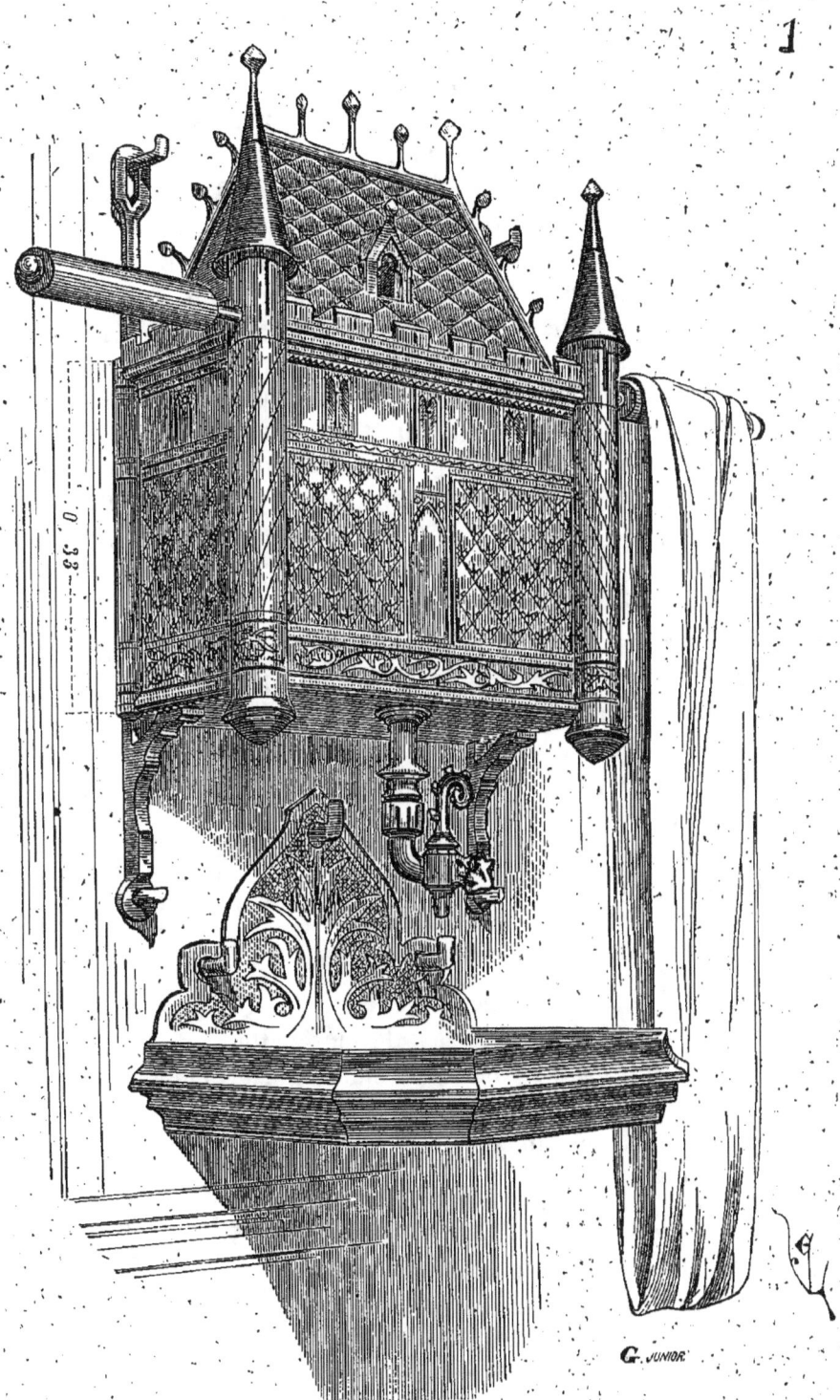

bules ou dans les pièces servant d'entrée aux salles à manger, dans les offices, des fontaines contenant une provision d'eau suffisante pour laver les tasses, les hanaps, ou pour les gens de service ; ces fontaines étaient posées sur une table, sur le buffet même, ou accrochées au mur. Les inventaires en signalent de fort riches : « Pour une grant fontaine en guise d'un chastel, à « pilliers de maçonnerie, à hommes à armes en tour, avec le hanap « et une quarte semée d'esmaux ; tout pesant 60 mars une once « 10 esterlins. » — « Pour une fontaine à trois caritalles portans « penthes esmaillées et dorées, et 1 gobelet à couvercle de cristal... « Une fontaine de cristal à 3 brides avec le gobellet de cristal dessus « à couvercle... » — « Pour une fontaine de maçonnerie en guise « d'un chastel, à 3 sergens d'armes, seur le hanap, assis sur un « entablement... »[1]. On en faisait d'argent. Il ne reste que de très rares exemples de ces objets antérieurs au XVI° siècle ; nous en avons parfois rencontré des débris dans des maisons des villes de province. Celle que nous donnons ici (fig. 1) a été dessinée par nous dans une maison à Cahors, en 1849. Elle est de cuivre jaune repoussé et gravé avec assez de soin. Pour la remplir, le toit s'enlève. Accrochée au mur, elle possédait son bassin comme nos fontaines à laver les mains. La corniche est formée d'une tige de fer rond recouvert d'une moulure de cuivre, et vient s'adapter aux deux montants de suspension également de fer, revêtu dans la hauteur du réservoir. Cette barre traverse latéralement les tourelles, et est garnie de rouleaux de bois pour suspendre des serviettes sans fin. Le robinet, de cuivre jaune fondu, traverse la plaque du fond, renforcée, sur ce point, par une rondelle intérieure ; cette rondelle et les tourelles ne sont là qu'un ornement soudé qui renforce ces angles.

**FOURCHETTE,** s. f. Les Orientaux, les Grecs et les Romains de l'antiquité ne se servaient pas de fourchettes pour manger. La cuiller seule, pour les mets liquides, était admise pendant les repas ; les viandes rôties, les gâteaux, les fruits servis sur des tranches de pain, sur des plats ou sur la table, devant chaque convive, étaient séparés en morceaux avec le couteau et portés à la bouche avec les doigts. Nous avons quelque peine à nous figurer des personnages aux habitudes élégantes mangeant avec les doigts ; il faut cependant nous rendre à l'évidence. D'ailleurs, il y avait manière de s'y prendre, et

[1] *Invent. de l'argenterie des rois de France*, dressé en 1353.

l'on reconnaissait du temps de Périclès, sous Auguste, comme sous saint Louis, une personne bien élevée à la façon dont elle portait les mets à sa bouche.

Dans le *Roman de la Rose*[1], le poète décrit avec délicatesse la contenance d'une femme bien élevée à table.

Elle doit s'asseoir la dernière,

« Et se face ung petit atendre »,

afin de s'assurer de la place occupée par chacun des convives ; à tous elle doit se rendre utile, découpant les viandes et distribuant le pain autour d'elle ; elle doit, avec grâce, servir celui qui doit manger en son plat (on avait alors une assiette pour deux personnes) :

> « Et bien se gart qu'ele ne moille
> « Ses dois es broez jusqu'as jointes,
> « Ne qu'el n'ait pas ses levres ointes
> « De sopes, d'aulx, ne de char grasse,
> « Ne que trop de morsiaus n'entasse,
> « Ne trop gros nes mete en sa bouche,
> « Du bout des dois le morsel touche
> « Qu'el devra moiller en la sauce,
> « Soit vert, ou cameline, ou jauce,
> « Et sagement port sa bouchée,
> « Que sus son piz (sa poitrine) goute n'en chée
> « De sope, de savor, de poivre. »

Aujourd'hui on peut, dans tout l'Orient, voir avec quelle adresse et quelle élégance même les gens de distinction savent se servir de leurs doigts en guise de fourchette.

On ne voit apparaître les fourchettes, pour la première fois, pendant le moyen âge, que dans les inventaires des dernières années du XIIIe siècle[2], encore sont-elles rares. Pendant le XIVe siècle, les inventaires en mentionnent quelques-unes ; mais ces ustensiles semblent destinés seulement à manger certains fruits :

« Trois furchestes d'argent pur mangier poires[3]. »

Ces fourchettes sont souvent pour « manger mures », probablement parce que ce fruit laisse sur les doigts des taches difficiles à enlever : « Une bien petite fourchette d'or, à manche tortillé, pour « mangier meures[4]. »

[1] Partie de Jehan de Meung, fin du XIIIe siècle, vers 13596 et suiv.
[2] Invent. d'Edouard Ier d'Angleterre, 1297.
[3] Invent. de P. Gaveston, 1313.
[4] Invent. des ducs de Bourgogne, 1420.

Ces fourchettes, grandes ou petites, n'ont que deux fourcherons. Elles sont habituellement emmanchées de cristal, de pierre dure ou

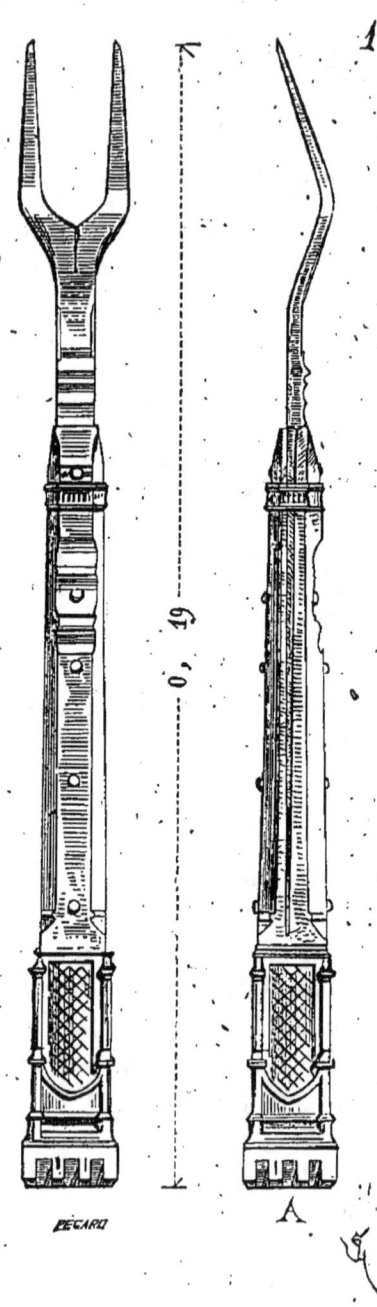

d'ivoire, ce qui indique un ustensile de luxe. Si l'on trouve une grande quantité de cuillers de l'époque du moyen âge, les collections ne conservent qu'un très petit nombre de fourchettes. Nous en donnons ici deux exemples : une grande (fig. 1), emmanchée d'ivoire, avec virole et clous d'argent. Quant à la fourchette, elle est de métal d'alliage (argent et cuivre)[1]. Cette fourchette paraît appartenir au xıv° siècle. Le manche est fendu à la scie (voyez le profil A), pour loger la soie de métal, qui prend ainsi toute la largeur de ce manche.

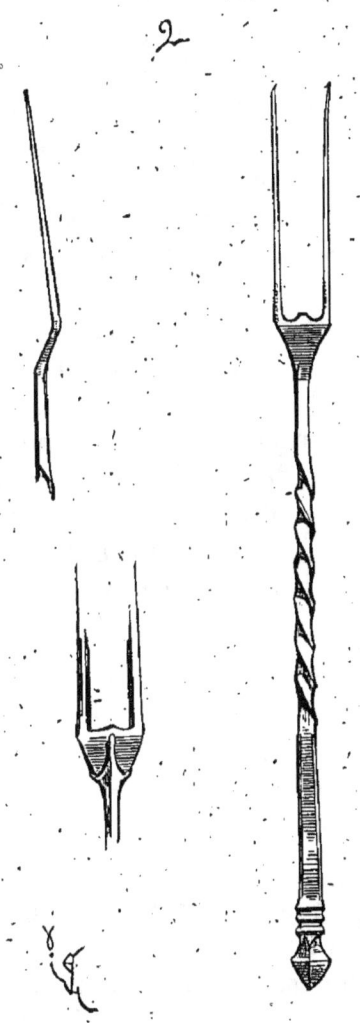

La figure 2 donne une petite fourchette de cuivre doré, grandeur d'exécution, « à manger meures » probablement[2]. En A, est un fragment d'une autre fourchette dont les fourcherons sont très délicatement reliés à la tige[3].

---

[1] Collection des dessins de l'auteur, provenant de la collect. Garneray.
[2] Idem.
[3] Idem.

Les fourchettes deviennent assez communes à dater du xvi° siècle. Cependant il faut croire qu'alors il n'était d'usage encore de se servir de fourchettes que chez les grands, car l'auteur de l'*Isle des Hermaphrodites* [1], en décrivant un repas à la cour de Henri III, s'exprime ainsi : « Les viandes de ce premier service estoient si fort
« hachées, descoupées, et desguisées, qu'elles en estoient inco-
« gnües... aussi apportoient-ils bien autant de façon pour manger,
« comme en tout le reste : car premièrement ils ne touchoient jamais
« la viande avec les mains ; mais avec des fourchettes ils la portoient
« jusques dans leur bouche en allongeant le col et le corps sur leur
« assiette, laquelle on leur changeoit fort souvent, leur pain mesme
« estoit tout destranché sans qu'ils eussent le peine de le couper... »
Et plus loin : « ... Ils la prenoient (la salade) avec des fourchettes,
« car il est deffendu en ce pays-là de toucher la viande avec les mains,
« quelque difficile à prendre qu'elle soit, et ayment mieux que ce
« petit instrument fourchu touche à leur bouche que leurs doigts....
« On apporta quelques artichaux, asperges, poix et febves escossées,
« et lors ce fut un plaisir de les voir manger cecy avec leurs four-
« chettes : car ceux qui n'estoient pas du tout si adroits que les
« autres en laissoient bien autant tomber dans le plat, sur leurs
« assiettes, et par le chemin qu'ils en mettoient en leurs bouches. »

**GAINE**, s. f. (*estuy*). On fabriqua t des gaines de cuir, de métal, d'os, pour enfermer de petits ustensiles tels que cuillers, couteaux, ciseaux, objets de toilette :

« Hue Pourcel, gainnier, pour une gainne entaillée à ymages d'or,
« livrée à Jehan le Braisser pour le Roy, 20 s. p..»

« Ledit Hue, pour un estuy à mectre et garder la cuiller d'or dudit
« seingneur, 10 s. p.»

« Ledit Hue, pour une gainne à uns petis couteaux d'or... Ledit
« Hue Pourcel, pour un estuy à mectre garder le gobelet d'or dudit
« seingneur... [2] »

[1] *Descript. de l'isle des Hermaphrodites*, pour servir de supplément au *Journal de Henri III*, p. 104.
[2] *Comptes de l'argenterie d'Etienne de la Fontaine*, 1352.

« ….. Pour une gayne d'argent esmaillée à ymages, pesant
« 7 onces 15 esterlins, à tous 1 coustel, qui est de la forge de
« Maulve ; tous prisé 7 escuz [1] ».

Les gainiers, écriniers, formaient une corporation importante pendant le moyen âge. La fréquence des déplacements pendant cette
époque, non seulement de la classe élevée, mais de la bourgeoisie
commençante, et l'habitude qu'on avait alors de transporter avec
soi les ustensiles de table et de toilette, faisaient qu'on se servait
beaucoup de ces étuis spécialement fabriqués pour chaque objet.
(Voyez le *Dictionnaire du mobilier*, tome Ier, art. ÉCRINIER.)

**GOBELET**, s. m. Vase à boire :

« As-tu d'argent point de vaisselle,
« Nulle autre part ?
« Nanie, Sire, sé Dieu me gàrt,
« Sé ne sont ces sis gobeletz,
« Qui ne sont pas moult nettelez,
« Ce véez bien [2]. »

« Pour rappareiller un gobelet d'or pour monseigneur d'Anjou,
« lequel gobelet estoit faict en maniere d'un tonnel, et est assis sur
« un trepié de trois chiennes ; pour y mectre 10 perles et 4 esme-
« raudes et 2 rubiz, pour croissance (adjonction) d'or de touche,
« 6 esterlins, et pour les perles, esmeraudes, rubiz, déchié (déchet)
« et façon, 8 l. p… [3] »

« Jehan Corbière, orfèvre de Londres, pour l'or d'un gobelet qu'il
« fait pour le Roy [4]… » (Voyez HANAP.)

**GRAFIÈRE**, s. f. (*greffe*). Style pour écrire sur les tablettes de
cire. (Voyez TABLETTE.)

**GRIL**, s. m. (*greil*). Ustensile de cuisine, de fer, destiné à faire
griller des viandes sur des charbons.

Nos pères aimaient fort les grillades, et les grils étaient façonnés
de manière à cuire les viandes également et à point. Nous donnons
comme preuve l'un des grils de fer forgé et fonte conservés dans le

---

[1] *Invent. de l'argent. dressé en* 1352.
[2] *Miracle de Notre-Dame* (de *Robert le Diable*), publ. d'après un manuscrit de la
Biblioth. impér. du XIVe siècle, par la Société des antiq. de Normandie, 1836.
[3] *Comptes d'Etienne de la Fontaine*, 1352.
[4] *Journal de la dépense du roy Jean en Angleterre*, 1359.

musée de Cluny, et qui date du xv° siècle. Ce gril (fig. 1) se compose d'un disque de fonte de fer très délicatement ajouré, tournant sur un axe emmanché dans un trépied plat, muni d'un long pivot; il ne

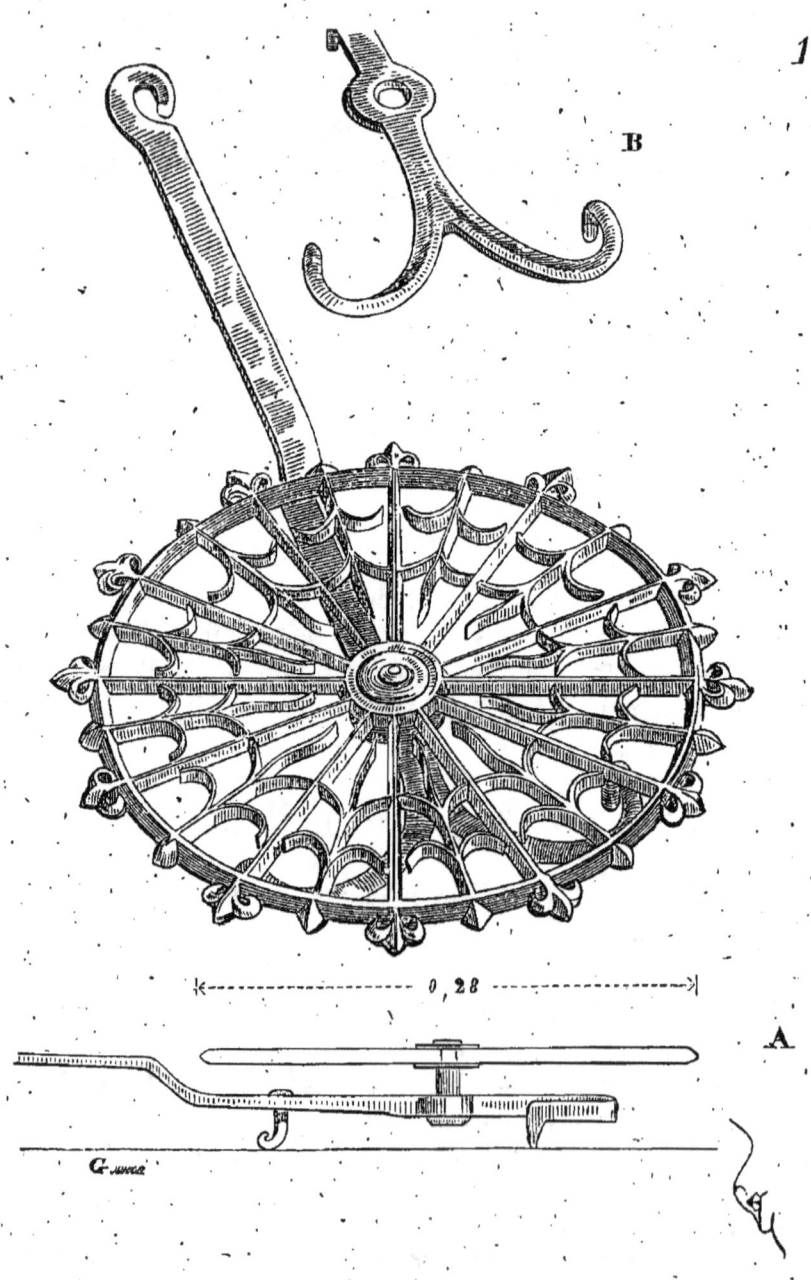

touche point les charbons. Ainsi pouvait-on imprimer un mouvement de rotation au gril, ce qui empêchait les viandes de charbonner. En A, le gril est présenté en coupe, et en B est figuré le trépied, le disque étant supposé enlevé. Ce trépied est de fer forgé. Il y avait des ustensiles de ce genre d'une grande dimension. Si la chaleur de la braise était plus intense sur un point que sur un autre, le mouvement rotatoire du gril faisait que les morceaux de viande n'en cuisaient pas moins également, et bien pénétrés d'air, ce qui est une condition importante dans l'art culinaire.

**HANAP,** s. m. (*henap*). Vase à boire d'une capacité assez vaste souvent, pour permettre à plusieurs personnes de boire à la même rasade. Dans *li Romans de Brut* [1] est indiquée clairement la formule de politesse saxonne, qui consistait à boire deux personnes au même hanap. Le premier qui buvait disait : *Wes hel,* et celui qui recevait le gobelet pour le vider répondait : *Drinkel* [2].

> « Costume est, sire, en son païs (des Saxons)
> « Quant ami boivent entre amis,
> « Que cil dist *wes hel* qui doit boire
> « Et cil *drinkel* qui doit recoivre ;
> « Dont boit cil tote la moitié,
> « Et por joie et por amistié,
> « Au hanap recoivre et baillier
> « Est costume d'entrebaisier.
> « Li rois, si com il li aprist,
> « Dist trinkel et si sosrist ;
> « Provent but et puis li bailla.
> « Et en baillant le roi baisa. »

En effet, cette coutume saxonne s'était conservée encore chez les Anglais au xiie siècle. Dans le *Roman de Rou* on lit ces quatre vers :

> « Mult les véissiez demener,
> « Treper e saillir et chanter ;
> « *Bublie* crient e *Weissel,*
> « E *laticome* e *Drinche heil.* »

---

[1] Wace, xiie siècle (voyez l'édit. d'après les manuscrits de la Biblioth. impér., donnée par M. le Roux de Lincy, 1836, t. I, p. 330).
[2] « *Wes heil,* salvus esto. Formula veterum, tam salutandi quam propinandi, cui « respondet alter : *Drinck heil,* bibe salutem tuam. » (Du Cange, *Gloss.,* VESSEIL.)

De ce vieux cri saxon nous avons fait le verbe *trinquer*.

Ces hanaps, ou coupes d'honneur, étaient faits de métal précieux. A l'occasion du couronnement d'Artur, Wace décrit le repas splendide qui fut donné ; on lit ce passage.[1] :

> « Mil damisiax (damoiseaux) avòit à soi
> « Qui estoient vestu d'ermine,
> « Cil servoient de la quisine ;
> « Sovent aloient et espès
> « Escueles portent et mès.
> « Beduer; de l'altrè partie,
> « Servoit de la botellerie (l'échansonnerie) :
> « Ensemble lui mil damisiax
> « Vestus d'ermines gens et biax.
> « As nés (nefs) d'or portoient le vin
> « A copes, à hanas d'or fin. »

Et dans le *Roman de Parise la duchesse* :

> « Li rois demande l'aive ou palais principer.
> « Quand il orent lavé, s'asistrent au diner,
> « A la plus maitre table sert Hugues de vin clere,
> « A l'énap qui fu d'or, c'onques ne fu blamez[2]. »

Il n'est point dit que les hanaps, à cette époque, fussent couverts. C'étaient de grandes coupes en forme de cratères, si l'on s'en rapporte aux vignettes des manuscrits antérieurs au xiii⁰ siècle. La figure 1 présente un de ces hanaps que nous croyons d'origine orientale. Il est de cuivre battu et doré, et peut contenir un demi-litre [3]. En plan, le cratère donne la figure 2. Le bord de la coupe est divisé en huit lobes peu prononcés, qui formaient autant de *goulots*, et sa panse est circulaire. Le pied est à quatre lobes. La décoration ne consiste qu'en des gravures très délicates.

C'est à dater du xiv⁰ siècle que les hanaps paraissent plus spécialement avoir été couverts. Le hanap dont se servait saint Louis était en forme de coupe ou de *petit bacin* ; il n'est pas dit qu'il fût couvert. Les hanaps couverts furent même chez les grands personnages fermés à clef. La forme des hanaps était très arbitraire, surtout à dater du xiv⁰ siècle, et les maisons bien montées en possédaient un

---

[1] *Li Romans de Brut*, vers 10744 et suiv., édit. déjà citée.

[2] *Li Romans de Parise la Duchesse*, commenc. du xiii⁰ siècle, publ. d'après le manuscrit unique de la Bibloth. impér., par M. de Martonne, 1836, p. 100.

[3] Collection des dessins de l'auteur, provenance inconnue, copiée en 1843 sur l'original en vente à Lyon.

grand nombre. « L'inventaire de Charles V, dressé en 1380, donne la description de quatorze hanaps et autant d'aiguières, pesant près

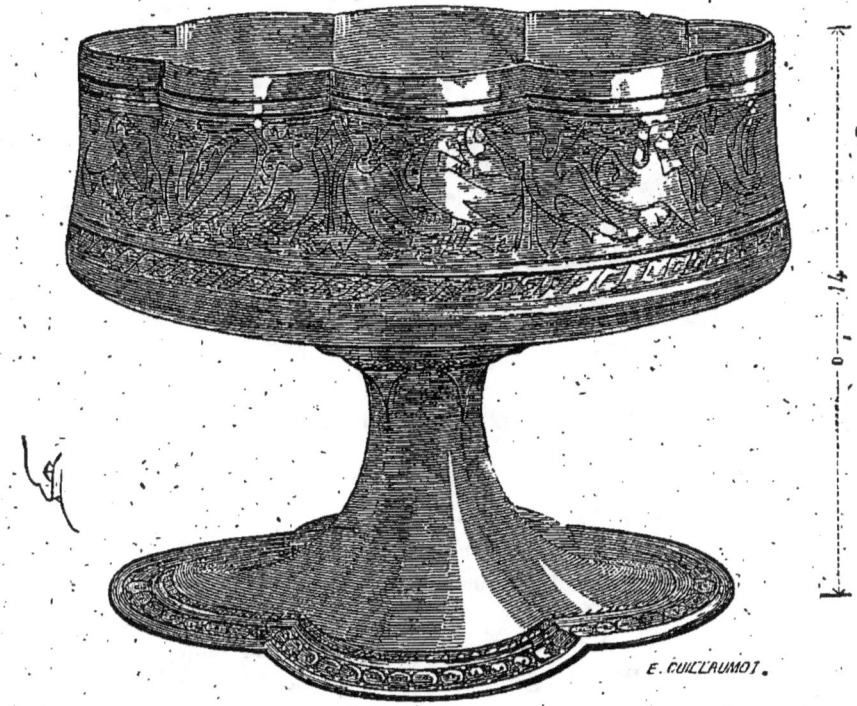

de 96 marcs d'or, et, en outre, de cent soixante-dix-sept hanaps d'argent doré et presque tous émaillés, formant une masse de 503 marcs

2

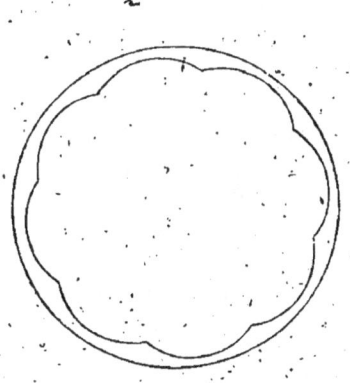

d'argent [1].» Le hanap n'était donc pas seulement, à cette époque,

[1] Voyez le *Glossaire et Répertoire* dans *Notice des émaux, bijoux et objets divers exposés dans les galeries du musée du Louvre*, par M. le comte de Laborde, 1853.

une coupe réservée au principal personnage, mais un vase à boire pour chacun des convives. Dans les conseils que le poète donne sur la façon dont les femmes devaient se comporter à table, il dit :

« Et gart que jà henap ne touche
« Tant cum ele ait morcel en bouche ;
« Si doit si bien la bouche terdre (essuyer),
« Qu'èl n'i l'èst (laisse) nule gresse aerdre (s'attacher)
« Au moins en la levre desseure :
« Car quant gresse en cele demeure,
« Où vin en perent les maillettes,
« Qui ne sunt ne beles ne netes ;
« Et boive petit à petit,
« Combien qu'ele ait grant apetit ;
« Ne boive pas à une alaine
« Ne henap plein, ne cope plaine,
« Ains boive petit et souvent :
« . . . . . . . . . . . . . »
« Le bort du henap trop n'engoule,
« Si comme font maintes norrices,
« Qui sont si gloutès et si nices
« Qu'el versent vin en gorge creuse,
« Tout ainsinc cum en une huese (en une botte),
« Et tant à grans gars en entonnent,
« Qu'èl s'en confundent et estonnent (s'étranglent) [1]. »

Si le hanap était alors pris comme une coupe de table affectée à chaque convive, il n'en conservait pas moins, à l'occasion, son caractère de vase honorable, propre à plusieurs personnes. Dans le *Roman du Renard*, Renart engage Primaut, qu'il veut enivrer, à boire, et le défie :

« Mès tien le henap, si di, *have*,
« Compaingnon, je te di *guersai*.
« Par foi, dist Renart, je l'otrai,
« Or verron qui est recréeuz,
« Et par qui est plustost béuz
« Le vin et le henap vuidiez [2]. »

Ainsi nous trouvons ici le même usage que chez les Saxons : « Si

[1] Le *Roman de la Rose*, part. de Jéhan de Meung, vers 31640 et suiv.
[2] Le *Roman du Renard*, t. I, vers 3168.

« tu dis : *have* (je salue) en buvant le premier, je te rendrai raison
« en répondant *guersai* [1] et buvant après toi. ».

Renart remplit donc le hanap, fait semblant de le vider, le remplit
de nouveau et le passe à Primaut.

Il y avait aussi des hanaps gobelets pour boire en dehors des
repas, et dans lesquels on apportait une boisson toute préparée et
couverte. On se servit longtemps de ces hanaps de bois d'érable, ce
bois étant considéré, chez les peuples du Nord, comme particulièrement propre à faire des coupes à boire :

> « Et mon coutel, mon henap maserin [2]. »

Voici (fig. 3) un de ces hanaps qui date du commencement du
xv° siècle ; il est tourné dans un bloc de racine d'érable ; une anse
de vermeil permet de le tenir sans échauffer la liqueur avec les doigts.
Le dessus, formant couvercle, se retourne et présente alors un gobelet reposant sur la couronne qui lui sert de pied. En prenant la
partie inférieure par son anse, on verse alors dans ce gobelet la
quantité de liqueur qu'on veut boire. En A, on voit comme le couvercle recouvre le récipient inférieur ; en B, nous donnons
le détail, grandeur d'exécution, de la couronne de vermeil, et en C
l'écu armoyé qui est placé au fond de cette couronne. Un plateau
accompagnait certainement ce hanap de chambre [3].

Les hanaps se donnaient fréquemment en présents. Quand on voulait reconnaître un service d'un chevalier, d'une personne noble, on
offrait un hanap. « Pour 1 hanap à couvercle ciselé, délivré à messire
« Jehan d'Argillières, le xv° jour de décembre, pour donner à........,
« chevaillier qui vint avec le petit Dauphin [4]........ »

Les hanaps étaient aussi donnés comme prix, à l'occasion de

---

[1] *Guersai*, *guersoi*, vieux mot qui s'entend comme : *à planté, à cœur-joie, avec
excès.*

> « Anglois qui de boire à guersoi,
> « A granz henaz plains de godale (bonne aie),
> « Sevent là guise bonne et male. »
> (Guill. Guiart, vers 6935 et suiv.)

On disait *gueisseillier* pour *ivrogner.*

> « Li Engléis sunt bon vantur, ne savent osteer
> « Mielz sevent as gros hanaps beivre e gueisseillier. »
> (Jordan Fantosme, vers 979.)

[2] Hanap mazerin ; *maezer*, érable, en belge. (*Li romans de Garin le Loherain*, t. II,
p. 79.)

[3] Ce charmant objet fait partie de la collection de M. le comte de Nieuwerkerke.

[4] *Comptes de Geoffroi de Fleuri*, 1316.

certains concours solennels entre archers ou arbalétriers. Ces hanaps d'honneur étaient richement ornés, et consistaient en des

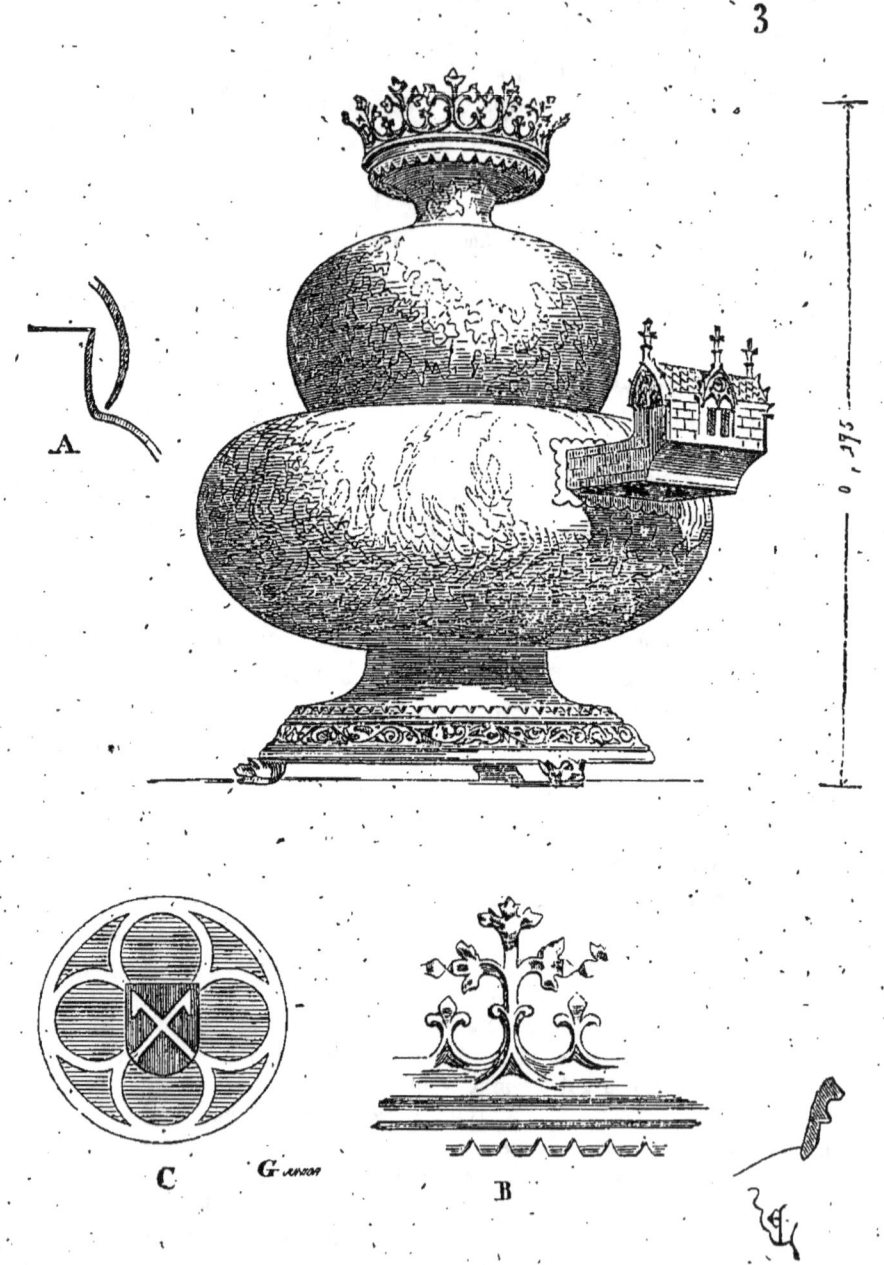

3

pièces d'orfèvrerie d'une grande valeur, soit par le travail, soit par la matière.

Ces hanaps, à cause de leur capacité, étaient parfois l'occasion de

paris. Il n'était pas donné à tous les buveurs de les vider d'un trait.
Pierre de Fenin rapporte qu'à l'assemblée qui eut lieu à Amiens en
1423, « il y avoit plusieurs folz à qui on avoit donné douze pièches
« d'or, et dirent ensemble que on meist en ung grant hanap d'ar-
« gent, en quoy ilz buvoient, une pièche d'or, et puis on l'emplit de
« vin, et que celluy qui buveroit le vin airoit la pièce d'or, et toutes
« les airoit, l'une après l'autre, s'il les povoit boire toutes douze.
« Là, y avoit un nommé Doullet, qui avoit été folz au comte Valleran
« de Saint-Pol, qui dist qu'il les beveroit bien, et toutes les beut
« l'une après l'autre par convoitise d'avoir l'or ; mais quand les folz
« virent qu'ils avoient perdu l'or, ilz se courroucèrent ensemble, et
« batirent tant Doullet qu'il en mourut assez tost après : donc, on fit
« mainte risée pour cette besoigne[1]. »

**JATTE**, s. f. (*juste*). Écuelle de bois habituellement. Certaines
jattes étaient munies d'anses. Elles constituaient une mesure, comme
les *quartes*, les *hydres*, les *chopines*.

**LAMPE**, s. f. On sait quelle était la forme donnée aux lampes
chez les Grecs et les Romains de l'antiquité. Cette forme persista longtemps, car on trouve des lampes de terre cuite des derniers temps
de l'empire, qui, sauf le style, sont exactement fabriquées comme
celles qu'on rencontre en si grand nombre à Pompéi et à Hercu-
lanum. Dans les manuscrits des IXe et Xe siècles on voit apparaître
déjà des lampes en forme de godets, suspendues par des chaînes.
C'était une importation orientale. Ces sortes de lampes ressemblaient
fort à nos veilleuses. Les godets étaient de terre cuite ou de verre, et
reposaient sur un cercle de métal suspendu par trois chaînes, ou bien

---

[1] *Mém. de Pierre de Fenin (Coll. des mém.*, Michaud, Poujoulat, t. II, p. 619).

entraient dans une sorte de trépied qu'on posait sur un meuble

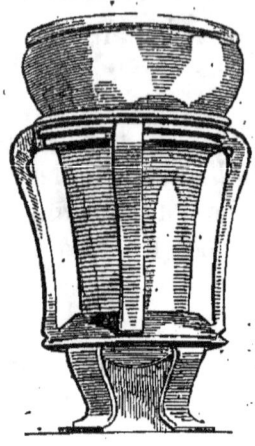

ou sur une saillie. Telle est la lampe que nous donnons figure 1, et

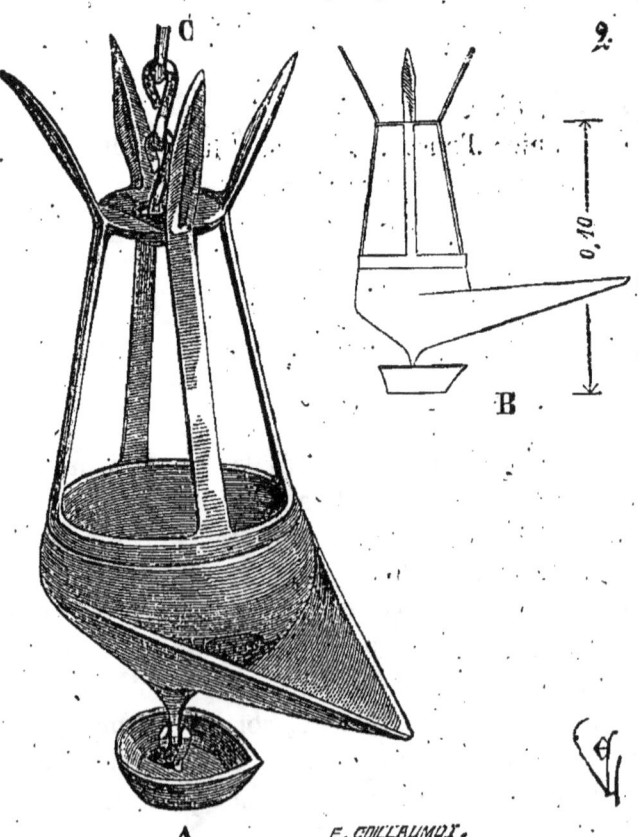

qui est copiée sur un des bas-reliefs de la porte Sainte-Anne de

Notre-Dame de Paris (xii° siècle). Comme on le fait encore aujour-
d'hui, on remplissait la partie étroite du godet avec de l'eau, puis
on versait de l'huile sur cette eau. Une mèche flottante consommait
cette huile. Cet éclairage ne pouvait donner qu'une faible lumière,
puisque la mèche était toujours au-dessous du niveau des bords du
vase, et que ces bords projetaient une ombre. On fit donc des lampes
de métal suspendues, dont les mèches étaient libres, comme dans les
lampes antiques. Le musée de Bourges possède une jolie lampe fabriquée suivant ce système (fig. 2). Cette lampe est de bronze coulé :
elle consiste en un godet suspendu à quatre tiges plates terminées
chacune par une sorte de feuille en fer de lance ; un bec saillant
tient au godet pour recevoir la mèche qui, par un orifice, baigne
dans l'huile que contient la capsule. Cette mèche, dépassant le bout
du bec, devait laisser égoutter l'huile qui était conduite dans un
godet de trop-plein A, pouvant être décroché et vidé facilement. La
lampe était suspendue à une chaîne C, passant à travers la rondelle
du chapeau. En B, est tracé le géométral de cette lampe. Cet ustensile paraît dater du xiii° siècle.

On avait aussi de petites lampes de cuivre, avec bec, pour descendre dans les caves, lampes qui rappellent les ustensiles dont se
servent encore les terrassiers mineurs. Ces lampes consistent (fig. 3)[1]

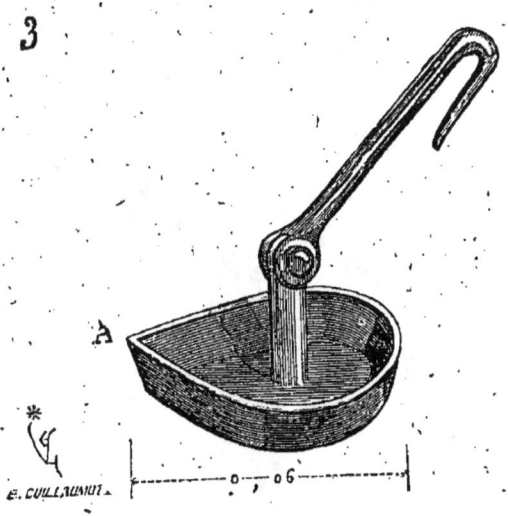

en un simple réservoir muni au centre d'une tige avec goupille, afin
de conserver à la capsule son horizontalité. La mèche s'appuyait dans
l'angle saillant A.

[1] Musée des fouilles du château de Pierrefonds, xiv° siècle.

Pendant le xv° siècle, on fabriquait beaucoup de lampes de fer battu, qui ne se composaient que d'une coupelle suspendue à une

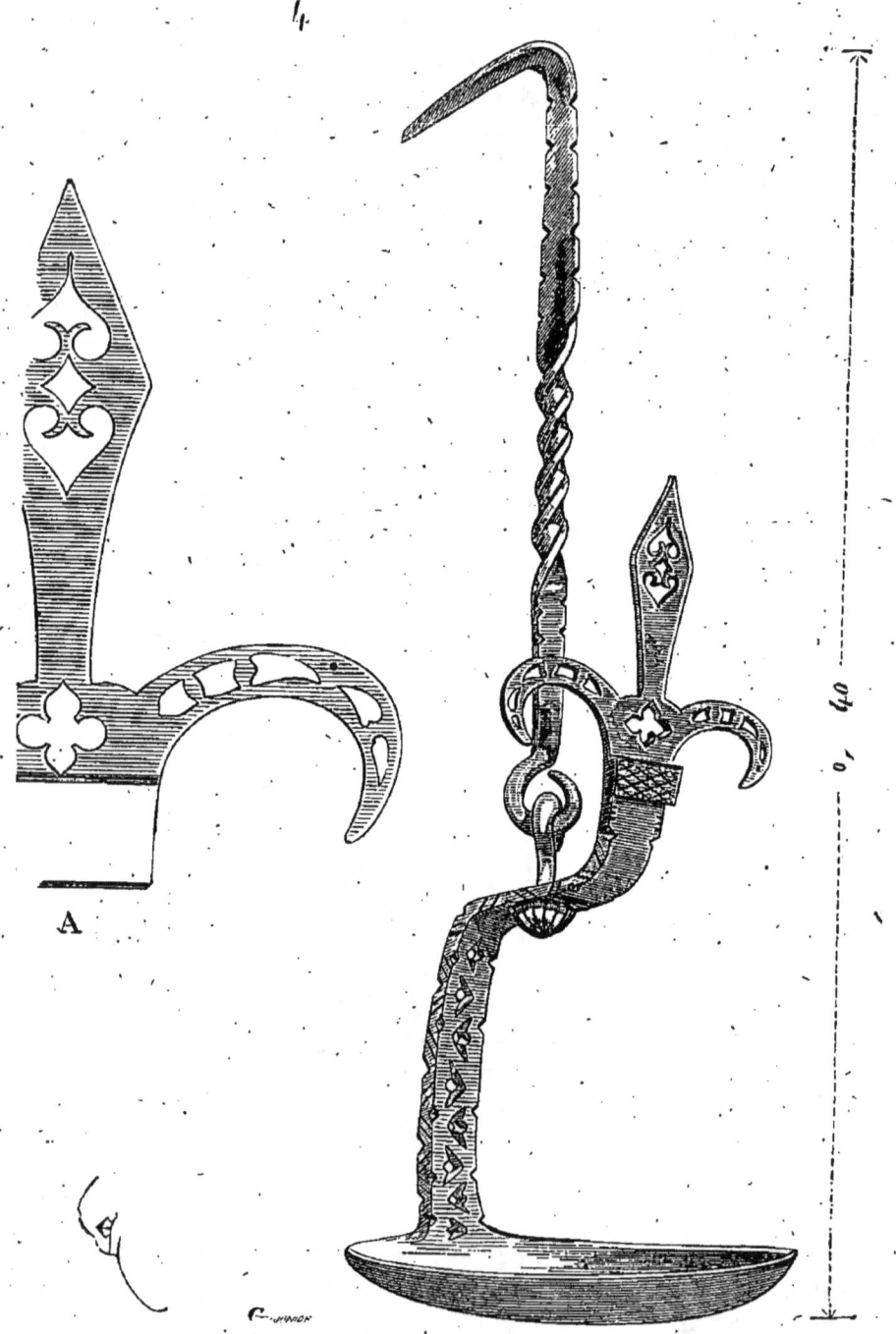

longue tige munie d'un crochet. Voici (fig. 4) un de ces objets[1]:

En A, nous avons tracé, grandeur d'exécution, la fleur de lis ajourée qui termine le support de la coupelle.

La figure 5 donne également une lampe de fer appartenant à la

5

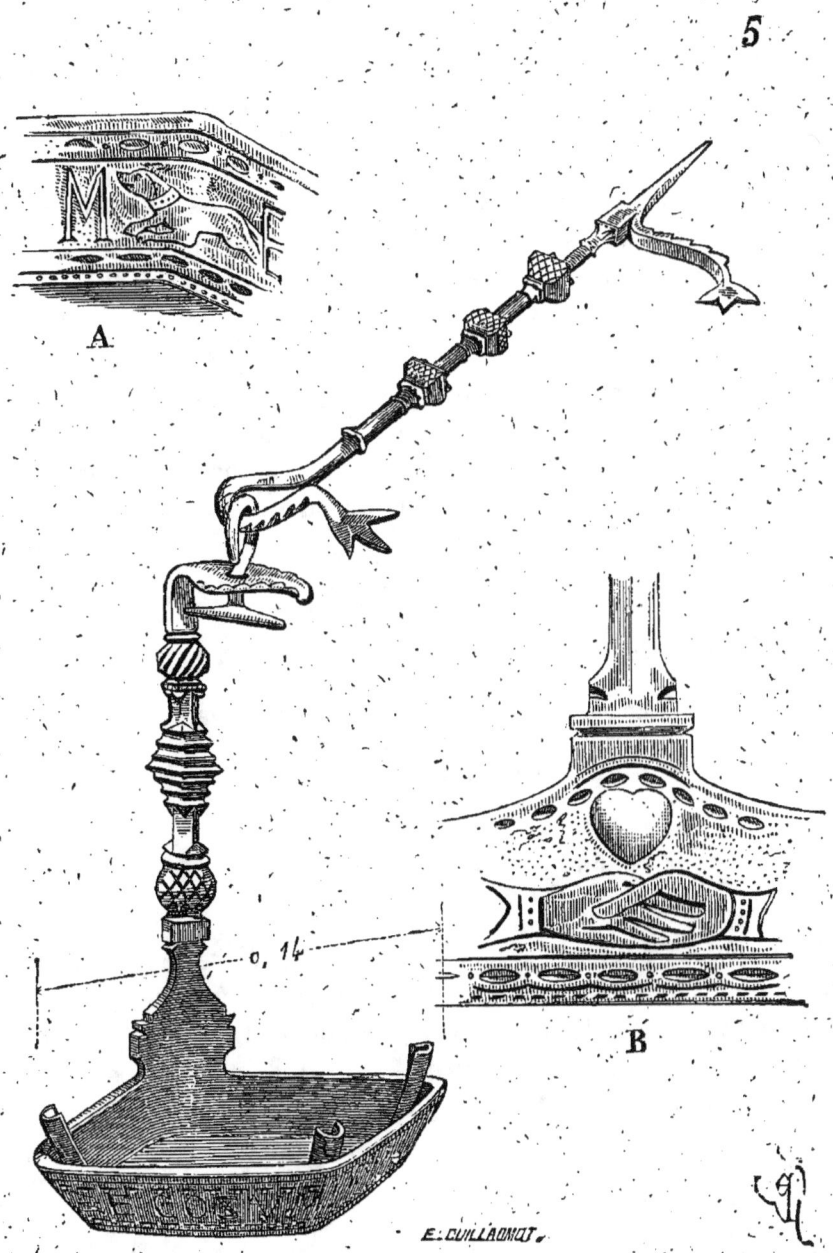

A.

B

E. GUILLAUMOT.

seconde moitié du xv° siècle et qui fait partie du musée de Cluny. Le système de suspension adopté est le même que celui de l'exemple précédent, mais la coupelle est munie de trois canaux pour recevoir trois mèches. Les bords de cette coupelle carrée sont décorés de gravures représentant des mains enlacées, un cœur et un chien. On lit entre ces emblèmes l'inscription suivante : « Ser-vo. e' me, co- « sumo. 'altri. » L'idée est assez jolie. C'est bien, en effet, le rôle tout désintéressé de la lampe. En A et B sont tracés des fragments de la gravure entourant les bords de la coupelle, grandeur d'exécution. Vers la fin du xv° siècle, on se servait de lampes dont le récipient de verre était gradué, et qui donnaient ainsi la mesure du temps. Le musée de Cluny possède une de ces lampes, qui date du xvi° siècle. Le mécanisme de ces lampes se rapproche beaucoup de celui des quinquets adoptés au commencement du siècle. Les gens riches brûlaient dans ces lampes des huiles odoriférantes, ou tout au moins de l'huile d'olive, ainsi que cela se pratique encore de nos jours en Orient, en Italie et en Espagne. « Et la cambre où nous « gisons est aournée d'or et de pieres précieuses, et une lampe art « en nostre cambre de nuit plainne de bausme. Et en .I. autre palais « où nos tenons nostre court as fiestes anueus (pour les fêtes de nuit), « en art une autre ki reat moult boine oudour[1]... »

> « Qui rendit lumerie plus clère
> « Que sel fust de basme felice[2]. »

## LANTERNE, s. f. (carbuncle, esconce, escouse).

> « En sum ces maz e en ces altes vernes (vergues)
> « Asez i ad carbuncles e lanternes ;
> « Là sus amunt pargetent (projettent) tel luiserne (clarté),
> « Par la noit la mer en est plus bele ;
> « E cum il vienent en Espaigne la terre,
> « Tut-li païs en reluist et esclairet :
> « Jesqu'à Marsilie en parvunt les noveles. Aoi[3]. »

L'escarboucle, pierre précieuse[4], était considérée pendant le moyen âge comme possédant un éclat lumineux qui lui était propre ; de là le nom de carbuncle donné à certains falots. Quant à l'esconce ou escouse, c'était la lanterne sourde.

« Pour une esconce de laton pour le Roy, 2 s. 5 d.[5]. »

---

[1] Addit. aux Poésies de Rutebeuf : Lettre de Prêtre-Jehans à l'empereur de Rome. (Œuvr. compl. de Rutebeuf, trouvère du xiii° siècle, recueillies par A. Jubinal, t. II, p. 466, édit. Paris, 1839.)

[2] Le Rouman du mont Saint-Michel, p. 28.

[3] La Chanson de Roland, clxxxvi.

[4] Aujourd'hui grenat rouge.

[5] Journal de la dépense du roy Jean en Angleterre.

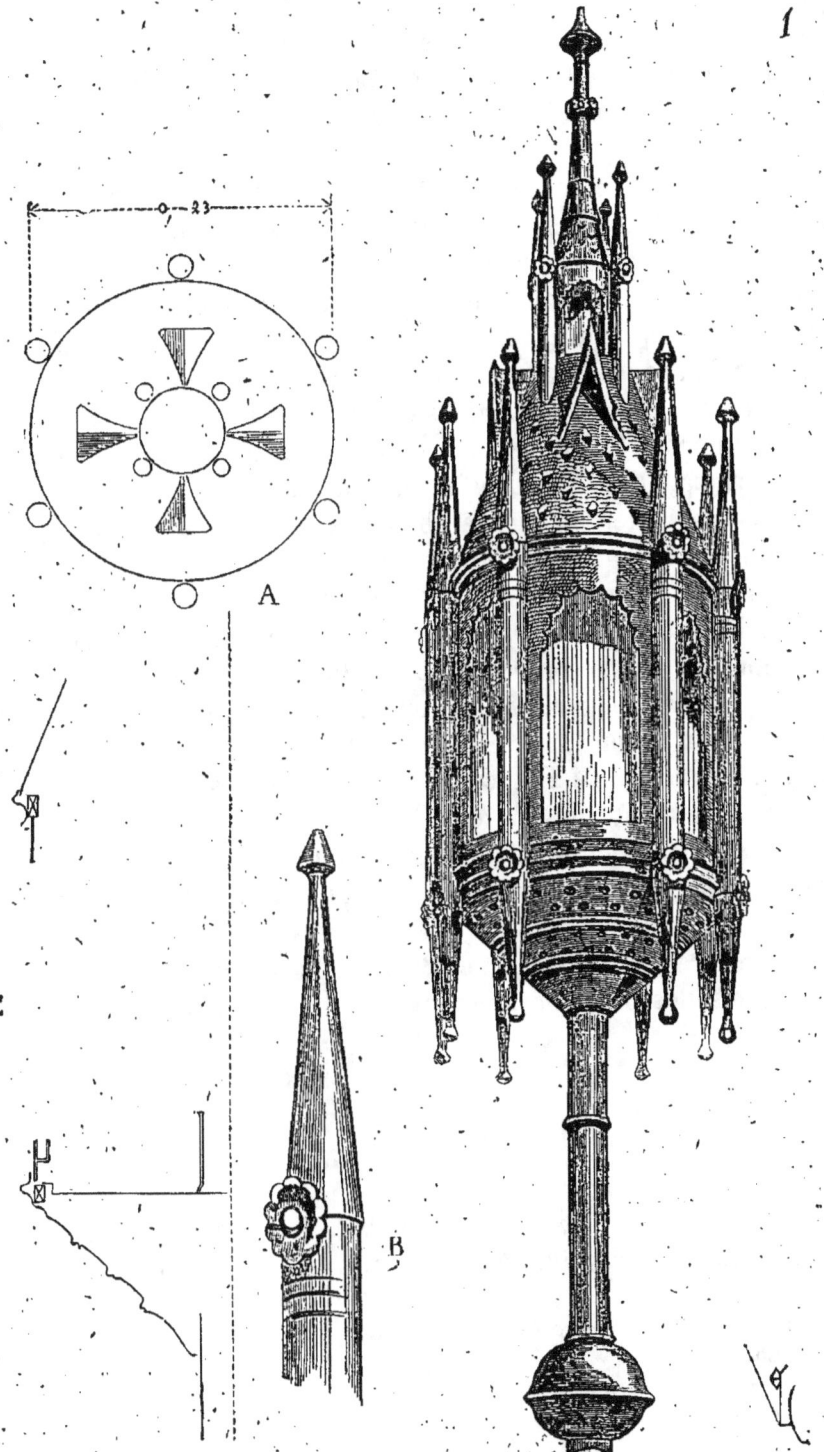

A

C

B

1

« Tres laterne argentee que vernacula lingua vocantur *Es-couses*[1]..... »

On avait des lanternes à anses pour se guider dans les ténèbres, ou pour porter de la lumière d'un lieu à un autre à l'abri du vent ; des lanternes suspendues à des lanternes emmanchées au bout d'un bâton pour accompagner les processions.

Voici (fig. 1) une de ces lanternes en cuivre battu, qui date du xve siècle[2] ; elle est à six ouvertures garnies de corne, avec petites tourelles entre chacune d'elles. Une des plaques de corne glisse dans une rainure pour pouvoir allumer la bougie placée sur un plateau avec bobèche au centre. Le toit conique, percé de trous, qui surmonte le cylindre, est couronné par un lanternon avec quatre ouvertures également garnies de lames de corne. En A, est tracé le plan de cette lanterne ; en B, le détail d'un des pinacles, et en C, le profil.

On fabriquait des lanternes en argent, en cuivre émaillé et en fer. « Une petite lanterne d'argent blanc, à trois émaulx des armes de « Madame la douagière d'Haynnau[3]. » On en faisait même de bois avec garniture de métal, en façon de tabernacles, pour placer dans les chambres et avoir de la lumière pendant la nuit. « A. Jehan « Richebourt, chauderonnier, pour un long coffre de boys, ferré par « dedans tout au long et par dehors à un large huisset de laiton, à « petits troux, pour un cierge ardent de nuit en la chambre de « Madame Jehanne de France, pour ce — lxiiij s. p.[4]. » Ces sortes de lanternes étaient aussi posées dans les escaliers et galeries pendant la nuit, attachées au mur ou suspendues au plafond.

On donnait encore le nom de *lanternes* à des joyaux qui servaient à mettre des parfums, et que les femmes suspendaient à leur ceinture. « Une très petite lanterne d'argent d'orée, à une chaisne, pour « mettre oiselés de Cypre, pesant une once et demie[5]. »

**MIROIR**, s. m. (*mirouer, mirour*). Il ne paraît pas qu'on se soit servi, pendant l'antiquité, de miroirs autres que ceux fabriqués

---

[1] *Invent. du trésor de la cathédr. de Laon.*
[2] *De l'abbaye de Vézelay.*
[3] *Invent. des ducs de Bourgogne*, 1467.
[4] *Comptes royaux*, 1388.
[5] *Invent. de Charles V*, 1380.

en métal poli. L'étamage des glaces est une invention qui ne date que du xvi<sup>e</sup> siècle. Cependant, au xiii<sup>e</sup> siècle, on eut l'idée de fixer des feuilles d'étain derrière des plaques de verre, et l'on obtint ainsi une réflexion des objets plus claire que celle donnée par le métal poli ; mais on ne se servait pas encore de l'amalgame du mercure et de l'étain. La feuille d'étain était collée sur la surface du verre au moyen d'une colle transparente. Vin-

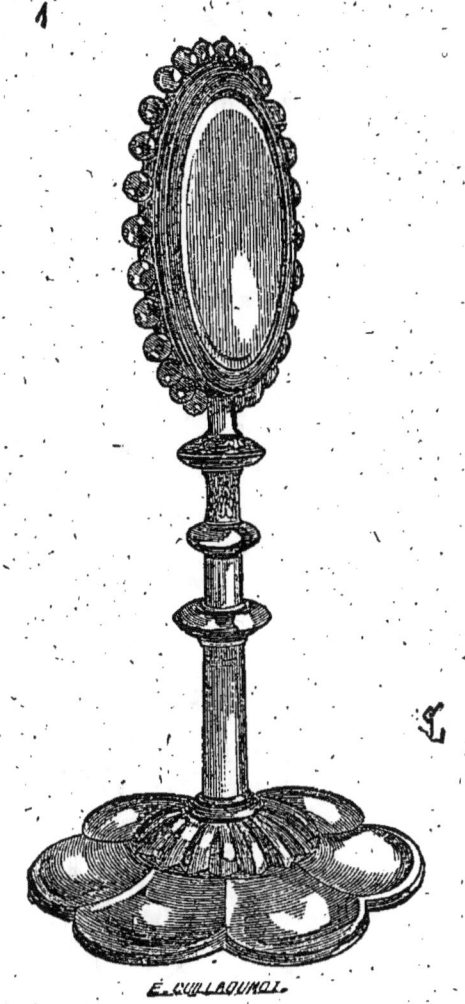

cent de Beauvais parle de miroirs étamés et les considère comme préférables aux autres [1]. On persista néanmoins à fabriquer des miroirs de métal jusqu'au xvi<sup>e</sup> siècle ; et le métal préféré était l'acier. Ces objets étaient généralement de petite dimension, et ce qu'on appelait un grand miroir ne dépassait pas le diamètre d'une assiette. Garnis d'orfèvrerie, d'émaux, parfois même de pierres précieuses et de perles, les miroirs pouvaient se tenir à la main, ou être posés sur un meuble (fig. 1) [2]. Quant aux miroirs de poche, ou qu'on portait avec soi, nous les rangeons parmi les objets de toilette [3]. Ceux-ci sont de beaucoup les plus riches par la matière et le travail. Cependant, des inventaires des xiv<sup>e</sup> et xv<sup>e</sup> siècles mentionnent des miroirs non portatifs, qui, par leur composition et le travail de main-d'œuvre, devaient être des objets de prix. « Une damoi-
« selle, en façon d'une serainne, d'argent doré, qui tient un

É. CUILLAQUIROT.

---

[1] « Inter omnia (specula) melius est speculum ex vitro et plumbo, quia vitrum propter
« transparentiam melius recepit radios. » (1250.)

[2] *Proverbes et adages*, manuscr. de la Biblioth. impér., xv<sup>e</sup> siècle.

[3] Voyez la partie des VÊTEMENTS.

« mirouer de cristail en sa main, pesant marc et demye, prisé
« xiij francs[1]. »

« Ung miroir, garny d'argent doré et y a devant ung esmail de
« Nostre-Dame et de son fils, assis dedans une raye de soleil et
« de l'autre costé a le couronnement Nostre-Dame assis sur un pié
« et la puignie (poignée) de cristal et y a de petites perles autour
« du myroir, pesant iij marcs[2]. »

**MORTIER,** s. m. Vase de pierre dure, de marbre, de fonte de
fer ou de cuivre, destiné à piler des ingrédients propres à la cuisine
ou à la pharmacie. L'usage du mortier remonte à l'antiquité. Beau-

1

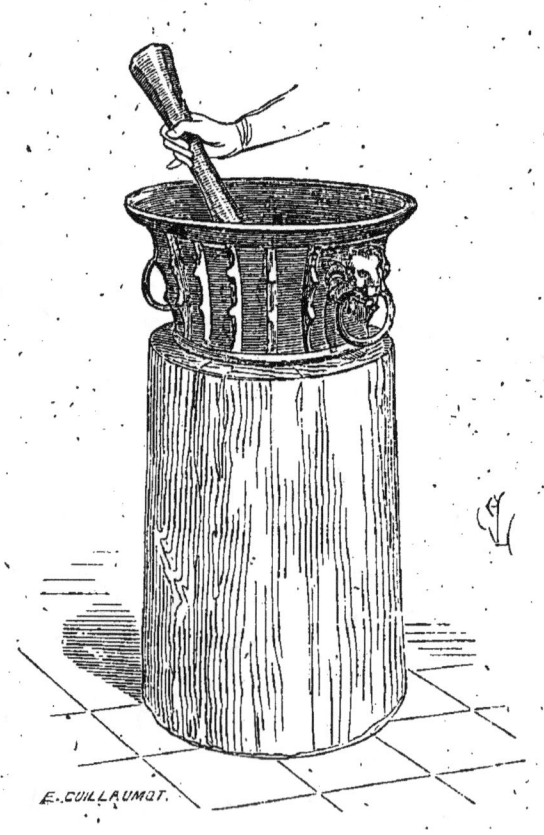

E. GUILLAUMOT.

coup de substances nutritives pilées avec des épices, chez les anciens,
trouvaient place sur les tables. Des herbes, notamment, subissaient
cette préparation. On trouve des mortiers parmi les antiquités gauloises

[1] *Comptes du testam. de Jeanne d'Évreux* (1372).
[2] *Invent. des ducs de Bourgogne* (1467).

et gallo-romaines. Il en existe un grand nombre parmi les fragments recueillis dans des fouilles d'édifices du moyen âge. Les mortiers les plus anciens sont creusés dans des pierres dures ou dans du marbre. Toutefois, il en existe de fonte de fer, qui datent du XIIIᵉ siècle. Voici un de ces mortiers (fig. 1) [1]. Deux de ces mortiers de fer ont servi longtemps de bénitiers dans l'église de Saint-Père-sous-Vézelay ; peut-être y sont-ils encore. Ils étaient d'une grande capacité (0ᵐ,80 de diamètre environ), bien fondus, avec quelques ornements et deux anneaux pour les porter. Ces mortiers provenaient probablement de l'abbaye de Vézelay. On en fabriquait en bronze, mais ceux-ci

2

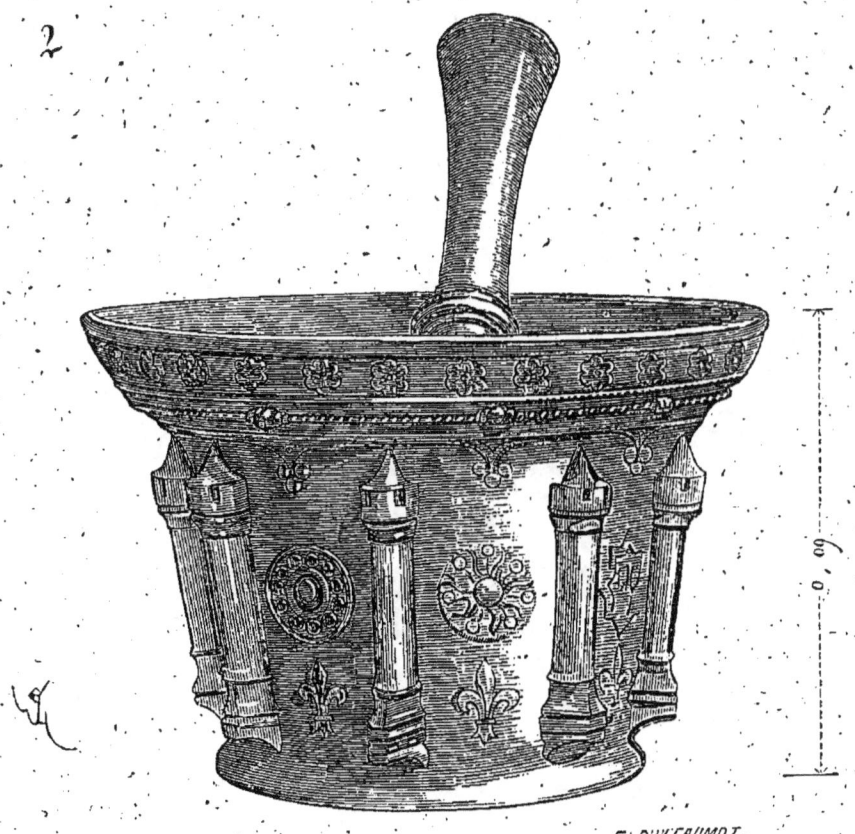

E. GUILLAUMOT.

étaient de petites dimensions ; on ne les employait guère que pour la préparation de médicaments. La figure 2 donne un de ces mortiers, qui date également du XVᵉ siècle [2]. Quant aux mortiers de pierre, ils affectent la forme hémisphérique et sont munis de poignées

[1] *Proverbes, adages, portraits,* ms. Biblioth. impér., f. la Vallière, nᵒ 44, XVᵉ siècle.
[2] Du cabinet de l'auteur.

réservées dans la masse. Dans les fouilles du château de Pierrefonds, plusieurs de ces mortiers de pierre ont été trouvés ; ils proviennent des cuisines.

**MOUCHETTES,** s. f. Nous ne connaissons pas de mouchettes à moucher les chandelles qui soient antérieures au commencement du xviᵉ siècle. Avant cette époque, les mouchettes sont mentionnées sous la dénomination de *sisiaux*. Mais, à dater de la fin du xviᵉ siècle, on fit des mouchettes très habilement combinées pour moucher les chandelles au moyen de détentes, et ces ustensiles sont souvent d'un travail précieux. Le musée de Cluny possède plusieurs de ces mouchettés, qui, comme les nôtres, enferment instantanément la partie carbonisée de la mèche dans un récipient.

Les mouchettes-ciseaux se composent de deux branches terminées par deux lames tranchantes et réunies par un axe. On coupait ainsi le lumignon fumant, qui tombait dans la bobèche ou dans le plateau (voyez CHANDELIER), et il fallait saisir ce fumeron avec de

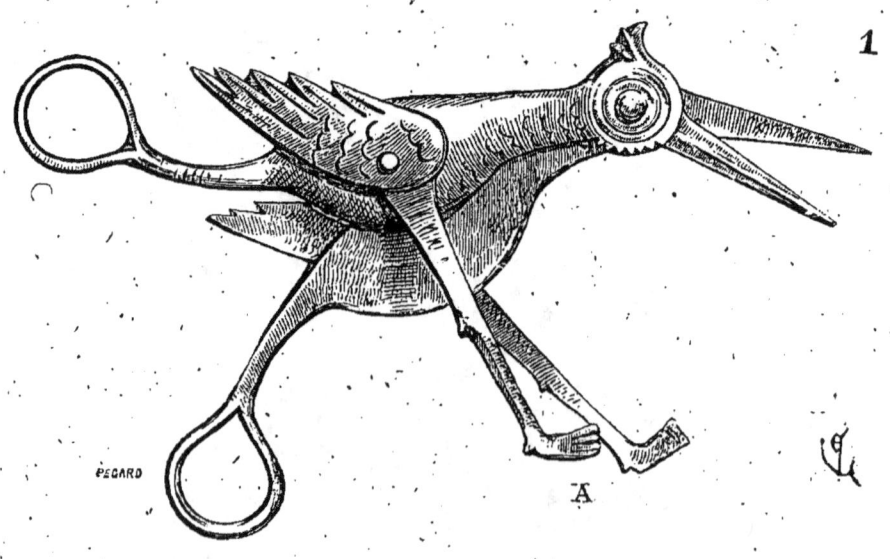

1

PÉGARD

A

petites pinces pour le jeter à terre, où on l'éteignait avec le pied. Cela était compliqué. Ces sortes de mouchettes affectent souvent la forme d'un oiseau (fig. 1). On voit en A les branches élastiques de la pince qui figurent les pattes de l'oiseau, et qui permettaient de saisir le lumignon lorsqu'il était tombé dans le plateau. On comprend que les mouchettes à récipient durent être regardées comme en perfectionnement très notable sur ces ciseaux à pinces.

**MOUSTARDIER**, s. m. Les pots à moutarde sont mentionnés dès le XIIIe siècle, et ils figurent dans les inventaires du XIVe siècle. Nous ne savons s'ils affectaient une forme particulière.

## N

**NAVETTE**, s. f. Petit récipient en forme de nef, dans lequel on enfermait les grains d'encens.

Les encensoirs possédaient leur navette appareillée, et beaucoup

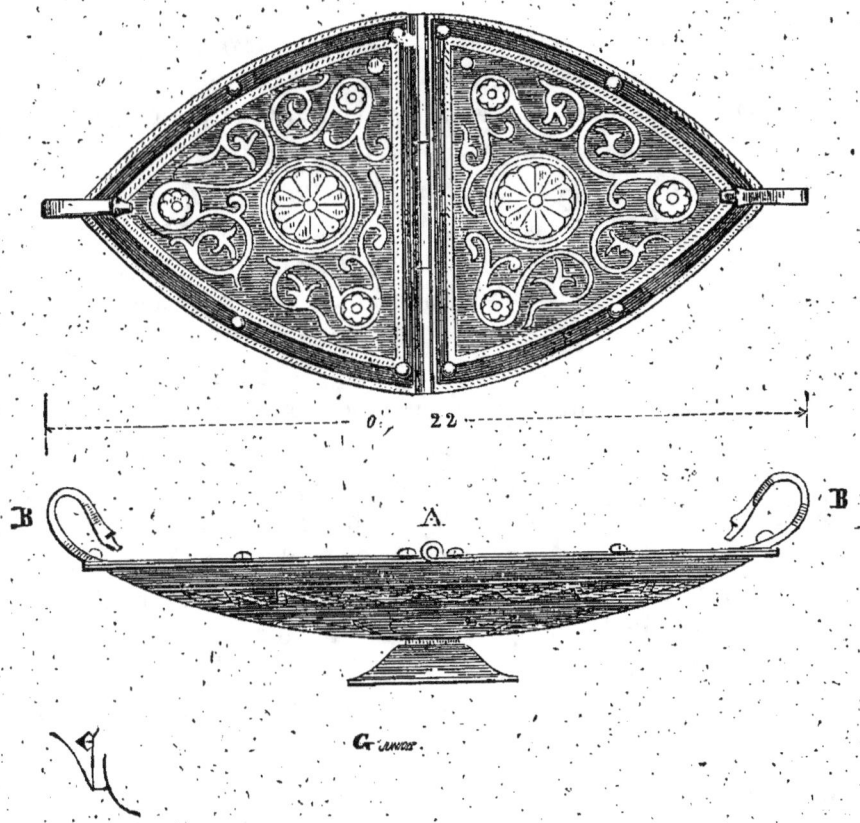

de représentations peintes ou sculptées de thuriféraires les figurent tenant de la main droite l'encensoir, de la gauche la navette. Les navettes à encens étaient de métal, cuivre ou argent, et souvent émaillées.

La figure 1 présente un de ces objets faisant partie de la collection du musée de Cluny. La charnière A, disposée au milieu du dessus, permet d'ouvrir les deux valves du couvercle, qui sont émaillées, ainsi que le récipient. Un pied permettait de poser cette navette sur la crédence. Les deux anses B servaient à soulever les valves. Une petite cuiller était toujours jointe à la navette pour prendre les grains d'encens et les jeter sur la braise incandescente, que contenait la capsule de l'encensoir.

On donnait aussi le nom de *navettes* aux *cadenas* ou *nefs* placées sur la table, devant les personnages de distinction, et renfermant les objets nécessaires à table. « Une navette d'or goderonnée et y met « on dedans, quant le Roy est à table, son essay, sa cuiller, son « coutelet et sa fourchette, et poise, à tout couvescle, iij marcs « v onces et demie [1]. » (Voyez NEF.)

**NEF,** s. f. La nef était un vaisseau d'orfèvrerie qu'on plaçait à table, devant un personnage, le seigneur, et qui renfermait sous clef tous les objets dont le personnage devait se servir pendant le repas, c'est-à-dire les cuillers, fourchettes, touailles (serviettes), les coupes, la salière, les épices, etc. Le vin était contenu dans des barillets également fermés à clef (voyez BARIL). On donnait aussi, à ce récipient des objets de table, le nom de *cadenas*, et l'usage des cadenas se conserva jusqu'au xviii° siècle dans les cours souveraines.

La crainte des poisons était fort répandue pendant le moyen âge, et, bien entendu, plus on supposait qu'il y ait un intérêt à recourir à l'empoisonnement, plus on accumulait les précautions autour des grands. On ne manquait jamais alors d'attribuer au poison les morts dont la science médicale, peu avancée, ne pouvait découvrir la cause. Sous Louis XIV encore, les mémoires du temps admettent un nombre prodigieux d'empoisonnements [2]. Il n'était donc pas surprenant que les hauts personnages fissent prendre autour d'eux des précautions qui aujourd'hui paraîtraient ridicules. D'ailleurs, c'était là un usage, une sorte de marque honorifique, car tel seigneur qui chez lui, avait sa nef, mangeait chez son suzerain ou même ses pairs

---

[1] *Invent. de Charles V* (1380).

[2] Voyez, à ce propos, les *Mémoires* et la *Correspondance* de Mme la duchesse d'Orléans, princesse Palatine. A en croire cette princesse, la moitié des personnages de la cour morts de son temps auraient été empoisonnés.

1

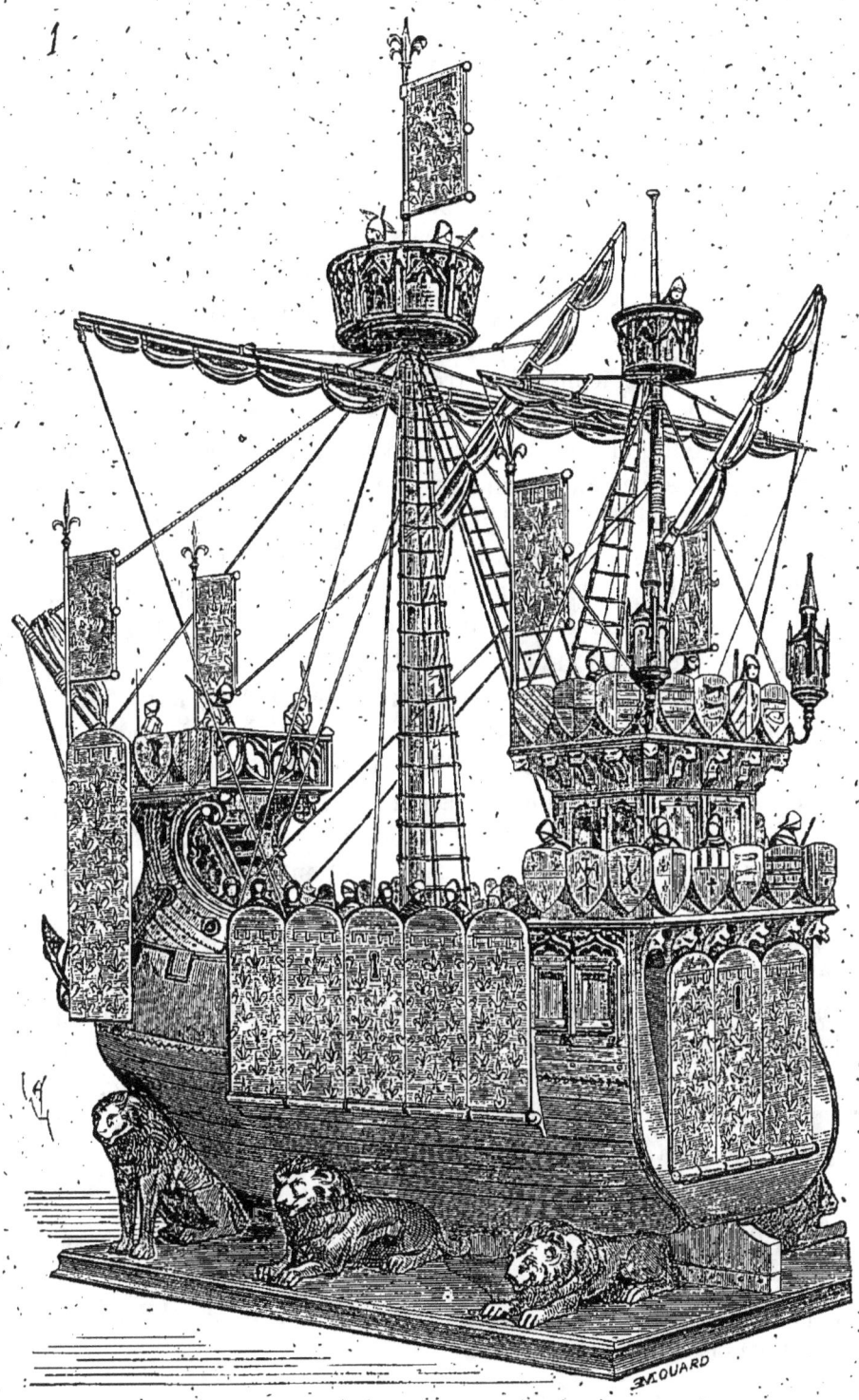

sans recourir à ces précautions. Ces nefs affectaient, en effet, la forme d'un navire, et reproduisaient même parfois, avec une exactitude minutieuse, les détails d'un vaisseau muni de ses agrès et de son équipage. Les inventaires mentionnent une quantité prodigieuse de ces nefs de table, d'argent, d'or même, décorées d'émaux, de pierres, avec agrès et voilure de soie. L'*Inventaire de Charles V* mentionne cinq nefs d'or émaillées, du poids total de 258 marcs d'or, et vingt et une nefs d'argent du poids de 648 marcs d'argent. On plaçait aussi dans ces nefs des flacons de vin.

« Pour une nef dorée, semée d'esmaux aux armes de Valoys, « à 2 lyons aux 2 bous enmantellez des dites armes, assise sur un « entablement de maçonnerie, trouvée pesant 35 marcs 3 onces « 15 esterlins [1]... »

La figure 1 donne l'aspect d'une de ces nefs d'argent avec émaux [2]. Elle peut avoir appartenu à un duc d'Orléans, si l'on s'en rapporte aux armoiries émaillées des bannières et pennons. Suivant l'usage admis dès le XIIIe siècle, dans la marine, les bordages du navire et l'arrière sont pavoisés de bannières arrondies au sommet. Ces bannières fermaient les ouvertures de la nef en se rabattant ensemble au moyen des charnières qui sont attachées à leur extrémité inférieure. On pouvait ainsi ouvrir cette nef par les deux flancs et par son arrière. Six lions la soutiennent sur un de ces plateaux dits *entablements de maçonnerie*. Elle est remplie d'hommes d'armes dont les écus sont appendus extérieurement aux parapets des châteaux, d'où est venue la dénomination de *pavoisée* attribuée aux navires qui, de notre temps encore, mettent tous les pavillons dehors.

On donnait aussi le nom de *nefs* à des vases en forme de barque, qui étaient consacrés au service du culte, dès les premiers temps de l'Eglise : « Un reliquaire d'or, en façon d'une nef à porter le corps « de Notre-Seigneur que ij angelos soustiennent [3]. »

Le musée de Cluny possède une fort belle nef du XVIe siècle. Un brillant équipage, au milieu duquel sied l'empereur Charles-Quint, garnit tout le pont.

[1] *Invent. de l'argenterie des rois de France*, dressé en 1353. Voyez aussi dans le *Glossaire et Répertoire* de M. le comte de Laborde l'article NEF, qui donne un grand nombre d'exemples de ces vaisseaux de table.

[2] Vignette du XVe siècle, détachée, copiée par l'auteur.

[3] *Invent. de Charles V* (1380).

**ORINAL,** s. m. (*pot de nuit*). La forme de ces vases ne diffère pas de celle qui leur est donnée encore aujourd'hui et qui est bien connue. Les vignettes des manuscrits dès XIVe et XVe siècles nous montrent sous les lits, ou à côté des lits, des orinals pareils aux nôtres :

> « Aportez moi un orinal
> « Et si verrai dedenz le mal. »

dit Renart, qui fait le docteur[1].

On en fabriquait en verre : « Un petit orinal de voirre garni et « pendant à quatre chaiennes d'or[2]. »

Celui dont parle le *Roman du Renart* était évidemment de verre, car :

> « Lors le prent et au soleil va,
> « L'orinal sus en haut leva ;
> « Moult le regarde apertement,
> « Torne et retorne moult souvent.
> «                          »

**OSTENSOIR,** s. m. (*monstrance, remonstrance*). Pièce d'orfèvrerie au milieu de laquelle on place une hostie consacrée, pendant l'adoration du saint sacrement, afin de la laisser voir aux fidèles.

L'usage de l'ostensoir, tel que nous le connaissons aujourd'hui, n'est pas très ancien et ne remonte pas au-delà du XVe siècle. Jusqu'à cette époque, le saint sacrement était déposé dans une tour ou tabernacle placé près de l'autel... [3]. L'hostie consacrée n'était point apparente. Nous ne saurions dire les motifs qui déterminèrent le clergé, en France, à exposer le saint sacrement ; peut-être était-ce pour réchauffer la foi chancelante des fidèles.

Jamais l'Église grecque, gardienne des traditions, n'adopta cet usage.

Il est question de l'exposition du saint sacrement dans des *mons-*

---

[1] *Roman du Renart*, vers 19509 et suiv., XIIIe siècle.
[2] *Invent. du duc de Berry* (1416).
[3] Voyez l'article AUTEL, *Dictionnaire raisonné de l'architecture* ; voyez TABERNACLE et SUSPENSION, *Dict. du mobilier*, t. 1.

*trances,* pour la première fois, dans les décisions du concile provincial de Cologne, tenu en 1452. Mais la forme de ces ostensoirs n'est point décrite, et le texte même indiquerait qu'elle était arbitraire [1]. Cependant l'inventaire du trésor de Notre-Dame de Paris, fait en 1438, signale un véritable ostensoir en forme de croix d'argent doré, soutenue par deux anges. Thiers [2] rapporte qu'il en existait un en 1494 dans l'église paroissiale de Sainte-Menehould en Champagne : « C'est, dit-il, une image de saint Jean-Baptiste, d'un pied et demi un peu plus de hauteur, y compris le pied d'estal. Il a le bras gauche un peu étendu et la main ouverte, sur laquelle il y a un livre, et sur ce livre un petit agneau de la tête duquel sort un soleil où l'on met la sainte Hostie, et de la main droite il montre ce qu'il tient dans sa gauche, comme s'il disait : *Ecce Agnus Deï,* etc. Au bas du pied d'estal l'on y voit ces mots : *Sébille la Moque a donné ce présent vaissel l'an MCCCCLXXXXIV. Priez Dieu pour elle.* D'un côté, il y a les armes de France ; de l'autre, les mêmes armes de France parties de Bretagne. » Le même auteur rapporte avoir vu la représentation d'un ostensoir dans une vignette d'un manuscrit de 1374, faisant partie de la bibliothèque des Célestins de Marcoussis. « Cet ostensoir représentait un évêque accompagné de deux acolytes, et portant le saint sacrement dans une tourelle d'or percée en quatre endroits [3]. » Quant aux ostensoirs en forme de soleils, avec une boîte centrale ou lunelle de cristal, ils sont d'une date postérieure au XVI° siècle. Nous n'avons donc pas à nous en occuper ici.

**OULE,** s. m. (*cruche*). — Voyez POTERIE.

**OVIER,** s. m. (*coquetier*). On trouve de très anciens oviers ou coquetiers de terre cuite, ou du moins de petits vases qui semblent avoir été destinés à cet usage. Ces *vaisselets* étaient en forme de cône avec pied, ou bien à deux fins, c'est-à-dire composés de deux cônes réunis à leurs sommets tronqués (fig. 1) [4]. Les inventaires ne mentionnent qu'assez tard des oviers de métal, et encore ne les désignent-ils pas habituellement par un nom particulier. « Un vaisselet d'argent à mangier œufs que donna, à monseigneur, monsei-

---

[1] « In quibuscumque monstrantiis. »

[2] *De l'exposition du saint sacrement,* t. I, p. 230.

[3] Piganiol de la Force parle de cet ostensoir dans sa *Description de la France,* t. I, p. 171.

[4] Fouilles de la forêt de Compiègne, parties mérovingiennes.

« gneur d'Estampes [1]. » — « Un engin à mettre et asseoir œufs [2]. »
Encore ce dernier ustensile peut-il être un récipient propre à contenir les œufs pour les présenter à table : « Un ovier d'or, aux armes

**1**

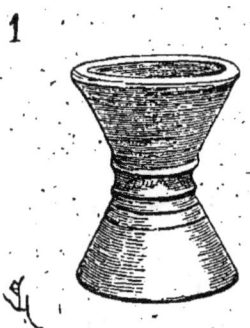

« de la Royne, et ou couvescle une langue blanche de serpent [3]. » Ces
langues de serpent étaient supposées devoir indiquer la présence
du poison. (Voyez SALIÈRE.)

**P**

**PAIX,** s. f. Tablette de bois, de métal ou d'ivoire, munie d'une
anse ou d'un manche sur sa face postérieure, destinée à recevoir le
baiser de paix que les fidèles, suivant les traditions de la primitive
Eglise, devaient se donner entre eux pendant le sacrifice de la
messe. Il serait difficile de dire à quelle époque remonte l'usage de
faire baiser aux fidèles une tablette déposée sur l'autel pendant
la messe. Dès le XIII<sup>e</sup> siècle, cette habitude était acceptée dans les
églises de l'Occident et de la Palestine. Le fait suivant, rapporté par
le sire de Joinville, en fournit la preuve [4] : « Tandis que le roy fer-
« moit (fortifiait) Sayète, je alai à la messe au point du jour, et il
« me dit que je l'attendisse, que il vouloit chevaucher ; et je si fis.
« Quand nous fumes aux chans, nous venimes pardevant un petit
« moustier, et veismes tout à cheval un prestre qui chantoit la messe.

[1] *Invent. du duc de Normandie* (1363).
[2] *Invent. des ducs de Bourgogne* (1389).
[3] *Ibid.* (1403).
[4] *Histoire de saint Louis,* édit. publ. par M. F. Michel, p. 184.

« Le roy me dit qué ce moustier estoit fait en l'onneur du miracle
« que Dieu fist du dyable que il geta hors du còrs de la fille à la
« veuve femme ; et il me dit que se je vouloie, que il orroit léans
« (la dedans) la messe que le prestre avoit commencíée ; et je li dis
« que il me sembloit bon à fère. Quant ce vint à la pez (paix) don-
« ner, je vi que le clerc qui aidoit la messe à chanter, estoit grant,
« noir, megre et hericiés, et doutai que se il portoit au roy la pez,
« que espoir (peut être) c'estoit un Assacis, un mauvez homme, et
« pourroit occirre le roy. Je alai prendre la pez au clerc et la portoi
« au roy. Quant la messe fu chantée et nous fumes montez sus nos
« chevaus, nous trouvames le légat aus chans ; et le roy s'approcha de
« li et m'appela et dit au légat : « Je me pleing à vous dou séneschal
« qui m'apporta la pez et ne voult que le povre clerc la m'aporte. »
« Et je diz au légat la reson pour quoy je l'avoie fait ; et le légat dit
« que javoie moult bien fet. Et le roy respondi : « Vraiment non
« fist. Grant descort y olt d'eulz deuz et je ne dèmourai en pez »
(vraiment non, car pendant le débat entre eux deux, je n'étais pas
en paix).

Ces objets du culte étaient faits souvent de matières précieuses et
étaient richement travaillés : « Un porte-paix d'or, où il a un angle
« tenant un crucefix, couvert par dessus d'un cristal et garny entour
« de sept balaisseaux (rubis balais) et seze perles, iiijxx liv. t. [1]. »

La patène recouvrant le calice ou le couvercle du ciboire servaient quelquefois de paix. On trouve encore la trace de cet usage
dans l'inventaire de Gabrielle d'Estrées : « Une boete à mettre pain
« à chanter dont le couvercle sert de paix [2]. »

**PALETTE**, s. f. Spatule composée d'un manche et d'un plateau
circulaire destiné à recevoir une bougie comme nos bougeoirs, ou
d'un cuilleron propre à brûler des parfums, à faire des fumigations
ou à offrir des confitures aromatisées : « Une palette à condognac
« (cotignac), armoyée de France et de la royne Jeanne de Bourbon [3]. »
— « Une petite palette d'ivoire à tenir chandelle... » — « Une petite
« palette d'argent à faire fumée [4]... ». Dans les chapelles, un serviteur tenait une de ces palettes près du seigneur, afin qu'il pût lire
ses heures : « A Perrier Bernart, gainier, pour un estuy de cuir

---

[1] *Invent. du duc de Berry* (1416).

[2] Aujourd'hui on fait baiser la patène aux fidèles au moment de l'offrande ; cette
patène tient lieu de la *paix* ou *porte-paix*.

[3] *Invent. de Charles V* (1389).

[4] *Ibid.*

« bouilly, poinçonnez et armoiez aux armes de France, pour mettre
« et porter une palette d'ivoire, garnie d'or, pour mettre une chan-
« delle pour tenir devant le Roy à dire ses heures [1]... ». Le bou-
geoir que l'on tient devant l'évêque aujourd'hui est une dernière
tradition de ces palettes.

**PATÈNE**, s. f. Plateau destiné à recevoir les morceaux de l'hostie
consacrée pendant le sacrifice de la messe et à couvrir le calice.
(Voyez CALICE, PAIX.)

**PELLE**, s. f. (*pincette, pelle de fer, tenailles, tirtifeux*). Ustensiles qui faisaient partie de ce que nous appelons aujourd'hui *garni-*

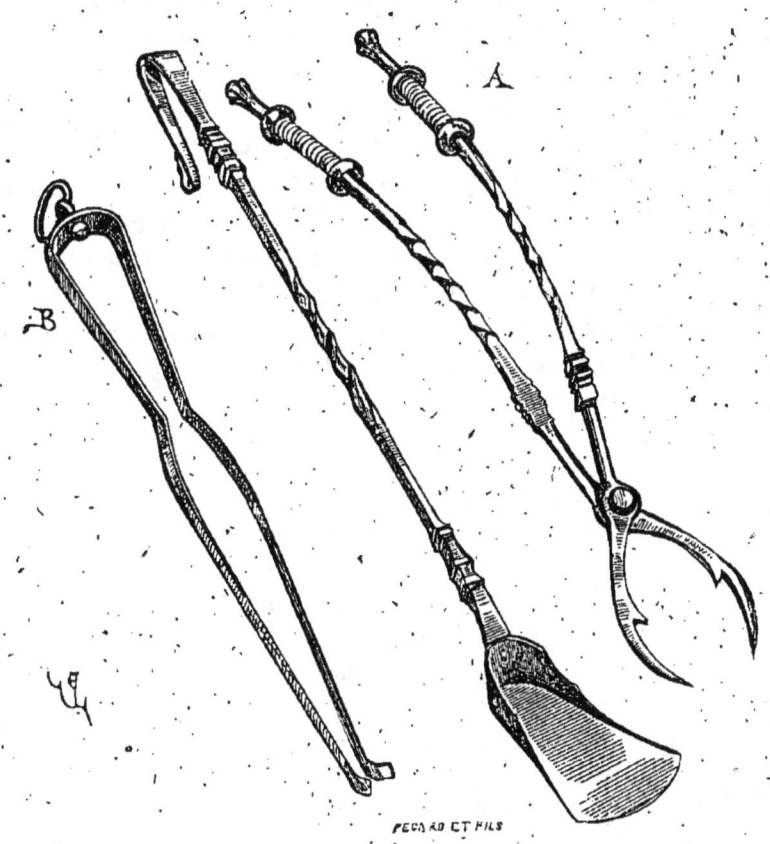

FÉCARD ET FILS

*ture de cheminée*. Les âtres de cheminée, pendant le moyen âge,
étaient vastes, et les plus petits foyers de cette époque ne pourraient

---

[1] *Comptes royaux* (voy. le *Gloss. et Répert.* de M. le comte de Laborde, dans *Notice
des émaux et bijoux du musée du Louvre*).

convenir aux plus grandes pièces de nos habitations. Ces cheminées étaient garnies de landiers (chenets) hauts, solides, sur lesquels on jetait des bûches longues et lourdes. Il fallait, pour remuer ces masses de bois, des instruments robustes, bien à la main ; de grandes tenailles de fer : aussi leur donnait-on ce nom.

« Pour une tenaille, une pincette et deux pelles de fer XVI s. [1]. » La figure 1 présente en A une de ces tenailles de fer forgé [2], dont la longueur est de 1m,10. Les deux manches étaient garnis d'un cordonnet de grosse laine sur une peau, afin de donner une bonne prise aux mains, et de ne pas communiquer la chaleur. La pelle [3] a son manche rivé sur le sabot inférieur ; elle porte 1m,25 de longueur. Quant à la pincette B, faite pour ramasser la braise ou les menus tisons, elle n'a que 80 centimètres de longueur et est munie d'un anneau pour la suspendre [4]. Elle est finement forgée et très-souple.

Ces trois objets paraissent dater du XIVe siècle, et dépendaient d'ailleurs de cheminées de cette époque. Dans les palais et châteaux, ces ustensiles devaient être plus ouvragés ; mais nous n'en connaissons pas qui soient antérieurs au XVIe siècle. Les inventaires royaux mentionnent des pincettes d'argent. Étaient-ce des pincettes à feu ? C'est ce que nous ne pourrions affirmer.

Bien que l'ustensile de cuisine qu'on nomme encore aujourd'hui une *lèchefrite* fût en usage, il y avait des pelles longues, faites pour enlever les viandes cuites au four :

« Aler souvent querir au four
« Longue pelle fault à retour,
« Qui dessoubz le rost sera mise [5]. »

Il y avait aussi des pelles trouées (passoires) :

« Estamine, paelle trouuée [6]. »

**PINCETTES**, s. f. (*tirtifeux*). — Voyez PELLE.

**PLAT**, s. m. — Voyez ASSIETTE, BASSIN.

---

[1] *Compte des bastimens royaux* (1365).
[2] D'une maison à Cordes (Tarn-et-Garonne).
[3] Même provenance.
[4] Dessinée à Châtel-Censoir (Yonne).
[5] Eustache Deschamps, *le Miroir de mariage*, p. 211.
[6] *Ibid.*

**POÊLE** (*à frire*), s. f. Cet ustensile de cuisine est de date très ancienne, et sa forme n'a point changé.

**POMME**, s. f. De cuivre ou d'argent, servant de chaufferette pour les mains (voyez CHAUFFERETTE). Il y avait aussi des *pommes à refroidir*, faites de cristal, et qu'on tenait dans les mains pour les rafraîchir. Des pommes de cristal étaient souvent placées sur la partie antérieure du bras des chaires et trônes pour que les personnes assises pussent au besoin tenir leurs mains fraîches. Le musée de Cluny possède une pomme de ce genre, de cristal de roche, qui est d'une date très ancienne, peut-être de l'époque mérovingienne. Cet usage existait dans l'antiquité.

**POT,** s. m. (*poteries*). Les poteries dont se servaient les Gaulois avant la domination romaine étaient grossières par la matière, mais assez bien galbées et tournées sur le tour à potier. Ces poteries se distinguent de celles qui furent en usage après la conquête par leur couleur noire, et la porosité de la terre mal corroyée et fragile. On connaît les belles poteries rouges, fines et luisantes, qui datent de l'époque romaine. Lorsqu'au sein d'une civilisation prospère survient un de ces cataclysmes qui bouleversent la société, les industries qui dégénèrent le plus complètement sont les industries communes ; celles qui perdent le moins leurs traditions sont les industries de luxe. Les conséquences d'un bouleversement tel que celui dont les Gaules furent le théâtre pendant les v° et vi° siècles amènent une inégalité très marquée dans les classes : des richesses accumulées entre les mains de quelques-uns, et, pour les masses, une misère profonde. Les villes et bourgades, si prospères et si industrieuses encore vers les derniers temps de l'empire, se virent dépouillées et saccagées par les peuplades sorties de la Germanie. Mais les conquérants, et, parmi eux, ceux qui surent maintenir leur pouvoir, prétendirent imiter le luxe de la haute société romaine. Si ces barbares n'avaient aucune idée du bien-être dont s'entoure une civilisation avancée, et si, par exemple, ils mangeaient dans des plats de bois, ils couvraient leurs habits de bijoux précieux, avaient des armes garnies d'or, certains meubles d'apparat d'une grande richesse. Les industries de l'orfèvrerie, de la bijouterie, conservèrent donc un certain éclat. Il n'en fut pas de même pour ces industries, dont les produits sont destinés à satisfaire aux besoins vulgaires ; elles s'effacèrent sous l'influence de la misère commune. Parmi ces industries, celle des potiers semble avoir perdu les belles traditions léguées par l'antiquité, et retombe au-dessous du niveau qu'elle avait atteint avant la domination romaine. Les poteries de l'époque mérovingienne sont, comme matière et travail, d'une grossièreté qui rappelle les premiers essais des peuples les plus barbares. Les terres inégales et poreuses reparaissent.

*1*

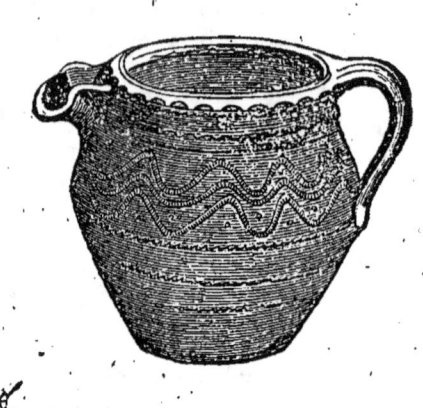

E. SOILLAROMOT.

raissent.; les formes perdent toute élégance ; plus de ces galbes purs, plus de pâtes serrées et fines, plus de ces ornements délicatement estampés sur les panses des vases. Le pot est lourd, gauche, suffisant à peine aux besoins les plus grossiers. De tous les ustensiles adoptés par un peuple, il n'en est pas qui indiquent plus clairement l'état de la civilisation que les poteries, parce qu'il n'en est pas qui soient d'un usage plus répandu, qui puissent être fabriqués à moins de frais. Mais il faut distinguer dans les poteries la forme et la matière. La qualité de la matière ou sa richesse n'indiquent point autant le degré de civilisation que la forme. Quand une société tout entière se contente de poteries dont la valeur comme matière est insignifiante, qui trouvent place chez le pauvre comme chez le riche, mais dont les formes sont belles et parfaitement appropriées au besoin, et belles précisément parce que ces formes possèdent cet avantage, on peut considérer cette société comme ayant atteint l'échelon le plus élevé de la civilisation. L'art du potier est de tous les arts le plus *démocratique,* et il n'atteint réellement la qualité d'art que quand il ne laisse sortir de ces ateliers que des objets dont les formes sont excellentes, quelle que soit, d'ailleurs, leur importance. Il y a autant d'art dans le moindre caractère athénien de terre cuite que dans le vase destiné au vainqueur des jeux olympiques.

Dans les sociétés barbares ou tombées dans la barbarie par suite de longs malheurs, les arts ne s'attachent plus qu'à quelques objets exceptionnels, ou qu'à des objets dont la matière a une valeur intrinsèque. Quant à la fabrication des objets vulgaires, elle est abandonnée aux mains les plus grossières, et produit de ces œuvres sans nom que la postérité ne saurait même classer, tant elles sont insignifiantes. On voit l'industrie du potier se développer au sein des républiques italiennes à dater du xiv° siècle, au sein des villes françaises des Flandres, au sein des villes méridionales françaises qui avaient conservé la plupart de leurs droits municipaux, datant de l'empire romain ; dans les provinces riches, comme la Normandie, la Picardie, l'Auvergne, la Bourgogne, la Guienne, qui, relativement, maintenaient certaines franchises en face de la puissance féodale et vivaient sous un régime moins oppressif. Dans ces provinces, le peuple des villes était plus riche, parce qu'une plus grande sécurité lui était donnée et qu'il possédait des droits ; le peuple des campagnes était, vis-à-vis de la féodalité, dans des conditions moins dures que n'était, par exemple, celui de l'Ile-de-France, de la Champagne, de la Bretagne, du Poitou. C'est aussi dans ces provinces, jouissant d'une liberté relative, que l'art, essentiellement démocratique, du potier, s'est maintenu, pendant toute la durée du moyen âge et jusqu'à nos jours, à un degré élevé, quant à la forme et au mode de fabrication. Qui n'a vu dans certaines cités du Midi, telles que Narbonne, Carcassonne, Toulouse, Bordeaux, dans quelques villes de l'Auvergne, de la Bourgogne et de la Normandie, ces jolies poteries communes qui abondent sur les marchés ? Ces poteries sont encore aujourd'hui les mêmes que celles dont se servaient les populations depuis le xii° siècle, car aucun ustensile ne perpétue les formes avec plus d'uniformité que les poteries, par cette raison qu'on s'en sert chaque jour, et qu'on veut remplacer celles qui manquent par d'autres exactement semblables. Il est facile de changer l'habillement d'une armée de six cent mille hommes ; il est impossible de modifier la forme des assiettes qui chaque jour couvrent les tables d'une population, et les lois, décrets ou règlements qui ont, en France surtout, porté sur tant d'objets divers, dès les premiers temps de la monarchie, depuis la forme à donner aux maisons jusqu'à celle des vêtements ou bijoux, ne se sont jamais occupés des pots autrement que pour constater leur capacité.

Après les jolies poteries gallo-romaines, on voit apparaître, dans les sépultures du temps de l'invasion germanique, des vases de terre qui semblent, par leur fabrication, remonter au temps antérieur à la conquête romaine. C'est surtout dans les provinces de l'Est qu'on peut constater cette décadence, ou plutôt ce retour à une fabrication barbare. M. le colonel de Morlet a recueilli plusieurs de ces poteries dans des cimetières de l'époque mérovingienne aux environs de Strasbourg [1]. Nous en avons trouvé de semblables jusque dans le Soissonnais. Ces poteries sont assez mal cuites, composées d'une terre noirâtre mal corroyée, couvertes d'ornements faits avec le doigt ou un style sur la pâte encore molle. (fig. 1). Ces poteries très grossières, postérieures au v<sup>e</sup> siècle, n'apparaissent jamais dans la haute Normandie, dans le Poitou, la Guienne, l'Auvergne, les provinces méridionales, ce qui ferait supposer qu'elles étaient dues aux confédérés germains. Dans ces dernières provinces, bien que la poterie gallo-romaine disparaisse complètement au v<sup>e</sup> siècle, cependant on reconnaît toujours, dans la pâte et dans les formes, la trace d'une fabrication qui soutient ses produits. Mais, sur les surfaces extérieures de ces vases, on ne voit plus trace d'ornementation saillante, faite à la main ou moulée ; parfois seulement, quelques festonnages sur les bords, obtenus sur la pâte molle par une légère pression du doigt, des tracés en losange ou pointillés au moyen du style, des lignes horizontales, des imbrications indiquées avant la cuisson. Sur toute l'étendue des anciennes Gaules, pendant le moyen âge, la poterie ornée de reliefs moulés ou modelés à l'ébauchoir n'apparaît qu'au xv<sup>e</sup> siècle. Le potier n'emploie que le tour, parfois avec beaucoup de délicatesse. Les formes reprennent au xii<sup>e</sup> siècle un galbe assez beau, sous l'influence des poteries rapportées d'Orient. Quant à l'émaillage de ces poteries, il est fort ancien. Nous avons des fragments de poteries vulgaires émaillées dès le xii<sup>e</sup> siècle, et cet émail est d'une grande finesse. Nous citerons, entre autres exemples, des plats qui autrefois étaient incrustés dans la façade de l'hôtel de ville de Saint-Antonin (Tarn-et-Garonne), façade qui date du milieu du xii<sup>e</sup> siècle. Ces plats formaient des points colorés décoratifs sur les parements [2]. La planche XXXII donne la reproduction d'un de ces plats. La terre est d'un jaune rougeâtre ; un émail blanc jaunâtre très fin recouvre le tout, et sur cet émail est apposée une coloration vert doux. Avec un style, avant que cette application colorée ait été passée au four, on a enlevé des ornements très déliés qui laissent voir l'engobe sous-jacent. Cette poterie est d'une grande finesse, l'émail

---

[1] Voyez *Notice sur les cimetières gaulois et germaniques découverts dans les environs de Strasbourg*, par M. le colonel de Morlet, 1864.

[2] Voyez le *Dictionnaire raisonné de l'architecture française*, à l'article HÔTEL DE VILLE.

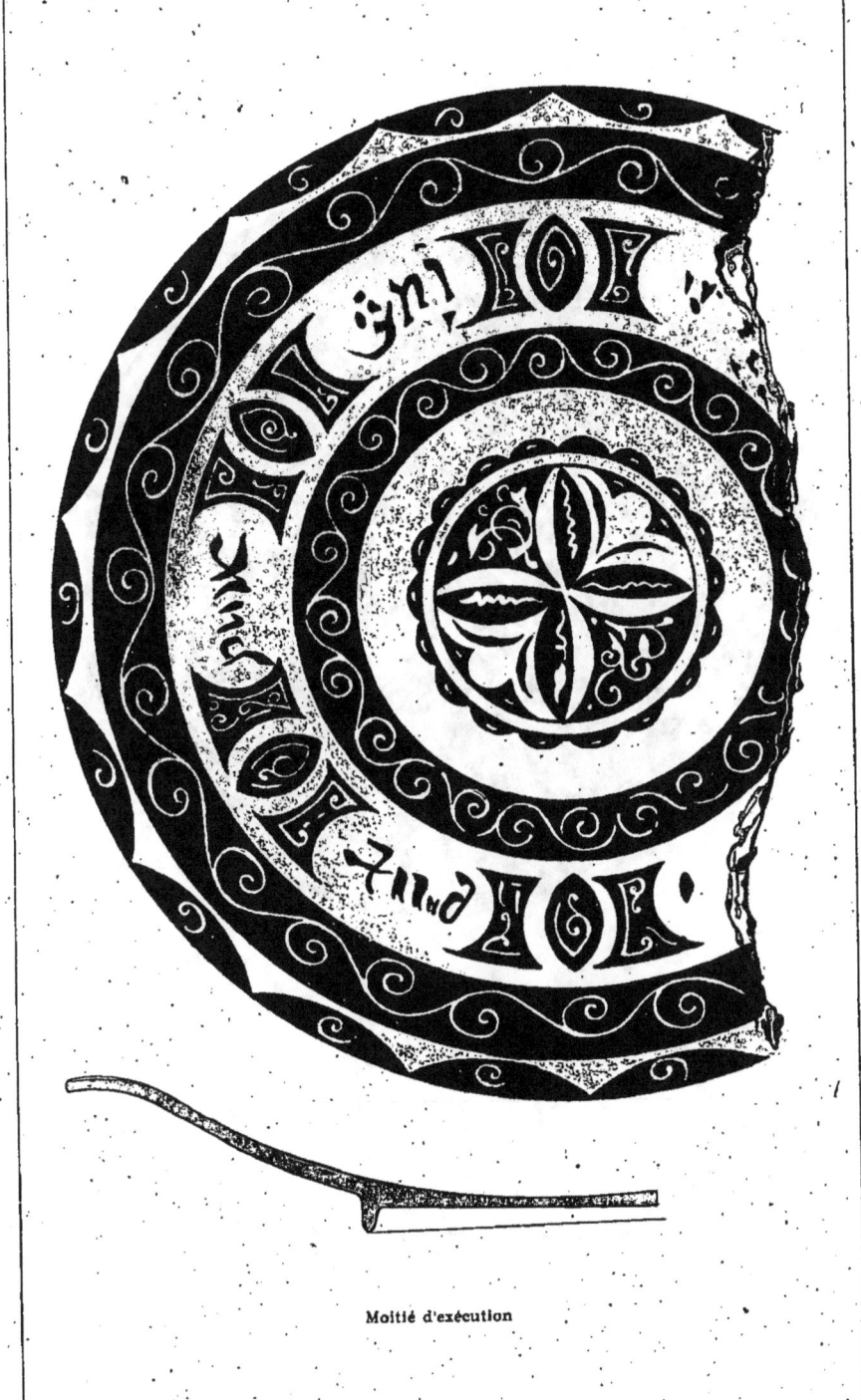

Moitié d'exécution

Viollet-le-Duc, del.

**PLAT EN TERRE CUITE ÉMAILLÉ**

A SAINT-ANTONIN

XII° siècle

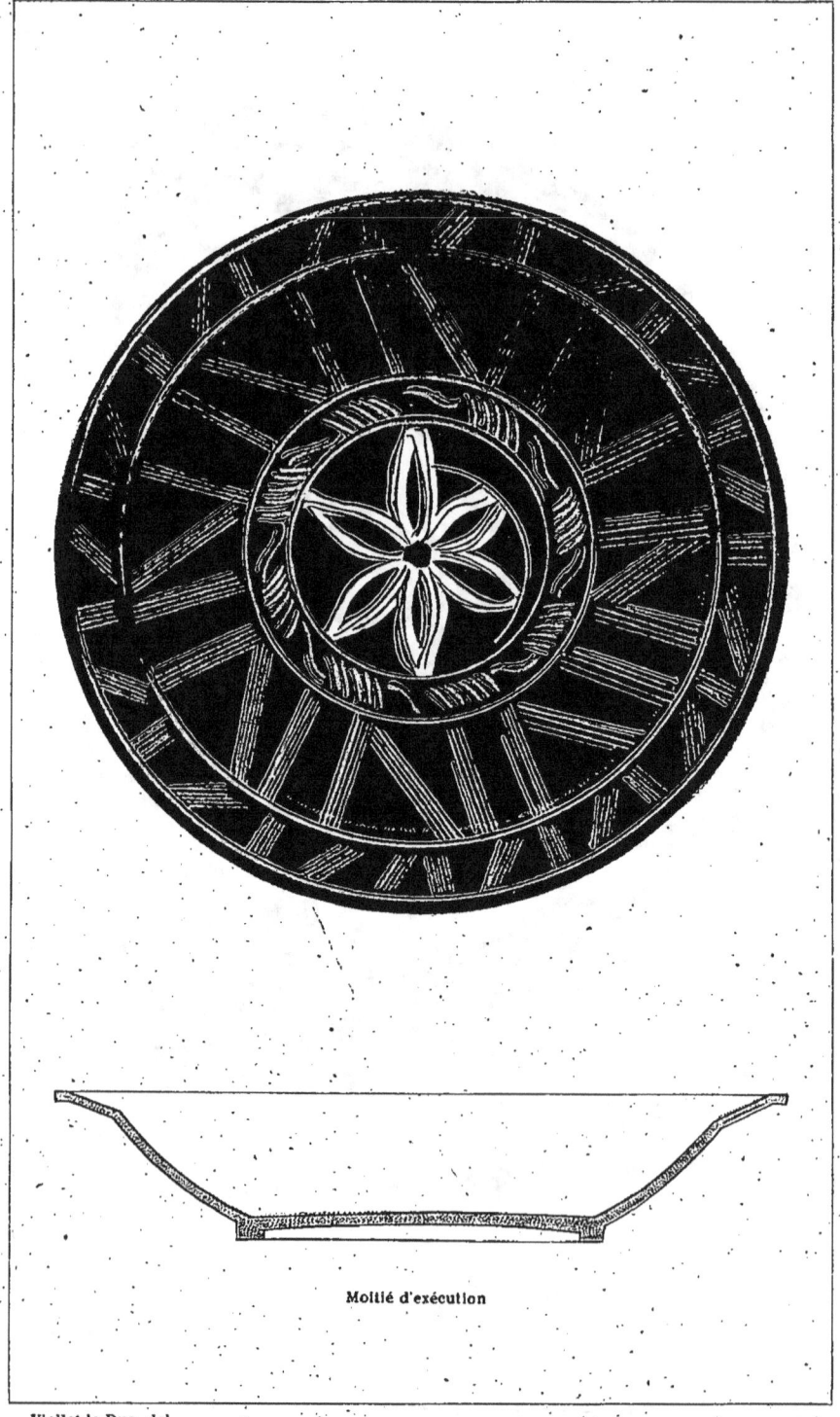

Moitié d'exécution

Viollet-le-Duc, del.

**ÉCUELLE EN TERRE CUITE VERNISSÉE**

A PIERREFONDS

XIVᵉ, XVᵉ siècles.

n'a qu'une épaisseur inappréciable. A cette époque (au xiie siècle),
les relations avec l'Orient étaient très actives, et il y a tout lieu de
supposer que ces poteries étaient une imitation de celles qu'on
rapportait d'outre-mer; d'autant que le caractère de l'ornementation
rappelle beaucoup les faïences anciennes de la Perse et de la Syrie.
Il n'est pas jusqu'à ces cartouches avec des linéaments qui ressem-
blent à des lettres arabes. Cependant, la forme du vase est bien occidentale. Le potier avait des exemples rapportés d'Orient, et il considérait (ainsi que cela se rencontre souvent à cette époque) les lettres
arabes comme des ornements. Avec ces émaux légers et ces ornements enlevés au style sur la coloration, on décorait des vases et des
carreaux pendant le xiie siècle. Mais il semblerait que ce procédé
fût abandonné en France à dater du xiiie siècle, car les terres émaillées de cette époque, et jusqu'au xve siècle, ont un tout autre caractère. Ce sont des poteries habituellement rouges ou jaunes, émaillées
au moyen d'un émail transparent, ou rouge, ou vert, ou noir ver-
dâtre, souvent décorées de gravures qui ne sont pas recouvertes par
l'émail colorant. (Voyez planche XXXIII, un de ces plats, qui date du
xive siècle [1].) La pâte est jaune ; un émail épais, rouge, la recouvre ;
et avant la cuisson cet émail a été enlevé à la pointe, de manière
à former des linéaments qui laissent voir le ton de la pâte. Au four,
l'émail rouge est devenu brillant et a laissé les linéaments relativement opaques. Ces poteries sont, d'ailleurs, très dures et bien fabriquées. Les poteries émaillées en vert jaspé sont les plus communes,
et rappellent les poteries modernes connues sous le nom de *terrines*.
On rencontre de ces terres émaillées en vert jaspé dès le milieu du
xiie siècle. Le moine Théophile [2] parle des poteries émaillées d'outre-mer, fabriquées par les Grecs, comme très estimées et très précieuses ; et, en effet, les inventaires mentionnent quelques-uns de
ces objets dits de Damas : « A Regnaud Morel, pour un pot de
« Damas, plein de gingembre vert [3] » Valence et Avignon fabriquaient des poteries estimées pendant le moyen âge, ainsi que
Beauvais, Pontaillé [4], Rouen, Schelestadt. Beauvais fournissait principalement des verres à boire, des *godets* : « On fait des godés à
Beauvais [5]. » — « Un godet de terre, de Beauvais, garny d'ar-

---

[1] Musée des fouilles du château de Pierrefonds.
[2] *Diversarum artium Schedula.*
[3] *Comptes royaux*, 1416.
[4] Près de Dijon.
[5] Le Roux de Lincy, *Proverbes français.*

« gent [1]. » Ces poteries étaient émaillées. Il est question des poteries de Beauvais dès le XII° siècle ; de celles de Pontaillé et de celles de Schelestadt, dès le XII°.

**PUISETTE,** s. f. Vase de bronze ou de bois, de petite dimension, muni d'une anse et d'un ou deux goulots, servant à puiser de l'eau : « Pour une puisette d'airain à puiser eaue, XVI s. p. [2]. » Nous donnons (fig. 1) une de ces puisettes, dont la fabrication date du XV° siècle [3]

1

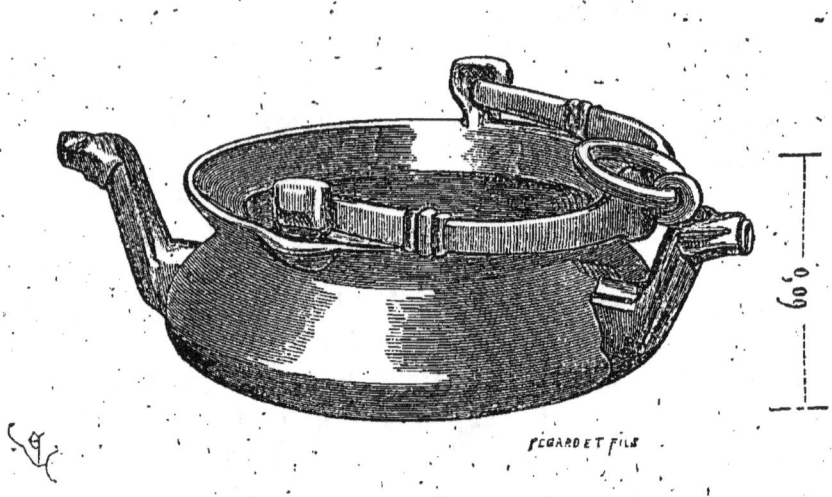

L'anse est munie d'un anneau pour pouvoir suspendre le vase à une crémaillère. Cette puisette possède deux goulots ou biberons qui permettent de verser le liquide de chaque bord ; elle est de laiton fondu. Les femmes portaient ces vases sur leur tête, et c'est pourquoi on leur donnait cette forme large de la panse. Autrefois, on les plaçait sur le feu, et ils servaient de chaudrons.

**RÉFRÉDOER,** s. m. Vase à rafraîchir. Les inventaires des XIV° et XV° siècles en mentionnent quelques-uns. Ces vases sont de cuivre,

[1] *Invent. de Charles VI* (1399).
[2] *Comptes royaux* (1400).
[3] *Musée de Cluny.*

et pouvaient parfois contenir plusieurs flacons. On les fabriquait principalement à Venise, et ils passaient, en Occident, pour des ouvrages de Damas, c'est-à-dire d'Orient. Les vignettes des manuscrits montrent parfois de ces vases larges, plats, de forme cylindrique, ou triangulaire, dans lesquels sont placés plusieurs bouteilles ou flacons. Une serviette recouvre le tout, afin de mieux maintenir la fraîcheur de l'eau.

**ROTISSOIR,** s. m. Sorte de gril propre à faire rôtir les tranches de pain qu'on mangeait avec le vin et des épices : « Ung rotis-
« soir d'argent blanc, à rostir roties, armoié au milieu des armes de
« Monseigneur, et de l'autre costé un fusil (briquet), et de l'autre,
« deux CC... [1]. »

**ROULEAU,** s. m. Chaufferette à mains (voyez cet article). On fabriquait des chaufferettes à main en forme de boule, et aussi en façon de cylindre.

S

**SALIÈRE,** s. f. Récipient du sel de cuisine ou du sel dont on se servait à table. Il y avait donc les salières « à pendre à la chemi-
« née », qui étaient celles de cuisine, et les salières « nefs, na-
« vettes », petits vaisseaux qu'on posait sur la table. Les salières de table étaient habituellement couvertes et même fermées à clef, ainsi que les *nefs, cadenas,* dont souvent elles faisaient partie. Les salières « à pendre » étaient habituellement de bois sculpté. M. le comte de Laborde en possédait une très belle de ce genre, qui date du xvᵉ siècle, et représente une tête d'homme coiffée d'un bonnet [2]. Ces salières sont faites en forme de hotte, avec couvercle s'abattant de lui-même. Toutes les cuisines de campagne en possèdent encore qui rappellent, par leur forme très simple, ces ustensiles primitifs. Quant aux salières de table, couvertes généralement jusqu'au xvıᵉ siècle, elles étaient un des ornements du couvert ; assez grandes et posées devant les maîtres de la maison, elles étaient parfois sur roues pour pouvoir être envoyées aux divers convives. Si ces con-

[1] *Invent. de Charles le Téméraire.*
[2] Cette salière fait aujourd'hui partie de la collection du musée de Cluny.

vives étaient nombreux, on faisait de petites salières découpées dans
de la mie de pains cuits à cet effet, et pour poser les tranches de

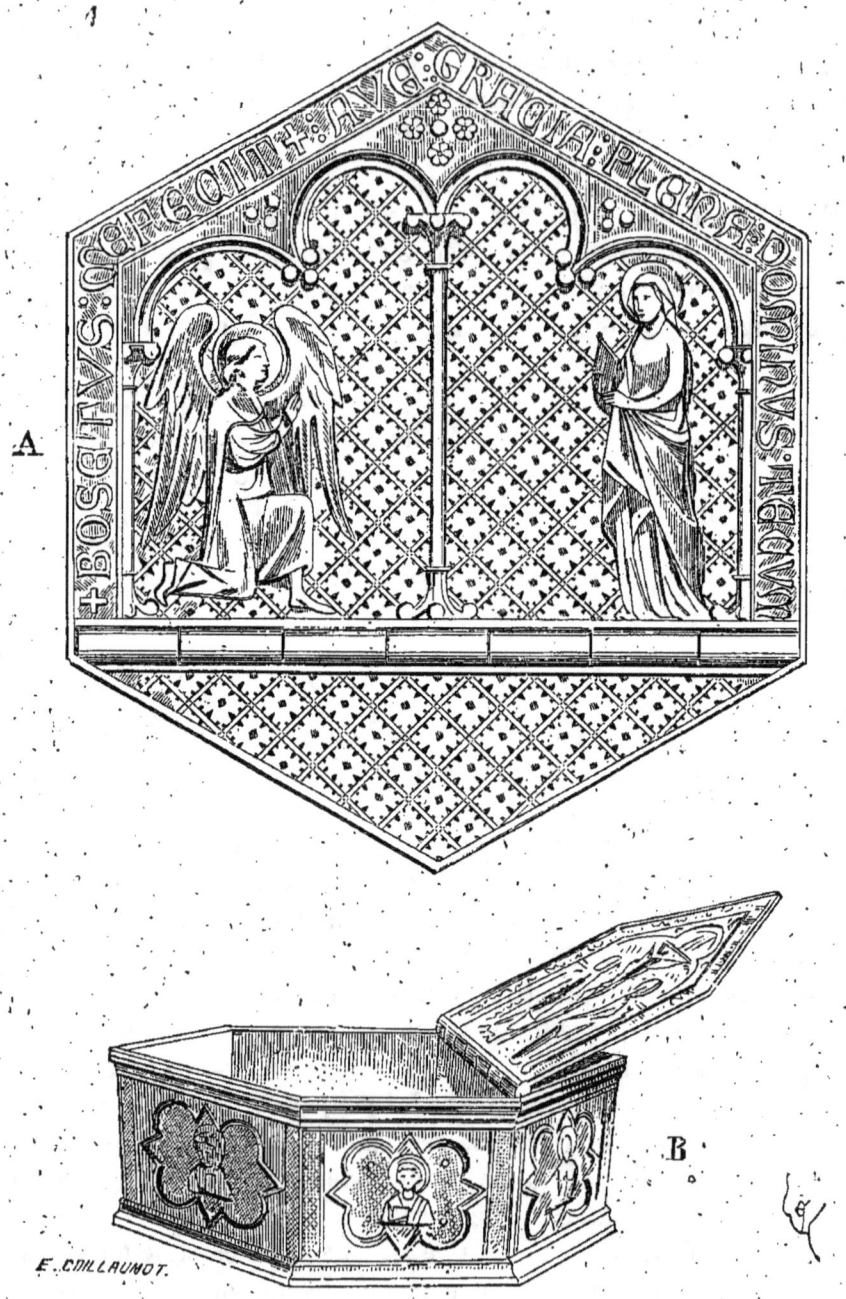

viandes ; on en plaçait de distance en distance sur les nappes. Les
inventaires mentionnent un nombre prodigieux de salières d'une

grande richesse[1] et qui étaient d'une importance égale à ce que nous appelons aujourd'hui des pièces de *surtout*. Il ne reste guère, dans

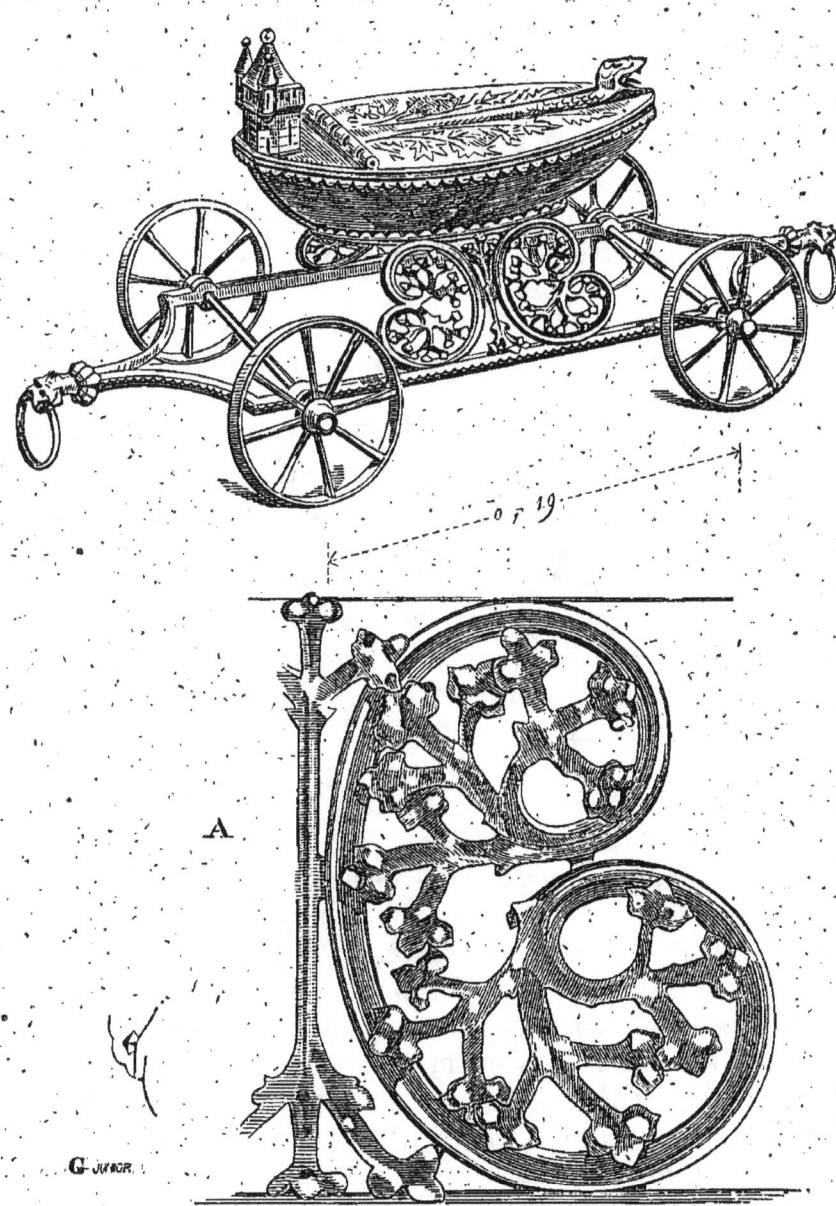

les collections, que des salières de l'époque de la renaissance, qui

[1] Voyez le *Gloss. et Répertoire* donné par M. le comte de Laborde, dans la *Notice des émaux, bijoux, etc., du musée du Louvre.*

conservent encore l'apparence de pièces de table très importantes. Les musées et collections privées possèdent des salières antérieures à cette époque et d'une fabrication moins riche. On en voit une, entre autres, au musée de Cluny, qui date du XIII<sup>e</sup> siècle et qui est d'étain. La figure 1 donne, en A, le dessus du couvercle de la salière, grandeur d'exécution, et en B, la salière ouverte. Cet objet, fort simple et fait au moyen de creux dans lesquels les plaques d'étain ont été coulées, est cependant d'une assez jolie composition. Sur le couvercle, autour du sujet qui représente l'Annonciation, on lit : « BOSETUS ME FECIT -|- AVE GRATIA PLENA, DOMINUS TECUM. » En dedans du couvercle, autour du Crucifix assisté de saint Jean et de la Vierge, on lit : « CUM SIS IN PENSA PRIMO DE PAUPERE PENSA : CUM PASCIS EUM PASCIS AMICE DEUM. »

Ainsi, cet objet était bien une salière de table, et le style des ornements et figures le range parmi les ustensiles du milieu du XIII<sup>e</sup> siècle.

La figure 2 présente une des salières de table sur roues dont parlent les inventaires : « Une sallière d'agathe dont le couvercle est « d'or, assise sur quatre roes d'or, en manière d'un chariot, et au « bout du moyeu de chacune roe a une perle [1]. »

La salière que nous donnons ici [2], et qui est du commencement du XIV<sup>e</sup> siècle, est d'argent doré, le vaisseau d'agate. Le couvercle relevé s'appuie sur le petit châtelet ; une tête de serpent sert de bouton pour soulever ce couvercle. En A, est le détail de l'un des supports, grandeur d'exécution.

**SEAU**, s. m. (*seille*). Vase, le plus souvent de bois, garni de cercles de fer ou de bronze avec anse. Cet ustensile, si fort en usage encore aujourd'hui, paraît avoir été de même très commun chez nos ancêtres. Un certain nombre de tombes mérovingiennes des bords du Rhin et dans le nord de la France contenaient des fragments de ces vases, que M. l'abbé Cochet [3] suppose avoir été destinés à porter la boisson pour les repas. Nous n'avons aucune raison à opposer à cette opinion, qui paraît d'autant plus admissible que l'usage des Germains était de déposer des boissons et aliments dans les cercueils de leurs guerriers. Partout où on les a trouvés, en Angleterre, en Allemagne, en France, ces seaux étaient placés près de la tête du

[1] *Invent. du duc de Berry* (1416).
[2] A fait partie de la collection de M. Louis Fould ; était en très mauvais état.
[3] *La Normandie souterraine*, pp. 391 et suiv.

mort, et affectent la forme que présente la figure 1[1]. Quelquefois même un cercle supérieur de bronze doré, large, décoré de dents de scie et de gravures, enveloppe la partie supérieure du cylindre, composé de douves minces de bois.

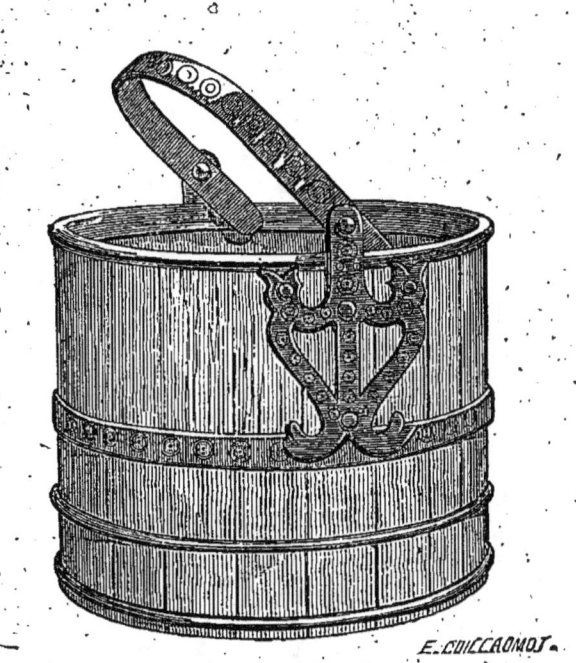

*1*

E. GUILLAUMOT

Les *pots à aumône* adoptés pendant toute la durée du moyen âge pour déposer les restes des mets qu'on donnait aux pauvres, n'étaient que des seaux de bois ou de cuivre plus ou moins riches. Nous en avons vu encore qui dataient du xive siècle, fabriqués en laiton repoussé avec ornements en saillie. Ces seaux de cuivre étaient étamés à l'intérieur. Quelques inventaires signalent des pots, ou seaux à aumône d'argent.

**SERINGUE,** s. f. Cet ustensile fut employé dès le xve siècle, comme engin propre à éteindre les incendies. En 1618, un commencement d'incendie causé par la foudre fut éteint par le grand chantre de la cathédrale de Troyes, Pierre Dadier, qui alla quérir une seringue de maréchal. En 1700, la cathédrale de Troyes possédait plusieurs seringues disposées à cet effet, et leur emploi ne put arrêter les progrès du feu qui prit, pendant la nuit du 7 au 8 octobre de cette année, à la flèche de charpente de l'église. On pratiquait de petits réservoirs

[1] Du cimetière d'Envermeu.

sous les combles des grands monuments, destinés à recueillir les

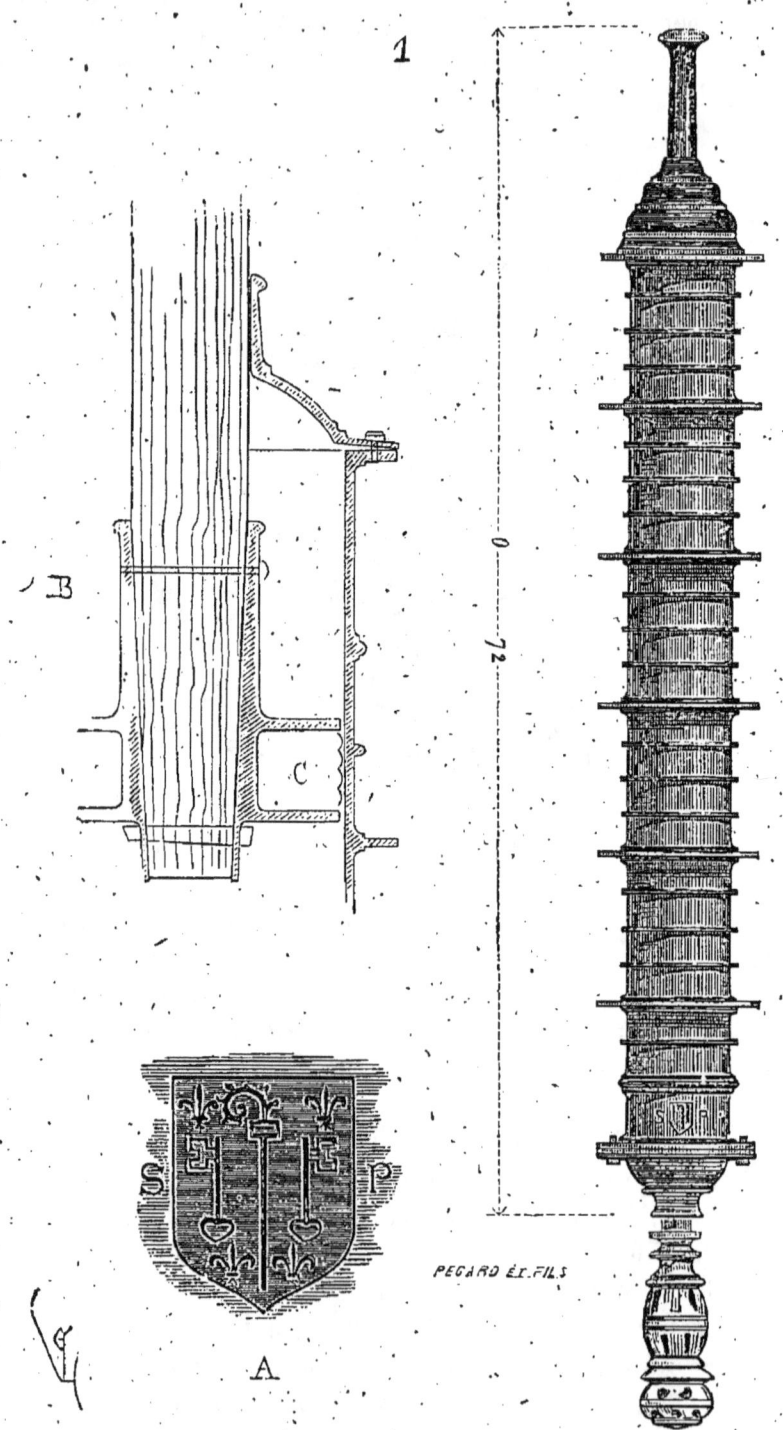

PEGARD Er.FILS

A

eaux des pluies, et à chacun de ces réservoirs était attachée une seringue. Il suffit, en effet, au premier moment, d'une petite quantité d'eau pour prévenir un sinistre, et la seringue permettait d'envoyer cette eau sur le point attaqué. Cette même cathédrale de Troyes possède encore un de ces engins, qui date du xvi° siècle[1]. Il est fait de bronze (fig. 1), avec manche de bois de noyer. Sur la base du cylindre sont gravées les armes du chapitre (voyez en A) avec les deux initiales S. P., SANCTUS PETRUS, patron de la cathédrale. Nous donnons en B le détail de la fermeture de la partie postérieure, et du piston, garni de cuir, en C. Cet ustensile est d'une conservation parfaite et fabriqué avec un soin extrême.

**TABLETTES,** s. f. Réunion de plusieurs feuilles d'ivoire ou d'argent enduites de cire sur lesquelles on écrivait au moyen d'un stylet. Les Grecs et les Romains lettrés portaient sur eux des tablettes. Charlemagne, à ce que rapporte Eginhard, avait toujours « sous le chevet de son lit des feuilles et des tablettes pour accoutumer sa main à tracer des caractères, lorsqu'il en avait le temps. Mais, ajoute son historien, il réussit peu dans ce travail, qui n'était plus de son âge et qu'il avait commencé trop tard[2] ». Les dames elles-mêmes portaient avec elles des tablettes dès les xii° et xiii° siècles.

> « Moult se pourpense en quelle guise
> « Au chastelain parler pourra,
> « Et tant que de che s'avisa
> « Qu'en ces tables elle escriroit
> « Ce que au chastelain diroit,
> « Car loisir n'averoit du dire[3]
> « . . . . . . . . . . . . . . . . »
> « Sire, mès ne vous anuit mie.
> « Ces tablettes-ci retenés,
> « Aucune chose y trouverés. »

[1] Cet objet a été découvert dans les combles, par M. Millet, architecte diocésain de Troyes, qui a bien voulu nous en fournir un dessin très exact.

[2] *Vita Karoli imperatoris*, § xxv. Grégoire de Tours parle aussi de tablettes enduites de cire, employées par les lettrés de son temps et les personnes nobles.

[3] *Li roumans dou Chastelain de Couci*, vers 2836 et suiv.

L'inventaire du trésor de Charles VI mentionne [1] des tablettes d'argent enduites de cire, renfermées dans un étui et suspendues à la ceinture.

Le musée de la Société archéologique de Namur possède un de ces étuis avec tablettes, d'une parfaite conservation. « Cette pièce pré-« cieuse, dit M. E. del Marmol [2], conservée autrefois dans le trésor du « chapitre de la cathédrale de Saint-Aubain, à Namur, se compose de « tablettes d'ivoire contenant huit feuilles. Six d'entre elles sont cou-« vertes d'une mince couche de cire rouge, destinée à recevoir des

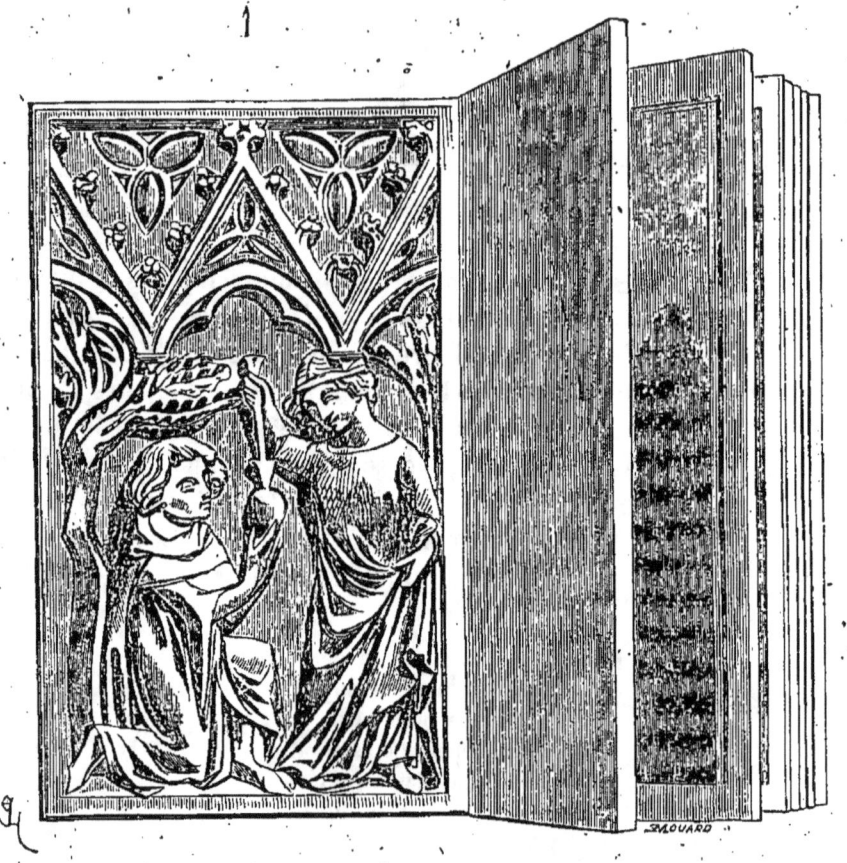

« caractères tracés à l'aide d'une pointe ou style. Toutes les feuilles « sont réunies par une bande de parchemin bleu et or collée au dos « de celles-ci, et qui leur sert en quelque sorte de reliure. Un étui de « cuir est destiné à les renfermer. La première et la dernière feuille, « plus épaisses que les autres, ne sont point enduites de cire, mais

[1] Fol. 55.
[2] *Notice sur les tablettes d'ivoire du musée de Namur*, avec planche.

« offrent le plus grand intérêt par les deux bas-reliefs dont elles sont
« ornées à l'intérieur. » L'un de ces bas-reliefs (fig. 1) représente
un jeune homme agenouillé devant une dame à laquelle il présente
son cœur, que celle-ci, naturellement, s'empresse de percer d'un
dard. L'autre bas-relief nous montre un cavalier et une dame qui

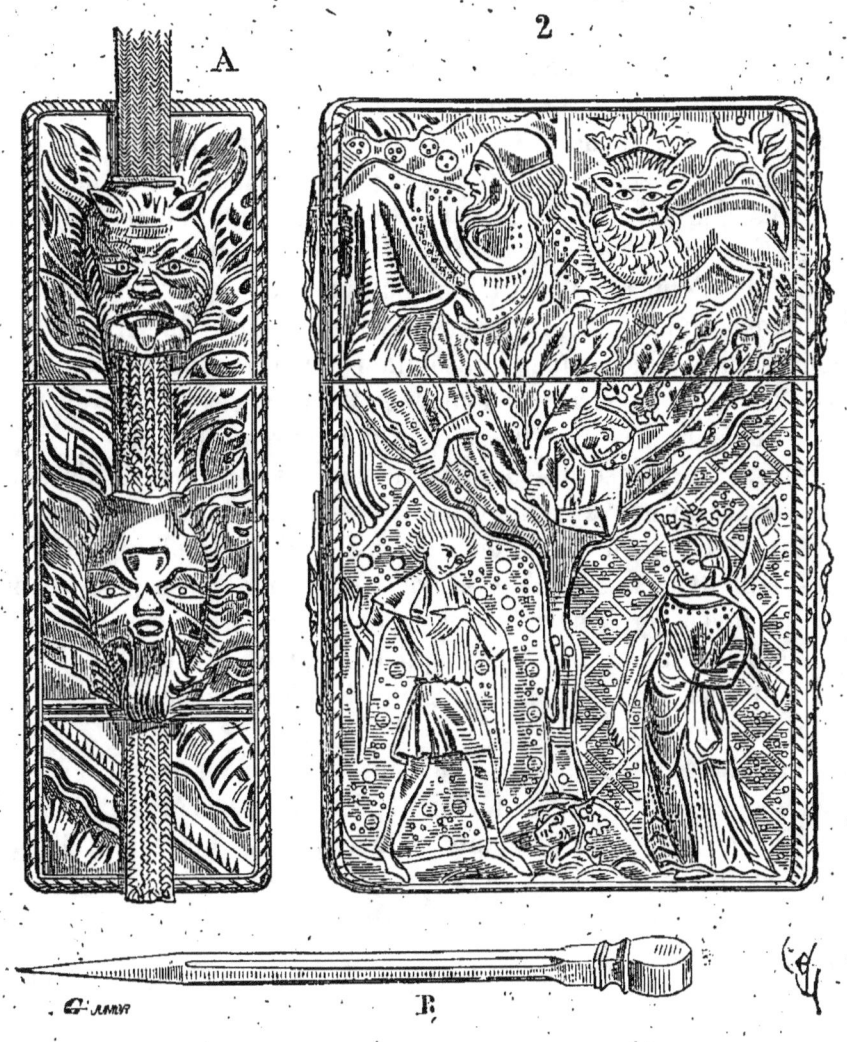

paraissent être dans une parfaite intimité, puisque le jouvencel
caresse le menton de sa maîtresse. Celle-ci tient un petit chien, le
jeune homme un faucon. L'étui de cuir bouilli et gaufré, autrefois
doré en partie, présente la moralité de ces passe-temps mondains.
L'un des plats de cet étui (fig. 2) trace la scène que nous trouvons peinte et écrite dans un manuscrit appartenant autrefois

à M. de Monmerqué [1], scène qui reproduit à peu près, mais avec un tour beaucoup moins moral, le cul-de-lampe de la salle du trésor de l'hôtel de Jacques Cœur à Bourges, et le roman de Tristan. Voici le texte qui accompagne la vignette du manuscrit précité : « Ci nous « dit côment une royne et uns chevaliers s'estoient assiz souz un « arbre seur une fontaine pour parler de folles amours ; et se prins- « trent à parler de bien et de courtoisie, parce qu'ils virent en la « fontaine l'ombre dou rois qui les guaitoit desseur l'arbre. Se nous « ne nous gardons de penser mal et dou faire, pour l'amour de notre « Segneur qui voit toutes nos pensées, nous guarderions en nous sa « paiz, si con la royne et li chevaliers guardèrent la paiz dou rois : « quar pluseurs sont qui de leurs segneurs temporels guardent miex « la paix, qui ne les voit que par dehors, qui ne font la paix de notre « Segneur qui toutes leurs pensées voit de dens et dehors... » L'au- tre côté de l'étui montre sur le plat supérieur deux chevaliers et deux dames qui semblent converser, et au dessous un saint religieux régulier qui semble donner l'absolution à une femme agenouillée et vêtue de l'habit monacal. Les côtés de l'étui (voyez en A) sont pour- vus de coulants pris dans le cuir, et qui représentent des têtes gri- maçantes. Une ganse de soie passait par ces coulants et faisait que le couvercle ne pouvait s'égarer en prenant les tablettes. Un style d'argent B [2] complète ce curieux ustensile, qui date du xive siècle.

Ces tablettes étaient d'un usage très commun en France pen- dant le moyen âge, puisqu'elles étaient l'objet d'une fabrication assez importante, et que « ceus qui font tables à escrire à Paris » formaient une corporation. La collection Sauvageot du musée du Louvre en conserve plusieurs.

On faisait de ces tablettes en bois aussi bien qu'en argent, en ivoire ou en cyprès, et leurs étuis étaient richement décorés d'émaux et de ganses de soie avec pendants de perles : « Unes tables d'argent « à escripre, en cire, esmaillées par dehors [3]... »

**TASSE**, s. f. La tasse du moyen âge, vase à boire, est ordinaire-

---

[1] *Histoires, moralités, fables*, etc. (commencement du xive siècle). — La vignette et le texte de ce manuscrit ont été copiés par M. Paul Durand, qui, avec son obligeance ordinaire, a bien voulu nous les communiquer. — Voyez aussi la *Notice sur le bas-relief de la chambre du trésor de l'hôtel de Jacques Cœur*, par M. Hiver, président à la cour impériale de Bourges (voy. dans cette notice l'interprétation fournie par M. P. Paris).

[2] Empreintoir (le *Dict. de la maille*).

[3] *Invent. de Charles VI* (1399).

ment munie d'un couvercle, quelquefois d'une ou deux anses, et aussi d'un biberon (goulot).

**TRANCHOIRE,** s. f. *(tranchouère).* Ce mot s'appliquait aux plateaux de cristal, argent, vermeil, or, sur lesquels l'écuyer tranchant découpait les viandes, et à ceux aussi sur lesquels il rangeait les tranches de pain bis fabriqué exprès, destinées à recevoir les morceaux de viandes bouillies ou rôties qu'on présentait aux convives. Les tranchoires plateaux étaient souvent richement décorées de ciselures et d'armoiries ; parfois elles étaient sur pieds : « Une tranchoire à pied « plain et doré [1]. » — « Un tranchouere à pié dorez [2]. » Ces plateaux étaient ronds, carrés ou ovales, avec rebords [3]. Nous ne connaissons aucun de ces objets existant dans les collections publiques ou privées. Cependant ils étaient fort communs chez les grands. Mais on sait combien sont rares les pièces d'argenterie de table antérieures au xvi° siècle. Les vignettes des manuscrits représentent parfois des écuyers tranchants se servant de tranchoires. Ce sont des plateaux, assez semblables à nos plats, mais posés sur un pied large ou sur trois griffes. Les tranchoires furent remplacées, au xvi° siècle, par des plats auxquels on conservait encore le nom de *plats trancheurs.*

**TRÉPIED,** s. m. Cet ustensile de cuisine n'a pas changé de forme. Tous les inventaires de vaisselles du moyen âge mentionnent des trépieds de fer composés d'un fer ou d'un triangle posé sur trois pieds et destiné à porter une marmite. Mais on se servait de trépieds plus délicats pour poser des vases chauds ou des brûle-parfums. Ces trépieds étaient de petite dimension et pouvaient souvent être pliés, afin de tenir moins de place dans les bagages. Voici (fig. 1) un de ces trépieds de bronze fondu [4] ; chaque pied est muni d'une palette A, fondue avec la branche B. Un rivet C réunit les trois palettes en leur permettant de pivoter de manière que ces trois branches se couchent les unes sur les autres. Quand on voulait se servir du trépied, on ouvrait les trois branches et on les rendait fixes au moyen d'une pièce D, arrêtée par les repos R et les boutons F, qui entraient dans l'encoche G. Ainsi les trois pieds ne pouvaient pivoter, et leurs

[1] *Invent. des ducs de Normandie* (1363).
[2] *Comptes royaux.*
[3] Voyez le *Glossaire et Répertoire* dans *Notice des émaux, bijoux, etc., exposés dans les galeries du musée du Louvre*, par M. le comte de Laborde, au mot TRANCHOIR.
[4] Musée des fouilles du château de Pierrefonds.

têtes L recevaient le vase qu'on voulait isoler. Quelques inventaires

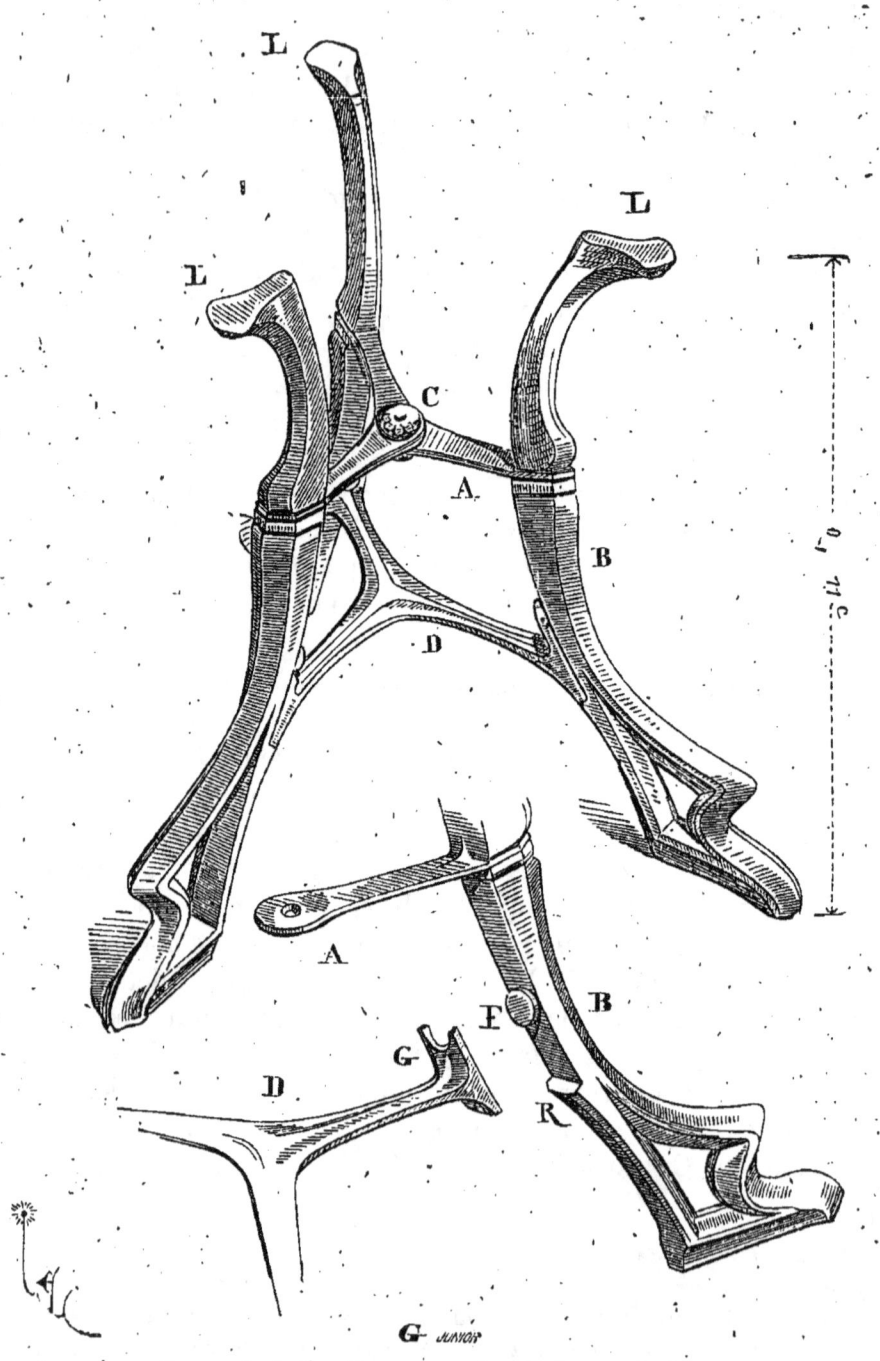

mentionnent des trépieds d'argent, destinés probablement à être

pósés sur les tables dans les appartements, et à porter les vases précieux. On les mettait parfois sur les autels pour recevoir les chaufferettes à mains.

**VAISSELLE,** s. f. (*vessilemente*). Doit s'entendre comme collection de tous les ustensiles de métal employés pour la table. De tout
temps, même pendant la période gallo-romaine, la France a été singulièrement riche en vaisselle d'argent. Non seulement les princes
aimaient à s'entourer de ce luxe de table, mais il s'introduisait
même chez les simples particuliers ; et malgré les invasions des barbares, les incursions des Normands, qui rançonnèrent le pays pendant
plus d'un siècle, malgré les dépenses qu'occasionnèrent les croisades, la France, au XIII<sup>e</sup> siècle, était prodigieusement riche en vaisselle d'argent. Les rois publièrent à plusieurs reprises des ordonnances pour mettre des bornes à ce luxe, qui avait l'inconvénient
d'immobiliser les métaux servant à la fabrication des monnaies.
Philippe le Bel, en 1294, défend à tous ses sujets qui ne possèdent
pas six mille livres de rente tournois « d'avoir vesselemente d'or ne
« d'argent pour boire ne pour mangier », et il enjoint à quiconque
ne jouit pas de ce revenu de porter la sienne à la Monnaie. Huit ans
après, une seconde ordonnance prescrit la fonte de la moitié de la
vaisselle de tous les particuliers qui avaient été exemptés par la première ordonnance. En 1310, défense est faite aux orfèvres de fabriquer aucune pièce de vaisselle d'or ou d'argent, et en 1313 le même
prince ordonne de faire porter à la Monnaie la dixième partie des
vaisselles. Charles le Bel et Philippe de Valois renouvelèrent ces
ordonnances sous diverses formes. Les mœurs étaient plus fortes que
les décrets, et pendant les XIV<sup>e</sup> et XV<sup>e</sup> siècles, c'était à qui posséderait
la plus riche et la plus nombreuse vaisselle d'argent et de vermeil.
Eustache Deschamps, Jehan de Meung, tous les poètes satiriques et
les chroniqueurs des XIV<sup>e</sup> et XV<sup>e</sup> siècles, s'élèvent sans trève contre
ce luxe qui ruinait les finances publiques. Les inventaires qui nous
restent en si grand nombre datant de ces temps regorgent d'objets
d'or et d'argent destinés au service de la table. Cela ne peut surpren-
dre, si l'on suppose les nombreux dons de vaisselle d'argent, de vermeil ou d'or, qu'on faisait aux princes et aux grands personnages

en toute occasion. Un seigneur entrait-il dans sa ville, que le corps municipal lui faisait un présent de vaisselle [1]. Mariait-il un de ses enfants, les vassaux donnaient de la vaisselle aux époux. Était-il chargé d'une ambassade par son suzerain, qu'il recevait, en partant, des pièces d'argenterie, quelquefois d'une valeur considérable. Aussi, dans les grandes maisons, la vaisselle s'accumulait-elle d'âge en âge, et était-elle conservée précieusement comme un trésor disponible en cas d'événement grave. Chez les bourgeois, il en était de même. Il n'était pas une fête de famille qui ne fût l'occasion d'un don de vaisselle ; et, les jours de cérémonie, les plus belles pièces d'orfèvrerie étaient exposées sur le dressoir.

L'inventaire de Charles V, pour ce qui regarde la vaisselle, est d'une richesse merveilleuse.

La vaisselle d'argent blanc comprend, parmi une infinité de pots, hanaps, drageoirs, bassins, aiguières, coquemars, cuillers, etc., quatre douzaines de grands plats, douze douzaines de petits, vingt douzaines d'écuelles. La vaisselle d'argent doré comprend : vingt et une nefs, vingt-sept flacons, cinquante et un bassins ; quatre douzaines de grands plats, six douzaines de petits, quatre grands plats godronnés et émaillés, dix-neuf douzaines d'écuelles ; six douzaines de chandeliers [2], vingt et une salières, dix-huit cuillers, et une quantité considérable de pots, aiguières, tasses, gobelets, coupes, etc. La vaisselle d'or comprend : trois grandes nefs et une petite, pesant ensemble 238 marcs 5 onces ; un baquet porté par des sirènes, vingt-cinq bassins, deux bassins à laver ; quatorze chandeliers, deux flacons, six estamoies émaillées, six vases, douze autres ronds ; deux hydres (sortes de pots), une quarte, un pot carré, un grand pot à aumône ; la coupe de saint Louis avec son aiguière, la coupe du roi Dagobert, deux hanaps, quarante tasses, dix-neuf gobelets, douze aiguières ; huit drageoirs, trente-six grands plats pareils, douze autres grands plats, trente-six plats à fruit ; six douzaines d'écuelles, une grande salière en forme de nef, dix autres salières, trente cuillers. Enfin, la vaisselle d'or ornée de pierreries et perles comprend : la coupe de Charlemagne ornée de saphirs, un hanap sur pied, trente-sept gobelets, quarante aiguières, quarante flacons, quarante-

---

[1] Quand le roi Jean fit à Paris une apparition momentanée pendant sa captivité, le corps de ville lui offrit 1,000 marcs de vaisselle d'argent. — Voyez, à ce sujet, les détails donnés par Legrand d'Aussy : *Histoire de la vie privée des Français*, t. III, p. 237 et suivantes.

[2] On voit par cela qu'on éclairait passablement les tables.

deux pots ; quarante-cinq salières, autant de drageoirs, quarante-trois cuillers et fourchettes. Le poids de la vaisselle d'or seule s'élevait, d'après cet inventaire, à plus de 2,000 marcs. Ce trésor fut en grande partie dilapidé pendant les malheureuses années de la démence de Charles VI, au profit des princes, et plus particulièrement de Louis d'Orléans, assassiné rue Barbette. La vaisselle de ce frère du roi surpassa bientôt en richesse celle dont nous venons de donner un aperçu très sommaire. Mais la vaisselle merveilleuse entre toutes appartenait aux ducs de Bourgogne ; elle répondait à un état de maison tel qu'il n'en existait dans aucune cour de l'Europe à cette époque. Pendant un siècle, ces princes avaient amassé un trésor d'une valeur énorme comme matière d'or et d'argent, sans qu'aucun événement politique les obligeât à engager quelques portions de ces richesses.

Les bourgeois, dans certaines occasions solennelles, comme des noces, par exemple, louaient de la vaisselle d'argent et d'étain, ainsi que les tables et les gens pour servir [1]. Au XVIe siècle, la mode des faïences italiennes et des verreries de Venise fit délaisser un peu la vaisselle plate chez les grands, sinon pour manger, au moins comme pièces de parement montées au milieu de la table ou sur les buffets et crédences. Il faut dire que ces faïences et verreries étaient d'un prix très élevé. Ce goût pour les terres émaillées d'outre-monts contribua beaucoup à donner aux émailleurs de Limoges et aux potiers français l'envie d'atteindre et de dépasser même les fabrications italiennes, ce à quoi ils arrivèrent.

**VALISE**, s. f. (*varise, bouge*). « Après les dits lanciers mar-
« choyent deux serviteurs du Thresorier, portant chascun d'eux une
« varise derrière eux sur leur cheval [2]. » La valise était à peu près
ce que nous appelons porte-manteau, et se bouclait derrière la selle
lorsqu'on chevauchait. On y plaçait les objets précieux dont on ne
voulait pas se séparer. Les valises étaient de cuir et souvent recouvertes de riches étoffes. Dans le conte du *Court mantel*, un jeune
gentilhomme arrive à la cour du roi Artus, monté sur un cheval qui
portait une grosse valise « de fin velours cramoisi toute à bandes » :
Le cavalier prend sa valise sous le bras, monte le perron, entre dans
la salle, et se présente devant le roi. Il s'agit du don d'un manteau
fée... le gentilhomme délace sa valise... Il y avait aussi des valises

[1] Voyez le *Ménagier de Paris*, chap. des noces.
[2] *Chevauchée de l'asne.*

en forme de coffrets recouverts de peau, auxquelles on donnait le nom de *bouges*.

**VERRERIE**, s. f. Vases de verre. Dans les nombreuses fouilles entreprises sous la surveillance de M. l'abbé Cochet[1] et de M. de Roucy, il a été trouvé un assez grand nombre de vases de verre de l'époque mérovingienne, et parmi ceux-ci des gobelets ou vases à boire, sans pied, qui obligeaient dès lors le buveur à vider immédiatement son verre lorsqu'on le remplissait. Ces sortes de vases à boire, de verre, se retrouvent d'ailleurs dans un assez grand nombre de localités, en France, sur les bords de la Meuse, en Angleterre et

1

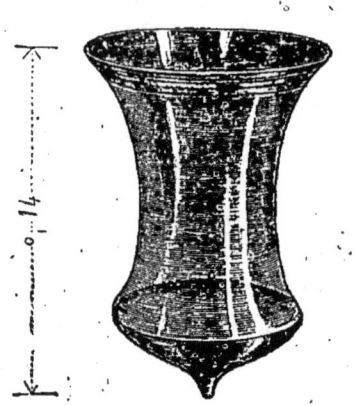 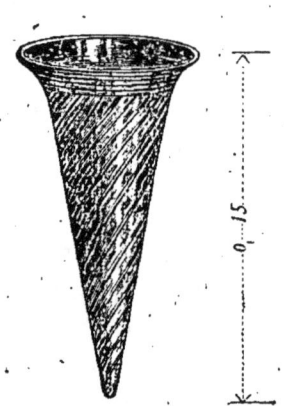

jusqu'en Danemark, ce qui indique leur origine franque. La figure 1 présente deux de ces vases ornés de stries en spirales et parfois d'orbes en émail blanc. Si donc les Gallo-Romains fabriquaient des vases de verre, leurs conquérants du vᵉ siècle en possédaient aussi et s'en servaient depuis longtemps.

Il est évident que les Gaulois comme les Germains, avant la domination romaine, fabriquaient des objets de verre, puisqu'on trouve beaucoup de colliers, de bracelets, et de menus débris en pâtes de verre colorées dans les sépultures antérieures à la conquête romaine.

Les verreries byzantines étaient considérées comme très précieuses dès les premiers siècles du moyen âge, en Occident[2], et le moine Théophile connaissait dès le xɪɪᵉ siècle les procédés employés

---

[1] Entre autres localités, à Envermeu (voyez la *Normandie souterraine*, p. 327) et à Compiègne.

[2] Voyez, à ce sujet, l'*Histoire des arts industr. au moyen âge*, par M. J. Labarte, t. IV, p. 538.

par les verriers grecs [1]. Il dit [2], á propos des pâtes de verre colorées,
que les Français sont très habiles à fabriquer des vases avec ces verres ;

2

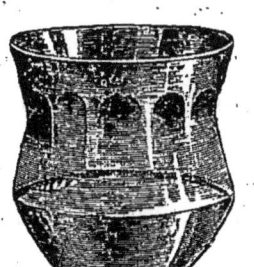

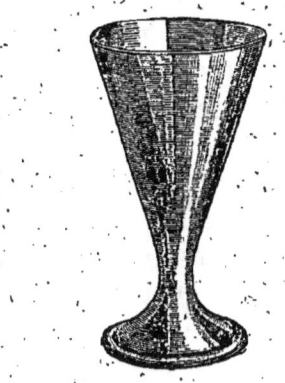

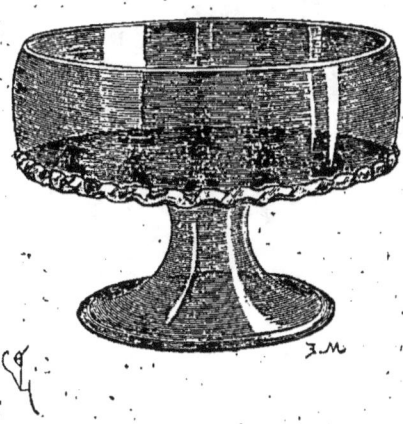

et, en effet, parmi les débris recueillis dans les fouilles, on trouve
souvent des fragments de ces vases de verre de couleur. Le moine

---

[1] *Diversarum artium Schedula*, lib. II, cap. x et suiv.
[2] Cap. XII.

Théophile s'étend encore sur les procédés employés par les Grecs pour fixer l'or sur le verre au moyen d'un fondant, ou entre deux verres, et ces procédés étaient pratiqués en Occident de son temps. Nous avons vu dans quelques collections, et entre les mains de M. Colletier, verrier, des plaques de verre bleu ou pourpre, ornées de figures d'or retouchées au style avant la pose de l'émail fixant, d'un charmant travail, du XII<sup>e</sup> siècle ; et bien que ces ouvrages fussent souvent de fabrication occidentale, on les mentionnait dans les inventaires sous le nom de verres de Damas, de même qu'on appelait tapis *sarrasinois* des tissus de laine fabriqués à Arras, à Paris et dans quelques villes du Nord. Il ne faut donc pas prendre à la lettre ces qualifications, et croire que ces verres venaient tous d'Orient ou même de Venise. Les artistes des XII<sup>e</sup> et XIII<sup>e</sup> siècles, qui surent faire les beaux vitraux que nous connaissons, pouvaient exceller dans la fabrication des verreries, et si l'on ne trouve aujourd'hui qu'un très petit nombre de ces verreries du moyen âge antérieures au XVI<sup>e</sup> siècle, tandis que nos musées en possèdent un si grand nombre qui datent de l'antiquité, c'est que les Grecs et les Romains plaçaient ces vases dans les tombeaux, et que cet usage n'existait plus chez nos aïeux à dater des premiers siècles de l'ère chrétienne. Venise établit des fabriques de verreries à l'instar des Orientaux dès le XI<sup>e</sup> siècle, et cette industrie, qui jouissait de privilèges étendus, prospéra jusqu'à la fin du XVI<sup>e</sup> siècle ; mais elle avait pris en France, ainsi qu'en témoigne Théophile, une importance assez considérable, et, pour l'usage ordinaire, on se servait de verres à boire, de fioles, de flacons, de hanaps habilement soufflés et travaillés au four. La figure 2 présente trois formes assez fréquemment adoptées pour les verres de table pendant les XIV<sup>e</sup> et XV<sup>e</sup> siècles.

# TROISIÈME PARTIE

## ORFÉVRERIE

# TROISIÈME PARTIE

## ORFÈVRERIE

**TRAVAIL DES MÉTAUX PRÉCIEUX.** Les Gaulois, au moment où César conquit leurs provinces, travaillaient les métaux : le fer, l'or, l'argent et le cuivre, avec assez d'adresse, si l'on examine les objets qui datent de cette époque. Leur procédé, en ce qui concerne les trois métaux précieux, le cuivre, l'argent et l'or, consistait à couler des lingots dans des moules de terre cuite et à les battre de manière à leur donner la forme convenable. Nous avons eu entre les mains une assez grande quantité de ces objets non achevés, qui montrent comment, avec du temps et des chauffages successifs, lorsque le métal, à force d'être battu, était *écroui,* l'ouvrier arrivait à donner à un lingot brut la forme d'une épingle, d'une fibule, d'une agrafe, d'une plaque. La domination romaine ne fit que développer cette industrie ; or, quand les tribus germaniques envahirent à leur tour le territoire gaulois, elles trouvèrent une fabrication métallurgique très perfectionnée. Est-ce à dire que ces nouveaux venus n'apportèrent avec eux aucun élément de fabrication, nulle forme nouvelle ? Nous ne le pensons pas, et nous sommes disposé à croire qu'on ne fait pas généralement une part assez large à l'influence de ces invasions indo-européennes. Un fait certain, c'est que les bijoux dits mérovingiens, trouvés dans les tombeaux des chefs francs qui s'établirent les premiers sur le sol gaulois, n'ont aucun rapport, soit comme forme, soit comme travail, avec les bijoux romains ou gallo-romains de la fin de l'empire. On a voulu trouver dans le caractère que possèdent ces objets une influence byzantine ; mais, outre qu'il est difficile d'expliquer comment les arts de Byzance auraient pu exercer une influence sur des peuplades venues des bords de la Baltique, il est quantité de ces objets usuels portés par les chefs de ces tribus des Burgondes et des Franks, qui n'ont, même comme fabrication, aucune relation avec les analogues façonnés à Byzance. Ainsi, pour ne citer qu'un exemple, les grandes agrafes de fer damasquiné d'argent qu'on trouve si fréquemment dans les tombes des chefs des conquérants de la Gaule ne sont, ni comme forme, ni comme matière, ni comme procédé de fabrication, des copies ou des réminiscences lointaines de ce qu'on fabriquait alors à Byzance. Si, entre ces objets de provenances différentes, on trouve certains rapports dans les compositions des entrelacs, par exemple, nous croyons que ces rapports sont dus à une origine commune émanée de l'extrême Orient. Mais nous sortirions de notre cadre si nous entamions sur ce sujet, d'ailleurs d'un très grand intérêt, une discussion approfondie. Nous prendrons l'orfévrerie au moment où nous ouvrons notre livre, c'est-à-dire à l'époque carlovingienne. Alors, évidemment, l'influence byzantine se fait sentir ; mais cette influence dite byzantine a elle-même des sources très diverses. L'une est gréco-romaine, l'autre est orientale syriaque ; une troisième peut être la conséquence des rapports de l'Occident septentrional avec les Maures d'Espagne ; puis il est nécessaire de tenir compte des traditions gallo-romaines et des importations indo-germaniques.

Il en est de cela comme des couleurs : quand tant d'éléments, sortis de sources diverses, se réunissent, le résultat produit un mélange sans caractère bien tranché, un ton gris, qu'on veuille bien nous passer l'expression. L'orfévrerie carlovingienne tient de tous ces éléments : indécise par sa forme, par ses procédés de fabrication, chacun y trouve ce qu'il y veut voir, suivant la thèse qu'il prétend soutenir. Métal étampé, conformément aux pratiques des orfèvres byzantins ; verres cloisonnés, conformément aux méthodes indo-européennes ; pierreries embâtées, suivant les procédés gallo-romains ; parties fondues et ciselées, filigranes soudés, damasquinures, rappelant la fabrication orientale, etc. Dans l'orfévrerie d'or carlovingienne, on trouve l'application de tous ces éléments, mais rarement la précision, la pureté de l'exécution. Il est évident que les moyens pratiques, matériels, faisaient défaut. Pourquoi faut-il que l'art, le style, semblent inhérents à cette imperfection dans l'exécution, et qu'ils s'effacent si les moyens pratiques de la fabrication atteignent un degré très élevé de perfection ?

Il semble que le sentiment de l'art s'aiguise en raison de la pénurie, des ressources demandées aux connaissances pratiques qui dérivent de la mécanique, de la chimie, des sciences, en un mot. Nous ne prétendons pas dire que ce soit là une loi immuable et qu'il n'arrivera pas un temps où, à des connaissances très avancées dans les sciences physiques, on ne puisse réunir un sentiment très juste et très élevé de l'art ; mais ce temps est encore à venir. Et, pour ne parler ici que de l'orfévrerie, il est une loi dictée par la raison, de laquelle il paraîtrait qu'on ne doit jamais s'écarter, et qui était observée, en effet, dans l'antiquité aussi bien que pendant le moyen âge, loi qui commande de ne donner aux objets fabriqués par cette industrie que des formes dérivées des propriétés des métaux employés et de la manière la plus naturelle de les mettre en œuvre. L'orfévrerie du moyen âge se soumet exactement à cette loi, et ne commence à la mettre en oubli que du jour où les perfectionnements matériels de la fabrication se développent avec des connaissances plus étendues en physique, en chimie ou en mécanique. Déjà, au xv⁰ siècle, on voit poindre le désir d'employer principalement ces ressources nouvelles fournies par la science issue d'une longue expérience, à fausser les principes qui doivent être observés dans l'orfévrerie. On prétend reproduire à l'aide du métal des formes qui appartiennent à l'architecture ; les orfèvres s'ingénient à simuler en or, argent ou cuivre, des édifices avec leurs contre-forts, leurs arcs, leurs fenêtres, clochetons, corniches, etc. Au lieu de faire tendre les moyens perfectionnés dont ils disposent déjà dans le sens indiqué par la nature de la matière mise en œuvre, ils s'en écartent de plus en plus ; et, depuis lors, on n'est pas rentré dans la vraie voie. Cependant, s'il est une matière impérieuse, ce sont les métaux. Il n'est que deux manières de les employer. La première consiste à les faire entrer en fusion et à les couler dans un moule creux ; on obtient ainsi un objet concret, résistant, auquel on peut donner des formes très variées, en évitant, autant que faire se peut, les arêtes trop vives, les angles et les membres rectilignes, qui ne viennent pas bien à la fonte. Mais ce procédé donne des objets d'un poids relativement considérable, et ne peut guère convenir qu'exceptionnellement, si l'on met en œuvre des métaux d'un prix très élevé. Le second procédé consiste à laminer les métaux par le martelage, et à les *repousser*, en raison de leur propriété malléable, jusqu'à ce qu'on leur ait donné le modelé convenable. Les deux procédés peuvent être parfois employés simultanément dans la fabrication d'un même objet ; mais le métal repoussé n'ayant jamais l'aspect du métal fondu, il est difficile d'obtenir un résultat complètement satisfaisant par ce mélange des deux modes. Les parties fondues peuvent être réunies par le moyen de la soudure, par des rivets, des assemblages. Les orfévres du moyen âge ont été très discrets dans l'emploi de ces expédients, et, autant que possible, leurs fontes sont faites d'un jet. Mais la soudure est particulièrement propre à la confection des objets composés de pièces martelées, étirées, repoussées, et ont-ils porté très loin cette industrie, qui exige une grande habileté et une expérience consommée. En effet, lorsqu'il s'agit de souder des pièces minces et délicates de métal, la chaleur modifie la forme de ces pièces et peut même les fondre. D'ailleurs, ces orfévres du moyen âge ne possédaient pas les moyens qui nous sont connus aujourd'hui. Pour fondre, ils n'avaient que le charbon et des soufflets qui remplaçaient nos chalumeaux perfectionnés. Cette pauvreté de moyens n'était pas un obstacle pour eux, puisque nous voyons une grande quantité de pièces d'orfévrerie des xii° et xiii° siècles, et même antérieures à cette époque, très adroitement réunies par le moyen de la soudure. Le métal fondu pouvait être retouché par la ciselure ou au burin : aussi ces artisans employaient-ils ces procédés qui, entre des mains habiles, enlèvent à la fonte l'aspect mort et froid qu'elle conserve habituellement. Quant aux pièces martelées, elles étaient également retouchées au burin, gravées, et le repoussé acquérait ainsi de la vivacité et quelque chose de précieux. Il est évident que ces procédés si simples et qui demandent un outillage si peu important, prenaient leur valeur de l'adresse et du talent de l'ouvrier qui les employait. La main de l'homme, qu'aucun moyen mécanique ne surpasse, se sentait partout sur ces pièces d'orfévrerie ; mais, quand les procédés matériels ont été très développés, leur exactitude, leur précision même, leur inintelligence, ont remplacé peu à peu cet attrait qui s'attache à tout ce que la main humaine façonne. Aussi on ne doit pas être surpris si l'on a tant de peine aujourd'hui, dans l'orfévrerie comme dans d'autres branches de l'industrie, à obtenir des objets qui aient le charme des choses anciennes. Le voisinage du moyen mécanique a déshabitué la main de l'ouvrier de ce travail intelligent et personnel, et ses efforts tendent à imiter la régularité sèche et froide de la machine.

Il ne faut donc pas, dans l'orfévrerie du moyen âge, non plus que dans celle de l'antiquité, chercher la rectitude et l'uniformité mathématique de notre fabrication moderne, on ne l'y trouverait pas ; mais, en revanche, on y trouve l'emploi judicieux et vrai de la matière, parce qu'on ne possédait que des moyens bornés qui ne permettaient pas de s'affranchir des conditions imposées par cette matière :

comme conséquence, des formes en rapport avec le métal ; puis le style et le sentiment d'art que ces artisans du moyen âge mettaient

A

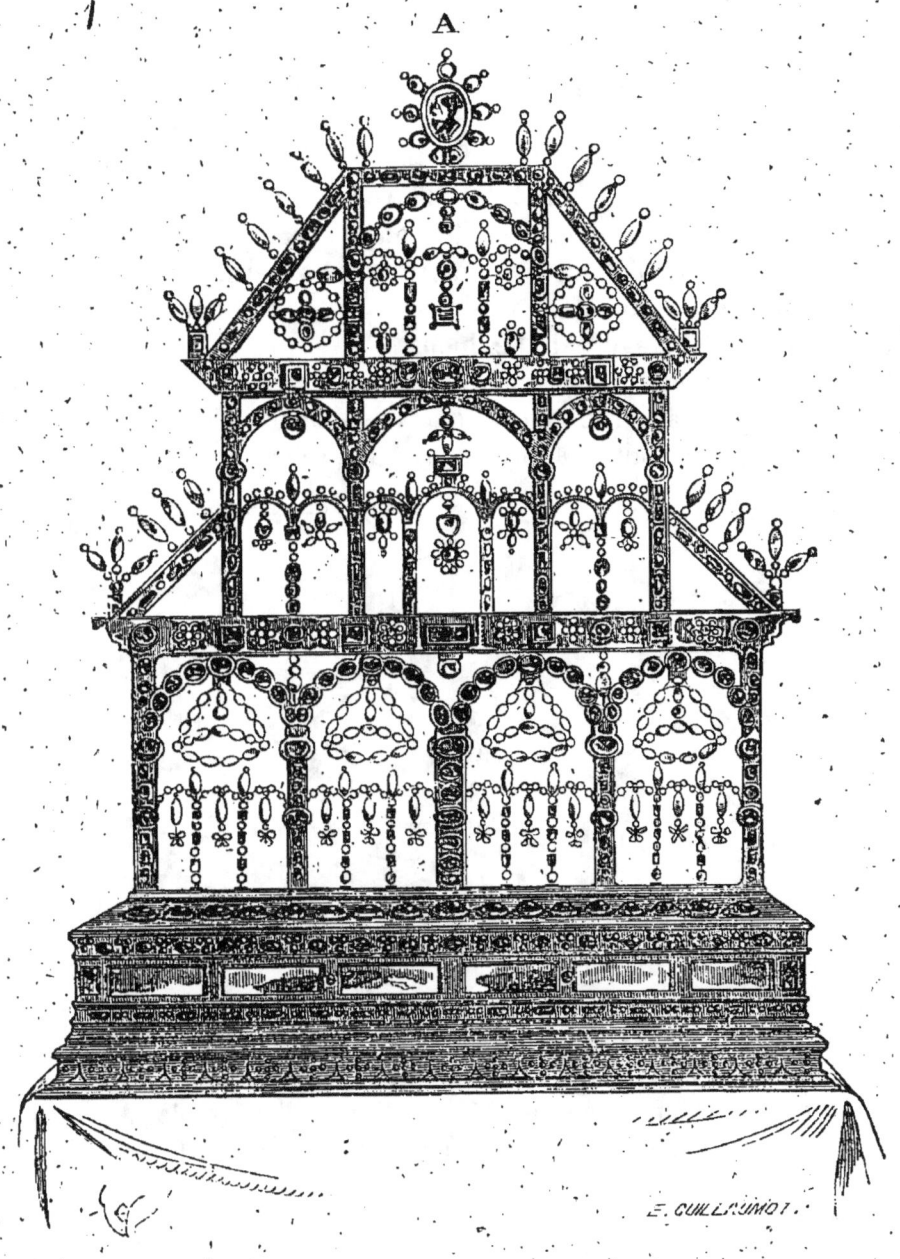

E. GUILLAUMOT.

dans tout ce qu'ils produisaient, depuis le monument jusqu'à l'humble ustensile de ménage.

Les Gaulois savaient fondre l'or sans l'interposition apparente d'un autre métal. Ces procédés étaient, d'ailleurs, connus de toute antiquité, ainsi que le prouvent, et les beaux bijoux rhodiens trouvés par M. Salzmann dans les fouilles de Camiros [1], et bon nombre d'objets égyptiens [2]. Les couronnes du trésor de Guarrazar (VIIe siècle) [3] présentent un travail composé de plaques d'or battu, avec bâtes et filets granulés soudés, de chaînes également formées de fils d'or soudés à l'or. Sous Charlemagne, ces procédés n'étaient pas encore altérés, et les objets d'or de ce temps sont soudés à l'or. Il existait, avant 1792, dans l'abbaye de Saint-Denis, un retable d'or donné à l'église par l'empereur Charles le Chauve et ayant appartenu à Charlemagne. Ce retable, connu sous le nom d'*écran* (écrin) de Charlemagne, se composait d'une suite d'arcatures superposées, à jour, en or, avec pierreries embâtées sur la face. Nous en donnons (fig. 1) le dessin d'après la gravure de Félibien [4].

Cette pièce d'orfévrerie reposait sur un reliquaire en forme de coffret allongé, garni de glaces, qui laissaient voir des ossements de saints. Elle passait pour avoir orné l'oratoire de Charlemagne [5].

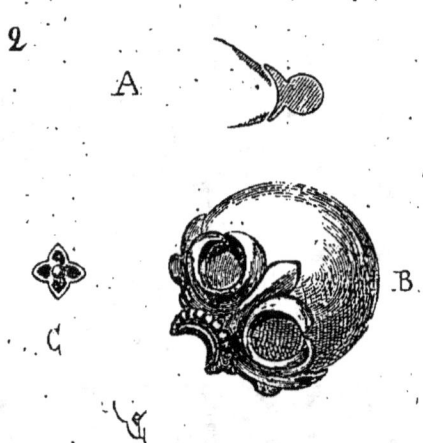

2

A

B

C

De ce magnifique écrin, qui ne pesait pas moins de dix-neuf marcs d'or, il ne nous reste que la pièce A du sommet [6], dont notre planche XXXIV reproduit l'aspect, grandeur d'exécution. Cet échantillon donne cependant une idée de la fabrication de l'ensemble. Au centre est une aigue-marine intaillée, représentant Julia, fille de Titus;

[1] Musée du Louvre.
[2] Musée du Caire, formé par M. Mariette.
[3] Musée de Cluny (voy. la Notice de M. F. de Lasteyrie sur les couronnes de Guarrazar, 1860).
[4] *Hist. de l'abb. de Saint-Denis.*
[5] Voyez l'*Hist. des arts industriels au moyen âge*, par M. J. Labarte, t. II, p. 165.
[6] Cabinet des antiques, Biblioth. impér.

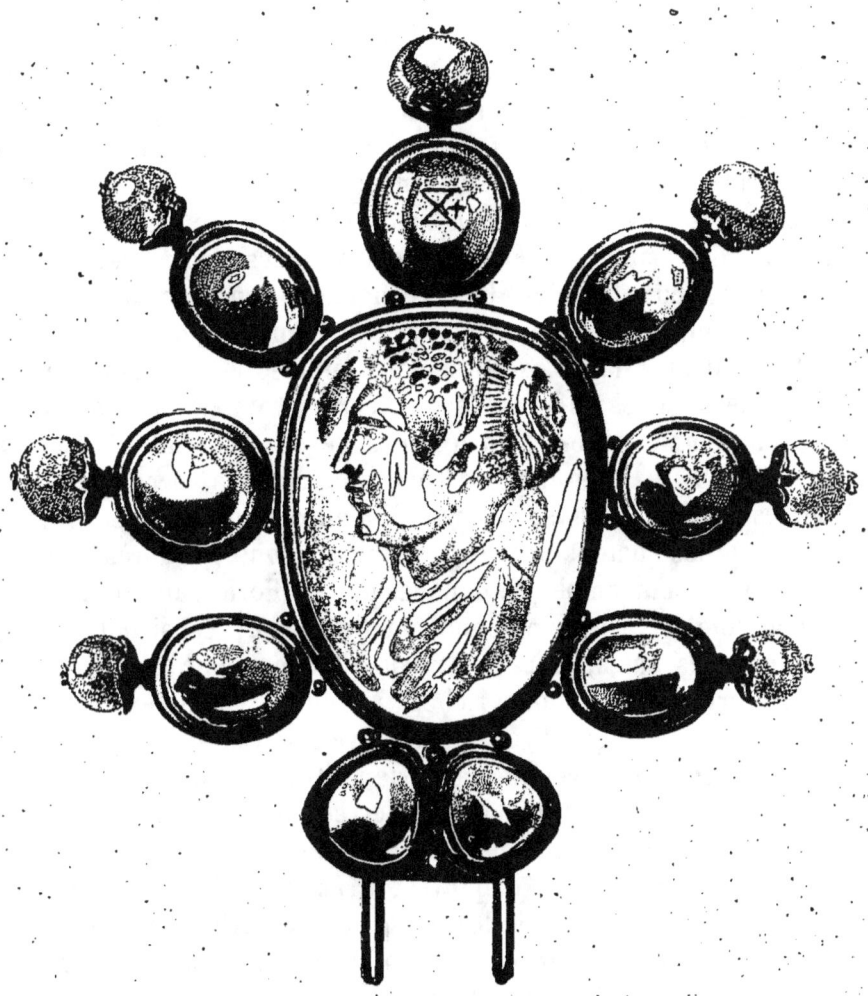

Viollet-le-Duc, del.

A.ᵈ Levie lith.

DE L'ÉCRIN DE CHARLEMAGNE

Imp. R. Engelmann, Paris.

car il n'était pas rare alors de voir des pierres gravées ou des ca-
mées antiques enchâssés dans les joyaux les plus précieux, et bon
nombre de ces pierres qui font partie de la collection du cabinet des
antiques proviennent de châsses et bijoux du moyen âge. Autour
de cette aigue-marine, neuf beaux saphirs sont sertis dans des bâtes
d'or, dont la figure 2 donne en A, au double, le profil. Ces bâtes
sont soudées au cercle qui entoure la tête au moyen de petites boules
d'or ; les sept saphirs supérieurs sont terminés par de grosses perles
d'un bel orient, enfilées dans des broches d'or et reposant sur des
culots, dont nous donnons en B le détail au double. La rivure des
broches de ces perles est faite à l'aide d'une petite rosace C[1]. Aux
deux bâtes des saphirs inférieurs sont soudées deux tiges qui entraient dans deux douilles. Cette ornementation, par sa simplicité
même, ne manque pas de style ; elle est, d'ailleurs, exécutée avec soin ;
les bâtes sont bien faites, sertissent les pierres et sont délicatement
soudées. Les parties inférieures de l'écrin (voy. fig. 1) étaient, ou
composées comme celle-ci, ou formées de chatons embâtés sur des
plaques d'or battu. Des perles, en grand nombre, accompagnaient
les pierres. Mais, si l'on se reporte à d'autres monuments, on peut
supposer que les chatons principaux étaient montés d'après une méthode fréquemment employée dans les pièces d'orfévrerie de l'époque
mérovingienne et carlovingienne, méthode qui consistait à river
ou à souder les bâtes, non point à la plaque même du fond, mais
à des supports plus ou moins riches. En effet, si nous examinons la
couverture de l'évangéliaire de l'abbaye de Saint-Emmeran, que
M. Labarte considère comme appartenant à la fabrication byzantine[2], nous voyons que certaines pierres sont montées ainsi que
l'indique la figure 3. Mais on observera que cette façon de monter
les chatons avait déjà été employée, avec des moyens d'exécution
très grossiers, il est vrai, par les conquérants barbares[3] ; or, en ce
qui concerne la couverture de l'évangéliaire de Saint-Emmeran, en
admettant que les ivoires soient un travail byzantin, nous ne pouvons
voir dans la partie d'orfévrerie, et notamment dans la monture des
pierres, un ouvrage gréco-romain. Ces montures sont chargées d'ornements qui appartiennent, suivant notre sentiment, au style occidental rhénan du xe siècle. Les bâtes qui maintiennent les pierres dans

---

[1] Ce dessin est, comme tous ceux de cette figure, au double de l'exécution.
[2] Biblioth. royale de Munich. Cette couverture date de 975 environ, et passe pour
avoir été donnée par l'abbé Ramuold, qui alors gouvernait l'abbaye de Saint-Emmeran
de Ratisbonne.
[3] Voyez, dans la partie des vêtements, l'article AGRAFE (fig. 1).

l'orfèvrerie byzantine sont habituellement unies, parfois seulement zonées de filets granulés, mais ne présentent point d'ajours[1].

Pendant l'époque carlovingienne, on rapportait de Byzance beaucoup de ces plaques d'ivoire, l'art de la sculpture sur cette matière étant fort répandu dans la capitale de l'empire d'Orient ; ces plaques étaient montées en Occident, soit en diptyques, soit en cof-

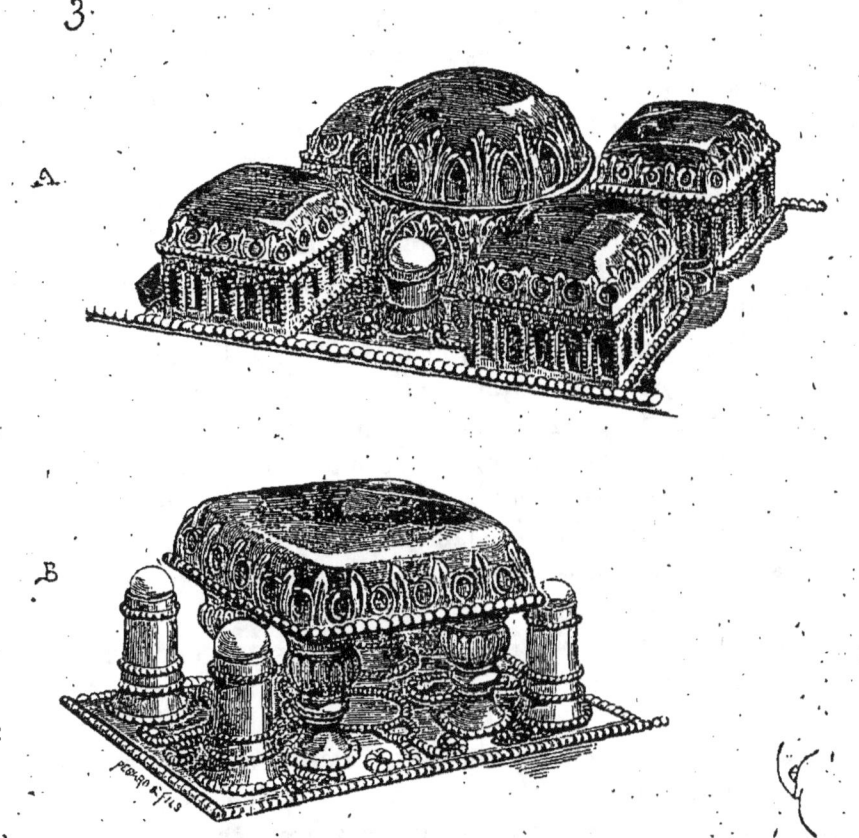

frets, soit en couvertures d'évangéliaires. Ainsi, par exemple, la couverture du livre de prières de Charles le Chauve (842 à 869)[2], qui possède une si belle plaque d'ivoire au centre, représentant des sujets tirés du psaume LVI de David, est entourée d'une bordure d'argent doré d'un travail grossier, qui certainement appartient à la fabrication occidentale. Faisant écrire ces livres en latin par des copistes occidentaux, il était naturel qu'on les fit relier par des artisans occi-

---

[1] Voyez la couverture de l'évangéliaire de la cathédrale de Monza, qui est bien certainement de fabrication byzantine. Cette couverture est reproduite dans l'ouvrage de M. Labarte : *Hist. des arts indust. au moyen âge* (pl. XXXIII).

[2] Biblioth. impér.

dentaux. Les montures des pierres qui décorent les plats de l'évangéliaire de Saint-Emmeran (fig. 3 [1]) sont relevées sur des cloisons d'or très délicatement travaillées (voy. en A), ou sur des supports isolés (voy. en B). Les pierres sont maintenues par de nombreuses griffes en forme de feuilles aiguës, et non par des bâtes unies. Seules, les perles sont serties par les extrémités rabattues de petits cylindres. Ce procédé de monture des pierres nous paraît être occidental et rhénan ; on ne le voit guère employé dans l'orfévrerie française, plus sobre dans ses moyens d'exécution. M. Labarte a donné l'ensemble de la composition de cette couverture dans son *Histoire des arts industriels*. L'industrie de l'orfévrerie, pratiquée avec une supériorité incontestable à Constantinople, reçut en 1204 un coup funeste dont elle ne se releva jamais. Les croisés, comme on sait, s'emparèrent, cette année 1204, de la capitale de l'empire d'Orient et la mirent à sac. Mais, bien avant cette époque, en Occident, la fabrication de l'orfévrerie avait atteint un degré de perfection qui ne le cédait pas à l'industrie orientale. Dans l'ouvrage que nous venons de citer, M. Labarte prétend que « le pillage de 1204 avait répandu en Europe un assez grand nombre de châsses et de reliquaires byzantins d'une admirable exécution, qui fournirent d'utiles leçons aux artistes d'Occident ». Les faits ne sont pas entièrement d'accord avec cette opinion ; la fabrication byzantine fournit évidemment des modèles à nos artisans occidentaux pendant tout le cours du xiie siècle, c'est-à-dire depuis l'époque des premières croisades jusqu'à la fin du xiie siècle. Non seulement on exporta d'Orient, pendant cette période, un grand nombre d'objets façonnés à Constantinople et dans la Syrie septentrionale, fort industrieuse alors ; mais aussi beaucoup d'artisans occidentaux s'établirent dans les contrées nouvellement conquises et rapportèrent des méthodes de fabrication lorsqu'ils rentrèrent chez eux. Mais c'est précisément à dater des premières années du xiiie siècle que l'industrie de l'orfévrerie abandonne les traditions byzantines pour adopter des formes et des procédés qui appartiennent en propre à l'Occident. Le pillage de Constantinople eut donc le résultat de tout pillage, il ne produisit que des ruines et ne profita pas aux conquérants. Ceux-ci n'avaient d'ailleurs plus guère besoin de leçons en ce qui concerne la fabrication de l'orfévrerie ; car alors, en Occident, cette fabrication avait atteint une rare perfection. Les villes rhénanes, Metz, Arras, Rouen,

---

[1] Notre gravure donne cette monture grandie de moitié en sus, afin de rendre l'intelligence du travail plus facile.

Bourges, Amiens, Troyes, le Puy en Velay, Paris, Limoges, possédaient dès la fin du xiie siècle d'excellents ateliers d'orfévrerie. Les trésors d'Aix-la-Chapelle, de Reims, de Saint-Denis [1], possédaient et possèdent encore en partie des objets de fabrication occidentale qui datent de cette époque et qui sont d'une grande beauté. Le calice d'or de saint Remi, qui, de l'église de Reims, était passé dans le trésor de l'abbaye de Saint-Denis, puis qui, en 1796, fut remis au cabinet des médailles de la Bibliothèque nationale, et qui est aujourd'hui déposé dans le trésor de la cathédrale de Reims, est un des exemples les plus complets et les mieux fabriqués de l'orfévrerie du milieu du xiie siècle. Ce calice est une œuvre occidentale, suivant notre opinion, car il n'a pas de rapports avec la fabrication de Byzance, soit comme style d'ornements, soit comme émaux, soit comme emploi de procédés matériels. Sa hauteur est de 145 millimètres, et la largeur du cratère de 13 centimètres [2]. La figure 4 en donne les détails principaux.

En A, l'ornementation externe du cratère, qui se compose de six lobes unis, entourés de bordures et d'une zone de filigranes, avec pierres et perles embâtées, plaques d'émaux translucides dans les triangles. En B, est un détail, au double, du filigrane soudé sur le fond. En C, est la section, au double, de l'ornementation A. Les filets granulés sont figurés en a. En b, sont soudés des champs qui enferment les ornements de filigranes, les pierres et perles ; en c, le champ qui sertit les émaux. Les bâtes des pierres sont tracées, au double, en d. La section de la bague, sous la coupe, est donnée en VCR, grandeur d'exécution, et un détail de cette bague est reproduit en D. En E, un morceau du pied dont la pince est profilée en G. Les filigranes, les filets granulés, les folioles et oreilles, les champs, sont solidement soudés au fond du vase, lequel est d'or battu. Le cratère est vissé dans la bague (voy. en V), et cette bague est rivée sur le pied (voy. en R).

Notre figure en B explique comment sont faits les ornements de filigranes, et comment chaque tigelle se termine par une boule qui, par son épaisseur, a facilité le travail de soudure. Les bâtes sont rabattues sur les pierres avec beaucoup de soin ; les émaux cloisonnés, translucides, verts, rouges, bleu foncé et blancs, sont d'une

---

[1] Quelques pièces du trésor de Saint-Denis, qui était particulièrement riche en objets d'orfévrerie d'or du xiie siècle, se voient encore au Louvre et dans le cabinet des antiques de la Bibliothèque impériale.

[2] Voyez, dans la partie des Ustensiles, l'ensemble de ce calice à l'article Calice.

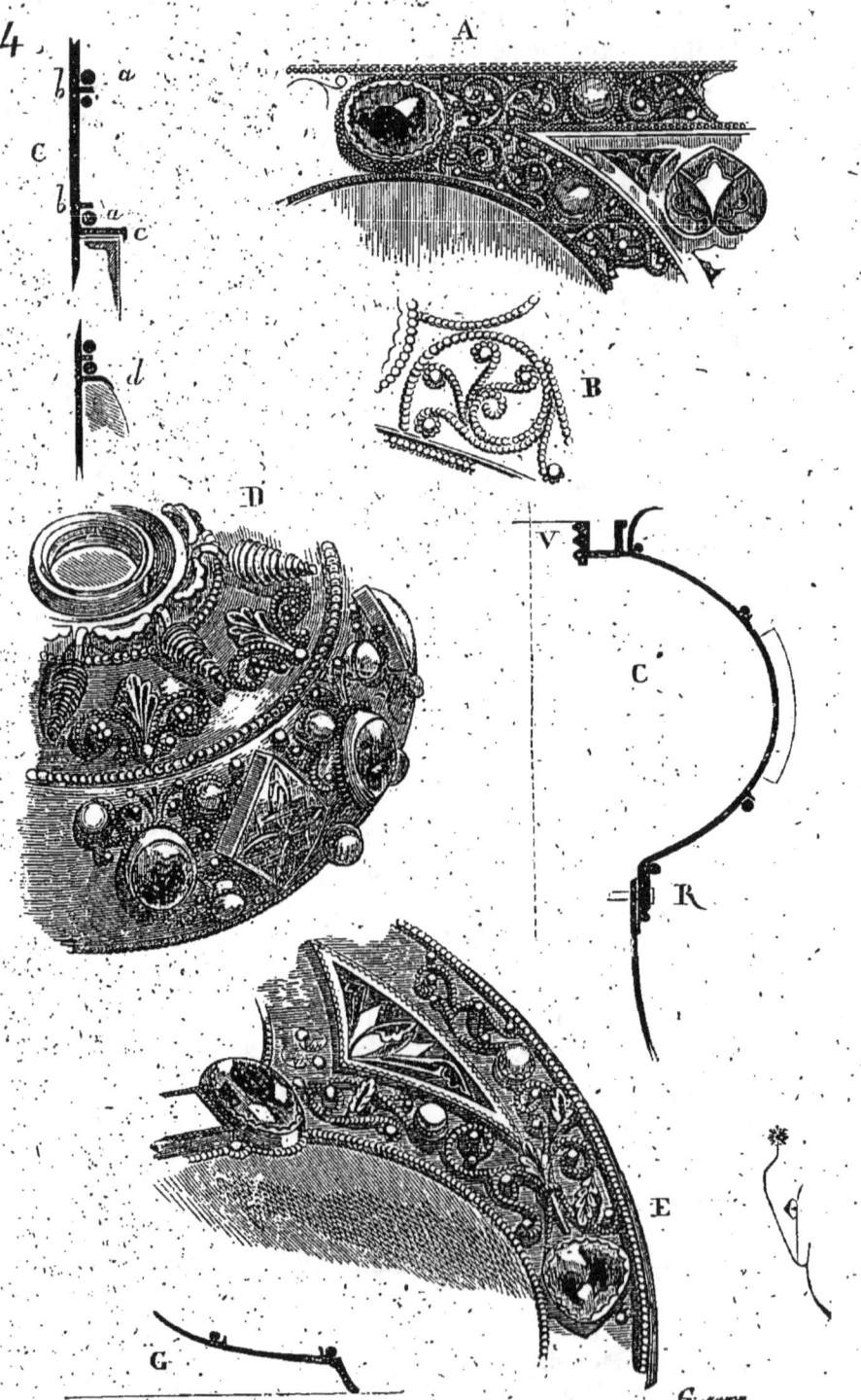

execution parfaite [1]. Le procédé de fabrication de ces pièces consiste

[1] Voyez planche XL.

donc en un travail de chaudronnerie d'or : le cratère, la bague et le pied étant façonnés au repoussé séparément. Une douille, avec pas de vis fondu, a été soudée à la bague, puis une vis au cratère. Ces pièces ont été polies au tour. Alors ont été soudés les champs qui entourent les filigranes, les émaux et les bâtes des pierres et perles, puis les filets granulés, puis enfin les filigranes granulés.

Ce mode de fabrication, avec quelques différences dans l'exécution, est appliqué, pendant le xii$^e$ siècle et le commencement du xiii$^e$, à

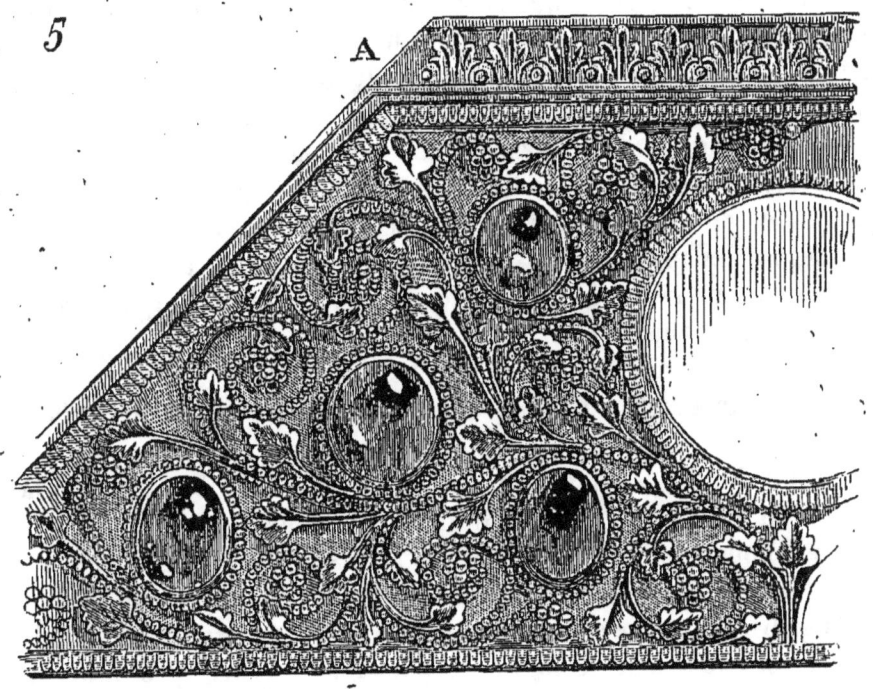

E. GUILLAUMOT.

l'orfévrerie de cuivre, et plusieurs châsses, notamment la grande châsse d'Aix-la-Chapelle, fournissent de très beaux exemples de cette industrie. Le fragment, figure 5$^1$, indique les procédés employés. Le fond est *hachié*, c'est-à-dire gravé de lignes fines se coupant à angle droit. Sur ce fond ont été rapportés les filigranes, non point soudés, mais rivés sur ce fond. On remarquera que ces enroulements sont assez forts pour avoir pu être entièrement soudés entre eux. Les tigelles des folioles sont également soudées dans les jonctions

1 Grandeur d'exécution.

des enroulements. Toute cette partie de l'ornement se tenait donc d'elle-même, avant son application sur le fond, auquel de petits rivets l'attachent ; de telle sorte, qu'elle forme un treillis indépendant, s'approchant plus ou moins du fond et produisant ainsi des jeux d'ombres et de lumière de l'effet le plus piquant. Les bâtes des pierres sont également rivées sur ce fond, de même que les filets granulés. L'artisan pouvait ainsi composer des bouquets, des enroulements plus ou moins riches, plus ou moins chargés de feuillages et de fleurettes ; puis il maintenait cette ornementation à l'aide d'un grand nombre de rivets qui faisaient partie de la décoration. Dans notre figure, les boutons milieux des fleurettes sont autant de rivets. Les filets granulés ou godronnés sont, ou appliqués autour des plaques de fond au moyen de rivets, ou tenant au fond, et repoussés à l'aide de matrices. Les ornements, tels que ceux indiqués en A, sont également obtenus par l'étampage et n'ont qu'une faible saillie. Les folioles du filigrane sont de même étampées avec des matrices, puis découpées proprement sur les bords et soudées à la tige. Nous reviendrons sur ce mode de fabrication d'ornements rapportés, qui fut si fort en vogue à la fin du xiie siècle.

Mais, avant de passer outre, il nous faut insister sur l'adresse avec laquelle les orfèvres savaient souder l'or sans apparence d'autre métal.

Il existe dans le cabinet des antiques de la Bibliothèque impériale trois objets d'or[1] dont il est difficile de connaître la destination, mais qui nous semblent être des fragments de parure. Ces objets de fabrication carlovingienne[2], et que nous donnons grandeur d'exécution (fig. 6), se composent d'un fond plat et d'un ornement singulier rapporté et soudé sur ce fond. Le plus grand, A, est présenté en *a* du côté plat, en *b* de profil et en *c* en perspective. Le tout est façonné au moyen de lames d'or assez minces, soudées sur les rives, avec filets granulés également soudés. Un trou garni d'une matière dure, épaisse et d'apparence vitrifiée, le traverse latéralement, comme pour empêcher le cordon qui enfilait ce bijou d'user les parois d'or mince. Le second objet, B, est présenté en *d* du côté plat et en *e* en perspective. Le troisième, C, est assez semblable au second, mais plus étroit. Leur fabrication est semblable à celle du premier ; et tous les deux sont également percés de trous latéraux garnis de la même matière dure. On ne saurait trouver une exécution plus précise et

---

[1] Catalogués sous le n° 2714 du Catalogue de M. Chabouillet, conservateur.
[2] IXe ou Xe siècle.

plus délicate, et le temps n'a point fait apparaître un métal fondant
autre que l'or dans les soudures. Il est donc incontestable que les
orfèvres étaient arrivés, dès cette époque, à un degré de perfection
rare dans l'art de souder l'or; non seulement en Orient, mais dans
l'Occident[1].

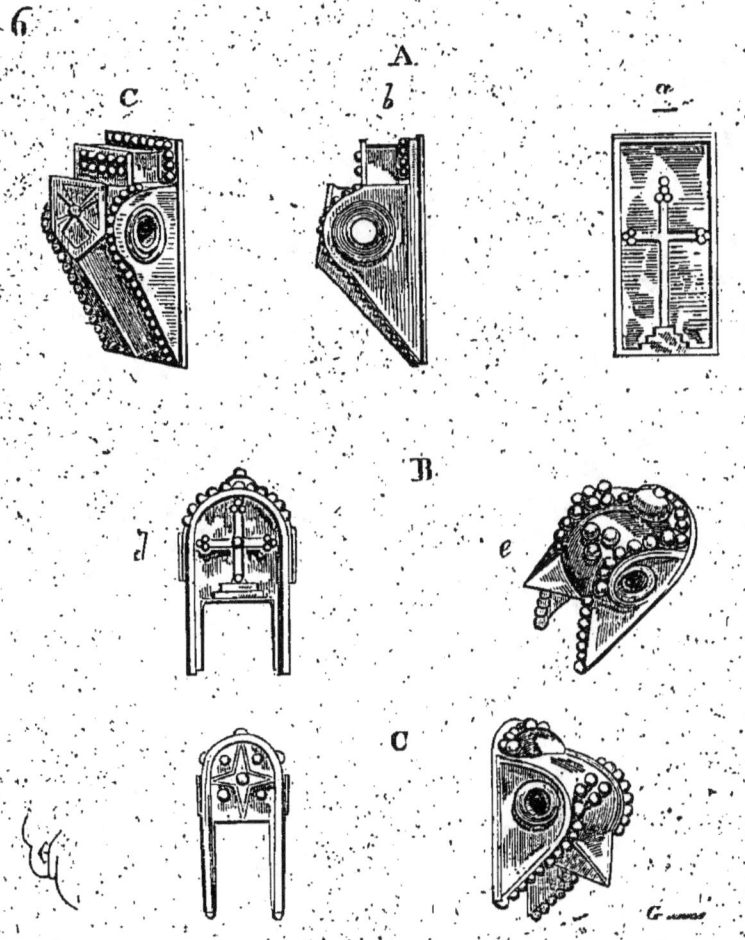

Il serait difficile aujourd'hui d'indiquer la provenance exacte de la
plupart de ces objets d'art. Quelques archéologues ont voulu voir dans
les couronnes de Guarrazar un travail oriental. Rien ne confirme
d'ailleurs cette opinion; nous pensons que l'art de souder l'or fut répandu aussi bien en Orient qu'en Occident depuis l'antiquité jusqu'au
xiii° siècle. Dans le retable de Bâle déposé aujourd'hui au musée
de Cluny, et dont la fabrication est occidentale et appartient au

[1] Voyez Théophile, *Diversarum artium Schedula.*

commencement du xi° siècle, il y a des parties soudées. Nous trouvons des objets d'or soudé avant cette époque, qui pourraient
appartenir, comme ceux que donne la figure 6, à la fabrication

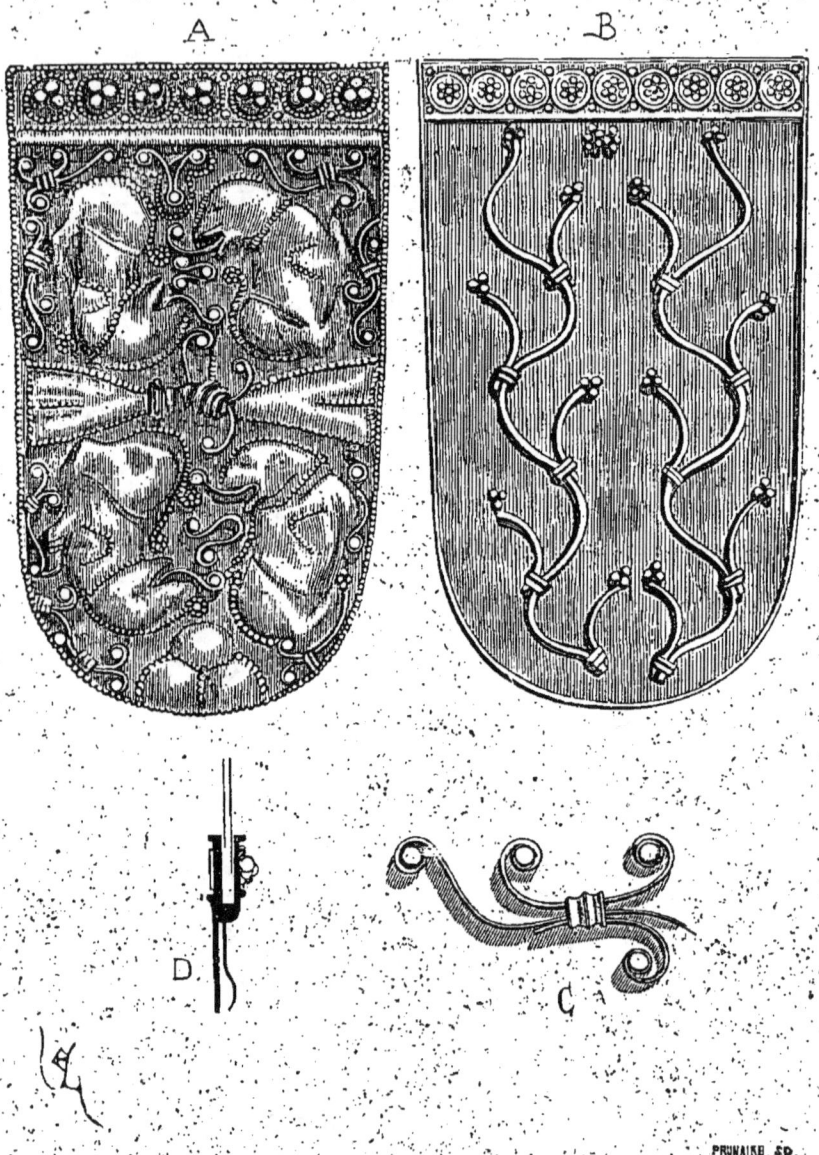

occidentale. On ne saurait douter que, dès avant Charlemagne, les
Occidentaux possédaient un grand nombre d'objets d'or soudé. Indé-
pendamment des bijoux wisigoths qui devaient être connus dans les
Gaules, les incursions des Arabes en avaient laissé sur le sol. On

a trouvé près de Poitiers, dans un champ, un bout de ceinture d'or qui paraît avoir appartenu à quelques-uns des chefs battus par Charles Martel. Ce bijou, dont la figure 6 *bis* donne la face, grandeur d'exécution en A et le revers en B, se compose de deux plaques d'or. Celle de la face est repoussée et figure quatre éléphants bizarrement contournés, avec filets granulés soudés et lamelles formant enroulements, également soudées de champ sur le fond (voy. le détail C au double) et frettées par des embrasses. Le dessous B n'est qu'une plaque d'or unie, sur laquelle sont soudés en plein des fils d'or avec embrasses, formant une sorte d'arabesque. Les perles d'or de la bordure, sur la face, avec filets granulés, sont de même soudées en plein sur le fond. En D, est tracée la coupe de ce curieux bijou[1]. Les éléphants repoussés sur la plaque de devant nous font seuls supposer que cet objet appartenait à quelque chef maure ; car, d'ailleurs, sa fabrication se rapporte à celle des bijoux de cette époque, dont l'origine occidentale ne saurait être douteuse.

Les objets dont nous venons de parler, exécutés en or ou en cuivre, appartiennent à une fabrication exceptionnelle, de choix. Cependant les orfévres livraient à leurs clients des pièces très ordinaires, d'un prix peu élevé, obtenues par des moyens beaucoup plus simples ; et c'est cette fabrication vulgaire qui donne partout et toujours la valeur relative d'un art. Aujourd'hui, avec quelques soins et beaucoup d'argent, on arrive à produire en orfévrerie des objets d'une grande valeur comme travail ; mais à quel degré d'abaissement et de vulgarité la fabrication à bon marché n'est-elle pas tombée ? Il suffit, pour se convaincre de cette triste vérité, de visiter nos églises, remplies d'objets d'orfévrerie du plus pauvre goût et d'une exécution barbare autant que prétentieuse.

De même que beaucoup de petites communes prétendent faire bâtir une cathédrale avec une somme de 100,000 francs, et possèdent ainsi des édifices de carton, d'une apparence misérable sous leurs formes prétentieuses ; de même le mobilier d'orfévrerie qui garnit les autels est-il indigne de l'objet, non par sa simplicité, mais au contraire par une affectation de richesse qui prétend cacher les moyens de fabrication les plus économiques et les plus opposés à cette apparence même. Ces temps *barbares* du moyen âge ne procédaient pas ainsi, et chaque mode de fabrication était en rapport avec la somme affectée à l'acquisition de l'objet.

[1] Ce bout de ceinture fait partie de la collection des bijoux du musée de Cluny, catalogué sous le n° 3410.

Prenons un exemple : Voici, figure 7, un fragment d'une croix qui appartenait à l'abbaye de Jouarre[1]. La décoration d'orfévrerie se compose de lames minces de cuivre gravées, clouées sur une âme de

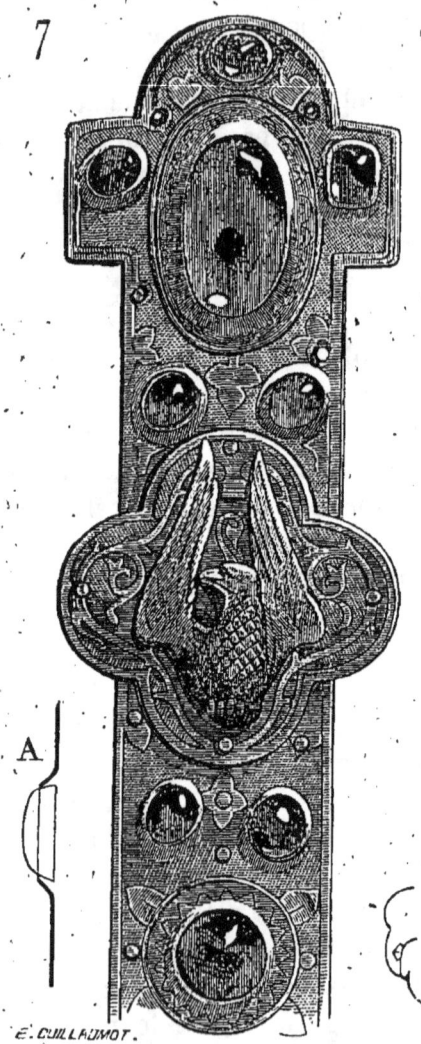

7

A

E. GUILLAUMOT.

bois. Des médaillons cloués, à fond d'émail, avec figurines rapportées en cuivre fondu, représentent, au centre, le Christ assis, avec les symboles des quatre évangélistes.

Il s'agissait évidemment ici d'obtenir une **fabrication économique**.

---

[1] Cette croix est aujourd'hui en la possession de M. de Charnacé; elle date de la seconde moitié du xiie siècle. La partie que nous donnons est le revers du croisillon supérieur. (Voyez, pour l'ensemble, les *Monuments de Seine-et-Marne*, par MM. Aufauve et Fichot.)

Or, les chatons de verres colorés qui décorent cette croix ne sont
maintenus que par des trous faits dans les plaques de cuivre ; trous
dont les bords sont légèrement relevés en façon de bâtes, et forment
ainsi une sertissure très économique (voy. la section A) ; les plaques
dorées sont simplement gravées au burin, et les clous restent appa-
rents. On fabriquait beaucoup de ces objets en feuilles de cuivre
gravées ou étampées et clouées sur du bois, et ce procédé fut employé jusqu'au xvie siècle. L'étampage se faisait dans des matrices
de cuivre fondu et trempé ou de fer gravé, ou embouti, à la manière
des coins, sur un modèle d'acier. Quand l'artiste voulait obtenir un
travail plus délicat, il retouchait les feuilles étampées au burin
émoussé, ou les gravait à l'échoppe sur quelques parties.

Le procédé de l'étampage était employé dans la fabrication d'objets
moins ordinaires. Il existe, dans le trésor de la cathédrale de Reims,
un reliquaire en forme de monstrance, dit reliquaire de saint Sixte
et saint Sinice, qui présente à peu près tous les procédés de fabrication adoptés au commencement du xiiie siècle. La planche XXXV
donne l'ensemble de ce reliquaire. Les pattes sont fondues ; le pied,

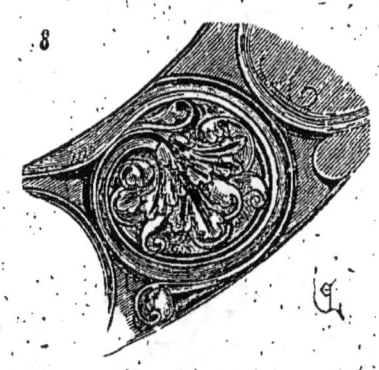

la tige avec sa bague, sont faits au repoussé et à l'étampe ; la partie
supérieure, inclinée, est presque entièrement ciselée au burin et ornée de pierres embâtées. Autour du pied, fait au repoussé, sur l'orle
horizontal, sont rapportés des ornements étampés par pièces soudées sur le fond. La figure 8 donne, grandeur d'exécution, un de ces
ornements juxtaposés. C'était, comme nous l'avons dit, au moyen
d'une matrice que cet ornement était obtenu. L'ornement de la tige
qui est au-dessous de la bague est fait au repoussé, et les feuilles
qui se recourbent sur cette embase sont rapportées et soudées. Quant
à la bague (fig. 9), elle se compose d'un fond uni repoussé, sur lequel
ont été soudés six médaillons saillants obtenus par une matrice ;

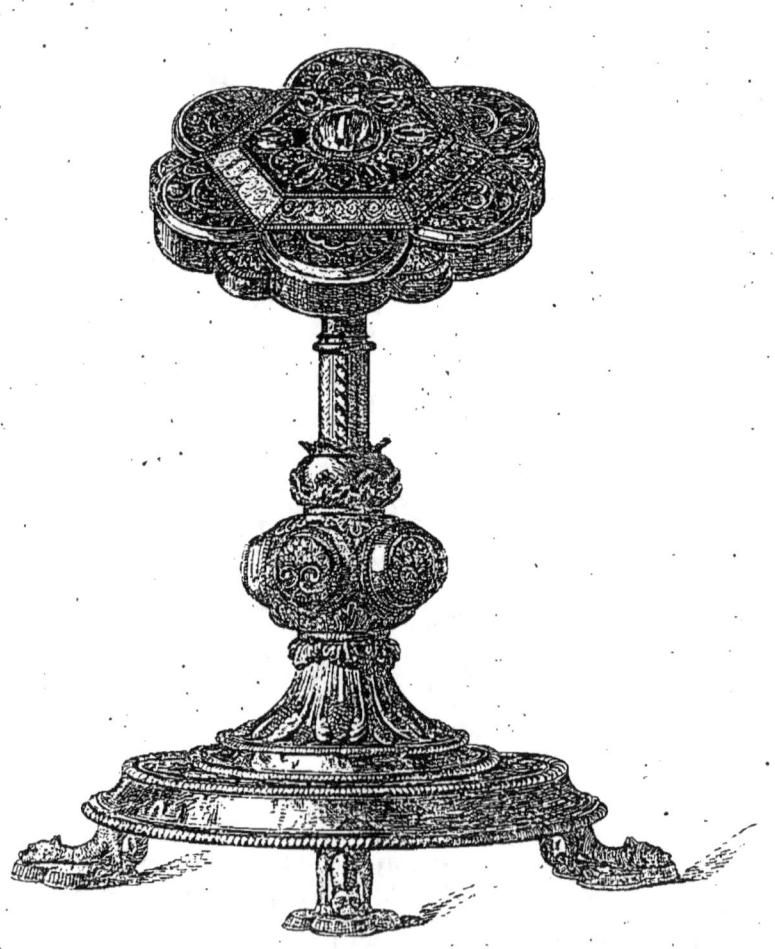

MONSTRANCE.

puis, les feuilles A et B, repoussées, ont été soudées à leur base [1].
Autour de la seconde bague C repoussée, ont été de même soudés

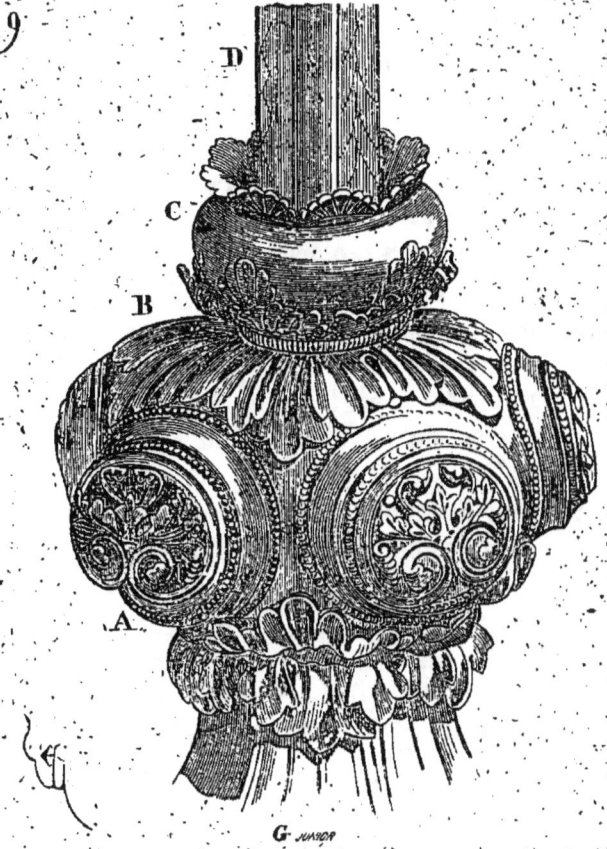

9

G. JUNIOR

des rangs de feuilles. La tige droite D est gravée ; le plateau supé-

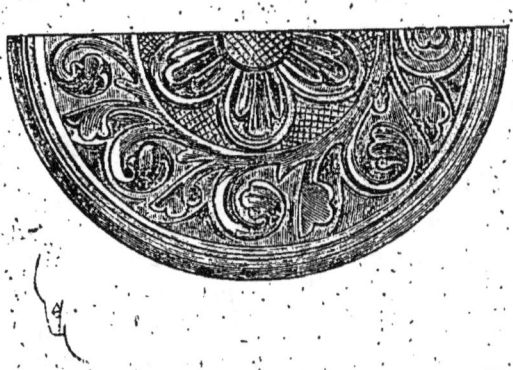

10

rieur, qui renferme les reliques, est fait de feuilles épaisses de
cuivre, gravées, ciselées et dorées. La figure 10 donne la ciselure,

[1] Cette figure 9 est aux deux tiers de l'exécution.

grandeur d'exécution, de l'un des six lobes. La ciselure ne consiste pas qu'en un trait buriné ; elle présente un certain modelé vif, net, d'un excellent effet. Cette monstrance, remarquable par le style et la composition, est obtenue, au total, par des procédés de fabrication très simples. Grande liberté dans l'emploi des moyens parfaitement appropriés à la place. Les pattes, qui doivent offrir de la résistance, sont les seules pièces fondues ; le repoussé et l'étampé sont réservés pour le piédouche et la tige, puis la ciselure pour la partie la plus précieuse. Et, en effet, la ciselure accompagne mieux les pierres que ne peut le faire le travail au repoussé, toujours un peu *flou*, lorsqu'il n'est pas retouché au burin.

Il était très aisé d'étamper de petites pièces d'un faible relief ; il suffisait d'un ou deux coups de *mouton*, si le métal était mince, — et ces petits étampages sont toujours faits dans des feuilles d'or, d'argent ou de cuivre de l'épaisseur d'une coquille d'œuf. — Mais les orfèvres ne se bornaient pas à étamper des ornements très plats. On fabriquait, pour les objets ordinaires, des figurines à l'aide de matrices d'un relief considérable, mais ayant toujours de la *dépouille*, c'est-à-dire pouvant sortir du creux. Beaucoup de châsses sont décorées de statuettes obtenues par ce procédé simple et expéditif ; quelques burinages faits sur les vêtements donnaient seuls de la variété à ces figures frappées dans la même matrice à l'aide du mouton. Parfois aussi les orfèvres des XIIe et XIIIe siècles fabriquaient des pièces *embouties*. L'emboutissage consiste à revêtir un modèle d'une feuille de métal mince à coups de marteau et de poinçon de bois ou de fer émoussé, jusqu'à ce que cette feuille adhère à tous les reliefs et creux de ce modèle. Pour ce faire, on fondait en cuivre un modèle, en ayant la précaution de le tenir plus maigre et plus sec que ne devait l'être l'ornement ou la figure. On trempait ce modèle pour lui donner de la dureté, et l'on procédait comme il vient d'être dit. La feuille de métal surappliquée, si mince qu'elle fût, ajoutait du *gras* au modèle. Ces emboutissages sont toujours retouchés par de la gravure faite, non à l'échoppe, qui aurait percé le métal, mais au burin émoussé : ainsi, cette gravure n'intaille pas, mais repousse elle-même la feuille métallique. Elle n'était pas faite, d'ailleurs, sur cette feuille pendant qu'elle était superposée au modèle, mais sur un remplissage de résine ou de plomb qui remplaçait ainsi le modèle, en offrant plus de souplesse. C'est ainsi qu'ont été fabriquées les belles figurines du retable de Coblentz, que possède l'église impériale de Saint-Denis [1]. L'ouvrage achevé, on enlevait le plomb (ce

---

[1] Voyez le *Dictionnaire du mobilier*, t. I, RETABLE.

qui était aisé, puisque ces objets sont presque toujours de dépouille, et que, d'ailleurs, la feuille métallique était flexible), ou l'on en faisait fondre la résine. Parfois celle-ci est laissée à l'intérieur pour donner de la résistance à l'objet embouti.

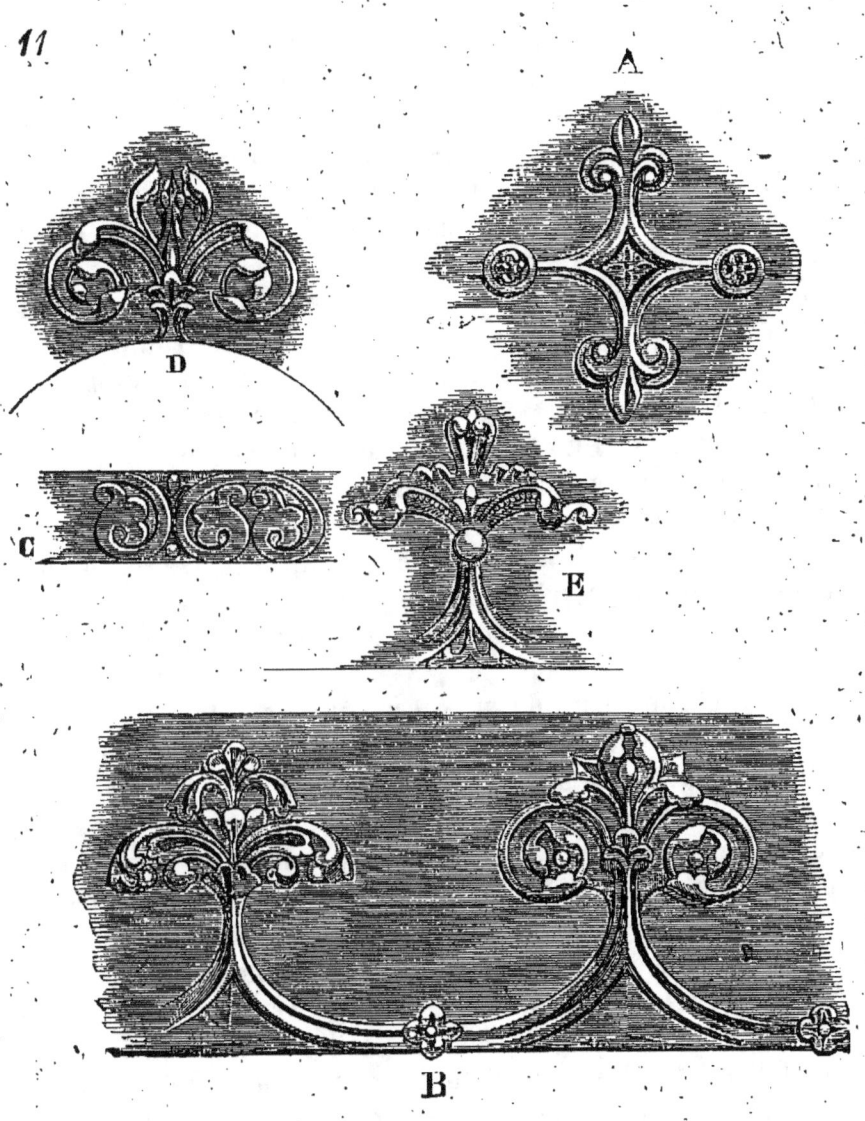

Les orfévres du XIIIe siècle étaient fort habiles lorsqu'il s'agissait de souder de pièces étampées sur un fond, de telle façon que ces pièces semblent appartenir à ce fond même. Le trésor de la cathédrale de Sens possède un beau ciboire de vermeil fabriqué par ce procédé. La planche XXXVI donne l'ensemble de ce ciboire, moitié de l'exécution. Les deux valves, celle qui sert de coupe et celle qui forme le couvercle, sont battues chacune au marteau, et présentent identiquement le même galbe. Le bouton avec son col, et le pied avec sa tige, sont rapportés et soudés ; les jolis ornements qui décorent la panse de la valve et du couvercle, du pied et de la boule supérieure, sont étampés et soudés sur le vase. Nous donnons en A, figure 11, l'ornement du bouton supérieur ; en B, ceux de la partie saillante du couvercle et de la panse ; en C, ceux du bord du couvercle ; en D, de la partie supérieure du couvercle ; et en E, ceux du pied. Ce ciboire était destiné à être suspendu au-dessus de l'autel, suivant l'usage admis dans beaucoup d'églises cathédrales et abbatiales, jusqu'au XVIe siècle [1]. Ce genre de fabrication paraît appartenir spécialement aux orfèvres de la fin du XIIe siècle et du commencement du XIIIe. Plus tard, il n'est guère employé. Les ornements étampés ne sont plus soudés en plein sur les fonds, mais seulement sur quelques points ; ils s'en détachent sur beaucoup d'autres, ou bien c'est le fond lui-même qui, repoussé au marteau, forme les ornements en relief. Aussi, nous allons laisser un instant ce qui concerne l'orfèvrerie repoussée et étampée pour nous occuper de la fonte.

L'habileté des fondeurs du XIIe siècle surpassait tout ce qui a été fait dans l'antiquité et depuis lors. Le beau fragment du grand candélabre de Saint-Remi de Reims [2], le chandelier du Mans [3] ; quelques encensoirs et candélabres de cette même époque, témoignent de l'adresse avec laquelle ces artisans du XIIe siècle savaient fondre à cire perdue. Le moine Théophile, dans son *Essai sur divers arts* [4], s'étend longuement sur la manière de fondre l'encensoir qu'il présente comme un modèle. Les procédés qu'il indique sont ceux employés lorsqu'on veut fondre à cire perdue, mais avec un détail de précautions qui montre assez combien cette industrie était poussée loin. Le fait est que les objets de bronze coulé de cette époque sont remarquablement légers et purs. Le métal est beau, plein, sans soufflures, et il est difficile de comprendre comment certaines pièces ont pu être obtenues d'un seul jet sans brisures, puisque de parties

[1] Ce ciboire appartient à la fabrication de la première moitié du XIIIe siècle.
[2] Déposé au musée de la ville de Reims.
[3] Voyez, dans la partie des USTENSILES, la planche XXIX.
[4] *Diversarum artium Schedula*, lib. III, cap. LX (XIIe siècle).

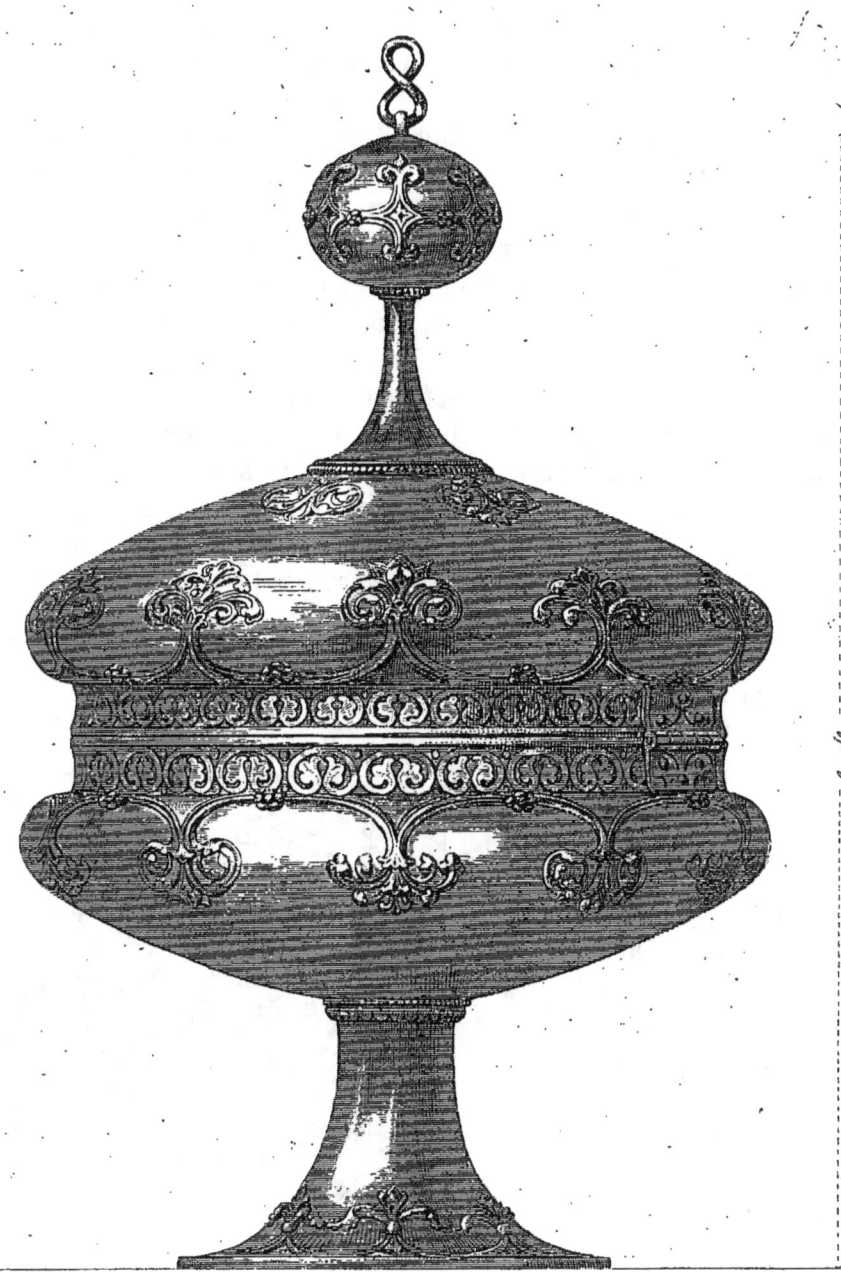

Viollet-Le-Duc del.

P. Ad. Varin sc.

CIBOIRE DE LA CATHÉDRALE DE SENS

A MOREL, éditeur

pleines et épaisses se détachent des tigelles, des ornements d'une extrême ténuité. En pareil cas, il arrive que les parties délicates refroidissant beaucoup plus vite que les parties épaisses, il y a des retraits inégaux, et, par suite, des solutions de continuité dans la fonte. Le chandelier du Mans, que notre insouciance pour les objets qui ont une importance sérieuse et pratique a laissé passer en Angleterre, lors de la vente du prince Soltykoff, est, sous le rapport des procédés matériels, indépendamment de sa valeur comme art, une œuvre prodigieuse. La ciselure ajoute, il est vrai, de la finesse à la fonte ; mais celle-ci, visible cependant partout, est d'une délicatesse dont rien ne peut donner l'idée : et cette pièce n'est pas la seule. Nous avons vu des fragments de chandeliers, des bagues de crosse, des chaufferettes à mains, des débris de fines clôtures, qui sont, comme fonte, supérieurs à ce que l'Occident a pu produire depuis lors, malgré les ressources apportées par les perfectionnements modernes. Il est évident que les artistes mettaient à ces ouvrages le temps nécessaire, et qu'aujourd'hui c'est sur le temps qu'on cherche à économiser.

Nos musées, à défaut de grandes pièces qui, toutes, ont été fondues à la fin du siècle dernier, et même avant cette époque (car les chapitres et les abbayes ont détruit bon nombre de ces objets pour faire faire des ornements nouveaux [1]), possèdent une assez grande quantité de pièces de fonte arrachées à des châsses ou des meubles. Ces fragments suffisent à donner l'idée de l'art du fondeur appliqué à l'orfèvrerie pendant le moyen âge. Nous allons en présenter quelques-unes.

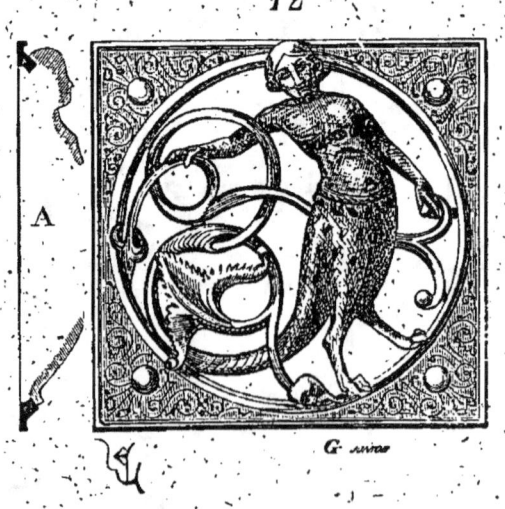

12

La figure 12 est une des pièces de fonte qui décorent les coins de la couverture de la Bible de Souvigny [2]. La ciselure est venue ajouter

---

[1] On met sur le compte de la révolution toutes les destructions. Certes, on détruisit, à cette époque, bon nombre d'objets inestimables ; mais ce n'est pas la révolution qui commença l'œuvre du vandalisme, elle était fort avancée à la fin du dernier siècle.

[2] Musée de la ville de Moulins.

quelques finesses à cette pièce délicate, notamment pour figurer les poils et la ceinture de la chimère. Les écoinçons sont gravés avec une rare précision. Notre dessin est de la grandeur de la plaque, dont le profil est tracé en A. Cet objet date du xiiᵉ siècle. La figure 13 est une des trois parties du pied de la croix orientale qui appartient

13.

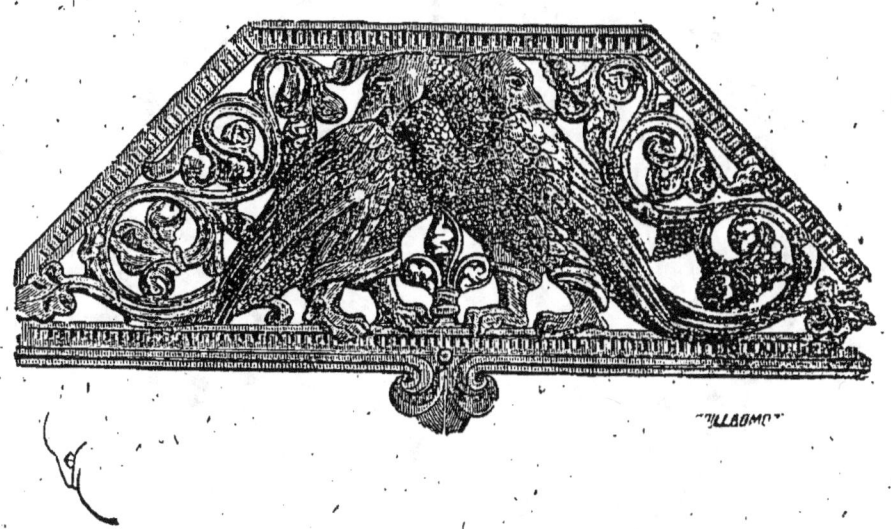

aux religieuses de Notre-Dame, à Namur, et qui provient de l'ancienne abbaye d'Ognies, située près de cette ville. La croix de vermeil est évidemment de fabrication orientale ; elle fut montée à la fin du xiiᵉ siècle, ou au commencement du xiiiᵉ siècle, sur un pied fondu d'un beau travail, dont notre gravure donne un fragment.[1] La ciselure ne fait ici que raviver les détails ; elle est plutôt un burinage qu'une retouche de la fonte. Or, il faut une main sûre et du goût pour pouvoir ainsi retoucher de la fonte : c'est là un travail d'artiste que les ouvriers de cette époque exécutaient avec autant d'adresse que de sentiment.[2] Le musée de Cluny conserve quelques beaux morceaux de fonte d'orfévrerie. Celui que nous donnons ici (fig. 14)[3], et qui représente la création d'Adam, est d'une légèreté de fonte peu commune et d'un assez beau style. Le burin est inter-

---

[1] Voyez, pour l'ensemble de cet objet, les *Annales archéologiques*, t. V, p. 318.
[2] La gravure est aux deux tiers de l'exécution.
[3] Grandeur d'exécution, nº 977 du Catalogue (commencement du xiiiᵉ siècle).

venu sur quelques points, notamment pour tracer les détails des arbres à l'inscription : POSTEA FACTUS HOMO QUI DOMINETUR EIS. Ces trois derniers objets étaient dorés. Le premier et le dernier seulement appartiennent à la fabrication de Limoges[1] ; quant à celui provenant de l'abbaye d'Ognies, il appartient évidemment à la fabrica-

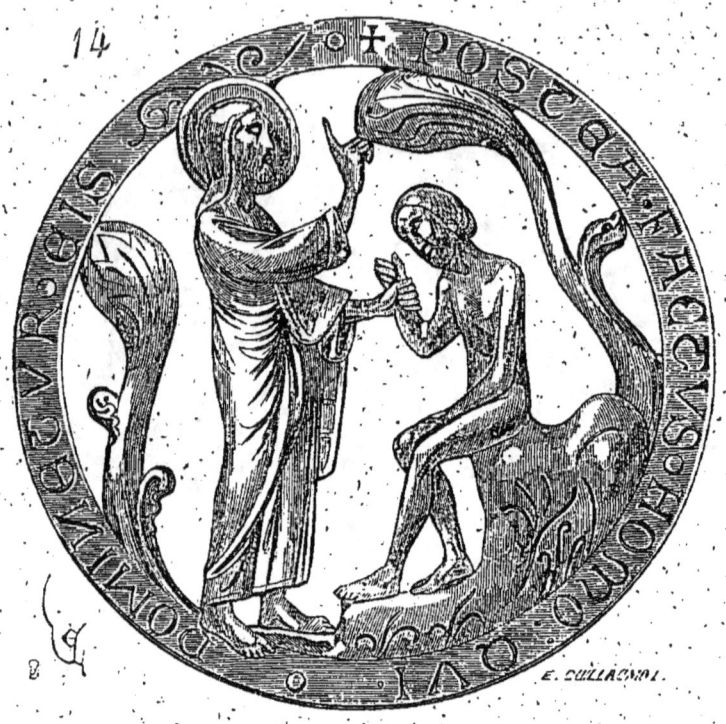

14

tion rhénane. Ces trois pièces sont d'ailleurs fondues sur cire perdue, et ne présentent, bien entendu, aucune trace de soudure. Mais les orfévres ne se bornaient pas à la fabrication de ces objets plats, ne présentant qu'une face vue. Sur cire perdue, ils obtenaient des fontes ronde bosse et très ouvragées. Sans parler du chandelier du Mans, qui, comme œuvre de fonte, est une merveille, il y avait à Limoges, à Arras, à Dinant, des fondeurs très habiles, même lorsqu'il ne s'agissait pas de pièces exceptionnelles. Les *dinanderies*, c'est-à-dire les objets de cuivre fabriqués à Dinant, étaient fort estimées, notamment comme fontes. Nous donnons comme exemple de cette fabrication du Nord le pied d'un chandelier pascal (fig. 15) qui appartient à l'église de Postel et qui date de la fin du XIIe siècle. Cette fonte est remarquablement pure et n'est que très peu burinée. Ce pied est

---

[1] Les yeux des deux personnages de la figure 14 sont incrustés. Ce sont de petites boules de verre noir.

d'une pièce jusqu'à la bague A. Les rinceaux sont ajourés et d'un travail gras, quoique fin. Les ornements, sur le dos des dragons, sont venus à la fonte. Mais bientôt les orfèvres renoncèrent à ces

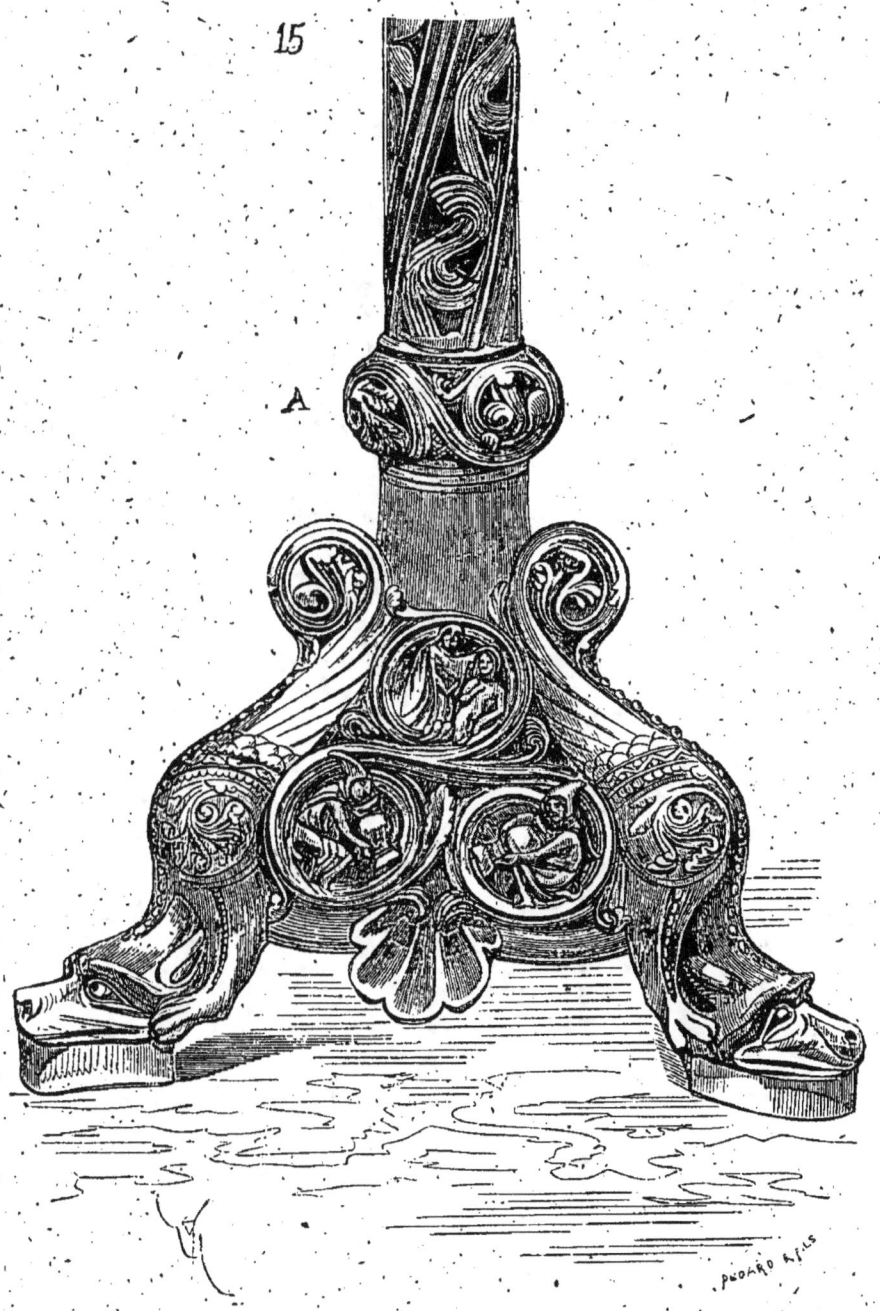

15

A

pièces coulées, qui, pour venir d'un jet, demandaient beaucoup de soins et de temps, et employèrent les soudures avec beaucoup d'intelligence et d'adresse, de manière à masquer la soudure dans la composition. Ainsi on voit au musée de Cluny une colonnette de cuivre doré, provenant d'une châsse probablement, qui, sous le

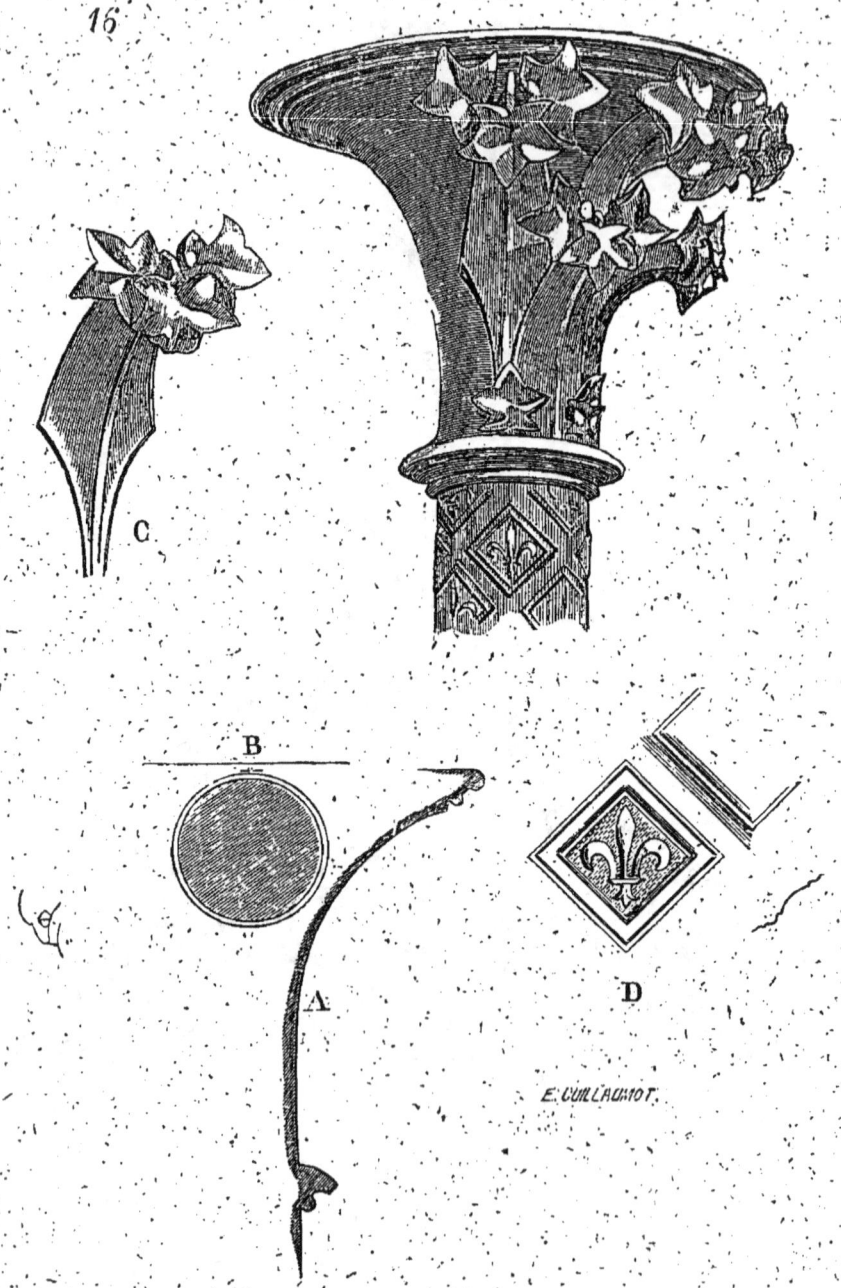

rapport de la fabrication, est un des objets les plus intéressants qu'on puisse étudier. Le chapiteau de cette colonnette (fig. 16)[1] se

[1] La gravure est de la grandeur de l'original.

composé d'une corbeille fondue, dont le galbe est donné en A. Sur cette corbeille sont soudés des crochets fondus séparément. Les crochets du rang inférieur cachent l'extrémité soudée de ceux du rang supérieur, et des folioles, sur l'astragale, soudées par derrière, cachent l'extrémité soudée de ces crochets inférieurs. Quant au fût de la colonne, il est obtenu au moyen d'une feuille très mince de cuivre étampée, appliquée sur une âme tubulaire de cuivre et soudée par derrière (voy. en B), là où cette colonnette s'appliquait au fond de la châsse. Ainsi la soudure n'apparaissait-elle sur aucun point, et la dorure pouvait être franche et égale. Chaque crochet feuillu de ce chapiteau est fondu à part, sans retouches et d'une extrême pureté. On ne comprend guère — ces crochets n'étant pas de dépouille — comment on aurait pu battre des pièces pour les obtenir sur un modèle : aussi pensons-nous qu'ils ont, chacun, été fondus sur cire perdue. En C, est figuré un des crochets supérieurs détaché ; en D, l'ornement étampé du fût, au double de l'exécution. Cette colonnette date du milieu du XIII<sup>e</sup> siècle.

On se tromperait si l'on pensait que la fabrication de l'orfévrerie ait perfectionné ses moyens à dater de cette époque : c'est le contraire qui se voit. Certes, on trouve des pièces d'orfévrerie des XIV<sup>e</sup> et XV<sup>e</sup> siècles qui présentent plus de régularité dans l'exécution que celles d'une époque antérieure ; mais, de fait, cette exécution est moins belle, moins empreinte d'originalité. Le métier se substitue au travail de l'artiste, la richesse au goût.

Revenons aux pièces d'orfévrerie composées de pièces rapportées. Nous avons vu comment on décorait, au XII<sup>e</sup> siècle, des parties unies de métal, or ou cuivre, au moyen de filigranes soudés, de filets granulés. Ce procédé fut perfectionné encore au commencement du XIII<sup>e</sup> siècle. Au lieu de souder en plein, ou de poser sur un fond plat des enroulements composés de fils de métal, se détachant à peine de ces dessous unis, les orfévres cherchaient à donner à ce genre d'ornementation plus de vie et d'éclat, en posant sur des fonds des enroulements très modelés et saillants, composés de plusieurs fils granulés soudés ensemble. La belle croix du musée du Cluny[1], à double branche, est un des plus précieux spécimens de ce genre de fabrication usité au commencement du XIII<sup>e</sup> siècle. La figure 17 donne le milieu de cette croix qui sert de reliquaire[2]. Les enroulements ne sont soudés au fond qu'à leur souche, s'en détachent en

---

[1] N° 3120 du Catalogue, provenant de la collection Soltykoff.

[2] Grandeur d'exécution.

manière de spirales pour s'élever jusqu'à 7 ou 8 millimètres au-dessus de ce fond. Des pierres embâtées sont semées au milieu de ces légers ornements formés de deux ou trois fils métalliques granulés, avec gouttelettes aux extrémités. On ne saurait trouver une décoration plus riche et de meilleur goût. En A, est tracé le profil de

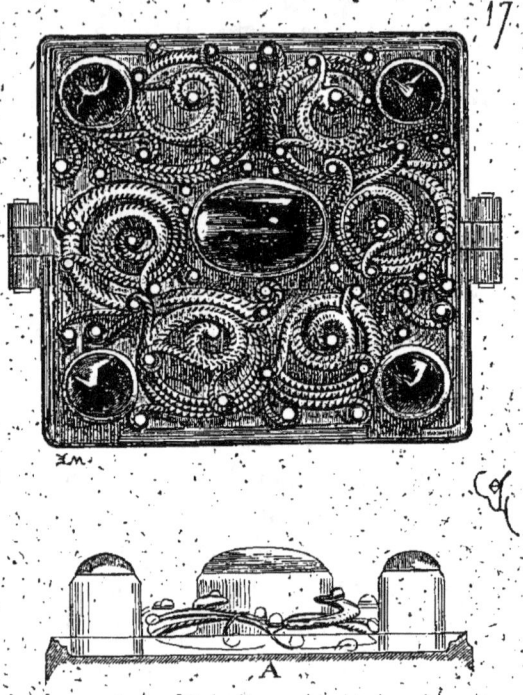

cet ornement. On faisait ainsi des bijoux, des agrafes, des plaques de ceinture et de baudrier, qui s'alliaient merveilleusement avec les reflets de la soie, du velours et des étoffes brochées. On ne croyait pas, en effet, que tous les bijoux pussent être portés indifféremment avec tel ou tel habit. Les bijoux émaillés étaient plus spécialement destinés aux vêtements sacerdotaux ou aux grands habits de cérémonie : manteaux et chapes. Ces bijoux émaillés cloisonnés étaient nécessairement d'une assez grande dimension, étaient plats, prenaient par conséquent de larges reflets qui eussent produit un mauvais effet avec des habits de soie ou d'étoffes fines. Il fallait sur ces vêtements des bijoux d'un travail délicat, multipliant les surfaces brillantes rappelant les broderies. Malheureusement il ne nous reste qu'un très petit nombre de ces charmants bijoux de toilette. Il en existe plusieurs au Musée britannique et dans quelques collections particulières de l'Angleterre. Le musée de Cluny n'en possède pas qui soient antérieurs à la fin du XVe siècle. Nous en avons eu quelques-uns entre les mains dans des ventes, à une époque où ces bijoux n'avaient pas acquis la valeur qu'on leur accorde aujourd'hui[1]; ainsi nous avons pu en conserver des dessins trop rares, mais qui donnent des spécimens de cette fabrication de la fine orfévrerie du xiii<sup>e</sup> siècle. Parmi ces bijoux, nous citerons une agrafe ou afiche

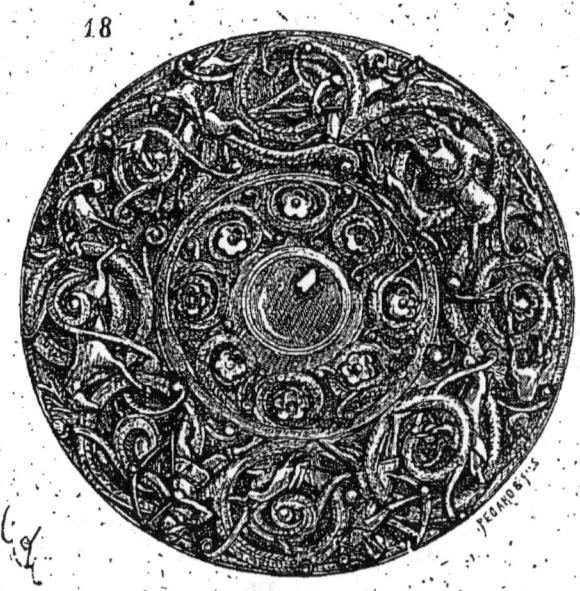

18

d'or, d'un travail analogue à celui de la croix du musée de Cluny, mais beaucoup plus fin. Cette agrafe est circulaire, se compose d'un orle, avec enroulements granulés, dans lesquels passent des figures représentant une chasse. Au centre est un saphir entouré de spirales terminées par une fleurette. La figure 18 donne la copie de ce bijou, grandeur d'exécution[2]. Le Musée Britannique possède une agrafe analogue à celle-ci, et qui date également de la première moitié du xiii<sup>e</sup> siècle.

Vers le milieu de ce siècle, on fabriqua un grand nombre de chasses, de coffrets et menus meubles par le procédé des lames d'or, d'argent ou de cuivre, étampées et gravées. Ce procédé était

---

[1] Il est peu d'objets du moyen âge ayant quelque valeur qui aujourd'hui ne soient connus et catalogués. On les voit paraître dans des ventes célèbres, et l'on sait où ils sont placés. Mais, il y a vingt-cinq ou trente ans, le nombre des amateurs n'était pas assez nombreux pour que l'attention suivît ainsi ces objets précieux. A cette époque, beaucoup passèrent en Russie, où il existe quelques collections remarquables, connues seulement de quelques voyageurs occidentaux.

[2] Dessin faisant partie du cabinet de l'auteur. Ce bijou fut vendu en 1835 comme provenant du cabinet de la duchesse de Berry.

rapide et permettait d'obtenir une richesse apparente de travail à peu de frais. Alors le goût nouveau exigeait la réfection des objets servant au culte, et plus encore de ceux destinés aux usages civils. Beaucoup de ces lourdes châsses romanes des premiers siècles furent refaites, et l'on ne conserva guère dans les trésors des églises que celles dont le travail était hors ligne ou qui étaient en trop grande vénération pour qu'on osât y toucher. En orfévrerie, comme en architecture, il y eut, entre les années 1210 et 1240, une rénovation des anciennes formes. Toutefois les procédés de fabrication usités au xiie siècle ne changèrent pas ; mais, voulant obtenir une exécution plus rapide, parmi ces procédés, on choisit les plus simples. L'étampage au moyen de matrices, la fonte et la gravure, permettaient en effet de façonner rapidement de grandes pièces. Il faut dire que ces fontes, ces étampages et gravures sont d'une admirable pureté d'exécution ; et si hâtive et économique que fût la fabrication, jamais elle ne s'abaissa au degré de banalité et de grossièreté où on la vit descendre à dater du xvie siècle. L'organisation des maîtrises ne permettait pas l'avilissement de la main-d'œuvre, et il fallait que les objets sortis de la maison des maîtres remplissent certaines conditions d'exécution dont il n'était pas permis de s'affranchir. Ces ateliers possédaient d'ailleurs des matrices d'un style excellent, gravées avec le plus grand soin, et il n'en coûtait pas davantage de frapper des feuilles de métal à l'aide de ces matrices. Si bien que les objets les plus ordinaires reproduisaient des types charmants, qui, loin de fausser le goût du public, ne lui montraient au contraire que des formes d'art parfaites. Depuis le xviie siècle, depuis que, par suite du plus funeste de tous les systèmes en fait d'art, on a inauguré en France l'art des classes élevées, de l'aristocratie, à côté de la fabrication de luxe il n'y a plus eu que barbarie et grossièreté. Ce qui nous charme dans les objets meubles laissés par le moyen âge, c'est qu'ils sont faits, comme ceux de l'antiquité grecque, non pour une classe privilégiée, mais pour tout le monde, qu'ils élèvent l'esprit du pauvre comme ils charment les yeux du riche. Et si, aujourd'hui, on veut sérieusement instruire les classes inférieures, trop oubliées pendant les trois derniers siècles, il faudrait commencer par ne leur montrer que des objets bien conçus et d'une forme belle. Nos démocrates aujourd'hui songent, il est vrai, à bien autre chose ; ils dédaignent habituellement les choses d'art, ou ne pensent pas qu'elles soient faites pour le peuple ; ce sont toujours pour eux des objets de luxe, car ils ne croient pas que l'art puisse se loger ailleurs que dans les palais. L'art, au contraire, est une des consolations du pauvre, c'est pour cela qu'il est bon de lui en donner le goût. Dans les journées de nos révolutions populaires, nous avons fait cette triste observation, que la multitude n'avait qu'un moyen de jouir des choses d'art, c'est de les détruire. N'étant pas faites pour elle, un secret instinct d'envie la pousse à les briser. C'est encore là une des conséquences de l'héritage laissé à la France par le grand siècle. Le grand siècle a fait de l'art un aristocrate : or, le peuple voit en lui un ennemi. Ce n'était pas ainsi que le moyen âge, ce moyen âge barbare et oppresseur, considérait l'art. Il ne l'avait pas relégué dans des Académies ; il vivait dans la cité, il circulait dans les ateliers des corporations, appartenait à tous, et pouvait à tous procurer de satisfactions élevées. Les cathédrales n'étaient-elles pas une page d'art pour la multitude ? N'étaient-elles pas la glorification de toutes les branches de l'art ?

Tous ne peuvent posséder de la vaisselle plate, des bijoux d'or ornés de pierreries, des meubles de bois précieux et des vêtements de velours, mais tous peuvent avoir, si modeste que soit la fortune, des objets revêtus d'une forme distinguée, dans la fabrication desquels l'art a pris une place. Il n'en coûte pas plus de donner au vase de terre une belle forme, au meuble de bois commun, une structure convenable en raison de son usage, au pot d'étain ou de cuivre, des ornements d'un goût aussi pur qu'au pot d'argent ou de vermeil. L'art est indépendant du luxe ; il n'en est pas l'esclave, mais plutôt le maître. Si de nos jours les classes qui ne peuvent se donner les jouissances que procure le luxe n'ont qu'une idée très peu développée de la valeur réelle de l'art, les personnes riches ont si bien fait de l'art et du luxe une seule et même chose, elles ont si bien confondu dans leur esprit ces deux jouissances, qu'elles demeurent insensibles aux expressions de l'art en dehors du luxe. Nous disions que nous avions vu détruire des objets d'art par des malheureux qui ne voyaient dans ces objets qu'une manifestation de la richesse ; aussi avons-nous vu plus souvent encore des personnes du monde entièrement insensibles à des formes d'art recouvrant des matières communes. Tel amateur qui se pâmera d'aise en face d'un vase de cristal de roche monté en or, d'une forme disgracieuse, passera devant un vase athénien de terre cuite sans y prêter attention, à moins toutefois qu'on ne lui dise que ce vase a été payé 20,000 fr.

Nos orfévres du xiiie siècle tenaient donc, même lorsqu'ils fabriquaient des objets ordinaires par des moyens économiques, à décorer ces objets de telle façon qu'on y trouvât autant d'art que dans le plus riche joyau. Les moules, les matrices qu'ils possédaient dans leurs ateliers servaient à fabriquer les ustensiles du pauvre comme ceux du riche, à façonner le cuivre aussi bien que l'or et l'argent. On

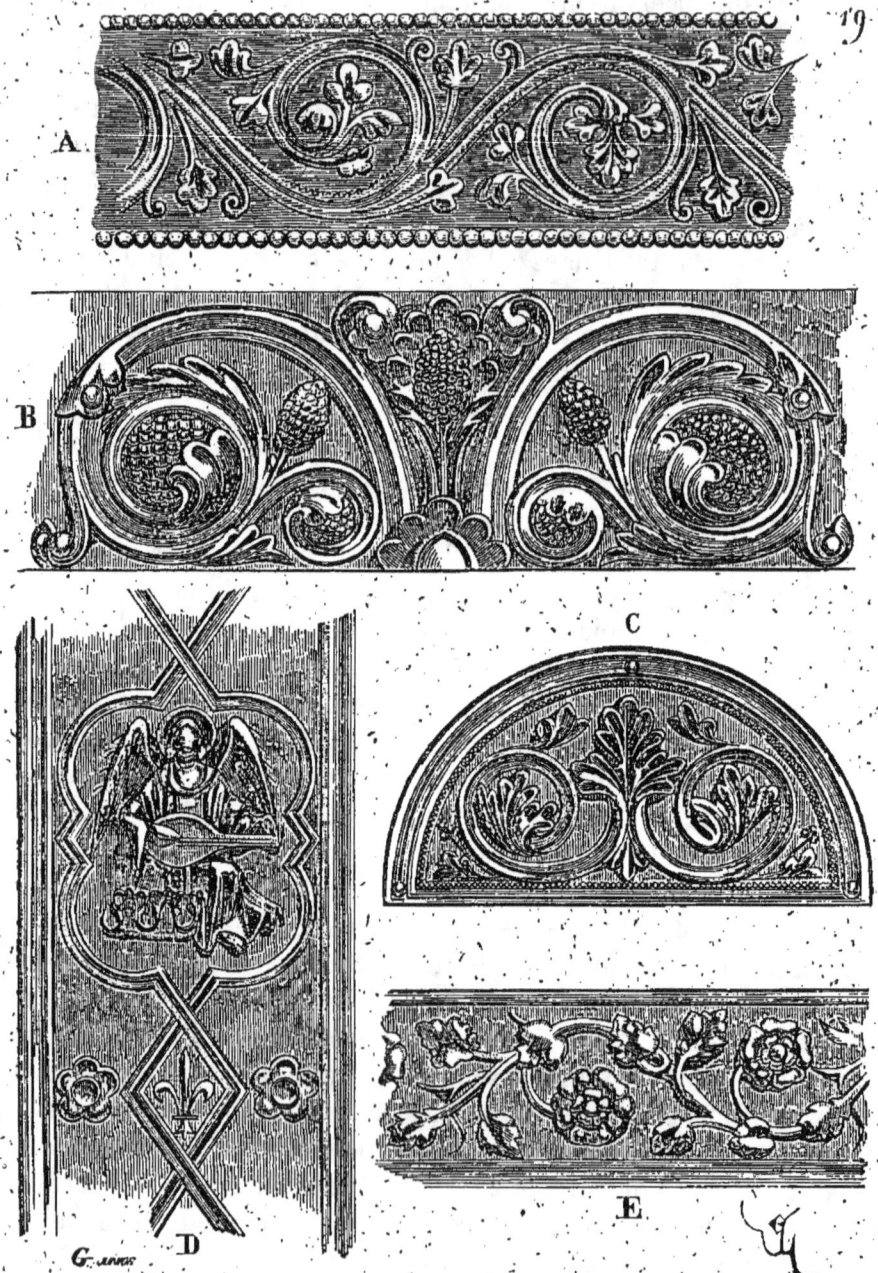

pourrait présenter une intéressante collection de ces plaques étampées à l'aide de matrices gravées avec un goût parfait. Nous nous bornons à en donner quelques exemples, figure 19[1].

Mais les matrices ne servaient pas seulement à étamper des plaques courantes. Avec ces poinçons, les orfévres frappaient de menus ornements, des feuilles, des fleurs ; puis le *compositeur* disposait ces pièces séparées pour en former des rinceaux, des bouquets, des crêtes, des tympans, au moyen de la soudure. C'est à dater de 1230 environ que ce mode de fabrication prend un grand développement ; jusqu'alors les poinçons ne frappaient guère que des objets très délicats et petits, employés dans la bijouterie ou dans l'orfévrerie la plus fine ; des fleurettes, des folioles de quelques millimètres de longueur. Au milieu du XIII<sup>e</sup> siècle, les artisans appliquent ce procédé à la grande orfévrerie. On comprendra aisément quelle variété d'ornements permettait ce mode de fabrication. Avec une demi-douzaine de feuilles et de fleurs on pouvait composer un nombre infini de frises, de chapiteaux, de rinceaux, de crêtes. La figure 20 donne un certain nombre de ces ornements obtenus par l'arrangement de feuilles, de tigelles, de fleurs frappées séparément et soudées [1]. Encore fallait-il que les ouvriers orfévres sussent composer, ou tout au moins interpréter un dessin d'ensemble ; qu'ils fussent eux-mêmes dessinateurs assez exercés pour donner le tour convenable à ces réunions de pièces frappées séparément. Ils y mettaient évidemment du leur, car on ne leur donnait pas le dessin de toute une frise, les tracés de toutes les parties d'une châsse, d'un meuble ; or, jamais l'ornementation ne se répète exactement. S'il y a dix tympans, dix chapiteaux dans une châsse, chacun de ces ornements donne un dessin qui diffère par les détails. Un thème donné, l'ouvrier le variait suivant son goût, et ce goût est délicat. Nous avons la preuve du mérite individuel de ces artisans dans les nombreuses gravures sur métal que nous montre l'ancienne orfévrerie.

La gravure était un des moyens économiques de décorer les feuilles de métal entrant dans la composition des pièces d'orfévrerie. Mais la gravure n'est pas, comme l'étampage, un procédé mécanique.

l'ornement B, de la châsse de saint Julien de Jouarre (première moitié du XIII<sup>e</sup> siècle) ; l'ornement C, d'un reliquaire du milieu du XIII<sup>e</sup> siècle ; l'ornement D, du musée de Cluny (XIV<sup>e</sup> siècle) ; l'ornement E, d'une croix du XV<sup>e</sup> siècle (cabinet de l'auteur). Tous ces ornements sont frappés sur feuilles de cuivre très minces.

[1] L'ornement A provient de la châsse de saint Taurin d'Évreux ; l'ornement B, de la châsse de saint Babolein, au Coudray : ces deux ornements sont gravés grandeur de l'exécution. L'ornement C, d'un fragment servant de support à une statuette de saint Jean, dépendant d'un crucifix ; la gravure est augmentée d'un tiers (cabinet de l'auteur). Ces trois détails datent du milieu du XIII<sup>e</sup> siècle.

20

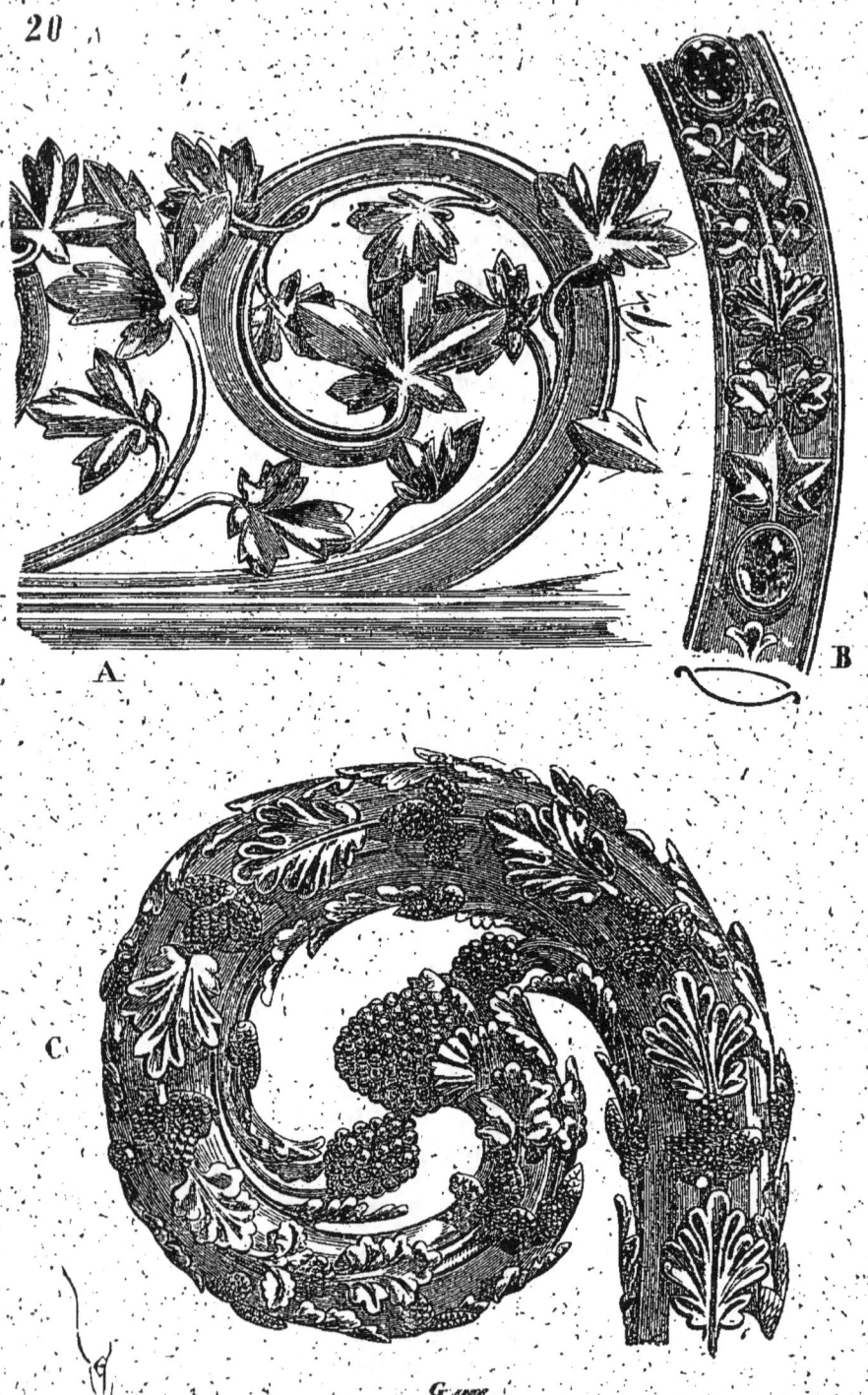

Pour qu'elle soit passable, elle exige une main déjà exercée ; **pour**

qu'elle soit belle et franche, avec l'habileté de la main, le talent et
le sentiment vrai du dessinateur. Or, dans les objets les plus ordinaires, la gravure, si rude qu'elle paraisse, est l'expression d'un
dessin vif et vrai. Énergique et souple, elle montre la puissance de
ces écoles du moyen âge qui, même dans leurs œuvres les plus vulgaires, ne tombent jamais dans la mollesse et la platitude. Avons-
nous fait, depuis le xvie siècle, des progrès en ce sens ? Ce n'est pas
notre avis ; et, sauf de rares exceptions, la gravure sur métal, appliquée à l'orfévrerie, a décliné. Pour compenser la pauvreté de style,
la gravure a-t-elle du moins acquis une sûreté de main, une fer-
meté de burin qui suppléent à la beauté du dessin ? Non. Depuis
le xvie siècle, l'exécution est devenue indécise et froide. Qu'on
veuille examiner les exemples que nous possédons, sans parti pris,
et l'on reconnaîtra bientôt que nos meilleures productions manquent
de la qualité essentielle qui distingue les gravures sur métal les
plus ordinaires du moyen âge. C'est qu'en effet nous n'avons plus
d'école de dessin applicable aux objets industriels. On croit qu'on
fait beaucoup pour l'industrie en enseignant le dessin à l'aide de
modèles plus ou moins parfaits, modèles donnés sans méthode et sans
un principe vivifiant. Les résultats démontrent malheureusement
qu'on fait fausse route. C'est la nature qu'il faudrait apprendre à
voir aux jeunes gens qui se destinent aux branches de l'industrie
côtoyant l'art ; c'est la grâce, la structure toujours logique de la
faune et de la flore qu'il serait, avant tout, nécessaire de leur incul-
quer ; c'est le sentiment individuel qu'il faudrait développer chez
eux, et c'est ce qu'on se garde bien de faire.

Le dessin n'est pas seulement le résultat d'une aptitude ou d'une
habileté particulière de la main et de l'œil ; c'est encore une affaire
de l'intelligence. Les objets extérieurs se peignent dans les yeux de
tous de la même manière ; mais, combien y a-t-il de personnes qui
sachent voir, qui sachent déduire de l'image qui se produit sur la
rétine une conséquence, une suite d'idées ? Bien peu assurément.
Des milliers de gens passent, pendant des siècles, devant un phénomène naturel, en apprécient l'apparence ; un jour, un homme, qui
certes n'a pas des yeux faits autrement que ceux de ses prédécesseurs,
voit le même phénomène, en analyse les causes, en déduit les résultats,
et découvre la loi générale qui le produit. Il y a, ou plutôt il doit y
avoir de cela dans le dessinateur. Et pour ne pas sortir de notre
sujet, l'artiste ou l'artisan qui copie une plante pour en déduire des
compositions d'ornement n'a pas seulement à copier matériellement l'apparence que présente cette plante ; s'il est bien doué, ou si

21

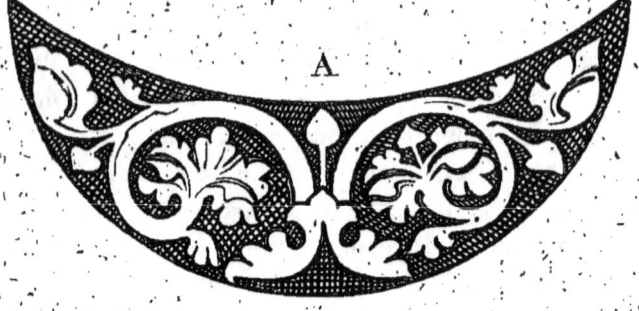

A

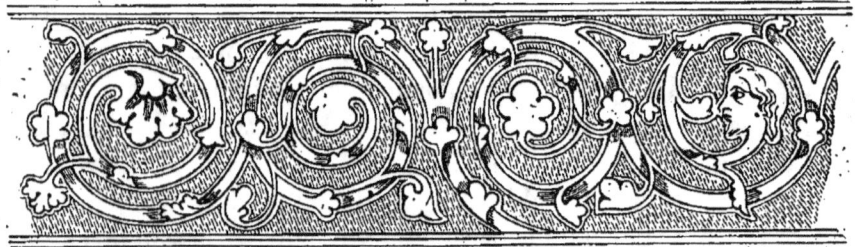

B

C

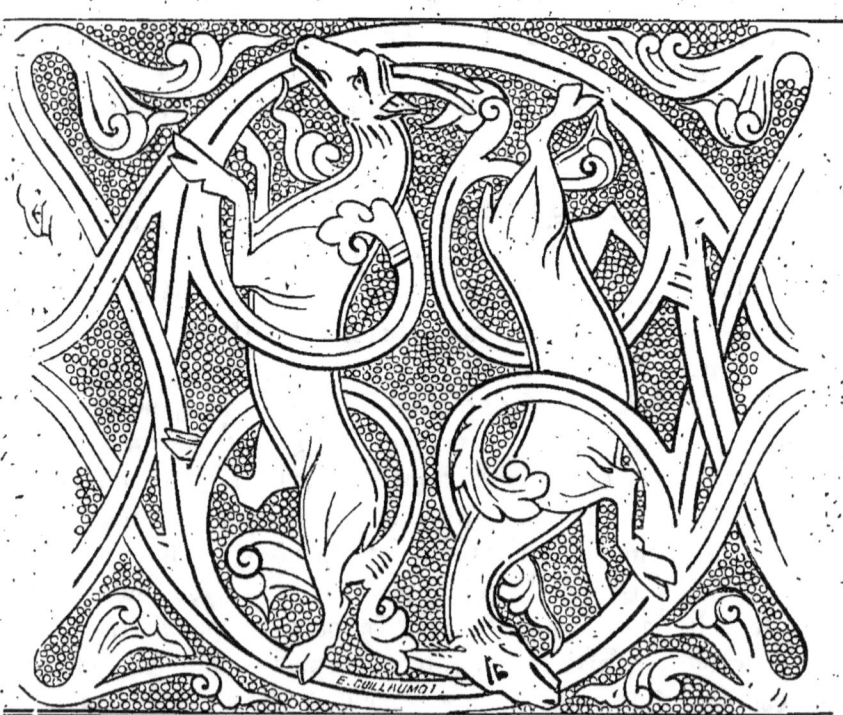

E. GUILLAUMOT.

son esprit n'est pas détourné par un enseignement plat, il examinera tout en faisant son dessin, comment les feuilles s'attachent aux tiges ; comment elles sont sorties du bourgeon, pourquoi elles se présentent de telle ou telle façon ; comment les tiges se ramifient, quelle est la puissance qui les maintient. Il fera, en un mot, pendant que sa main reproduit machinalement une apparence sur le papier, un travail intellectuel d'analyse. Alors, le jour où il composera un ornement avec une plante, il ne la reproduira pas matériellement dans la frise, le rinceau ou le chapiteau qu'il veut créer ; mais en la soumettant aux formes qui conviennent à sa composition, il lui donnera l'allure particulière qui la distingue, il lui laissera son caractère individuel, vivant, original, et laissera de côté les *poncifs* de l'école.

En jetant les yeux sur ces nombreux objets d'orfévrerie que le moyen âge nous a laissés, on acquiert la certitude que les artistes et les artisans de cette époque avaient, pour étudier la nature et en tirer les éléments de leurs compositions, des méthodes supérieures à celles adoptées aujourd'hui dans nos écoles. Voici (fig. 21) quelques exemples de gravures sur métal, qui montrent combien ces artisans étaient non seulement habiles, mais encore intelligents dessinateurs. Ils n'allaient certes pas chercher ces modèles[1] parmi des copies cent fois reproduites de quelques fragments antiques, ou des œuvres de leurs devanciers, mais dans la flore et la faune des champs ; modèles toujours neufs, vivants ; enseignement inépuisable, avec la condition expresse qu'on sait voir, que l'intelligence travaille en même temps que les yeux et la main. Les graveurs employaient aussi le trait tremblé fait à l'échoppe poussée sur la ligne en lui donnant un mouvement rapide d'oscillation. Ce trait tremblé prenait des points brillants très rapprochés, et à distance, un certain *flou* qui convenait à la grande orfévrerie.

Pour des pièces uniques qu'on prétendait fabriquer avec un soin particulier, les orfévres ne se servaient pas habituellement de matrices ; ils repoussaient à la main de petits ornements qui étaient rivés ou soudés sur des fonds. La collection précieuse de

---

[1] Le détail A provient d'une monstrance. Dans cette gravure, les fonds sont faits au moyen d'un treillis. Le détail B appartient au reliquaire de la sainte Chandelle d'Arras. Cette gravure, très fine, présente un double trait autour de l'ornement pour arrêter le travail du fond, qui se compose d'un smillé fait à l'échoppe. Le détail C provient d'un fragment de la collection Soltykoff ; les fonds sont obtenus au moyen d'un poinçonnage de cercles très menus composant le travail que les graveurs appellent *frisé*. Les deux premiers exemples sont donnés grandeur d'exécution, et datent du xiii° siècle ; le troisième est réduit d'un quart, et date de la fin du xii° siècle. Ce qui est à remarquer dans ces gravures, c'est la netteté et la hardiesse du coup de burin, qui semble courir sur le métal comme le fait une plume exercée sur une feuille de papier.

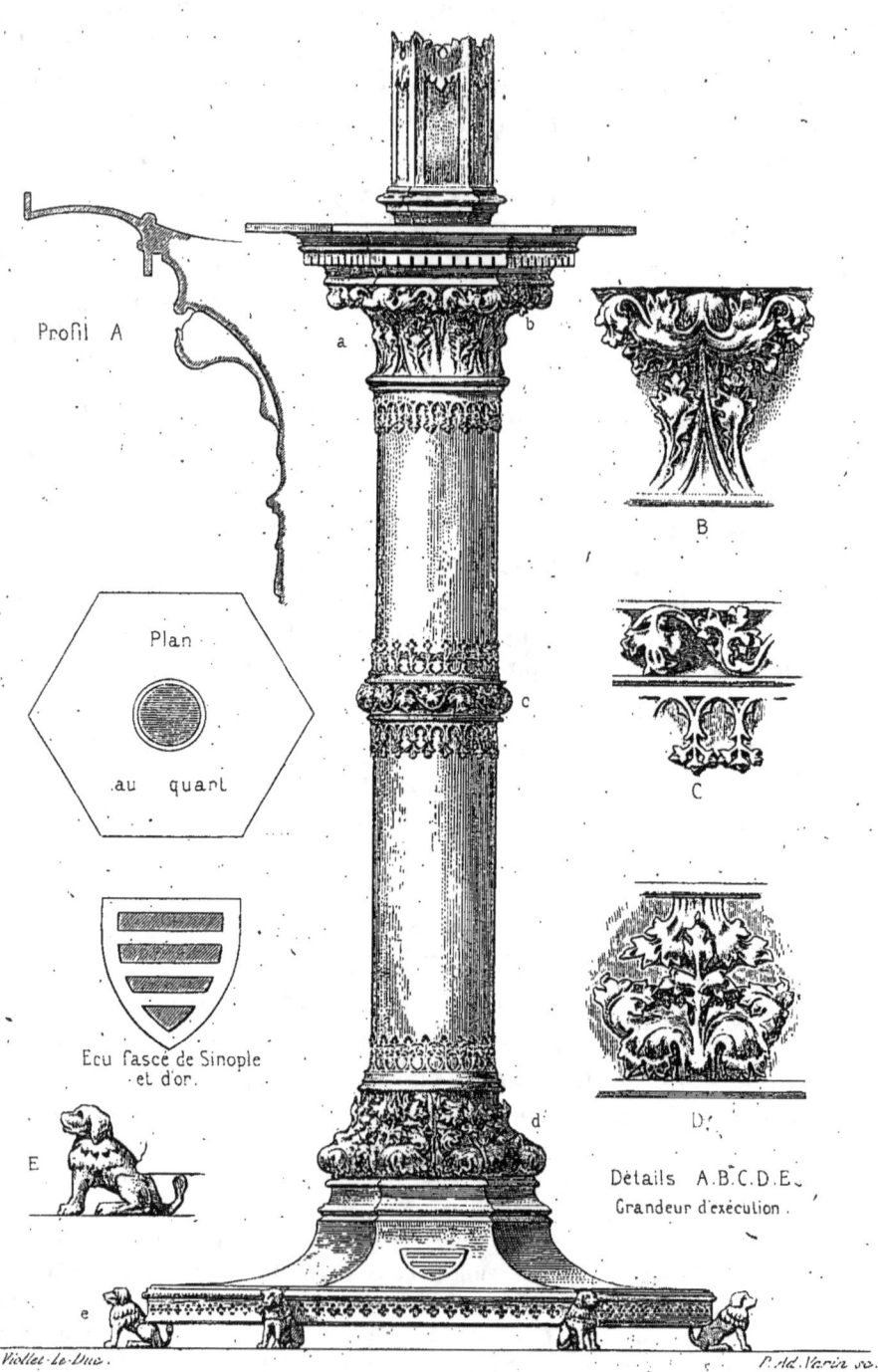

Profil A

Plan

.au quart

Ecu fascé de Sinople
et d'or.

E

e

B

C

D.

Détails A.B.C.D.E.
Grandeur d'exécution.

Viollet-Le-Duc.

P.Ad.Varin sc.

CHANDELIER·EN ARGENT ET VERMEIL

A.MOREL_Editeur

M. Louis Fould possédait un flambeau d'argent et de vermeil fabriqué d'après ce procédé, et qui est d'un excellent travail. La planche XXXVII donne ce flambeau moitié d'exécution. Le corps du chandelier est d'argent ; les bagues, l'orle du pied, l'embase, le chapiteau et la bobèche sont dorés. En B, sont tracés les détails du chapiteau ; en C, les détails de la bague, et en D de l'embase ; en E, un des lions du plateau inférieur, grandeur d'exécution. Ces ornements, faits au repoussé, sont simplement rivés sur le corps du flambeau. Sur le pied est un écusson fascé d'or et de sinople. Cet objet date de la seconde moitié du XIVᵉ siècle.

C'était avec raison que l'orfévrerie française était estimée dans toute l'Europe dès le commencement du XIIᵉ siècle.

Dans les inventaires des trésors étrangers, dressés à la fin de ce siècle, des pièces d'orfévrerie française sont souvent mentionnées[1]. Les centres principaux de fabrication étaient : Limoges, Paris, Arras, Lyon, Avignon, Auxerre, Montpellier. Dans les Flandres, les villes de Gand, de Bruges, de Dinant, de Tournai, de Liège, étaient également renommées pour la fabrication des objets d'orfévrerie[2].

**ÉMAILLERIE SUR MÉTAUX.** Les émaux sur métaux sont, ou translucides, ou opaques, et sont posés de différentes manières. Il y a : 1° Les émaux cloisonnés ou de *plite* ; 2° les émaux en taille d'épargne ; 3° les émaux translucides recouvrant très légèrement les reliefs du métal ; 4° les émaux peints. Pendant le moyen âge, jusqu'au XVᵉ siècle, on n'a guère employé que les deux premiers procédés ; cependant, dès le XIIᵉ siècle, apparaissent quelques objets émaillés sur relief, soit au moyen d'émaux translucides, soit au moyen d'émaux opaques. Quant au quatrième procédé, il ne se montra en France qu'à la fin du XVᵉ siècle.

Les émaux cloisonnés sont les plus anciens, mais il faut distinguer. Il y a deux manières d'obtenir les émaux cloisonnés : la première consiste à sertir de petites tables de pâtes de verre coloré au moyen d'oxydes métalliques entre des lames minces de métal soudées de champ sur un fond : c'est une mosaïque dont les fragments vitreux sont maintenus à l'aide de cloisons de métal ; la seconde, à remplir chaque compartiment d'un émail fondant en poudre, et à mettre ces plaques ainsi préparées au four. La chaleur fait

---

[1] Notamment dans l'inventaire du trésor du saint-siège, dressé en 1295 par les ordres de Boniface VIII.

[2] Voyez l'*hist. des arts industriels au moyen âge*, par J. Labarte, t. II. Morel, éditeur, 1864.

fondre l'émail, qui remplit exactement les cavités et y adhère. On polit le tout, et l'on obtient ainsi une surface lisse, brillante, composée de couleurs vitrifiées séparées par des filets métalliques.

Les émaux en taille d'épargne, ou champlevés, tiennent de ce dernier procédé. On enlève sur une plaque de cuivre rosette, ou d'or ou d'argent, d'une épaisseur de 0$^m$,002 ou 0$^m$,003, toutes les parties qu'on veut remplir d'émail ; on les creuse à une profondeur de 0$^m$,001 environ ; on remplit ces creux de poudre d'émail, et l'on met au four. Comme précédemment, l'émail, en fondant, remplit tous les vides et s'attache au métal. On polit le tout, et l'on dore au feu, si bon semble, les surfaces restées visibles du cuivre ou de l'argent.

Il est évident qu'on ne peut considérer comme émail sur métal le premier de ces procédés. Sertir des morceaux de pâte de verre, comme des gemmes, entre des cloisons de métal, ce n'est pas émailler le métal, bien que le résultat apparent, si l'exécution est parfaite, soit celui de l'émaillage. Or, ce premier procédé a été employé dans l'antiquité par les Égyptiens, par les Grecs, par les peuples d'Orient et par les Gaulois dès avant l'invasion romaine. Les Égyptiens ont-ils connu le véritable émail cloisonné ? M. le comte de Laborde, dans une excellente notice imprimée en tête du *Glossaire et Répertoire des émaux et bijoux exposés au Louvre*, est pour la négative : le savant archéologue n'admet pas même que les Grecs de la haute antiquité aient connu et pratiqué l'émail cloisonné. Mais depuis l'impression de la notice en question, des découvertes sont venues confirmer l'opinion de ceux qui prétendaient que les émaux cloisonnés étaient connus des Égyptiens et des Grecs. Des bracelets égyptiens [1], des bijoux grecs [2], présentent des émaux cloisonnés. La question est donc vidée ; toutefois il est à présumer que les procédés de fixation de l'émail entre des cloisons d'or, d'argent ou de cuivre n'étaient pas très répandus, puisque ces objets sont rares et qu'ils n'atteignent que de très petites dimensions. Quant aux Gaulois pendant et après la domination romaine, ils pratiquaient l'art de fondre des émaux colorés dans des cases métalliques. Nous ne saurions dire si les Romains avaient déjà trouvé cet art pratiqué dans les Gaules lorsqu'ils envahirent ces contrées, ou s'ils l'y apportèrent. On trouve bien des pâtes de verre coloré dont la date est

[1] Entre autres, celui qui fait partie de la collection égyptienne des *Vereiniglen Sammlungen* de Munich.
[2] Collection Campana, au Louvre.

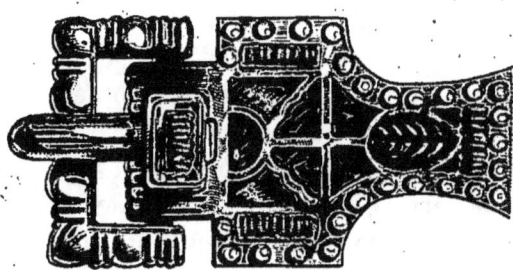

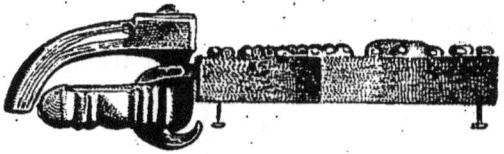

Viollet-le-Duc, del.

A.<sup>d</sup> Levié lith.

**BOUCLE MÉROVINGIENNE**

Imp. R. Engelmann, Paris.

antérieure à la domination romaine, dans des tombes gauloises; mais jusqu'à ce jour il ne serait pas possible d'affirmer que ces pâtes de verre aient été fondues dans des cloisons métalliques, avant la conquête. Les émaux cloisonnés qu'on trouve encore assez fréquemment dans les sépultures gauloises sont-ils gaulois ou gallo-romains? Nous n'oserions décider la question, qui d'ailleurs n'entre pas dans le cadre de notre sujet [1]. Parmi les objets de menue orfévrerie qui datent de l'époque mérovingienne, ce qu'on trouve le plus fréquemment, ce sont des lamelles de pâtes de verre coloré serties par des cloisons métalliques à froid. Tels sont fabriqués les fragments des armes de Childéric, le vase de saint Martin, et enfin certaines parties des couronnes wisigothes de Receswinth et de Suintila, déposées au musée de Cluny, ainsi qu'un assez grand nombre d'objets qui datent des v⁰ au viii⁰ siècles [2]. L'art d'incruster de petites plaques de verre ou de grenat dans des alvéoles de métal était poussé assez loin par ces barbares qui envahirent les Gaules, et l'on ne saurait voir, dans la plupart de ces objets, une fabrication gallo-romaine, car ils affectent des formes qui appartiennent bien évidemment à la race conquérante. Comme spécimen de cette fabrication, nous donnons (planche XXXVIII) une des boucles mérovingiennes déposées au musée de Cluny [3]. Ce bijou est de cuivre plaqué d'or plutôt que doré; des perles d'argent sont soudées sur son orle antérieur. Le corps de l'attache est incrusté de plaques de grenat clair affleurant la surface et posées sur paillon. Une feuille et quatre demi-cylindres d'hyacinthe (améthyste purpurine) sont solidement sertis dans le métal et sont taillés à la molette. La feuille palmettée et les demi-cylindres, ou boudins cannelés en travers, sont saillants sur le nu de la plaque d'attache et sur la souche de l'ardillon. Ce bijou indique une fabrication passablement avancée, mais il n'est pas ici question d'émail. Les remplissages des alvéoles sont, ainsi qu'il est dit, des tables de grenat posées à froid et retenues par un rabattement des bords du métal réservés. Ces bords ne sont point des cloisons rapportées, comme dans beaucoup de bijoux mérovingiens, mais un filet laissé entre le champlevage des fonds. Quelques

---

[1] Voyez à ce propos la notice de M. Ch. de Linas : *les Œuvres de saint Éloi*. Paris, Didron, 1864.

[2] Parfois ces pâtes de verre sont remplacées par des grenats taillés en table. Plusieurs de ces objets sont déposés au musée des souverains au Louvre, au musée de Cluny, au cabinet des médailles de la Bibliothèque impériale, aux musées d'Arras, du château de Compiègne, de Saint-Germain.

[3] Grandeur d'exécution.

objets (bijoux) gallo-romains montrent cependant de l'émail posé à chaud, soit dans les intervalles laissés entre des cloisons, soit dans les alvéoles champlevés. Le cabinet des médailles de la Bibliothèque impériale conserve une plaque de bronze coulé, champlevée, qui provient d'une agrafe de manteau. Cette plaque (pl. XXXIX)[1] paraît appartenir à l'époque gallo-romaine et est une œuvre d'émaillerie des plus curieuses. L'orle, ainsi que le montre notre planche, se compose de vingt-six lobes alternativement remplis d'émail rouge et bleu. Puis est creusée une zone dans laquelle sont juxtaposés, sans cloisonnage de métal, des carrés d'émail rouge entre d'autres carrés intercalés d'émail échiqueté bleu et blanc. Observons que l'émail, fondant au feu, ne pourrait, sans se mélanger jusqu'à un certain point, être posé ainsi que le montre cette zone. On a prétendu qu'un émail, le rouge par exemple, aurait été d'abord posé et fondu, puis qu'à la meule on aurait enlevé les carrés intercalés, qui auraient été remplis d'émail blanc, lequel aurait été fondu au four ; puis, enfin, que cet émail blanc aurait à son tour été taillé à la meule de manière à pouvoir y loger l'émail bleu, de même fondu au four. Mais la chaleur nécessaire pour fondre l'émail blanc aurait remis en fusion l'émail rouge, et aurait, au point de rencontre des deux émaux, produit des mélanges. A plus forte raison, en eût-il été ainsi pour les petits carrés bleus de l'échiquetié. Le moyen supposé ne nous paraît pas praticable ; il semble plutôt que ces compartiments ont été disposés à froid, comme une mosaïque, au moyen de morceaux de pâte de verre coloré, puis que la plaque a été soumise à une température assez élevée pour souder entre eux ces morceaux juxtaposés, sans les ramener à une fusion complète qui pût les mélanger. Même observation pour la bulle trouvée dans les fouilles de Sibertswold-Down (Angleterre). Cette bulle d'or, circulaire, un peu ovale, a $0^m,029$ sur $0^m,03$ de diamètre. Or, elle contient vingt et un carrés d'émaux, qui chacun sont échiquetés de seize petits carrés blancs et verts, rouges et bleus, bleus et pourpres, lesquels petits carrés ont chacun moins d'un millimètre de côté. Peut-on admettre que ces infiniment petits carrés d'émail aient pu être fondus dans d'autres émaux sans s'y mélanger ? Il est vrai qu'on avait cru voir dans la bulle de Sibertswold un ouvrage de mosaïque. Ouvrage de mosaïque, soit, mais soudé à chaud et non maintenu par un mastic à froid.

Ces exemples suffisent pour démontrer que l'art de l'émaillerie

[1] Grandeur d'exécution.

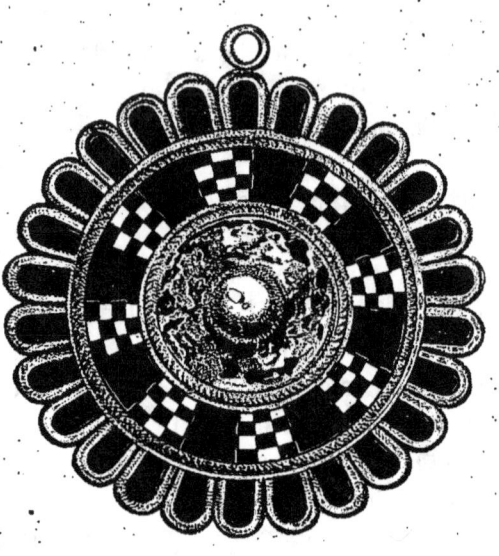

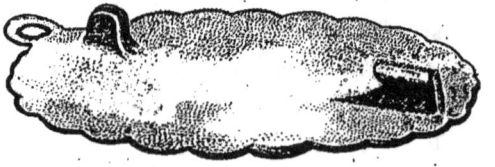

Viollet-le-Duc, del.

A.ᵈLevic lith.

AGRAFE MÉROVINGIENNE

ÉMAILLÉE

Imp. R. Engelmann, Paris.

était pratiqué dans les Gaules au commencement de l'invasion des barbares, et pratiqué avec une certaine perfection. Nous ne possédons toutefois que de petites pièces de cette émaillerie primitive, et il ne semble pas qu'on fabriquât, à l'aide de ces procédés, autre chose que des bijoux très menus, tandis que l'art de sertir des plaques de verre ou des gemmes en petites tables entre des cloisons de métal était usuellement pratiqué sous les premiers Mérovingiens. Les exemples de ce mode de fabrication abondent[1]. Ils ont été souvent mentionnés comme des ouvrages d'émaillerie dans les inventaires et même par des archéologues, mais il ne faut pas une grande habitude de l'art de l'émailleur pour distinguer ces matières cloisonnées de l'émail ou silicate alcalin fondu à chaud dans des alvéoles métalliques. On fabriquait à Byzance et dans tout l'Orient une grande quantité de ces objets composés de gemmes ou de plaques de verre coloré et transparent, serties par des lamelles métalliques. Les barbares qui occupaient les Gaules, dès le ve siècle, en portaient avec eux ; les Wisigoths ont laissé un assez grand nombre de bijoux ainsi fabriqués, et, depuis l'excellente dissertation de M. de Linas sur ce sujet, on ne peut mettre en doute que les célèbres joyaux façonnés par saint Éloi, et mentionnés parfois dans les inventaires comme des ouvrages émaillés, ne fussent simplement des pâtes de verre ou des gemmes encloisonnées et serties dans de l'or, de l'argent ou du cuivre. Ce mode de fabrication, dont notre planche XXXVIII donne un échantillon, mais avec champlevage du métal pour poser les tables de gemmes ou de verre coloré, consistait plus habituellement en un réseau de lames métalliques de champ, soit laissé à jour, soit posé sur un fond, qui maintenait les lames translucides. C'est ainsi qu'est ornée la plaque pectorale mérovingienne du cabinet des médailles de la Bibliothèque impériale[2]. Mais il est temps d'arriver aux émaux du moyen âge, qui font l'objet de notre sujet. Si les Gallo-Romains émaillaient les métaux, il semblerait que cet art fut perdu après les invasions germaniques, et l'on ne voit plus apparaître les émaux cloisonnés et champlevés dans les Gaules que beaucoup plus tard. A Byzance, dès le xe siècle[3],

---

[1] Il est utile de consulter, à ce sujet, l'excellente notice de M. Ch. de Linas : *Orfévrerie mérovingienne*, *les OEuvres de saint Éloi*, et la *Verroterie cloisonnée* (Didron; 1864).

[2] Voyez les exemples donnés par M. de Linas dans l'ouvrage déjà cité.

[3] Voyez la plaque d'émail cloisonné de la collection de feu M. le comte Pourtalès-Gorgier, reproduite par M. J. Labarte dans son ouvrage : *Hist. des arts industriels au moyen âge* (voy. la *Pala d'oro* de l'église de Saint-Marc de Venise).

on fabriquait des émaux cloisonnés ; mais nous ne connaissons aucune pièce de cette époque qu'on puisse admettre comme appartenant à l'émaillerie occidentale. Toutefois les orfèvres occidentaux enchâssaient souvent des plaques d'émaux cloisonnés et champlevés byzantins dans les objets qu'ils livraient à leurs clients, et nos collections possèdent des exemples très curieux de l'emploi de ces émaux orientaux[1]. C'est au XIe siècle qu'on voit apparaître quelques rares émaux cloisonnés de fabrication occidentale, et ces émaux sont, relativement à ceux de Byzance, assez grossiers. Il semblerait que l'art de l'émaillerie en Occident ait d'abord été pratiqué par l'école rhénane, si brillante déjà au commencement du XIIe siècle, école qui s'était évidemment instruite auprès d'artistes byzantins. Verdun était un des centres de l'orfèvrerie émaillée. On peut citer, parmi les émaux occidentaux cloisonnés les plus anciens, ceux qui décorent le calice d'or de saint Remi, déposé aujourd'hui dans le trésor de Notre-Dame de Reims. M. Labarte incline à croire que ces émaux, qui datent du milieu du XIIe siècle, sont fabriqués par des artistes grecs ; mais le style de l'ornementation est occidental, aussi bien pour l'ornementation d'or du vase que pour les filigranes[2] et pour les émaux translucides. Nous ne connaissons pas d'émaux byzantins cloisonnés dont le dessin et la collaboration se rapprochent autant de l'ornementation des vitraux et de celle des manuscrits occidentaux de cette époque. M. Labarte fait observer d'ailleurs, avec raison, que ces émaux cloisonnés byzantins affectent une certaine liberté et une irrégularité dans le dessin des cloisons, qui n'existent pas dans les émaux translucides cloisonnés du calice de Reims; le dessin est ici très régulier. La planche XL donne en A trois des compartiments émaillés du calice de Reims, et en B deux des compartiments byzantins de la boîte évangéliaire du Musée du Louvre, au double de l'exécution, afin de mieux indiquer le travail. Le caractère de la coloration et de la composition de ces émaux diffère essentiellement. Les émaux cloisonnés byzantins ont une coloration claire et lumineuse qui ne se retrouve pas dans ceux du calice de Reims, vigoureux de ton et d'un dessin tout occidental.

Le procédé de fabrication de ces émaux enfermés dans des cases d'or serties est exactement celui indiqué par le moine Théophile. Ainsi, on observera que les petites plaques d'émaux cloisonnés

[1] Voyez, entre autres objets, la boîte évangéliaire d'or du Musée du Louvre, qui date du XIe siècle, et sur laquelle des émaux byzantins ont été fixés. Cette boîte a été réparée au XIIIe siècle. (M. J. Labarte, *Hist. des arts industriels.*)

[2] Voyez les détails de ce calice figure 4.

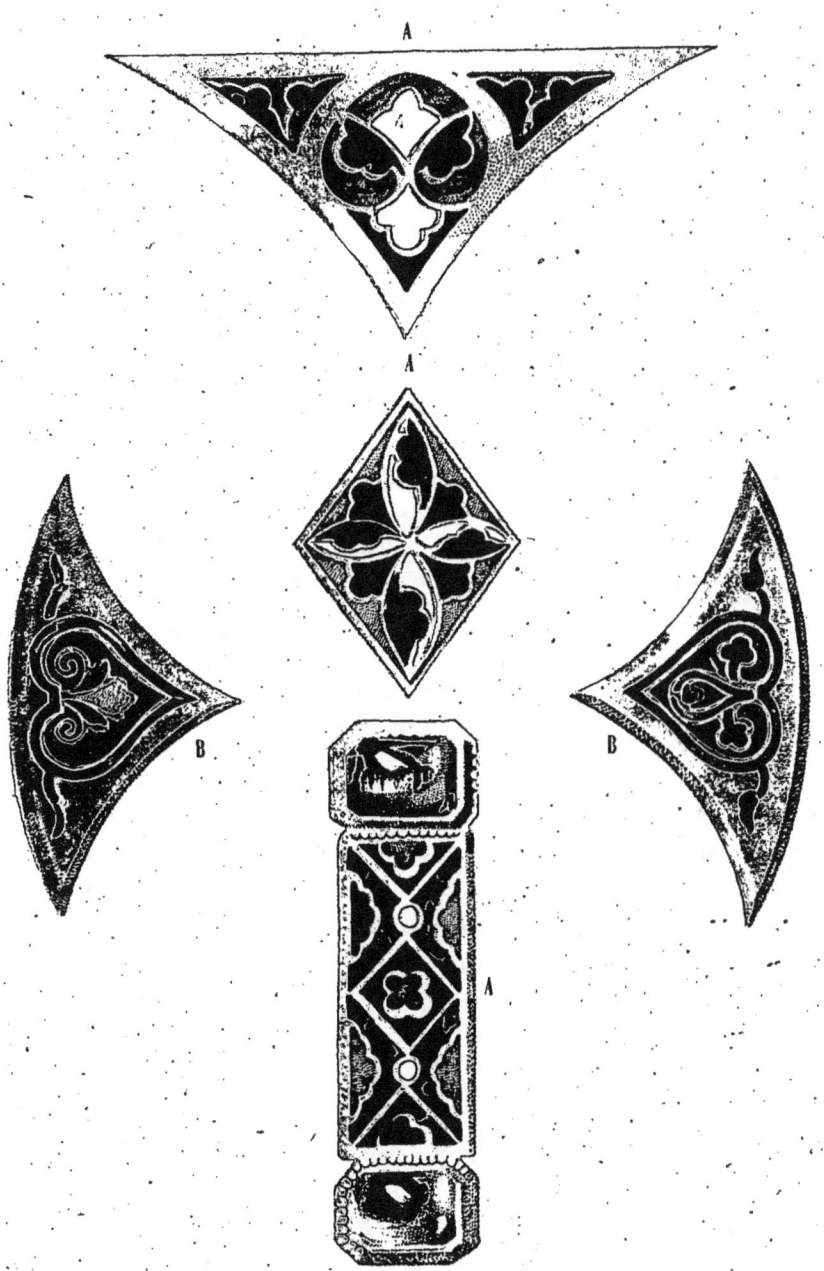

Viollet-le-Duc, del.

A.<sup>d</sup> Levic lith.

ÉMAUX DU CALICE DE REIMS

AU DOUBLE DE L'EXÉCUTION

Imp. R. Engelmann, Paris.

qui décorent le calice de saint Remi épousent les formes de la coupe, de la bague et du pied; ces petites plaques ont donc dû être disposées sur le vase *avant* d'y mettre l'émail, puisque cet émail ne pouvait entrer en fusion qu'au four. Voici ce que dit Théophile à ce sujet [1] : ....., « Ensuite, dans l'intérieur de chacun des chatons « (*domunculis*, petites cases) qui devront contenir des émaux (*elec-* « *tra* [2]), vous appliquerez des feuilles d'or mince, et après les avoir « ajustées, vous les retirerez avec soin. » En effet, les chatons qui reçoivent les émaux, comme ceux qui reçoivent les pierres, sont ajustés sur le vase, puis, à l'intérieur, entre exactement une case dans laquelle sont disposées les cloisons d'or. « Ensuite, en pre- « nant les mesures (des développements de la case) et vous servant « de la règle, vous couperez dans une feuille d'or un peu plus épaisse « (que celle de la case) une bandelette que vous ferez courir le long « du bord de chacune des pièces, de manière qu'elle en fasse deux « fois le tour, et en ménageant entre les deux bandelettes un petit « intervalle qu'on nomme bordure de l'émail [3]. De même, en pre- « nant les mesures (du développement des cloisons), et à l'aide de la « règle, vous taillerez des bandelettes de la même hauteur (que « celle de la bordure) dans une feuille d'or aussi mince que possible, « et, avec de petites pinces, vous contournerez ces bandelettes à « votre goût, de manière à produire les dessins que vous voudrez « dans les émaux, soit des cercles, soit des nœuds, de petites « fleurs, des oiseaux, des animaux, soit des figures ; vous disposerez « délicatement et avec grand soin chacun de ces filets à sa place, en « les fixant dans de la farine délayée et en les chauffant sur des « charbons. Lorsqu'un compartiment aura ainsi été rempli (de son « cloisonnage), vous en souderez toutes les parties avec beaucoup « de précaution, de telle sorte que le travail délicat (du dessin) ne « puisse se déranger et que les cloisons d'or mince n'entrent pas en « fusion... » Cela fait, Théophile explique comment il faut éprouver la substance vitrifiable (l'émail), afin de s'assurer si les différentes sortes d'émaux sont également fusibles; comment on pulvérise ces émaux ; puis comment, à l'aide d'un tuyau de plume taillé en cuiller, on remplit chaque intervalle de cloison de la poudre d'émail conve- nable; puis, enfin, comment on met au four les cases ainsi rem- plies; comment on renouvelle l'opération, si l'émail, en fondant, se

---

[1] *Divers. artium Schedula*, lib. III, cap. LII.

[2] Voyez la judicieuse dissertation de M. Labarte sur l'*electrum*.

[3] Cette bordure n'existe pas autour des émaux du calice de saint Remi.

réduit trop d'épaisseur ; comment on laisse refroidir et comment on polit les pièces. Le texte de Théophile·est trop clair, il entre dans des détails trop pratiques, pour laisser supposer qu'il ne connaissait pas parfaitement la fabrication des émaux cloisonnés : or, Théophile écrivait pendant la seconde moitié du XII° siècle. Les émaux du calice de saint Remi peuvent donc avoir été fabriqués en Occident par des artistes occidentaux.

Il serait difficile, pensons-nous, d'établir, entre les objets d'émaillerie fabriqués en Occident de la fin du XI° siècle à la fin du XII°, des distinctions d'écoles très tranchées. Il est certain qu'il existait sur les bords du Rhin une école (quelques archéologues disent deux) d'émailleurs qui avaient reçu d'Orient leurs procédés ; que, vers la même époque, il existait à Limoges une école distincte de celle de Verdun et de Cologne ; mais on ne fabriquait pas des émaux dans ces localités seulement. Les Flandres, Paris, quelques villes du midi central de la France, possédaient des ateliers d'émaillerie ; et ce serait, pensons-nous, s'avancer trop de prétendre que l'art de l'émailleur était enfermé dans deux ou trois centres en Occident. Partout où il y eut des écoles de peintres verriers, il dut exister des ateliers d'émailleurs. Ces deux industries ont des rapports trop intimes pour que l'une se soit développée sans l'autre, et des délimitations absolues ne paraissent pas pouvoir être tracées. Comme l'industrie des vitraux, celle de l'émaillerie dut se développer très rapidement au XII° siècle ; car, en dépit des causes de destruction de ces objets, il en reste encore une si grande quantité, qu'il faut bien admettre une fabrication vulgaire dans un certain nombre de centres. Dès l'instant que l'on connaît les procédés de l'émaillage des métaux, les procédés sont tellement simples et faciles à mettre en pratique, ils exigent des ressources si minimes, qu'il serait étrange de ne trouver ces procédés adoptés que dans une ou deux villes de la France, tandis qu'on fabriquait, dès le milieu du XII° siècle, des vitraux sur une grande partie du territoire des anciennes Gaules, et particulièrement dans les abbayes bénédictines.

Qu'on ait fabriqué des émaux à Limoges, depuis le XII° siècle jusqu'au XVI°, ce n'est pas douteux ; qu'on donne le nom d'émaux de Limoges à tous les ouvrages qui rappellent ceux exécutés dans cette ville, nous le voulons bien : mais on peut croire, sans trop s'avancer, qu'on faisait des émaux dits *limousins* à Bourges, à Chartres, à Troyes, à Toulouse, à Clermont, à Paris, au Mans, à Angers, dans les villes enfin où l'art du peintre verrier s'était développé. Si grande qu'on veuille supposer l'activité des fabriques de Limoges, elles n'auraient pu suffire à l'énorme quantité des produits que les XII° et XIII° siècles exigeaient pour l'ornement des églises, des tombeaux, des objets usuels, tels que vases, bassins, aiguières, châsses, tableaux, drageoirs, meubles; sans compter les bijoux de corps, boucles, ceintures, agrafes, couronnes, fermoirs, les pièces de harnais, etc. Nous sommes loin de vouloir considérer comme oiseuses les recherches des savants archéologues qui ont déjà jeté sur l'art de l'émailleur en Occident de vives lumières, mais nous croyons qu'il ne faut pas trop limiter cette fabrication, évidemment très répandue en France dès le milieu du XII° siècle, et qu'entre les émaux dits rhénans et ceux dits de Limoges, il y a place pour un nombre considérable d'ateliers dont les procédés se rapprochaient plus ou moins de l'un de ces deux centres principaux. Ne perdons pas de vue, d'ailleurs, que pour obtenir des émaux sur métaux, il suffit d'une table et d'un fourneau, et qu'aucune industrie ne demande moins de place et moins de frais d'installation. Les vitraux en exigeaient bien davantage, et nous connaissons en France une demi-douzaine d'écoles mères de verriers, sans compter les fabrications secondaires.

Lorsqu'on apporte dans l'examen des faits du passé les méthodes de la critique, il est naturel de chercher tout d'abord les classifications tranchées; c'est un moyen de poser des jalons, d'établir des points de repère, de ne point s'égarer. Mais lorsque les exemples abondent, lorsqu'une connaissance plus étendue de la nature de ces faits pénètre l'esprit de ceux qui les recueillent, on reconnaît bientôt des écarts, des déviations, des exceptions; il faut diviser les premières classifications, admettre des transitions, des rameaux. Cela ne détruit pas les appréciations premières, mais les étend et leur enlève ce qu'elles ont d'absolu. Remarquons que, dans l'histoire de la pratique des arts (et surtout des arts appliqués à l'industrie), il suffit d'un homme doué d'un esprit chercheur pour produire un fait nouveau. Or, nous le disons encore, s'il s'agit de l'art de l'émailleur, d'une industrie qui peut être exercée dans une chambre de 2 mètres en carré, par un homme seul, il est évident que les chercheurs n'ont pas dû manquer à une époque où l'on cherchait beaucoup; donc des résultats spéciaux ont pu se produire, et nous voyons bien, en examinant les nombreuses pièces d'émaillerie des collections publiques et privées, que ces faits spéciaux ou exceptionnels se sont en effet produits quelquefois.

Nous venons de décrire les procédés employés pour la façon des émaux cloisonnés d'or. On fabriquait aussi des émaux cloisonnés dé cuivre, et ce moyen de cloisonnage, ou de lamelles de cuivre disposées de champ, n'était pas adopté seulement pour les émaux. La tombe dite de Frédégonde, autrefois placée dans le chœur de l'église abbatiale de Saint-Germain des Prés, et aujourd'hui dans l'église de Saint-Denis, se compose d'un ouvrage de pâtes de verre et de pierres de couleur noyées dans un mastic brun, remplissant les creux laissés entre des cloisons réservées dans une plaque de marbre et figurant les plis du vêtement. Au milieu de ce mélange coloré apparaissent des cercles, des spirales, des filets de cuivre jaune, lesquels filets sont les rives de lamelles incrustées de champ dans le mastic. Cette tombe, si l'on s'en rapporte au vêtement, ne serait pas antérieure au règne de Louis VII, et nous ne la citons ici que pour faire connaître comment les artisans du XIIe siècle employaient des procédés variés, exceptionnels. Il n'existe pas, en effet, en France, un autre exemple d'un ouvrage de ce genre, qui, en considérant le style du dessin et l'habillement, est cependant français. A cette époque, c'est-à-dire vers le milieu du XIIe siècle, les émailleurs rhénans, aussi bien que les émailleurs limousins, adoptaient souvent un moyen mixte d'émaillage du métal. Ils champlevaient le métal, et ils obtenaient des finesses sur la même pièce en soudant, dans les parties intaillées, des cloisons de cuivre. L'émail était donc fondu entre les tailles d'épargne et entre ces cloisonnages. C'est ainsi que sont émaillées les ailes d'un ange du XIIe siècle, supportant le reliquaire qui contient un doigt de saint Léonard, et qui est conservé dans l'église de Saint-Sulpice-les-Feuilles (Haute-Vienne) [1]. Ce curieux objet est de cuivre coulé massif, et le travail de l'orfévre a consisté surtout en une ciselure profonde ; les plumes des ailes sont champlevées et remplies d'émaux rouge sombre, rouge clair, bleu foncé, bleu clair, vert et blanc. Les petits cercles de métal qui sont répandus sur ces plumes sont cloisonnés, c'est-à-dire rapportés et non épargnés. Ce reliquaire paraît, d'après le style de la figure, appartenir au milieu du XIIe siècle. Il y avait donc en Occident, dès cette époque, du Rhin aux côtes de l'Océan, des artistes orfévres émailleurs habiles, expérimentés déjà, et nous pensons qu'après avoir donné à ces objets des dates souvent très éloignées, on a pu depuis tomber dans un excès contraire. Nous trouvons une preuve de ce fait dans la célèbre plaque du musée du Mans. Il existe, en effet, dans ce musée, un émail qui passe pour avoir appartenu

---

[1] Du trésor de Grandmont (voy. la gravure de M. Gaucherel, *Annales archéol.*, t. XV, p. 285).

au tombeau de Geoffroy Plantagenet. Trouillard, dans son *Histoire des comtes du Maine* [1], dit : « Geoffroy mourut en l'an 1151 ; son « corps fut inhumé en l'église cathédrale du Mans, et fut le premier, « dit de même Ordericus, qui aye esté enterré au dedans de la ville ; « son portrait est gravé dans une table de cuivre émaillé et affiché à « une des colonnes de la nef de l'église dans laquelle sont inscrits « ces deux vers :

« Ense tuo, princeps, prædonum turba fugatur,
« Ecclesiisque quies pace vigente datur [2]. »

M. Hucher fait observer que Trouillard, qui vivait à une époque rapprochée de l'année 1552, pendant laquelle le Maine fut dévasté par les huguenots, ne pouvait ignorer que le tombeau de Geoffroy avait été détruit, et qu'il n'en restait que la plaque émaillée qui se voyait de son temps, sans doute, mais très certainement en 1777, « attachée au pénultième pilier de la nef » de la cathédrale de Saint-Julien du Mans, « à main gauche en montant au chœur », comme l'énonce le chanoine le Paige, dans son *Dictionnaire topographique, historique, etc., de la province et du diocèse du Maine.* Bien que ce passage soit clair, et que la présence du tombeau de Geoffroy dans la cathédrale du Mans soit mentionnée dans la *Chronique de Géoffroy* [3] ; bien que l'émail que nous possédons rappelle exactement, par le style et le vêtement, le milieu du XIIe siècle, on a voulu voir, dans ce monument précieux, une plaque votive destinée à perpétuer le souvenir, non de Geoffroy Plantagenet, mais de son fils Henri, mari de Léonore d'Aquitaine et meurtrier de Thomas Becket. D'après cette nouvelle appréciation, l'émail en question daterait au plus tôt des dernières années du XIIe siècle [4]. C'est ainsi que la critique archéologique, dans la crainte de répéter des erreurs trop souvent commises sur la date des monuments, prétend rectifier toutes les appréciations antérieures, et ne distingue plus, parmi ces appréciations, celles qui sont évidemment exactes de celles établies

---

[1] Trouillard, *Mémoires des comtes du Maine.* Le Mans, 1643. — Voyez, sur l'émail de Geoffroy Plantagenet, la notice de M. E. Hucher (*Bulletin monumental*, publ. par M. de Caumont).

[2] L'inscription donne *predonum*, au lieu de *prædonum*, et *eccleiis*, au lieu de *ecclesiis*.

[3] *Chron. du moine Jean*, éditée une première fois par Laurent Bochel, en 1610, à la suite de Grégoire de Tours, et reproduite plus tard par D. Bouquet, dans le tome XII du *Recueil des hist. des Gaules et de la France.*

[4] Henri II Plantagenet mourut en 1189.

sur de fausses traditions. Cet émail est un des plus grands que l'on connaisse, il porte 62 centimètres de hauteur sur 33 de largeur ; il représente Geoffroy debout, tenant une épée haute dans la main droite et un grand écu d'azur à quatre léopards lionnés ou rampants d'or, posés 2, 1, 1 ; à son bras gauche ; au centre de cet écu est un *umbo*. Il est coiffé d'un bonnet pointu émaillé d'azur au lion passant d'or, avec un cercle émaillé de vert sur le front. Il est vêtu d'une robe longue comme celles que les nobles portaient au milieu du xiie siècle, avec un *bliaut* vert par dessus. Un manteau gris chiné de bleu, doublé de vair, est attaché sur son épaule droite et tombe jusqu'aux talons. Le personnage se détache sur un fond d'or squamé de vert avec fleurettes bleues et blanches sur or, et est entouré d'une arcature surmontée d'édicules et de bordures émaillées. L'inscription est gravée et émaillée au sommet de la plaque. Tout le travail est fait en taille d'épargne sur cuivre rouge, sans cloisonnages, et les émaux opaques sont d'un ton splendide. Comme dans les peintures et vitraux de cette époque, le vert, le bleu lapis, le blanc gris, dominent et composent une très belle harmonie colorante qui ne rappelle en rien les émaux byzantins. Il est difficile d'admettre qu'une industrie, qui pouvait produire des œuvres de cette dimension et exécutées avec autant de perfection, en fût à ses débuts. Notre planche XLI donne la tête et une portion de cet émail grandeur d'exécution. Toutes les parties de l'épargne sont très délicatement gravées, conformément à la méthode admise dans la fabrication des beaux émaux du xiie siècle.

La gravure pratiquée sur les parties épargnées du métal mérite une attention particulière, lorsqu'il s'agit de donner une date à des émaux. S'il est difficile de reconnaître à quelle époque appartient exactement une pâte vitrifiée colorée, il l'est beaucoup moins d'assigner à un dessin une date précise, lorsqu'on possède des vignettes de manuscrits et des vitraux.

On voudra bien observer que les vitraux du xiie siècle[1] ont un caractère particulier en ce qui regarde la composition et l'exécution du dessin. Dans ces ouvrages, le dessin obtenu au moyen d'un trait noir posé sur le verre est d'une extrême finesse. Les formes sont indiquées par une multiplicité de traits ou de hachures, si l'on veut, parfaitement posés suivant la forme qu'il s'agit de modeler, mais jamais par des touches épaisses qui eussent supprimé le ton local.

Dans la gravure des cuivres d'épargne des émaux, le même sys-

---

[1] Voyez, dans le *Dictionnaire rais. de l'architect. franç.*, l'article VITRAIL.

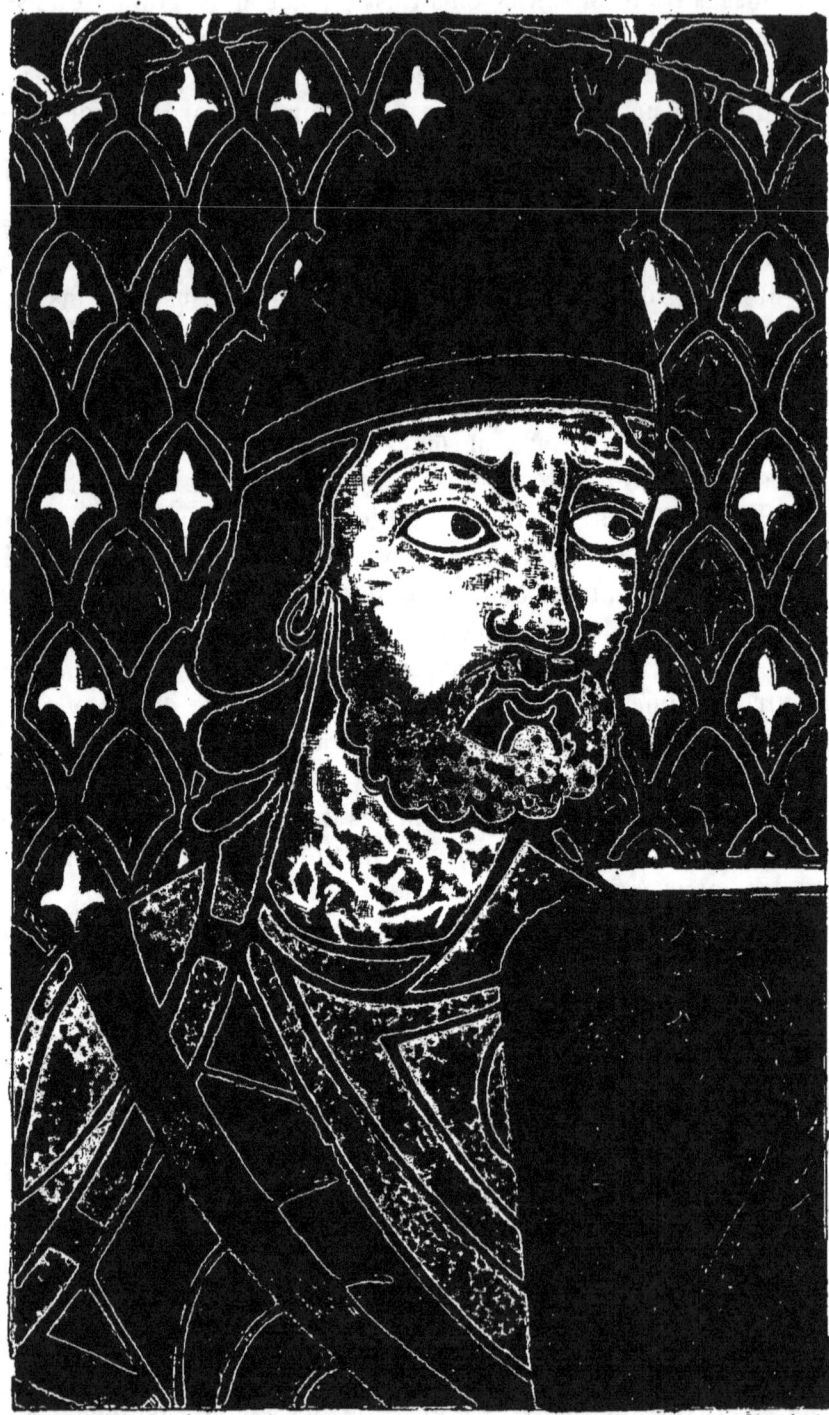

Carresse del.                                        Ricard. lith

GEOFFROY - LE - BEL

Imp. R. Engelmann, Paris.

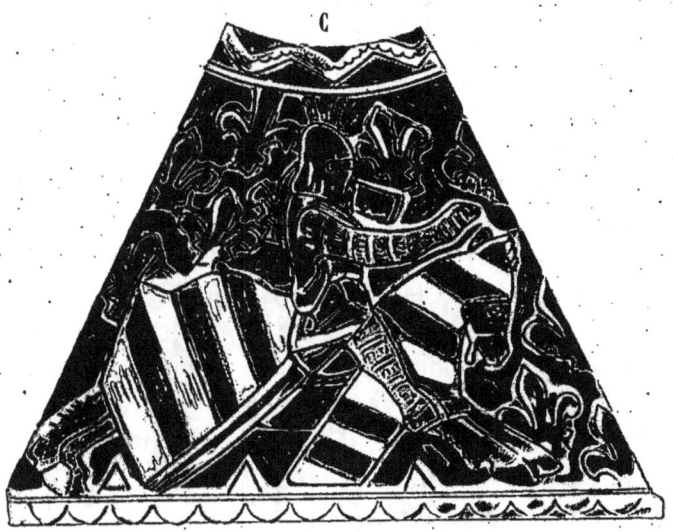

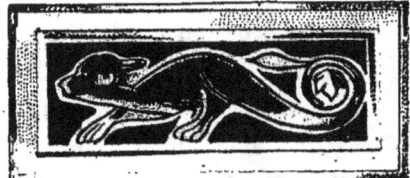

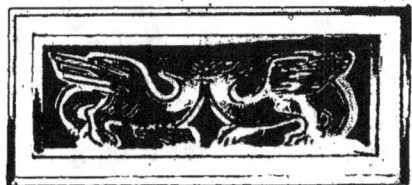

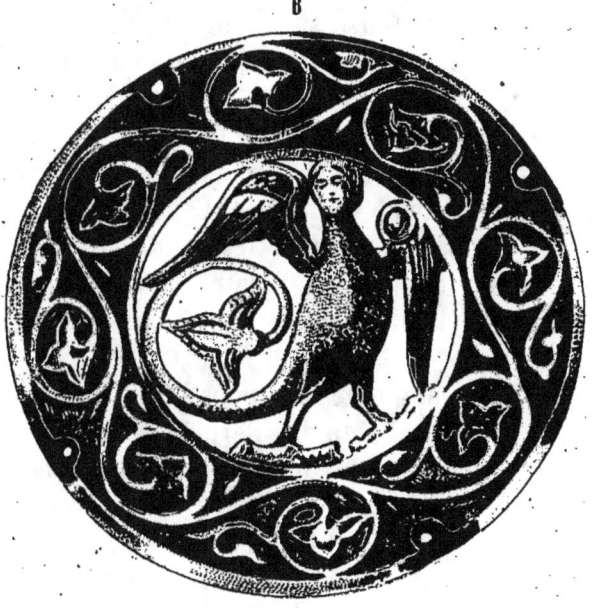

Viollet-le-Duc, del.

A.ᵈ Levié lith.

ÉMAUX DU XIIIᵉ SIÈCLE

GRANDEUR D'EXÉCUTION

Imp. R. Engelmann, Paris.

tème de modelé se retrouve. Ces parties réservées du métal devant
être dorées, il fallait leur laisser leur éclat, et n'obtenir une sorte
de modelé que par une succession de traits rapprochés, fins, qui
laissaient voir entre eux des surfaces brillantes. On obtenait ainsi
un ton qui ne détruisait pas la qualité brillante de l'or. Quand, au
xiii° siècle, on fabriqua une grande quantité de vitraux couvrant
d'énormes surfaces, il ne fut plus possible d'exécuter les verrières à
l'aide de procédés aussi longs et demandant des soins minutieux ;
on remplaça la multiplicité des hachures par de larges traits fortement accusés. De même, dans l'art de l'émaillerie, les artistes cessèrent d'employer le mode des hachures ou tailles rapprochées,
déliées, et le système des larges traits prévalut. C'était plus expéditif, et l'effet décoratif était peut-être plus saisissant. Bien mieux,
dans les œuvres de l'émaillerie champlevée du xii° siècle, l'émail
arrive jusqu'au bord de la forme que doit donner le dessin ; l'émail
dessine exactement cette forme, et la gravure, faite à l'intérieur, lui
donne une sorte de modelé. Ainsi, pour les léopards de l'écu de
Geoffroy (fig. 22), on voit que l'émail sertit exactement le contour
de l'animal, et que le trait n'apparaît plus que pour accuser les
formes comprises entre ce contour. Au xiii° siècle, il n'en est plus
ainsi. Ce procédé demandait trop de temps au champleveur et exigeait un soin extrême, quand il s'agissait de poser et de faire fondre
l'émail, afin qu'il pût complètement sertir le contour. Alors, l'artiste
grave le trait du contour, et le champleveur intaille le métal à une
certaine distance de ce trait, en évitant les aiguïtés, les remplissages
trop délicats. Ces divers procédés donnent donc le moyen de classer
les émaux. Tant que l'émail vient border exactement le contour des
épargnes du métal, on peut ranger les émaux dans la fabrication
du xii° siècle ; mais lorsque cet émail s'éloigne du trait, on peut
considérer la pièce d'émail comme appartenant à la fabrication du
xiii° siècle.

La planche XLII explique ce que nous disons.

Voici en A un émail qui date des dernières années du xii° siècle
ou des premières du xiii° [1] : on voit qu'ici l'émail cerne le dessin de
l'arabesque, et que celle-ci n'est dessinée que par un trait léger à
l'intérieur des tigelles. Cet émail est, d'ailleurs, très fin. En B, le trait
est déjà à une certaine distance du fond émaillé [2]. Le champleveur
a respecté ce trait : c'est un ouvrier, ce n'est plus un artiste, et il se

[1] Du musée de Cluny (grandeur d'exécution).
[2] De la châsse de saint Taurin d'Evreux, 1240 environ (grandeur d'exécution).

cóntente de faire l'intaille de façon à ne pas laisser des angles trop
aigus, des parties trop déliées, qui présenteraient des difficultés à

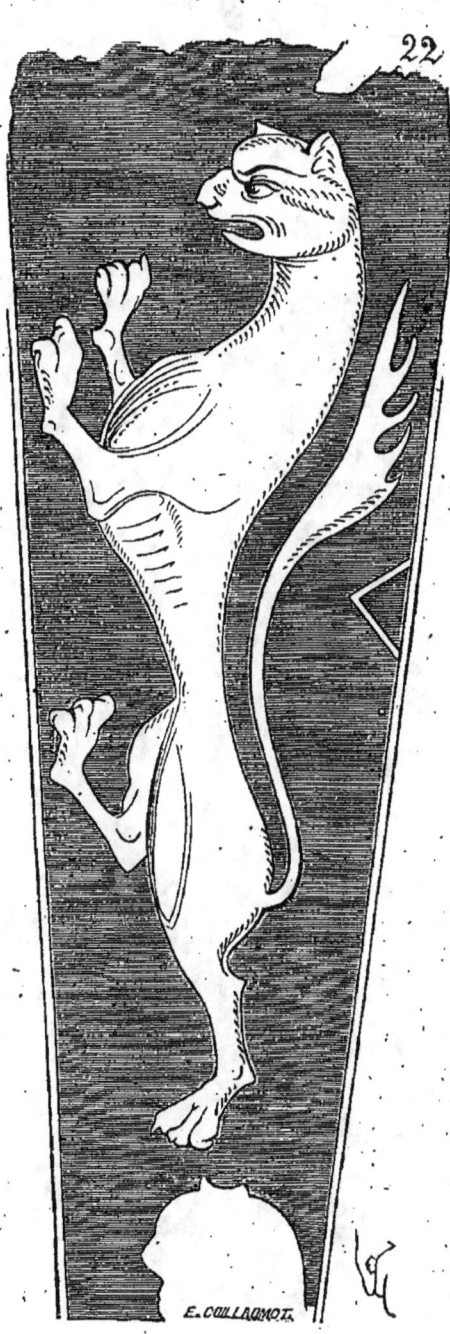

E. COLLAOMOT.

l'émailleur. En C, le champlevèur a évidé le métal loin du trait, en
supprimant toutes les intailles qui auraient demandé des soins à

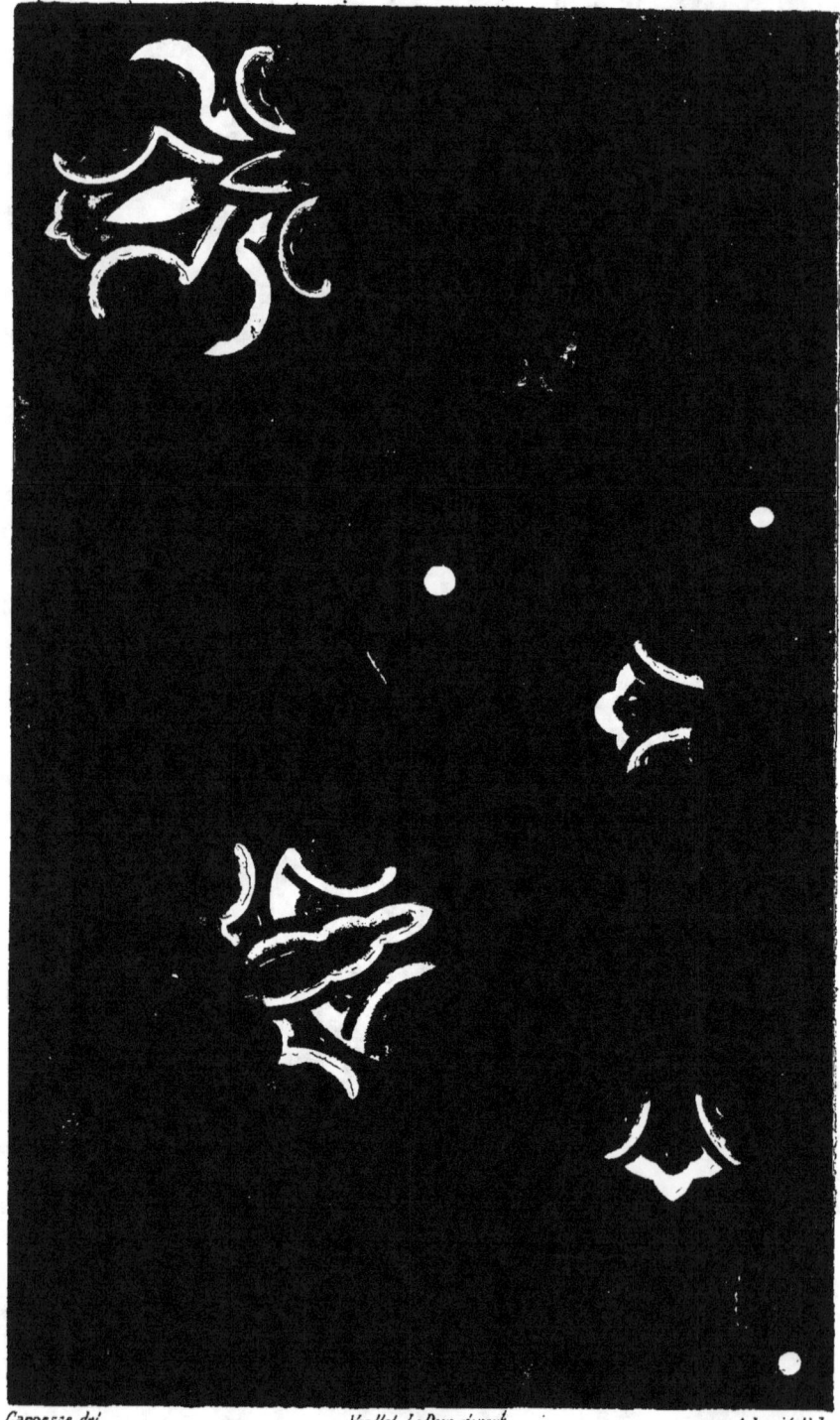

Carresse del            Viollet LeDuc, direx.t            A Levié lith

DU TOMBEAU DU P.ce JEAN FILS DE.S.t LOUIS

Imp P.Engelmann. Paris

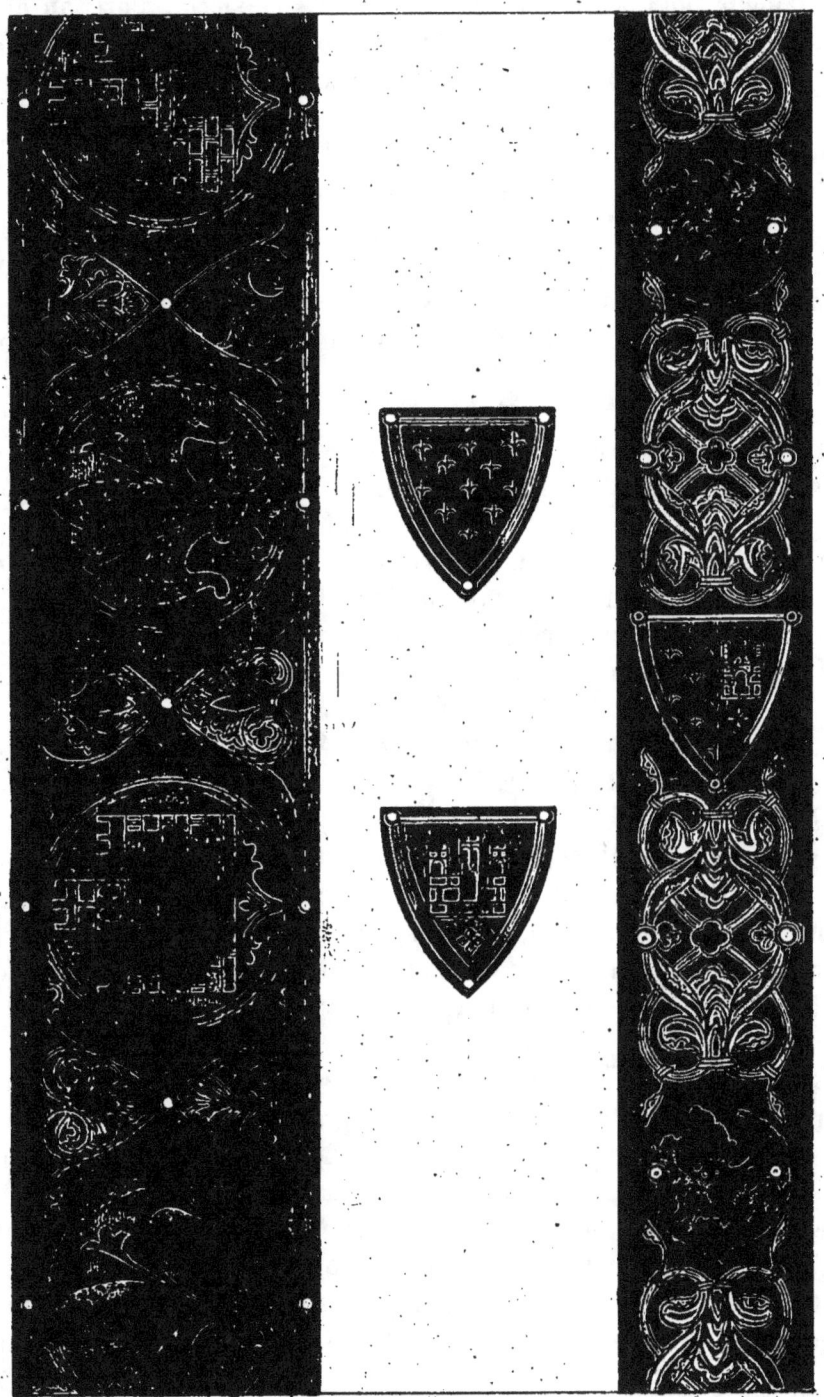

Carresse del.　　　　Viollet-le-Duc. Dir.t　　　　A. Levié lith.

## DU TOMBEAU DU P.ce JEAN, FILS DE S.t LOUIS

Imp. R. Engelmann, Paris.

l'émailleur pour les bien remplir [1]. Au xiie siècle, l'artisan aurait évidé tout l'espace compris entre les fleurs de lis, et l'émail aurait dessiné celles-ci ; de là un travail beaucoup plus long pour le champleveur, beaucoup plus délicat pour l'émailleur.

Dans l'exemple A, on aperçoit certaines fleurs dont les émaux rouge, vert et jaune, rouge bleu et blanc, ne sont pas séparés par des réserves métalliques. Ces émaux, de couleurs diverses, sont juxtaposés dans une même intaille et fondus près l'un de l'autre sans se mélanger autrement que par une sorte de pénétration de l'un dans l'autre. Ce procédé fut fort employé par les émailleurs occidentaux pendant la durée du xiiie siècle, mais plus particulièrement pendant la première moitié de ce siècle. Un des beaux exemples de cette fabrication est fourni par les plaques émaillées des tombeaux des enfants de saint Louis, déposées autrefois dans le chœur de l'abbaye de Royaumont, aujourd'hui dans l'église abbatiale de Saint-Denis. L'un de ces enfants mourut en 1247 ; nous donnons en *fac-simile* un morceau de l'émail sur lequel est attachée la statuette de bronze doré du jeune prince (pl. XLIII). Ce fond est fait de plusieurs morceaux [2], entouré d'une inscription en émail rouge et d'une bordure émaillée dont la planche XLIV donne une partie, moitié d'exécution. De distance en distance, des écus armoyés aux armes de France et de Castille, soit écartelés, soit en plein, alternent avec des cercles sur lesquels étaient gravés des anges à mi-corps. Une bande gravée sur cuivre doré garnissait le devant de la plaque. Cette bande est figurée moitié d'exécution en A, sur la planche XLIV. Sur la plaque principale, outre la figure du jeune prince, l'artiste avait fixé des figures d'anges thuriféraires à mi-corps, sortant d'un nuage, et des religieux récitant des prières. Ces figures étaient demironde bosse.

Si l'on examine ces émaux, on observera que le dessin est encore cerné ici par la pâte fusible, et que la gravure ne fait que donner de la finesse à l'ornementation, soit en redessinant des feuilles, soit en coulant un trait régulier au milieu des tigelles. Les fleurs sont richement émaillées de pâtes blanches, bleues, vertes, jaunes et rouges, qui sont fondues juxtaposées, sans cloisons de métal et sans se mêler autrement que par une teinte de transition obtenue par la fusion d'une couleur dans l'autre. Ces sortes d'émaux présentent des diffi-

[1] D'un chandelier faisant partie de la collection de M. le comte de Nieuwerkerke, 1270 environ (voy. l'article CHANDELIER, partie des USTENSILES).

[2] Voyez l'ensemble de ce monument dans Willemin, et dans la *Monogr. de Saint-Denis*, de M. le baron de Guilhermy.

cultés, car il faut que l'artiste pose ses pâtes ou ses poudres colorées avec beaucoup de précautions dans les intailles, pour qu'elles ne se mêlent point avant ou pendant la cuisson. Mais les émailleurs des xiie et xiiie siècles, en Occident, avaient surmonté des difficultés bien autrement sérieuses.

Nous avons dit comment on pose l'émail en poudre ou en pâte entre les cloisons ou dans les intailles, avant de mettre au four la pièce à émailler. Si la plaque à émailler est plate, ce travail préparatoire ne demande que du soin; mais s'il s'agit d'émailler un vase, un objet ronde bosse, il est évident qu'on doit remplir les cases de la substance fusible non en poudre, mais en pâte qui puisse être maintenue à froid dans ces cases et qui ne coule pas en dehors de leurs séparations, lorsque la pièce est soumise au feu. Or, les émailleurs des xiie et xiiie siècles ont émaillé un grand nombre de ces pièces ronde bosse, vases, statuettes, crosses, tubes, boules, etc.

Nous ne savons pas exactement la date des émaux chinois, hindous et japonais ; nous savons cependant que la plupart des belles pièces sorties de ces fabriques orientales sont d'une époque déjà ancienne, des xiiie et xive siècles de notre ère. Cette industrie devait (si l'on en juge par les produits que nous connaissons) être arrivée à une grande perfection bien avant ces époques, car on n'atteint des résultats aussi beaux qu'à la suite de longs tâtonnements. Les Orientaux fabriquaient des vases d'une grande dimension, couverts d'émaux cloisonnés, alors qu'en Occident on se bornait à émailler des pièces d'un médiocre volume. Encore aujourd'hui, malgré les perfectionnements donnés par la science, nous ne croyons pas que nos émailleurs pourraient couvrir d'émaux des vases d'un mètre de hauteur ; or, ces pièces ne sont pas rares en Chine et au Japon. Il faut dire que ces émaux de l'Extrême-Orient ne sont pas très durs — bien qu'ils ne se rayent pas sous la pointe d'un canif — et qu'ils entrent en fusion à une température relativement peu élevée ; aussi sont-ils souvent craquelés. Nos émaux rhénans, aussi bien que ceux dits de Limoges, sont moins fusibles, ainsi que nous en avons fait l'épreuve au chalumeau, surtout s'ils sont opaques, et avec ces émaux opaques occidentaux il n'aurait pas été possible d'émailler des pièces cloisonnées soudées au laiton ; ce qui a été souvent pratiqué par les artistes chinois, dont les émaux n'ont jamais une opacité absolue.

Parmi les vases émaillés qui nous sont restés et qui appartiennent à la fabrication de Limoges, il faut citer le ciboire d'Alpais [1],

_____
[1] Musée du Louvre. La coupe a 15 centimètres de diamètre.

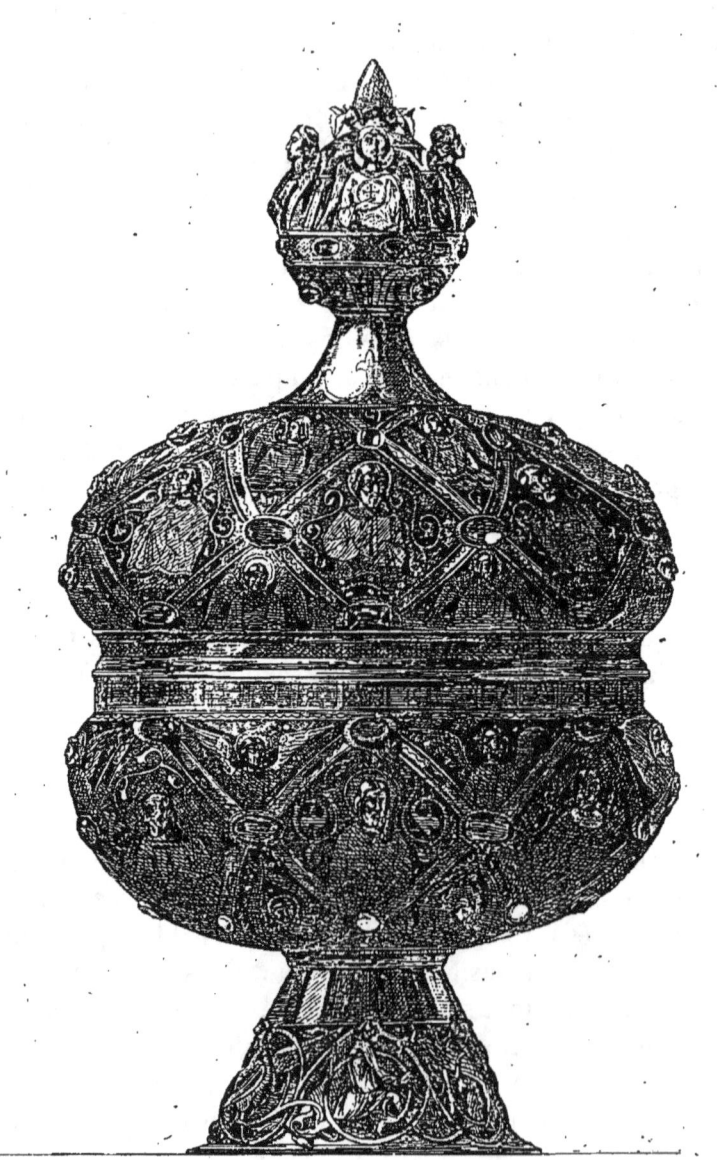

Viollet le Duc dir.t                                                    Léon Gaucherel sc.

SAINT CIBOIRE.

dont la planche XLV donne l'ensemble, et qui présente tous les procédés de la fabrication d'orfévrerie employés à la fin du xııe siècle.
Cet objet, de cuivre doré, se compose de deux valves à peu près
identiques de forme : l'une, celle inférieure, reposant sur un pied
ajouré ; l'autre, celle supérieure, terminée par un riche bouton.
Chacune des deux valves est frettée de seize bandes légèrement
concaves regravées longitudinalement de filets. Dans le canal des
bandes apparaissent des touches rectangulaires et linéaments d'un
bel émail rouge. A leur intersection sont sertis des turquoises, des
émeraudes et des grenats. Entre les frettes se détachent seize
losanges, huit grands et huit petits, et seize triangles ; ces losanges
et triangles sont émaillés de bleu avec épargnes figurant des anges
et des personnages drapés a mi-corps : les têtes de ces personnages
sont ronde bosse, tandis que les corps et les ailes sont simplement
gravés ; procédé souvent employé à la fin du xııe siècle et au commencement du xıııe. Même disposition pour la valve inférieure, dont
les fonds d'émail sont d'un bleu plus clair. Sur ces fonds sont
réservés des rinceaux s'épanouissant en fleurettes avec touches
d'émail rouge. Les nuages d'où sortent les personnages sont émaillés
de rouge, de bleu foncé, de bleu clair, de blanc ou de rouge, de
bleu foncé, de vert et de jaune alternativement, sans séparations
métalliques ; seuls les triangles supérieurs et inférieurs ne sont pas
remplis par des figures, mais par un rinceau d'épargne. La décoration principale du bouton consiste en quatre anges ronde bosse, à mi-
corps, issant de quatre arcades plein cintre. Le rinceau ajouré du
pied représente trois hommes vêtus de tuniques courtes, poursuivant
des dragons dont les yeux sont émaillés de noir.

Au fond de la coupe, dans un cercle qui inscrit un ange tenant un
livre et bénissant, on lit cette inscription gravée :

: — : MAGITER : G. : ALPAIS : ME FECIT : LEMOVICARVM :

Ici, pas de doute, l'artiste est Limousin [1] ; l'œuvre date au plus
tôt des premières années du xıııe siècle, et elle est exécutée dans
toutes ses parties avec une perfection rare ; l'émail est posé, non
sur des parties planes ou sur des pièces rapportées, mais sur un
vase. La plupart des procédés d'ornementation de l'orfévrerie se
trouvent réunis sur ce précieux ciboire : fonte, gravure, ciselure,
sertissage de pierres fines, dorure, émaux, et l'effet obtenu est mer-

[1] Voyez, dans les *Annales archéologiques*, la description fort détaillée que donne
M. A. Darcel de ce ciboire (t. XIV, p. 5).

veilleux. On peut en conclure que les artistes qui produisaient des œuvres de cette valeur n'en étaient pas à leur coup d'essai, et qu'une fabrication aussi parfaite avait dû, avant d'en arriver là, exister depuis un temps assez long. Mais ces artistes ne se contentaient pas d'émailler des vases, ils émaillaient aussi des statuettes. Il existait dans l'église de Saint-Maurice d'Angers un tombeau sur lequel était appliquée une table d'émail de 48 centimètres de haut sur 30 de large. Ce tombeau était celui de l'évêque Ulger ou Eulger, mort en 1149. Recouvert entièrement d'orfévrerie, ce monument mesurait environ 1<sup>m</sup>,80 de long sur 64 centimètres de hauteur et autant de profondeur. La figure 23 en donne l'ensemble. Des pierres décoraient les bandes

23

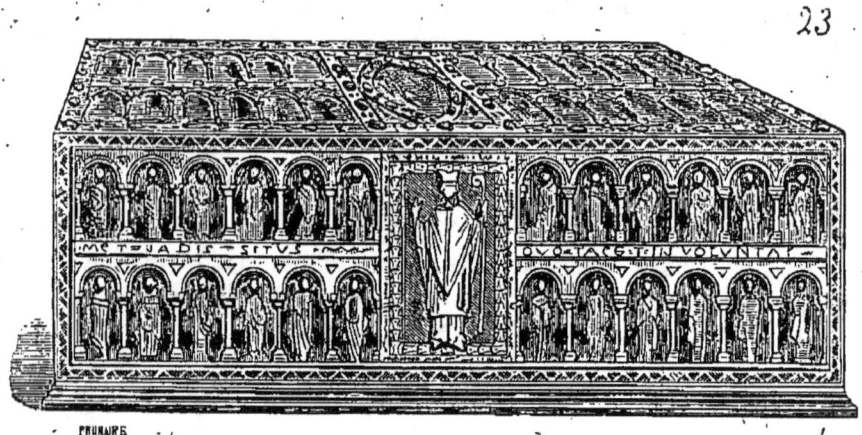

séparant les arcatures du dessus, et ces arcatures étaient remplies par des plaques d'émaux. Le tableau émaillé représentant l'évêque était placé au milieu du parement ; notre planche XLVI en donne la représentation d'après Gaignières. Le personnage demi-relief[1], émaillé sur toute sa surface, indique le degré d'habileté des artisans de cette époque. Ici, plus de cloisons ou d'épargnes pour maintenir la substance fusible, qui ne recouvrait le métal que d'une pellicule très mince et opaque. Il fallait que cet émail, posé à froid, au pinceau, pût entrer en fusion sans couler. Ce procédé, souvent employé

---

[1] Gaignières, qui a copié le tombeau et la plaque représentant l'évêque, avec un soin minutieux, met en note au-dessous de son dessin : « Ce tombeau est d'Ulger, évêque d'Angers, qui mourut en 1149. Il était autrefois couvert d'ouvrages de cuivre doré émaillé, mais il n'en reste que la figure suivante (celle que donne la planche XLVI). — A Saint-Maurice d'Angers, tombeau dans la nef, contre la muraille, à droite, auprès de la porte du cloistre. » (Gaignières, Collect. de la biblioth. bodléienne d'Oxford.)

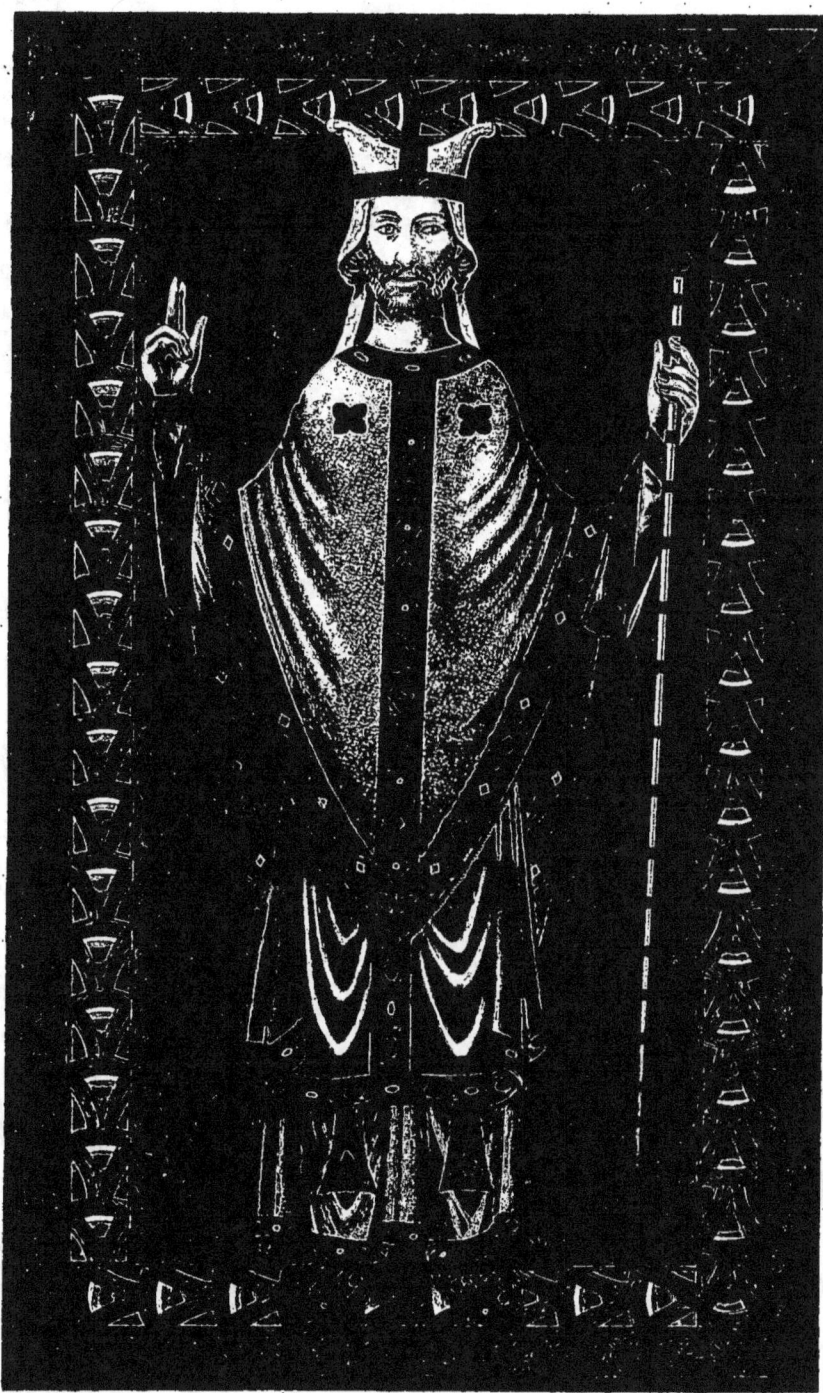

Carresse del                Viollet Le Duc del.                Ricard lith.

TOMBEAU DE L'ÉVÊQUE EULCER

Imp. R. Engelmann, Paris.

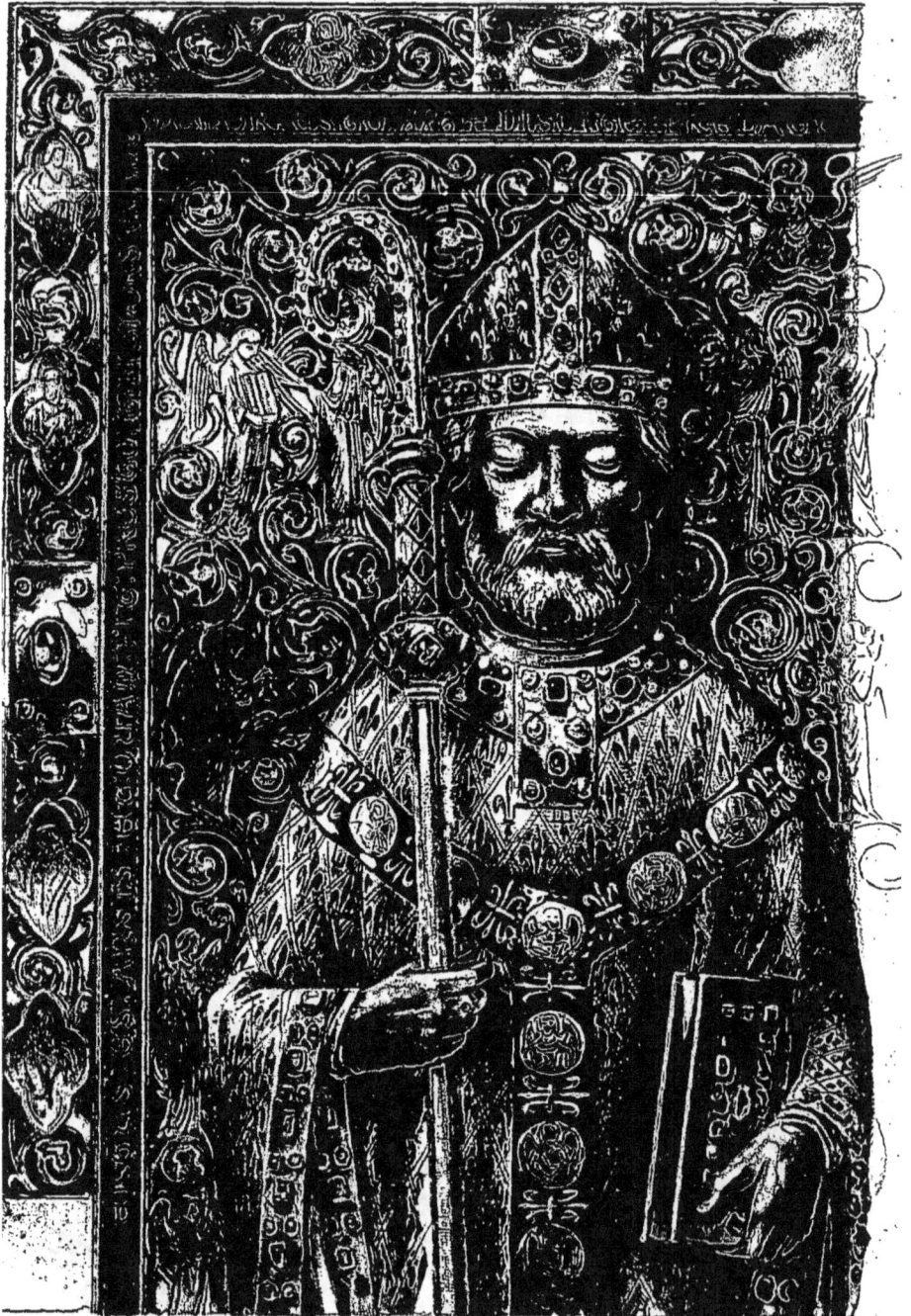

hollet Le-Duc del.

A.Levié lith.

TOMBE DE L'ÉVÊQUE PHILIPPE DE DREUX

Imp. R. Engelmann, Paris.

à dater de la fin du xive siècle, pour de petits objets, ne paraît avoir été en usage avant cette époque que pour des monuments exceptionnels et d'une grande dimension relative. Il existait, avant la fin du dernier siècle, à la gauche du maître-autel de la cathédrale de Beauvais, une tombe de cuivre émaillé d'un merveilleux travail. Ce monument, élevé sur la sépulture de Philippe de Dreux, évêque de Beauvais, se composait d'une grande plaque en émaux champlevés avec figures d'anges gravées sur épargnes; l'ensemble était entouré d'une bordure d'émaux alternés avec des gravures et des pierreries[1]. Sur la plaque était couchée la figure du prélat, de grandeur naturelle, demi-ronde bosse. La tête était colorée d'émaux, ainsi que partie des vêtements. Nous donnons (pl. XLVII) un fragment de cette tombe, dont le dessin nous a été conservé par Gaignères[2]. Il est certain que l'artiste n'avait pu émailler une statue de grandeur naturelle d'une seule pièce, et que le personnage se composait de parties assemblées; mais, quand on sait combien il est difficile d'émailler des pièces de métal d'une dimension médiocre, sans les faire *gauchir* au feu, on ne comprend pas comment une œuvre pareille a pu être menée à bonne fin, et comment tant de pièces de formes et de dimensions différentes ont pu être assemblées.

Nos collections ne possèdent plus une seule de ces tombes d'orfévrerie. La plupart étaient déjà détruites, avant la Révolution, par les chapitres et les abbés, qui préféraient, à ces spécimens inappréciables de la vieille industrie française, des anges bouffis en plâtre et des gloires de bois doré ; et, de ce que tant d'œuvres splendides ont été détruites, de ce qu'il ne nous reste guère que de médiocres débris oubliés, on en conclut que nos orfévres, avant l'époque de la Renaissance, étaient moins avancés que ceux de l'Allemagne et de l'Italie dans la pratique de leur art. Cette statue de Philippe de Dreux n'était pas la seule ainsi fabriquée en cuivre émaillé, doré et argenté. Des parties d'émail considérables recouvraient les statues, grandeur naturelle, de la comtesse Alix de Bretagne, morte en 1221, et de sa fille Yolande de Bretagne, morte en 1272, toutes deux enterrées dans l'église de Villeneuve près Nantes[3]. Et plus tard la statue de bronze de Charles VIII, à Saint-Denis, était revêtue d'un manteau émaillé de bleu avec fleurs de lis d'or[4]. Dans les monu-

---

[1] Cette tombe datait de la première moitié du xiiie siècle (1217).

[2] Collect. de la biblioth. Bodléienne d'Oxford.

[3] Voyez l'article TOMBEAU (fig. 29). *Dictionn. rais. de l'architect. franç.*

[4] On voit encore, dans la chapelle de Saint-Édouard de l'église abbatiale de Westminster, à Londres, la statue de Guillaume de Valence, mort en 1296, qui était, bien que

ments du xiii⁰ siècle, la gravure qui accompagne toujours les émaux, et qui donne au métal doré, voisin de ceux-ci, du précieux, de la finesse, de la chaleur, n'est remplie par aucune matière colorante. Mais, à dater de la fin de ce siècle, le trait gravé est souvent rempli d'un émail rouge, brun ou noir. Alors, les fonds sont émaillés ; les figures se détachent en or sur ces fonds ; et, pour donner plus d'accent au dessin qui les remplit, le trait, fortement creusé, est émaillé.

Le musée de Cluny possède une fort belle plaque-agrafe ainsi fabriquée (pl. XLVIII)¹. Elle se compose de deux parties BB possédant des boucles qui viennent se joindre au-dessus et au-dessous d'une autre boucle soudée sous une pièce centrale A. Une fiche réunit ainsi les trois parties. Ce bijou était certainement une agrafe de chape épiscopale. Faite de plaques de cuivre battu, épaisses et très bien dorées, les émaux champlevés qui la décorent ne sont que de deux tons, bleu lapis tacheté de gris et rouge chaud, opaque. Les figures de l'Annonciation qui se détachent sur le fond bleu, aussi bien que les Chimères qui se détachent sur le fond rouge, sont fortement gravées, et la gravure est remplie d'émail rouge, du même ton que celui du fond. Cette agrafe est cataloguée comme étant une œuvre italienne ², ce que le style du dessin ne permet guère de supposer. Ce style est français, et ne rappelle en rien le faire des artistes italiens de la fin du xiii⁰ siècle ou du commencement du xiv⁰. La présence de l'émail rouge remplissant le trait gravé ne suffit pas pour attribuer cet objet à l'art italien, car, à cette époque (fin du xiii⁰ siècle et commencement du xiv⁰), on trouve assez fréquemment l'emploi de ce procédé dans des pièces émaillées, dites de Limoges.

Ainsi que nous l'avons dit plus haut, l'émail posé sur des objets de métal ronde bosse, comme une coloration peinte, est fort rare avant le xiv⁰ siècle, ou du moins les collections de France, d'Allemagne et d'Angleterre ne possèdent qu'un très petit nombre de ces objets que leur fragilité n'a pu préserver de la destruction. En effet, ce genre d'émaillage ne peut avoir la solidité des émaux cloisonnés,

faite de pierre, recouverte de nombreuses plaques d'émaux champlevés. L'écu, le coussin, le baudrier, le fond entre les jambes, et un semis d'écusson sur la cotte d'armes, sont émaillés et attachés sur la pierre. (Voy. STOTHARD, the Monumental Effigies of Great Britain, pl. 44 et 45.)

¹ Aux trois quarts de l'exécution (fin du xiii⁰ siècle).

² En effet, les gravures remplies d'émail rouge se voient sur les pièces d'orfévrerie italienne du xiv⁰ siècle.

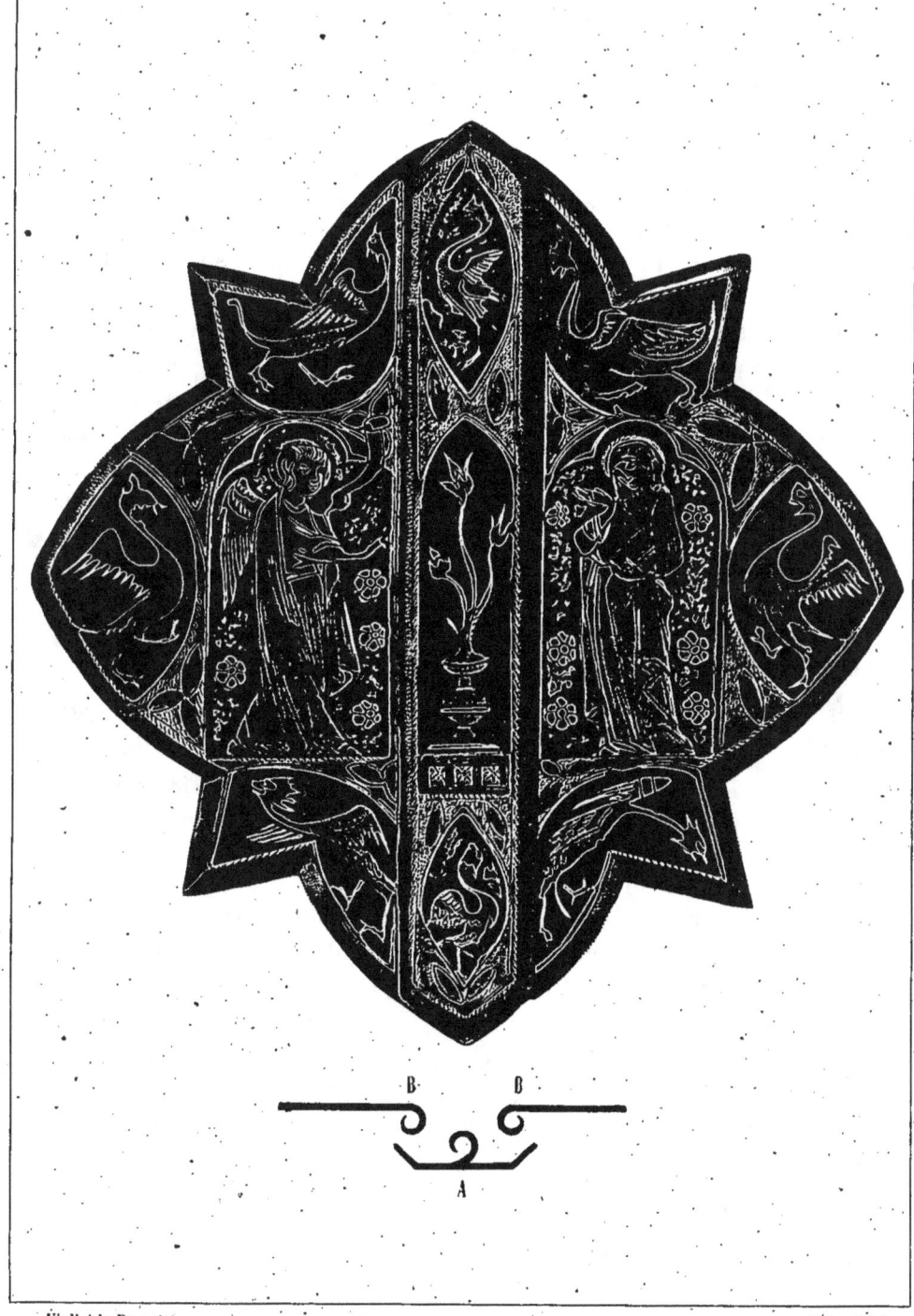

Viollet-le-Duc, del.                          A.ᵈ Levié lith.

AGRAFE EN CUIVRE

DORÉE, ÉMAILLÉE

Imp. R. Engelmann, Paris.

ou champlevés. Pour faire adhérer la pâte fusible au métal, celui-ci était guilloché ; mais ce guillochage ne maintenait pas tellement la couche très légère d'émail, que celle-ci ne se détachât sous un choc ou une pression violente. Vers le milieu du xɪvᵉ siècle, on employa souvent ce qu'on appelait l'*émail en blanc*, c'est-à-dire une couverte blanche ou légèrement colorée sur des figures ou des ornements ronde bosse. « Un image d'or de Nostre-Dame, esmaillé « de blanc, assis en une chayère d'or, laquelle tient son enfant en « son giron vestu d'une cotte esmaillée de rouge clerc, et sont les « choses dessus dictes toutes d'or et sient sur un entablement d'ar- « gent doré, garny de fleurs de lys..... [1] » — « Deux ymages, en « façon de Dieu le père, esmaillez de plusieurs couleurs, et viij « ymages de Adam et Eve esmaillez de blanc comme nuz [2]. » La plupart de ces menus objets relatés dans les inventaires des xɪvᵉ et xvᵉ siècles sont émaillés sur or, cependant nous y trouvons des pièces qui étaient d'une assez grande dimension, et qui par cela même devaient être faites de cuivre : « Une dame, esmaillé de « blanc, qui sert en manière d'aiguière, tenant une petite bouteille « esmaillée d'azur [3]. »

Les émaux ronde bosse sont mentionnés aussi dans les inven- taires du xɪvᵉ siècle : « Une grand croix d'argent, à six ymages « rondes de coste et à iiij évangilistes sur esmail et en fault un des- « soubz les pieds du crucifix [4]. » — « Deux flacons d'argent doré, « plains et au milieu un grant esmail eslevé ou est dedans une « déesse d'amour d'or, eslevée, pesant xxxɪ marcs [5]. »

On ne saurait trop vanter la dorure appliquée par les orfévres sur le cuivre pendant le moyen âge, et particulièrement pendant la seconde moitié du xɪɪᵉ siècle et la première moitié du xɪɪɪᵉ. Cette dorure est faite au mercure ; mais, en se reportant aux procédés indiqués par le moine Théophile dans son livre III, on reconnaît que les artisans prenaient des soins minutieux pour que cette dorure couvrît parfaitement le métal, qu'elle fût également épaisse et d'un éclat uniforme. L'or n'étant pas épargné, on pouvait le brunir forte- ment, ce qui contribuait à lui donner de la solidité en serrant ses

---

[1] *Inventaire de Charles VI* (1399).

[2] *Inventaire des ducs de Bretagne* (1410).

[3] *Invent. des ducs de Bourgogne* (1467).

[4] *Invent. du duc de Normandie* (1363).

[5] *Invent. des ducs de Bourgogne* (1467). (Voy. le *Glossaire et Répertoire des émaux, bijoux, etc., exposés dans les galeries du musée du Louvre*, du comte de Laborde, (1853.)

molécules. On peut voir, dans les collections, des dorures qui ont conservé un éclat merveilleux et une adhérence parfaite, malgré des taches d'oxyde qui ont parfois transpercé leur épaisseur. Nous avons entre les mains des pièces d'orfévrerie de cuivre qui, par suite d'un long séjour dans la terre, étaient devenues complètement vertes. Trempées dans de l'acide acétique mitigé, cette oxydation tombait, et la dorure apparaissait avec tout son éclat. C'est principalement sur les pièces émaillées que les orfèvres tenaient à faire de bonne dorure, parce qu'en effet, pour que l'or fasse vivement ressortir l'émail, il faut qu'il soit très fortement bruni, ainsi que l'indique Théophile ; et, pour que le brunissage de l'or soit beau, il est néces-saire que la couche d'or soit épaisse. Voici un exemple de cet émail-lage avec belle dorure brunie (pl. XLIX). C'est la volute d'une crosse du commencement du xiii⁰ siècle, trouvée tout récemment dans la petite église Sainte-Colombe de Sens. Malgré quelques taches d'oxydation, la dorure épaisse, brunie, a conservé un éclat merveil-leux. On voit comment le ils central de volute est émaillé d'émaux nuancés, sans cloisonnements ou filets d'épargnes entre les nuances. Les gravures sont très délicatement traitées et faites avant la dorure ; mais le brunissoir n'ayant pu atteindre le fond des tailles, celles-ci ont été remplies en partie d'une substance brune qui a terni l'éclat de l'or, de telle sorte que ces tailles se détachent en vigueur sur les surfaces brillantes et polies des épargnes:

Il nous reste à parler des émaux à jour, si tant est qu'il en ait existé, et qu'on n'ait pas pris pour des émaux à jour des verres sertis entre des réseaux d'or ou de cuivre, suivant le procédé si fréquemment adopté par les orfévres sous les Mérovingiens. « Une « grande cope d'or sans couvescle et est esmaillée à jour, qui « poise xv marcs[1]. » — « Une très belle couppe d'or et très bien « ouvrée à esmaulx de plite (cloisonnés) à jour, et le hanap d'icelle « à esmaulx à jour et le pommeau ouvré à maçonnière[2]. » M. La-barte, dans l'excellent article qu'il consacre à l'histoire de l'émail-lerie[3], dit n'avoir jamais vu d'émaux de ce genre, mais il ajoute : « Nous aurions donc été disposé à croire que les prétendus émaux « ainsi dénommés n'étaient autre chose que des pièces de verre teint « et translucide, découpées à froid et serties dans un cloisonnage « métallique, si Benvenuto Cellini, dont la compétence en pareille

---

[1] *Invent. du duc de Normandie* (1363).

[2] *Invent. de Charles VI* (1399).

[3] *Hist. des arts industr. du moyen âge*, t. III, pp. 440 et suiv. Voyez aussi l'ÉMAIL-LERIE dans l'antiquité et au moyen âge.

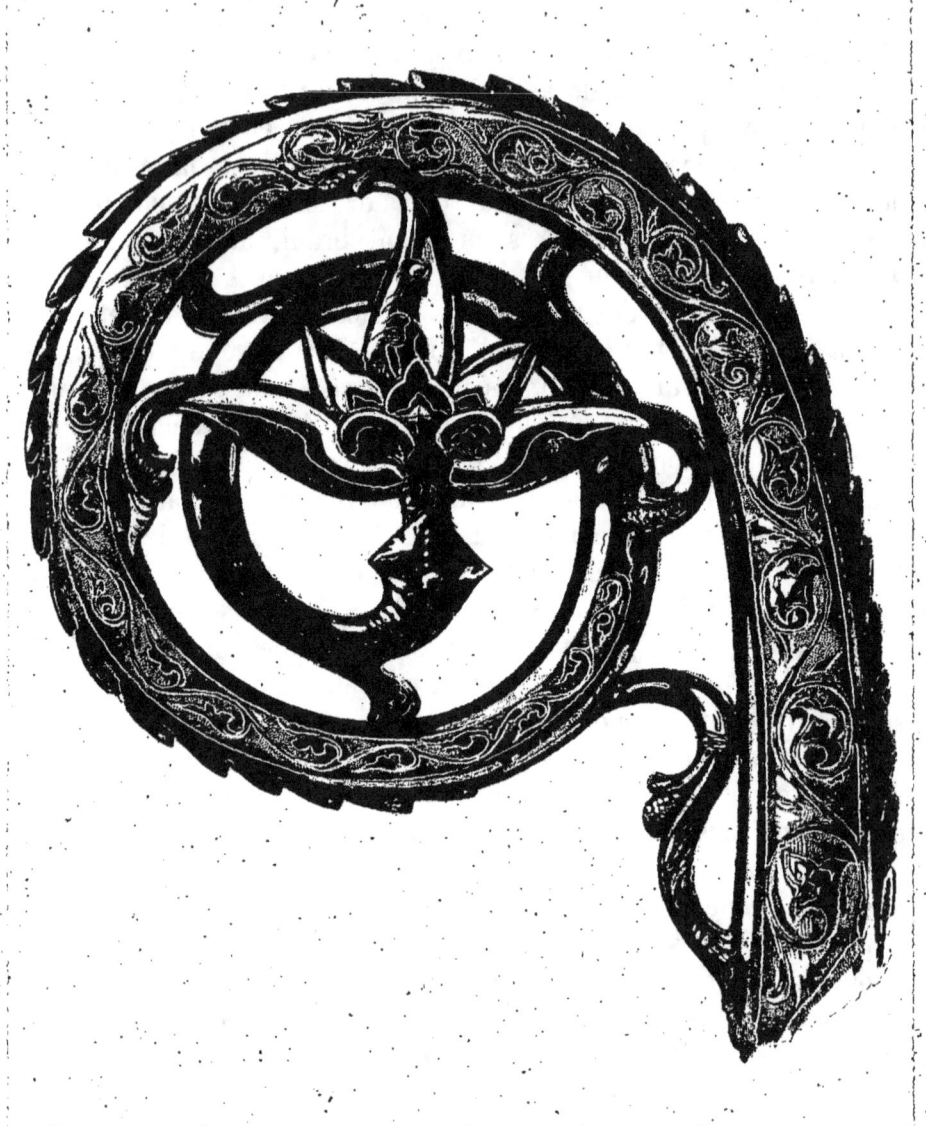

F. Viollet-le-Duc del.

Ad. Levié lith.

CROSSE, CUIVRE DORÉ, EMAILLÉ

Sens

Vᵛᵉ A. Morel & Cⁱᵉ editeurs.

Imp. F. Engelmann, Paris

« matière ne peut être récusée, n'était venu nous apprendre qu'il
« avait vu à Paris une coupe appartenant à François Ier, laquelle
« était composée d'émaux translucides fondus dans les interstices
« d'un réseau d'or. » Et, en effet, Cellini dit non seulement avoir
vu cette coupe, mais il ajoute même qu'il en pourrait fabriquer une
pareille, et il indique les moyens qu'il emploierait pour obtenir ce
résultat. Sans récuser la compétence du célèbre orfévre italien, nous
n'avons pas une confiance absolue en sa véracité. Cellini nous dit
bien avoir vu une salamandre se promener sur des charbons ar-
dents ! Nous ne prenons donc pas son témoignage comme la preuve
de l'existence de ces émaux translucides fondus entre un réseau d'or,
et, d'ailleurs, le moyen qu'il donne pour faire une coupe pareille
à celle que lui montre le roi ne nous semble pas praticable. Ce
moyen n'est autre que le procédé employé pour fondre des émaux
translucides entre un cloisonnement d'or[1], avec cette différence
qu'il ne fait pas adhérer les cloisons au fond, et que celui-ci, disposé
en fer, provisoirement, ne sert que de moule à l'ouvrage. Mais, au
feu, il y aurait alors fuite de l'émail entre les cloisons non adhé-
rentes au fond, car la dilatation de ces cloisons les séparerait certainement de ce fond provisoire, et laisserait entre elles et ce fond un
espace suffisant pour que l'émail s'échappât en fondant. Quoi qu'il
en soit, il existe deux très petits échantillons d'émaux cloisonnés
translucides à jour : l'un se voit dans le Muséum Kensington, à
Londres ; l'autre dans la chapelle de l'hôpital de Santa-Maria della
Scala, à Sienne. Mais ces objets, qui ne consistent, le premier qu'en
un petit gobelet conique, l'autre qu'en une plaque losangée de
quelques centimètres de longueur, ne peuvent, par leur peu d'importance, faire considérer cette fabrication comme étant usuelle.
Ces émaux à jour n'étaient-ils que de petites pièces qu'on sertis-
sait dans des plaques d'orfévrerie, sur des vases, etc.? Cela paraît
probable, car il est question de ces émaux de *plite à jour* dans
quelques inventaires, ainsi que nous l'avons vu plus haut ; mais ils
ne constituaient pas des pièces entières. Ou bien entendait-on
comme émaux de plite à jour des émaux translucides ? Nous
n'oserions rien affirmer à ce sujet. Cet article de l'inventaire de
Charles V (1380) : « Un couteau à manche d'ivyre (ivoire), ouvré
« à ymagettes, et est ledit manche couvert d'un estuy cloant d'ar-
« gent doré, et a en l'allemelle (la lame) dudit coutel, une longue
« roye à esmaux de plite à jour », ne peut faire supposer un

---

[1] Voyez THÉOPHILE.

émail à jour, mais bien un émail translucide posé dans un cloisonnement ou champlevage d'or fait aux dépens de l'épaisseur de la lame, sorte de damasquinage émaillé, comme on en voit sur les manches des couteaux provenant de la vaisselle de Charles le Téméraire [1]. Il est donc possible d'admettre que, pendant le moyen âge, on donnait le nom d'émaux à jour à des émaux translucides posés en taille d'épargne, où entre cloisons, ou sur ciselure. C'est vers le commencement du xv<sup>e</sup> siècle que les émailleurs adoptèrent, pour les bijoux, pour des objets de petite dimension et précieux, l'émail translucide sur ciselure, simultanément avec l'émail blanc opaque. Alors, les parties destinées à recevoir un émail très mince étaient *frisées* ou *guillochées*, c'est-à-dire rendues rugueuses par un travail régulier du burin ; travail qui apparaît à travers la couverte translucide colorée et contribue à lui donner un éclat chaud d'un aspect très piquant.

Il existe dans le trésor de la sainte Chapelle d'Altœtting (Bavière) un très remarquable objet d'orfévrerie d'or et d'argent émaillé, qui représente le roi Charles VI agenouillé devant la Vierge tenant l'enfant et entourée d'un berceau de fleurs et de pierreries. Ce joyau, fabriqué en France, en est sorti probablement à l'époque du mariage de ce prince avec Isabeau de Bavière. Cette pièce d'orfévrerie, fort bien décrite et gravée dans le tome XXVI des *Annales archéologiques* (p. 119), est connue en Bavière sous le nom du « cheval d'or », parce qu'au-dessus de l'estrade servant d'agenouilloir au roi est, en effet, un cheval d'or tenu par un écuyer émaillé mi-partie. Rien n'égale la finesse d'exécution des personnages, des fleurs, des feuillages émaillés qui composent ce bijou de 60 centimètres de hauteur environ.

Ce n'est qu'à la fin du xv<sup>e</sup> siècle que les artistes limousins se mirent à émailler en plein des plaques de métal mince, des vases de cuivre repoussé, et à peindre sur ces couvertes des sujets, des ornements, à entremêler ces couvertes opaques d'émaux transparents sur paillon. Cet art se développe au moment de la renaissance, et a produit de merveilleux résultats dont nous n'aurons pas à nous occuper ici, d'autant que nombre d'auteurs se sont étendus sur cet art de l'émaillerie peinte [2].

[1] Musées de Dijon, du Mans (collect. de M. le comte de Nieuwerkerke).

[2] Voyez, entre autres ouvrages sur cette matière : *l'Émail des peintres*, par Claudius Popelin (1846). — Praticien consommé, artiste aussi habile qu'instruit, écrivain ingénieux, M. Claudius Popelin nous paraît avoir, dans ce volume, résumé clairement les divers procédés employés par les artistes émailleurs du xvi<sup>e</sup> siècle. — Voyez aussi l'*Hist. des arts industriels* de M. Labarte.

**NIELLES.** Le niellé est l'ornementation obtenue par une gravure
faite sur l'or ou l'argent, et remplie d'une substance noire ou brune
fusible. Niellure s'entend comme art de nieller. La nielle est la substance fusible incrustée dans la gravure métallique, l'estampage ou
l'empreinte de cette gravure ou du bassin noir qui la remplit
exactement.

Les Byzantins pratiquaient la niellure soit en grand, soit sur de
petits objets, et cette décoration du métal était fort prisée sous les
premiers empereurs d'Orient. Le moine Théophile donne la manière
de préparer la matière noire propre à nieller, les moyens de l'employer et de l'appliquer dans les gravures faites sur or ou sur
argent [1].

On ne saurait dire à quelle époque remonte l'art de nieller l'or
et l'argent, et ce n'est pas ce qui nous touche en ce moment. On
trouve des bijoux niellés dans les tombes gauloises ; et il y a tout
lieu de croire que les Celtes, qui passaient, dans l'antiquité, pour
savoir émailler les métaux, employaient le nielle, qui est un corollaire
de l'émail champlevé, et qui même est plus facile à pratiquer. Gra-
ver le métal est une conséquence immédiate de l'emploi de cette
matière ; remplir la gravure d'une substance qui la fait paraître, est
très naturel et très simple, soit que cette substance soit posée à
froid, soit qu'elle soit fixée par la chaleur du feu. Sans nous occuper de savoir si les peuples sortis de l'Extrême-Orient ont apporté
ces procédés avec eux, en Europe, nous pouvons, par quelques
exemples, constater que les tribus germaniques qui se répandirent
sur le sol des Gaules, au v<sup>e</sup> siècle, damasquinaient le fer d'argent,
encloisonnaient des lamelles de verre dans de l'or ou du cuivre,
gravaient l'or et le cuivre, et remplissaient ces gravures de substances colorées. Le spécimen le plus intéressant que nous possé-
dions, touchant ces divers procédés, se voit au musée de Cluny. C'est
le collet supérieur d'un fourreau d'épée franque : ce collet est à deux
faces et porte 5 centimètres de largeur sur 3 de hauteur ; il est
partie d'or, partie de cuivre rouge. La face postérieure est entièrement de cuivre rouge damasquiné de dessins très simples, d'or ; la
face antérieure est composée d'une plaque d'or assez épaisse, au
milieu de laquelle percent deux carrés de cuivre rouge au même nu.
Ces deux carrés de cuivre sont damasquinés d'or ; la partie d'or est
intaillée, les intailles sont remplies d'une substance rouge très altérée

[1] *Diversarum artium Sched.*, lib. III, cap. xxvi, xxvii, xxviii. Cette matière noire est
composée de cuivre, d'argent, de plomb et de soufre.

par le temps, et les épargnes visibles, formant des méandres, sont damasquinées de filets et de points d'argent. La planche L présente cette face au double de l'exécution, afin de rendre plus intelligible le travail de l'ouvrier. La niellure est ici faite évidemment à l'aide d'une température peu élevée, puisque la matière rouge semble être une résine que le temps a fait tomber en grande partie. Quant à la damasquinure d'argent sur or, elle est délicate et s'est parfaitement maintenue. Cette alliance de trois métaux indique une origine, ou tout au moins une tradition orientale dont on ne voit plus trace plus tard sur le sol des Gaules. La garde de la poignée de cette même épée est d'or battu, et, par sa forme, permet de supposer qu'elle appartenait à une arme d'une assez grande dimension.

Il est certain que le nielle et le damasquinage sont deux procédés de décoration de métaux ayant des rapports intimes. Pour damasquiner un objet de métal, on commence par intailler le dessin qu'on prétend remplir d'un autre métal ; de même pour nieller. Mais, dans ce dernier cas, c'est une substance fusible à une température peu élevée [1] qu'on fait fondre dans la gravure et qu'on polit après qu'elle est refroidie ; tandis que la véritable damasquinure se bat à froid dans l'intaille, de manière qu'elle la remplisse très exactement et y adhère par le refoulement.

A l'imitation des Byzantins, les orfèvres rhénans ont fréquemment employé la niellure pour décorer l'argent et même parfois l'or. Il est question d'ouvrages niellés dès l'époque de Charlemagne. Théodulphe, évêque d'Orléans, un des « missi dominici » de l'empereur, se plaint, dans ses vers, des tentatives de corruption auxquelles doivent résister les magistrats chargés de rendre la justice. « Celui-ci, « dit-il, me promet de belles coupes si je veux lui accorder ce qu'il « est de mon devoir de lui refuser. Brillantes d'or au dedans, elles « sont décorées de noir au dehors, parce que la couleur de l'argent « s'est altérée au contact du soufre. »

> « Pocula promittit quidam se pulchra daturum,
> « Si homo quæ poscit non sibi danda darem.
> « Interiusque aurum, exterius nigredo decorat,
> « Cum color argenti sulphure tactus abit [2]. »

Nous possédons des ouvrages niellés qui datent du xii° siècle, et, parmi ces objets, un des plus remarquables est l'autel portatif dont

[1] Sulfure d'argent.
[2] *Theodulphi Carmina.* — Voyez l'article de l'abbé Texier, *Nielles et gravures* (*Annales archéol.*, t. XV, p. 5).

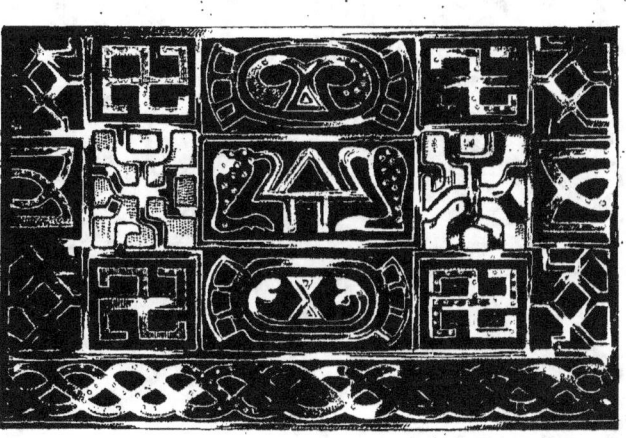

tlet-le-Duc, del.

A.<sup>d</sup>Levié lith.

COLLET DE FOURREAU D'ÉPÉE FRANKE

AU DOUBLE

Imp. R. Engelmann, Paris.

nous avons donné l'ensemble dans l'article AUTEL[1]. Les nielles qui

24

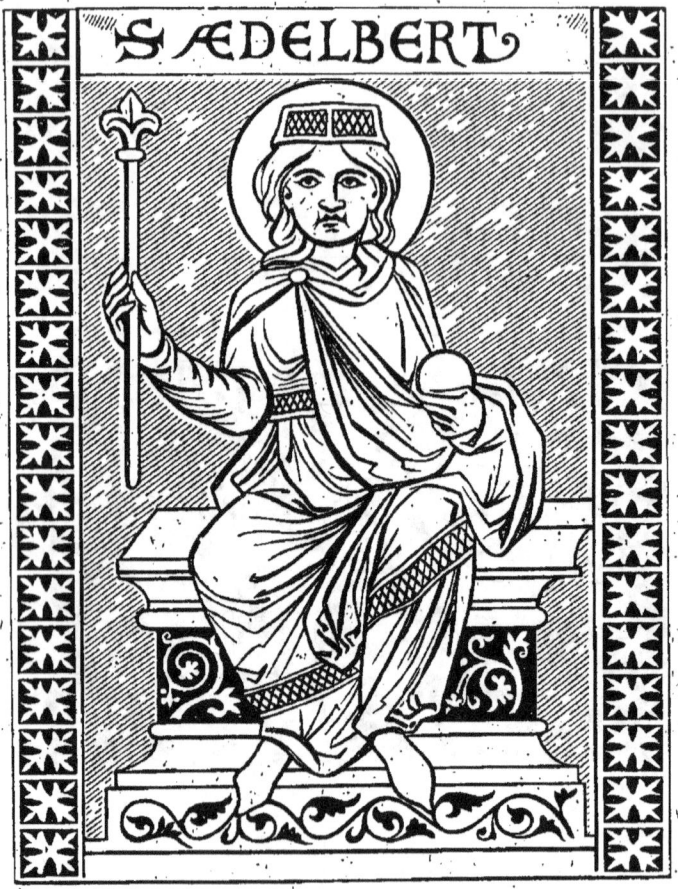

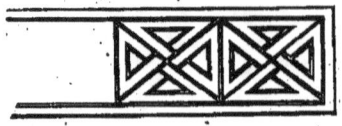

forment la bordure de cet autel sont de la plus grande beauté comme

[1] Voyez le *Dictionnaire du mobilier*, partie des MEUBLES, à l'article AUTEL (pl. II).

composition. L'école rhénane semble avoir fabriqué un grand
nombre d'objets d'orfévrerie niellée. Nous citerons, entre autres, le
socle du chef de saint-Oswald, faisant partie du trésor de la cathédrale de Hildesheim (Hanovre) [1]. Ce socle contient huit plaques d'argent niellé représentant huit images de rois ; alternativement,
les champs ou les figures sont dorés ; une bordure et des accessoires
sont également niellés. La figure 24 donne un de ces rois et une
partie de la bordure inférieure. Le champ du roi est doré ; la figure,
le trône, son marchepied, les deux bordures latérales, sont niellés.
Cette œuvre date du xiii° siècle. Mais, parmi les pièces d'orfévrerie
niellée qui peuvent passer pour appartenir à l'école française du
xii° siècle, il faut citer la croix de Clairmarais, aujourd'hui déposée

25

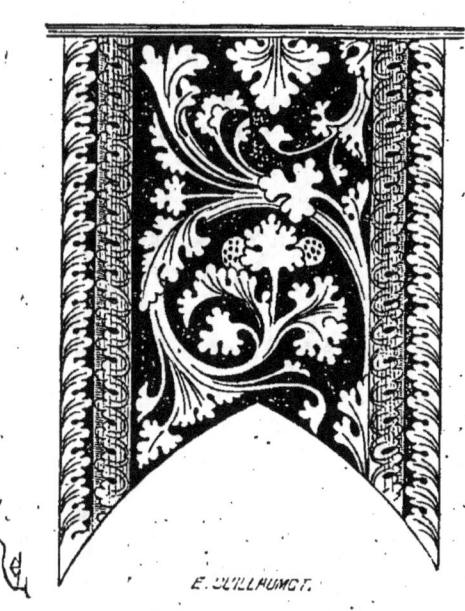

E. GUILLAUMOT.

dans l'église Notre-Dame de Saint-Omer, et dont la partie postérieure est ornée d'entailles niellées. Une description très fidèle de
cette croix est donnée par M. Deschamps de Pas, dans le tome XIV
des *Annales archéologiques* [2] ; elle est accompagnée d'une bonne
gravure (grandeur de l'original). Les ornements, les personnages,
sont d'un excellent style appartenant à la moitié du xiii° siècle. Notre
figure 25 donne un fragment de cette ornementation. Le nielle n'est

[1] Voyez le *Dictionnaire du mobilier*, partie des MEUBLES, à l'article RELIQUAIRE
(pl. VII), dessins dus à l'obligeance de M. King, de Bruges.
[2] Page 285.

plus guère employé dans l'orfévrerie à dater du xiv⁰ siècle jusqu'au moment de la renaissance, où l'on en fit un assez grand usage, principalement en Italie. Benvenuto Cellini prétend avoir retrouvé ce genre d'ornementation, et les procédés qu'il indique sont conformes à ceux donnés par le moine Théophile.

Les orfévres rhénans des xiii⁰ et xiv⁰ siècles avaient adopté un genre de décoration qui semble leur appartenir presque exclusivement, et qui consiste à obtenir un dessin brun sur la dorure. Voici comment on procédait : On couvrait la partie de cuivre qu'on voulait décorer d'un dessin, à l'aide d'une substance réfractaire détrempée dans de l'eau, comme on le ferait sur du papier avec une encre et un pinceau ; puis on dorait au mercure. L'or ne s'attachait au cuivre que là où la substance réfractaire n'avait pas été posée. Alors on enlevait celle-ci, par un lavage, et l'on oxydait le cuivre en brun au moyen de la fumée de corne ou d'un acide tempéré. Cette oxydation laissait l'or intact ; on nettoyait cet or à l'aide d'un alcool, et on le brunissait au besoin. C'est par ce moyen ou par un procédé analogue qu'ont été dessinés les ornements et figures qui décorent la couronne de lumières d'Aix-la-Chapelle[1]. Lorsque la dorure est épaisse, ce genre d'ornementation est très durable et peut être facilement ravivé par un lavage à l'esprit-de-vin ; il est d'ailleurs très économique et excellent pour décorer les fonds, pour faire des bordures, pour tracer des inscriptions.

On ne saurait méconnaître l'importance de la fabrication d'orfévrerie pendant le moyen âge, et le goût général des diverses classes des populations pour ce genre de luxe. Appliquée en grand dans les églises, pour les châsses, les autels, les retables, les lampes et couronnes de lumières, les sièges, les pupitres, les fonts, les crédences, tabernacles et dais portatifs, flambeaux et lanternes, l'orfévrerie plus délicate trouvait place dans les trésors sous forme de reliquaires, de monstrances, de paix, de fioles, de vases, de calices, ciboires, burettes, encensoirs et navettes, custodes, bénitiers, crosses, etc. Dans les châteaux, les seigneurs aimaient à amasser une vaisselle nombreuse, et les jours de gala les buffets se couvraient de plats, d'aiguières, de nefs et hanaps, de gobelets, de coffrets, barillets, drageoirs. L'orfévrerie prenait encore une large part dans l'habillement civil : c'étaient des ceintures, des fermaux, des colliers, des patenôtres, des bulles, des chaînes et des colliers, des chapelets, couronnes et garnitures de coiffures ; des bagues, des

---

[1] Voyez le tome III des *Mélanges archéol*, des RR. PP. Martin et Cahier.

aumônières et des reliquaires. Mais les orfévres avaient plus à faire encore s'il s'agissait des armes, de l'*atournement*. Les heaumes se couvraient de pierreries, ainsi que les ceintures et baudriers. Les harnais des chevaux étaient garnis de plaques émaillées, de gemmes, de bossettes finement travaillées. Les selles montées en argent ciselé et doré ou en cuivre émaillé, les mors, les chanfreins richement ciselés et garnis de pierres précieuses, appartenaient à l'industrie de l'orfévre plus encore qu'à celle de l'armurier et du bourrelier. A Paris, au xiii° siècle, d'après les *Règlements* d'Étienne Boileau, les orfévres devaient travailler l'or au titre des *estelins*[1]. Quant au cuivre, au laiton, à l'étain, ces métaux pouvaient être travaillés par tous les corps d'états se rapprochant plus ou moins de l'orfévrerie, tels que les *boîtiers*, les *boucliers*, les *fermailleurs*, les *bourreliers*, les *couteliers*, les *brodeurs* et *feseresses de chapiaux d'orfrois*, les *patenôtriers*, etc. Aucun document n'indique d'ailleurs qu'il fût interdit à ces corps de métiers de travailler l'or et l'argent.

Il n'est point question, dans les *Règlements* d'Étienne Boileau, qui datent de 1258, 1269, des *émailleurs*; ce qui ferait supposer qu'au moment où ces règlements furent rédigés, cette industrie ne s'était pas encore établie à Paris, ou qu'elle se confondait avec l'orfévrerie et ses diverses branches; et en effet, quand on songe à la quantité de pièces émaillées qui appartiennent à cette époque, il est difficile de croire qu'elles aient toutes été commandées à Limoges. Les *Règlements* ne mentionnent pas non plus les faiseurs de vitraux, et cependant on ne peut mettre en doute qu'il n'existât des ateliers de peintres sur verre à Paris. Le premier article du règlement des orfévres est ainsi rédigé : « Il est à Paris orfévres qui veut, et qui « faire le set, pour qu'il œvre ad us et as coustumes du mestier, qui « tex sunt. » L'émaillage du métal pouvait être compris dans l'œuvre de l'orfévre ; il n'était pas nécessaire que le règlement en fit une mention spéciale. Il y avait cependant un règlement spécial pour les *cristalliers et pierriers de pierres natureus*, c'est-à-dire de pierres fines. Ces cristalliers n'étaient autres que des monteurs en pierres fines. Il leur était défendu de « joindre des pierres fausses (verres colorés) aux cristaux naturels », sous peine de voir dépecer et briser leur travail. Mais il ne semble pas qu'il leur ait été interdit d'em-

---

[1] **La monnaie anglaise d'argent était considérée alors comme la plus pure et prise pour étalon. Relativement à l'or, voici l'article des *Règlements* : « Nus orfevre ne peut « ouvrer d'or à Paris qu'il ne soit à la touche de Paris ou mieudres (meilleure), la- « quelle touche passe tous les ors de quoi on œvre en nule terre. »**

ployer des verres colorés seuls, car beaucoup de pièces d'orfévrerie et de bijouterie du moyen âge en sont garnies. Il est à observer toutefois que, bien rarement, les verres colorés se trouvent mêlés sur un objet à des pierreries naturelles, même les plus communes, telles que le grenat, l'améthyste, la turquoise, la topaze, les quartz blancs transparents ou colorés.

Si la bijouterie reprend, au moment de la renaissance, un nouvel éclat, il n'en est pas de même de la grande orfévrerie, qui, admirable comme exécution cependant, perd une grande partie du style et de l'aspect décoratif qu'elle avait pendant les xiii° et xiv° siècles. Les objets d'or, argent ou cuivre repoussés du xvi° siècle, sont souvent des œuvres d'une haute valeur comme art, et nos orfévres atteignirent, à cette époque, une habileté qui ne le cède pas à celle des artisans italiens ; mais ce qu'on peut reprocher à ces compositions, c'est d'abandonner trop fréquemment la bonne tradition des œuvres du moyen âge, qui voulait que l'objet d'orfévrerie possédât son mode de composition et d'exécution spécial, en raison de la nature de la matière et de la manière de l'employer. La renaissance laisse tomber en oubli l'émaillage opaque en tailles d'épargne, qui cependant fournissait tant de ressources dans la décoration des meubles ou grands objets d'orfévrerie d'église, de vaisselle, de harnais et même de toilette. A Limoges, on ne fabriquait plus alors que les émaux en plein sur métal, peints, opaques, ou translucides avec pavillon. Si précieux que soient ces objets, qui aujourd'hui ont acquis une grande valeur ; si délicats que soient les sujets qui les couvrent, leur aspect est généralement froid et est bien éloigné de l'effet décoratif des beaux émaux champlevés.

# ORFÉVRERIE

# GLOSSAIRE ET TABLE

**GRANULÉ** (Filet). Fil de métal composé d'une succession de grains adhérents, p. 178, 181, 184, 198.

**GRAVURE** sur métal, p 185, 187, 192, 198, 199, 202, 204, 206, 218, 221, 223.

**GRIFFE.** Petites pièces de métal qui, soudées ou rivées sur un fond, ou faisant partie d'une bâte, servent, en se recourbant, à maintenir les pierres, p. 177.

**GUILLOCHÉ.** Travail au burin sur l'or, pour faire adhérer l'émail translucide, p. 227.

**HACHIÉ** (Fond), c'est-à-dire gravé en treillis serré, p. 180.

**MATRICE.** Modèle en relief et en creux obtenu dans un métal trempé, et permettant de faire ressortir, à l'aide d'un ou plusieurs coups de mouton, un relief sur une feuille de métal très mince, p. 199, 200, 202.

**NIELLE.** Ornementation obtenue par une gravure faite sur or ou argent, et remplie d'une substance noire-brune (sulfure d'argent), p. 231 et suiv.

**REPOUSSÉ** (Métal). Modelé au marteau, p. 171, 180, 184, 186, 190, 207.

**SERTISSAGE.** Opération qui consiste à maintenir une pierre, une plaque d'émail, des morceaux de verre à l'aide d'une lamelle de métal soudée ou rivée sur un fond, p. 208, 209, 212, 223.

**SOUDURE** des métaux entre eux, p. 172, 178, 180, 181, 186, 190, 195, 202.

# QUATRIÈME PARTIE

## INSTRUMENTS DE MUSIQUE

# QUATRIÈME PARTIE

## INSTRUMENTS DE MUSIQUE.

**ANACAIRE,** s. f. (*nacaire*). Sorte de tympanon, d'après certains auteurs ; de triangle sonore, suivant d'autres. C'était à coup sûr un instrument bruyant usité dans les armées et qui pouvait être joué à cheval. C'est aussi l'opinion de l'Académie *della Crusca*. Les troupes d'Orient, d'après les chroniqueurs et les trouvères, usaient fort des *nacaires* ou *anacaires,* qui semblent être des sortes de timbales qu'on frappait avec des baguettes. (Voy. du Cange, *Gloss.*, NACARA.)

**ARAINE,** s. f. Trompette de guerre:

« Les araines fit haut sonner [1]. »

(Voy. BUSINE, TROMPE.)

**BUSINE,** s. f. (*buisine*). Grande trompe d'un mètre et plus de longueur, légèrement courbée, étroite à l'embouchure et s'élargis-

---

[1] *Vie de Philippe-Auguste.*

sant à son extrémité ; quelquefois percée d'un trou vers son milieu. Les busines étaient fabriquées en bois, en cuir bouilli, mais le plus souvent en laiton.

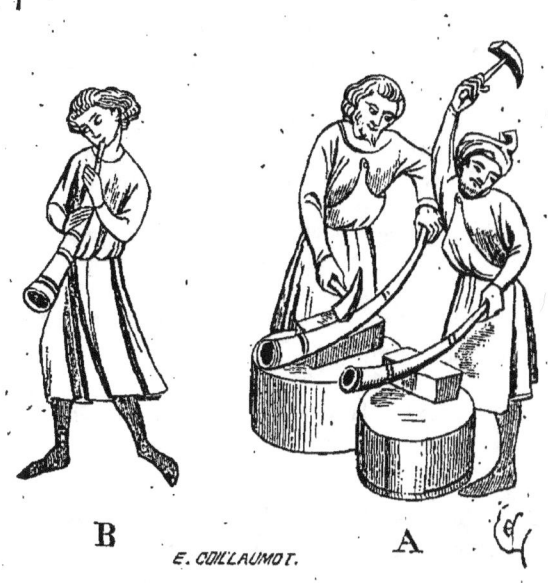

E. COLLAUMOT.

La figure 1 montre en A[1] des ouvriers qui façonnent des busines au repoussé, et en B un jeune homme qui sonne de cet instrument[2]. La busine avait un son éclatant qui s'entendait de loin ; aussi les sculpteurs mettent-ils des busines aux mains des anges qui annoncent le jugement dernier. On l'employait dans les camps, pour donner des signaux et pour réveiller les troupes :

> « Si com li jors au matin parut cler
> « Oint de l'ost les busines soner.
> « Charles Martiaus a fait sa gent armer
> « Et ses batailles renger et deviser[3]. »

> « Li Sarrasin firent lor gent armer,
> « Cor et busine hastivement sonner
> « Contre nos gens que il volent grever[4]. »

> « Là veissiez les busines tentir,
> « Sommier trosser et le charroi garnir[5]. »

---

[1] Manuscr. Biblioth. du Corps législatif (1294).
[2] Manuscr. Biblioth. impér. (xiiiᵉ siècle).
[3] *Li Romans de Garin le Loherain,* 1ᵉʳ chant, ch. iv.
[4] *Ibid.,* chap. xii.
[5] *Ibid.,* chant 2, chap. iii.

Alors le son des busines annonçait la levée du camp, le moment du départ. C'était encore au son des busines que l'on conduisait les troupes à la charge ou à l'assaut :

« Sire, dist Sortinbrans, laissiés vostre tenchon,
« Faites sonner vos cors, cele tor assalonz ;
« N'i dueront François, li encriemé felon. »
« Et respont l'amirans : « Je l'otroi, par Mahom. »
« Lors oïssiés buisines et ces cors de laiton,
« Et Sarrazins venir à si tres grant fuison,
« Couvert en sont li pré une liue environ[1]. »

« Lors oïssies buisines et cors d'arain sonner,
« Et Turcs et Sarrazins et glatir et uler[2]. »

On se servait aussi des busines sur les navires en partant, en arrivant et pendant les combats :

« Entrent en la mer, s'ont lor voie accueillie.
« Lors oïsiez tant cor, tante buisine[3]. »

On disait *businer, bacciner*, et plus tard *baciner*, pour sonner de la busine. Quand le roi Charles VI rentra à Paris le 13 octobre 1414 :

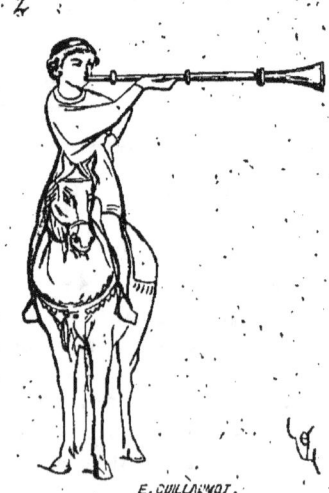

E. GUILLAUMOT.

« Soudainement, environ huit heures de nuyt, commencerent les
« bonnes gens de Paris, sans commandement, à faire feus et à
« baciner le plus grandement que on eust veu passé cent ans devant,

[1] *Fierabras*, vers 3728 et suiv. (XIIIe siècle).
[2] *Ibid.*, vers 3796 et suiv.
[3] *La Prise d'Orange*, chanson de geste, vers 1312 (XIIIe siècle).

« et les tables en my les ruës dreccés à tous venans par toutes les « ruës de Paris qui point ayent de renom[1]. » De cette manière de se réjouir nous sont restés les cornets à bouquin[2] du carnaval, lesquels cornets ne sont que des busines de petite dimension.

Il y avait dans les armées des *busineors* à cheval, chargés de rallier les hommes d'armes, de sonner certaines fanfares (fig. 2[3]), d'annoncer l'attaque, de précéder les cortèges, de donner le signal de l'ouverture et de la fermeture de la lice dans les joutes et tournois. Ces busines droites sont plutôt de grandes trompettes.

**CEMBEL,** s. m. — Voy. Tymbre.

**CHALUMEAU,** s. m. (*chalemiau*). Instrument à vent remontant à une haute antiquité ; primitivement composé d'un roseau ou d'une écorce de branche d'arbre fraîche dont le bois a été extrait, garni d'une anche très simple et percé de trous permettant d'obtenir plusieurs notes. Le chalumeau donne les sons graves de la clarinette :

« Tabars et chalemiaux et estrumens sonner[4]. »

Ce n'était pas seulement pendant les fêtes et réjouissances qu'on se servait du chalumeau ; on jouait encore de cet instrument dans les marches militaires :

« Et l'ost s'est arotée (mise en route) et derière et devant,
« Là oïsiés soner plus de .M. olifans,
« Grelles et chalemiaus et buisines bruians,
« Plorer et lermoier maint damoisel vaillant ;
« Mais n'osent à Guion desdire son commant[5]. »

« Cors et buisines et chalemeaus soner[6]. »

[1] *Journal d'un bourgeois de Paris*, sous le règne de Charles VI, coll. Michaud, t. II, p. 643.

[2] Ou plutôt à *bouquetin*, c'est-à-dire faits avec des cornes de cet animal.

[3] Des vignettes d'entourage du *Roman de Tristan*, Biblioth. impér., fonds français (1260 environ).

[4] *Aye d'Avignon*, vers 4137 (xiiie siècle).

[5] « Refuser d'obéir aux ordres de Guion. » (*Gui de Bourgogne*, vers 4374 et suiv. (xiiie siècle).

[6] *Guillaume d'Orange* (xiiie siècle).

Il était plusieurs sortes de chalumeaux, ainsi que l'indique ce vers :

« Puis chalemiaus et chaleme!e[1]. »

**CHEVRETTE,** s. f. (*chieuvrete, chaplecho*). Instrument à vent composé d'une peau de chevreau et d'un chalumeau. Guillaume de Machaut, trouvère du xiv⁰ siècle, distingue cependant la chevrette de la cornemuse :

« Cornemuses, flajos et chevrettes. »

Peut-être la chevrette était-elle d'un plus petit volume que la cornemuse. Quelques vignettes de manuscrits donnent, en effet, de petites cornemuses garnies seulement d'une pipe pour souffler, et d'un seul chalumeau très long, percé d'un assez grand nombre

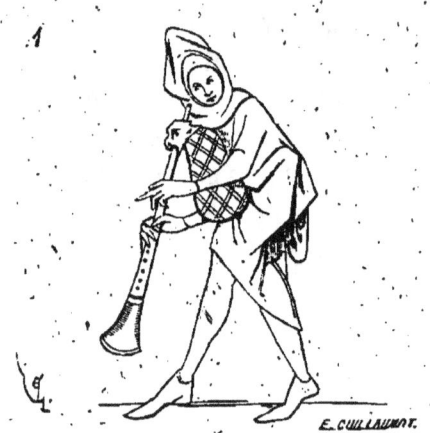

E. GUILLAUMOT.

de trous (fig. 1).[2] (voy. CORNEMUSE). La musette dont on se servait, il y a peu d'années, dans la Bourgogne et le Limousin, pourrait bien n'être autre que la chevrette du moyen âge. On lui donnait ainsi les noms de *bedon* et de *loure*.

**CHIFONIE,** s. f. (*syphonie*). Quelques auteurs pensent que la chifonie n'est autre chose que le tympanon, c'est-à-dire un instrument composé d'un morceau de bois étroit et long, creusé, garni d'une peau, ou d'une tablette de bois sec très mince, devant laquelle sont tendues une ou plusieurs cordes qu'on racle avec une petite

---

[1] *Roman de la rose*, partie de J. de Meung, vers 21299.
[2] *Hist. de saint Graal*, Biblioth. impér. (fin du xiii⁰ siècle).

verge de bois ; d'autres voient dans la chifonie[1] un instrument
analogue à celui que nous nommons *vielle* aujourd'hui. Il est bien
possible, en effet, que les deux instruments n'en fassent qu'un par
la substitution d'une roue à la vergette de bois et de touches
appuyant sur les cordes, au doigté.

En considérant la chifonie comme un instrument à cordes
frottées par une roue et garni de touches, nous en trouvons la
reproduction, datant du xiie siècle, sur le célèbre chapiteau de
Boscherville. Cette chifonie (fig. 1) est jouée par deux personnages :

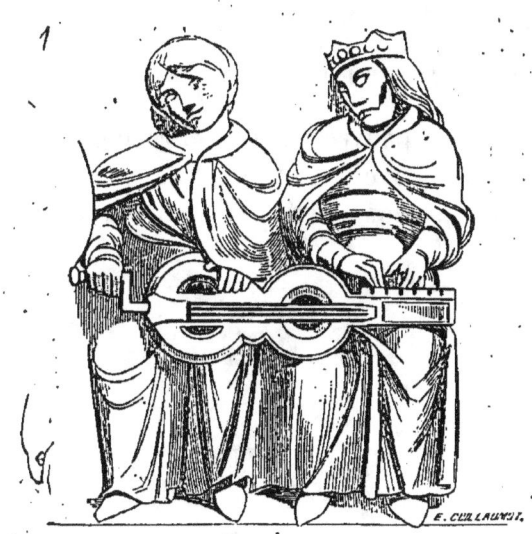

l'un tourne la manivelle, et l'autre a les mains posées sur un petit
clavier composé de sept touches, placé à l'extrémité de l'instrument.
La roue frotte trois cordes qui semblent entrer dans la cavité munie
de touches. Nous n'essayerons pas, d'ailleurs, d'expliquer comment
ces touches, placées sur l'extrémité du coffre, pouvaient agir sur les
cordes de manière à produire un certain nombre de notes. La chifonie, pendant les xiie et xiiie siècles, passait pour un instrument
très doux et harmonieux ; mais au xive siècle elle était complètement
tombée en discrédit.

Lorsque Mathieu de Gournai est envoyé par Henri de Transtamare
et du Guesclin à la cour du roi de Portugal, pour s'informer auprès
de ce prince si don Pedro est réfugié dans ses domaines, l'ambas-

---

[1] *Sumphonia.*

sadeur trouve auprès du roi deux serviteurs portant chacun une
chifonie pendue au cou :

> « Et li .II. ménestrez se vont appareillant ;
> « Devant le roy s'envont ambdui chinfoniant,
> « Quand Mahieu de Gournay les va apercevant
> « Et les chifonnieurs a oy prisier tant,
> « A son cuer s'en aloit moult durement gabant.
> « Et li roïs li a dit après le gieu laissant :
> « — Que vous semble ? dit-il ; sont-ils bien souffisant ? »
> « Dit Mahieu de Gournay : « Ne vous irai celant :
> « Ens ou païs de France et ou païs normant
> « Ne vont tels instrumens fors qu'avugles portant.
> « Ainsi font li avugle et li poure truant. »
> « Et quant li rois l'oy, s'en ot le cuer dolant :
> « Il jura Jhésu-Crist, le père tout poissant,
> « Qui ne le serviront jamais en lor vivant [1]. »

Si bien que les deux pauvres *chifonieurs* sont renvoyés par le roi,
*durement courroucé* d'avoir à sa cour, et pour l'accompagner, des
joueurs d'instruments considérés en France comme truands. Et

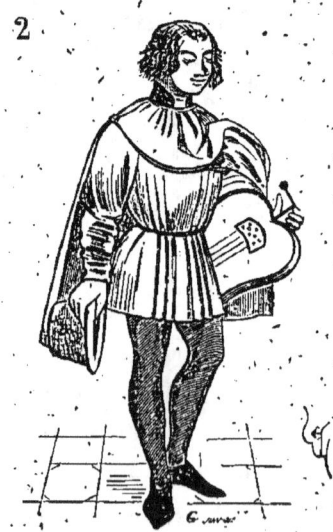

cependant il ne semblerait pas que la chifonie, appelée vielle aujourd'hui, fût tellement déprisée en France, puisque dans le roman
de Girart de Nevers et de la belle Euriant [2] on voit une des vignettes
représentant Girart déguisé en ménestrel et ayant une chifonie

---

[1] *La Vie du vaillant du Guesclin*, par le trouvère Cuvelier, vers 10050 et suiv.
[2] Biblioth. impér., 1440 environ.

pendue à son côté. Il est vrai qu'au-dessous de la miniature est écrite
cette légende : « Comment Girart vinst à Nevers la *viole* au col, ou
« il chanta devant Lisiart. » L'instrument représenté figure 2 n'en est
pas moins une chifonie, puisqu'il est muni d'une manivelle, et par
conséquent d'une roue à frottement sur les quatre cordes tendues
sur la table harmonique. Cet exemple pourrait faire croire que
la viole ou vièle, au xv° siècle, était un instrument monté de quatre
cordes, et qu'on pouvait jouer, soit avec un archet, soit à l'aide
d'une roue à frottement.

**CHORO,** s. m. (*chorum*). Instrument que le manuscrit de Saint-
Blaise (ix° siècle) décrit ainsi : « Composé d'une peau avec deux
« tubes d'airain ; l'un des deux sert à souffler, l'autre envoie le son. »

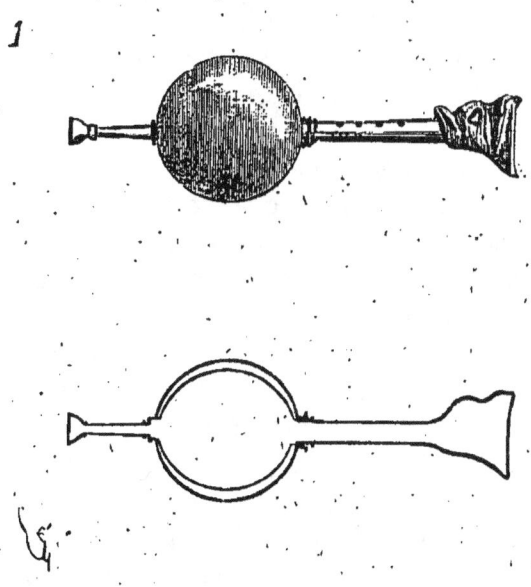

Cette description est accompagnée d'une vignette, reproduite fig. 1, A.
C'est un instrument à vent assez semblable à la chevrette, c'est-
à-dire composé d'une pipe avec réservoir d'air, et d'un chalumeau
à anche percé de trous. Cependant la partie formée d'une peau
d'animal est relativement petite et parfaitement sphérique ; de plus,
il paraîtrait, si l'on s'en rapporte à un détail fort grossier fourni
par le même manuscrit, que la peau était entourée d'une enveloppe
d'airain avec petit intervalle entre ses deux tubulures, de manière
que la peau pût vibrer et reproduire une sonorité particulière,
lorsqu'on soufflait avec force dans la pipe. Voici, d'après le détail
mentionné ci-dessus, qu'elle aurait été la section longitudinale de

cet instrument (fig. 1, B). Nous ne donnons, bien entendu, cette interprétation qu'avec réserve, n'ayant pu trouver une description détaillée de cette sorte de trompe. Le choro, ou chorum, était en usage dans les morceaux d'ensemble :

> « De vieles sot et de rote,
> « De harpe sot, et de chorum.;
> « De lire et de psalterium [1]. »

**CITHARE**, s. f. La cithare antique était un instrument à six cordes métalliques pincées. Au commencement du moyen âge, la cithare semble se confondre avec la *rote* ou la *rothe*, instrument à cordes frappées ou pincées ayant primitivement la forme du Δ grec. M. Fétis à parfaitement établi comment la cithare ne fait qu'un avec la rote, et ne saurait être confondue avec le *crouth*, qui est un instrument à archet, ni avec la *chifonie* ou *syphonie*, qui est un instrument à frottement [2]. Au viii° siècle, la cithare avait déjà pris le nom de rote, ainsi que l'indique ce passage de saint Boniface, évêque de Mayence, mort en 755 : « Je me réjouis, dit-il, d'avoir un cithariste « qui puisse jouer de la cithare que nous appelons *rotta*, et qu'il « possède cet instrument [3]. » Du Cange rapporte un passage du commentaire de Notker, moine de Saint-Gall au x° siècle, sur le Symbole d'Athanase, et dans lequel il est dit « que la *rotta* est l'antique *psalterium*, lequel avait la forme du *delta* grec et était garni de dix cordes, mais que le nombre des cordes ayant été augmenté et la forme modifiée, cet antique instrument a reçu le nom barbare de *rotta* ». On pourrait donc conclure de ces passages que la cithare ne faisant avec la rote qu'un seul et même instrument, et la rote étant l'antique psaltérion, la rote et le psaltérion ont la même forme. Cela ne saurait être cependant admis absolument, bien que M. Fétis ait semblé confondre les trois instruments, et que le nom de cithare soit donné, encore au xiv° siècle, même à l'instrument à archet, qui est connu sous le nom de vièle. Ce fait est constaté par une miniature du manuscrit de la Bibliothèque impériale (latin), n° 8504, écrit en 1313, sur les *travaux de l'Université*, et dédié à Philippe le Bel.

---

[1] Du Cange, Chorus. — *Poëme du roi de Navarre*, t. I, p. 244.

[2] Voyez la *Notice sur Ant. Stradivarius précédé de Recherches hist. sur l'origine et les transform. des instrum. à archets*, par F.-J. Fétis, publ. par M. Vuillaume. Paris, 1856.

[3] « Delectat me quoque cytharistam habere, qui possit cytharizare in cythara, quam nos appellamus *Rottæ*, quia cytharam habet. » (Epist. 89. Du Cange, *Gloss.*, Rotta)

A dater du xiie siècle, cependant, si la cithare et la rote sont un
seul et même instrument, le psaltérion se distingue de la cithare, et,
à plus forte raison, la vielle. Jérôme de Moravie dit que la cithare a la
forme du Δ grec et est garnie de vingt-quatre cordes. Dans le ma-

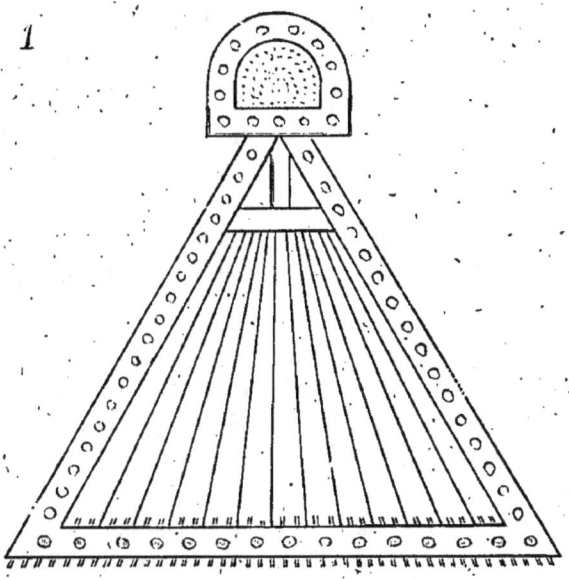

nuscrit de Saint-Blaise (ixe siècle), la cithare n'a que douze cordes ;
elle est triangulaire (fig. 1), et il semble qu'un corps sonore soit
placé à sa partie supérieure [1] Le manuscrit de Saint-Emeran nous

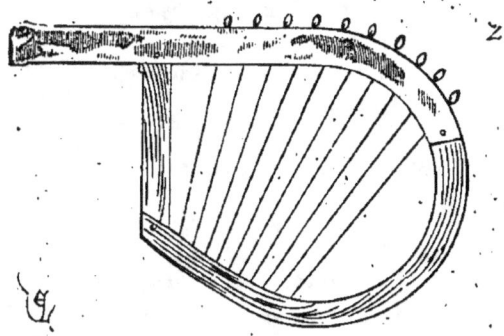

montre une cithare que nous reproduisons ici (fig. 2), garnie de
dix cordes. La partie supérieure de la cithare, munie d'un manche,
paraît être faite de métal, tandis que la partie inférieure serait de
bois. Les dix cordes sont enroulées autour de dix chevillettes posées

[1] Voy. Martin Gerbert, *De cantu et musica*, lib. III, cap. III

sur la partie métallique. On voit que tout ceci n'est pas très clair, et que la forme de la cithare est passablement variée; c'est du reste ce dont les auteurs anciens conviennent. Martin Gerbert reconnaît que la cithare affectait diverses figures et n'avait pas un nombre de cordes bien déterminé.

Toutefois il est une différence notable entre la cithare et le psaltérion. La cithare n'est qu'un jeu de cordes montées sur un châssis avec ou sans corps sonore sur l'une des faces de ce châssis, s'il est carré, ou à son extrémité supérieure, s'il est triangulaire, peut-être dans la partie inférieure, s'il est circulaire, ainsi que le montre la figure 2 [1]; tandis que le psaltérion présente un jeu de cordes métalliques tendues sur une table creuse, avec ouïes généralement (voy. PSALTÉRION). La cithare était pincée ou touchée à l'aide d'un *plectrum*.

**CITOLE**, s. f. (*citole*). Instrument à cordes dont la sonorité était très douce. Après la bataille de Bouvines, le roi Jean demande une trêve et envoie à Philippe un légat :

> « Cis legaz iert nez d'Engleterre,
> « Qui le roi de France, à celle erre,
> « Enveloppa si de paroles,
> « Plus douces que sons de citoles,
> « Qu'à cinq ans les li otroia
> « Et vers Paris se ravoia [2]. »

> « Harpes i sonent et vieles
> « Qui font les melodies beles,
> « Les estives [3] et les citoles,
> « Les damoiseles font caroles
> « Et treschent envoisiment [4]. »

Nous n'avons pu réunir sur la forme de la citole des documents précis.

**CLOCHETTE**, s. f. (*clokete, clocète*). Le moyen âge usait fort des clochettes; non seulement on s'en servait dans les concerts d'instruments, mais on en suspendait aux habits, aux harnais, et

---

[1] C'est cette forme circulaire donnée à la cithare, à dater du VIII<sup>e</sup> siècle, qui lui a valu le nom de *rotta*.
[2] *Branche des royaux lignages*, vers 7123 et suiv.
[3] *Estive*, sorte de cornemuse.
[4] *Roman du renard*, vers 27073 et suiv.

même aux toitures des palais. Certaines danses étaient exécutées
au son des clochettes, et cela dès une époque reculée, puisque nous
en voyons figurées sur des vignettes du x° siècle. C'était souvent le
danseur ou la danseuse qui s'accompagnait d'une ou plusieurs
clochettes. Un chapiteau de la nef de la cathédrale d'Autun nous
montre un danseur ayant les bras passés autour d'un bâton garni
de clochettes (fig. 1). Deux autres personnages agitent des sonnettes

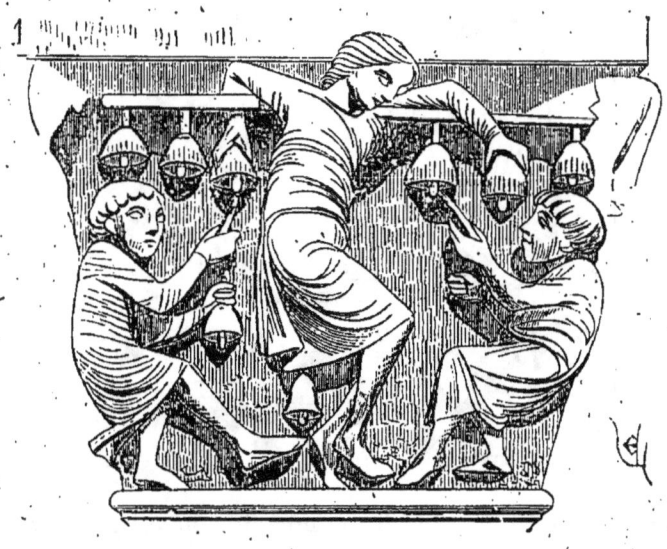

ou frappent sur celles que porte le danseur. Les bas-reliefs représentant les Arts libéraux sur les portails de nos cathédrales nous
montrent habituellement la musique sous la forme d'une femme
frappant sur des timbres suspendus[1]. Le roi David est parfois aussi
représenté frappant du marteau un jeu de clochettes suspendues à
une sorte de potence (fig. 2)[2]. Dans cet exemple, le personnage tient
un marteau dans chaque main, afin d'obtenir des accords. Le jeu se
compose de cinq timbres. On a fabriqué aussi, pendant le moyen
âge, un instrument garni d'un grand nombre de clochettes qu'on
agitait pour appuyer la mesure, ainsi que nous l'avons vu faire, il
n'est pas encore longtemps, avec l'instrument appelé *pavillon chinois,* dans les musiques de la troupe. Cet instrument, appelé en latin
et dans les monuments antérieurs au xii° siècle *bombulum,* reçut
plus tard les noms de *tymbre, cembel* (voy. Tymbre). A dater du

---

[1] A Chartres, à Paris, à Sens.
[2] *Bible française,* biblioth. du Corps législatif (xiii° siècle). On donnait à ces caril-
lons, au xiii° siècle, le nom d'*orloge.*

xii° siècle, la mode de coudre des clochettes aux habits et harnais de cérémonie était fort prisée.

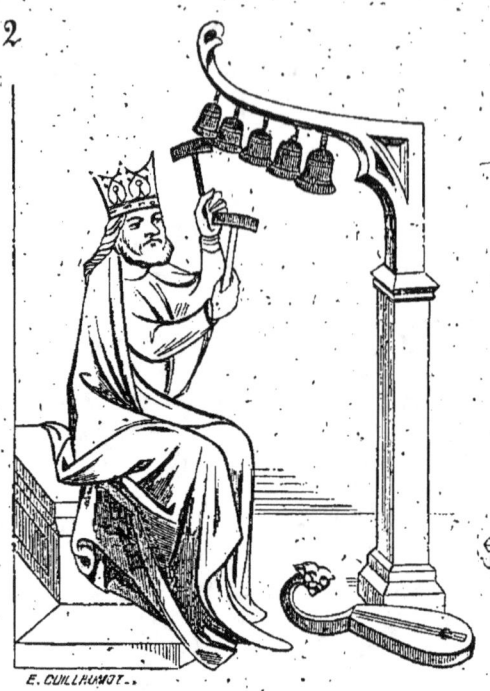

E. GUILLAUMOT.

Quand le sire de Coucy invite les dames de son voisinage à assister aux joutes qu'il compte ouvrir entre la Fère et Vendeuil, celles-ci arrivent bientôt :

> « Et sont, si comme dit, vestues
> « De clocettes et s'aront sambues [1],
> « Elles et tout li chevalier
> « D'armes qui moult sont à prisier [2]. »

> « Orgius chevauçoit cointement,
> « C'à sa siele et à ses lorains [3]
> « Ot cinc cent clokètes au moins [4]
> « Ki demenoient tel tintin
> « Con li maisnie hierlekin [5]. »

Vers la fin du xiv° siècle et au commencement du xv°, alors que, pour les hommes, la mode était de porter au cou de grosses chaînes

---

[1] *Sambue*, char ou litière.
[2] *Li Roumans dou chastelain de Couci*, vers 689 et suiv. (fin du xii° siècle).
[3] « A sa selle et à ses rênes. »
[4] « Cinq cents clochettes pour le moins. »
[5] « Comme la famille d'Arlequin. » *Renard le nouvel*, vers 530 et suiv. (xiii° siècle).

d'or, celles-ci étaient parfois garnies de clochettes ou de grelots (fig. 3)[1]. Mais il n'y avait que les personnages de marque qui pouvaient se permettre ce luxe, et cela n'eût pas été admis chez les petits gentilshommes et chez les bourgeois.

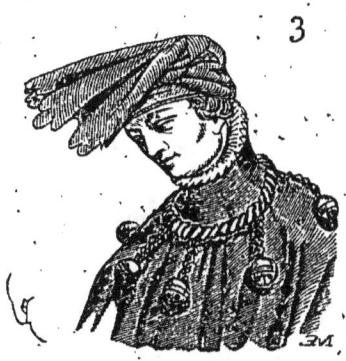

3

A la fin du xv° siècle, les personnages qui, chez les grands, remplissaient la charge de fous, étaient les seuls qui portassent des clochettes ou grelots attachés à leurs habits.

**COR,** s. m. Instrument à vent plus petit que la busine et plus grand que l'olifant. Le cor se distingue de la busine, de la corne, du cornet, de l'olifant, de la trompe et de la trompette. Cependant les poètes le confondent parfois avec l'olifant, qu'ils appellent un cor d'ivoire :

> « Uns petit enfès espia
> « Desous le lit .j. cors d'ivoire
> « Que li rois, ce conte l'estoire,
> « Soloit tos jors en bos porter[2]. »

Mais ce qui distinguait particulièrement le cor de l'olifant, c'est que le premier était très recourbé, de façon à ramener le pavillon par-dessus l'épaule. Voici un passage de Joinville qui le prouve : « Avec le prince (d'Antioche) viendrent quatre menestriers de la « grande Hyerménie, et estoient freres ; et en aloient en Jérusalem « en pelerinage, et avoient trois corz dont les voiz (les pavillons) « des corz leur venoient parmi le visage. Quand il encommençoient

---

[1] Manuscr. de *Tristan et Yseult*, Biblioth. impér. Voyez aussi le noble veneur, fig. 2, à l'article CORNE.

[2] *Du roi Guillaume d'Angleterre*, chron. anglo-normande, publi. par M. F. Michel, t. III, p. 55.

« à corner, vous deissiez que ce sont les voiz des cynes qui se par-
« tent de l'estanc ; et fesoient les plus douces melodies et les plus
« gracieuses, que c'estoit merveilles de l'oyr[1]. »

On disait *cors grelloiier* pour *cors sonner :*

« Ly connestable prist ung cor à greloiier[2]. »

« Qui lors oïst tentir buisines
« Trompes sonner, coiz grelloier[3]. »

Ces cors, très recourbés, étaient faits de laiton :

« Li dus n'i fist plus atendue,
« .I. cor fait sonner de laiton[4]. »

Dans les châteaux, on annonçait les repas au son du cor ; c'est
ce qu'on appelait *corner l'eau,* c'est-à-dire prévenir les convives
qu'ils eussent à se laver avant de se mettre à table. Les guetteurs
n'avaient pas de cors, mais des cornes ou des olifants.

**CORNE,** s. f. (*cor d'ivoire, olifant, trompe de chasse*). Ces instruments sont à peu près identiques par la forme et l'usage. On les
portait en bandoulière, et ils étaient fabriqués en bois, en cuir
bouilli, en ivoire, en corne et en métal. La structure naturelle à
la corne de bœuf, à la dent d'éléphant, avait commandé la forme
bien connue de cet instrument à vent, qui ne pouvait donner
qu'un nombre de notes très limité, obtenues par un mouvement des
lèvres dans l'embouchure. Les chasseurs cependant avaient, dès le
XIVᵉ siècle, un certain nombre d'airs notés qu'on sonnait dans
cette trompe primitive. La corne variait de longueur entre 0ᵐ,50 et
0ᵐ,35 ; recourbée, elle était munie d'une embouchure hémisphérique de métal. Ce qui distingue la corne du ménestrel de la corne
de chasse et de l'olifant, c'est que la première est percée de trous
non seulement le long de son tube, mais autour du pavillon. Cette
corne permettait de moduler des airs avec plus ou moins de force,
tandis qu'avec l'olifant ou la corne de chasse on ne pouvait que
donner un petit nombre de notes à plein souffle.

[1] *Hist. de saint Louis,* édit. de M. F. Michel et Didot, p. 160.
[2] *Hugues Capet,* vers 1636.
[3] *Branche des royaux lignages,* vers 10216.
[4] *Roman de la violette,* vers 2561.

Voici (fig. 1) un exemple très intéressant de ce genre de corne spécialement jouée par les ménestrels. Il provient d'un des chapiteaux de la nef de l'église abbatiale de Vézelay [1]. Ces instruments étaient faits de bois ou de cuir bouilli, comme les *douçaines* et les secondes flûtes.

Le ménestrel que représente notre figure, et qui s'efforce de charmer un monstre, a pendue à son côté une *gigue* à trois cordes avec son archet (voy. GIGUE).

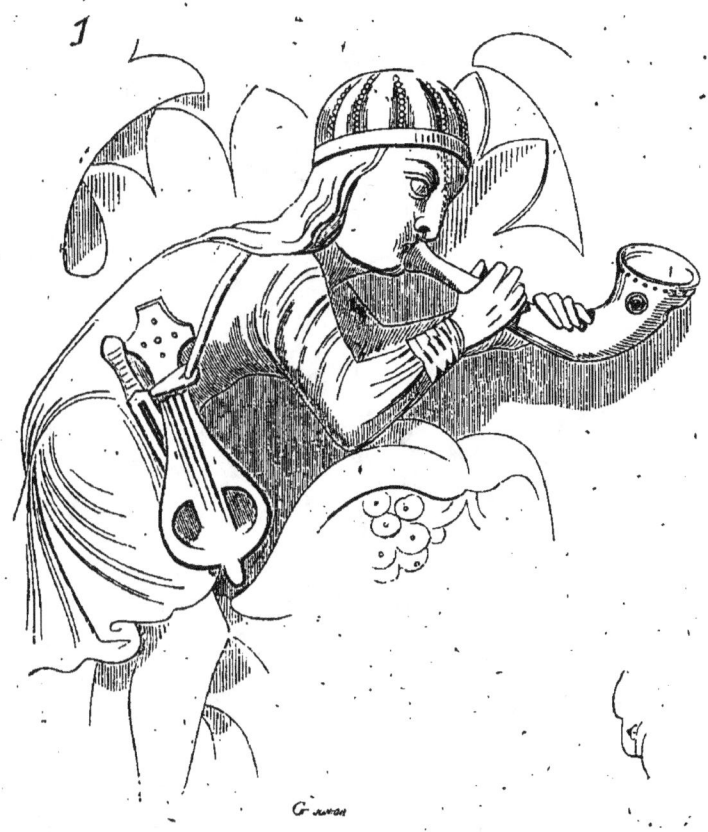

Les cors ou cornes de chasse étaient souvent de métal précieux ou garnis richement d'or et d'argent. Siegfried, dans les *Niebelungen*, porte à la chasse un cor d'or [2].

Le duc Begues est en chasse, il s'est perdu à la poursuite d'un sanglier qu'il tue. Un voleur le guette :

« Quant cil le vit si bien aparillié
« De bel aroi et de courant destrier,

_____

[1] Premières années du XIIᵉ siècle ; bas-côté méridional
[2] Seizième aventure.

« Hueses chauciés, et esperons d'or mier[1].
« Et à son col un cors d'ivoire chier
« A neuf viroles de fin or loiés;
« La guiche en fu d'un vert paile prisiés[2].

Beaucoup plus tard nous voyons les chasseurs porter la corne de chasse en bandoulière, et cet usage se conserva jusqu'au xvie siècle.

Dans le beau manuscrit, le *Livre de la chasse* de Gaston Phébus, de la Bibliothèque impériale[3], les nobles chasseurs et les veneurs à cheval et à pied ont une corne pendue sur la cuisse droite (fig. 2).

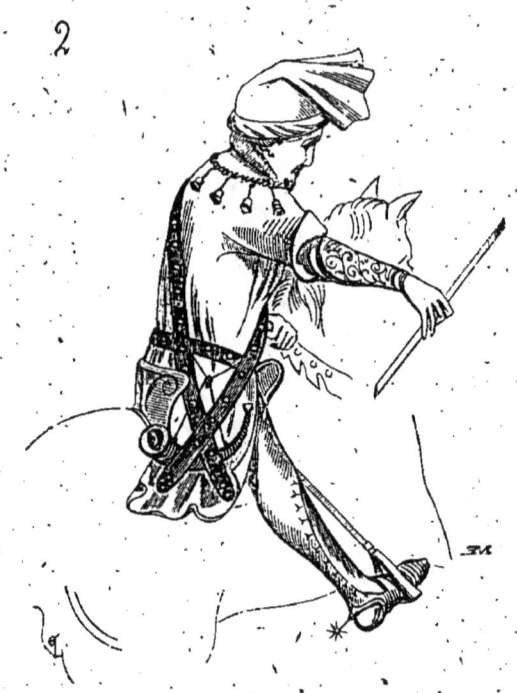

2

La guiche, pour les veneurs à pied, est croisée par-dessous le cornet, par-dessus pour les chasseurs à cheval. Ainsi, le poids de la guiche, qui était de cuir revêtu de velours, avec clous dorés ou d'argent pour les nobles et de laiton pour le commun des veneurs, empêchait le cornet de sauter à chaque mouvement de la monture.

[1] D'or fin.
[2] *Guiche* ou *guige*, bande de cuir ou d'étoffe à laquelle le cor est suspendu. On dit aussi la *guiche* de l'écu, pour désigner la courroie au moyen de laquelle l'écu est suspendu au cou (voy. la partie des ARMES, à l'art. Écu). — *Li Romans de Garin le Loherain*, 3e chanson, chap. v (xiie siècle).
[3] Dernières années du xive siècle.

L'instrument était suspendu à un lacet croisé, ce qui permettait de l'emboucher facilement. Dans ces peintures, les cornès sont indiquées d'un ton gris très foncé, sans agréments, ce qui ferait supposer qu'elles étaient faites de corne ou de cuir bouilli, les objets de métal étant toujours, dans les vignettes de cette époque, colorés en or, en argent, en gris très clair ou en jaune. Outre les clous d'or ou d'argent, les guiches de chasse sont piquées sur les bords de fil blanc. (Voyez, pour les cors d'ivoire, l'article OLIFANT.)

**CORNEMUSE,** s. f. (*muse, musette, chevrette, turluele*). Le mot *cornemuse* n'est pas très ancien, on ne le trouve pas employé avant le XIVᵉ siècle. Le mot latin *cornemusa* se lit dans une pièce de 1357 [1].

1

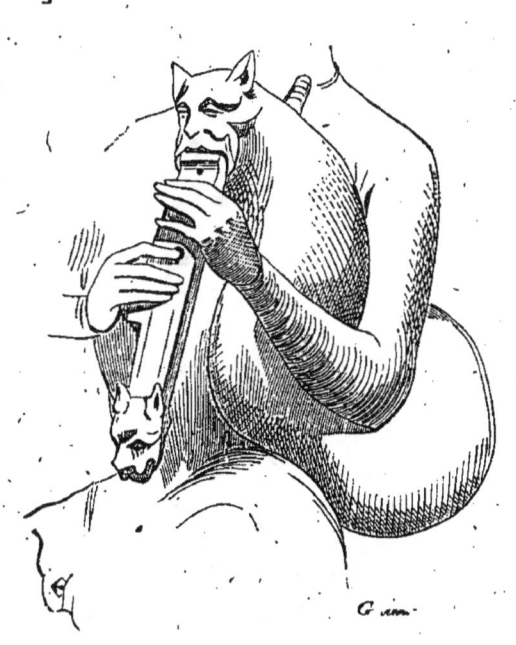

Dans l'article CHEVRETTE, un vers cité de Guillaume de Machaut distingue la cornemuse de la chevrette. Les cornemuses figurées dans les manuscrits et les sculptures antérieurement au XIVᵉ siècle ne sont que de grosses chevrettes, composées d'une peau de bouc, d'une pipe et d'une grande flûte avec anche. La jolie statue du cornemuseur qui décore la façade de la maison des *Musiciens* à Reims nous montre un de ces instruments tels qu'ils étaient usités

[1] Voyez du Cange, *Gloss.*, CORNEMUSA.

au xiii⁰ siècle [1]. Ce n'est qu'une grosse chevrette, garnie d'une pipe
et d'une flûte plate percée de trous (fig. 1). La flûte, terminée par
une tête d'animal en guise de pavillon, s'emmanche dans une autre
tête de bête attachée au col de la peau de bouc. Le corps de la flûte
possède un renfort du côté de la main droite, dont nous ne comprenons pas l'usage. Dans cette chevrette, le *bourdon* n'existe pas encore,

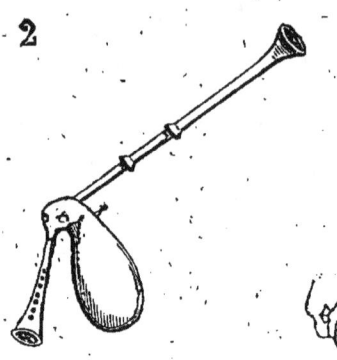

non plus que le *petit bourdon*. Dans un manuscrit du xiv⁰ siècle [2],
nous voyons déjà cependant une cornemuse garnie du bourdon
(fig. 2) : sa flûte est percée de sept trous. Un autre manuscrit du

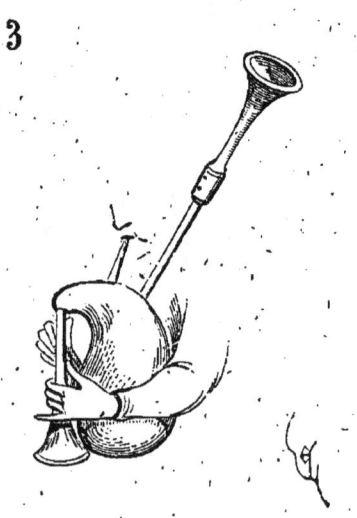

commencement du xv⁰ siècle [3] reproduit également une cornemuse
avec son bourdon parfaitement caractérisé, posé sur l'épaule du
joueur (fig. 3). Mais la flûte est unique, et la cornemuse ne possède

[1] La construction de la maison des Musiciens de Reims date du milieu du xiii⁰ siècle.
[2] De 1320 environ : *Lancelot du Lac*, 2⁰ vol., Biblioth. impér.
[3] De 1430 environ, Biblioth. impér., latin, n⁰ 873.

pas le petit bourdon, qui fait entendre la *dominante* dans les corne-muses modernes. Toutefois cette flûte est beaucoup plus longue que ne l'est le chalumeau actuel, lequel est petit et n'est percé que de trois trous [1].

Il est possible que le nom de *cornemuse* n'ait été donné à la *musette* ou *muse* qu'après l'adjonction du bourdon, qui n'est qu'un cornet. Dans le *Dict. des rues de Paris*, qui date du xive siècle, on lit ces vers :

> « En la rue du Marmouset
> « Trouvai un homme qui mu fet.
> « Une muse corne bellourde [2]. »

Ce passage concordant, comme date, avec la figure 2, permettrait de supposer qu'on donna, au xive siècle, le nom de *muse-corne* aux musettes garnies du bourdon.

**CROUTH,** s. m. Instrument à corde et à archet. « Il y a, dit M. Fétis [3], « deux sortes de *crouth,* lesquelles appartiennent à des époques « différentes. Le plus ancien de ces instruments est le *crouth trithant,* « c'est-à-dire le crouth à trois cordes : il est vraisemblable que c'est « celui-là dont parle Venance Fortunat [4]. Peut-être même ce crouth pri-« mitif n'avait-il que deux cordes, comme en eurent encore longtemps « après d'autres instruments. Un manuscrit du xie siècle, et qui pro-« vient de l'abbaye de Saint-Martial de Limoges [5], contient quelques « figures d'instruments grossièrement dessinées, parmi lesquelles il « s'en trouve une qui représente un personnage couronné, lequel « tient de la main gauche un crouth à trois cordes qu'il joue avec l'ar-« chet de la main droite (fig. 1). L'instrument se reconnaît à l'échan-« crure par où passe la main pour poser les doigts sur les cordes. » Nous voyons encore le crouth figuré dans les voussures du portail de l'église impériale de Saint-Denis (fig. 2 [6]). Toutefois cet instru-

[1] Dans la cornemuse moderne, le bourdon fait la basse continue, le petit bourdon donne la dominante, et le chalumeau sert à moduler les airs.

[2] « Trouvai un homme qui m'a fait une cornemuse balourde, grossière. » Voyez *Fabl. et Contes.* publ. par Barbazan. Crapelet, 1808, t. II, p. 251.

[3] *Ant. Stradivarius, origine et transformations des instruments à archets,* par M. F. J. Fétis. M. Vuillaume, édit., Paris, 1856.

[4] Évêque de Poitiers, 565.

[5] Antiphonaire de l'abbaye Saint-Martial de Limoges. Biblioth. imp., latin, n° 1118 (xie siècle).

[6] D'après un dessin fait en 1835, avant la mutilation de ces sculptures, auxquelles aujourd'hui on ne saurait se fier.

ment semble appartenir plus particulièrement à l'Angleterre gaélique
et saxonne qu'à la France. Le crouth à six cordes succéda au crouth
à trois cordes. M. Fétis ne saurait déterminer l'époque précise où
cette modification se fit. Mais, en 1770, Daines Barrington avait en-

1

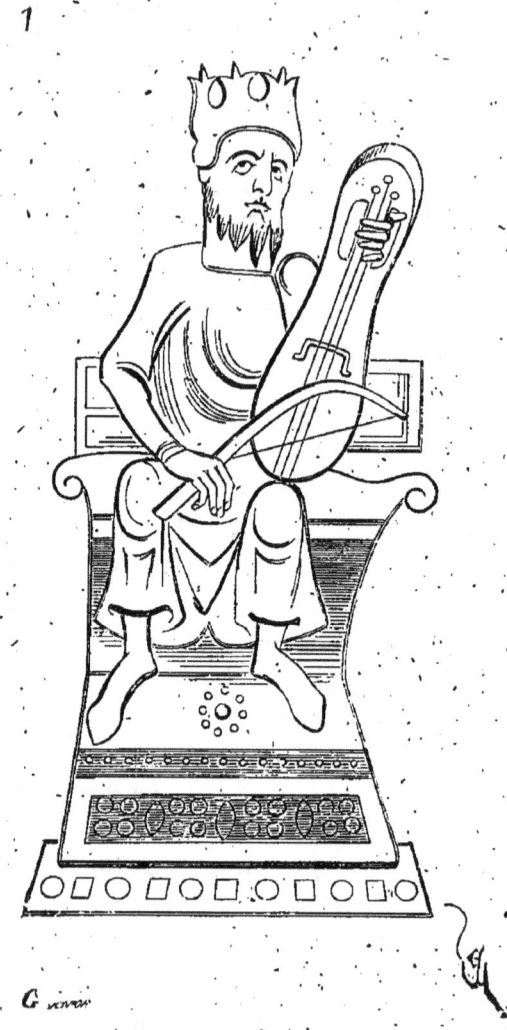

tendu jouer encore du crouth à six cordes par John Morgan, né en 1711
dans l'île d'Anglesey; et il fournit le dessin de cet instrument[1], dont
M. Fétis donne la description suivante : « Cet instrument (fig. 3)
« a la forme d'un trapézoïde allongé, dont la longueur, du sommet
« à la base, est de 0m,67; la plus grande largeur, près du cor-

[1] Reproduit dans la notice précitée de M. Fétis.

« dier, est de 0ᵐ,27, et la plus petite, au sommet du trapèze, est
« de 0ᵐ,23. L'épaisseur de la caisse sonore, composée de deux
« tables de sycomore et d'éclisses, est de 0ᵐ,05, et la longueur
« de la touche est de 0ᵐ,28. Des six cordes dont l'instrument est

2

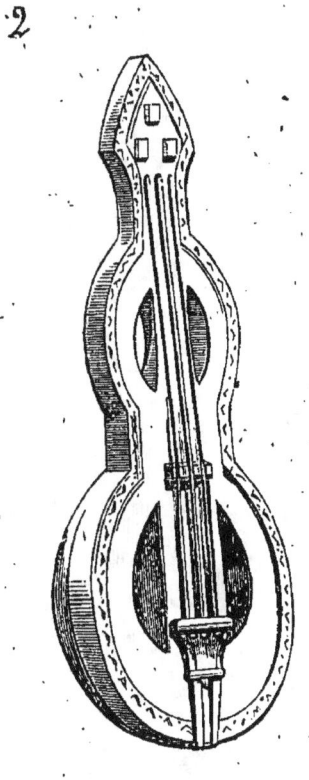

E. GUILLAUMOT.

« monté, deux sont en dehors de la touche : elles sont pincées à vide
« par le pouce de la main gauche ; les quatre autres, placées sur la
« touche, se jouaient avec l'archet. Ces cordes sont attachées par
« leur extrémité inférieure au cordier, lequel est fixé de la même
« manière que dans les anciennes violes ou quintons. Dans certains
« instruments, par exemple dans celui dont Daines Barrington a
« donné la figure, ce cordier offre, au point d'attache des cordes, une
« ligne droite et parallèle à la base du crouth (voyez la figure 3) ;
« mais, dans d'autres, ce cordier a la direction oblique qu'on re-
« marque dans celui de la *viole bâtarde* à six cordes. L'extrémité
« supérieure des cordes passe par des trous percés dans le massif
« du haut de l'instrument, s'appuyant sur des sillets, et est attachée

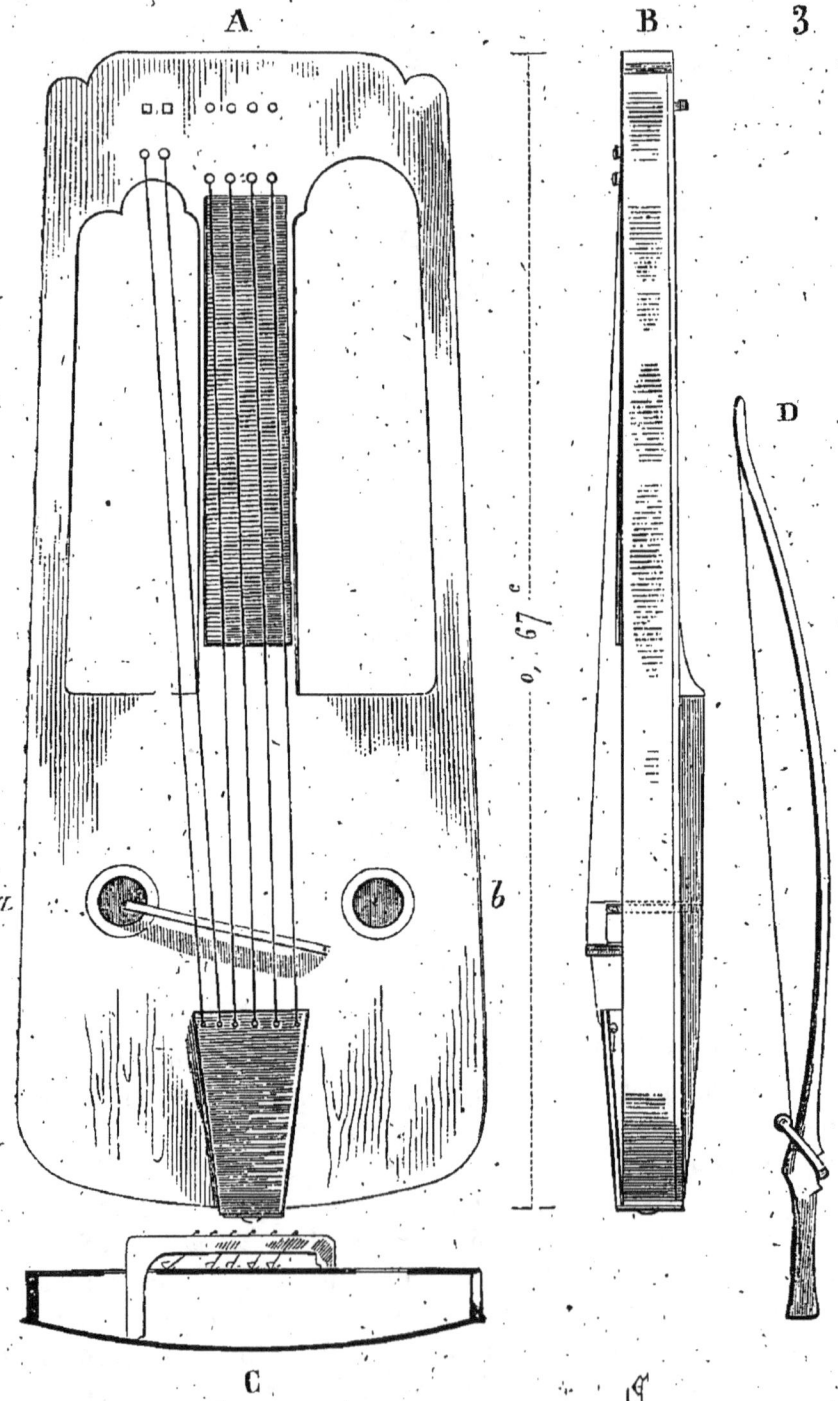

A    B    3

D

a    b

0, 67 e

C

E. GUILLAUMOT.

« au revers de la tête par des chevilles, lesquelles se tournent avec
« une clef ou levier, à la manière de la guitare.[1]

« La table est percée de deux ouïes rondes, dont le diamètre est
« de 0ᵐ,03. Le chevalet est la partie la plus singulière de l'instru-
« ment….. ; le haut du chevalet présente une ligne droite. Il résulte
« de cette circonstance, et de ce que le corps de l'instrument n'avait
« pas d'échancrures pour le passage de l'archet, que celui-ci devait
« toucher plusieurs cordes à la fois, et par conséquent produire une
« harmonie quelconque en raison du doigté….. Une autre parti-
« cularité du chevalet du crouth lui donne beaucoup d'intérêt pour
« un observateur instruit : elle consiste dans l'inégalité de hauteur
« de ses pieds et dans sa position. Placé obliquement, en inclinant
« vers la droite, il a le pied gauche long d'environ 0ᵐ,07. Ce pied entre
« dans l'intérieur de l'instrument par l'ouïe gauche, s'appuie sur
« le fond, et le pied droit, dont la hauteur est d'environ 0ᵐ,02, est
« appuyé sur la table, près de l'ouïe de droite. Il résulte de cette
« disposition que le pied gauche remplit les fonctions de l'âme dans
« le violon, et qu'il ébranle à la fois la table, le fond et la masse d'air
« contenue dans l'instrument. » — Cette description du savant pro-
fesseur est des plus curieuses, et elle fait assez voir combien l'art du
luthier était perfectionné au xvᵉ siècle, car les crouths à six cordes
sont mentionnés dès cette époque. Le dos du crouth à six cordes
était voûté, c'est-à-dire que la table de dessous était convexe, ce qui
donnait plus de sonorité à l'instrument. M. Fétis considère le crouth
comme le père, en Occident, des instruments à archet ; il est à croire
qu'il a raison. Mais cet instrument, peu usité en France à la fin
du xiᵉ siècle, était remplacé par la rubèbe ou la gigue, instrument
à archet monté à trois cordes, puis par la viole ou vièle, montée
à quatre et même cinq cordes. (Voy. Gigue, Vièle.)

**DOUÇAINE,** s. f. (*douceine*). Il nous serait difficile de donner sur
cet instrument des renseignements quelque peu précis. Des auteurs

---

[1] Notre figure 3 donne en A la face antérieure du crouth, en B son profil, et en C la
coupe faite sur *ab*. Cette coupe fait voir comment le chevalet pose un de ses pieds sur
la table de fond. En D, est figuré un archet copié sur une peinture du xvᵉ siècle.

prétendent que la douçaine est un instrument à vent, une sorte de flûte[1] ; d'autres assimilent la douçaine à une vielle ou viole, se rapprochant, par la forme du corps sonore, de l'instrument à cordes qu'on appelait mandore au xvi° siècle. La douçaine alors aurait été pincée. Nous sommes porté à croire cependant que la douçaine était une seconde flûte ; car, dans les textes, cet instrument est cité parmi des instruments à vent. (Voy. Flute.)

**FLUTE,** s. f. (*fluste, fleute, flahutiele, flajos, flajole*). Dans des manuscrits qui datent du x° siècle, on voit souvent la flûte double figurée; et cet instrument se retrouve jusque vers la fin du xiii° siècle.

*1*

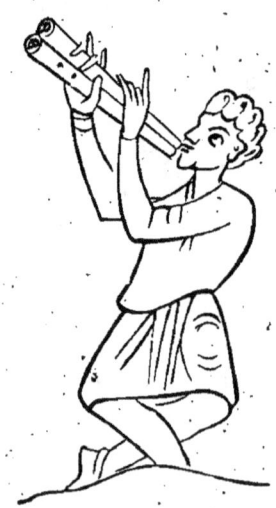

Voici, figure 1, un joueur de flûte double à deux embouchures, représenté sur une vignette du x° siècle[2], et, figure 2, une flûte double dont les corps sont unis par une frette et qui se termine par un seul pavillon[3]. L'un des tubes de ce dernier instrument est percé de cinq trous, l'autre de six, mais le dessinateur a-t-il supposé

[1] *Hist. de la vie privée des Français*, par Legrand d'Aussy, t. III, page 382.
[2] Bible, fonds de Saint-Germain, latin, Biblioth. impér. (x° siècle).
[3] Antiphonaire provenant de l'abbaye Saint-Martial de Limoges (xi° siècle), Bibliothèque impér.

l'un des trous bouché par le petit doigt de la main droite ? Cependant, si grossières que soient les vignettes qui ornent cet antiphonaire, l'artiste semble, dans toutes, avoir eu la prétention d'indiquer exactement, au moins, le nombre des cordes et le nombre des trous sur les divers instruments qu'il reproduit.

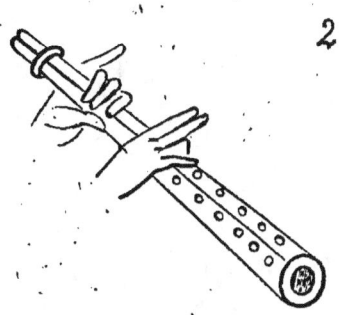

La flûte simple et la flûte double datent d'une haute antiquité. Dans les débris de l'époque gauloise et gallo-romaine, on trouve souvent des fragments de flûtes d'os, ce qui permet de supposer que nos aïeux prisaient fort cet instrument. Les jongleurs, les ménestrels, jouaient de la flûte pour accompagner les danses, les tours de leurs confrères, et aussi lorsqu'il s'agissait de précéder certains personnages ou des gens qui allaient se réjouir quelque part. Il s'agit d'un jeune chevalier, modèle de prouesses et de belles manières :

> « Si tos con entrés estoit mais,
> « A l'ajornée se levoit,
> « .V. jongleres od lui menoit,
> « Flahutieles et calimiaus,
> « Au bos s'en 'aloit li dansiaus [1];
> « Le mai aportoit à grand bruit,
> « Molt par estoit de grant déduit [2]. »

Lors de la dédicace du monastère du Mont-Saint-Michel, le peuple lu bourg se livre à toutes sortes de réjouissances :

> « Cors e boisines e fresteals [3]
> « E fleutes e chalemals
> « Sonnoent si que les montaignes
> « En retintoent et les pleignes [4]. »

[1] « Le damoisel ».
[2] *Lai d'Ignaurès*, vers 27 et suiv. (XIIIᵉ siècle).
[3] *Fresteal, frestel,* ou *sistre.* C'est la flûte de Pan.
[4] *Roman du mont Saint-Michel*, vers 781 et suiv. (XIIIᵉ siècle).

Les ménestrels, en jouant de la flûte, s'accompagnaient souvent d'un tambourin maintenu sur l'épaule gauche au moyen d'une

3

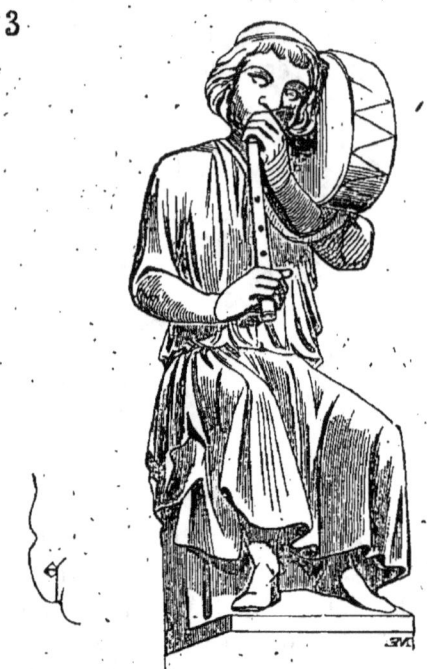

courroie, et qu'ils faisaient résonner sourdement avec la tête. Une des statues de la façade de la maison des Musiciens, à Reims, reproduit un de ces jongleurs. (fig. 3 [1]). Cette manière de jouer

4

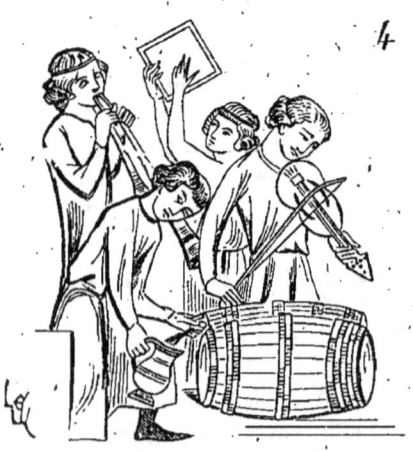

de la flûte avec accompagnement de tambourin s'est perpétuée jusqu'au commencement du siècle dans les campagnes. La flûte que

[1] Milieu du XIIIᵉ siècle.

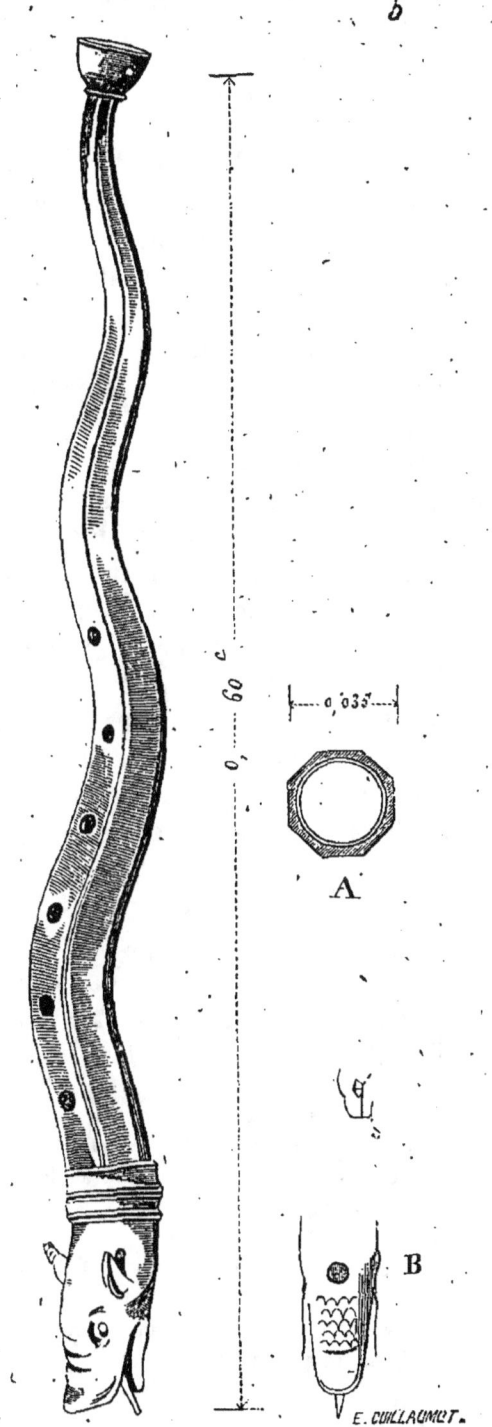

*b*

A

0,035

0, 60 °

B

E. CUILLAUMOT.

donne la figure 3 est percée de quatre trous, très probablement ;
la main droite paraissant boucher le quatrième.

Il paraîtrait qu'au xiiie siècle, les ménestrels jouaient aussi de la flûte double dont les tubes étaient de longueurs inégales. C'est du moins ce que ferait supposer une vignette très intéressante d'un manuscrit de la Bibliothèque impériale [1] (fig. 4). Cette petite peinture montre trois ménestrels : l'un joue de la vielle ou de la viole ; le second embouche deux flûtes d'inégales longueurs, à large pavillon comme nos clarinettes ; le troisième frappe sur un tambourin carré, qui n'est autre chose qu'une peau tendue sur un châssis, pendant qu'un quatrième personnage tire du vin pour rafraîchir les musiciens.

Au xve siècle, on se servait de flûtes de cuir bouilli qui faisaient le *dessus* de l'instrument appelé *serpent* en ces derniers temps, et dont on usait non seulement dans les églises, mais aussi dans les concerts profanes (voy. SERPENT). M. Fau, qui possède une collection d'instruments de musique anciens, recueillis avec un goût parfait et une reconnaissance rare de ces objets, a bien voulu nous permettre d'en dessiner quelques-uns, parmi lesquels se trouve une de ces flûtes (fig. 5). Le corps de l'instrument, ondulé, est complètement façonné en cuir bouilli d'un beau noir. La tête seule, qui forme pavillon, est peinte. La section du tube est un octogone (voy. en A) de $0^m,035$ de diamètre au point le plus fort. Le dessous de la tête (voy. en B) est percé d'un trou. Six trous sont percés sur le dessus du tube, et un seul en C au-dessous. L'embouchure, qui n'existe plus, était d'ivoire et hémisphérique (voy. en D). L'instrument porte $0^m,60$ de longueur.

La flûte traversière paraît avoir été en usage dès le milieu du xive siècle, puisque Eustache Deschamps la mentionne [2]. Ce poète musicien, puisqu'il a composé une sorte de traité sur la musique, a laissé une jolie balade intitulée : « *Du métier profitable.* » Il n'er est que deux, dit-il, celui du ménestrel et celui du jongleur :

« Ces deux oht partout l'avantaige,
« L'un en janglant, l'autre à corner
« Des instrumens ; lequel prendray-je ?
« Compains, apran à flajoler.

« Les baulx instrumens sont trop chers,
« La harpe tout bassement va ;
« Vielle est jeux pour les moustiers,
« Aveugles chifonie aura,

[1] Ancien fonds Saint-Germain, n° 37 (xiiie siècle).
[2] Sous le nom de *fleuthe traversaine*.

« Choro bruit, rothe ne·plaira,
« Et la trompe est trop en usaige ;
« Aussis est du foul le langaige[1] ;
« Néantmoins pour plus proufiter,
« Avoir argent, robe, héritaige,
« Compains, apran à flageóler.

« Car princes oyent voluntiers
« Le flajol. . . . . . . . [2] . »

A en croire Eustache Deschamps, la flûte, le flageolet étaient fort
en honneur de son temps; et la plupart des instruments joués par les
ménétriers étaient alors relativement peu prisés.

A la fin du xve siècle, dans les concerts, on jouait d'une grande
flûte qu'on appelait *flûte bruyante,* et qui avait quelques rapports
avec notre grande clarinette, sauf les clefs.

**FRÉTEL,** s. m. *(frestel, fresteal, sistre).* Flûte de Pan. Cet
instrument, bien connu de l'antiquité, se compose, comme on sait,
d'un certain nombre de tuyaux (roseaux) de différentes longueurs,
assemblés les uns à côté des autres, et donnant plusieurs notes lorsque l'exécutant souffle obliquement dans chacun d'eux.

Cet instrument fut également usité pendant le moyen âge, et
faisait sa partie dans les concerts. Au xie siècle, on le voit repré-

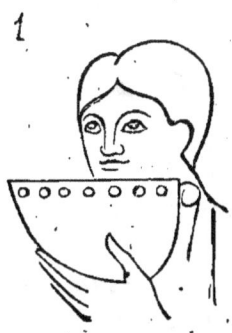

1

senté dans l'antiphonaire provenant de l'abbaye de Saint-Martial de
Limoges[3] (fig. 1). Les sept tuyaux qui forment l'octave sont enveloppés dans une chape ; l'auteur du dessin a indiqué les sept trous
des tuyaux, seuls ouverts pour recevoir le souffle de l'exécutant.

---

[1] Nous n'avons pu trouver la signification du mot *aussis.*
[2] Eustache Deschamps, *Ballades.*
[3] Biblioth. impér., latin, no 1118.

Cet instrument est souvent mentionné dans les romans des XIIe et XIIIe siècles, comme employé simultanément avec d'autres :

« Sonnent fléustes et fretel[1]. »

On le voit représenté sur le chapiteau de Saint-Georges de Boscherville (XIIe siècle) (fig. 2). Ici le frétel, parfaitement indiqué, est de

2

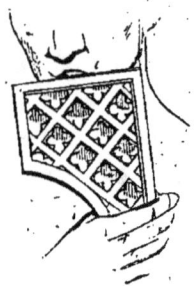

forme triangulaire, et les chalumeaux sont enveloppés d'un treillis décoré. Mais, à dater du XIVe siècle, le frétel semble relégué aux champs, d'où il était sorti, et les miniaturistes ne le mettent plus qu'aux mains des pasteurs, des paysans

**GIGUE,** s. f. (*gigle*). Instrument à cordes et à archet, auquel les Allemands, qui paraissaient en avoir été les inventeurs, ont donné le nom de *Geige ohne Bunde* (*viole sans ceinture*, c'est-à-dire *sans éclisses*[2]). En effet, la gigue se compose d'une table d'harmonie appliquée sur un corps concave, courbe ou pentagonal, allongé en façon de demi-courge. La gigue n'était qu'un des instruments joués de préférence par les ménestrels. Avec la gigue, la rubèbe et le monocorde, on jouait le dessus, l'alto et la basse.

La gigue était habituellement munie de trois cordes attachées au

---

[1] *Roman de la violette*, vers 2049 (XIIIe siècle).

[2] On sait que les *éclisses* de la vièle ou de la viole, et du violon moderne, sont les parois latérales de l'instrument qui réunissent la table et la voûte en suivant leurs contours.

corps de l'instrument, comme celles des guitares ou guiternes, du luth, de la mandore, et non à un cordier, comme celles de la vièle, et sans chevalet. Le manche de la gigue n'est point détaché comme celui de la vièle, mais bien le prolongement de la table d'harmonie percée de deux ouïes, de telle sorte — comme le dit M. de Coussemaker[1] — que le manche et le corps sonore ne semblaient former qu'une seule et même chose. Un des personnages du chapiteau de Saint-Georges de Boscherville (xiiᵉ siècle) joue de la gigue appuyée sur l'épaule, ainsi qu'on joue du violon aujourd'hui. Cette gigue a ses trois cordes attachées à un cordier, ce qui fait exception. La gigue donnée dans la figure 1 de notre article CORNE n'a pas de cordier, et elle est d'une date antérieure à celle de Saint-Georges de Boscherville.

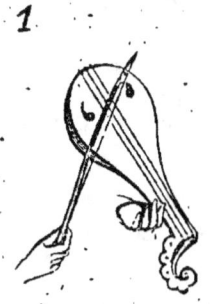

*1*

Voici (fig. 1) la copie d'une vignette d'un manuscrit de la Bibliothèque impériale[2], datant de 1410 environ, représentant la véritable gigue sans cordier et sans chevalet. Le cheviller est renversé comme celui du luth.

La gigue était un instrument moins perfectionné que n'était la vielle, et qui, pour être joué passablement, demandait moins d'habileté ; aussi était-il entre les mains des ménestrels et jongleurs les plus ordinaires.

> « Toz les deduiz li font oïr
> « Par com puet home resjoïr ;
> « Gigues et harpes et vieles[3]. »

**GRAISLE,** s. m. (*graille, grelle*), espèce de cornet employé

---

[1] *Essai sur les instruments de musique au moyen âge* (*Annales archéologiques,* t. VII, p. 327).

[2] *Le Livre des merveilles du monde,* 1404 à 1417.

[3] *Extraits de Dolopathos.*

dans les combats ou pour donner des signaux, qui, par conséquent, avait un son éclatant, et qui ne donnait peut-être qu'une note comme le cornet à bouquetin.

> « Vos etes tuit prodome vos qui ci remanez [1];
> « Et je vos pri, par Deu qui maint anternité,
> « Se vos oiez le graille an cel palais soner,
> « A donc sachez de voir je me serai meslez [2]... »

dit Clarambaux aux barons, lorsqu'il s'en va avec quatorze chevaliers sommer le duc de Saint-Gilles de lui rendre raison ; et, en effet, la démarche n'ayant eu aucun succès, dégénérant en rixe :

> « Et Clarembauz li vieuz a le graille soné. »

Dans la *Bataille d'Aleschans* [3] :

> « Tant i sonerent grelles à la bondie,
> « Cors et boisines meinent tel taborie,
> « La noise ot l'en d'une liue et demie [4]. »

Quelques auteurs ont prétendu que la graisle était une sorte de hautbois. Les textes ne permettent pas cette hypothèse, puisqu'il est toujours question de graisles lorsqu'il s'agit d'appeler des troupes au combat. Le graisle devait donner un son aigu et retentissant. Du Cange dit que le graisle est une sorte de corne ou de trompette qui rend un son aigu et grêle.

Dans le *Roman de Garin le Loherain*, on lit ce vers :

> « Charles Martiaus fait ses gresles soner [5]. »

Et dans le *Roman de Raoul de Cambrai* :

> « Il a soné .I. graile menuier [6]. »

Le graille *menuier* était un cornet que les chevaliers portaient suspendu à l'arçon pour rappeler leurs écuyers et varlets. C'était un

[1] « Restez ».
[2] « Je serai dans la mêlée. » *Li Romans de Parise la Duchesse* (XIIIe siècle), édition Techener, p. 193.
[3] *Guillaume d'Orange.*
[4] Vers 462 et suiv.
[5] Chap. XIV.
[6] Edit. Techener, p. 200.

diminutif de l'*olifant,* une trompe dont le son était moins grave.
(Voy. CORNE.)

**GUITERNE,** s. f. *(quisterne, guiterne).* Cet instrument à cordes pincées est un dérivé de la cithare et de la rote. Le mot *guiterne*
ne paraît pas d'ailleurs avoir été employé avant le XIVᵉ siècle :

> « Si r'a guiternes et léus [1]
> « Par soi de porter es léus [2]. »

Cet instrument était particulièrement employé pour accompagner
les voix, ainsi que le fait connaître Eustache Deschamps dans son
chapitre *De musique :* « Et ainsi puet estre entendu des autres
« instrumens des voix comme rebebes, guiternes, vielles et psal-
« terions, par la diversité des tailles, la nature des cordes et le tou-
« chement des doiz... [3]. »

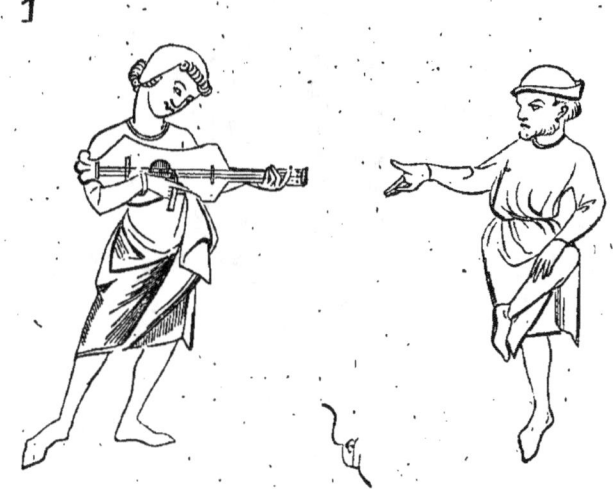

La guiterne était pincée volontiers par les femmes, tandis que la
vièle, comme aujourd'hui le violon, était plus spécialement réservé
aux hommes :

> « La rue Gervese Lorens
> « Où maintes dames ygnorens
> « Y maingnent [4] qui de leur guiterne
> « Enprés rue de la Lanterne [5]. »

---

[1] *Léus,* luths.
[2] *Roman de la Rose,* partie de J. de Meung, vers 21286.
[3] Eust. Deschamps, édit. de Crapelet, vers 265.
[4] « Demeurent ».
[5] *Le Dict. des rues de Paris,* XIVᵉ siècle (voy. *Fabl. et Contes,* Barbazan, t. II,
p. 251).

Les vignettes des manuscrits, les sculptures sur ivoire, nous donnent, en effet, de nombreux exemples de ces rotes ou guitares dont la forme se rapproche habituellement de celle de la mandoline. Les unes sont jouées à l'aide d'un plectrum, les autres sont pincées. Le manuscrit de *Tristan et Yseult*[1] nous montre, figuré sur l'un de ses entourages, un ménestrel jouant de la guiterne, debout, avec un plectrum, pendant qu'un jongleur exécute un pas (fig. 1). Cette guiterne est montée de trois cordes sans cordier, mais avec chevalet. La table d'harmonie est percée d'une ouïe et échancrée, ce qui est rare.

2

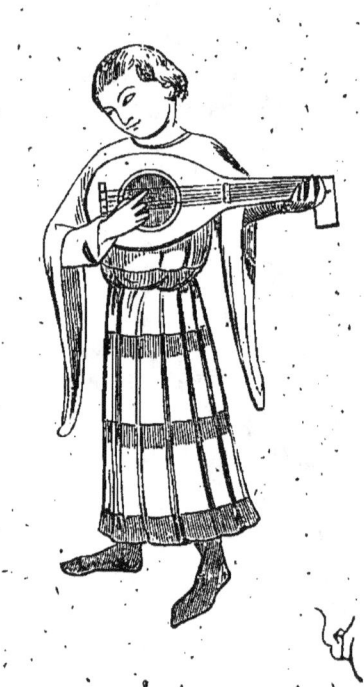

Dans le *Roman de Troie*, composé par Benoist de Saint-More, et qui date du XIIIe siècle[2], on voit un autre ménestrel jouant de la guiterne, debout. Cet instrument se rapproche de la forme du luth ; son cheviller est renversé, et les six cordes pincées paraissent montées sur une sorte de cordier relevé en façon de hausse. La table d'harmonie est percée d'une ouïe circulaire très large (fig. 2).

Un charmant ivoire faisant partie d'un coffre du musée de Cluny[3],

[1] Bibliothèque impér. (environ 1260).

[2] Manuscr. de la Biblioth. impériale. Les miniatures de ce manuscrit, exécutées assez lourdement, paraissent être d'une main italienne.

[3] Nº 1985 du Catalogue.

et qui date du commencement du xiv⁰ siècle, nous montre deux
jeunes gens assis, pinçant de la guiterne ou du luth (fig. 3). L'un de
ces instruments, en forme de mandoline montée de quatre cordes,
a son cheviller renversé; l'autre a le corps plus allongé, et possède
un cheviller très singulièrement détourné et qui paraît porter sept
chevilles.

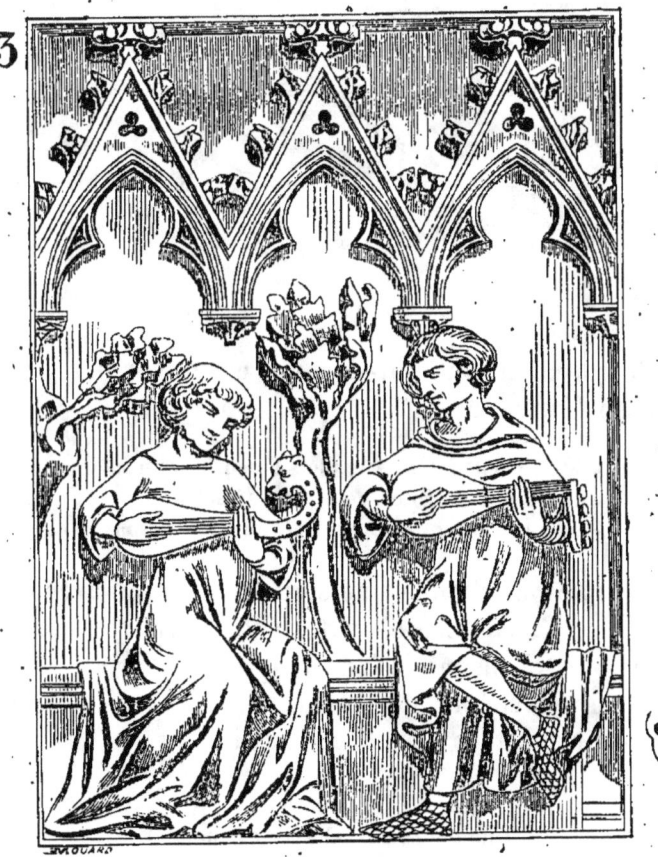

Nous avons trouvé, dans les fragments des sculptures qui autrefois
décoraient les tombeaux du chœur de l'église abbatiale d'Eu[1], une
guiterne touchée avec un plectrum, montée de sept cordes, avec cheviller renversé et creux (fig. 4).

Le nom de *rote* était donné à cet instrument jusqu'au xiii⁰ siècle,
et la rote n'était originairement qu'une variété de la cithare (voyez
Cithare).

_____
[1] Magasins du chantier.

Les cordes de la rote, qui atteignent parfois le nombre dix-sept, étaient pincées et touchées à l'aide du plectrum, et la rote, comme la guiterne, accompagnait souvent les voix.

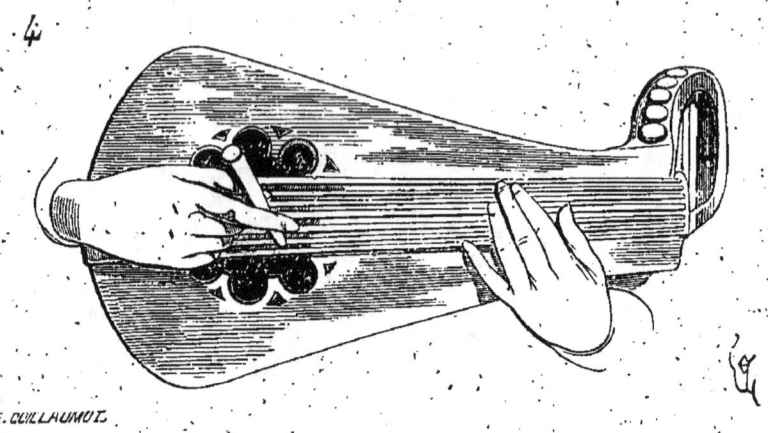

E. GUILLAUMOT.

Quand le roi Richard-Cœur-de-Lion est prisonnier, la désolation est grande en Normandie.

> « Mult aveit par la terre plors è dementoisons,
> « N'a vieles ne rotes, rotuenges ne sons
> « Néis[1] li enfez plorent par plusors des mesons[2]. »

Le mot *rotuenges* signifie une sorte de chanson avec accompagnement de rote. Voici encore un texte qui prouve comment la rote accompagnait les chansons et lais.

« La nuit, après souper, le roi s'assit devant le dais, sur un tapis, pour se divertir avec ses barons et son fils :

> « Le lais escoutent d'Aiclis
> « Que uns Yrois[3] doucement note
> « Mout le sonne ens sa rote.
> « A priès celi d'autre commenche,
> « Nus d'iaus ni noise ne ni tenche;
> « . . . . . . . . . . . . . . . . »

---

[1] « Même ».

[2] Le *Roman de Roù*, vers 3093 et suiv. (fin du XIIe siècle). — On lit aussi, dans li *Romans de Brut*, ces vers :

> « Mult poissiés oïr chançons,
> « Rotruanges et noviax sons. »
>
> (Vers 10825.)

[3] « Irlandais. »

[4] *Lai de Lesvine*, vers 280 et suiv., *Poésies* de Marie de France (XIIIe siècle).

L'un des personnages des chapiteaux de Saint-Georges de Boscherville [1] tient une rote sur son giron, et cet instrument n'est qu'une
cithare dont la partie supérieure est arrondie, et dont les cordes
s'attachent à la partie inférieure, sur une boîte sonore (fig. 5). A la
droite du personnage, un autre musicien tient sur ses genoux un

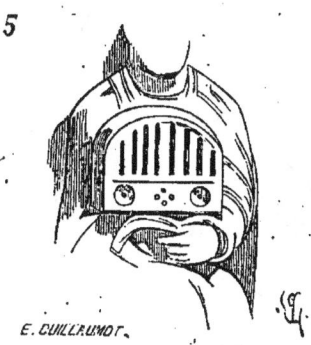

5

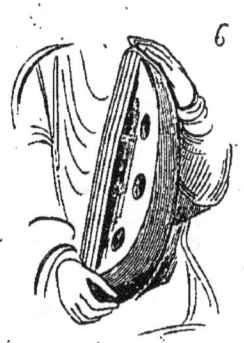

6

E. CUILLAUMOT.

autre instrument qui semble être déjà un intermédiaire entre la
rote et la guiterne (fig. 6). Cet instrument, composé d'une table
d'harmonie percée d'ouïes, posée sur un fond bombé comme le dos
de la mandore, est dépourvu de manche.

Il semble que les cordes sont éloignées de la table par un chevalet placé plus près du cheviller que du cordier. M. Fétis considère
la rote comme une cithare [2], et il n'admet pas que la rote ait jamais
été jouée avec l'archet. Il est certain que tous les monuments figurés indiquent des instruments assez semblables à la cithare primitive du moyen âge, mais ayant une partie circulaire, et dont les
cordes, tendues sur un corps sonore, sont pincées ou touchées par les
exécutants ; que ces instruments, d'abord posés sur les genoux, et
dont les cordes prennent la position verticale, s'allongent peu à peu
et finissent par être garnis d'un manche ; qu'alors ils sont joués,
les cordes ayant la position horizontale. Ainsi que le montrent
les figures précédentes, il semble que la rote est appelée *guiterne*
à dater de cette modification importante.

Le *luth,* ou *leü, lou, luz,* est signalé déjà par les auteurs du
XIVe siècle. Le luth n'était qu'une des formes des rotes et guiternes,
et il se confond souvent avec ces derniers instruments. A la fin du
XVe siècle, les luths semblent être définitivement fabriqués sur un
type admis. Il y avait alors deux sortes de luths de dimensions diffé-

---

[1] XIIe siècle.
[2] *Origine et transformations des instruments à archet.*

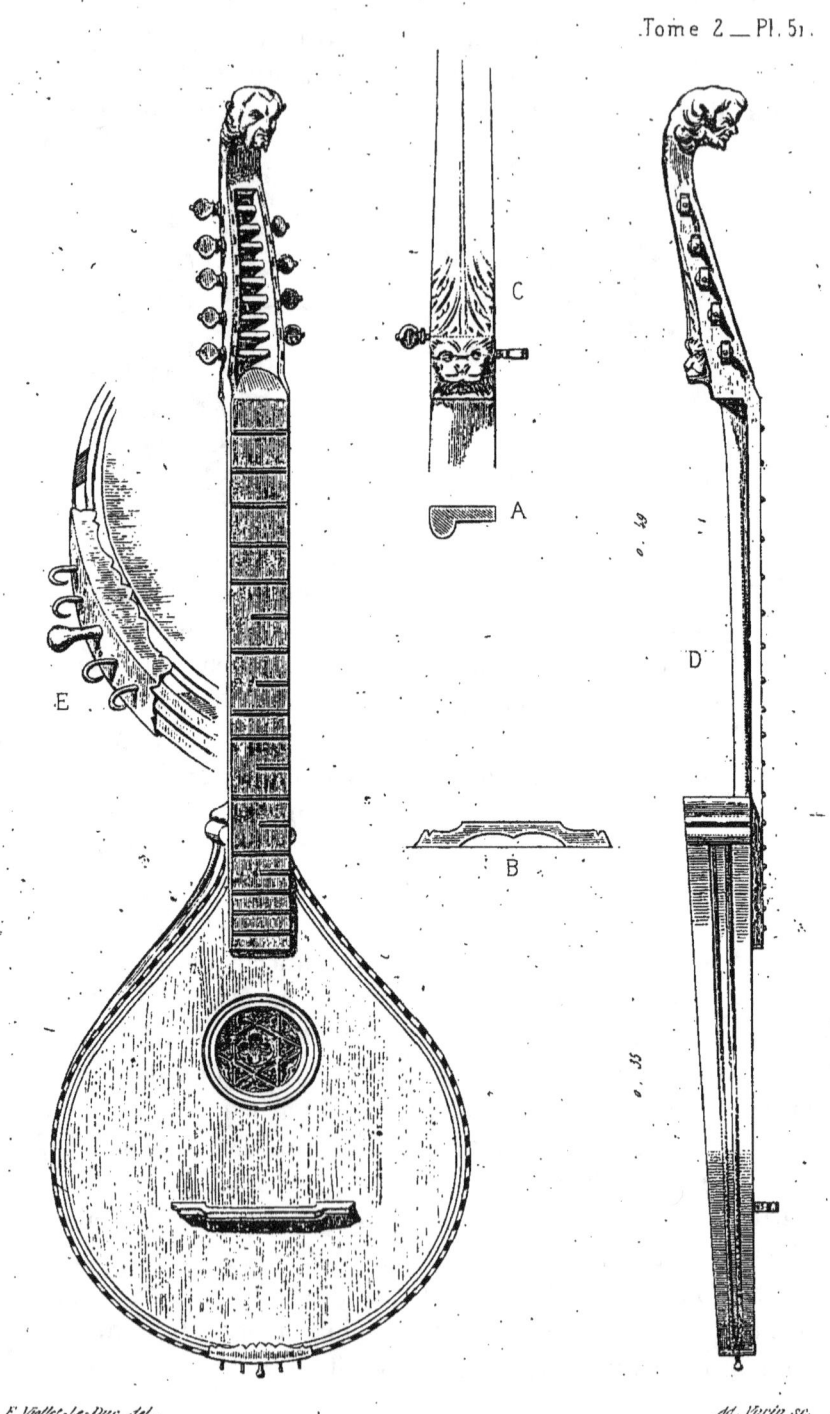

E. Viollet-Le-Duc del.

Ad. Varin sc.

INSTRUMENT DE MUSIQUE A CORDES PINCÉES

rentes, mais semblables quant aux proportions et au nombre de cordes. Le luth (fig. 7) se compose d'un corps sonore volumineux, très bombé, recouvert d'une table d'harmonie percée d'une ouïe. Son manche est assez court, et le cheviller est renversé en potence,

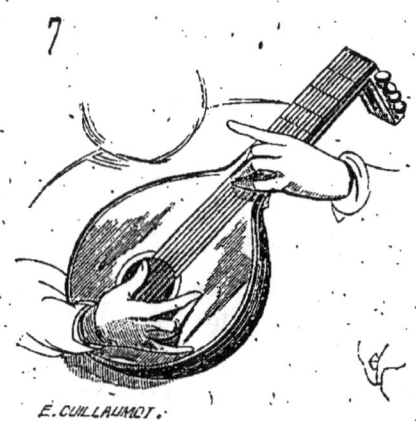

7

E. GUILLAUMOT.

à angle droit; ce manche n'est que la prolongation de la table d'harmonie. Les cordes sont attachées, à la base de la table, à des boutons avec sillet. La partie courbe du corps sonore est faite de feuillets de bois collés, et forme ainsi, en section transversale, un demi-polygone [1].

Les mandores, mandolines, appartiennent à la même série d'instruments ; leurs formes sont très variées dès la fin du xve siècle. Nous donnons, planche LI, le dessin de l'un de ces jolis instruments faisant partie de la collection de M. Fau. Bien que cette guiterne si fine de tracé appartienne à la fin du xvie siècle, elle présente, avec quelques-unes de celles représentées sur des vignettes du xve siècle, une si parfaite analogie, que nous croyons utile de la reproduire ici. Les touches sont d'argent, ainsi que le cordier, fixé sur l'épaisseur de la base du corps sonore. Le manche est, au revers, garni d'une baguette servant à conduire le pouce de la main gauche. La section A de ce manche fait voir ce renfort directeur. Le cheviller, légèrement renversé, porte neuf chevilles, et les neuf cordes passent sur un chevalet B peu élevé et droit. En C, est tracé le revers du cheviller, et en D l'instrument vu géométralement de côté. Le corps sonore, inégal en épaisseur, a 0m,045 près du manche et 0m,024 au cordier.

---

[1] Voyez la collection du Conservatoire de musique de Paris ; voyez aussi le *Triomphe de l'empereur Maximilien*.

L'ouïe est garnie d'une jolie découpure; et la table d'harmonie est, sur les bords, incrustée de filets avec alternances d'un charmant effet. On observera que le cordier ne porte que quatre crochets et un bouton pour attacher les neuf cordes (voy. en E).

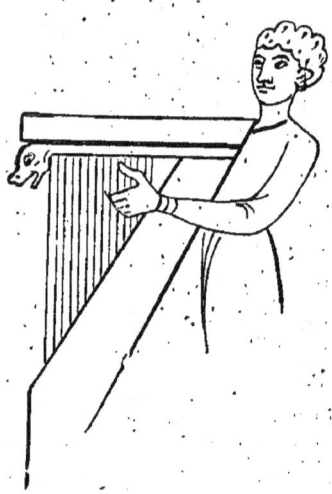

**HARPE,** s. f. Instrument à cordes, inégales de longueur, tendues entre deux pièces de bois formant un angle plus ou moins ouvert. Les anciens connaissaient la harpe : on en voit de fort belles, et d'une grande dimension, dans les peintures et sculptures égyptiennes [1]. La harpe, chez les Grecs, n'est autre que la *cithare*. Les Romains l'appelaient *cinara*, et les Celtes *sambuque*, *harp*, *harpa*.

Les harpes antiques n'étaient montées que de treize cordes, accordées selon l'ordre de la gamme diatonique.

La harpe égyptienne se compose seulement du bras supérieur (la console) et du corps sonore (table d'harmonie) ; elle ne possède pas de colonne : de telle sorte que la tension des cordes pouvait avoir

---

[1] Voyez les deux joueurs de harpe de Ramsès III (xx° dynastie), dans l'*Hist. de l'art égyptien*, par M. Prisse d'Avenues (peintures). L'une de ces harpes a près de 2 mètres de hauteur et est montée de onze cordes ; l'autre, moins haute, est montée de treize cordes.

une influence sur l'ouverture de l'angle formé par ce bras supérieur et la table d'harmonie. On voit une harpe ainsi disposée, mais de petite dimension, figurée dans une Bible du xᵉ siècle (fig. 1).[1] Cette harpe est garnie de quinze cordes, en admettant que le dessinateur se soit piqué d'exactitude. Le bras supérieur horizontal est puissant, et le corps sonore d'une grande capacité.

L'abbé Gerbert donne, d'après le manuscrit de Saint-Blaise, qui date de la même époque, une harpe montée de douze cordes et qui possède une colonne[2]. La colonne est la pièce de bois qui réunit l'extrémité de la console à la base du corps sonore, et qui empêche les cordes, par leur tirage, d'influer sur l'ouverture de l'angle.

Les cordes de la harpe sont pincées des deux mains, la partie supérieure du corps sonore étant appuyée sur la poitrine de l'exécutant. A dater du xIIᵉ siècle, les harpes sont souvent de petites dimensions, et peuvent être jouées la base du corps sonore posée sur les

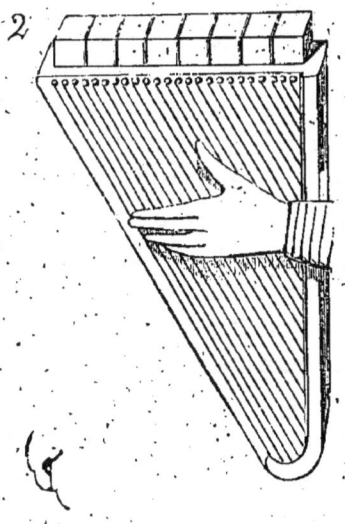

genoux. On voit dans le musée de Toulouse, sur un bas-relief du xIIᵉ siècle, une très petite harpe, ou plutôt une cithare sans colonne, et dont le bras supérieur horizontal paraît être muni de huit touches (fig. 2). Cette harpe est montée d'un grand nombre de cordes (vingt-quatre au moins), qui paraissent répondre par groupes de trois à chacune des touches, lesquelles, peut-être par un ren-

[1] Manuscr. de la Biblioth. impériale, fonds Saint-Germain, latin : musiciens jouant devant la statue de Nabuchodonosor.
[2] Voyez Martin Gerbert, *De cantu et musica*, lib. III, cap. III. M. de Coussemaker a reproduit cette gravure dans les *Annales archéolog.*, t. III, p. 148.

voi à bascule, appuyaient sur les cordes comme le font les pédales. Mais cette sculpture n'est point détaillée d'une manière assez précise pour qu'il soit possible de se rendre un compte exact de ce mécanisme et de son utilité. Nous laissons aux personnes plus compétentes que nous en ces matières à discuter cette question.

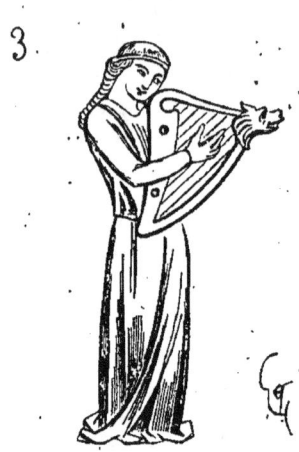

3

Au XIII° siècle, la harpe est habituellement de petite dimension, et jouée souvent debout. Elle était alors suspendue au cou (fig. 3)[1]. Ces harpes sont dès lors toujours munies de la colonne ; mais celle-ci est courbée de manière à donner aux mains plus d'aisance et à s'assembler plus solidement à la base du corps sonore. La table d'harmonie est percée d'ouïes latéralement. L'exemple que nous donnons ici n'est monté que de neuf cordes.

Les sculptures du portail occidental de la cathédrale de Chartres (milieu du XII° siècle) nous montrent de très belles harpes de dimension médiocre, et dont les cordes sont disposées avec adresse pour faciliter le jeu. On voit une ces sortes de harpes, jouée par un ménestrel, sur la façade de la maison des Musiciens à Reims[2]. Les harpes des sculptures du portail de Notre-Dame de Chartres, bien que de petite dimension, — puisque la console, étant à la hauteur de l'épaule, le pied du corps sonore descend à peine aux genoux, — sont montées de dix et de quinze cordes ; leur corps sonore est volumineux, et, comme son épaisseur près du bras supérieur serait gênante pour la main gauche qui pince les cordes les plus hautes, ce bras supérieur ou console n'est pas dans le plan de la table d'har-

---

[1] Manuscrit de la Biblioth. impériale.

[2] Voyez la copie de cette statue dans le tome VIII du *Dictionn. d'archit.*, à l'article SCULPTURE, fig. 22 (XIII° siècle).

monie (fig. 4). Cette disposition est expliquée par la projection
horizontale de l'instrument, tracé en A. Ainsi la main gauche touchait avec facilité les cordes courtes se rapprochant du sommet de

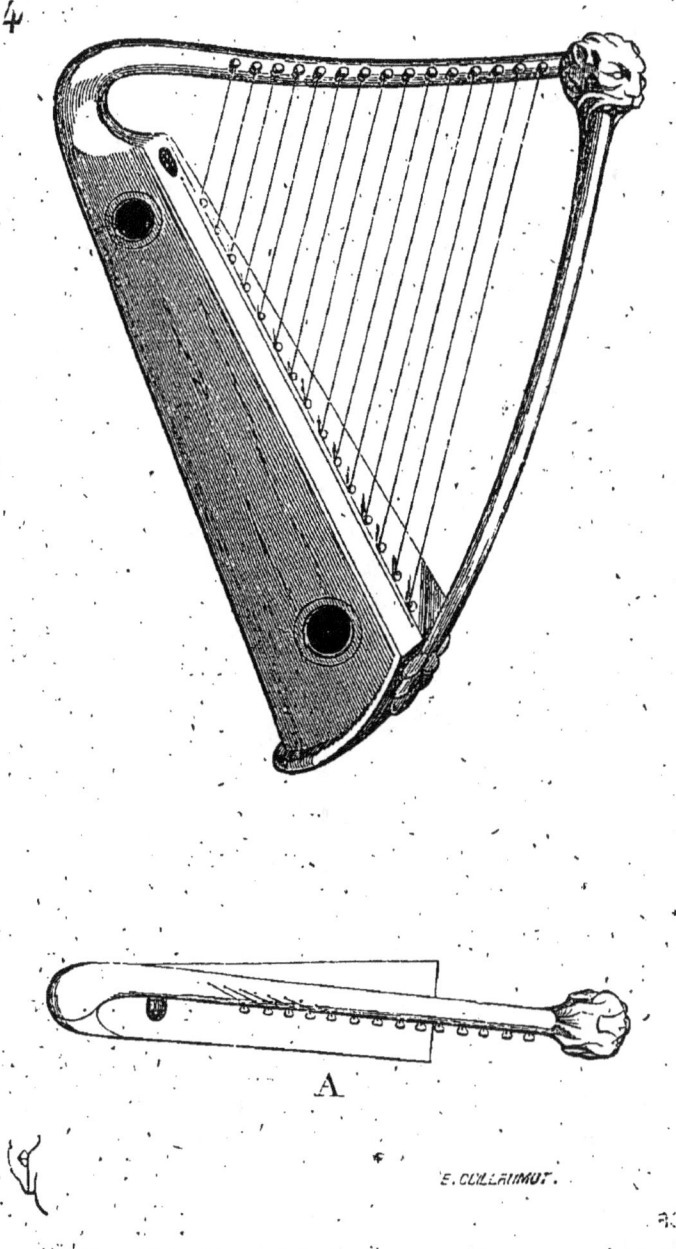

4

A

E. CUILLAIIMOT.

l'angle, ce qu'elle n'aurait pu faire si ces cordes eussent été tendues
dans l'axe de la table d'harmonie. On voit parfaitement, sur l'instrument de la maison des Musiciens de Reims, que les cordes étaient

tendues à l'aide de clefs ou de leviers qui agissaient sur des carrés
fixés à la console. Ce dernier instrument est d'ailleurs plus grand
que ceux donnés ici : le pied du corps sonore touche à terre, l'exécutant est assis la harpe entre ses jambes, et le bras supérieur est
à la hauteur de la tête.

Nous n'avons pas de représentation de la *saquebute,* qui était,
disent quelques auteurs, une sorte de harpe de très grande dimension, puisqu'elle atteignait quatorze pieds[1]; à moins d'admettre que
cet instrument n'était autre que le monocorde, dans le corps sonore
duquel étaient tendues des cordes métalliques dont la vibration pro-
duisait un accord lorsqu'on pinçait l'unique corde tendue devant la
table d'harmonie (voy. Monocorde).

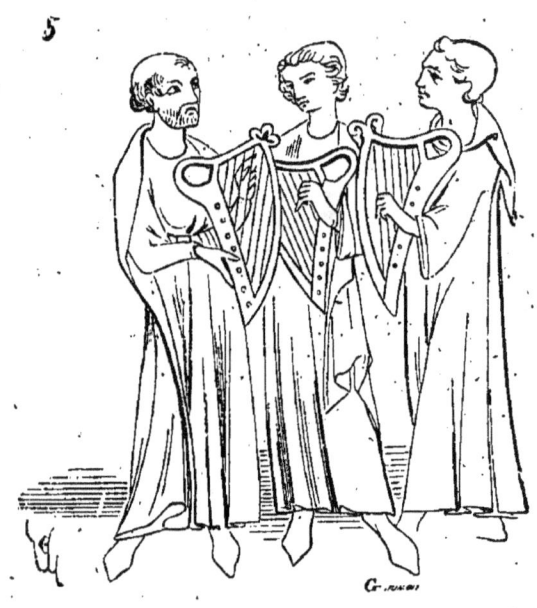

Les jongleurs ne se servaient guère que de petites harpes, et les
suspendaient au cou. A l'aide de cet instrument, ils exécutaient des
morceaux d'ensemble (fig. 5)[2]. On observera que la partie supérieure des tables d'harmonie de ces harpes est munie d'une poignée
ou anse, qui permettait de les suspendre au cou si l'on voulait pincer
les cordes des deux mains. Dans cet exemple, les exécutants paraissent ne toucher les cordes que d'une seule main.

[1] *Dictionnaire* de Furetière.
[2] Manuscr. de la fin du xiiie siècle, *Apocalypse,* coll. de M. B. Delessert.

« Al siege ala comme jonglere
'« Si fainst que il estoit harpere ;
« Il avoit apris à chanter,
« Et lais et notes à harper.
« Por aler parler à son frere,
« Se fist par mi la barbe rere,
« Et le cief par mi ensement
« Et un des grenons seulement ;
« Bien sambla lécéor et fol,
« Une harpe prist à son col [1]. »

Les Irlandais et les Bretons passaient pour les meilleurs *har-peurs* :

« Grans fu la joie, se saichiés de verté,
« Harpent Bretons et viellent jongler [2]. »

Dans le journal de la dépense du roi Jean, en Angleterre, nous voyons qu'il est payé pour le *roy des ménestereulx*, « une harpe, 2 nobles, valant 13 s. 4 d. [3] ».

La forme des harpes ne subit pas de graves modifications pendant le cours des xive et xve siècles. Au xvie siècle, cet instrument est presque abandonné en France ; on ne le voit reparaître que beaucoup plus tard, mais avec d'importants perfectionnements.

**LUTH**, s. m. (*lou, leü, luz*). Instrument à cordes pincées, garni d'un manche, avec cheviller renversé, sans cordier et sans chevalet. Les cordes du luth étaient habituellement de métal, de cuivre, d'argent. Ces cordes étaient au nombre de huit, et de neuf à la fin du xve siècle (voyez GUITERNE). Le luth servait, comme la guiterne, d'accompagnement à la voix, et était pincé de la même manière. Il existe encore quelques-uns de ces instruments qui datent du xvie siècle, notamment dans la belle collection du Conservatoire de musique.

---

[1] *Li Romans de Brut*, vers 9336 et suiv.
[2] *Li Romans de Raoul de Cambrai*, édit. Techener, p. 320 (xiiie siècle).
[3] *Journal de la dépense du roi Jean en Angleterre* (*Comptes de l'argenterie des rois de France*, publié par M. Douët-d'Arcq, p. 243).

Parfois deux cordes de luth sonnaient à vide en dehors du manche,
qui, par derrière, était renforcé d'une baguette puissante pour conduire le pouce.

**LYRE,** s. f. Instrument à cordes qu'on peut confondre, dans les
premiers siècles du moyen âge, avec la cithare. L'antiquité grecque
eut d'abord la lyre à trois cordes, puis à quatre, à cinq et sept
cordes. La lyre antique des derniers temps se composait de deux
montants fixés sur une table d'harmonie et d'une traverse supérieure horizontale. Les cordes étaient tendues verticalement de la
table à la traverse entre les montants. Les cordes de la lyre

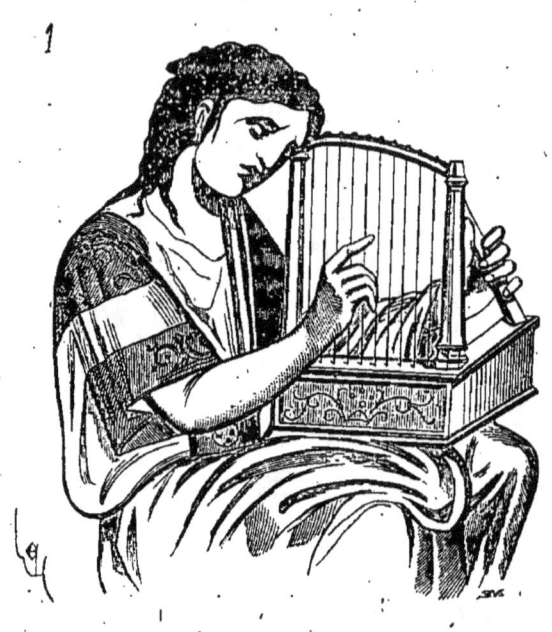

1

étaient pincées ou touchées avec un *plectrum*. Un manuscrit grec
de la Bibliothèque impériale[1], du commencement du xᵉ siècle, nous
montre, parmi ses nombreuses miniatures d'une grande dimension et d'un caractère antique, un joueur de lyre. Cet instrument
affecte une forme particulière. Il se compose (fig. 1) d'une table
d'harmonie avec deux montants verticaux et une traverse oblique.
A la table d'harmonie est adaptée en équerre une pièce de bois réunie
à l'un des montants par un lien qui permet de tenir la lyre de la main
gauche. L'exécutant touche les cordes, au nombre de dix, avec la
main droite. Cette sorte de lyre peut être considérée comme une

[1] Psautier.

cithàre. Il en est de même d'une lyre représentée dans la Bible du
x⁰ siècle de la Bibliothèque impériale [1]. Ce dernier instrument, toutefois, présente une disposition remarquable.

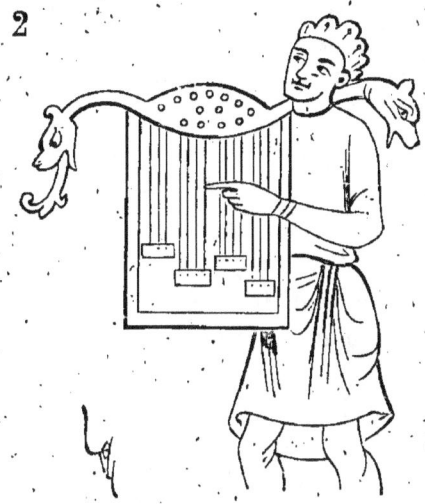

A la table d'harmonie inférieure sont fixés quatre cordiers dis-
tincts, posés à des hauteurs différentes (fig. 2). Au premier et au der-

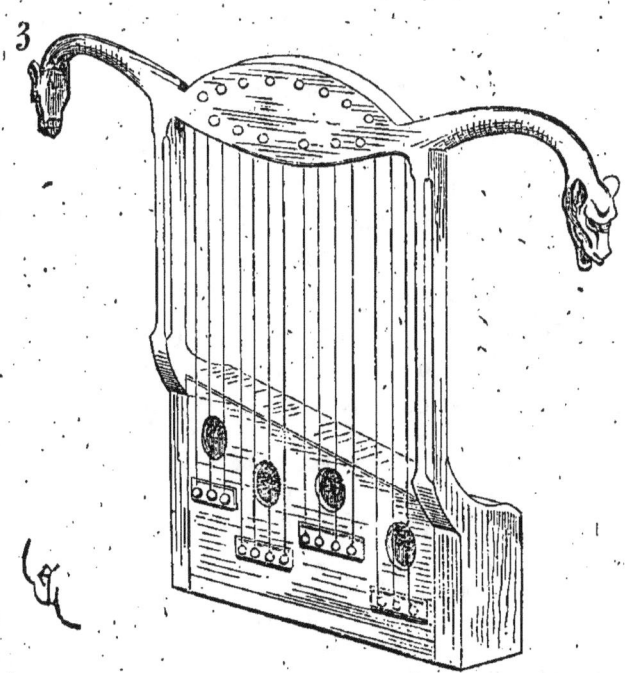

nier cordier sont attachées trois cordes ; aux cordiers deux et trois

[1] Joueurs d'instruments devant la statue de Nabuchodonosor.

sont attachées quatre cordes. Ces cordes passent par des trous dans un large cheviller qui remplace la simple traverse des anciennes lyres. Deux potences qui font suite au cheviller permettent de porter la lyre sur l'épaule droite, soit d'un côté, soit de l'autre. Une courroie attachée derrière la table d'harmonie devait, en outre, permettre de fixer solidement l'instrument le long du corps ; à moins d'admettre qu'on touchait les cordes de la main gauche, et que la main droite maintenait la table d'harmonie, ce qui n'est guère probable : cet instrument devait être touché des deux mains, comme la harpe. La figure 3 fera mieux comprendre la composition de cette lyre[1], qui devait avoir environ 0ᵐ,65 de hauteur. Il est à croire que, les deux octaves étaient montées de manière à former un accord, *dessus* et *alto*, par exemple. L'abbé Gerbert donne, dans

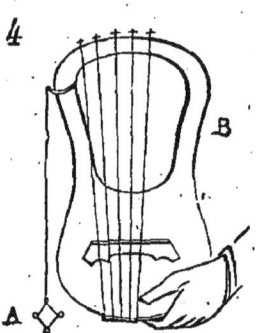

son traité *De la musique*[2], une *lyra* montée de cinq cordes et copiée sur le manuscrit de Saint-Blaise (fig. 4). Les cinq cordes sont relevées par un chevalet et étaient touchées avec un plectrum suspendu en A. On observera que les cinq cordes ne sont pas tendues dans l'axe de l'instrument, mais un peu de côté, afin, probablement, de donner plus de facilité pour tenir la lyre, soit du pied, soit par le montant B. Il n'est pas question de la lyre à dater du XIIIᵉ siècle, et ce mot n'est employé qu'avant cette époque :

> « Et mult sot de lais et de note,
> « De viele sot et de rote,
> « De lire et de saltérion[3]. »

Et ailleurs :

> « Mult ot à la cort jugleors,
> « Chanteors, estrumanteors ;

---

[1] Restituée à l'aide des vignettes de manuscrits des Xᵉ et XIᵉ siècles (Vézelay, Moissac, ivoires).

[2] *De cantu et musica*, lib. III, cap. III.

[3] *Li Romans de Brut* (XIIᵉ siècle), vers 3765 et suiv.

« Mult poïssiés oïr chançons,
« Rotruanges et noviax sons.
« Vieleures, lais et notes,
« Lais de vieles, lais de notes ;
« Lais de harpe et de fretiax ;
« Lyre, tympres et chalemiax,
« Symphonies, psaltérions,
« Monacordes, cymbres, chorons !. »

Le psaltérion semble avoir remplacé, à dater du XIIIᵉ siècle, ces instruments à cordes, qui tenaient plus encore de la cithare que de la lyre antique[2].

**MOINEL**, s. m. Petite flûte simple, pipeau.

« Sonnent timbre, sonnent tabor ;
« Muses, saltères et fretel,
« Et buissines et moïnel,
« Cascuns ovre de son mestier[3]. »

**MONOCORDE**, s. m. On désignait ainsi, au moyen âge, deux sortes d'instruments : l'un qui semble n'avoir été qu'un diapason, un moyen de donner le ton ; l'autre fort grand, monté d'une seule corde,

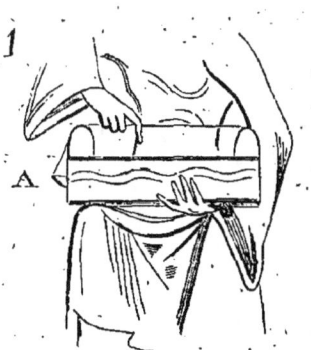

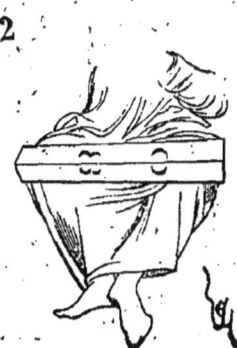

-sorte de tympanon qu'on jouait en pinçant cette unique corde ou à l'aide d'un archet. Alors, il tenait lieu de l'instrument que nous appelons aujourd'hui *contre-basse*. Les derniers monocordes, ceux

---

[1] Vers 10823 et suiv.

[2] Voyez la copie d'une miniature d'un manuscrit de la Biblioth. impér. (Xᵉ siècle), dans les *Arts somptuaires* (Ch. Louandre, Paris, 1858).

[3] *Li Biaus desconneus*, vers 2873 et suiv. (XIIIᵉ siècle).

qui datent du XVI<sup>e</sup> siècle, sont parfois montés en dedans du corps sonore, de plusieurs cordes métalliques donnant un accord par leur vibration[1]. Le manuscrit de Saint-Blaise[2] donne un petit monocorde (fig. 1), touché par une femme assise. Cet instrument se compose d'une boîte sonore oblongue, aux extrémités de laquelle sont posés deux petits arcs métalliques formant chevalets. Une corde est tendue d'un arc à l'autre et arrêtée sur un petit cordier latéral, **A.** Il est évident que cet instrument ne pouvait donner qu'une seule note, et remplacer ainsi le diapason métallique actuel.

3

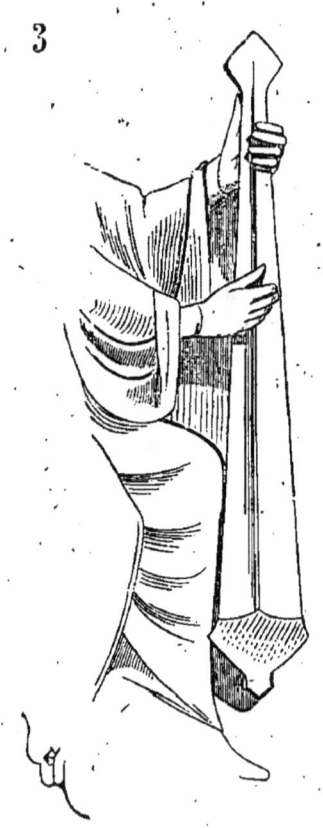

La vignette au trait qui est placée en tête du manuscrit de la bibliothèque de Reims intitulé : *Liber pontificalis*[3] montre les neuf Muses, Orphée, Arion et Pythagore. Ce dernier personnage tient sur ses genoux un monocorde (fig. 2), qui semble aussi n'être qu'un diapason. Il se compose d'une table d'harmonie percée de quatre

---

[1] On voit un de ces grands instruments, qui n'a pas moins de 2 mètres de hauteur, dans la collection de M. Fau.

[2] Voyez l'abbé Martin Gerber, *De cantu et musica*, lib. III, cap. III.

[3] XIII<sup>e</sup> siècle.

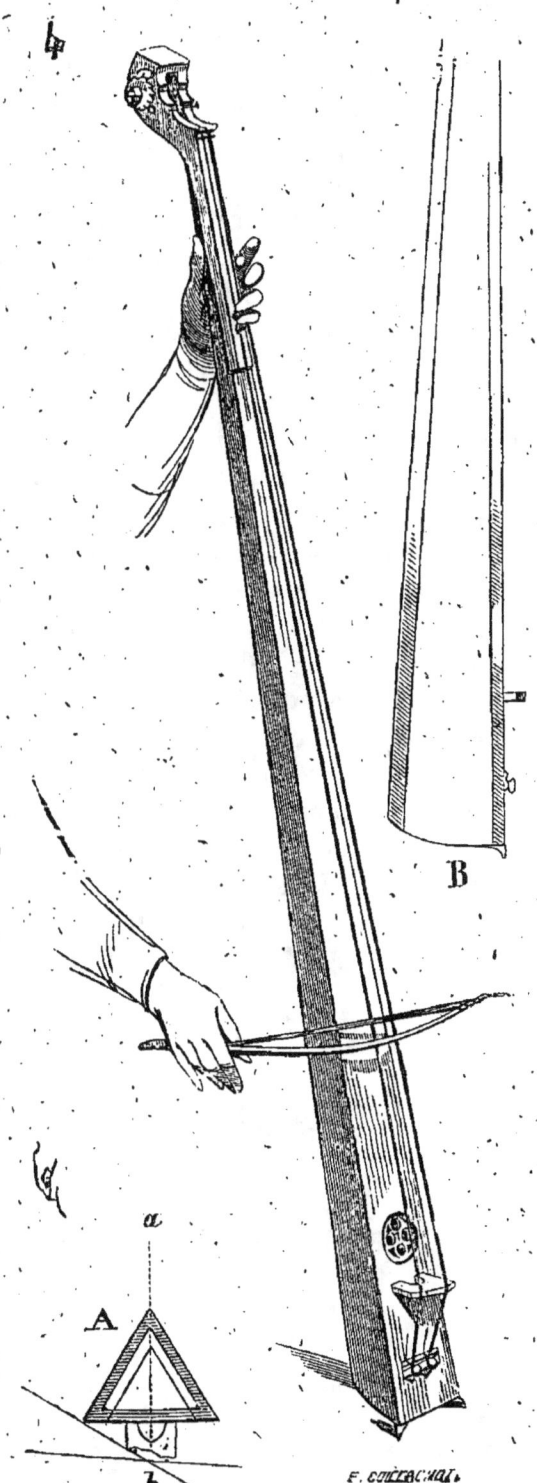

F. COURACHAT.

ouïes et d'une seule corde tendue dans la longueur de l'instrument. Mais voici (fig. 3) un monocorde pincé par un personnage sculpté sur l'un des corbeaux des portes de la façade de l'église abbatiale de Vézelay (premières années du xii° siècle), qui n'est autre chose qu'un simple diapason, puisque, de la main gauche, l'exécutant appuie sur la corde près du cheviller. Il fallait nécessairement, pour que ce genre d'instrument pût produire un certain nombre de notes graves, qu'il fût très long : celui-ci a presque la hauteur d'un homme. Le beau manuscrit de Froissart, de la Bibliothèque impériale[1], montre un musicien jouant du monocorde avec un archet ; l'instrument paraît avoir au moins 2 mètres de hauteur. Un manuscrit du xiv° siècle, de la Bibliothèque royale de Bruxelles[2], possède une vignette représentant un roi jouant un instrument du même genre, mais plus petit et monté de deux cordes, et qu'on appelait alors *diacorde*. Dans ces deux exemples, les exécutants appuient sur les cordes vers le bas et font marcher l'archet vers la partie supérieure[3]. Il est vrai qu'il n'y a point de chevalet indiqué sur la table d'harmonie. Plus tard, le monocorde, ou plutôt le diacorde, se perfectionne. Le manche est garni d'un doigté ; le cheviller est renversé et est muni de roues à dents, avec pivots triangulaires pour recevoir une clef ; les deux cordes passent sur un chevalet, dont les pieds sont inégaux. Le corps sonore, vide au bas, est triangulaire, composé de trois ais, et la table d'harmonie est percée d'une ouïe. Cet instrument (fig. 4) ne remonte guère au-delà des dernières années du xv° siècle. Il était joué avec un archet, comme la contre-basse moderne. En A, est tracée la base de l'instrument avec la position et la forme du chevalet ; en B, la coupe du corps sonore sur la ligne *ab*[4].

**NACAIRE,** s. f. (*anacaire*, *naquaire*). Sorte de tambour (voy. Tambour).

[1] Tome Ier (xv° siècle).

[2] N° 9002.

[3] Ces deux vignettes sont reproduites par M. de Coussemaker, dans les *Annales archéol.*, t. VIII, p. 246.

[4] Voyez un de ces instruments figuré dans le *Der Weiss Kunig*, par Marc Treitzaurwein : *Récit des actions de l'empereur Maximilien*, pl. 28.

**OLIFANT,** s. m. Corne d'une grande dimension, faite habituellement d'une dent d'éléphant, garnie de viroles de métal pour
la suspendre au côté droit. L'olifant était une corne de guerre et
de chasse ; il servait à donner des signaux, à rallier les troupes,
à annoncer l'approche d'un ennemi.

> « Ung olifant sona, ses gens vers li ralie
> « Et leur dit : « Segués moi, je vous ferai aïe [1]. »

> « Les grans compaignes lors veissiez venir,
> « Bruir banières, dont il i out sis mil.
> « Là oïssiez ces olifans tentir,
> « Cés cors sonner. . . . . [2]. »

> « Guenes, ce dist li rois, preus estes et gentis ;
> « Faites sonner nos cors, l'olifant soit bondis. »
> « Richars prinst l'olifant, à la bouce l'a mis ;
> « Rollans en a les vois entendus et oïs,
> « Ses compaignons le dist, moult en est esjoïs [3]. »

L'olifant était donc un instrument que portaient les chefs et qu'ils
embouchaient, à la guerre, pour réunir leur monde ou pour prévenir de leur approche. Le guetteur du château n'a qu'une corne
ou un cor, pour donner des signaux ; l'olifant était la trompe du
noble, du seigneur ayant des barons sous ses ordres. Tout le monde
connaît la légende de Roland. Lorsqu'il combat dans les défilés de
Roncevaux et qu'il voit ses compagnons morts pour la plupart :

> « Rollans ad mis l'olifan à sa buche,
> « Empeint le ben, par grant vertut le sunet.
> « Halt sunt li pui e la voiz est mult lunge,
> « Granz .xxx. liwes loïrent-il respundre.
> « Karles l'oïst e ses cumpaignes tutes ;
> « Ço dit li reis : « Bataille funt nostre hume [4]. »

[1] *Gérart de Roussillon*, vers 4613 (XIIIᵉ siècle).
[2] *Li Romans de Garin le Loherain* (XIIIᵉ siècle), t. II, p. 185, édit. Techener.
[3] *Fierabras*, vers 5567 et suiv. (XIIIᵉ siècle).
[4] *Chanson de Roland*, cxxxi.

Le héros tient à son olifant autant qu'a son épée ; lorsqu'il sent

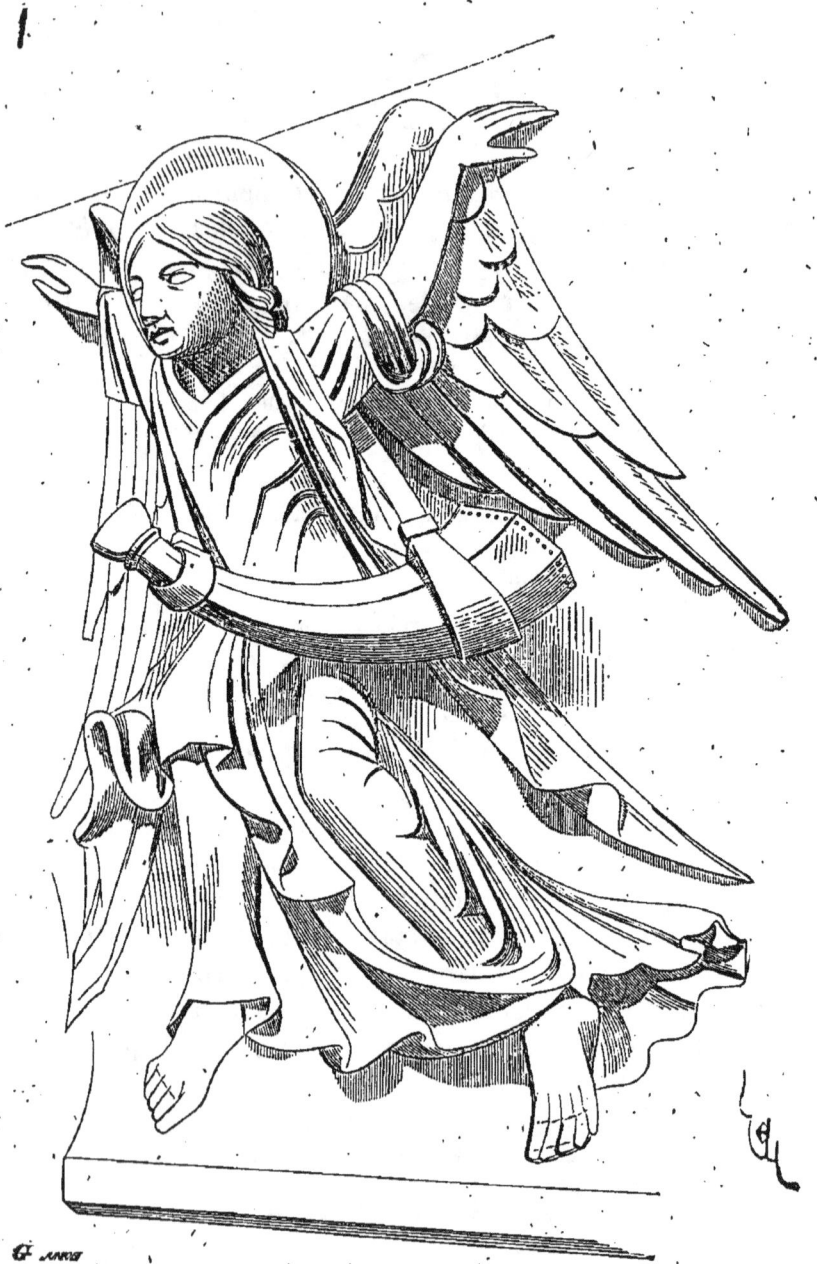

la mort venir, ne pouvant briser Durandal, il met son cor en pièces :

« Ne l'orrat hume, ne t'en tienget pur fol.
« Fenduz en est mis olifans el gros,
« Ça juz en est li cristals et li ors [1]. »

[1] *Chanson de Roland*, CLXVII.

Puis se couche sous un pin pour mourir, et

> « Desuz lui met s'espée e l'olifan en sumet,
> « Turnat la teste vers la paiene gent,
> « Pur ço l'at fait que il voelt veirement
> « Que Carles diet e trestute sa gent
> « Li gentilz quens qu'il fut mort cunquerant [1]. »

L'olifant était alors une marque distinctive de commandement, de dignité, que les grands, seuls, portaient à la guerre, et il était déshonorant de laisser prendre cet instrument considéré comme noble. Sur l'un des corbeaux d'une des portes de la façade de l'église abbatiale de Vézelay, un ange qui annonce la naissance du Sauveur, porte un olifant en bandoulière (fig. 1 [2]). Ce cor est façonné à pans.

Les olifants d'ivoire étaient souvent richement sculptés ; nos collections publiques et privées en conservent un certain nombre d'une époque très ancienne (x$^e$ au xii$^e$ siècle), sur lesquels sont figurés, en bas-reliefs, des chasses, des animaux réels ou fantastiques. La plupart de ces objets ont été plusieurs fois gravés [3] ; ils affectent tous la même forme, imposée, d'ailleurs, par la courbure de la dent d'éléphant.

**ORGUE** (DE MAIN), s. m. Instrument composé d'un jeu de tuyaux avec petite soufflerie. Nous ne nous occupons ici que des orgues de main. L'orgue primitif n'est autre chose que le sistre ou flûte de Pan, avec petit réservoir d'air comprimé et soupapes mues par des touches. Il est à croire que les premières orgues n'avaient que des tuyaux de roseau. Mais les anciens, Asiatiques, Grecs et Romains, connaissaient déjà les grandes orgues à tuyaux de métal, dont la soufflerie était alimentée par des pompes hydrauliques. Toutefois, ces instruments restèrent ignorés en Occident après l'invasion des barbares, jusqu'au viii$^e$ siècle, époque où l'empereur Constantin Copronyme envoya un orgue à Pépin le Bref. Cet orgue, ainsi que celui envoyé à Charlemagne par l'empereur Constantin Curopalate, celui de l'église de Vérone (viii$^e$ siècle), et celui que l'empereur Louis

---

[1] *Chanson de Roland*, CLXXI.

[2] Premières années du xii$^e$ siècle.

[3] *Album* de du Sommerard. — Alex. Lenoir, *Monuments français*. — Voyez le musée de Cluny. Voyez le bel olifant de la collect. de M. le duc de Luynes, cabinet des médailles ; Biblioth. impér. ; celui du musée de la ville de Puy-en-Velay.

le Débonnaire fit placer dans l'église d'Aix-la-Chapelle, étaient des instruments stables et à soufflets[1]. Nous ne voyons apparaître, en

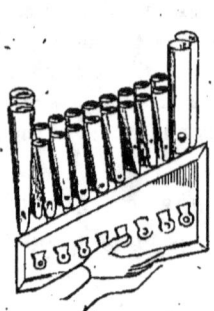

France, les orgues à la main que sur les monuments figurés du Xe siècle. Ces instruments se composent d'un coffre sur lequel sont

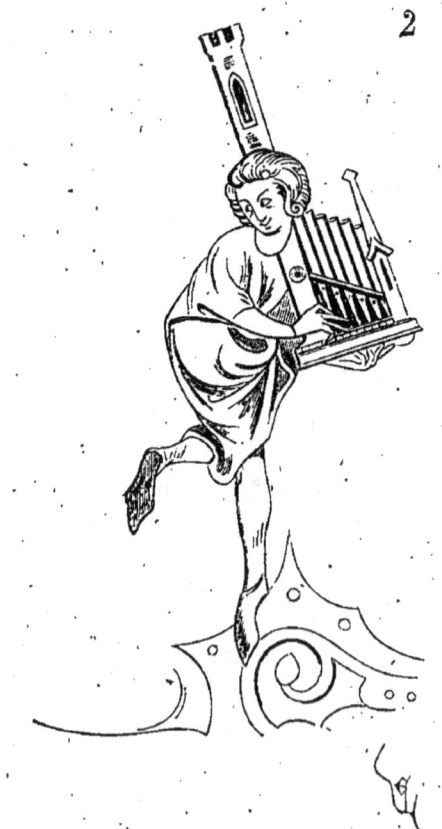

plantés des tuyaux, d'un petit clavier et d'un soufflet ; on jouait sur le clavier de la main droite, et de la gauche on faisait mouvoir le

[1] Voyez, dans la trad. du *Rationale* de Guillaume Durand, par M. C. Barthélemy, une bonne Notice histor. sur grandes orgues (t. II, p. 489.)

soufflet en tenant le coffre appuyé sous le bras et contre la poitrine. Voici (fig. 1) un de ces petits orgues portatifs possédant deux rangs de huit tuyaux chacun, avec quatre tuyaux plus forts aux deux extrémités du sommier. Le clavier ne se compose que de huit touches. Ces touches auraient donc fait parler deux tuyaux à la fois, tandis que les quatre gros tuyaux auraient composé un bourdon continu [1]. Tout cela est fort hypothétique. Une autre miniature d'une époque plus récente (fig. 2 [2]) nous montre un joueur d'orgue à main composé seulement de six tuyaux avec clavier. L'instrument est monté sur

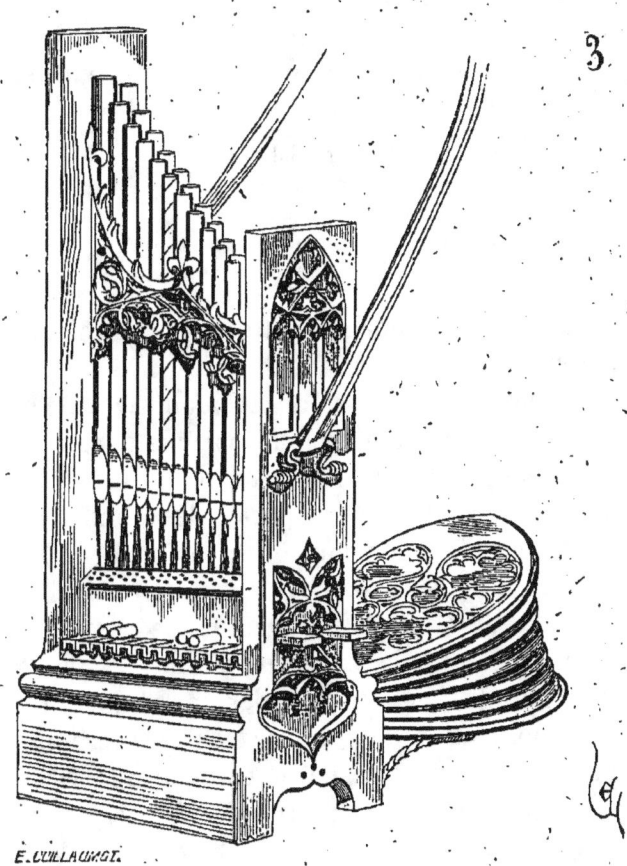

E. VUILLAUMOT.

une caisse plate, avec deux montants, dont l'un, très élevé, est appuyé sur l'épaule gauche de l'exécutant. Pendant les XIIIe et XIVe siècles, ces petits jeux d'orgues diffèrent assez peu dans la forme, et le nombre des tuyaux est variable. Ce n'est guère qu'au XVe siècle que ces instruments paraissent être perfectionnés. Un joli tableau de

[1] Ancien fonds Saint-Germain, Biblioth. impér. (XIIIe siècle).
[2] *Hist. du saint Graal*, manuscr. Biblioth. impér. (fin du XIIIe siècle).

l'école allemande, déposé à la Pinacothèque de Munich et attribué à Wohlgemuth[1], représente une sainte Cécile jouant d'un orgue à main composé de deux rangs de douze tuyaux chacun, avec clavier de douze touches, quatre registres et un soufflet (fig. 3). L'instrument pouvait être suspendu en bandoulière au moyen d'une courroie rétenue aux montants par deux petites poignées de métal. Le soufflet est posé sur deux potences également de métal fixées au sommier. Ces petits instruments devaient avoir à peu près la sonorité des orgues dites de Barbarie. Leurs tuyaux sont toujours indiqués comme étant fabriqués de métal.

Ces orgues de main étaient fort prisés dans les fêtes civiles, car il ne paraît guère qu'on les ait admises dans les églises, où l'on se servait de grandes orgues pneumatiques :

> « Orgues i r'a bien maniables,
> « A une sole main portables,
> « Où il meismes soufle et touche,
> « Et chante avec à plaine bouche
> « Motés, ou treble ou teneure[2] »

Les orgues de main accompagnaient donc au besoin la voix de la personne qui touchait de l'instrument.

Dans les chapelles de châteaux, on avait au xive siècle des orgues stables, mais de très petite dimension, puisque dans le *Journal de la dépense* du roi Jean en Angleterre on lit cet article : « Clément, « clerc de la chapelle, pour faire porter les orgues de Herthford « à Londres *par 2 valez,* et pour cordes à les lier, 7 d. 3 d.[3] »

Pour que deux hommes pussent transporter cet instrument, il fallait qu'il ne fût guère pesant. Christine de Pisan nous apprend que pendant les repas, à la cour du roi Charles V, on jouait de l'orgue. Sur des estrades, aux entrées des souverains, dans les carrefours, étaient montées de petites orgues qui accompagnaient les voix des chanteurs. Cet usage se perpétua jusqu'au xvie siècle.

A l'entrée de la reine Isabeau de Bavière à Paris, devant la chapelle Saint-Jacques, était dressé un « escharfaut faict et ordonné « très richement, séant au dextre, ainsy comme ils y alloient et « estoient, ledit escharfaut couvert de drap de haute lice et encour- « tiné à la manière d'une chambre ; et dedans cette chambre avoient « hommes qui sonnoient une orgue moult doucement[4]... »

---

[1] N° 39 du Catalogue.

[2] Le *Roman de la Rose*, partie de J. de Meung, vers 21292 et suiv.

[3] *Comptes de l'argenterie des rois de France*, publ. par L. Douët-d'Arcq, p. 214 (1349).

[4] Froissart, *Chroniques*, liv. IV.

**P**

**PSALTÉRION,** s. m. (*saltérion*). Le psaltérion antique est com-

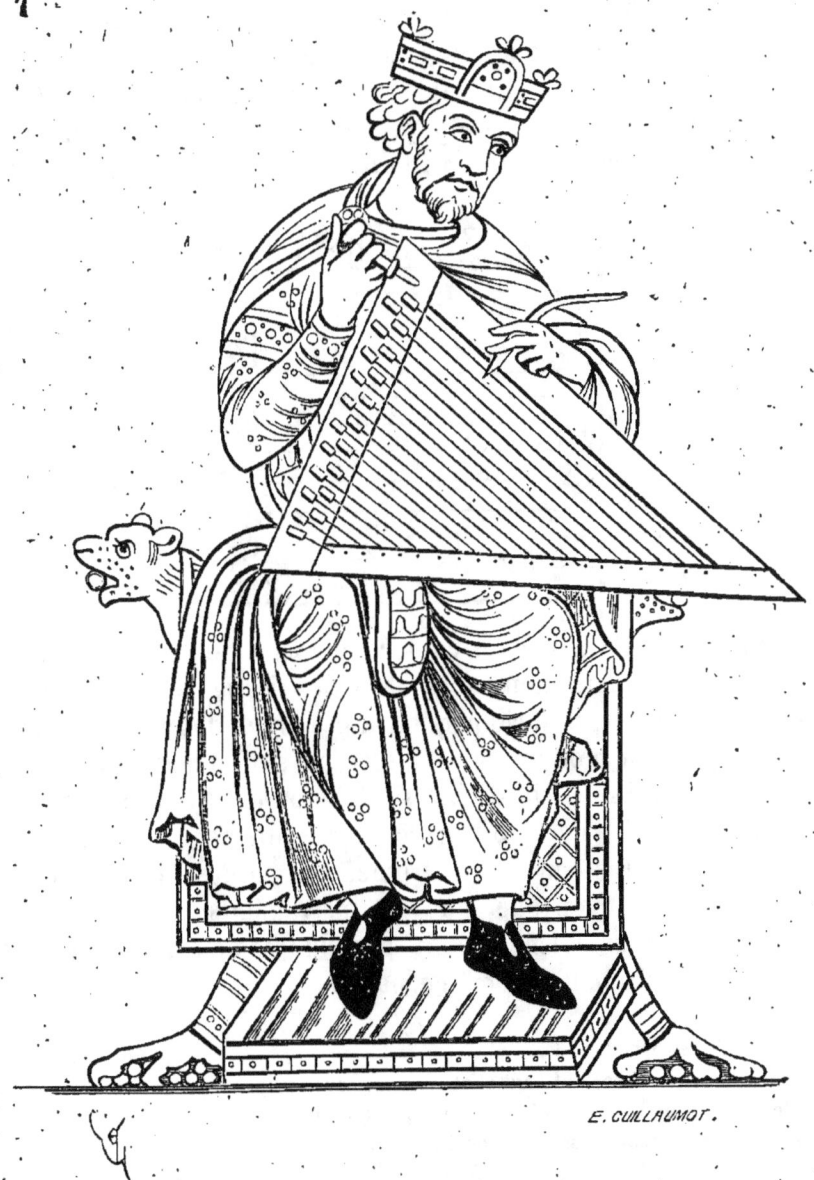

E. GUILLAUMOT.

posé d'un châssis triangulaire avec une table d'harmonie, les cordes

étant tendues sur cette table percée d'ouïes. La forme triangulaire
paraît avoir été adoptée pendant les premiers temps du moyen âge
pour le psaltérion, concurremment avec la forme carrée.

Voici (fig. 1) un de ces instruments, parfaitement reproduit sur
une vignette du manuscrit de Herrade de Landsberg[1]. Il se compose d'un châssis triangulaire monté sur une table et garni de vingt
et une cordes (trois octaves)[2]. Le personnage qui représente le roi
David, et qui passait, au moyen âge, pour être l'inventeur du psaltérion, maintient l'instrument verticalement sur ses genoux, au moyen
d'une petite poignée fixée à l'angle supérieur, et fait vibrer les cordes
à l'aide d'un plectrum, qui semble n'être autre chose qu'un bec de
plume. Souvent les cordes du psaltérion sont doubles, montées à
l'unisson. Il y a aussi le *nable* (*nabulum*), qui peut passer pour une

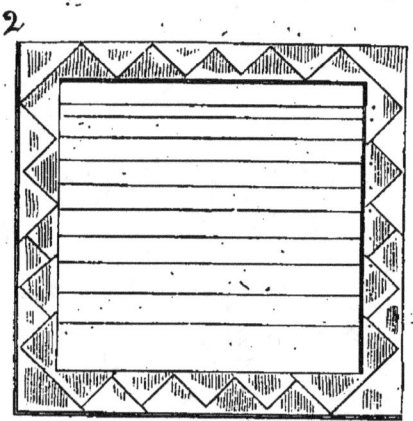

2

sorte de psaltérion ; mais dans ce dernier instrument, les cordes sont
posées perpendiculairement à la base du triangle : « Nabulum est
« quod grece dicit psalterium quod a psalendo dicitur ad similitudi-
« nem del ⊿ id est modum del ⊿ littere ad similitudinem cythare[3]. »
Le manuscrit de Saint-Blaise (ix<sup>e</sup> siècle) donne la figure d'un psaltérion carré (fig. 2) garni de dix cordes seulement[4]. Il ressort des
documents recueillis sur les instruments à cordes pincées ou frappées pendant le moyen âge, que ces instruments étaient très nombreux, et que leur forme n'était pas fixe comme l'est aujourd'hui
celle de nos instruments de même nature.

---

[1] Biblioth. de Strasbourg.

[2] Engelbert (viii<sup>e</sup> siècle) dit, en effet, que la cithare ou le psaltérion doivent être
garnis de vingt et une cordes très fines et bien tendues.

[3] Manuscr. du British Museum, *Tiberius*, c. vi.

[4] Martin Gerbert, *De cantu et musica*, lib. III, cap. iii ; *De organis aliisque
instrum.*, etc.

On voit, dans les voussures du portail occidental de la cathédrale

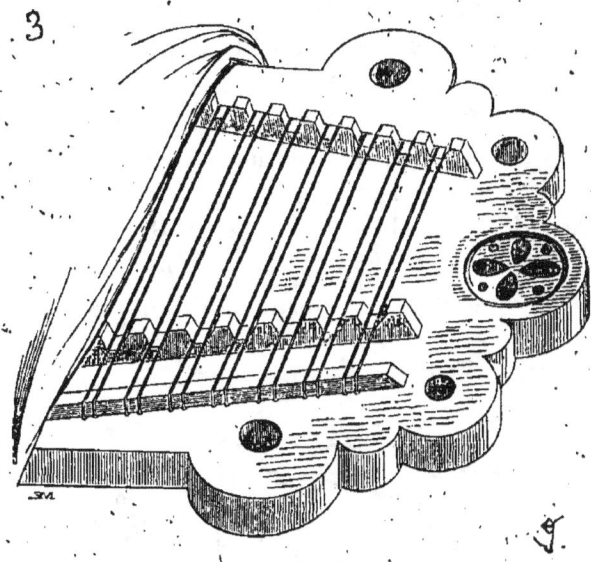

de Chartres, des personnages qui touchent du psaltérion. Ces instru-

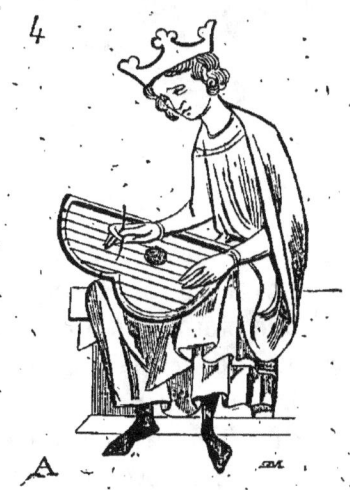

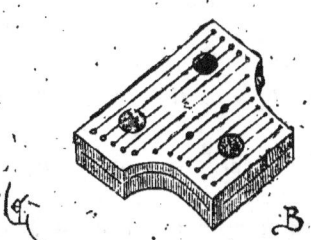

ments sont garnis de doubles cordes, sur des tables creuses percées d'ouïes avec chevalet continu (fig. 3 [1]). Ces doubles cordes métalliques, montées à l'unisson, étaient destinées à donner plus d'intensité au son, et c'est encore ce qui se pratique dans la construction des psaltérions dont on se sert à Vienne et dans le Tyrol. Au XIIIᵉ siècle, le psaltérion se développe en surface, et on le touche habituellement posé à plat sur les genoux (fig. 4 [2]). L'un de ces psaltérions est garni de huit cordes, l'autre de douze.

Au portail occidental de la cathédrale de Reims, on voit un petit personnage sculpté qui touche d'un instrument à peu près semblable à ceux-ci, mais posé verticalement sur les genoux et garni

*5*

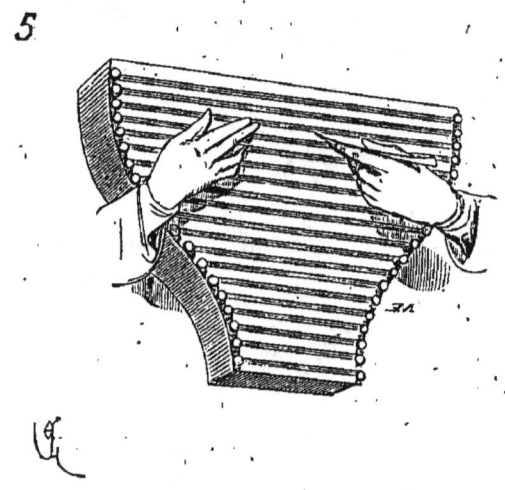

de dix-neuf cordes. L'une des mains de l'exécutant appuie sur les cordes, l'autre les touche avec un plectrum. Cet exemple date du commencement de la seconde moitié du XIIIᵉ siècle (fig. 5). Ici les cordes sont simples. Sur un des corbeaux de la grand'salle basse du château de Pierrefonds, on voit une femme assise touchant du psaltérion. L'instrument est d'une grande dimension et n'est garni que de huit cordes doubles ; il est posé verticalement, la pointe en bas, et la table d'harmonie est percée de trois ouïes (fig. 6 [3]).

A peu près oublié pendant le XVIᵉ siècle, le psaltérion fut remplacé par le clavecin. Ainsi que nous le disions tout à l'heure, cet instrument, encore usité en Allemagne et perfectionné, produit entre les mains d'un exécutant habile des effets sonores et harmoniques

---

[1] XIIᵉ siècle. Une partie de l'instrument est cachée sous une draperie.
[2] L'exemple A est tiré du manuscr. de la biblioth. impér., Psalm., anc. fonds Saint-Germain. L'exemple B, de la Bible française de la biblioth. du Corps législatif (XIIIᵉ siècle).
[3] 1400 environ.

extraordinaires, à la fois doux et pleins. En faisant glisser les doigts sur les doubles cordes, on obtient des sons chromatiques, par la réduction des vibrations, que le clavecin ne peut donner.

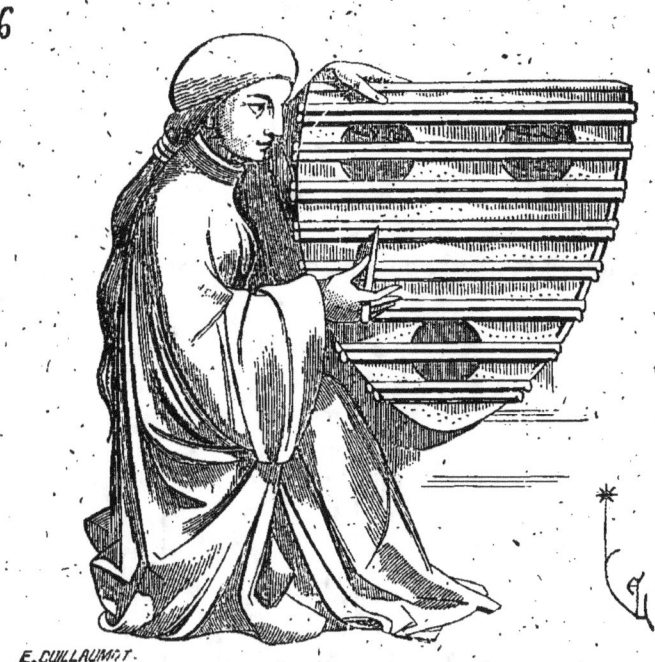

E. GUILLAUMOT.

Tous les auteurs de chansons de geste, les conteurs, les poètes, citent souvent le psaltérion à dater du xii⁰ siècle. Cet instrument était évidemment très common, et il n'y avait pas que les ménestrels qui en jouaient. Les femmes, dans les châteaux, touchaient du psaltérion :

> « Et mult sot de lais et de note,
> « De viele sot et de rote,
> « De lire et de salterion[1]. »

> « Psalterion prent et viele[2]. »

Dans la *Romance de la bataille de Roncevaux*[3], les cent dames qui accompagnent la belle Alda jouent des instruments, et c'est au son de ces instruments que s'endort la jeune femme :

> « Al son de los instrumentos
> « Dona Alda adormido se ha[4]. »

[1] *Li Romans de Brut*, vers 3765 et suiv. (xii⁰ siècle).
[2] *Roman de la Rose*, partie de J. de Meung (xiv⁰ siècle).
[3] Texte espagnol (anonyme).
[4] *Appendices à la chanson de Roland*, publ. par Fr. Michel, p. 252.

R

**ROTE** s. f. — Voy. Cithare.

**RUBÈBE,** s. f. (*rebèbe,* d'où *rebec*). Instrument à cordes et à archet avec manche. La rubèbe primitive n'eut qu'une seule corde ou deux, « comme le *rebab* populaire des Arabes[1] ». L'abbé Gerbert re-

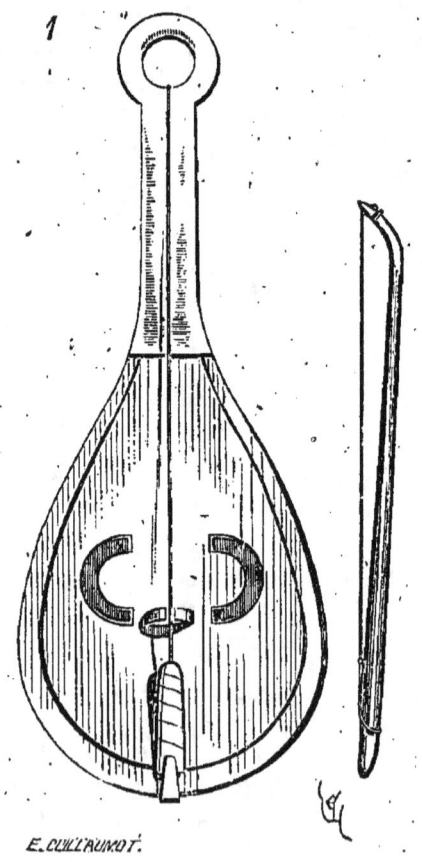

E. CUILLAUMOT.

produit, d'après le manuscrit de Saint-Blaise (ix° siècle), un de ces instruments monté d'une seule corde, ayant à peu près la forme du luth, avec cordier allongé. Aux xii° et xiii° siècles, la rubèbe était montée de deux cordes, et Jérôme de Moravie la donne comme un

[1] Voyez Fétis, *Origine et transf. des instrum. à archet.* Vuillaume, édit., 1856.

instrument grave dont la gigue était le dessus. A dater du xive siècle, on donne le nom de *rubèbe* à divers instruments à deux cordes et à archet, qui sont graves : ainsi le diacorde est une sorte de rubèbe ou de rebec basse. Le nom de *rebec* est encore donné, au commencement du xvie siècle, à des *violes de gambe,* qui étaient des instruments analogues aux violoncelles. « La rubèbe, la gigue, les quatre « classes enfin du genre *rebec,* dit M. Fétis[1], qu'on trouve déjà « établies dès le xve siècle, à savoir : dessus, alto, ténor et basse, « sont des instruments populaires placés entre les mains des méné- « triers, et qui servent en général pour la danse et pour les chanteurs « des rues. Leur forme était invariablement celle-ci (fig. 1[2]). Sou- « vent la basse de ce genre d'instrument était jouée par le mono- « corde ou par la *trompette marine,* dont le corps était une pyramide « pentagone très allongée, sur laquelle était appliquée une table « d'harmonie de sapin.... (Voyez MONOCORDE.) »

La rubèbe était évidemment employée dans les concerts d'instruments :

« Car je vis là tout en un cerne (cercle),
« Viole, rubebe, guiterne,
« L'enmorache, le micamon,
« Citole et le psaltérion[3]. »

Cependant cet instrument — au moins jusqu'au xve siècle — n'était pas estimé à l'égal de la vièle, et paraît avoir été laissé aux artistes les plus vulgaires. Il est difficile de bien préciser d'ailleurs l'emploi de la rubèbe. Si Jérôme de Moravie prétend que cet instrument rendait des sons graves, Gerson dit que la rubèbe était d'une dimension inférieure à celle de la vièle, et Aymeric de Peyrac, que le rebec rendait des sons aigus imitant la voix de femme[4]. Ces contradictions ne peuvent s'expliquer que par les modifications que subit cet instrument du xive au xvie siècle. Toutefois nous pensons qu'il faut s'en tenir à la forme primitive, et que les noms de *rubèbe,* de *rebèbe,* de *rebec,* furent donnés successivement à des instruments qui se rapprochaient plus ou moins de la vièle (voyez ce mot).

[1] *Origine et transf. des instrum. à archet,* 1856.
[2] Du manuscrit de Saint-Blaise (ive siècle). Martin-Gerbert, *De cantu et musica,* lib. III, cap. III.
[3] Guillaume de Machaut (xive siècle).
[4] Voyez, à ce propos, l'article de M. de Coussemaker, *Annales archéol.,* t. VIII, p. 242.

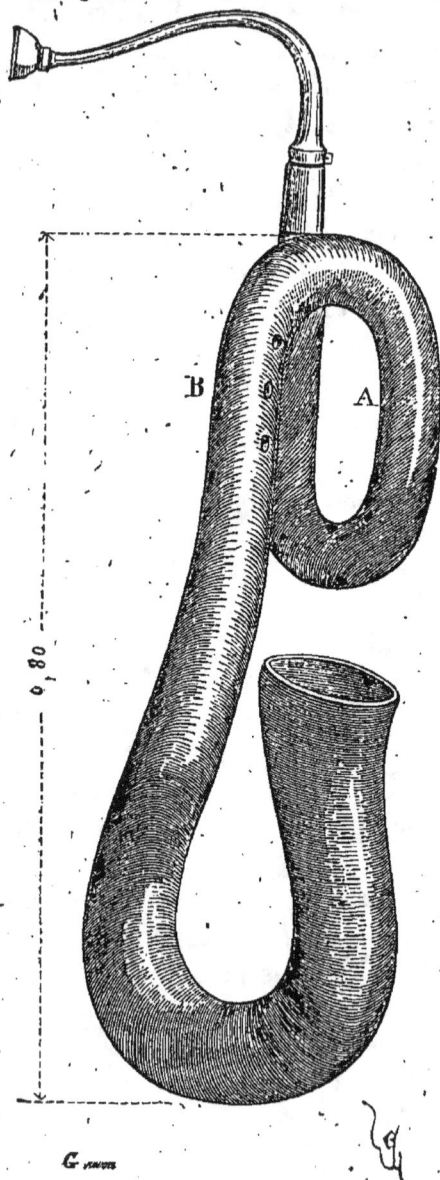

**SAQUEBUTE,** s. f. Sorte de trompette dont l'embouchure et le pavillon étaient tournés du même côté, et dont les tubes recourbés pouvaient s'allonger comme dans nos trombones. Le manuscrit de Boulogne représenté en effet une *sambuca* qui indique ce mécanisme. Le trombone, ou trombon, est déjà représenté dans des peintures et sculptures de la fin du xv° siècle et du commencement du xvi°[1].

**SERPENT,** s. m. Trompe façonnée en cuir bouilli, avec embouchure d'ivoire et pipe de métal, donnant la basse des flûtes de diverses tailles, et notamment des flûtes bruyantes, qui tenaient lieu de nos grandes clarinettes. On voit le serpent figuré sur des vignettes de manuscrit du xv° siècle. M. Fau possède dans sa belle collection un serpent d'une conservation parfaite, et qui appartient aux dernières années du xv° siècle (fig. 1). La main gauche de l'exécutant tenait l'instrument à sa première révolution, en A; la droite agissait sur les trois trous percés en B. La longueur développée du tube, y compris la pipe, est de 2<sup>m</sup>,50. Les sons obtenus par cet instrument sont pleins et d'une

---

[1] Voyez le *Triomphe de l'empereur Maximilien*. On a donné aussi, suivant quelques auteurs, le nom de *saquebute* ou *tympanon*. (Voy. HARPE, MONOCORDE.)

grande puissance. La fabrication en est remarquablement belle. On employait encore le serpent, il y a une trentaine d'années, pour accompagner le plain-chant dans les églises ; mais au xv° siècle, et même beaucoup plus tard, cet instrument avait sa place dans les concerts. Nous l'avons encore vu adopté dans les musiques des régiments.

**TAMBOUR,** s. m. (*tabor, tabour, tabours sarrasinois, tabourins*).

Il n'est pas de civilisation, si peu développée qu'on la suppose, qui n'ait trouvé l'instrument à percussion qu'on nomme *tambour*. Une peau tendue sur un vase de terre, à l'extrémité d'un tronc de bambou, compose un tambour. Cependant, et bien que les Égyptiens, les Asiatiques, les Grecs et les Romains aient connu le tambour, il ne paraît pas qu'on se soit beaucoup servi de cet instrument pendant les premiers siècles du moyen âge. C'est à dater des croisades qu'on voit les tambours prendre une grande place dans la musique instrumentale. Tambours allongés, tambours doubles comme nos timbales, tambourins, tambours de basque, se trouvent représentés sur nos monuments et dans les miniatures de nos manuscrits, à dater du xii° siècle.

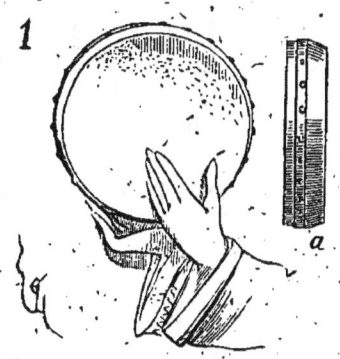

Instrument de guerre et de plaisir, le tambour était en grand honneur à la fin du xii° siècle. Posé sous le bras gauche, le musicien frappait sur la peau sonore qui recouvrait l'extrémité du cylindre avec un bâton garni d'une boule. Attaché sur l'épaule gauche, le joueur de flûte frappait une sorte de tambour plat avec sa tête,[1], ou bien, tenant cet instrument d'une main, le jongleur frappait de l'autre le vélin tendu sur un cercle. On voit au musée de Toulouse (fig. 1) un de ces tambours composé de deux cercles de bois entrant l'un dans l'autre : celui sur lequel la peau est tendue est biseauté (voy. en *a*[2]), et le velin est fixé au moyen de petits clous. On voit des tambours doubles ou timbales dans des peintures ou sculptures du XIIIe siècle. L'exemple que nous donnons ici (fig. 2) est tiré d'une des sculptures qui décoraient autrefois le tour du chœur de l'église abbatiale d'Eu[3].

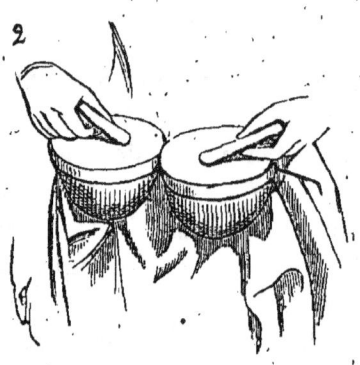

Au XIIIe siècle, les trouvères, qui prétendaient conserver les traditions du grand art, se plaignaient du goût exagéré que le public manifestait pour les jongleurs, qui abandonnaient des instruments plus nobles, le psaltérion, la rubèbe, la rote, la vièle, et remplaçaient leurs chansons par un tambourinage. On appelait ces jongleurs des *taboureurs,* et l'on possède une satire de cette époque, écrite en vers, sur ces taboureurs :

> « Malement sont tabour par païs assemblé,
> « Et bon menestrel sont par aus refusé.
> « Ce font aucune genz qui sont si avuglé
> « Que il ne voient goute el plus biau jor d'esté[4] ;
> « . . . . . . . . . . . . . . . »

Le poète se plaint de ce que des vachers peuvent ainsi passer pour des jongleurs ; il voit la foule entourer les taboureurs et leur

[1] Voy. FLUTE, fig. 3 (XIIIe siècle).
[2] Seconde moitié du XIIe siècle
[3] Commencement du XVe siècle.
[4] *Des taboureurs* (voy. *Jongleurs et Trouvères, choix de pièces des* XIIIe *et* XIVe *siècles,* A. Jubinal, 1835, 1 vol.).

donner son argent. Le succès est pour le plus gros tambour. Quand les jeunes gens reviennent des champs, s'ils peuvent trouver le cerle d'un boisseau, ils font un tambour et se donnent comme

3

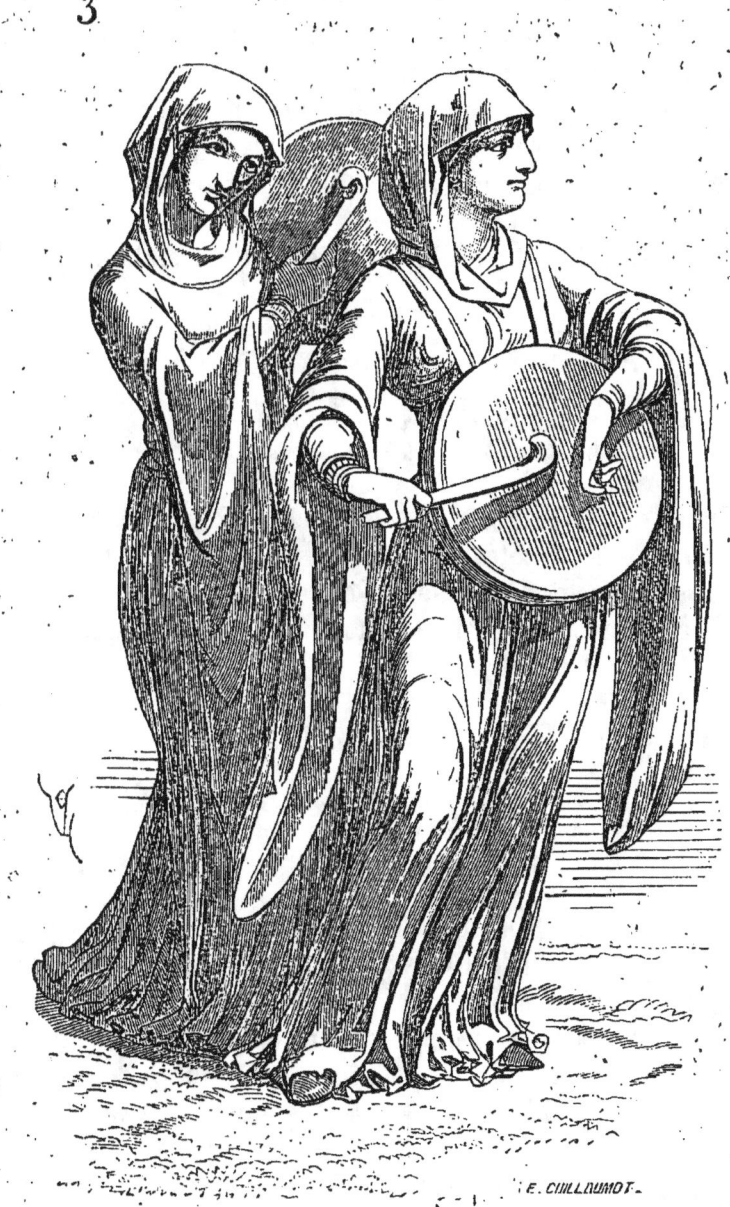

E. GUILLAUMOT

ménestrels. « Jamais, ajoute le poëte, la mère de Dieu, la Vierge honorée, n'aima les tambours, et il n'y avait nul tambour à son mariage, mais bien des vièles !... Tout homme bien né doit fuir les tambours et se faire dire les chansons de Girart de Viane, de Thierry l'Ardenois...! »

Les femmes jouaient du tambour circulaire ou carré pour accompagner la danse, et en signe de réjouissance. Ces tambours étaient tenus d'une main, comme on tient le tambour de basque, et frappés de l'autre, ou bien suspendus au cou devant la poitrine, et frappés avec une sorte de plectrum et la main.

On voit, dans le manuscrit de Herrade de Landsberg [1], les Hébreux se réjouissant après avoir heureusement traversé la mer Rouge. Derrière Moïse, des femmes jouent du tambour (fig. 3) et de la harpe ; les hommes armés les suivent.

Les jongleurs, au xiii⁰ siècle, portaient leur tambour pendu au cou. Il s'agit du joueur d'Ély :

« Li vint de sa Londres, en un prée,
« Encontra le roi et sa meisnée :
« Entour son col porta soun tabour
« Depeynt de or e riche atour [2]. »

Le tambour sarrasinois était le tambour double (timbales), qu'on pouvait poser des deux côtés de l'arçon de la selle en guerre, et qui était fort prisé chez les Orientaux. Pendant les xiv⁰ et xv⁰ siècles, on fabriqua en France de petits tambours de ce genre, qui prenaient place dans les concerts (voy. fig. 2).

**TROMPE,** s. f. (trompette, araine).

« Tabours, trompes et anacaires,
« En tant de lieus çà et là sonnent
« Que toute la contrée estonnent [3]. »

La trompe, l'araine, sont des instruments de musique guerrière par excellence. A l'article Busine, on a représenté quelques-unes de ces longues trompes qui servaient à rallier les troupes, à exciter les milices au combat. La trompe ou trompette est de plus petite dimension que la busine, c'est l'*araine*, le tube de métal terminé en pavillon. On n'emploie guère les mots *trompette, clairon* que vers la fin du xv⁰ siècle : « Quand vint le lendemain au plus « matin, Gérart, qui avoit ses gens tous prestz, fist sonner ses

---

[1] Biblioth. de Strasbourg (xii⁰ siècle).
[2] *Le Flabel du jongleur d'Ély e de mons. le roy d'Engleterre*, vers 5 et suiv
[3] *Bouche des royaux lignages*, vers 6740 et suiv.

« trompettes et clerons par telle force qu'il semblait que toute la
« terre tremblast [1]..... »

Dès le XIII<sup>e</sup> siècle, la trompette droite à large pavillon est en usage

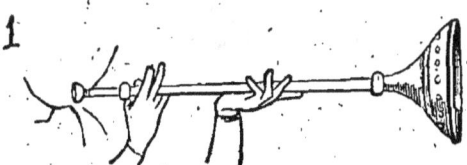

dans les armées (fig. 1 [2]). Vers la fin du XIV<sup>e</sup> siècle, la trompette
militaire, au lieu d'être droite, est parfois doublement coudée

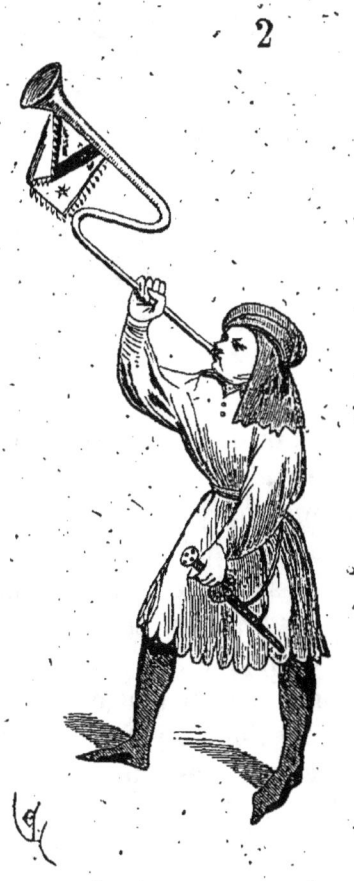

(fig. 2 [3]). Le tube est décoré d'un morceau d'étoffe armoyé. On voit

[1] *Gérard de Roussillon*, en prose, édit. de Lyon, commencement du XVI<sup>e</sup> siècle.
[2] Manuscr. de l'*Apocalypse*, XIII<sup>e</sup> siècle, anc. collect. B. Delessert.
[3] Manuscr. de la Biblioth. de Troyes.

cependant des trompettes de guerre droites pendant le cours du
xv° siècle (fig. 3 [1]). Vers la seconde moitié de ce siècle apparaissent les véritables clairons de guerre (fig. 4 [2]). Bien avant cette
époque, vers le milieu du xiv° siècle, la trompette sert à donner
des ordres aux gens de guerre à cheval. Quelques heures avant la
bataille de Cassel, c'est ainsi que les dispositions de la gendarmerie

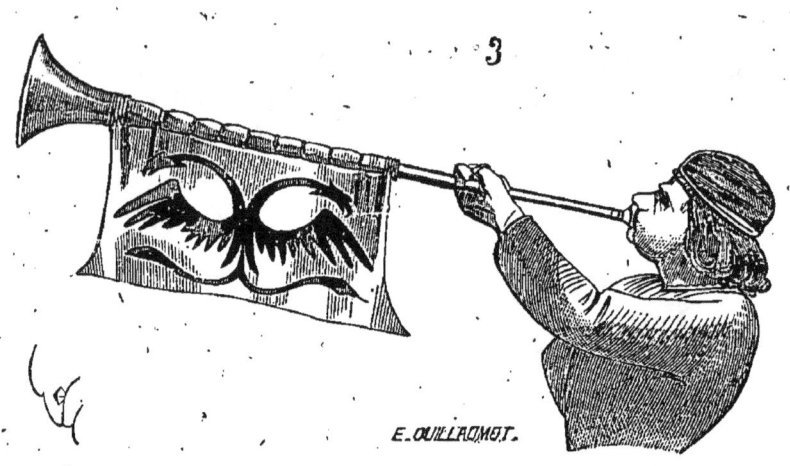

E. OUILLAUMOT.

sont réglées : « Enssi fut ordineit et cascon alleis à son logiche pour
« soppeir tempre, et desist cascon à ses compagnons que ausitoïst
« que ons oroit la trompette, que cascon metist ses selles, et quant
« ons l'oroit la seconde fois, que cascon s'armast, et la tierche fois
« que cascon montast et s'en allast vers sa banire : et laiassent la
« endroit tous harnois et charois, et prist ung pain sens plus por
« magnier, car ons se combateroit le lendemain a quel meschief que
« chu fust [3]. » Des trompettes étaient données aux *ménétriers de
trompes,* qui annonçaient l'ouverture des joutes et tournois et qui
accompagnaient les parlementaires, ou qui, dans certaines occasions,
étaient eux-mêmes chargés de faire des ouvertures aux troupes
ennemies. « Sur la journée vinrent trois menestreis de trompes qui
« dessent as Engles que les Escots en astoient alleis des à meenuit,
« et astoient ja bien dix liews loing. Si furent pris les dits menes-

---

[1] Manuscr. des *Passages d'outre-mer*, Biblioth. impér. (xiv° siècle).
[2] Voy. le manuscr. du *Traité sur les tournois*, par le roi René.
[3] *Chronique de Jehan le Bel*, Biblioth. roy. de Belgique.

« treis et les mist-ons en prison ; puis passont gens d'armes à grant
« faison por veoir si che astoit voirs[1]. » Déjà, au xive siècle, on
donnait le nom de *trompet* à ces ménétriers de trompes :

> « Bruges quidierent abauber
> « Qui tantost firent sonner
> « Par boin avis leur trompet.

> « Le trompet frirent desour cheval
> « De Bruges et les mout gaberent[2]. »

Pendant les guerres du xve siècle, les corps d'armée avaient leur

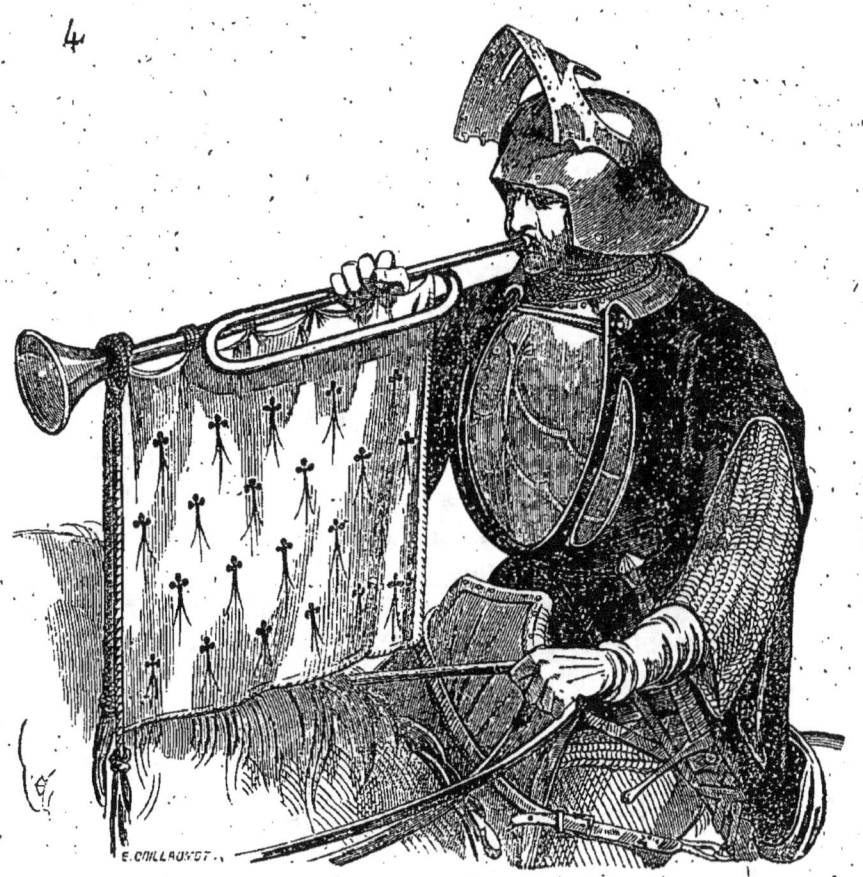

musique.. « Et se loga le dit conte d'Arondel et son ost sur icelle

[1] *Chron. de Jehan le Bel*, Biblioth. roy. de Belgique.
[2] *Chron. rimée des troubles de Flandres*, ch. xxi et xxii.

« rivière si près d'icellui village que, toute nuyt, les dits François
« et Angloiz ouyoient parler l'un l'autre et les menestrez les ungz
« des autres [1]. »

**TYMBRE,** s. m. *(cembel, cembre)*. Il s'agit d'un tournoi :

> « Là ouissiés souvent tabours,
> « Tymbres et cors et trompeours ;
> « Hiraus gairons crient et braient [2]. »

Plus loin l'auteur décrit une fête ; on danse, on banquète :

> « Maint jongleour pour leur mestier
> « Faire y vindrent de toutes pars,
> « Et on ne lor fu mie eschars
> « De donner robes et garnemens.
> « Si ot de divers instrumens,
> « De cors, de tymbres, de tabours.
> « De divers gieus de singes, d'ours [3]. »

Ces timbres, ou cembels, qui faisaient partie des instruments de
guerre et de fête, n'étaient autres que nos cymbales, mais d'une
dimension plus petite et avec des bords moins larges. Des danseuses
s'accompagnent souvent de cet instrument dans les représentations
peintes ou sculptées des xi° et xii° siècles (fig. 1). Un manuscrit
de la Bibliothèque impériale [4] montre une de ces femmes tenant
une paire de cymbales enchaînées : ce sont deux capsules assez profondes, sans rebords, ressemblant assez aux campanelles des trou-
peaux. Plus tard, ces capsules de métal sont moins profondes et
munies d'un petit rebord qui permet de frapper deux surfaces planes,
ainsi que le montre notre figure [5]. Deux manches sont attachés à la
sommité convexe de chaque demi-sphère.

Au xv° siècle, on voit des cembels presque plans, très petits,
munis de manches assez longs, et qui ne pouvaient guère servir qu'à
appuyer la mesure (fig. 2 [6]).

[1] Jean Chartier, *Chronique de Charles VII*, 1432, édit. de Jannet, t. I, p. 167.
[2] *Li Roumans dou chastelain de Couci*, vers 1237 (xiii° siècle).
[3] *Ibid.*, vers 3896 et suiv.
[4] Antiphonaire provenant de Saint-Martial de Limoges (xi° siècle), Biblioth. impér.
[5] Vêtement copié sur l'Hérodiade d'un chapiteau du musée de Toulouse (xii° siècle).
[6] Fragment des sculptures du xv° siècle, provenant du tour du chœur de l'église abbatiale d'Eu.

Il faut aussi ranger parmi ces instruments de métal à percussion

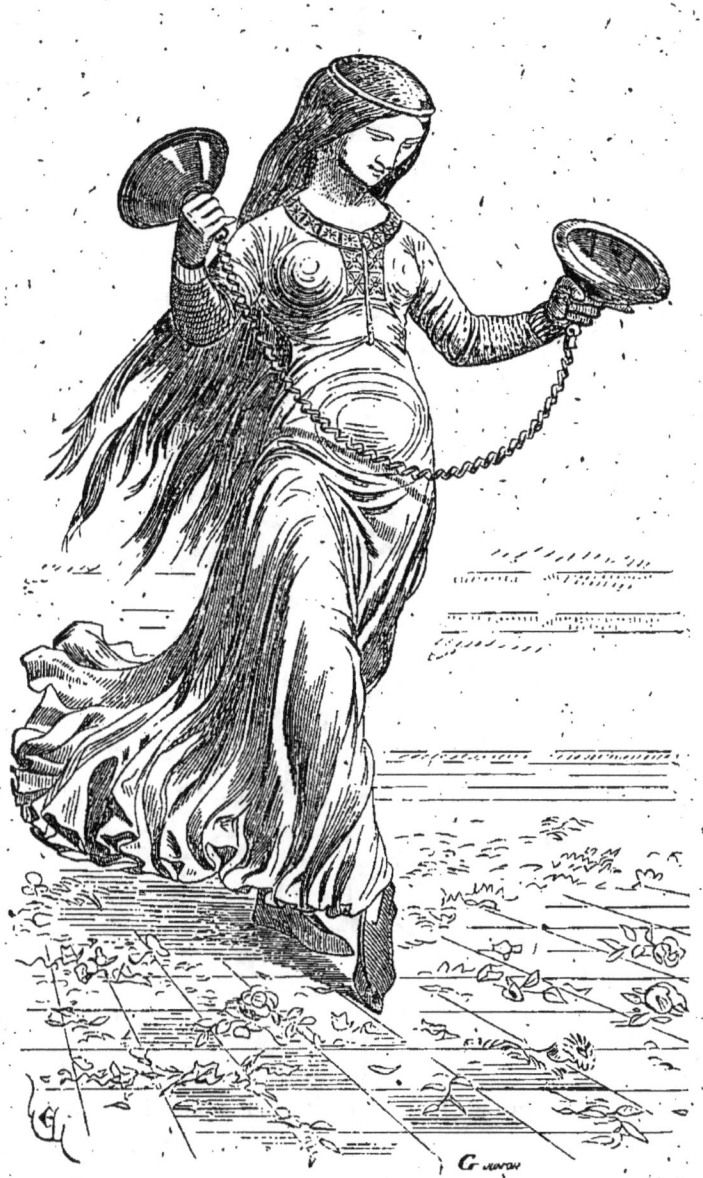

le *bumbulum* des premiers siècles du moyen âge[1], qui n'était qu'un

[1] Voyez l'abbé Gerbert, *De cantu et musica*, lib. III, cap. m, le *bumbulum* d'après le manuscr. de Saint-Blaise.

châssis composé de tubes de bronze garnis de clochettes, et qui pro-
duisait des sons réunissant l'effet du *tam-tam* et du pavillon chinois.

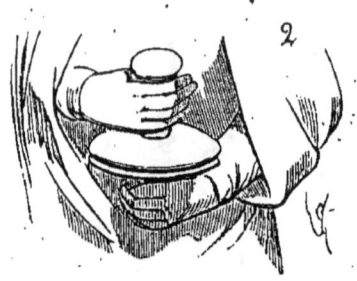

Le, manuscrit de Saint-Blaise donne le nom de *cymbalum* à un
instrument que reproduit notre figure 3. Il se composait d'un
anneau auquel neuf verges de métal flexibles étaient soudées ou

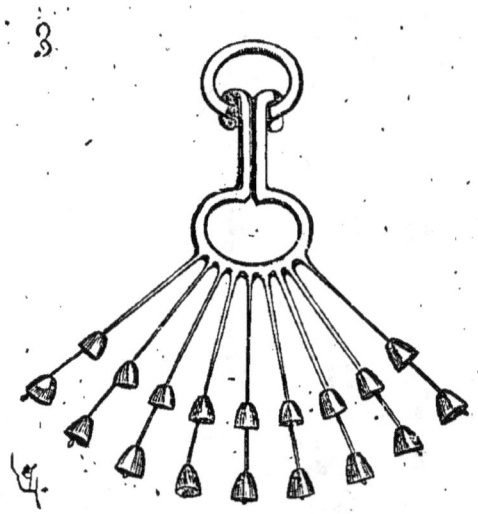

rivées. Ces tigelles enfilaient chacune deux petits timbres libres,
de sorte qu'en agitant l'anneau, on faisait résonner ce carillon, produisant un son mat, puisque les tymbres n'étaient point suspendus.
On se servait d'instruments analogues en forme de roue, dans les
églises, pour annoncer les offices..

**VIÈLE,** s. f. (*vuèle, vielle, viole*). De tous les instruments à cordes et à archet du moyen âge, la vièle était le plus noble, celui qui exigeait la plus grande habileté de la part de l'exécutant. Jérôme de Moravie, dominicain vivant au XIII° siècle, a donné une description

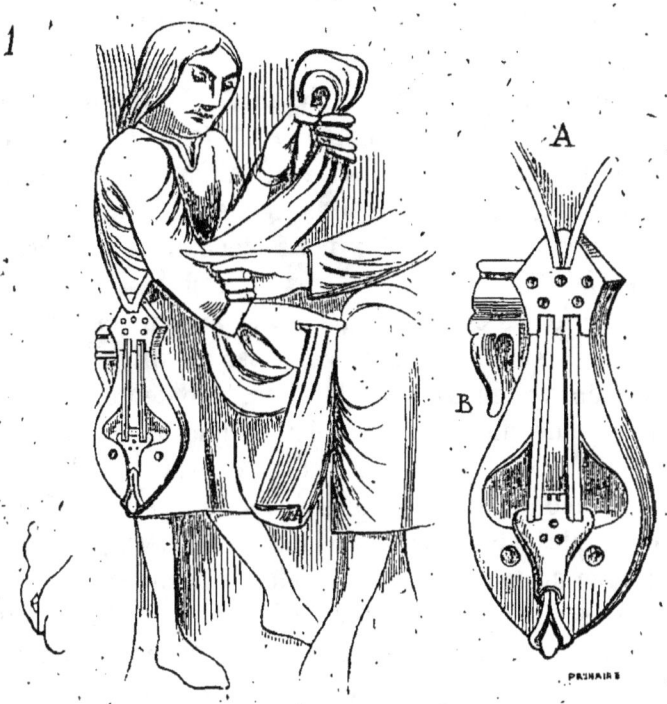

détaillée de la vièle de son temps[1], qui était montée de cinq cordes. Mais, avant cette époque, on trouve des représentations de cet instrument qui ne lui donnent que quatre cordes ; c'est aussi ce que remarque M. Fétis[2]. Gerbert prétend que le nombre des cordes de la vièle était facultatif de trois à cinq, du XI° au XIII° siècle, époque où le nombre de cinq cordes fut fixé. Nous verrons tout à l'heure que

[1] Manuscr. de la Biblioth. impér., fonds de la Sorbonne.
[2] *Origine et transf. des instruments à archet,* 1856

l'observation de cet auteur n'est pas rigoureuse. Sur l'un des chapiteaux de la tribune du porche de l'église abbatiale de Vézelay[1], on
voit un ménétrier portant à son côté une vièle à quatre cordes disposées deux par deux (fig. 1). En A, nous présentons un détail de cet
instrument. Les quatre cordes sont fixées à un cordier qui semble
accompagné d'un chevalet ; elles entrent dans un cheviller recouvert
et auquel est attachée une courroie qui sert à suspendre la vièle. En
B, est l'archet, en partie masqué par le corps de l'instrument. La
table, d'harmonie est percée de deux grandes ouïes et de deux autres
très petites au droit du cordier. Sur le portail occidental de la cathédrale de Chartres (1140 environ), est sculpté un personnage qui
joue de la vièle à cinq cordes, lesquelles ne paraissent pas porter sur
un chevalet (fig. 2). Ce dernier instrument est très étroit et long, et
sa table d'harmonie est percée de deux ouïes. Enfin voici (fig. 3) le
viéleur sculpté de grandeur naturelle sur la façade de la maison des
Musiciens à Reims[2]. Cet instrument est monté de trois cordes seulement, reposant sur un chevalet peu saillant ; le corps de l'instrument n'étant pas échancré, il était difficile de frotter une des cordes
sans toucher les deux autres ; mais cependant on observera que
le ménestrel fait courir l'archet très près du manche, de manière
à *dégager*. La forme de l'archet, qui est ancien, est intéressante[3] ;
c'est un progrès sur les formes adoptées au xii° siècle. Gerbert se
trompe donc en prétendant que la vièle, à dater du xiii° siècle, est
toujours montée de cinq cordes. Voici ce que dit Jérôme de Moravie
sur cet instrument : « La vièle, quoiqu'elle monte plus haut que la
« rubèbe, ne monte plus ou moins que selon les différentes ma-
« nières dont elle est accordée par les ménétriers ; car la vièle peut
« être accordée de trois manières. Elle a et doit avoir cinq cordes. »
Mais, de la description de Jérôme de Moravie, on pourrait conclure
qu'il entend parler du *crouth*[4] plutôt que de la vièle, puisqu'il mentionne deux cordes à l'unisson pouvant être touchées à vide avec le
pouce. Cependant il admet que, dans la deuxième manière d'accorder la vièle, les cinq cordes sont attachées au *corps solide,* et qu'il
n'en est aucune fixée sur le côté. L'instrument qu'il entend décrire
pouvait donc être tantôt *crouth,* tantôt *vièle,* suivant la manière
de fixer les cordes. Les représentations de vièle à quatre cordes

---

[1] Premières années du xii° siècle.
[2] Milieu du xiii° siècle.
[3] Cet archet est de fer.
[4] Voyez l'article CROUTH.

sans chevalet sont assez fréquentes pendant les XIII° et XIV° siècles.

2

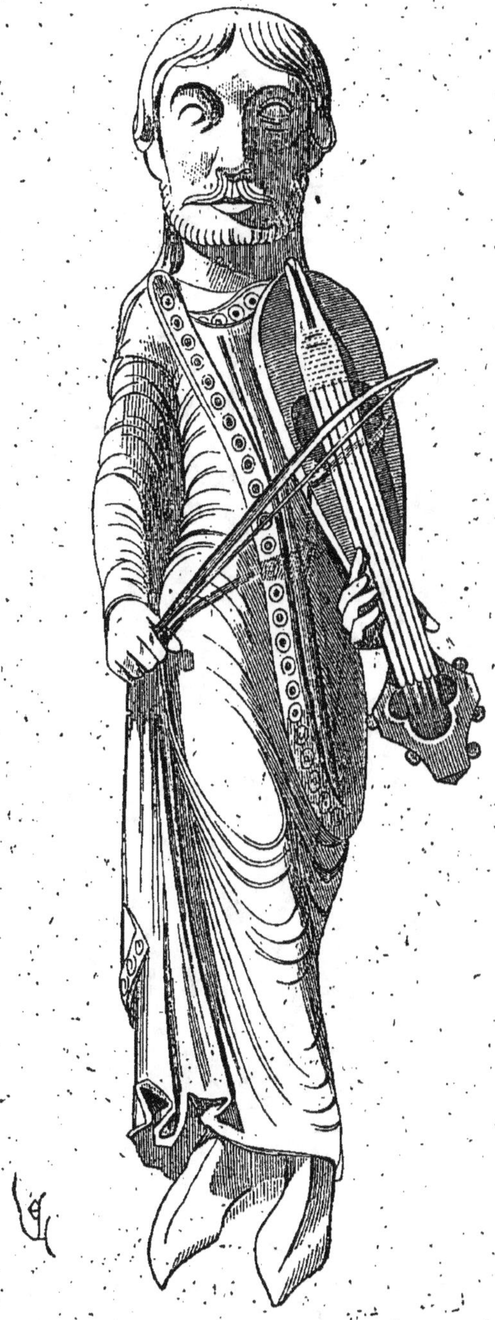

E. COILLAUMOT.

Ces vièles, ainsi que celle que donne la figure 3, sont munies de manches courts, et la forme du corps sonore est ovale. Souvent le cordier est très long, de telle sorte qu'il ne restait pour la vibration

3

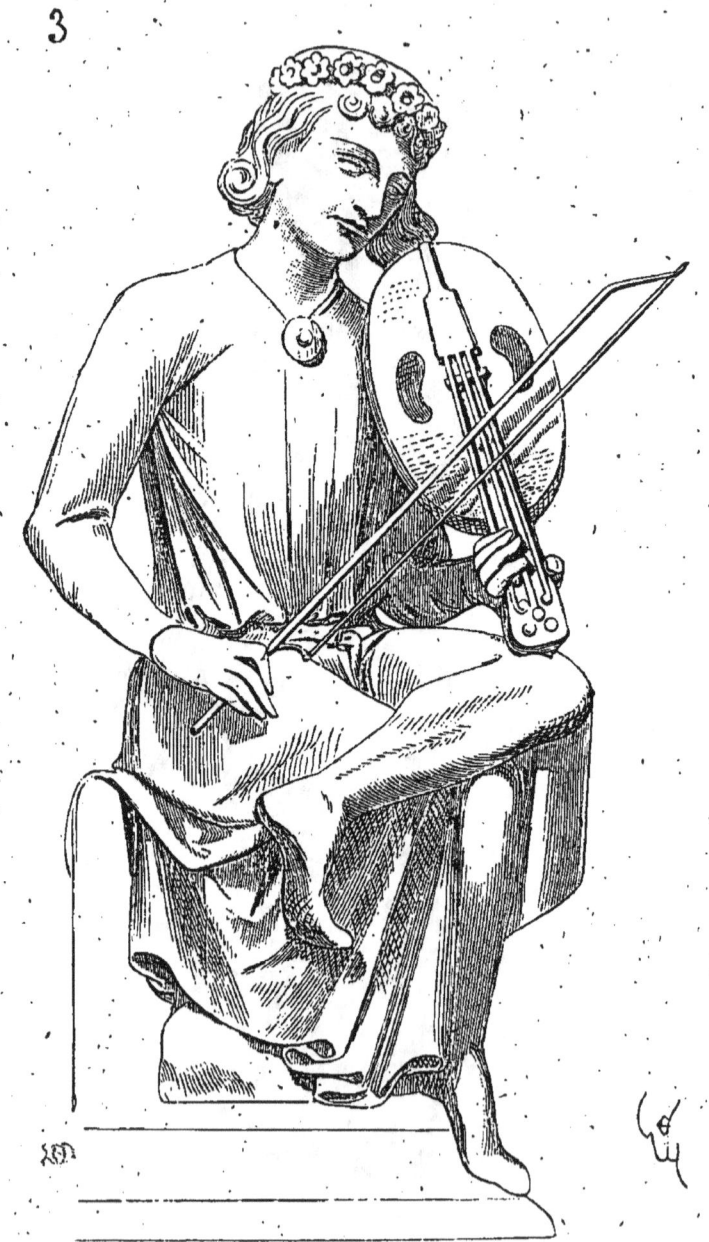

des cordes, entre la touche et le cordier, qu'un espace assez court, ainsi que le montre l'exemple figure 4[1]. Ces instruments ne pouvaient

[1] Manuscr. de l'*Apocalypse*, vignette des vingt-quatre vieillards, anc. collect. B. Delessert (XIIIᵉ siècle, seconde moitié).

avoir beaucoup de sonorité. Vers le milieu du xiv° siècle, le corps sonore des vièles se rapproche, par la forme, de celui de la guitare moderne, c'est-à-dire qu'il se rétrécit quelque peu vers le milieu,

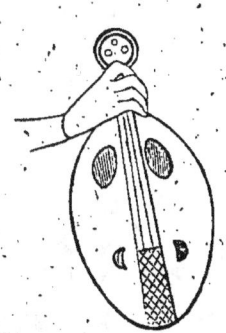

4

probablement pour dégager l'archet (fig. 5 [1]). Cette vièle n'a pas de cordier, mais possède un chevalet ; son cheviller est renversé comme celui de la rubèbe, et les trois cordes dont elle est montée paraissent être doublés.

5

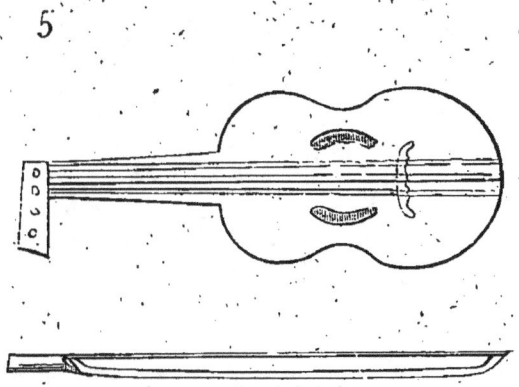

C'est au xv° siècle qu'on voit apparaître les grandes violes, *basses de viole* ou *violes de gambe,* qu'on ne pouvait jouer qu'en plaçant le corps sonore entre les jambes. Le manuscrit de la Bibliothèque impériale, intitulé *les Échecs amoureux* [2], nous montre une femme jouant de la basse de viole à quatre cordes ; mais, vers la fin de ce siècle, cet instrument prit sept cordes. Il a été remplacé par

[1] Manuscr. de la Biblioth. impér., n° 7378 A (xiv° siècle).
[2] xv° siècle.

le violoncelle, qui en possède quatre, dont deux de boyau et deux de soie recouvertes d'un fil de métal.

M. le docteur Fau possède, dans la curieuse collection souvent citée par nous, une très belle basse de viole de la fin du xv° siècle ou des premières années du xvi° (planche LII), montée de sept cordes, avec cheviller de bois dur, sillet d'ivoire, cordier libre attaché par un boulon et chevalet très élevé. La forme de ce bel instrument est des :

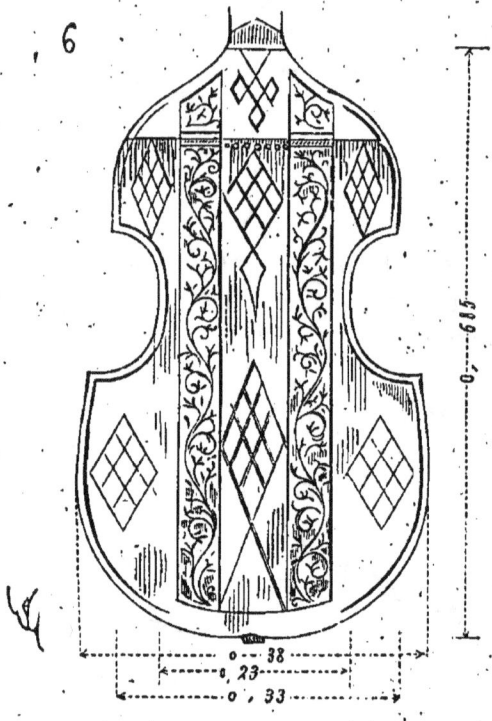

plus élégantes. Les touches sont mobiles, c'est-à-dire qu'elles ne consistent qu'en des frettes de corde à boyau qui peuvent être déplacées sur le manche. En A, est tracé le chevalet, et en B une des chevilles. Les éclisses sont sculptées délicatement d'enroulements plats dans le style du xv° siècle, avec filets incrustés de bois noir. Le dos (fig. 6) est également sculpté et incrusté. On observera, dans la face latérale (voy. la planche LII), comme le manche est heureusement attaché au corps sonore, et comme le cheviller est gracieusement recourbé [1].

_____

[1] Voyez aussi, dans la collection du Conservatoire de musique, des instruments analogues, mais d'une époque un peu plus récente.

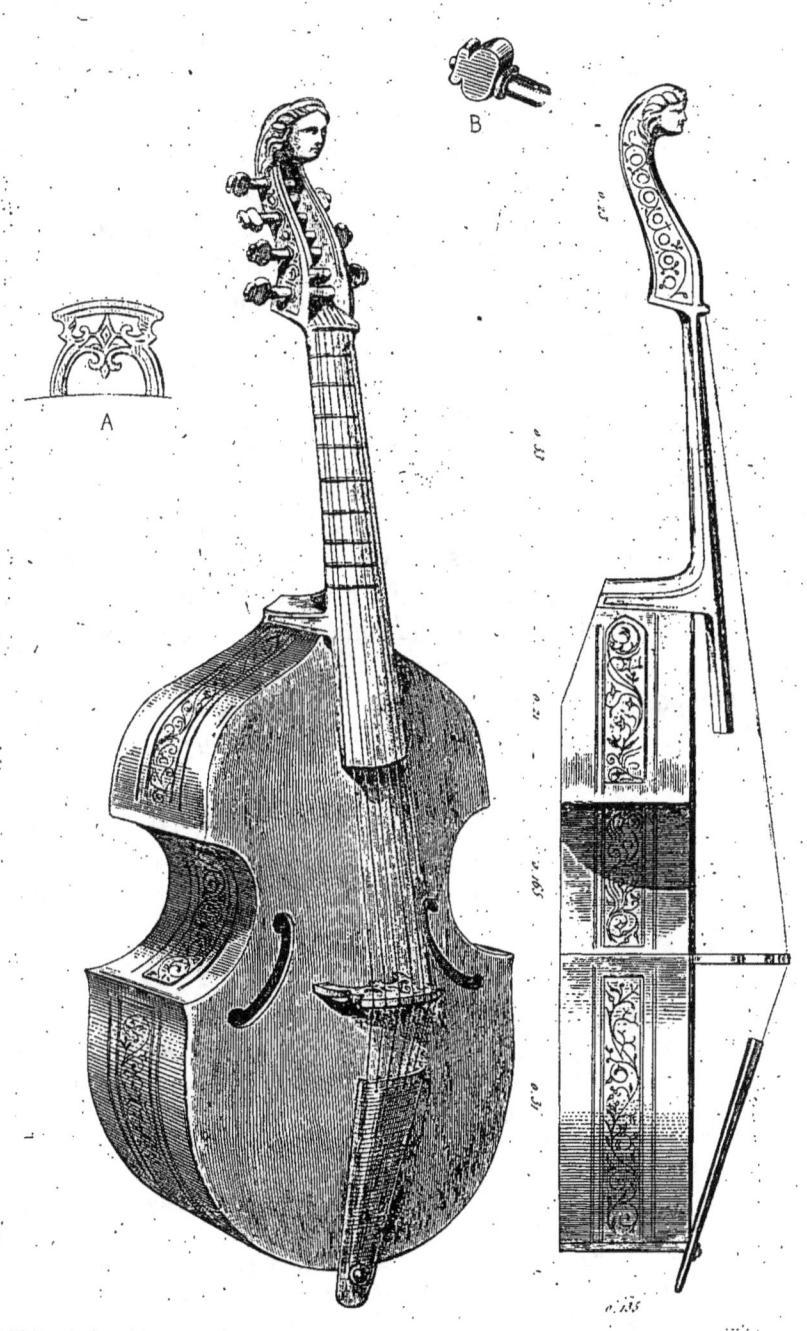

E. Viollet-Le-Duc del.

Al. Varin sc.

BASSE DE VIOLE
fin du XVᵉ Siècle.

Bien que le chevalet présente un bord courbé pour asseoir les cordes, et que la table d'harmonie soit échancrée, il était difficile à l'exécutant de ne frotter à la fois qu'une seule des cordes intermédiaires ; aussi l'archet en faisait-il vibrer plusieurs à la fois. « Il y « eut évidemment, dit M. Fétis [1], une grande variété dans la construc- « tion des violes au moment où la musique véritable commença « à se former et lorsque l'harmonie s'épura. Cette transformation « s'opéra, vers la fin du xive siècle, par les efforts heureux de trois « musiciens supérieurs à leur temps, qui furent Dufay, Binchois et « Dunstable. Alors l'art tout entier fut considéré dans l'harmonie « que formaient les voix d'espèces différentes par leur réunion. Ce « qui avait lieu pour les voix, on voulut le faire pour les instru- « ments, et, comme il y a des voix aiguës appelées *soprano ;* moins « élevées, qu'on désigne sous le nom de *contralto ;* moyennes, qui « sont les *ténors ;* et graves, appelées *basses,* on imagina de faire « dans chaque genre d'instruments des familles complètes qui repré- « sentaient ces quatre espèces de voix. Les violes, les hautbois, les « flûtes, les cornets, etc., eurent leur soprano, leur alto, leur ténor « et leur basse, quelquefois même leur contre-basse. Cette division, « qui s'établit au xve siècle, se maintint pendant les xvie et xviie, ou « plutôt n'a pas cessé jusqu'à ce jour, au moins pour les instru- « ments à archet. » Pour nos instruments de musique comme pour bien d'autres choses, il faut donc signaler les premières tentatives de perfectionnements auxquels nous avons atteint, dans ce moyen âge chercheur, industrieux et actif, qui peu à peu, par une suite d'efforts que notre temps ferait sagement d'imiter, sut se dégager de la barbarie [2].

---

[1] *Origine et transf. des instrum. a archet,* 1856.

[2] A ce propos, dans un ouvrage récemment publié sur *la Musique, les Musiciens, et les instruments de musique,* à la suite de l'Exposition universelle de 1867, par M. Oscar Comettant, on lit ce passage inspiré par les travaux de M. Félix Clément sur le *plain-chant et la musique religieuse du moyen âge :* « On ne se refait pas, et je suis né avec « l'horreur des massacres, de l'intolérance, du despotisme, de l'ignorance, du fanatisme, « des oubliettes, de la justice rendue par les épreuves, du duel, de l'eau bouillante, « du fer et de la croix, des enlèvements à main armée, de l'inégalité devant la loi, « des privilèges immoraux, du brigandage, des momeries et de la malpropreté, *qui ca-* « *ractérisent à un si haut degré cette période assez longue qu'on appelle le moyen* « *âge.* » Parbleu ! qui de nous n'est point né avec l'horreur de ces passe-temps que, d'ailleurs, le moyen âge seul ne s'est pas donnés ? La question est de savoir si tout est attirail de mélodrame, attirail un peu défraîchi, *caractérise la période qu'on appelle le moyen âge,* et si à côté des *oubliettes,* de l'*épreuve de l'eau bouillante,* du *fer* et de la *croix,* il y a ou il n'y a pas un art qui suit sa voie et nous pave péniblement celle que

Les bons viéleurs étaient fort estimés pendant le moyen âge : les seigneurs en tenaient toujours auprès d'eux pour faire danser, pour les accompagner pendant les promenades et fêtes.

> « A une feste del baron Saint-Riquier,
> « La gentis dame estoit en son vergier
> « O mainte dame por son cors deporter ;
> « Si se fesoit devant soi vieler,
> « Une chançon et dire et chanter [1]. »

Et plus loin :

> « La roine ert desor un suen solier [2]
> « O d'autres dames por son cors deporter,
> « Si se fesoit devant soi vieler
> « Et se fesoit baler et caroler [3]. »

Dans le poème de Gilles de Chin, Gérard Malfilastre se rend à un tournoi avec six compagnons :

> « Et s'ot o lui II vieleurs
> « I son d'amors cantent entre'eurs,
> « I diemence par matin,
> « Cevançoient tot lor cemin

nous parcourons aujourd'hui dans de bons véhicules. Il n'est malheureusement pas certain que les arts marchent de pair avec les bonnes institutions politiques. On voit tous les jours des gens se prétendant très attachés aux principes libéraux, qui n'ont sur les choses d'art que des idées étroites, et qui peuvent passer pour des barbares. Cependant Néron était artiste et amateur éclairé des beaux-arts. Ne mêlons donc pas les arts à la politique, à l'esprit de parti ; sachons les voir où ils se développent, fût-ce à l'abri des monastères, ou sous la protection d'un tyran. Nous pouvons apprécier ce qu'il y a de bon et de beau dans les arts du moyen âge, sans pour cela faire notre cour aux inquisiteurs et aux seigneurs féodaux ; d'autant qu'ils ne sont plus là pour nous prendre au mot. A l'horreur pour les abus des temps passés, pour les *massacres* et les *oubliettes*, il serait bon d'ajouter l'aversion pour les préjugés, les partis pris, l'injustice et les banalités. Puisque M. Oscar Comettant publiait un livre, d'ailleurs plein d'intérêt et de renseignements précieux sur la musique, à propos de l'Exposition universelle, nous eussions désiré trouver, dans la partie qui traite des anciens instruments, des renseignements plus précis et plus étendus, renseignements dont nous aurions été très heureux de profiter.

L'occasion était bonne pour se livrer à une pareille étude, pendant l'exposition rétrospective, où l'on n'avait à craindre d'ailleurs ni *massacres*, ni *oubliettes*, ni *enlèvements à main armée*, et où les commissaires eux-mêmes ne cherchaient pas à exercer, que nous sachions, des *privilèges immoraux*.

[1] *Macaire*, chanson de geste du XIIIᵉ siècle, vers 57 et suiv. (voy. *Anc. poètes franç.*, publ. par M. Guessard).

[2] Chambre, appartement.

[3] Vers 144 et suiv.

« Tout droit le premier jor de may,
« Qu'herbe est vers et florissent glay,
« Que tote riens trait en verdour,
« Li vieleur I son d'amour
« A haute vois, moult clerc cantoient,
« Et o lez vielez s'acordoient[1]. »

Dans un autre passage, pendant que les seigneurs devisent en se reposant :

« Cil vieleur vielent lais,
« Cançonnetez et estampiez[2]. »

Dans quelques campagnes est encore conservé l'usage de faire précéder les noces par un ménétrier.

[1] Vers 449 et suiv.
[2] Vers 1147.

# CINQUIÈME PARTIE

## JEUX, PASSE-TEMPS

# CINQUIÈME PARTIE

## JEUX, PASSE-TEMPS

Toutes les classes de la société, pendant le moyen âge, se donnaient des loisirs. La noblesse féodale, lorsqu'elle ne guerroyait pas, n'avait pour distraction que la chasse, les fêtes, joutes, tournois, assemblées. Bien des heures restaient sans emploi. Les longues soirées d'hiver, les distances, la mauvaise saison et les mauvais chemins forçaient trop souvent les gentilshommes à demeurer dans leurs châteaux et manoirs, au milieu de leur famille, ne recevant du dehors que des nouvelles rares. Alors, l'arrivée d'un trouvère, d'un pèlerin, d'un messager, était un événement ; aussi traitait-on ces arrivants du mieux qu'on pouvait, et, s'ils amusaient ou intéressaient tant soit peu les châtelains, on les comblait de présents pour les retenir et les engager à revenir bientôt.

Quand on entrevoit comme le pâle ennui s'installe souvent dans la vie de château, de nos jours, malgré la facilité des communications du dehors, malgré les journaux, les nouvelles qu'apporte la poste, malgré les visites et toutes les distractions d'une civilisation raffinée, on peut supposer ce qu'était pour un baron du moyen âge, souvent ignorant, l'existence isolée à laquelle il était condamné la moitié de l'année au moins.

Les bourgeois des villes, commerçants, artisans, par le fait de l'organisation des corporations dont ils faisaient partie, ne pouvaient développer leur activité que dans une certaine mesure. Les heures de travail leur étaient comptées, aussi bien que le nombre de leurs commis ou apprentis. N'ayant pas à redouter la concurrence, ils n'avaient nul besoin de dépasser la limite fixée à leurs moyens de production, et disposaient ainsi de loisirs assurés.

Les paysans eux-mêmes, attachés à la terre qu'ils ne possédaient pas, n'ayant pas un intérêt direct à l'amélioration de la culture, écrasés sous les redevances et corvées, voyaient dans le travail, non un moyen d'adoucir leur sort, mais une fatigue sans compensation. Toutes les heures qu'ils pouvaient dérober à ce labeur devaient leur sembler le seul bien auquel ils pussent prétendre. On ne doit donc pas être surpris si, au milieu d'une société ainsi faite, donnant une somme de travail très faible, relativement à celle que fournit la société moderne, chacun dépensait une valeur de temps considérable à des passe-temps de toutes sortes.

Cette partie du *Dictionnaire du mobilier* n'entre pas dans la description des jeux et passe-temps auxquels se livraient les quatre classes de la société, clergé, noblesse, bourgeoisie et vilains, le sujet serait trop étendu et sortirait du cadre de cet ouvrage ; mais elle mentionne les objets : ustensiles, armes et habillements employés dans ces différents jeux et passe-temps, ainsi que les usages qui en découlaient. S'il s'agit de la chasse, par exemple, nous n'entreprendrons pas de faire un traité historique sur cet exercice réservé à la noblesse, mais nous indiquerons seulement les habitudes, les armes, les ustensiles, les vêtements propres aux chasseurs ; ainsi des tournois et joutes, ainsi des jeux, etc. La forme du *Dictionnaire* ne pouvant convenir à ces descriptions, nous traiterons d'abord des exercices dans lesquels on déployait l'adresse et la force corporelle, tels que les tournois et joutes, les combats à armes courtoises ; la quintaine, la voltige, la danse, la chasse ; puis des jeux d'adresse, de combinaison et de hasard ; des jeux de société, des mascarades, momeries, entremets, spectacles, etc. A la fin de cette partie, un glossaire permettra, comme pour l'orfévrerie, de recourir aux divers articles, pour les lecteurs qui voudraient avoir la définition d'un mot.

**TOURNOI** (*tournoyement, tournoiement, combat à la foule, trespignées, belhourdis, tupineis*). C'est ainsi que commence le chapitre xxiv *de Germania* [1] : « Leur genre de spectacle [2] est tou-
« jours le même dans toutes leurs assemblées : des jeunes gens nus
« se jettent en sautant au milieu des épées et des framées mena-

[1] Tacite.
[2] Des Germains.

« cantes, et pour eux c'est un jeu dont l'habitude a fait un art, et
« l'art a donné de l'élégance à ce spectacle, qui jamais n'est rétri-
« bué : le seul prix que réclame leur adresse audacieuse est le
« plaisir des spectateurs. » Ces jeux sont certainement l'origine des
combats à armes courtoises si fort prisés pendant le moyen âge.
Nithard, neveu de Charlemagne et qui écrivait en l'an 844 [1], raconte
comment les hommes nobles attachés à Louis de Germanie et à
Charles son frère se séparaient en deux troupes égales et se livraient des combats simulés ; comment aussi les deux princes inter-
venaient, avec une troupe de jeunes gens, au milieu des combattants,
chargeant tantôt les uns, tantôt les autres, sans que ces jeux dégé-
nérassent en rixes sanglantes. Il est donc certain que les tournois
— et ces combats en avaient tout le caractère — remontent aux origines du moyen âge. On ne doit pas confondre le tournoi avec la
joute : le tournoi est un combat entre deux troupes égales en
nombre ; la joute est un combat singulier à la lance. Geoffroy de
Preuilly, mort en 1066, paraît être le premier qui ait établi les
règles de ces tournois ou combats à la foule [2].

Mathieu Paris [3] appelle les tournois « *conflictus gallici* », ce qui
ferait supposer que de son temps l'usage de ces jeux était considéré
en Angleterre comme une invention française. A dater du xii° siècle,
les tournois furent établis d'après les règlements qu'on amplifia
et perfectionna jusqu'à la fin du xv° siècle, et il paraît certain que
ces règles furent d'abord fixées en France du temps de Geoffroy de
Preuilly ; d'où elles passèrent et furent adoptées en Angleterre, en
Allemagne et jusque dans l'empire grec.

Il n'est pas douteux que les tournois furent institués pour exercer
la jeune noblesse au métier des armes, au maniement du cheval, de
la lance, de l'épée et de la masse dans une mêlée. Pour que ces
exercices fussent moins dangereux, on n'usait que d'armes courtoises, c'est-à-dire de lances à fers carrés obtus, d'épées sans pointe
et rabattues, c'est-à-dire dont le tranchant était émoussé, de masses
peu pesantes et sans aspérités. Encore avec ces armes ne devait-on
combattre que d'une certaine manière. Ainsi les chevaliers devaient
frapper du haut en bas « sans le bouter d'estocq ou hâchier ».
C'est à ce sujet que des règles sévères furent établies dès le xi° siècle.

---

[1] Lib. III.

[2] Voyez, à ce sujet, la Curne de Sainte-Palaye, *Mémoires sur l'ancienne chevalerie*,
t. I, p. 153 (notes).

[3] Anno 1194. — Voy. du Cange, *Gloss.*, Torneamentum, et la *Dissertation VI sur l'histoire de saint Louis*, p. 167.

Ceux qui, dans la chaleur du combat, se laissaient entraîner à en user autrement, ou ceux qui se servaient d'armes non courtoises, étaient au moins sévèrement blâmés par les juges du tournoi et même notés d'infamie. Aussi les juges du tournoi devaient, avant le combat, mesurer et examiner les lances des combattants et toutes autres armes. De plus, afin que ces exercices ne pussent servir de prétexte à des vengeances, les hommes d'armes qui étaient reçus chevaliers devaient, par serment, déclarer qu'ils ne fréquenteraient les tournois que pour y apprendre le métier des armes et non pour autre chose. Comme on le supposera sans peine, malgré ces lois, ces précautions, les tournois dégénéraient souvent en combats sanglants. Dans un tournoi qui se fit à Châlon, en 1274, et auquel prit part le roi Édouard avec des chevaliers anglais, le comte de Châlon et des Bourguignons, les deux partis s'animèrent si fort, que plusieurs combattants restèrent sur le carreau. Les accidents devinrent si fréquents pendant ces combats, que les papes excommunièrent ceux qui s'y trouveraient, et défendirent de porter en terre sainte ceux qui y laisseraient la vie [1]. Il se fit à Nuys, près de Cologne, en 1240, un grand tournoi où plus de soixante chevaliers périrent suffoqués par la poussière, écrasés sous les chevaux.

Les excommunications lancées par les pontifes romains, les décrets des conciles et même les défenses des rois, ne purent arrêter le développement de ce goût pour ces fêtes militaires, qui devinrent de plus en plus fréquentes jusqu'à la guerre de cent ans.

Les motifs qu'alléguaient les papes et les conciles pour prohiber les tournois n'étaient pas uniquement puisés dans les sentiments d'humanité, qui alors, il faut le dire, ne touchaient que médiocrement l'esprit du clergé. Innocent IV, au concile de Lyon tenu en 1245, interdit l'usage des tournois pour trois ans, sous prétexte que ces fêtes empêchaient la noblesse de se croiser, et qu'elles provoquaient des dépenses excessives, mieux employées à entreprendre la guerre contre les infidèles. Et en effet ces tournois étaient une occasion de déployer un luxe prodigieux en chevaux et harnais, en armures et habits. Des gentilshommes, pour y assister, venaient souvent de très loin, et ces voyages coûtaient fort cher, car on tenait à se présenter suivi d'un brillant équipage.

Les femmes contribuèrent pour beaucoup à donner à ces fêtes un caractère de luxe, éloigné certainement de leur institution primi-

[1] Concile de Latran, 1179. Ces défenses furent faites par les papes Innocent II, Eugène III, Alexandre III, Innocent IV, Nicolas IV et Clément V.

tive. Sur un des côtés des enclos consacrés aux tournois on érigeait
des tribunes dans lesquelles les dames nobles étaient en majorité.
C'était à qui paraîtrait devant cette assemblée en plus brillant équipage, à qui montrerait le plus de force et d'adresse. Après le combat,
les dames étaient ordinairement chargées de distribuer les récom-
penses aux vainqueurs. Ainsi ces exercices devenaient souvent
l'origine de rivalités et de haines profondes, et l'on conçoit que les
rois, qui avaient bien assez d'embarras lorsqu'il s'agissait de mettre
l'accord entre leurs vassaux sur des questions d'un intérêt plus
sérieux, dussent s'opposer à ces nouveaux prétextes de rancunes et
de vengeances. Du Cange [1] rapporte tout au long une ordonnance
de Philippe Le Bel [2] à ce sujet, qui est d'un grand intérêt. Le prince
commande de mettre en prison tous ceux qui, malgré ses défenses,
ont assisté à des *tournoiemens* ou *tupineis,* soit dans le royaume,
soit dehors; de mettre la main sur leurs biens et de ne les leur
rendre avec la liberté que quand ils auront fait amende honorable et
quand ils auront juré « sus sains » qu'ils n'assisteront plus à ces
tournois jusqu'à la Saint-Remi. La récidive doit être punie d'un an
de prison, de la retenue d'une année des produits de la terre, et de
la confiscation des harnais et chevaux au profit du seigneur sous la
juridiction duquel le délinquant aura été pris. Toutefois ces défenses
sont toujours temporaires; les papes comme les souverains ne
croyaient donc pas qu'il fût possible d'interdire ces fêtes par des
bulles ou ordonnances ayant un caractère perpétuel, et savaient
bien que c'était déjà beaucoup d'obtenir une sorte de trêve à ces
combats courtois.

Les rois s'élèvent également contre l'usage d'armer chevaliers des
nobles pendant les tournois, c'est même là le prétexte de l'ordonnance que nous venons de citer. Ils n'admettaient pas, et ils avaient
raison, que ces simulacres de combats fussent de nature à permettre
de conférer l'ordre de chevalerie aux vainqueurs. A leurs yeux, il
fallait avoir fait d'autres preuves, et dans des occasions utiles. Ils
considéraient que c'était abaisser l'institution de la chevalerie que
de faire des chevaliers « es dits tournoiemens ».

En 1209, Philippe-Auguste avait déjà contraint ses enfants de jurer
entre ses mains qu'ils ne prendraient pas part aux tournois et qu'ils
se contenteraient d'y assister, le cas échéant, comme simples spectateurs, non point armés comme chevaliers, mais la cervelière de

_____

[1] *Dissert. VI sur l'hist. de saint Louis,* p. 172.
[2] De 1312.

fer en tête et vêtus de la petite cotte de mailles [1]. C'est qu'en effet les combattants, dans les tournois, jusqu'à cette époque et plus tard, étaient couverts d'armes défensives semblables à celles qui servaient pour la guerre. C'est vers la fin du XIVᵉ siècle que les tournoyeurs adoptèrent des pièces d'armures de formes particulière [2]. A cette date, les tournois perdirent leur caractère d'exercice purement militaire, et ce fut pour la noblesse féodale une des causes qui hâtèrent sa ruine. Elle prétendit se conduire à la guerre comme dans un grand tournoi, y paraître revêtue d'armes luxueuses, avec housses, longues cottes et lambrequins ; et de simples archets, des coutilliers à pied, eurent aisément raison de cette cavalerie tout embarrassée dans ses harnais. La chevalerie alors, sentant son infériorité, se décidait, dans les occasions périlleuses, à combattre à pied. Mais elle n'était pas équipée pour ce genre de combat, et ces tentatives n'eurent d'autre résultat que de la déshabituer de l'exercice de la lance, qui seul lui donnait, à cheval, une véritable supériorité.

Il s'en fallait qu'aux XIIᵉ et XIIIᵉ siècles, malgré les règles déjà établies touchant l'ordre des tournois, ces fêtes fussent l'objet d'un cérémonial compliqué, ainsi que cela eut lieu plus tard. Dans le *Roman de Brut*, on voit qu'après le couronnement du roi Artus, lorsque le repas est terminé, les chevaliers, pour passer le temps, vont, les uns *bohorder*, c'est-à-dire jouter à la lance ; d'autres organisent des courses de chevaux, quelques-uns combattent à pied ou jouent au palet, sautent des fossés ou lancent des dards :

> « Les dames sur le mur montoient,
> « Qui les jus agarder voloient,
> « Qui ami avoit en la place,
> « Tost li montre l'œil et la face [3]. »

Aussi lit-on ces vers dans le roman d'*Amados et Ydoine* :

> « Ensi avint qu'a .l. haut jour,
> « En la court du duc son signour,

[1] Sauval, *Antiquités de Paris*, t. II, p. 684.

[2] Cependant Joinville rapporte qu'après le désastre de l'armée, ses compagnons et lui retournant en bateau à Damiette : « Li Sarrazin qui estoient à cheval sus la rive traoient « a nous de pylés, pour ce que nous ne voulions aler à aus. Ma gent m'orent vestu « un haubert à tournoier, pour que li pylet qui chéoient en notre vessel ne me ble- « çassent. »

Joinville était alors malade et si faible, qu'il ne se pouvait soutenir. Il eût été incapable de vêtir le gambison et le haubert de mailles. Ce haubert à tournoyer était donc plus léger que n'était le vêtement de guerre.

[3] *Li Romans de Brut*, vers 10801 et suiv.

« Doi fil à barons du païs,
« De haut parage et dé haut pris,
« Avoient pris sur le gravier
« .I. bourhourdeïs mult plenier,
« De .II. pars i ot compaignons
« Mandés, et lonc et près semons,
« De tout le mix de sa contrée.
« Après mangier la relevée,
« Pour bouhourder sunt apresté
« Et issent hors de la cité.
« Si sunt venu dehors au plain
« Plus sunt de .C. ; n'i a vilain,
« Ains sunt tuit gentil damoisel,
« Bien bouhourdant et preu et bel,
« De la vie issent mult grant gent
« Pour veoir le tournoiement :
« Et chevalier et damoiseles,
« Esquiier, bourjois et danseles [1]. »

C'est la jeune noblesse elle-même qui, ici, organise ce tournoi ou bouhourdeis ; car ces tournois étaient comme les charges de cavalerie en bataille, un combat à la lance suivi d'un combat à l'épée et à la masse ; seulement les lances étaient dépourvues de fers acérés, les épées étaient rabattues, c'est-à-dire sans pointe ni taillant, et les masses étaient de bois. Voici un passage du roman de *Gui de Nanteuil,* qui prouve de la manière la plus claire qu'au commencement du xiii° siècle, la lance était arme de tournoi :

« Li tornoi commencha devant lez paveillons,
« Les pucelez s'en issent pour véir les barons ;
« Plus en i ot de .XXX. as harmins pelichons,
« Li rens fu assés larges, poi i at de garchons,
« Atant es .I. vassal qui ot nom Salemons ;
« Moult iert bon chevalier sire fu des Bretons,
« Et ot en sa compengne .XXX^m. compengnons
« Armez d'aubers et d'elmes et d'escus à lions.
« Destriers ont de Chastele, auferrans et gascons,
« Couvers de riches pailes et de vers siglatons,
« Et portent en or lances ensengnez et penons,
« Manches pour tournoier et riches gonfanons.
« Aval parmi les prés brochent à esperons,
« Moult firent de lor lances astelez et tronchons.
« Et d'une part et d'autre i ot vuit maint archons [2].
« As brans [3] d'acier fourbis commencha la tenchons [4]. »

[1] *Li Romans d'Amadas et Ydoine,* vers 838 et suiv., publ. par M. Hippeau.

[2] « Beaucoup firent de leurs lances des éclats et tronçons, et beaucoup de part et d'autre vidèrent les arçons. »

[3] « Épées. »

[4] *Gui de Nanteuil,* vers 2357 et suiv. *Les Anciens Poètes de France,* publ. sous la direction de M. Guessard.

Alors ces tournois, belhourdis, pouvaient être tenus à toute occasion et sans être annoncés. Il suffisait que des chevaliers fussent rassemblés et eussent quelques loisirs, pour organiser un de ces exercices guerriers. Quand les Français sont réunis par ordre de Charlemagne à Lyon, pour délivrer le roi de Maurienne, Thierry, d'après le roman de *Garin* :

> « Quant mangié orent et midis fu passés,
> « Chevaus demandent, on lor a amené.
> « Les escus prennent, béharder vont as prés [1]. »

Ces tournois se tenaient dans la campagne « as près » sur une grève, un lieu plan et non boisé, sans clôtures ni tribunes. Allait les voir qui voulait, et les femmes étaient les premières à se rendre à ces combats courtois. Mais si les tournois étaient annoncés d'avance, ils étaient l'occasion de dispositions particulières. Ils se tenaient en champ clos, et des tribunes, comme nous l'avons dit, s'élevaient sur un des longs côtés de la clôture pour recevoir les juges et les dames :

> « Là où li tornoiz devoit estre
> « Ot unes granz loges de fust
> « Parce que la reine i fust
> « Et les dames et les puceles :
> « Einz nus ne vit loges si beles
> « Né si longues né si bien faites [2]. »

Dans le roman de *Méraugis de Portlesguez* [3], les dames se font des politesses en prenant leurs places dans les tribunes. Les chevaliers joutent « par batailles et par bannières », et une vignette du manuscrit de Vienne nous montre les tournoyeurs se chargeant à grands coups d'épée. Leur harnais ne diffère en rien du harnais de guerre ; ils sont vêtus de la cotte armoyée à leurs armes et accompagnés de leur porte-bannière.

Dans le roman de *la Charette*, au moment où les tournoyeurs vont charger, les dames se font nommer tous les chevaliers les plus renommés :

> « Antr'ax dient : Véez-vos or
> « Celui à cele bande d'or

---

[1] *Li Roman de Garin le Loherain*, chap. xxvi (xiii° siècle).

[2] *Li Romans de la charette*, par Chrestiens de Troyes et Godefroi de Ligny, vers 1580 et suiv.

[3] Publié par M. Michelant, d'après le manuscrit de Vienne (page 13). Ce roman date du xiii° siècle, et le manuscrit date de la seconde moitié de ce siècle.

> « Parmi cel escu de bernic ?
> « C'est Governauz de Roberdic.
> « Et vées-vos celui après,
> « Qui an son escu près après
> « A mise une aigle et un dragon ?
> « C'est li filz le roi d'Arragon,
> « Qui venuz est an ceste terre,
> « Por pris et por enor conquerre
> « . . . . . . . . . . . . . . . »

Cependant les tournoyeurs prenaient parfois des armes feintes pour n'être point connus. Mais il ne semble pas que cela fût admis d'après les règles du tournoi, puisque les juges devaient connaître par avance tous les combattants, ainsi que nous le verrons tout à l'heure.

Le prix du tournoi était un joyau, un oiseau et quelquefois un baiser :

> « Cui l'ounars parra avenir
> « De vainscre le tornoiement,
> « Si emportera quitement
> « Un cigne qui el pré sera ;
> « Et si vouz di qu'il baisera
> « La pucele de Landemore
> « Qui n'est mie l'aide ne more [1]. »

Mais il était d'usage, si un tournoi était annoncé par un grand seigneur, de donner des présents à tous les chevaliers qui y avaient pris part :

> « As uns hermines engolés,
> « As autres deniers monéés,
> « Et mantials vairs et siglatons,
> « Et cotes et vairs peliçons,
> « Bons palefrois, reubes de soie [2]. »

Ces fêtes guerrières étaient donc une occasion de dépenses considérables pour ceux qui les organisaient comme pour ceux qui y participaient. Ces dépenses, faites plutôt pour satisfaire à un sentiment de vanité que pour remplir un objet utile, déplaisaient aux suzerains ; elles ruinaient la noblesse sans résultat pour le pays ni pour elle-même.

---

[1] *Li Romans de la charette*, vers 5773 et suiv.
[2] *Méraugis de Portlesguez*, rom. du XIIIe siècle, publ. par M. Michelant, p. 8.
[3] *Li biaus desconneus*, vers 5989 et suiv.

Dès le XIVᵉ siècle, l'habillement des tournoyeurs différait de celui adopté pour la guerre. Plus léger, adoptant des dispositions spéciales, au lieu d'être pour les chevaliers un exercice utile en les habituant à combattre couverts du harnais de guerre, il les préparait mal au rude métier des combats, alors qu'ils étaient obligés de charger et de se tenir, des journées entières en présence de l'ennemi. On peut ainsi dater les désastres de la gendarmerie à cheval, en France, de l'époque où les gentilshommes prirent l'habitude des exercices militaires sous d'autres armes défensives que celles propres à la guerre.

Les militaires savent combien il est important d'exercer les troupes sous le harnais de guerre au grand complet, surtout s'il s'agit de la cavalerie ; combien un cavalier est emprunté s'il ne contracte pas l'habitude de vivre sous son fourniment. Les tournois et joutes, jusqu'à l'époque dont nous parlons, étaient donc pour la noblesse un exercice utile, nécessaire même, puisqu'elle se livrait à cet exercice armée comme pour la guerre.

Ces combats courtois eurent depuis lors, au contraire, l'inconvénient de déshabituer la gendarmerie du véritable service militaire.

On ne possède pas de descriptions d'habillements de tournois quelque peu détaillées avant le milieu du XVᵉ siècle, mais alors cet habillement tout spécial n'était qu'un résumé des modifications apportées successivement à l'*adoubement* de guerre. Un traité des tournois, écrit par Antoine de la Sale en 1458 [1], donne des détails intéressants sur la manière d'habiller les tournoyeurs. Avant le combat, ils s'enfermaient, dit-il, dans une salle « où sera grant feu, « car les behours requierent le tems plus froit que plus chaut pour « le grant travail qui y est ; là sont jusques aux petiz draps (jusqu'à « la chemise) despoillez tous nudz ; lors le maistre et ses plus suffi- « sans varletz leur mectront ung demy pourpoint de deux toilles « (c'est-à-dire fait de toiles en double), sans plus, et du faulx du « corps (du col) en bas qui sera par devant laschié (lacé), et à celuy « (pourpoint) leurs chausses attacheront ; et après chausseront leurs « esperons, et puis le bel harnoys de jambes luy armeront ; après « les armeront de garde-braz et avant-braz, et quant est des jambes « et des braz armés, ilz arment le corps, et après le chief ». Mais le traité le plus complet en ce genre est celui de René d'Anjou [2], en ce

---

[1] Voyez *Du costume militaire des Français* en 1446, par M. René de Belleval, 1866, p. 77.

[2] Roi de Naples et de Sicile, mort en 1480.

qu'il résume, ainsi que l'auteur le dit lui-même, les usages précédents. « Laquelle forme j'ay prins, dit-il, au plus prez et jouxte
« de celle qu'on garde es Almaignes et sur le Rin quant on fait les
« tournoiz. Et aussi selon la maniere qu'ilz tiennent en Flandres et
« en Brabant et mesmement sur les anciennes façons qu'ilz les
« souloient aussi faire en France comme j'ay trouvé par escriptures.
« Dequelles troys façons en ay prins ce qui m'a semblé bon et en ay
« fait et compilé une quatrieme façon de faire ainsi que pourrez
« veoir s'il vous plaist par ce que cy après s'ensuit[1]. »

Voici donc comment notre auteur établit les règles du tournoi :

« Qui veult faire ung Tournoy, faut que ce soit quelque prince,
« ou du moins hault baron, ou banneret, lequel doit faire ainsy que
« cy après sera devisé. »

Il enverra secrètement devers le prince à qui il veut faire présenter l'épée, afin de savoir de lui s'il lui convient d'accepter le combat courtois, après quoi on procédera aux cérémonies publiques.

Le seigneur envoyant le défi est l'*appelant*, celui auquel on l'adresse et qui l'accepte, le *défendant*.

L'appelant convoque le plus de chevaliers et d'écuyers qu'il pourra, fait venir le roi d'armes de la contrée, ou, à son défaut, quelque héraut notable ; il lui baille l'épée *rabattue* employée dans le tournoi, en lui disant : « Roy d'armes, tenez ceste espée et alez
« devers mon cousin le duc de Bourbon[2] lui dire de par moy, que
« pour sa vaillance, prudommie et grant chevallerie qui est en sa
« personne, je lui envoye ceste espée en signifiance que je querelle
« de frapper un tournoy et Bouhordis d'armes contre lui, en la
« présence de dames et de damoiselles, et de tous autres, au jour
« nommé et tems deu, et en lieu ad ce faire ydoine et convenable.
« Duquel Tournoy lui offre pour juges diseurs, de huit chevaliers et
« escuiers les quatre : c'est assavoir tels et tels pour chevaliers,
« et tels et tels pour escuiers ; lesquels juges diseurs assigneront le
« tems et le lieu et feront faire ordonner la place. »

C'est un genou en terre que le roi d'armes reçoit l'épée par la pointe.

L'appelant doit élire des juges la moitié, dont deux du pays du seigneur défendant et deux pris où bon lui semblera, mais choisis parmi les plus anciens et notables barons, chevaliers et écuyers.

---

[1] Manuscr. *le Livre de tournoy*, Biblioth. impér., français, n° 2692.
[2] René d'Anjou suppose que l'appelant est le duc de Bretagne, et le défendant le duc de Bourbon.

Le roi d'armes s'en va accompagné de la façon la plus honorable vers le seigneur défendant, se présente devant lui hors du lieu saint; mais lorsqu'il est entouré de sa noblesse, et, un genou en terre, lui présentant l'épée par la poignée, il lui dit :

« Très hault et très puissant prince et très redoubté seigneur, « très hault et très puissant prince et mon très redoubté seigneur le « duc de Bretaigne, vostre cousin, m'envoye par devers vous pour « la très grant chevallerie et los de prouesse qu'il scet estre en « vostre très noble personne, lequel en toute amour et bénévolence, « et non par nul mal talent, vous requiert et querelle de frapper « ung Tournoy et Bouhort d'armes devant dames et demoiselles, « pour laquelle chose et en signifiance de ce, vous envoye ceste « espée propre à ce faire. »

Si le défendant accepte, il prend l'épée et répond au roi d'armes :

« Je ne l'accepte pas pour nul mal talent, mais pour cuider à « mon dit cousin faire plaisir, et aux dames esbatement. »

Alors, le roi d'armes présente au seigneur défendant un parchemin sur lequel sont peints les blasons des huit juges, afin que le défendant en choisisse quatre à son plaisir comme *juges diseurs*.

Le choix fait, le roi d'armes enverra en toute diligence un des deux *poursuivants* d'armes demander au seigneur appelant les lettres pour les juges diseurs les invitant à se réunir et à régler les conditions et le lieu du tournoi.

Cela fait, le seigneur défendant fait donner deux aunes de drap d'or, ou de velours ou de satin, au roi d'armes, afin qu'il porte en guise de manteau cette pièce d'étoffe attachée sur l'épaule droite. Sur ce mantel doit être fixée une feuille de parchemin sur laquelle sont représentés à cheval, en habit de tournoyeurs, l'appelant et le défendant. Ainsi vêtu, le roi d'armes va trouver les juges diseurs, et, présentant ses lettres de créance, leur dit en substance : « qu'ils ont été désignés par les deux seigneurs appelant et défendant, à cause de leur bonne renommée et leur prudence ; qu'ils veuillent bien accepter la mission qui leur est confiée, parce que de leur refus il pourrait résulter grand dommage ». Si les juges diseurs acceptent la mission, le roi d'armes les remercie et les prie de vouloir bien fixer le jour du tournoi, le lieu, afin qu'il puisse *crier* ledit tournoi. Ayant délibéré entre eux, les juges fixent le jour et le lieu, et le roi d'armes se rend : 1° à la cour du seigneur appelant; 2° à celle du seigneur défendant; 3° à la cour du roi, ou en autres lieux indiqués par les juges diseurs pour crier le tournoi. Il peut se faire remplacer par les poursuivants d'armes dans l'exercice de ses fonctions, excepté auprès des deux seigneurs et à la cour du roi.

Dès que les quatre juges diseurs ont accepté la mission qui leur est confiée, le roi d'armes fait coudre aux quatre coins de son mantel les quatre écus de ces juges. Accompagné de trois ou quatre hérauts et poursuivants, il s'en va crier le tournoi en ces termes :

« Or ouez ! or ouez ! or ouez ! On fait assavoir à tous princes,
« seigneurs, barons, chevaliers et escuiers de la marche de l'Isle
« de France, de la marche de Champaigne, de la marche de
« Flandres, etc., et à tous autres de quelsconques marches qui
« soient de ce royauare et de tous autres royaumes chrestiens, s'ils
« ne sont banniz ou ennemys du roi nostre sire, à qui Dieu donne
« bonne vie, que tel jour de tels moys, en tel lieu de telle place,
« sera ung grantdesime pardon d'armes et très noble tournoy
« frappé de masses de mesure, et espées rabatues, en harnoys
« propres pour ce faire, en timbres, cotes d'armes et housseures de
« chevaulx armoyées des armes des nobles tournoyeurs, ainsi que
« de toute ancienneté et coustume. Duquel tournoy sont chiefes très
« haulx et très puissants princes mes très redoubtez seigneurs
« le duc de Bretaigne pour appelant et le duc de Bourbon pour
« deffendant. Et pour ce fait-on derechief assavoir à tous princes,
« seigneurs, barons, chevaliers et escuiers des marches dessus-
« dites, et autres de quelsconques nations qu'ils soient, non banniz
« ou ennemys du roi, nostre dit seigneur, qui auront vouloir et
« desir de tournoyer pour acquérir honneur, qu'ils portent de petits
« escussons que cy présentement donneray, ad ce qu'on cognoisse
« qu'ils sont des tournoyeurs. Et pour ce en demande qui en voul-
« dra avoir ; lesquels escussons sont escartelez des armes des dits
« quatre chevaliers et escuiers juges diseurs dudit tournoy.

« Et audit tournoy y aura de nobles et riches prix par les dames
« et damoiselles donnez.

« Oultre plus, je anonce à entre vous tous princes, seigneurs,
« barons, chevaliers et escuiers qui avez entencion de tournoyer,
« que vous estes tenus vous rendre es haberges le quatrième jour
« davant le jour dudit tournoy, pour faire de vos blasons fenestres [1],
« sur peines de non estre receus audit tournoy ; et cecy fais-je

---

[1] Il était de règle, en effet, que les tournoyeurs devaient, quatre jours avant le tournoi, exposer leurs bannières aux fenêtres des logements qu'ils avaient pris dans la ville
indiquée pour la fête. C'était une manière de *publication* qui permettait de s'enquérir
des qualités des tournoyeurs.

« assavoir de par messeigneurs les juges diseurs, et me le pardonnez
« s'il vous plaist. »

L'auteur, après ce préambule, indique les proportions et dispositions qu'on doit adopter pour les lices.

Ces lices se composent d'une enceinte ayant en longueur un
quart de plus qu'en largeur, entourée de deux barrières séparées
par un intervalle de quatre pas : la barrière intérieure de la hauteur

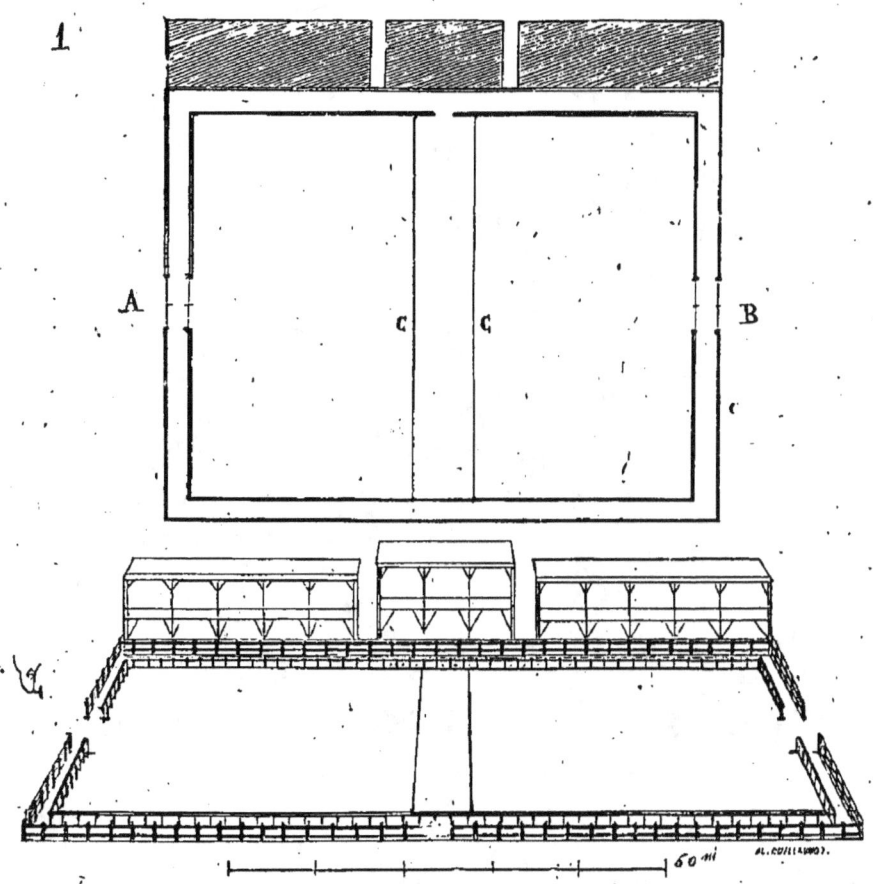

de 1ᵐ,50 environ, avec épaisse main-courante unie ; la barrière exté-
rieure un peu plus haute, avec poteaux pointus entre les traverses
doubles (voy. fig. 1). C'est entre ces barrières que se réfugient les
gens de pied qui doivent au besoin secourir les tournoyeurs désar-
çonnés et les hommes d'armes qui empêchent la foule de pénétrer
dans l'enceinte. Sur un des grands côtés des lices sont élevées trois
tribunes : celle du milieu pour les juges diseurs, les deux de côté
pour les dames nobles assistant au tournoi. Deux entrées en A et B

sont réservées pour le seigneur appelant et le seigneur défendant, et leurs tournoyeurs. Deux cordes C, C, attachées aux traverses de la barrière intérieure, sont tendues à une distance fixée par les juges. La surface des lices est en raison de la quantité des tournoyeurs.

Les choses ainsi préparées, les seigneurs appelant et défendant doivent entrer dans la ville, où ils prennent leur logis quatre jours avant la fête et en grande pompe, c'est-à-dire accompagnés du plus

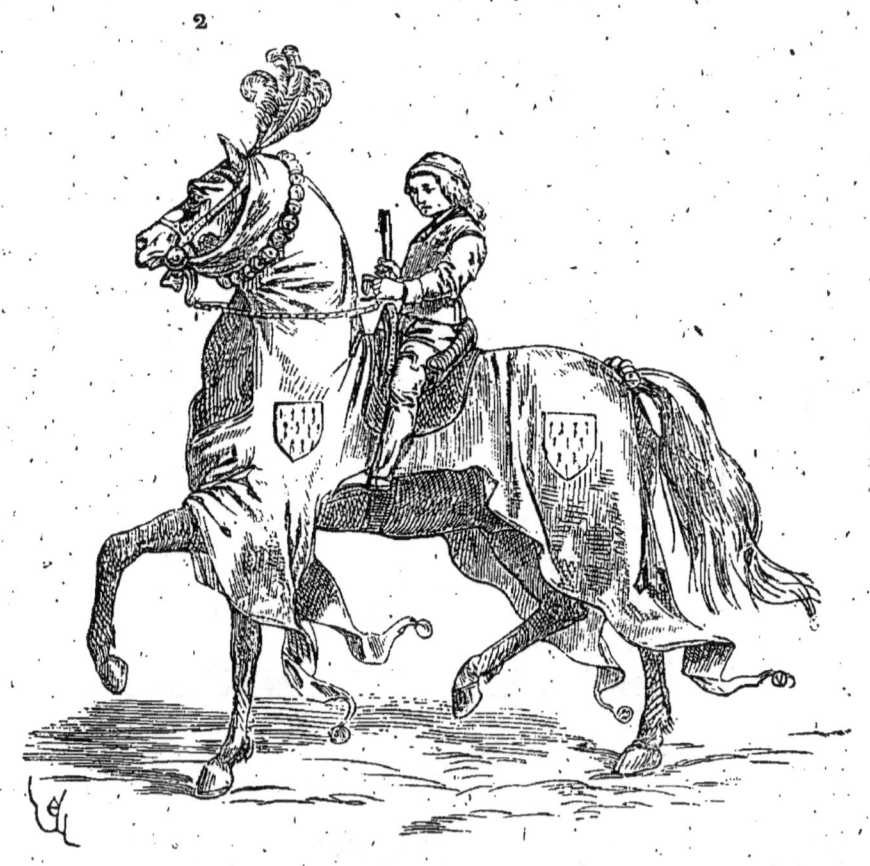

2

grand nombre possible de tournoyeurs et dans l'ordre suivant : En tête, le destrier du seigneur revêtu d'une housse ayant les armes du prince cousues au-dessus des quatre membres, la tête ornée de plumes, des grelots au cou, et monté par un très petit page, à cru sur la housse ou sur une petite selle (fig. 2). Après viennent les chevaux des tournoyeurs de sa compagnie, deux à deux, houssés avec les armes de chacun d'eux, de même. Puis les trompettes, les hérauts (fig. 3) et poursuivants, vêtus de la cotte d'armes ; puis enfin les tournoyeurs à cheval avec leur suite. Entré dans la ville, chacun des seigneurs prend logis avec cinq de ses tournoyeurs au moins. Les chefs du tournoi font déployer à la fenêtre sur la rue leur bannière et leur pennon, et peindre au dessous, sur un panneau, leurs armes avec timbre ; les autres barons déploient leurs bannières de même, mais sans le pennon, et font également placer leurs armes sous leur fenêtre. C'est ce qu'on appelait faire de son blason fenêtre (fig. 4).

3

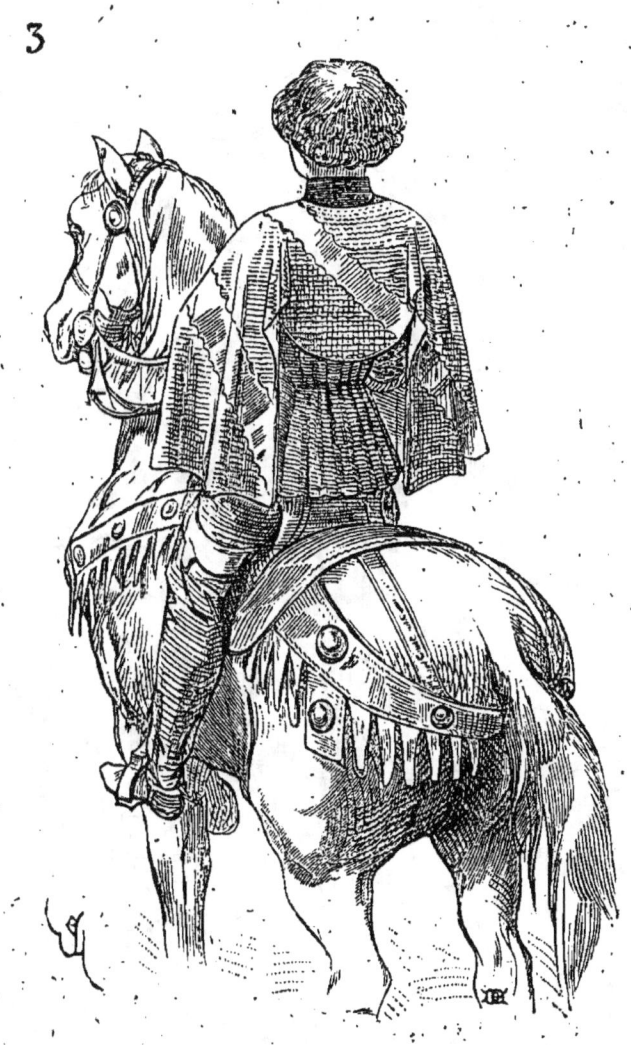

Il est à désirer, dit l'auteur, que les juges diseurs entrent dans la ville avant les chefs du tournoi. Cette entrée se fait dans l'ordre suivant : En tête, à cheval, quatre trompettes sonnant, portant les bannières des juges diseurs ; après eux, quatre poursuivants, deux par deux, portant la cotte armoyée aux armes desdits

4

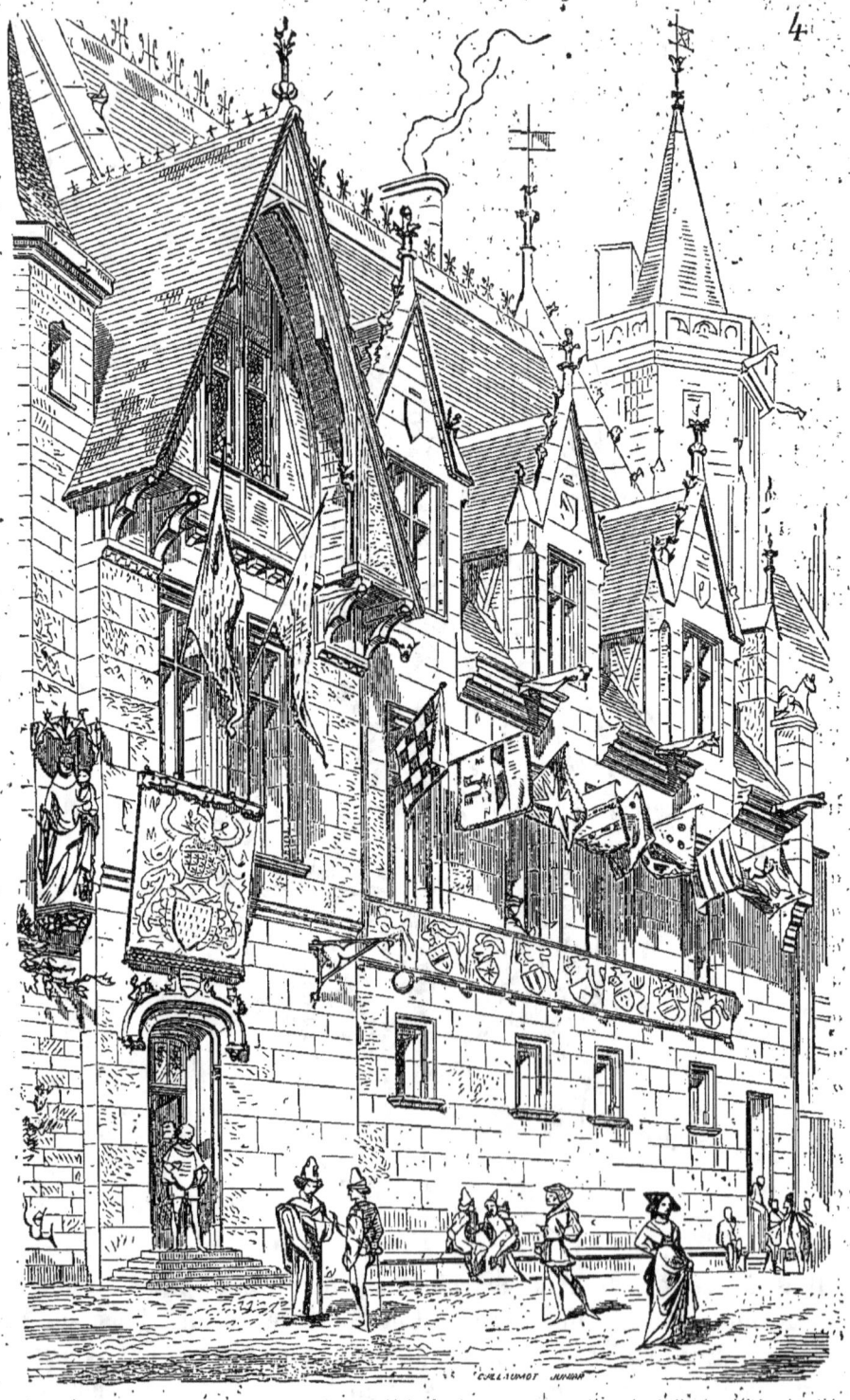

juges. Puis le roi d'armes seul, vêtu comme il est dit ci-dessus;

suivi des juges diseurs par couples, à cheval, couverts de longues
robes et tenant à la main une verge blanche de cinq pieds et demi ;
des valets à pied se tiennent à la tête de leurs chevaux. Les gens de
suite, à cheval, ferment la marche. Les seigneurs appelant et défendant sont chargés de toute la dépense des quatre juges diseurs pendant leur séjour, et envoient vers eux un de leurs maîtres d'hôtel.

Autant que faire se peut, les juges diseurs se logeront près
d'un cloître, dans lequel, le lendemain de leur arrivée, les tournoyeurs sont tenus de faire disposer leurs timbres et bannières.
Devant leur logis, ces juges diseurs doivent faire peindre sur une toile
de la hautenr de neuf pieds environ le portrait du roi d'armes
tenant les quatre bannières desdits juges. Au chef de la toile sont
peints les noms des seigneurs appelant et défendant, et au-dessous
de l'image du héraut, les noms, seigneuries, titres, et offices desdits
juges.

Au soir de l'arrivée des seigneurs et des tournoyeurs, après souper, ces seigneurs, leurs compagnies, les dames invitées à la fête,
se réunissent dans une grande salle. Arrivent, précédés des trompettes et poursuivants, les quatre juges diseurs et le roi d'armes.
Alors les danses commencent ; bientôt elles sont interrompues par
le cri de celui des poursuivants qui possède la voix la plus claire.
Les juges sont montés avec le roi d'armes sur un échafaud.

Quand le poursuivant a répété à trois reprises le cri « Or ouez ! »
le roi d'armes dit :

« Très haulx et puissans princes, ducs, comtes, barons, seigneurs,
« chevaliers et escuiers aux armes appartenans : je vous nottifie de
« par messeigneurs les juges diseurs, que chacun de vous doive
« demain, à heure de medy, faire aporter son heaulme timbré,
« ouquel il doibt tournoyer, et ses bannieres aussi, en l'ostel de
« messeigneurs les juges, ad ce que mes dits seigneurs les juges,
« à une heure après midy, puissent commencer à en faire le des-
« partement ; et après ce qu'ils seront départiz, les dames les vien-
« dront veoir et visiter pour en dire puis leurs bons plaisirs aux
« juges. Et pour le jour de demain, autre chose ne se fera, se non
« les danses après le souper ainsi comme aujourd'hui. »

Les danses recommencent, puis on apporte le vin et les épices.

En effet, le lendemain, les bannières et heaumes timbrés sont
apportés dans le cloître par les chambellans, gentilshommes,
écuyers d'écurie, ou varlets *honnêtes,* à cheval.

Les juges font ranger ces heaumes sur le bahut du cloître en
belle ordonnance, les bannières au-dessus de chacun d'eux. Puis

arrivent les dames et damoiselles, et toute l'assemblée réunie à l'occasion du tournoi.

Les juges font faire aux dames trois ou quatre fois le tour des galeries, et un héraut leur dit les noms des tournoyeurs auxquels appartiennent ces heaumes. Si une dame touche un des timbres, le chevalier auquel il appartient est *recommandé*, c'est-à-dire qu'il peut estre batu impunément le surlendemain. « Touttefoiz nul ne « doibt estre batu oudit tournoy, se non par ladvis et ordonnance « des juges, et le cas bien desbatu et attaint au vray, estre trouvé « tel qu'il mérite pugnicion; et lors en ce cas doibt estre si bien « batu le mesdisant, que ses espaules s'en sentent très bien, et par « maniere que une autreffois ne parle ou mesdie ainsi deshonnes- « tement des dames, comme il a acoustumé. »

En dehors de cette fâcheuse recommandation des dames, il est certains autres cas considérés comme plus graves et qui sont : la parole faussée, l'usure, la mésalliance. Les deux premiers de ces cas ne sont pas rémissibles, et si le tournoyeur persiste à entrer en lice, on peut le battre jusqu'à ce que son heaume tombe à terre. Si le tournoyeur n'est pas gentilhomme de *toutes ses lignes,* mais que d'ailleurs il ait une bonne renommée, il ne peut être battu que par l'un des chefs du tournoi, qui en usera courtoisement; et cela lui sera d'un honneur tel, que dorénavant il ne sera plus recommandé pour le même motif, qu'il pourra prendre un nouveau timbre et ajouter une pièce honorable à ses armes.

Pour les deux cas les plus graves, savoir, la parole faussée et l'usure, tous les chevaliers et écuyers du tournoi doivent s'acharner sur le recommandé quand ils se trouvent en face de lui, et le battre jusqu'à le contraindre à dire qu'il donne son cheval, ce qui équivaut à déclarer qu'il se rend. Alors les tournoyeurs font couper les sangles de la selle par les gens de pied et font placer le recommandé à cheval sur la barre des lices : il doit être gardé dans cette position pour qu'il ne descende jusqu'à la fin du tournoi. Le cheval est donné aux trompettes et ménestrels (fig. 5)[1].

La punition des nobles qui se sont mésalliés est moins dure. Ils doivent être battus jusqu'à ce qu'ils donnent leur cheval; mais on les laisse sur leurs destriers en les faisant passer entre les lices, où, privés de l'épée et de la masse, ils sont gardés par un héraut. S'ils

---

[1] Cette figure est copiée sur la miniature du *Livre de tournoi.* représentant le *bouhort,* c'est-à-dire le combat. Une miniature représentant le cloître montre les juges touchant de leur baguette le timbre du chevalier ainsi puni.

tentent de s'échapper, on les place dans la position que donne la figure 5.

Pour les chevaliers qui, par paroles, auraient tenté de ternir l'honneur des dames; ils doivent être battus jusqu'à ce qu'ils crient : « Mercy ! » aux dames à haute voix, en promettant que jamais plus ils ne médiront des dames.

5

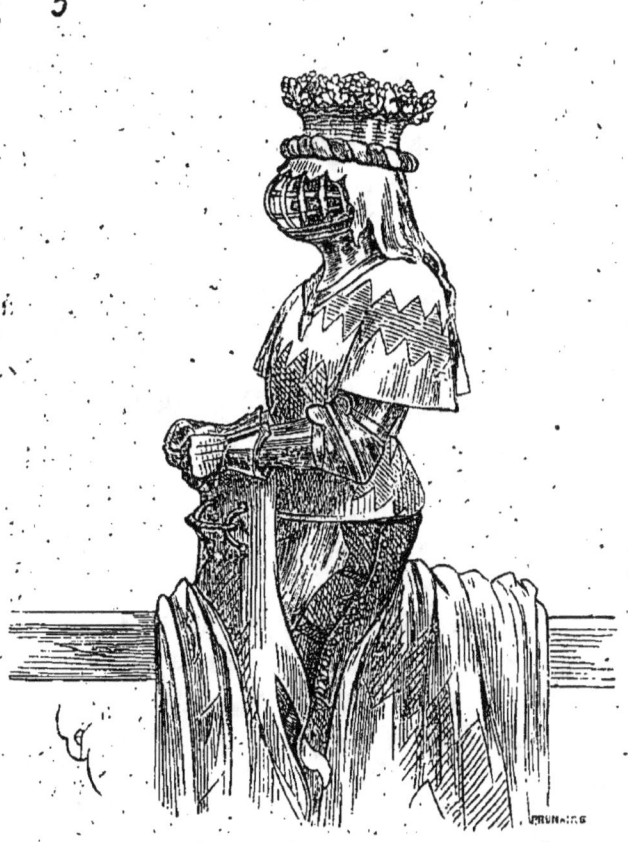

Après la cérémonie du cloître, les heaumes et bannières sont reportés aux logis des tournoyeurs; et la soirée est employée aux danses. Cependant, comme la veille, au milieu de ces ébatements, le roi d'armes fait le cri suivant :

« Haulz et puissans princes, contes, barons, chevaliers et escuiers, « qui aujourd'hui avez envoyé présenter à messeigneurs les juges et « aux dames aussi vos timbres et bannieres, lesquelz ont été partis, « tant d'ung cousté que d'autre par esgale porcion, soubz les ban- « nieres et pannons de très hault et très puissant prince et mon très « redoubté seigneur le duc de Bretaigne appelant, et mon très re-

« doubté seigneur le duc de Bourbon deffendant : messeigneurs les
« juges diseurs font assavoir que demain, à une heure après medy,
« le seigneur appelant, avec son pannon seulement, viengne faire
« sa monstre sur les ranges, accompaigné de tous les autres cheva-
« liers et escuiers qui soubz lui ont esté partis, sur leurs destriers
« encouvertez et armoyez de leurs armes, et leurs corps sans
« armeures habillez le mieulx et le plus joliement qu'ils pourront,
« ad ce que mesditz seigneurs les juges diseurs prennent la foy
« desditz tournoyeurs. Et après ça que ledit seigneur appelant aura
« ainsi fait sa monstre, la foy prise, et qu'il sera retourné de dessus
« les rengs, viengne à deux heures le seigneur deffendant faire la
« sienne pour pareillement prandre sa foy, et qu'il n'y ait faulte. »
En effet, le lendemain, les deux partis des tournoyeurs viennent
à cheval, mais non armés, dans les lices, faire la montre successivement, après avoir été convoqués par les hérauts et poursuivants
criant devant les logis : « Aux honneurs, seigneurs, chevaliers et
« escuiers ! Aux honneurs ! » Chaque tournoyeur doit être accompagné de son porte-bannière, la bannière roulée. Seuls, les chefs du
tournoi ont leurs pennons au vent. Les tournoyeurs ne portent à la
main qu'un bâton. Quand ils ont voltigé quelque peu, le héraut des
juges, placé dans la tribune du milieu, dira à haute voix :
« Haultz et puissans princes, seigneurs, barons, chevaliers et
« escuiers, se vous plaist vous tous et chacun de vous lèverez la
« main dextre en hault vers les Saints, et tous ensemble, ainçois que
« plus avant aler, prometterez que nul d'entre vous ne frappera
« audit tournoy à son escient, d'estoc, ne aussi depuis la sainture en
« aval, en quelque façon que ce soit, ne aussi ne boutera, ne tirera
« nul s'il n'est recommandé : et d'autre part se par cas d'adventure
« le heaulme cheoit de la teste à aucun, autre ne luy touchera jus-
« ques à tant qu'il luy aura été remis et lacé, en vous soubmettant,
« se autrement le faistes à vostre escient, de perdre armeures et
« destriers, et estre criez bannis du tournoy pour une autre fois ;
« de tenir aussi le dit et ordonnance en tout et partout, tels comme
« messeigneurs les juges diseurs ordonneront les délinquans estre
« pugniz sans contredit ; et ainsi vous jurez et promettez par la foy
« et serment de vos corps et sur vostre honneur. » A quoi ils doivent répondre : « Oy ! oy ! » Après la montre et le serment du parti
des appelants, celui des défendants procède de même.
Au milieu des danses qui, comme les jours précédents, terminent ces montres, le roi d'armes, du haut de l'échafaud des ménestrels, dit :

« Haulx et puissans princes, etc., qui estes au tournoy partis, je
« vous fais assavoir que par messeigneurs les juges diseurs, que
« chascune partie de vous soit demain dedans les rengs à l'heure de
« medy, en armes et presls pour tournoyer, car à une heure après
« medy feront les juges coupper les cordes pour encommencer le
« tournoy, ouquel aura de riches et nobles dons par les dames
« donnez.

        « Outre plus, je vous advise que nul d'entre vous ne doye amener
« dedans les rengs varlez à cheval pour vous servir, outre la quan-
« tité : c'est assavoir, quatre varlez pour princes, troys pour conte,
« deux pour chevalier, et ung pour escuier, et de varlez de pied
« chascun à son plaisir ; car ainsi l'ont ordonné les juges. »

Après ceci, les juges choisissent dans l'assemblée les deux dames
les plus belles et les plus nobles, et accompagnés des hérauts et
poursuivants, et de varlets tenant des torches, ils font faire aux-
dites dames, en les tenant sous le bras, le tour de la salle. Derrière
les juges, l'un des poursuivants tient un « long couvre-chief de
« plaisance, brodé, garni et papilloté d'or bien joliement ». Ce
couvre-chef est un long voile blanc pailleté d'or. Les deux dames
font choix d'un des chevaliers ou écuyers parmi les tournoyeurs, qui
est institué chevalier ou écuyer d'honneur. Ses fonctions doivent
consister, pendant le combat, à tenir ce couvre-chef au bout d'une
lance, lui étant à cheval, et, à la requête des dames, de l'abaisser
sur le timbre d'un tournoyeur recommandé ; dès lors doit-on cesser
de le battre.

Le chevalier d'honneur donne le baiser aux deux dames, les
remercie, et passe le reste de la soirée près d'elles, le couvre-chef
attaché à une lance tenue derrière lui.

Il est nécessaire maintenant de décrire l'adoublement des tournoyeurs, qui, ainsi que nous l'avons dit déjà, diffère sensiblement
de l'adoublement de l'homme de guerre, à dater de la fin du
xive siècle.

L'habillement de tête consiste (fig. 6) en un bacinet ou capeline
de fer composée de la cervelière A, de la bavière B et de la visière C.
La vue de la visière est treillissée de fer. Sur le sommet est posé un
timbre de cuir bouilli D, lequel est attaché par quatre aiguillettes
passant par des trous percés dans la cervelière. Sur ce timbre est fixée
une broche de fer avec quatre griffes et un arrêt entrant dans un
trou a. C'est sur cet appendice qu'est attaché le heaume, avec son
lambrequin et son tortil. La visière ne peut se mouvoir sur ses
pivots lorsque le timbre de cuir bouilli est posé sur la cervelière. Des

coulants *b*, rivés à l'extrémité de la bavière et du couvre-nuque, sont destinés à passer des courroies qui s'attachent au corselet et à la dossière au moyen de boucles. Des trous sont ménagés sous la bavière pour ventiler le cou.

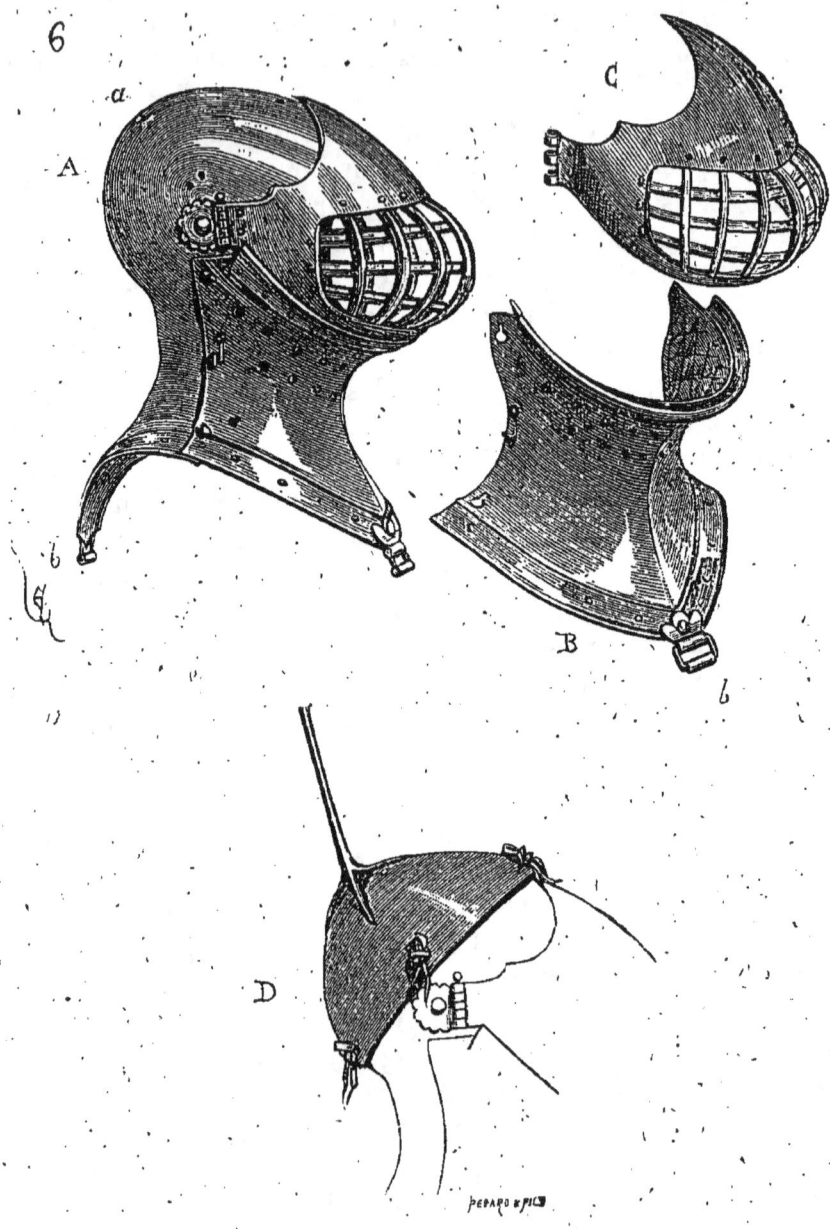

Le harnais de corps (fig. 7) est fait en façon de tonnelet, mais allégé par des trous nombreux. On peut aussi tournoyer vêtu de la brigandine. Sous le tonnelet de fer, muni de ses tassettes et terminé par une maille, le tournoyeur endosse un pourpoint ou corset de toile rembourrée ou feutrée de l'épaisseur de trois doigts sur les épaules et le long des bras jusqu'au cou, des coups de masse et d'épée tombant sur ces parties.

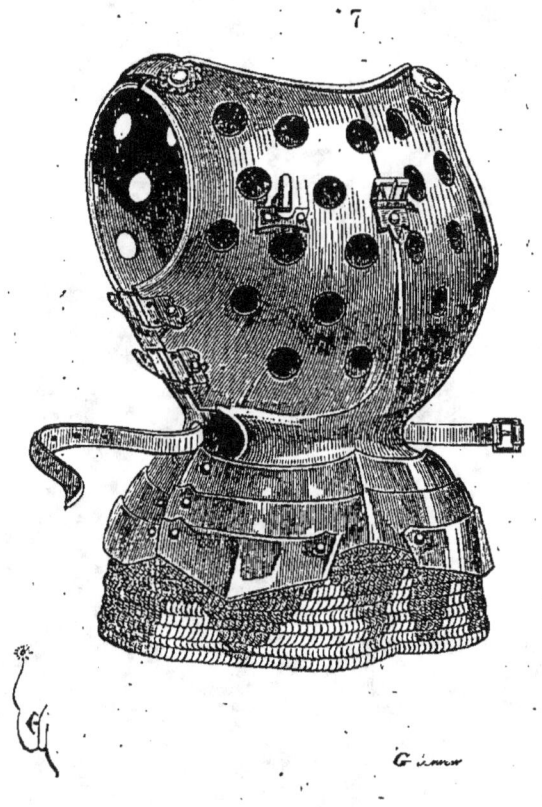

Les bras sont garantis par les garde-bras, qui couvrent ces membres des épaules aux coudes, par les avant-bras et des gantelets. Ces pièces peuvent être faites de fer ou de cuir bouilli. Si elles sont faites d'acier, elles ne diffèrent pas des armures de guerre. Si de cuir bouilli, elles consistent (fig. 8) en des lanières de cuir bouilli réunies fortement par des cordelles de chanvre; le coude est garanti par une rondelle attachée au moyen d'aiguillettes. En A, l'armure de bras est présentée extérieurement, et en B intérieurement. Les gantelets sont d'acier, D, ou de cuir bouilli, E. Les harnais de jambes sont les mêmes que pour la guerre, en évitant les grandes gardes, qui accrochent les housses, et les longs éperons, qui se tordent dans la presse.

La cotte d'armes est faite sans plis, afin qu'on voie mieux les blasons; les manches, larges, évasées, ne doivent pas dépasser le

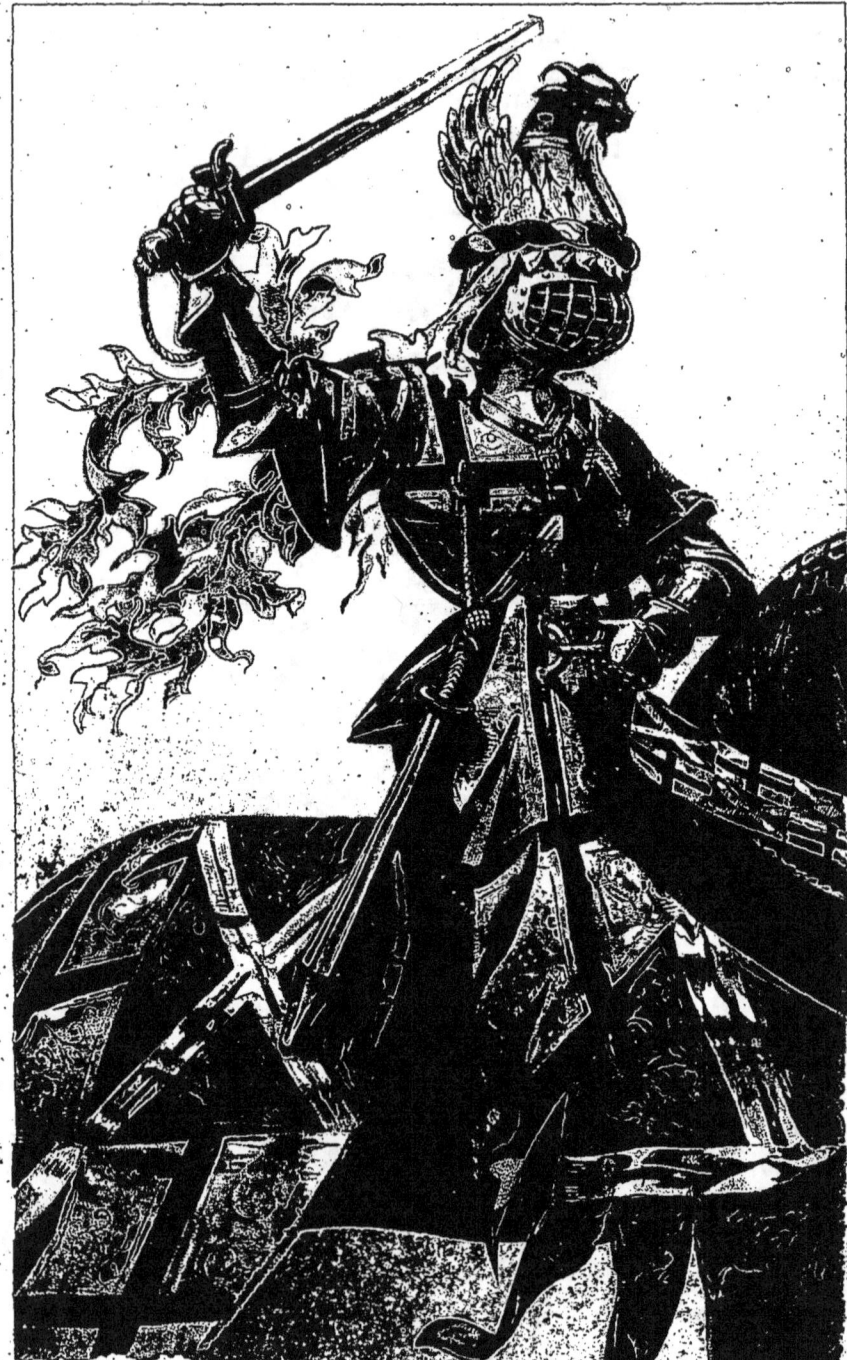

Viollet-le-Duc del.

A. Levié lith.

## TOURNOYEUR
Milieu du XV.ᵉ Siècle.

Vᵉ A. Morel & Cⁱᵉ Éditeurs

Imp. R. Engelmann, Paris.

coude; pour ne point gêner les mouvements, et son encolure doit
être pincée sous la bavière et le couvre-nuque. Échancrée, par
devant, elle couvre les reins, et passe sur la cuiller de la selle.
La planche LIII montre un tournoyeur armé, à cheval. On voit

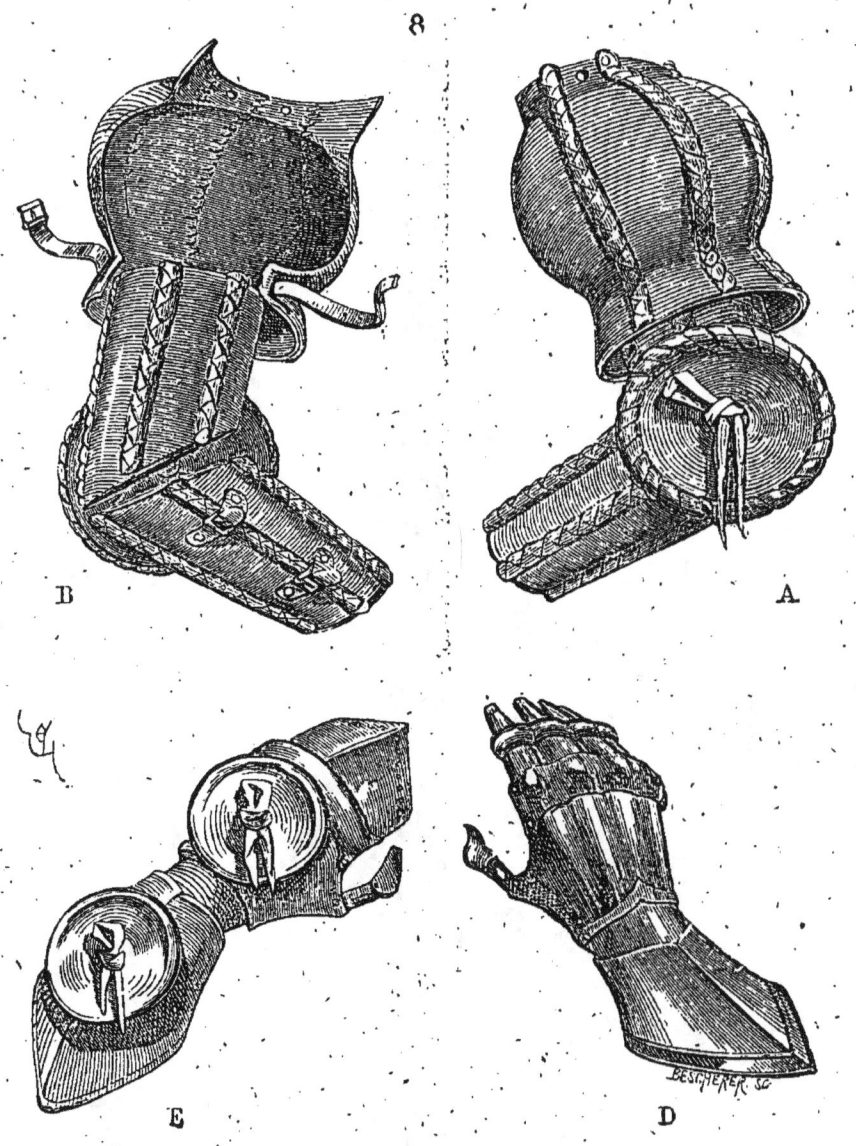

comme le bacinet, sous le heaulme, est attaché au corselet; comment la masse de bois est suspendue à un crochet à la hauteur
du sein droit; comment le cavalier passe le pouce de la main gauche
dans une anse de fer attachée fortement à la hausse de l'arçon,
afin de trouver un point d'appui lorsqu'il frappe de la main droite;

comment les jambes sont complètement couvertes par le hourd.
Mais nous aurons à revenir sur ces détails.

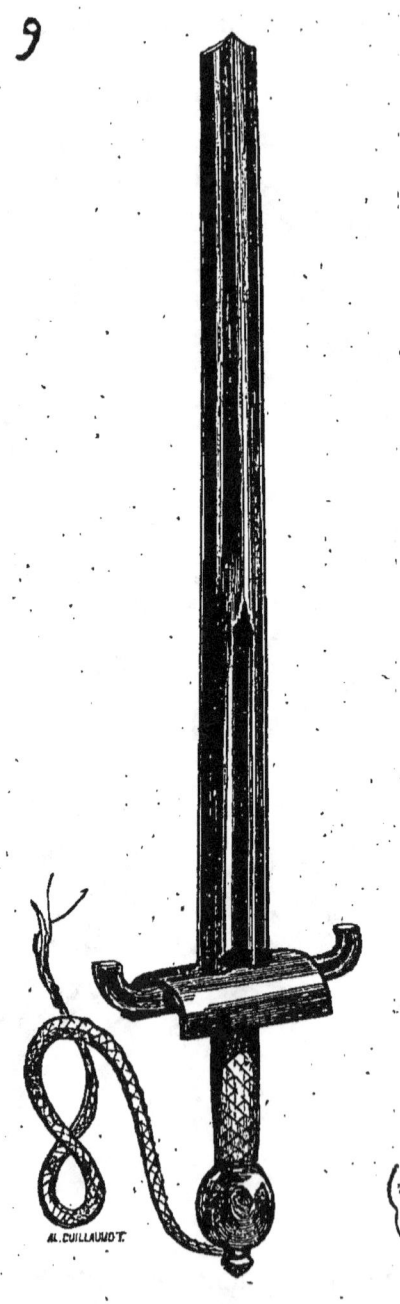

Les armes défensives du tournoyeur sont l'épée et la masse.
L'épée est rabattue, c'est-à-dire sans pointe et sans tranchant ; c'est
une véritable barre de fer plate, avec rainure évidée au milieu de la

lame jusqu'au tiers de sa longueur et nerf saillant de cette rainure à l'extrémité. Les quillons sont recourbés en dehors et accompagnés

10

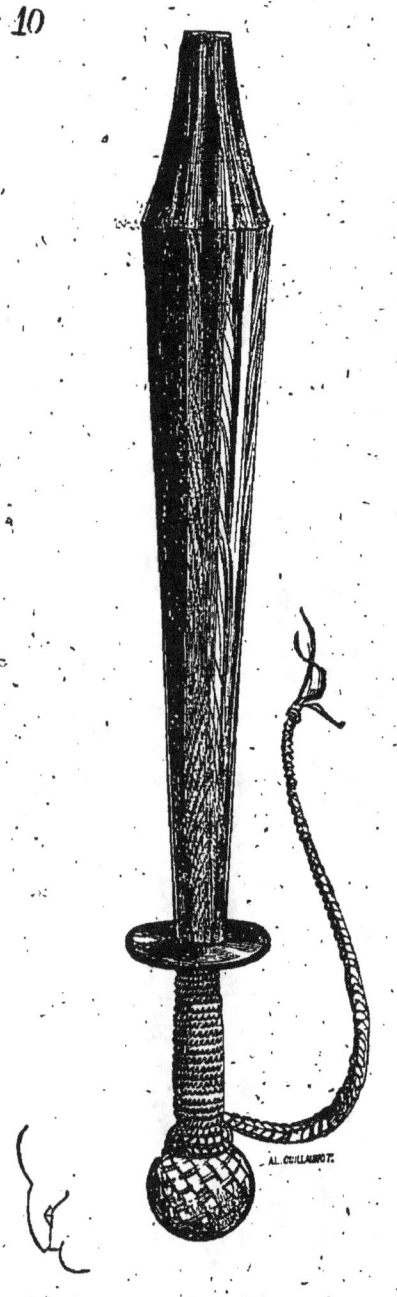

d'une forte garde de fer demi-cylindrique. Au pommeau est attachée une tresse de cuir qui est fixée sous le gantelet au poignet. La figure 9 donne le détail de cette arme. La longueur de la lame avec la poignée doit être égale à celle du bras étendu, la main comprise (0ᵐ,70). Cette lame doit avoir quatre doigts de largeur, afin qu'elle ne puisse passer par la vue du heaume, et un doigt d'épaisseur au tranchant; évidée au milieu pour être moins pesante.

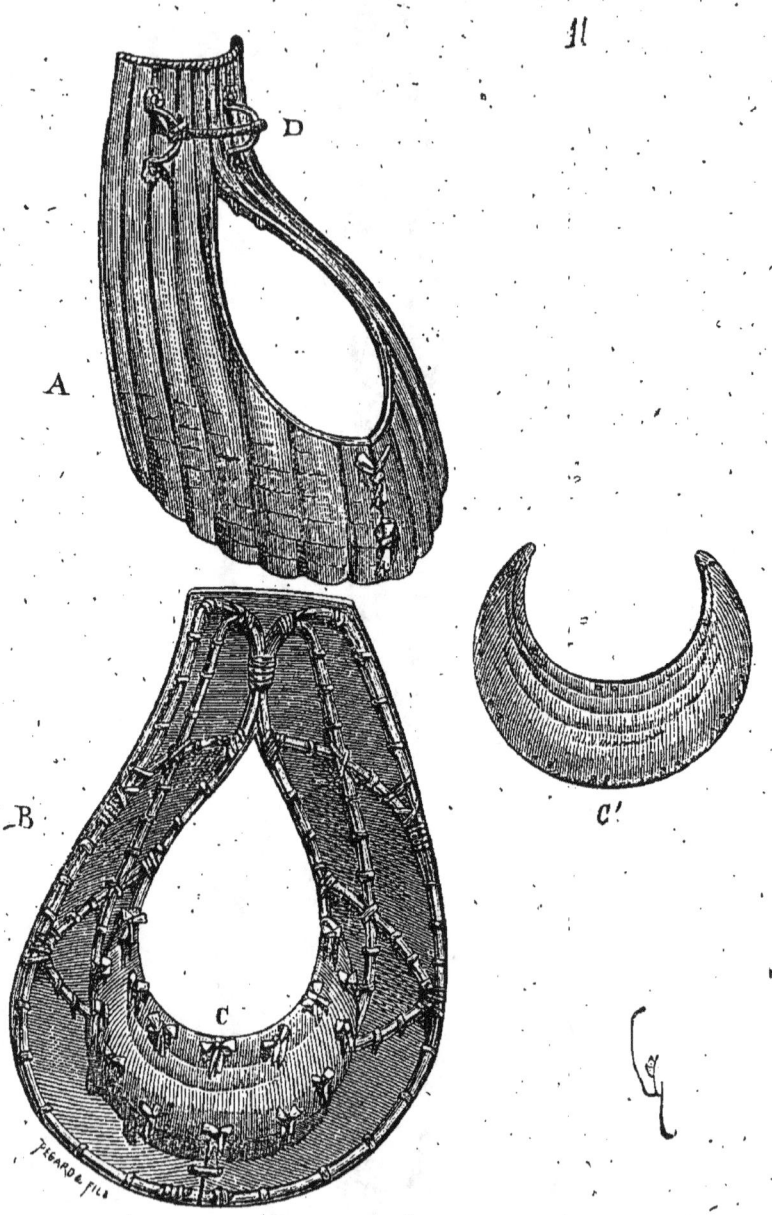

La masse, faite de bois dur, à pans (fig. 10), est garnie d'une petite rondelle de fer en guise de garde, et de cuir à la poignée et au pommeau, pour mieux tenir à la main. Les épées et les masses doivent être visées et poinçonnées par les juges diseurs, afin qu'elles ne

« soient point d'oultrageuse pesanteur ne longueur aussi ». Notre planche LIII montre comment le hourd est fixé à l'arçon de la selle ; comment il couvre le ventre du cavalier, donne un point d'appui à sa main gauche, garantit ses cuisses et genoux; ainsi que le poitrail du cheval. Ce hourd est une des pièces principales de l'habillement du cheval. Il est garni intérieurement de paille longue piquée entre deux toiles, et renforcé de fortes baguettes d'osier qui le maintiennent roide et l'empêchent de gauchir. Au poitrail, sous le collier, est fixé un sac de toile en forme de croissant, fortement rembourré, lequel est destiné à préserver le destrier des chocs. La figure 11

12

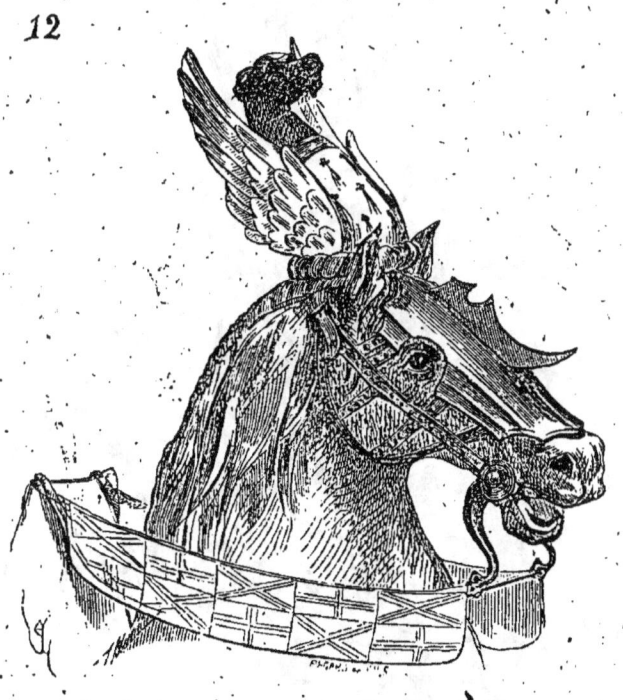

explique ce harnais. En A, il est figuré en dehors sous la housse, et en B intérieurement. On voit en C le sac de toile fixé sous le collier avec des aiguillettes, et en C' ce sac séparé du hourd. En haut du hourd sont attachées les anses de fer D, portant la traverse de fer ou de cordelettes qui sert à appuyer la main gauche du tournoyeur. La housse de croupe est simplement faite d'étoffe avec un matelas peu épais posé du troussequin de la selle à la queue du cheval, pour le garantir des coups perdus. La tête du cheval est armée d'un chanfrein de fer couvrant le frontal et descendant jusqu'aux naseaux, avec le cimier semblable à celui qui couronne le heaume, de cuir bouilli de même, placé entre les oreilles. Sur la crinière est attachée

une crête de fer articulée, mince et descendant seulement jusqu'à
la hauteur du hourd (fig. 12).

En Flandres, dans le Hainaut, le Brabant, et sur les bords du
Rhin, les tournoyeurs s'armaient d'une façon beaucoup plus lourde.
Ils vêtaient d'abord un pourpoint de toile en double, divisé en deux
parts, l'une couvrant le dos du cou au bas des reins, l'autre la
poitrine et le ventre. Sur ce pourpoint ils endossaient une *bracière*,

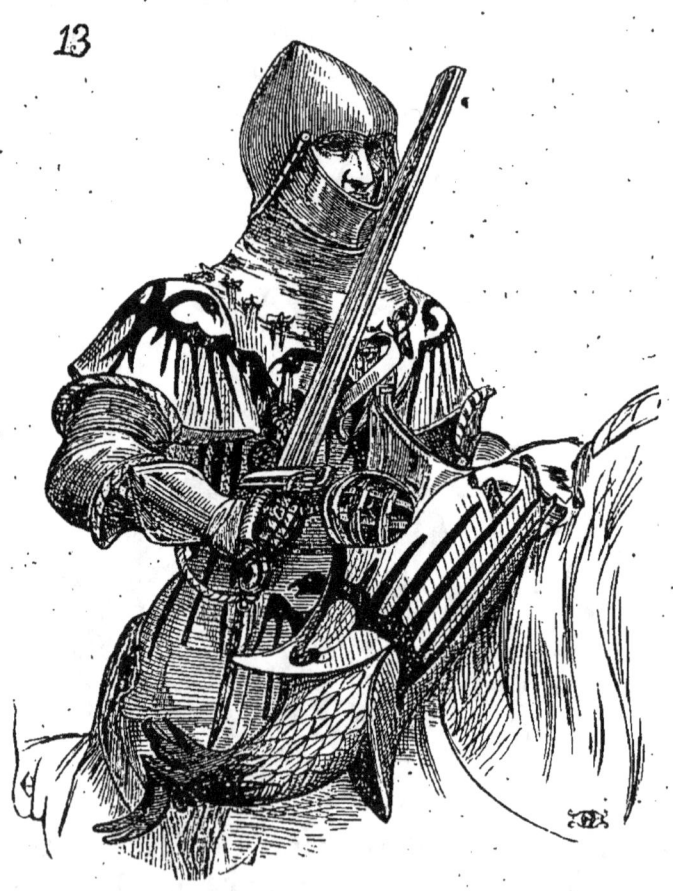

*13*

c'est-à-dire une sorte de gilet à manches rembourré de coton, de
quatre doigts d'épaisseur; les garde-bras et avant-bras faits de cuir
bouilli, avec baguettes de bois collées par dessus et feutrées en
dessous, des spallières et culbtières très lourdes, de même de cuir
bouilli, garantissaient les membres antérieurs. Le torse était couvert
d'une brigandine pertuisée sous la cotte comme celle des tournoyeurs
français. L'habillement de tête se composait d'un bacinet à camail
de peau avec bavière, mais sans visière, attaché à la brigandine
par ce camail, tout autour, avec force aiguillettes (fig. 13). Sur ce

bacinet on posait le heaume fait d'une pièce, ordinairement de cuir bouilli et ventilé par le haut, avec vue barrée de trois en trois doigts. Ce heaume était seulement attaché par devant avec une boucle de corselet, afin de le pouvoir jeter sur l'arçon de la selle quand le tournoyeur voulait se rafraîchir et reprendre haleine. Pendant ce temps on devait cesser de l'attaquer. Sur la brigandine on posait la cotte d'armes comme sur l'armure française. « Et quant « tout cela est sur l'ome, il semble estre plus gros que long. » Quant aux selles, elles étaient de la hauteur de celles qu'on portait jadis en France pour jouter ; les pissières et le chanfrein étaient de cuir. L'auteur fait remarquer que lorsque ces cavaliers étaient ainsi équipés, ils ne pouvaient se mouvoir ni faire tourner leurs chevaux, « tellement ils étaient goins[1] ».

Le jour du tournoi, une demi-heure avant le moment fixé pour l'ouverture des lices, les dames se rendront aux tribunes, et le chevalier d'honneur portant le couvre-chef, « la mercy des dames », accompagnera les juges diseurs et le roi d'armes à cheval, précédés des trompettes. Après qu'ils auront, toujours étant à cheval, examiné si les cordes sont bien placées, si les coupeurs des cordes sont à leur poste, et si tout est convenablement disposé, le chevalier d'honneur, monté sur son destrier, se tiendra entre les cordes. Là les juges diseurs enlèveront son heaume de dessus sa tête, le remettront au roi d'armes, qui le portera à la tribune des dames, en leur adressant ces paroles :

« Mes très redoubtées et honorées dames et damoiselles, véez là « vostre humble serviteur et chevalier (ou escuier) d'honneur qui « s'est rendu sur les rangs prest pour faire ce que vous lui avez com- « mandé, duquel véez cy le tymbre que vous ferez garder dedans « vostre chaffault, s'il vous plaist. »

Ce heaume sera en effet tenu sur un tronçon de lance par un gentilhomme ou « honneste varlet », dans la tribune des dames, tout le temps que durera le tournoi.

Les juges-diseurs, avec le roi d'armes, montent alors dans leur tribune.

Cependant, dès la dixième heure, les tournoyeurs ont dû prendre leur repas et s'être préparés. Deux heures sont nécessaires pour disposer les harnais et habillements de tournoi. Dès onze heures, les hérauts et poursuivants vont devant les hôtelleries des tour-

---

[1] *Goin*, encombré, emprunté, lourd. Notre figure 13 rend compte de cet équipement. Le tournoyeur a rejeté son heaume devant lui pour respirer.

noyeurs, criant : « Lassez heaulmes, lassez heaulmes, seigneurs
« chevaliers et escuyers ! Lassez heaulmes et yssiez vos bannieres
« pour convoyer la banniere du chief. » Lors chacun des tournoyeurs se rend au petit pas, accompagné de ses gens et avec sa

14

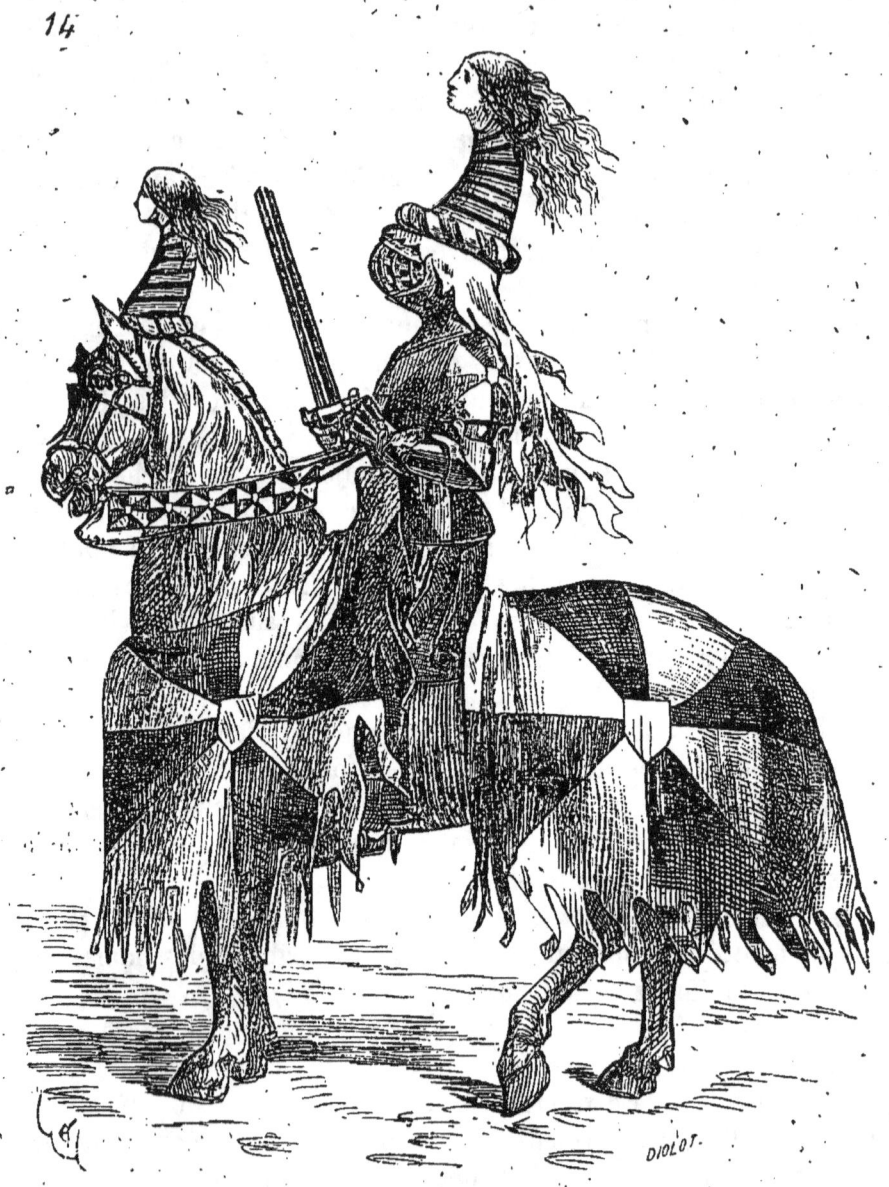

bannière portée par un héraut ou poursuivant à cheval, devant le
logis de son chef. Cés hérauts ou poursuivants porte-bannière
doivent être habillés d'un haubergeon, de garde-bras, avant-bras,
gantelets et harnais de jambes, avec cotté aux armes de leur maître,

la salade ou le chapel de fer en tête ; et doivent-ils être montés sur bons et forts chevaux gentement emparaçonnés, afin de se tenir toujours à la queue de leur maître, et de ne laisser point choir sa bannière. La figure 14 montre un tournoyeur sur son cheval, prêt à combattre.

Quand les tournoyeurs sont réunis autour de leurs deux chefs, ils s'en vont en belle ordonnance aux lices, précédés des trompettes et ménestrels. Le pennon du seigneur en premier, puis le seigneur, son porte-bannière ; puis les tournoyeurs, deux par deux, suivis chacun de leur porte-bannière. Ainsi s'arrêtent-ils devant les barrières des lices de part et d'autre, le héraut du seigneur appelant, et s'adressant aux juges, demande l'ouverture des lices. Le roi d'armes répond en fixant au parti la place qu'il doit occuper.

Cela dit, le porte-pennon entre le premier, puis le seigneur appelant, puis son porte-bannière, et ainsi tous les tournoyeurs, avec leurs porte-bannière, se plaçant devant la corde sur un ou deux fronts, suivant l'espace, leurs porte-bannière toujours à la queue de leurs chevaux. Quant aux écuyers à cheval, ils se placent de côté et les gens de pied le long des lices ou entre elles. La même ordonnance est observée à l'égard du seigneur défendant et de ses tournoyeurs.

Les deux partis sont en présence, séparés par l'intervalle laissé entre les cordes, vers l'extrémité duquel, avoisinant les tribunes, se tient le chevalier d'honneur.

C'est alors que le roi d'armes crie : « Soyez prêts pour couper cordes ! » Quatre hommes à cheval sur les bords des lices tiennent chacun une hache levée prête à tomber sur les attaches des cordes. Il ajoute : « Or ouez ! or ouez ! or ouez !... Messeigneurs les juges prient « et requièrent entre vous messeigneurs les tournoyeurs, que nul « ne frappe autre d'estoc ne de revers, ne depuis la sainture en bas, « comme promis l'avez, ne ne boute ne tire, s'il n'est recommandé ; « et aussi que se d'aventure le heaulme cheoit à aucun de la teste, « qu'on ne lui touche jusques ad ce qu'on le lui ait remis, et que « nul d'entre vous aussi ne veuille frapper par attaine[1] sur l'un « plus que sur l'autre, se ce n'estoit sur aucun qui, pour ses démé- « rites, fust recommandé.

« Outre plus, je vous advise que depuis que les trompettes auront « sonné retraite, et que les barrières seront ouvertes, ja pour

___
[1] « Fâcherie, querelle. »

« plus longuement demourer sur les rengz, ne guingnera nul
« l'emprise. »

A ce moment sonnent les trompettes, les juges font reculer les
fronts des deux partis ; puis le roi d'armes crie : « Coupez cordes !
« hurtez bataillé quand vous voudrez ! » trois fois. Au troisième cri,
les cordes tombent sur le sable, et commence le combat.

Les porte-bannière et gens de pied crient les cris de leurs
maîtres, pendant que les cavaliers chargent : de la mêlée s'éloi-
gnent, en se garant entre les lices, les trompettes, les hérauts
poursuivants. Les deux porte-pennon des chefs vont se placer près
des deux entrées. Les varlets à cheval, armés de tronçons de lances,
couverts de jaserans ou de brigandines, de salades, gantelets et
harnais de jambes, se tiennent prêts à tirer leurs maîtres de la
presse, s'ils les requièrent, en criant leurs cris. Les varlets de pied
sont vêtus du pourpoint et de la jaquette courte ; la salade en tête
et les gantelets aux mains. Tenant un bâton de la droite, leur
office consiste à relever les cavaliers tombés de cheval, et à faire
autour d'eux, s'ils ne peuvent être remontés, une garde avec leurs
bâtons, en les entraînant ainsi hors du champ.

Lorsqu'il semble au juge que le tournoi doit finir, ils font donner
une sonnerie, puis le héraut crie :

« Chevauchez, bannières, départez vous des rengs, et tournez aux
« haberges. Et vous, seigneurs, princes, barons, chevaliers et
« escuiers qui cy en droit estes tournoyans devant les dames, avez
« tellement fait vos devoirs, que désormois vous en pouez en la
« bonne heure aler et despartir des rengs ; car desia est le prix
« assigné, lequel sera ce scoir par les dames baillé à qui l'a
« desservy. »

Les trompettes sonnent la retraite, les barrières sont ouvertes, et
les porte-pennon et porte-bannière, sans attendre leurs maîtres,
sortent les premiers au petit pas. Peu à peu les tournoyeurs les re-
joignent, tant d'une part que de l'autre, et s'en vont en bon ordre,
ainsi qu'ils sont venus ; les trompettes ne doivent cesser leurs sonneries tant qu'il reste un tournoyeur dans les lices.

Le chevalier d'honneur, en tête de l'une des troupes, sera précédé
à cheval par celui qui a tenu son heaume dans la tribune des dames,
et continuera-t-il de le porter sur un tronçon de lance.

Il n'était pas toujours facile, malgré les ordres des juges diseurs,
de séparer les combattants. Ainsi, au tournoi qui fut donné à Bruges
en 1474, à l'occasion du mariage du duc Charles de Bourgogne avec
Marguerite d'York, sœur du roi d'Angleterre, Olivier de la Marche

raconté dans ses *Mémoires*[1] que, pour séparer les tournoyeurs, le duc de Bourgogne, qui faisait partie d'une des troupes, dut se désheaumer pour se faire reconnaître et se jeter, l'épée au poing, dans la mêlée « qui recommençoit puis de l'un des bouts, puis de « l'autre ; et à les départir (les séparer) n'épargna ne cousin ne « Anglois, ne Bourgongnon, qu'il ne les fist par maistrise départir. « Et ledict tournoy rompu, se mirent en bataille les uns devant les « autres, et par requestes combatirent par plusieurs fois un à un, « deux à deux et trois à trois. Mais toutesfois mondit seigneur tous- « jours les departoit. »

Le soir, après souper, les dames, damoiselles et toute l'assemblée se réuniront dans la grande salle. Le chevalier d'honneur, accompagné des quatre juges, fera porter devant lui le couvre-chef au bout de la lance ; le prenant, il le remettra aux deux dames qui le lui ont confié en leur donnant l'accolade. Puis il s'en retournera avec les juges, ayant les chevaliers à sa droite, les écuyers à sa gauche.

Lorsque sera venue l'heure de donner le prix, les juges et le chevalier d'honneur, accompagnés du roi d'armes, des hérauts et pour-suivants, iront prendre une des dames et deux damoiselles, et les conduiront, accompagnées de force flambeaux, dans une salle séparée. Tous reviendront quelques moments après dans la grande salle en l'ordre suivant : Les trompettes sonnant ; les hérauts et poursuivants placés en coin ; le roi d'armes ; le chevalier d'honneur tenant un tronçon de lance en sa main, long de cinq pieds. La dame qui portera le prix recouvert du couvre-chef, soutenue à sa droite et à sa gauche par deux juges diseurs ; les deux damoiselles également soutenues chacune par un des juges diseurs : ces damoiselles tiendront les bouts du couvre-chef. Ce cortège s'arrêtera devant celui qui doit recevoir le prix. Alors le roi d'armes lui dira : « Véez cy ceste noble dame, madame....., accompagnée du cheva- « lier d'honneur et de messeigneurs les juges, qui vous vient bailler « le pris du tournoy, lequel vous est adjugé comme au chevalier « mieulx frappant d'espée et plus serchant[2] les rengs, qui ait « aujourd'hui esté en la meslée du tournoy, vous priant ma dame « que le veuillez prendre en gré. »

Alors la dame découvre le prix, qui est habituellement un joyau. Les hérauts qui accompagnent le chevalier mettent un genou en terre ; le chevalier fait de même, se relève aussitôt, reçoit le prix,

---

[1] Livre II, chap. IV.
[2] « Parcourant ».

s'approche et prend un baiser sur les joues de la dame, puis des damoiselles. Le roi d'armes, pendant ce temps, et les hérauts crient le cri du chevalier. (Pl. LIV.).

Les juges diseurs sont vêtus de robes longues comme pendant le tournoi ; le chevalier d'honneur ne porte aucun vêtement particulier ; le chevalier auquel est adjugé le prix, ainsi que ses hérauts, ont endossé la cape armoyée aux armes du vainqueur par-dessus le corset ou la cotte hardie. La cape des hérauts est ronde devant et derrière avec longs pans sur les bras. Celle du chevalier vainqueur est terminée carrément devant et derrière, et tombant seulement aux coudes, ainsi que l'indique notre planche. Les danses terminent la fête.

Ces tournois étaient le plus souvent précédés ou suivis de joutes. Ils cessèrent d'être en usage vers le commencement du XVIe siècle. L'un des derniers fut tenu à Ardres par François Ier et Henri VIII d'Angleterre. Les joutes persistèrent beaucoup plus tard. Cet exercice militaire ne fut abandonné qu'au commencement du XVIIe siècle.

**JOUTE** (*jouste, jouxte*). Combat singulier à la lance et à cheval. Il serait difficile, croyons-nous, de préciser l'époque où le combat singulier à la lance fut introduit en France, et même de savoir par qui et comment cette arme fut primitivement employée dans la cavalerie. La tapisserie de Bayeux nous montre des cavaliers armés de lances longues, mais rarement ces hommes d'armes, chargent-ils, le bois couché horizontalement sous l'aisselle. Presque tous se servent de cette arme le bras droit levé à la hauteur de la tête, comme s'il s'agissait de lancer le *pilum*.

Ce n'est qu'au XIIe siècle que l'usage de charger la lance en arrêt paraît avoir été adopté à la guerre. La joute était un exercice propre à familiariser les hommes d'armes avec ce genre d'attaque. Les joutes habituellement précédaient ou suivaient les tournois. Au milieu d'une longue lice s'élevait une palissade unie, faite de planches et couverte de toiles, ayant environ quatre pieds de hauteur : c'était la joute à la barrière. Les cavaliers se tenaient de chaque côté de cette barrière, chargeant l'un contre l'autre, la lance couchée horizontalement à la hauteur de la tête du cheval lancé à fond de train. L'adresse des combattants consistait à toucher l'adversaire aux parties supérieures du corps, à le renverser sous le choc du bois ou à briser la lance. La vitesse combinée des deux coursiers

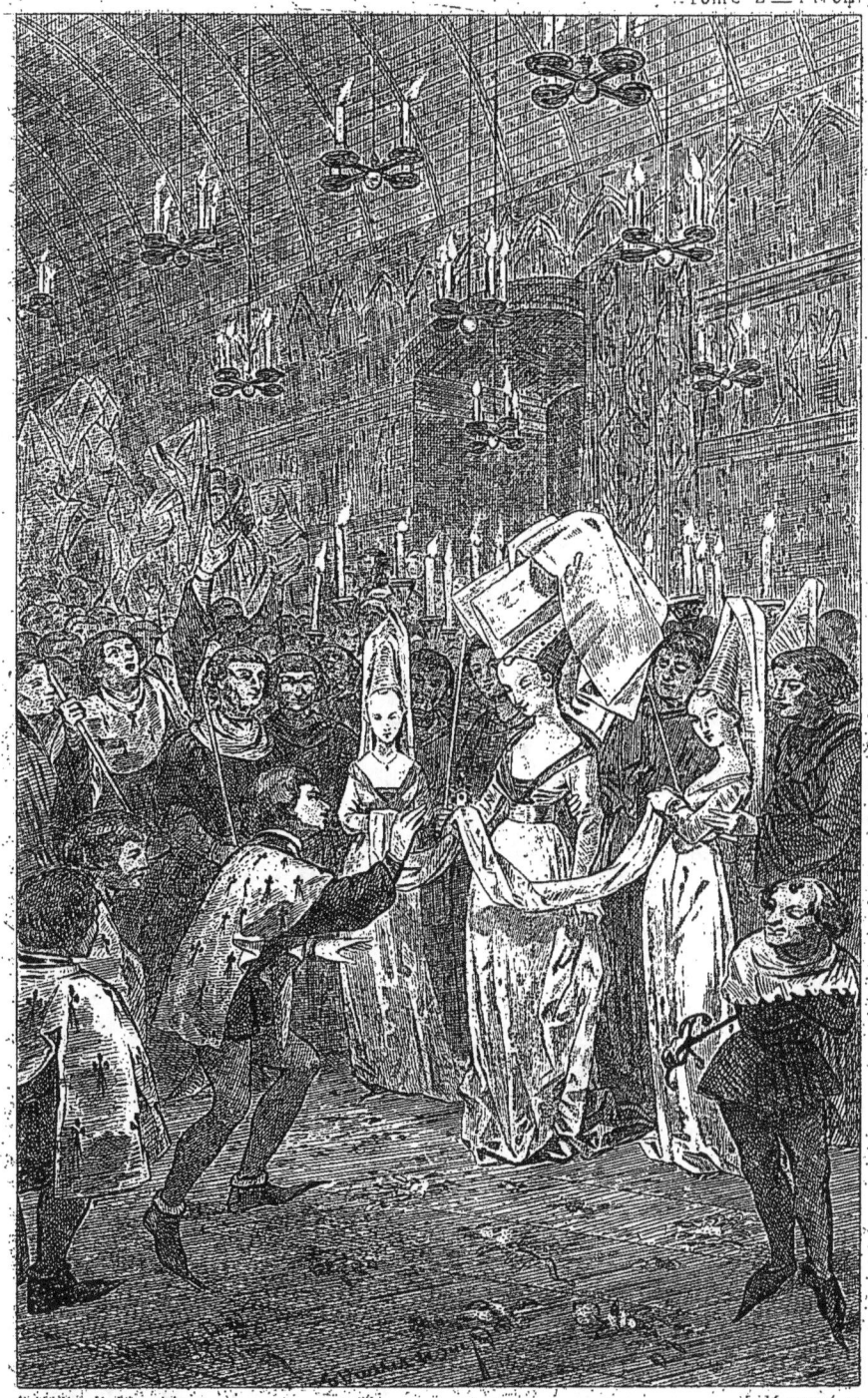

E. Viollet-le-Duc del.

L. Massard sc.

PRIX DU TOURNOI

Vᵉ A. MOREL et Cⁱᵉ Editeurs

donnait à ce choc une puissance telle, que si la lance ne glissai
point sur l'armure du cavalier, il fallait, ou qu'elle se rompît, ou
que le cavalier fût renversé. Pour parer au danger de ce genre de
combat, on adopta vers le commencement du XIVᵉ siècle certaines
parties d'armures spéciales.

Chaque jouteur courait sur son adversaire, ayant la barrière à sa
gauche et le bras gauche bien couvert de l'écu. Il obliquait ainsi
un peu le bois de la lance vers sa gauche, à côté de la tête du cheval,
de manière à frapper son adversaire en plein écu, normalement,
afin que le fer de l'arme ne déviât pas de sa direction.

Le fer de la lance de joute était émoussé, afin de ne point pénétrer

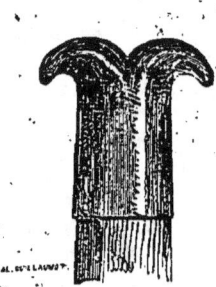

1

les écus et hauberts ; on lui donnait alors le nom de *roc* ou *rochet*.
Sa forme, jusqu'au milieu du XIVᵉ siècle, était celle que présente la
figure 1. Depuis lors, jusque vers la fin du XVᵉ siècle, il fut divisé

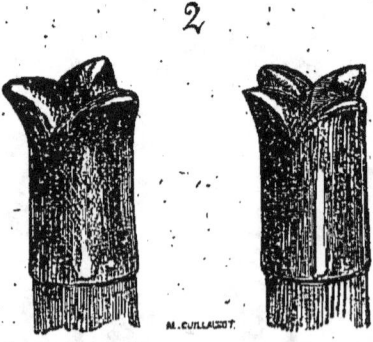

2

en trois ou quatre mamelons (fig. 2). Il ne semble pas que les
jouteurs aient été revêtus d'armes défensives spéciales pendant le
XIIIᵉ siècle : on ajoutait avec le harnais de guerre (fig. 3) [1] ; seulement

---

[1] Manuscr. Biblioth. impér., *Godefroi de Bouillon* (français, dernières années du
XIIIᵉ siècle).

le cavalier ramenait les ailettes des épaules en avant[1]. Le roman du *Chastelain de Coucy*, qui date des premières années du xiii° siècle, nous donne une description curieuse d'une joute.

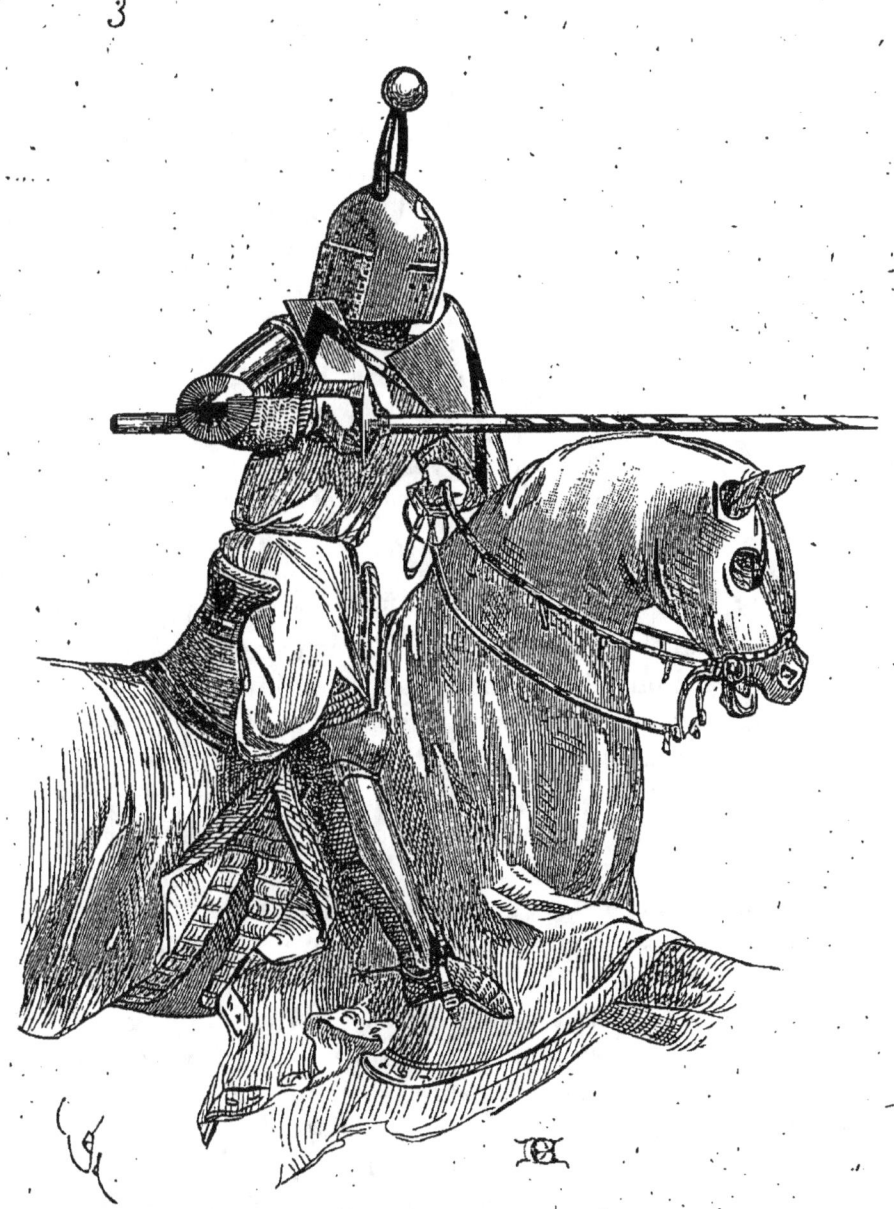

Le sire de Coucy, épris, comme on le sait, de La dame de Fayel, l'invite à paraître à une joute qui se doit donner entre la Fère et

---

[1] Voyez, dans la partie des ARMES, le mot AILETTE.

Vandeuil ; il la supplie, pour paraître à cette fête, de lui octroyer une manche :

> « Ridée as las, large dessous,
> « Qu'en mon destre bras porteroi ;
> « Espoir que plus preus en seroie[1]. »

C'était en effet un honneur de se présenter aux joutes avec un de ces larges morceaux d'étoffes brodées attaché au bras droit. Nous verrons tout à l'heure deux jouteurs ainsi affublés de manches.

La dame de Fayel accorde au sire de Coucy la faveur qu'il réclame. La joute est fixée à un lundi. Un grand nombre de seigneurs et de dames s'y rendent :

> « De tous les venoit li harnois,
> « De Poitevins et de François,
> « De Normans et de Bourgoingnons,
> « De Loherains et de Bretons,
> « Et venoient li Corbiais
> « Aveuques cilz de Vemandais[2]. »

Et le comte de Soissons, le duc de Limbourg, le comte Philippe de Namur, avec nombre de chevaliers du Hainaut, etc. Tous, arrivés le dimanche, prennent leurs logements à Vandeuil, et le comte de Namur donne un banquet auquel il invite tous les gentils-hommes et les dames venus pour la joute.

Le lundi de grand matin, les hérauts vont criant devant les hôtels que les jouteurs aient à s'apprêter. Alors, de tous côtés, sortent valets, écuyers ; les chevaux sont couverts de leurs harnais. Au mouvement, au bruit de la foule se mêle le son des trompettes. Les jouteurs vont entendre la messe, puis les dames s'empressent de se rendre aux tribunes préparées pour les recevoir. D'après le roman, qui ne paraît pas avoir été composé postérieurement à 1230, il ne semble pas qu'une barrière fût disposée suivant le grand axe de la lice, pour séparer les jouteurs, puisque dans deux des épisodes de ces combats singuliers à la lance, il est dit que les chevaux se froissent[3] ; ce qui n'était pas possible lorsqu'une barrière de planches jointives séparait les destriers. Les jouteurs se frappent si rudement de leurs lances, que leurs écus sont brisés, leurs heaumes

---

[1] *Li Roumans dou chastelain de Coucy*, vers 704.
[2] Vers 884 et suiv.
[3] Vers 1688 et 1743.

enlevés, et que tous deux souvent sont renversés avec leurs chevaux. Lorsque les combattants ne sont point blessés, ils retournent à leurs « rens », c'est-à-dire aux deux extrémités de la lice. Là ils remontent d'autres chevaux, remplacent les pièces d'armures brisées et reprennent d'autres lances, pour fournir une nouvelle course ; cela jusqu'à trois reprises, si possible est.

Les plus beaux coups consistaient à rompre les deux lances sans quitter les harçons :

> « Les chevaus radement brocierent [1]
> « Et si roidement s'aquointierent,
> « Q'il ont fait les lances froer [2]
> « Et lor escus esquarteler.
> « Li chevalier, bras estendus,
> « Escus troés, estriers perdus,
> « Passerent oultre sans atendre
> « Quanque chevaus lor pevent rendre [3].
> « Ceste jouste fu moult loée
> « De ceulz qui l'orent esgardée [4]. »

Le texte donne quelques renseignements précieux sur l'habillement des jouteurs. Les heaumes sont garnis de « barbières », c'est-à-dire de bavières, ou plutôt de ventailles [5]. La vue est appelée « lumière ». Le corps est vêtu du « bourel », c'est-à-dire sous la maille, d'un gambeson de grosse étoffe rembourrée. Il est question de « glioires deslachiés ». Ceci est plus difficile à expliquer ; *glio* veut dire flexible. Est-il ici question de parties de l'armure ou du harnais ?

Les hommes d'armes n'avaient point encore de plates posées sur la maille ; le mot de « glioires » ne peut donc s'entendre comme pièces d'acier appartenant à l'armure du cavalier. Les glioires paraissent, d'après le texte, dépendre plutôt de la selle. Or, on remarquera sur les figures 5 et 7 qui représentent des jouteurs d'une époque plus récente, que, pour plus de sûreté, la sous-ventrière est attachée derrière les mollets du cavalier, par-dessus les quartiers de la selle, et est maintenue par des lames d'acier jumelles dentelées, qu'il était, par conséquent, impossible de couper pour faire tourner la selle et jeter bas le cavalier. Les glioires pourraient bien être ces

---

[1] « Éperonnèrent. »
[2] « Briser. »
[3] « Jusqu'à ce que leurs chevaux aient fourni leur course. »
[4] Vers 1183 et suiv.
[5] Pièce de fer qui garantissait le cou et le bas du visage jusqu'à la hauteur des yeux.

lames flexibles retenant la sous-ventrière. Toutefois, nous ne donnons cette explication que sous toute réserve. Un autre passage parle du *fautre* :

« Chacuns a mis lance sour fautre [1]. »

Or, le fautre était, au xive siècle et plus tard, un support de fer attaché au corselet, qui servait à maintenir la lance en arrêt. Mais les hommes d'armes n'avaient point alors le corselet d'acier ; ils étaient vêtus du gambeson et de la cotte de mailles, quelquefois avec cotte d'armes par dessus. Le fautre ne pouvait être fixé à la cotte de mailles, il fallait qu'il fût maintenu autour de l'épaule droite. Nous avons l'occasion de discuter ce point dans la partie des ARMES [2].

L'auteur du roman parle de la contenance du sire de Coucy. Il se tenait, dit-il, droit comme flèche sur ses étriers longs, monté sur un jeune cheval pie. A son bras droit était attachée la manche plissée et déliée, richement brodée d'orfrois [3].

Les joutes à la lance, plus dangereuses encore que les tournois, firent adopter de bonne heure un genre d'équipement particulier. On renforça les heaumes, que les jouteurs frappaient lorsque la lance glissait de bas en haut sur l'écu, et qui devaient résister à un choc terrible ; on les attacha solidement au corselet d'acier par devant et par derrière. On donna aux écus une forme spéciale pour diviser les chocs à droite et à gauche ; on renforça le bras droit de pièces d'armures solides. On éleva beaucoup l'arçon de la selle, et on l'accompagna d'un hourd comme pour les tournois, afin de garantir les cuisses et les genoux. La figure 3, qui montre un jouteur de 1300 environ, ne présente point encore ces surcroîts de défenses. Ce cavalier est armé ainsi qu'on l'était pour la bataille. Mais dans une charge bien des coups de lance étaient perdus, tandis que dans une joute tous portaient ; et quoiqu'il fût interdit aux jouteurs de viser ailleurs que sur l'écu ou la bavière, si le coup venait à glisser, il pouvait, en rencontrant quelque défaut de l'armure, tuer son homme. On s'occupa donc de garantir entièrement le torse du cavalier. Il fallait éviter surtout que le rochet ne trouvât quelque point saillant, quelque défaut qui pût l'empêcher de glisser. L'armure des cavaliers de la fin du xiiie siècle couvrait bien le corps, mais l'écu, incliné vers le bas du heaume, faisait glisser le rochet

---

[1] Vers 1242.

[2] Il est question du *fautre* dans des écrits antérieurs au roman du *Châtelain de Coucy*. On a dit, depuis, *faucre*.

[3] Vers 1275 et suiv.

de la lance de bas en haut, et le fer, rencontrant le heaume, l'enlevait souvent :

> « Et li chastelains le feri
> « Si grant cop que tout reverser
> « Le fist, et son elme voler
> » Hors de sa teste roidement [1]. »

Si l'on examine avec attention l'habillement de guerre du chevalier
vers la fin du xiii° siècle [2], on voit qu'on avait cherché à garantir
l'homme d'armes principalement contre les coups de taille et de
masse d'armes. L'ensemble de l'armure présente un cône, de telle
sorte que les coups portés de haut en bas glissaient du heaume sur
les ailettes et sur l'écu, des ailettes sur les garde-bras, et se perdaient.
Mais cette forme conique n'avait plus de raison d'être lorsqu'il
s'agissait seulement de préserver le cavalier des coups de lance.
Alors, il y avait avantage à faire glisser le fer latéralement. Cependant, les jouteurs paraissent, avant tout, s'être préoccupés des dispositions particulières à donner à la selle de joute. Ils prétendirent
opposer aux corps de lance déviés des garde-corps et garde-cuisses,
puis donner à la selle une forme telle que le cavalier ne pût être
désarçonné. Sur les liéges de l'arçon de devant on éleva des bâtes
qui masquaient complètement le ventre du jouteur. A cette bâte
s'attachait un collier hourdé, c'est-à-dire fait d'osier, recouvert de
toile rembourrée, puis d'une peau peinte. C'était un hourd dans le
genre de ceux adoptés plus tard dans les tournois. La figure 4 [3]
montre ce genre de selle. Avant cette époque, vers le milieu du
xiv° siècle, on inventa même des selles de joute complètement
fermées (fig. 4 bis) [4], et dans lesquelles le cavalier était pris comme
dans une boîte. Les deux bandes qui réunissaient la bâte de devant
à la bâte de derrière étaient à charnières et bouclées en avant du
troussequin. La bâte de devant formait hourd avec garde-cuisses
verticaux. Dans cet exemple, le hourd et les quartiers de la selle
sont couverts de cuir peint en bleu. Le jouteur est vêtu sur l'armure
d'une cotte d'armes juste, faite d'une étoffe rouge. Le voile qui
couvre le timbre est bleu. C'est un heaume qui protège la tête. Dans
l'exemple (fig. 4), un peu postérieur à celui-ci, le jouteur a le chef.

[1] *Li Romans dou chastelain de Coucy*, vers 1374.
[2] Voyez, dans la partie des ARMES, le mot ARMURE.
[3] Manuscr. Biblioth. impér., *le Miroir historial*, français (seconde moitié du xiv° siècle).
[4] Manuscr. Biblioth. impér., *le Livre du roy Modus et de la royne Racio*, français (milieu du xiv° siècle).

couvert du bacinet avec vue très saillante et pouvant se relever de
quelques doigts. Un camail de mailles est attaché à ce bacinet et
couvre entièrement les épaules. Les bras ne sont garantis que par
la cotte de mailles, qui couvre également tout le corps jusqu'au haut

4

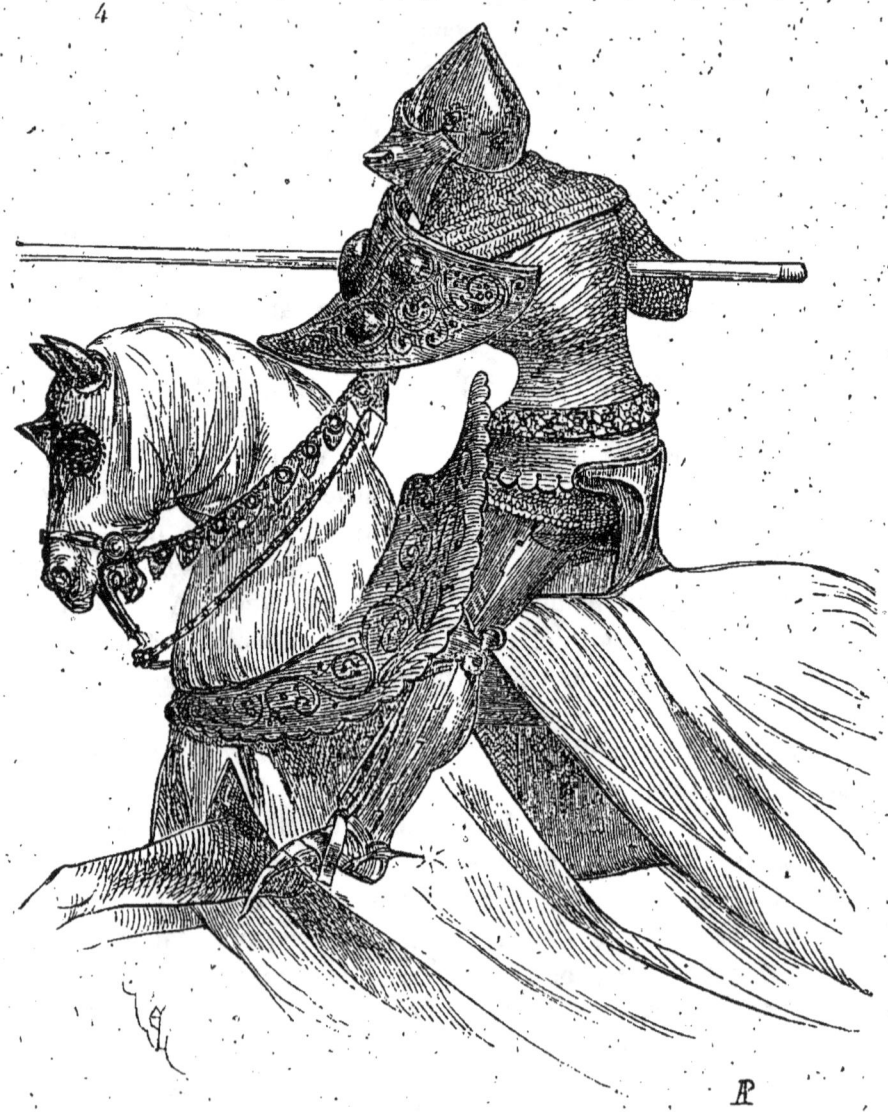

Ces cuisses. Par-dessus est posée une cotte d'armes de peau, rembourrée fortement sur la poitrine. L'écu est très large, très recourbé,
revêtu de bosses de métal. Il couvre tout le torse depuis le bois de
la lance jusqu'au delà de l'épaule gauche. Les jambes sont armées
comme pour le combat. Le troussequin de la selle est de fer, très
haut, enveloppe les reins, et permet au cavalier, quand il couche le

bois, de s'arc-bouter fortement en se dressant sur ses étriers. Le
hourd de cuir rembourré couvre le ventre et les cuisses. Le cheval
est houssé d'étoffe, avec frontal et œillères d'acier. C'était encore
là un habillement qui n'était pas franchement disposé pour la joute.
Le mézail du bacinet donnait prise au rochet et pouvait être enlevé.

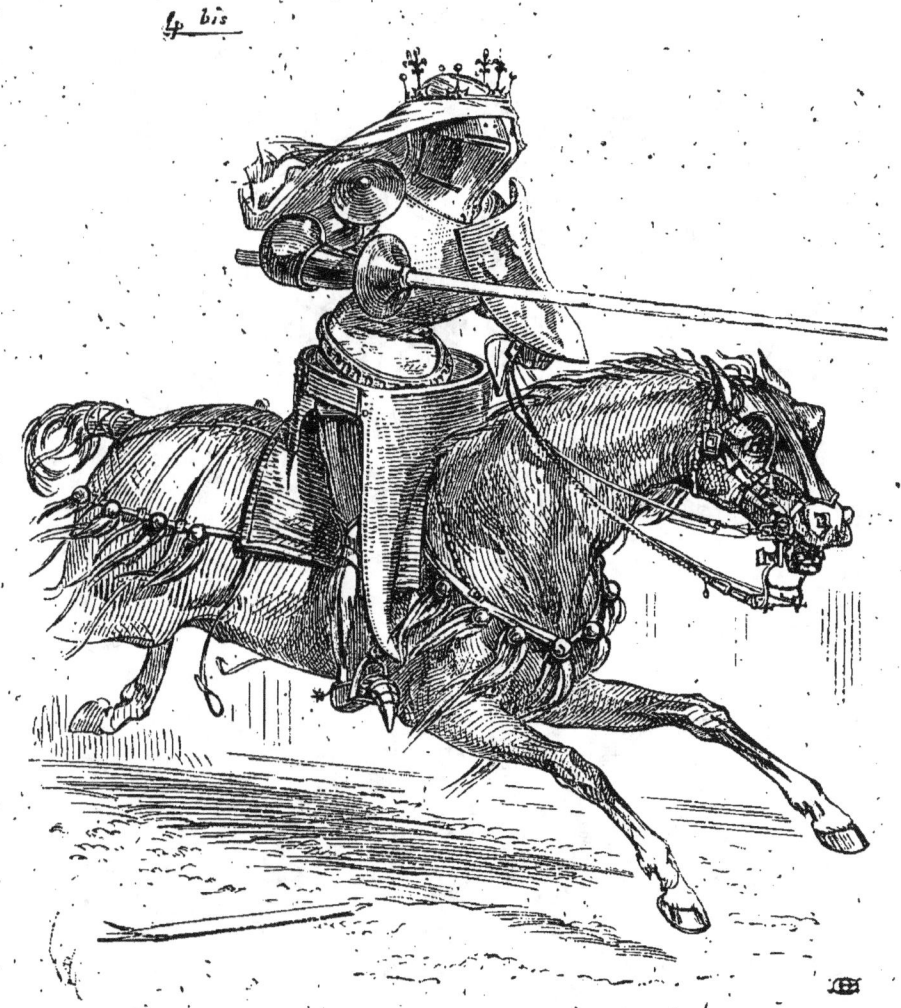

Il était inutile de donner au timbre de ce bacinet une forme pointue.
Le bras droit n'était garanti que par la rondelle de la lance, et
l'épaule restait découverte. Cependant nous voyons qu'à cette
époque, des jouteurs étaient habillés d'une façon beaucoup mieux
étendue. Il existe au musée d'artillerie de Paris une targe de cuir
peinte, d'un très grand intérêt[1]. Sur la face externe est représentée
une joute, sans barrière, suivant l'usage français. Deux cavaliers

[1] Cette targe date de la seconde moitié du XIVe siècle.

sont lancés à fond de train l'un contre l'autre, la lance en arrêt
(fig. 5). L'habillement de tête consiste en une salade plate à section

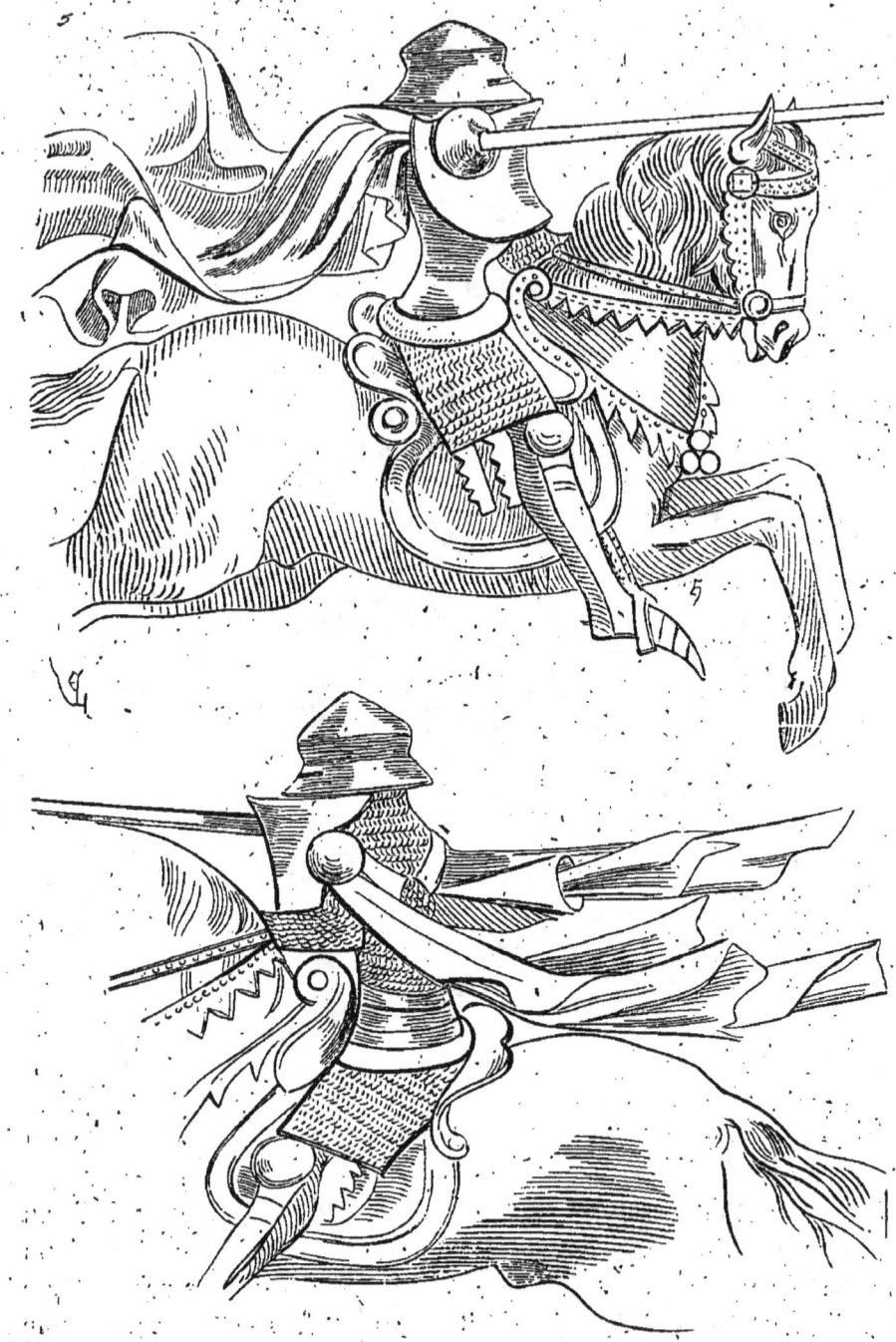

horizontale circulaire, d'un seul morceau, avec vue. L'écu, concave,
très recourbé, est échancré par le haut pour laisser passer le bois

de la lance. L'échancrure est masquée par la rondelle. L'un des cavaliers est vêtu d'une cotte d'armes rembourrée, l'autre d'une cotte de mailles avec braconnière d'acier. Les jambes ne sont préservées que par des genouillères et des grèves simples. Des manches, ou plutôt de larges lés d'étoffe sont attachés aux épaules des jouteurs et flottent au vent. A l'aide des renseignements pris sur des vignettes de manuscrits de cette époque et sur des pièces d'armures, nous allons essayer de compléter et d'expliquer cette curieuse peinture.

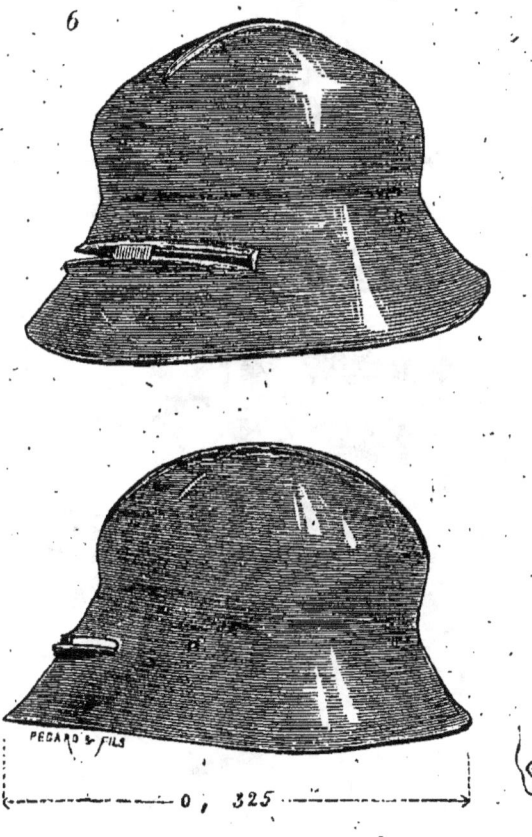

6

Le musée d'artillerie de Paris possède une salade de joute qui se rapporte exactement à l'exemple précédent (fig. 6). Cette salade est forgée d'un seul morceau. La vue est percée sur la partie formant visière ; elle est divisée en deux ouvertures longues avec relief au dessus et au dessous, pour empêcher le rochet de s'arrêter dans la fente. Un nerf saillant renforce longitudinalement le sommet de la bombe. Cette salade s'attachait par une forte courroie, sous le menton, et l'on peut reconnaître facilement qu'elle n'offrait aucune prise au fer de la lance [1].

[1] Cette pièce intéressante était peinte.

La figure 7 va nous permettre de rendre un compte détaillé de cet habillement. L'écu est suspendu autour du cou par la guige[1] ou guiche et maintenu dans la position voulue par le bras gauche. La partie supérieure de cet écu, qui est droite, atteint le niveau du bord antérieur de la salade, de manière à ne laisser sur ce point aucune prise au rochet. L'échancrure du haut obligeait le jouteur à tenir la lance au niveau de l'aisselle droite, et derrière la main le

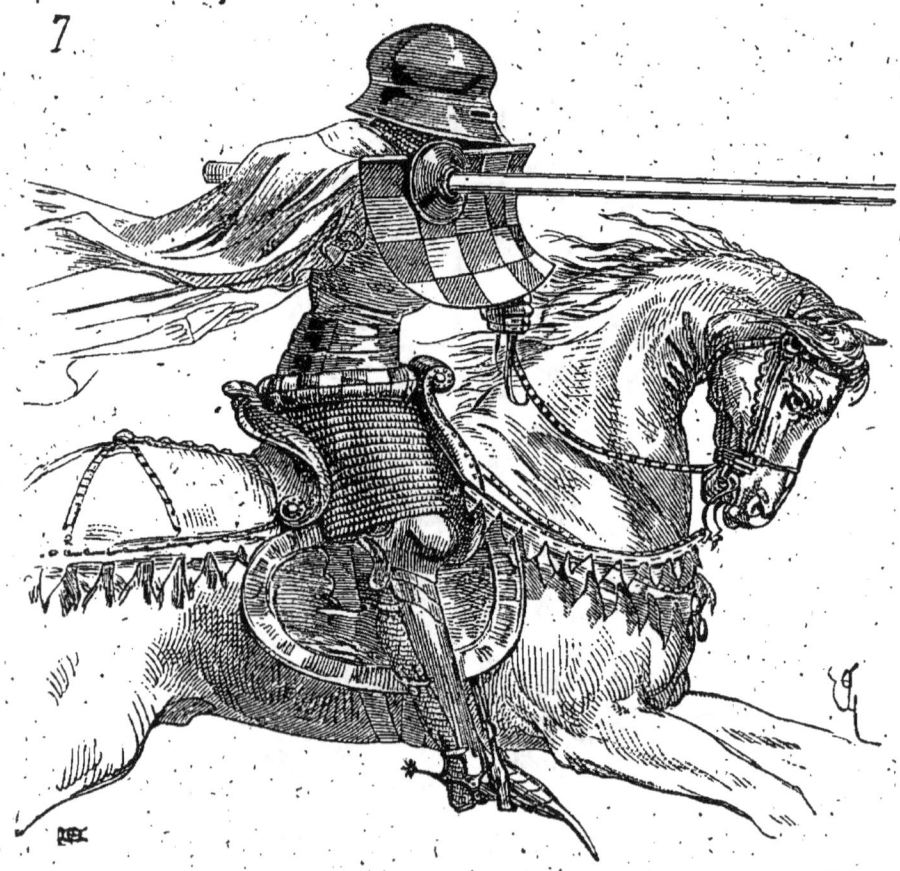

7

fautre ou faucre devait soutenir le bois. Le torse est couvert d'un haubergeon ou d'une cotte de peau ou d'étoffe juste à la taille et fortement rembourrée. Mais, si la lance de l'adversaire touchait l'écu à son bord inférieur, le bras gauche ne pouvait avoir assez de puissance pour l'empêcher de s'infléchir ; alors le rochet frappait le cavalier à la hauteur du ventre : aussi cette partie du corps est-elle défendue par une braconnière composée de trois lames d'acier articulées. Si le coup de lance était bien donné en plein écu, nor-

[1] Voyez, dans la partie des ARMES, le mot ÉCU.

malement, force était au cavalier de se renverser en arrière ; lorsqu'il était arc-bouté au troussequin de la selle, comme dans l'exemple fig. 4, le choc pouvait lui briser les reins ou faire fléchir le cheval sur son train de derrière et renverser l'homme et la bête. Pour éviter ces accidents, il fallait amortir la puissance du coup là où son effet se faisait particulièrement sentir, c'est-à-dire à la chute des reins. Les jouteurs placèrent donc, au-dessous de la braconnière, une ceinture rembourrée, en manière de bourrelet, et le troussequin de la selle fut renversé à la partie supérieure. Alors, au moment du choc, ce bourrelet amortissait partie du coup, et le cavalier, ramenant les étriers verticalement, se trouvait assis sur cette partie renversée et pouvait incliner le corps autant que besoin était, sans risquer de se casser les reins. Notre figure 7 explique la possibilité de cette gymnastique. On observera que dans ces deux derniers exemples comme dans ceux qui vont suivre, le haut du corps du jouteur est très chargé ; la salade, l'écu, le corselet ou haubergeon, la lance, le garde-bras, donnaient un poids considérable. La position du jouteur, lorsqu'il abaissait le bois, était de porter le haut du corps en avant, tout d'une pièce, en inclinant la tête, de s'arc-bouter sur le haut du troussequin de la selle et de se dresser sur ses étriers.

Le poids de la partie supérieure du cavalier ajoutait ainsi beaucoup à la puissance du choc qu'il donnait, et amortissait d'autant celle du choc qu'il recevait. C'est là une question de mécanique, et nous allons voir comme l'expérience ne fit que développer le résultat de cette observation. La selle de notre jouteur est munie à l'arçon d'une garde avec bourrelets devant les cuisses.

A la fin du xiv° siècle, cet habillement de joute subit encore des modifications assez importantes. La salade ne présentait pas une fixité suffisante, et pouvait, si le rochet rencontrait la vue, venir frapper le bas du visage en brisant le nez et la mâchoire du cavalier. L'échancrure faite à la partie supérieure de l'écu était trop haute et forçait le jouteur à lever beaucoup le coude, ce qui lui ôtait de sa force. Les coups de lance, étant toujours adressés à la hauteur de la partie supérieure de l'écu, dérangeaient au moins la salade, s'ils ne l'atteignaient pas. Toute l'attention des hommes d'armes se porta donc vers le perfectionnement des défenses supérieures ; on pensa à mettre absolument la tête à l'abri de toute atteinte et à augmenter le poids du haut du corps.

Au xiii° siècle, on joutait avec le heaume en tête. Vers le milieu du xiv° siècle, on mit en usage le bacinet, puis la salade ; vers 1390,

on revint au heaume, mais en lui donnant une forme spéciale
(fig. 8). Ce jouteur est présenté au repos, avant le moment où il va
mettre la lance sur fautre. Son heaume est bouclé devant et der-

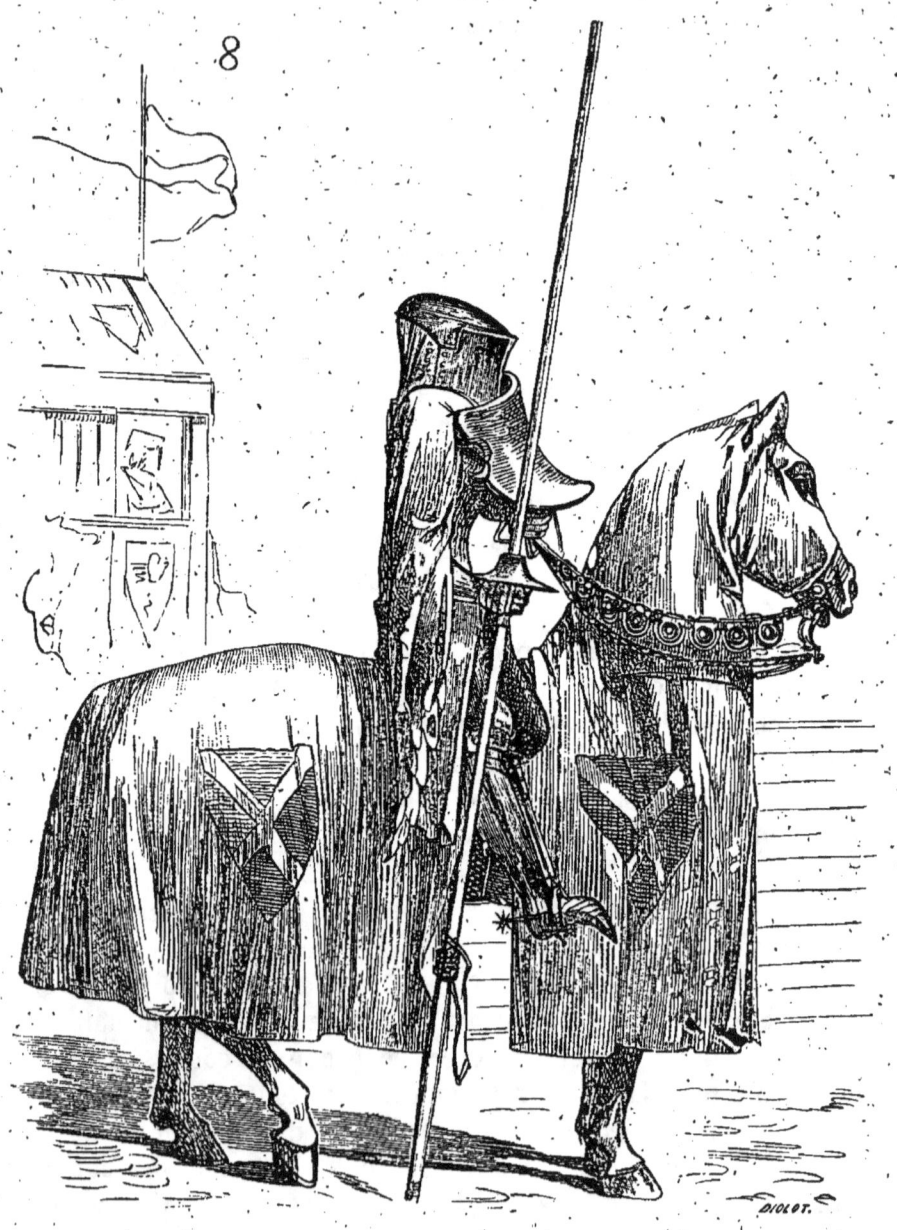

rière au plastron et à la dossière. La targe est échancrée sur le côté
droit pour passer le bois de la lance maintenue par le fautre[1]. A la
cotte d'armes sont attachées de larges et longues manches bar-

---

[1] Faucre aujourd'hui.

belées. Le troussequin de la selle est rétabli vertical. Outre sa rondelle destinée à cacher l'échancrure de la targe, la lance est garnie
en arrière de la prise de la main et à la partie qui porte sur l'arrêt
du fautre, de la *grappe,* c'est-à-dire de plusieurs rangs de billettes
de fer en pointe de diamant qui empêchent le bois de glisser sur cet
arrêt au moment du choc. Le cheval est houssé avec écussons aux
armes du chevalier.

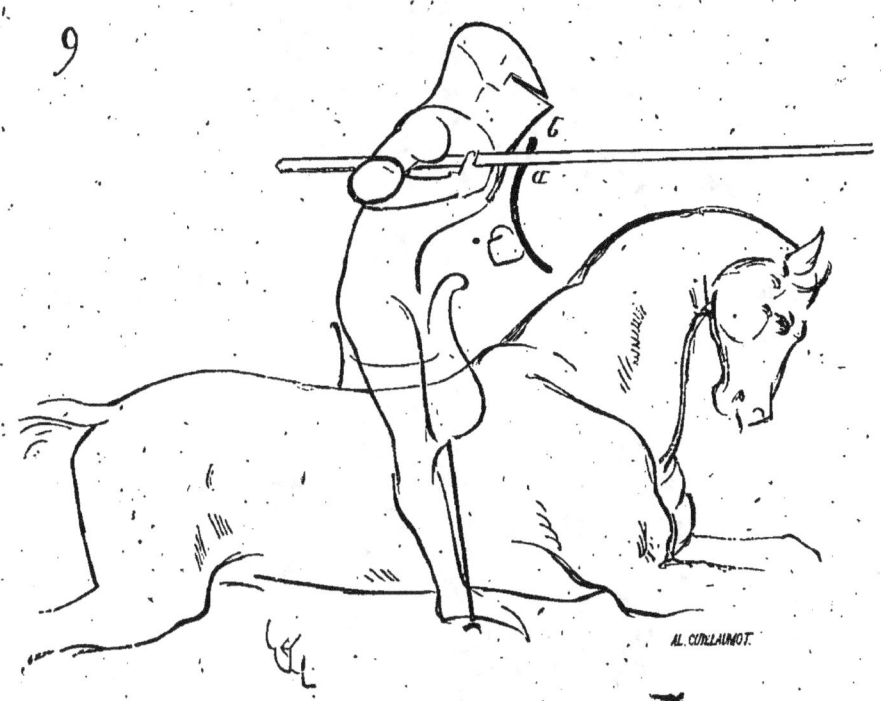

La figure 9 montre le jouteur chargeant. L'inclinaison du corps
et de la tête lui permet de voir son adversaire jusqu'à la selle ; la
position de la targe force les coups de lance à glisser latéralement.
Le cavalier, bien arc-bouté sur le troussequin de la selle, porte tout
le poids du corps en avant, les étrivières étant presque verticales.
Ces sortes de heaumes étaient d'un poids considérable, très épais
à la ventaille et au timbre et plus minces à la partie postérieure. La
figure 10 donne le détail de ces heaumes de joute[1]. Celui-ci est
forgé de trois pièces, le timbre, le couvre-nuque, et la ventaille[2].
Le timbre est fortement rivé au couvre-nuque, qui est légèrement
côtelé. Trois rivets, de chaque côté, attachent de même la ventaille

---

[1] Musée de Pierrefonds (dernières années du xive siècle). Ce heaume pèse 9 kil. 8o0.
[2] On dit aujourd'hui *le ventail ;* mais jusqu'au xive siècle cette partie du casque qui
couvrait le bas du visage était appelée *la ventaille.*

10

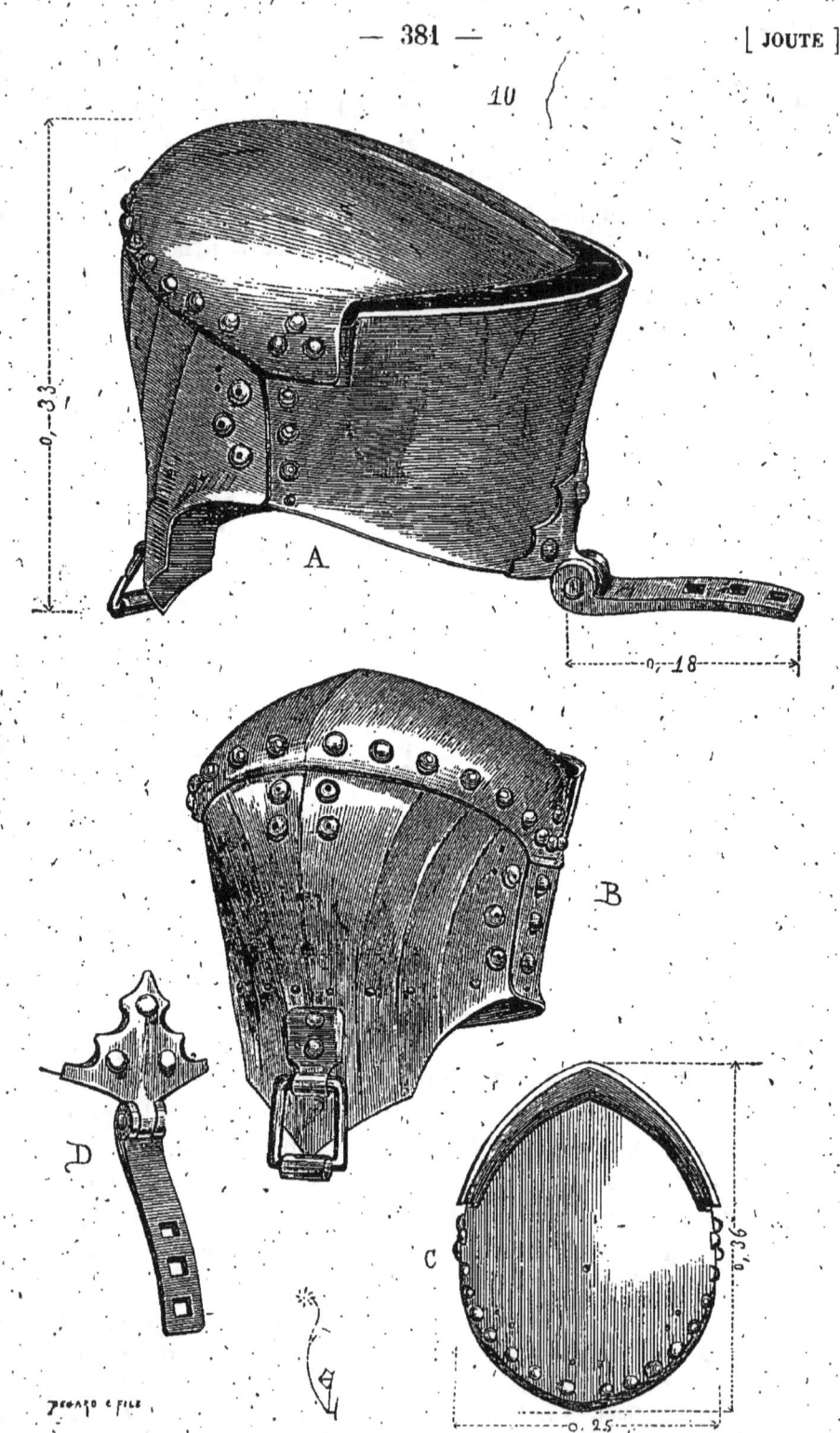

au couvre-nuque. Au-devant de la ventaille, très épaisse, est rivée une patte tenant à pivot un fort moraillon percé de trois trous carrés. Ces trois trous entraient dans trois cramponnets à tourniquet fixés sur le plastron, afin d'empêcher le devers du heaume sous le choc. Par derrière, le couvre-nuque était attaché à la dossière par une courroie bouclée. En A, est figuré le heaume latéralement, en B par derrière, et en C par dessus ; en D, le détail du moraillon. Les quatre trous pratiqués au haut du couvre-nuque, garnis d'œillets de cuivre, donnaient de l'air ; trois trous, de même garnis de cuivre, percés latéralement de chaque côté, permettaient d'entendre. Le cavalier ne pouvait voir son adversaire qu'à la condition d'incliner le corps en avant ; car pour incliner le heaume fixé au corselet d'une manière invariable, il fallait nécessairement pencher tout le torse.

Il suffit d'examiner les deux figures 9 et 10 pour reconnaître que toutes les pièces de cet habillement de joute étaient disposées de façon à faire glisser le rochet latéralement, suivant des plans horizontaux, et à éviter les ricochets de bas en haut ou de haut en bas. Le jouteur visait le point *a* de la targe (voyez figure 9), ou l'arête de la ventaille en *b*. Si le rochet prenait bien exactement cette arête entre ses mamelons, il pouvait désarçonner le cavalier. Mais on remarquera (fig. 10) que cette arête est très obtuse et mousse ; il y avait donc beaucoup de chances pour que le rochet glissât à droite ou à gauche et passât par-dessus les épaules. Il y avait plus d'avantage à frapper la targe au point *a*; aussi les jouteurs cherchèrent-ils à faire fabriquer ces targes de manière qu'elles ne pussent offrir au rochet aucune prise. Le fer ou l'acier eussent été ou trop flexibles, ou trop lourds, si l'on eût donné à l'écu une épaisseur égale à celle de la ventaille ; on fit donc des targes de bois légers (tilleul ou poirier), nervés intérieurement et extérieurement, et revêtus d'une marqueterie de couronne de cerf, en manière d'échiquier. Cette surface polie, extrêmement dure, résistait aux coups de la lance. Cet écu était attaché au cou au moyen de la gigue, comme nous l'avons dit, et maintenu dans le plan convenable avec le bras gauche qui tenait les rênes. Plus tard l'écu fut remplacé par des tresses de chanvre qui passaient à travers son milieu.

Un manuscrit daté de 1446, 1448, dont une copie existe à la Bibliothèque impériale[1], décrit l'habillement du jouteur à cette époque. M. R. de Belleval[2] a reproduit ce curieux document tout au long. Il résulte de ce texte, écrit par un homme de guerre, que

---

[1] Français, n° 1997, attribué à Antoine de la Sale. M. R. de Belleval possède une seconde copie de ce même manuscrit.

[2] *Du costume militaire des Français en 1446*, par René de Belleval, Aubry, 1866.

le harnais de joute avait alors subi quelques changements. Le
heaume est à peu près celui que donne notre figure 10. Cependant
la vue du côté gauche est un peu plus ouverte que du côté droit,
afin de faciliter la visée du jouteur. Par contre, la face droite de la
ventaille, « pièce qui arme le visaige », est percée de quelques trous
« afin que l'en nait schault dedens le heaulme ».

L'écu, ajoute le manuscrit, doit couvrir l'homme à partir de deux
doigts au-dessous de la vue du côté gauche, jusqu'à un demi-pied
au-dessous du coude, c'est-à-dire qu'il a 0ᵐ,50 de hauteur, et
de largeur environ 0ᵐ,50 à 0ᵐ,60, droit à sa partie supérieure,
échancré latéralement à moitié de sa hauteur, rond par le bas et
concave au milieu de trois à quatre doigts; « laquelle enfonceure luy
« donne façon d'une petite vesture qui sert à estre plus aisé à con-
« duire de la main le cheval ».

Deux trous peuvent être percés à un demi-pied (0ᵐ,16) du sommet
vers le milieu, pour passer les tresses qui fixent l'écu.

Quant à l'habillement du corps, il peut être fait de deux façons.
La première consiste en une cuirasse d'acier, mais qui ne permet
pas, comme le harnais de combat, de baisser ou retourner la tête
sans remuer tout le torse; « saulve, dit le texte, que le voulant est
« clox et arresté à la pièce, par façon que le voulant ne peut aller
« ne jouer hault në bas ». Le mot *voulant* s'entend comme gorgerin, hausse-col [1] ; et, en effet, le heaume bouclé à la cuirasse
devant et derrière, fait de plaques rivées, était solidaire du corselet.
Dès reins à la tête le cavalier ne pouvait se mouvoir que d'une pièce.
La seconde consiste en une brigandine avec cuirassine [2], c'est-à-dire
en un corselet de fer épais couvrant la poitrine jusqu'aux basses
côtes, lacé du côté droit ou dans le dos, renforçant ainsi la brigandine ordinaire et permettant de fixer le heaume et l'écu. En effet,
à cette « cuirassine » sont fixés deux boucles doubles et un anneau
limé ; l'une de ces attaches est placée au milieu du corselet, à la
hauteur du creux de l'estomac, l'autre du côté gauche, un peu plus
haute. Ces attaches servent à boucler le heaume; l'attache de gauche
est principalement destinée à empêcher la ventaille de frapper la
joue du jouteur sous l'effort du choc. A la cuirassine, du côté gauche,
près du haut du bras gauche, à trois doigts au-dessous de la courroie qui attache le corselet sur l'épaule, est rivé un crampon de fer
gros comme le doigt, formant anneau fixe, dans lequel on passe en

---

[1] Dans l'usage habituel, *voulant* veut dire une *serpe*.
[2] Voyez, dans la partie des ARMES, l'article BRIGANTINE.

triple une grosse tresse, bonne et forte, qui traverse la « poire », laquelle masque le crampon et sert d'appui à l'écu maintenu par ces tresses qui, passant outre par les deux œillets, sont nouées extérieurement. A la brigandine ou cuirasse est fixée, entre les deux épaules, une boucle qui sert, comme dans la figure 10, à attacher le heaume et à l'empêcher de tomber en avant.

Au corselet, à la hauteur des fausses côtes, à gauche, est rivé un petit anneau dans lequel on passe une tresse qui sert à soulager la main de fer, tout d'une pièce du coude aux doigts ; main qui tient les rênes et sert d'appui au bas de l'écu. Le bras gauche est en outre défendu par un garde-bras qui prend toute l'épaule et descend jusqu'au-dessous du coude. La main droite est garnie d'un gantelet appelé « gaigne-pain », et de ce gantelet jusqu'au-dessus du coude, au milieu de l'avant-bras, est une pièce de fer appelée « espaulle de mouton », laquelle est très large au droit du coude, s'ouvre en arrière et épouse la « ploieure du braz » ; le tout pour servir lorsque l'on couche le bois. L'épaule droite est garantie par des plates articulées, avec rondelle échancrée au droit de l'aisselle pour laisser passer le bois de la lance.

Les harnais de jambes ne diffèrent pas de ceux adoptés pour la guerre.

La lance doit avoir, entre la grappe et le rochet, 13 pieds à 13 pieds 1/2 de long[1].

L'écartement entre les trois mamelons du rochet est de deux doigts et demi ou trois doigts.

L'arrêt doit être garni de bois ou de plomb, afin que les pointes de la grappe y puissent mordre et n'échappent point.

Les rondelles des lances ont un demi-pied de diamètre environ (0^m,16 à 0^m,17), et sont rembourrées intérieurement d'un feutre épais de trois doigts.

Ce texte précis, complet, mérite une attention toute particulière. Ecrit évidemment par un homme du métier, il explique des pièces d'armures de joute isolées qu'on rencontre encore dans les collections, et éclaircit les figures que nous donnent les manuscrits.

Notre figure 11 donne ce harnais de tête et de corps au complet[2] : On voit comme le heaume est attaché au bas du corselet par une courroie passant en triple par des anneaux limés, c'est-à-dire à rou-

---

[1] Ces lances avaient donc en tout 15 pieds au moins (5 mètres).

[2] D'après des pièces d'armures et vignettes de manuscrits du commencement du xv⁰ siècle (voyez, entre autres manuscrits, le Froissart de la Biblioth. impér., t. IV).

leaux, comme dans des moufles, pour venir se boucler à la bouche
inférieure ; comme latéralement, du côté gauche, ce heaume est, en

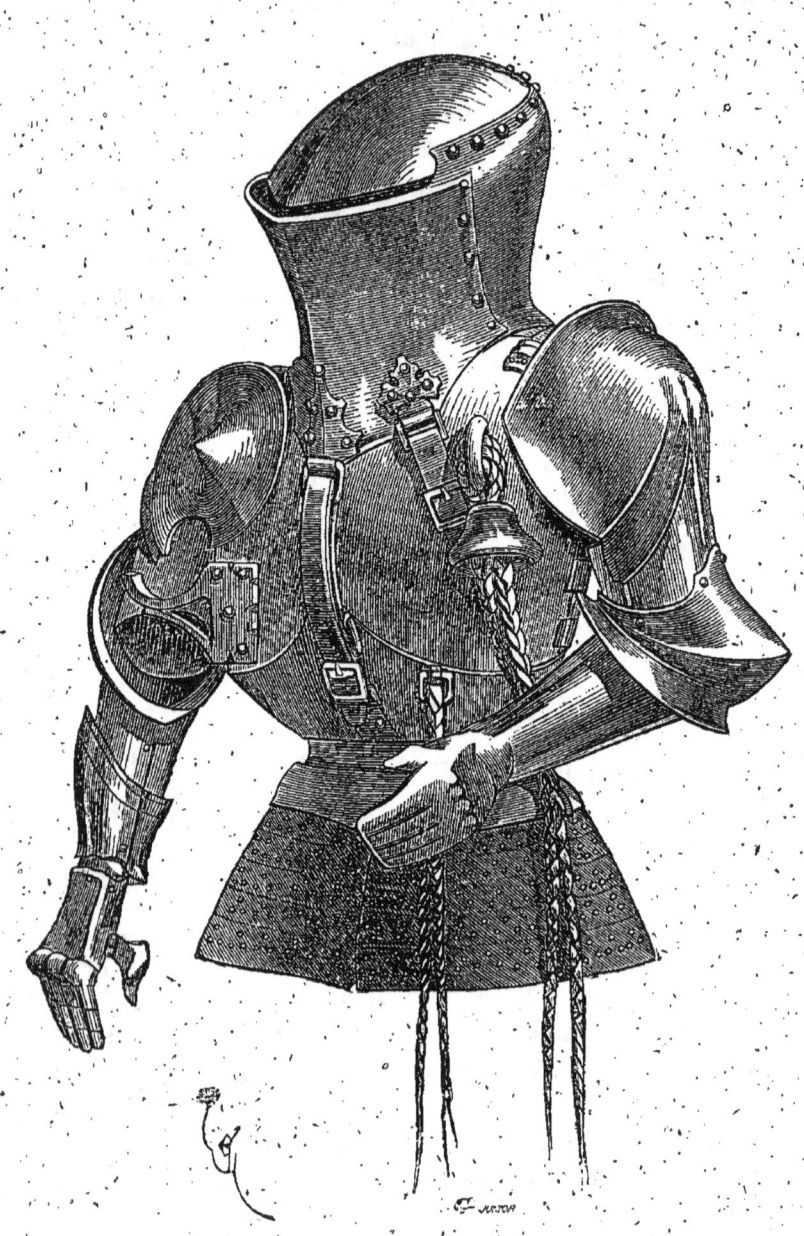

outre, fixé par une seconde courroie qui empêche la ventaille de
frapper la joue du cavalier sous le coup du rochet. On aperçoit,
à côté de cette attache, le gros crampon rivé dans lequel passe la

tresse en triple qui traverse la *poire* et maintient l'écu ; puis le petit anneau inférieur avec la tresse qui soutient la main de fer gauche. On voit comme le garde-bras est d'une seule pièce avec la spallière. A droite, on voit la rondelle masquant le défaut de l'aisselle, avec son échancrure pour passer le bois ; au-dessous, l'arrêt fortement rivé au corselet, avec son support inférieur qui le consolide. Les hanches sont armées d'une brigandine. Il y a dans la fabrication du heaume un perfectionnement. Ce n'est plus le timbre qui, comme dans la figure 10, est rivé au couvre-nuque, mais celui-ci qui emboutit le timbre et est rivé par-dessus. En effet, le rochet, dans l'exemple figure 10, pouvait accrocher le bord du timbre et fausser le heaume, tandis que dans la dernière figure le rochet ne peut sur aucun point trouver un arrêt. Les rivets, très bien faits, serrés, en *goutte de suif*, ne font pas obstacle ; d'ailleurs, l'auteur que nous venons de citer a le soin de dire que ces rivets doivent au besoin être affleurés pour ne présenter aucun arrêt au rochet. Il est une autre remarque importante : le corselet du côté droit descend verticalement pour recevoir l'attache de l'arrêt et du fautre, et latéralement est forgé d'équerre, afin de présenter une surface unie au bois de la lance. Cette disposition donne une grande puissance au coup et de la fixité à la lance en arrière de la main, en l'empêchant de dévier à droite ou à gauche. C'est ainsi que, par une suite d'observations, l'armure du jouteur atteignait une perfection absolue au point de vue défensif ; mais cette perfection n'était obtenue qu'avec un poids considérable, et ce poids devenait un des éléments de succès des jouteurs : il donnait plus de puissance au coup de lance et de la fixité au cavalier sur ses arçons.

L'écu, attaché à la tresse et maintenu au-dessus de l'épaule gauche ou autour du cou par la guige, affectait, pour la joute, au commencement du xvᵉ siècle, la forme donnée figure 12.[1] Mais il convient de parler de l'ordonnance des joutes telles qu'on les faisait pendant la seconde moitié du xivᵉ siècle, à l'époque où ce jeu était fort prisé. Froissart nous a laissé une ample description des joutes qui se tinrent en 1390 dans une plaine entre Calais et l'abbaye de Saint-Inghelberth. Pendant les trèves, trois jeunes chevaliers français, comme tenants, firent publier la joute pour les derniers jours de mai, dans toute l'Angleterre : c'étaient Boucicaut le jeune, Regnault de Roye et le sire de Saint-Py. Se rendirent pour jouter, d'Angleterre à Calais, le comte de Huntingdon, Jean de Courtenay, les sires Jean

[1] Manuscr. Biblioth. impér., Froissart, t. IV.

Drayton, Jean Walwroth, Jean Russel, Thomas Sherburn, Guillaume Clifton, Guillaume Taillebourg, Godefroy de Seton, Guillaume Hasquenay, Jean d'Arundel, et plusieurs autres encore.

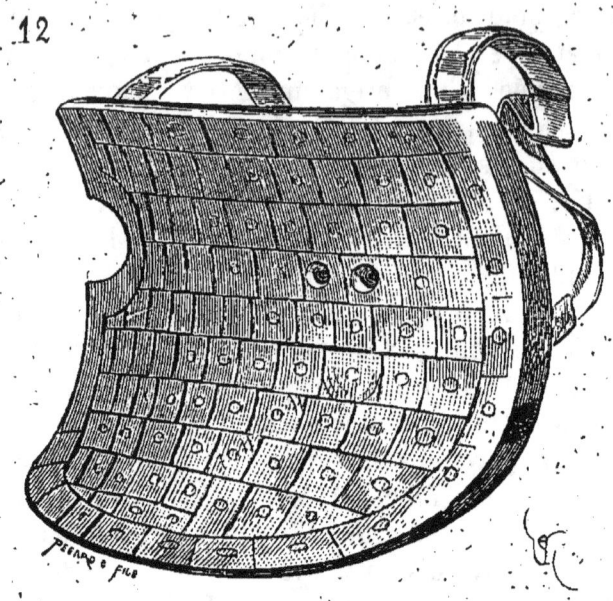

Suivant l'usage, les trois tenants firent élever trois pavillons sur un des côtés de la lice. A l'entrée de chacun de ces trois pavillons étaient appendues une *targe de guerre* et une *targe de paix.* « Et « estoit ordonné que cil qui courir et faire armes voudroit à l'un « d'eux, devoit toucher ou envoyer faire toucher l'une des targes, ou « toutes si il lui plaisoit ; et il seroit recueilli et délivré de joute « selon que il demanderoit[1]. »

Les tenants, c'est-à-dire les trois chevaliers français qui avaient exposé leurs targes à toucher, se tenaient armés à l'entrée de leurs pavillons. Au côté opposé de la lice, les chevaliers anglais « tous d'un lez ». Chaque chevalier anglais pouvait courir six lances de suite, soit avec le même adversaire, soit avec un second, si le premier, par une raison ou une autre, se refusait à poursuivre la joute contre le même jouteur. Si un chevalier anglais faisait toucher les trois écus des trois chevaliers français, cela voulait dire qu'il entendait courir deux lances avec chacun d'eux. Le comte de Huntingdon envoie d'abord toucher l'écu de messire Boucicaut et ne court que trois lances ; à la première course, il traverse la targe de son adversaire. A la quatrième, Boucicaut se refuse, et le comte envoie toucher

---

[1] *Chroniques* de Froissart, liv. IV, chap. xii.

la targe du seigneur de Saint-Py : « Et cil qui jamais n'eust refusé,
« issit tantost hors de son pavillon et monta à cheval, et prit sa targe
« et sa lance ; et, quand le comte sut qu'il estoit prest et qu'il ne
« demandoit que la joute, il éperonna le cheval de grand'volonté, et
« Saint-Py autant bien le sien. Si avalerent leurs lances et s'adres-
« serent l'un sur l'autre. Mais, à l'entrer ens, les chevaux croiserent,
« et toutes fois ils se consuivirent[1] ; mais, par la croisure qui fut
« prise à meschef, le comte fut desheaumé[2]. Si retourna vers ses
« gens et moult tost il se fit renheaumer et prit sa lance, et le sire
« de Saint-Py la sienne ; et éperonnerent les chevaux et s'encon-
« trerent de pleines lances, et se férirent es targes dur et roide ; et
« furent sur le point que de porter l'un l'autre à terre, mais ils san-
« glerent les chevaux de leurs jambes et bien tinrent ; et retour-
« nerent chacun à son lez, et se resfrechirent un petit et prirent
« vent et haleine. Messire Jean de Hollande (Huntingdon), qui
« grand'affection avoit de faire honorablement ses armes, reprit sa
« lance et se joignit en sa targe, et éperonna son cheval ; et, quand
« le sire de Saint-Py le vit venir, il ne refusa pas, mais s'envint à
« l'encontre de lui au plus droit que onques il put. Si s'atteignirent
« les deux chevaliers de leurs lances de guerre sur les heaumes
« d'acier, si dur et si roide que les étincelles toutes vermeilles en
« volerent. De celle atteinte fut le sire de Saint-Py desheaumé. Et
« passerent les deux chevaliers moult frichement outré ; et retourna
« chacun sur son lez. »

C'est là une joute de gens de guerre à glaives (lances) affilés, car
dans une des passes un des chevaliers a le bras traversé par le fer
de la lance brisant la targe. Les heaumes sont très souvent enlevés,
et quelquefois, dans ce cas, le chevalier desheaumé rend le sang par
le nez. On comprend dès lors avec quel soin on chercha, pour les
joutes courtoises, à attacher le heaume à la cuirasse. Quelquefois,
les lances portent si « roidement » sur les targes, que les chevaux
s'arrêtent à cul et que les cavaliers se renversent sur la croupe,
sans cependant vider les arçons.

Au milieu du xv° siècle, le jouteur, par suite des perfectionnements introduits dans le harnais, n'est plus qu'une machine disposée pour produire un choc. Il n'a d'autres fonctions que d'épe-

---

[1] Les « chevaux croisèrent » veut dire que les chevaux passèrent l'un devant l'autre
de la droite à la gauche. Il n'y avait point de barrières à cette joute qui séparât les destriers ; c'était une vraie joute avec le harnais de guerre. « Ils se consuivirent » veut
dire que les lances des chevaliers portèrent toutefois.

[2] Son heaume fut enlevé de dessus sa tête.

ronner son cheval et de diriger la lance dans un plan horizontal.

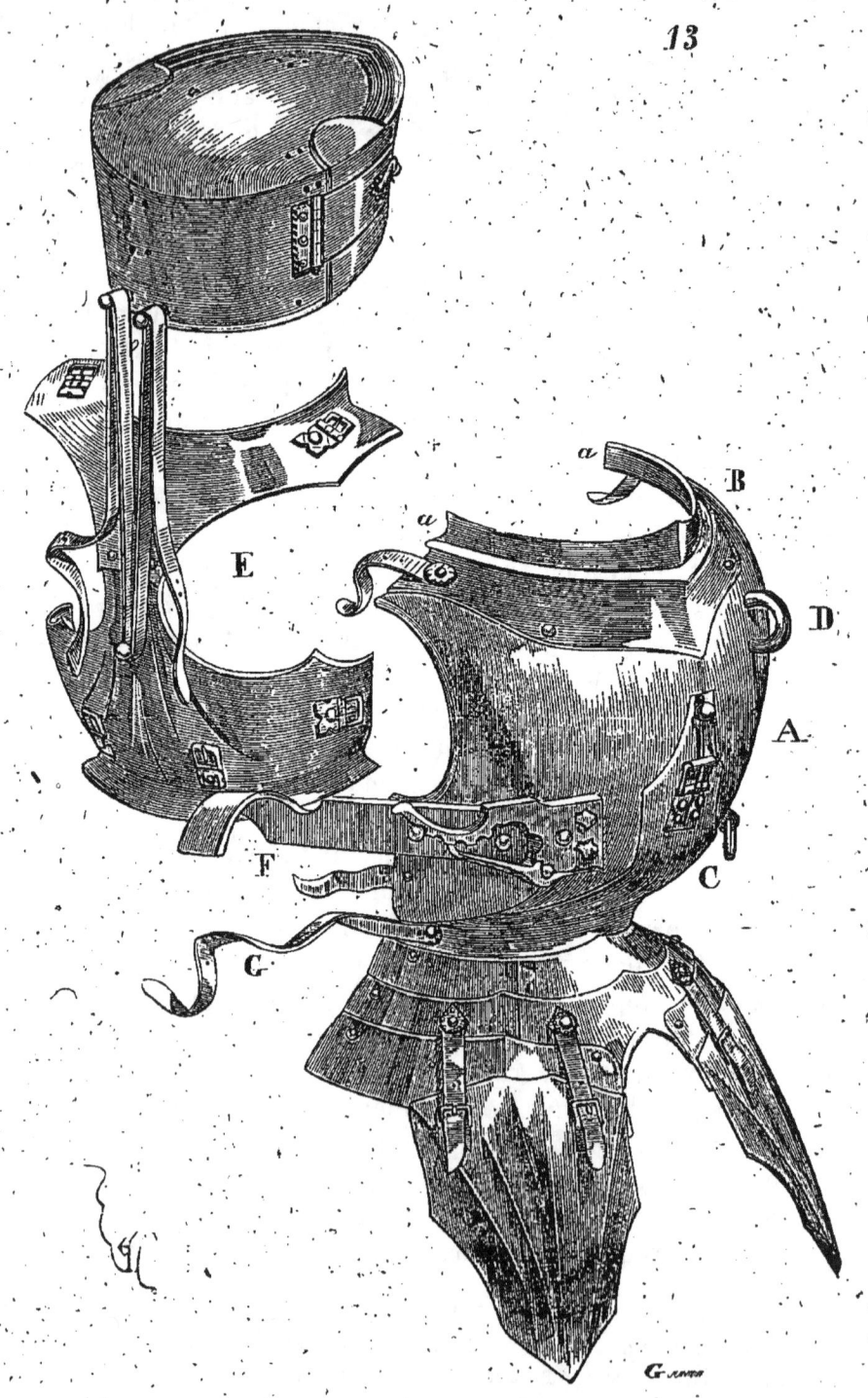

13

Ce n'est même plus lui qui la porte, mais le fautre, disposé de

manière à la tenir à la hauteur convenable. Le cavalier est si parfaitement couvert, qu'il ne peut être blessé que par une chute de cheval.
Notre planche LV montre un jouteur armé à la mode française de
cette époque. Le heaume énorme, pesant, repose directement sur
un gorgerin attaché au corselet; est maintenu, par devant, à l'aide
d'une courroie, et derrière par deux autres courroies.

Les garde-bras sont articulés, et la main gauche est d'une seule
pièce avec la cubitière.

La figure 13 permettra d'analyser ce harnais. En A, est figuré le
plastron avec son gorgerin B, dont la fraise *a* passe sous le heaume.
Ce plastron présente du côté droit une saillie pour recevoir l'arrêt
de la lance, et latéralement est forgé d'équerre pour pouvoir visser
le fautre F. A la doublure C, qui renforce le milieu du plastron, est
rivée la boucle qui sert à attacher le devant du heaume. En D, est
l'anneau fixe dans lequel passent les tresses qui traversent l'écu,
ainsi qu'il a été dit précédemment (fig. 11). L'arrêt est muni d'une
tige oblique inférieure, qui lui sert de support. En E, est figurée la
dossière de deux pièces, l'une, supérieure, qui s'attache sur les
épaules au plastron et reçoit la partie postérieure du heaume en
recouvrement; l'autre, inférieure, terminée par une gorge dans
laquelle passent et s'attachent les courroies de ceinture G, et possédant latéralement deux boucles qui servent à serrer les courroies
latérales du plastron. Ces deux pièces sont rivées ensemble et très
allégées pour laisser le jeu libre aux omoplates. Cette partie du
corps n'est armée que pour maintenir le heaume, puisqu'elle n'a
aucun choc à redouter. En effet, on voit qu'au bas du couvre-nuque
sont rivés deux goujons saillants avec boutons. Un autre goujon est
rivé au milieu de la dossière, à 0$^m$,15 environ au-dessus de la ceinture, puis deux boucles de même sont rivées latéralement au-dessus
de la gorge recevant cette ceinture. Une courroie prenait le goujon
de la dossière, passait sur les deux goujons du couvre-nuque, et
venait se prendre, en serrant à volonté, dans les deux boucles inférieures. Ainsi pouvait-on parfaitement brider ce heaume sur la dossière et faire que son poids fût reporté sur la ceinture. Le géométral latéral de cet habillement de joute (fig. 14)[1], après les détails
qui viennent d'être fournis, fait comprendre comment la forme si
étrange de cette armure n'est que la conséquence d'une longue
expérience. Le heaume, qui n'a pas moins de 0$^m$,33 à la base, de
l'anneau du devant aux goujons du couvre-nuque, laissait par con-

[1] A l'échelle de 0$^m$,10 pour mètre.

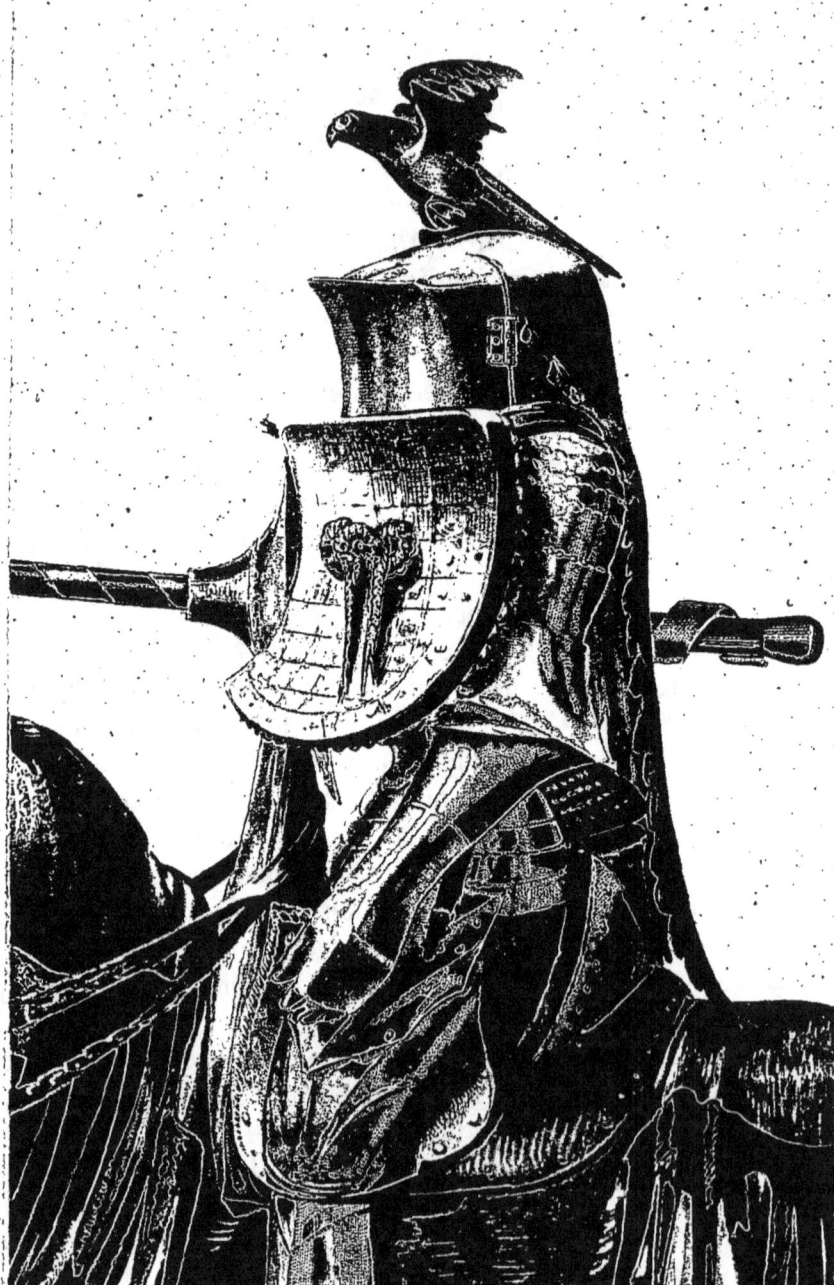

Viollet-le-Duc del.                                              A.Levié lith.

JOUTEUR
XVᵉ Siècle

Vᵛᵉ A.Morel & Cⁱᵉ Editeur                              Imp. R. Engelmann, Paris.

séquent, entre le point A et le nez de l'homme d'armes, 0ᵐ,08 de
vide au moins. La tête, entourée d'une coiffe épaisse qui laissait les
oreilles découvertes et s'attachait par derrière, pouvait se mouvoir
dans ce cylindre de fer en tous sens. Le jouteur pouvait ouvrir le

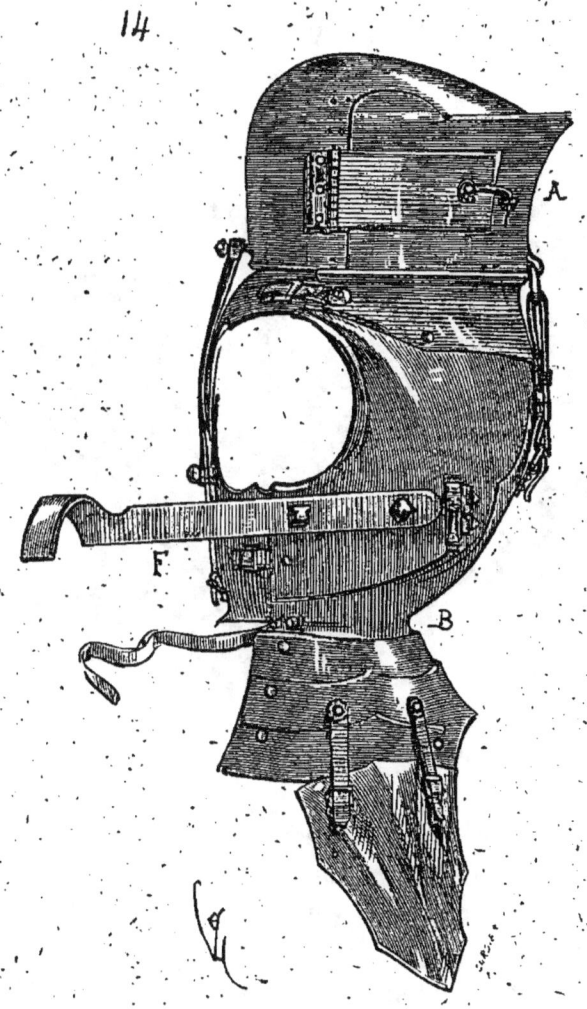

14

volet de droite pour voir et respirer à l'aise. Ce heaume portait sur
le bourrelet du gorgerin et revêtait la fraise élevée au-dessus de
ce bourrelet, comme le couvercle d'une boîte. On voit les courroies
antérieure et postérieure qui attachent solidement le heaume et le
rendent solidaire du corselet. Le gorgerin est en doublure sur le
plastron et le renforce au point où les chocs sont le plus à redouter.

On voit comme le fautre F est vissé à la partie latérale et plane
du plastron, parfaitement isolé de la poitrine et ne touchant au
cavalier que sur les épaules et à la braconnière. Tout le poids de

l'armure est ainsi reporté en avant, et contribue à garantir d'autant
le jouteur, à lui donner plus de résistance contre le choc, et à augmenter la puissance du coup de lance qu'il fournit à l'adversaire.

La figure 15 montre le heaume ouvert[1]. Ce heaume est forgé de
quatre pièces : le timbre rivé avec le couvre-nuque, les rivets limés
pour ne présenter aucune aspérité au rochet ; le couvre-nuque ; la

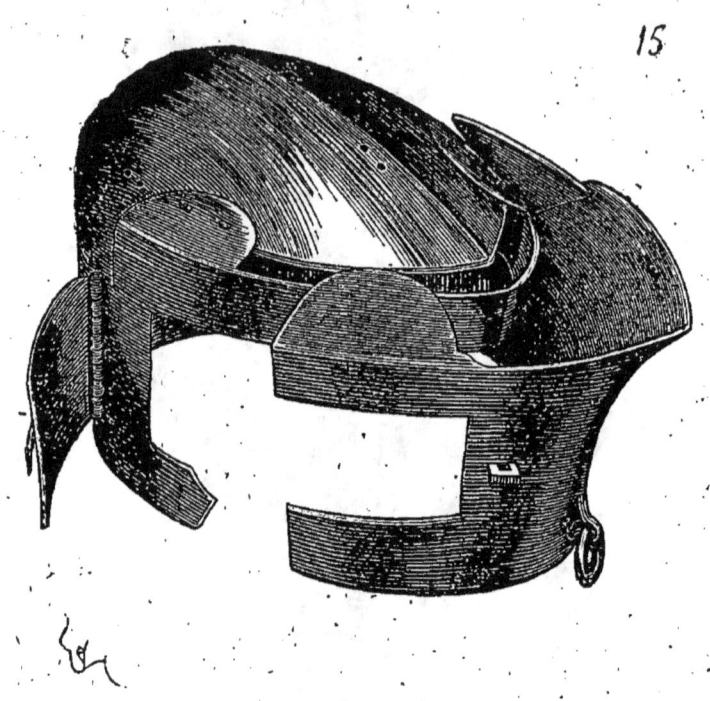

15

pièce formant la vue, avec pattes rivées au timbre ; la ventaille
à charnière. Le volet est maintenu au bord du couvre-nuque latéral
droit par une forte charnière. Quand la ventaille est en place, le
crochet antérieur du volet la fixe solidement. Les trous percés dans
le timbre et le couvre-nuque servaient à fixer le cimier de cuir
bouilli et le lambrequin. A la braconnière B (fig. 14) sont rivées les
tassettes articulées avec les deux plates qui flottent sur les garde-
cuisses suspendus à la selle (voyez pl. LV).

Le fautre est terminé par une portion de spirale qui maintient la
bascule de la lance. Ce fautre fixe (fig. 14) doit être à peu près parallèle à la vue du heaume, relevant un peu la lance couchée sur l'arrêt,
de telle sorte que, quand le jouteur se dresse sur ses étriers et porte
le corps incliné en avant pour voir l'écu de son adversaire, — et il

_____
[1] Du musée d'artillerie de Paris.

n'est pas nécessaire qu'il voie au-dessous de ce niveau, — le rochet de sa lance soit exactement à la hauteur du milieu de cet écu. Ainsi le jouteur n'a-t-il qu'à se préoccuper de diriger son cheval et à tourner le corps quelque peu à droite ou à gauche pour que le rochet frappe en plein la targe du jouteur opposé. Une large rondelle triangulaire, allongée du bas, garantit la main qui empoigne la lance. La selle est munie d'une arçonnière haute, mais sans hourds latéraux ; les garde-cuisses d'acier en tiennent lieu avec avantage. La targe n'est plus échancrée du haut ou latéralement pour laisser passer le bois

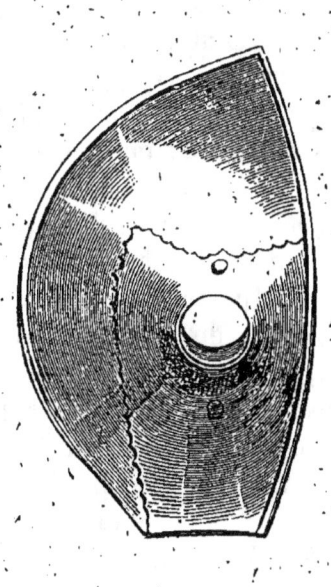

16

de la lance ; elle est rectiligne au sommet, quelque peu courbe dans sa partie inférieure ; convexe en section horizontale et concave en section verticale ; plaquée d'os de couronne de cerf. Elle est maintenue par une guige autour du cou et par les tresses à l'anneau rivé au plastron. La figure 16 présente la rondelle couvre-main droite. Cette rondelle est habituellement doublée vers la partie qui est sujette à recevoir le plus directement le choc du rochet.

Cet équipement, tout particulier aux joutes, ne fut guère adopté en France qu'après 1450, car Olivier de la Marche, en ses *Mémoires*, a le soin de dire : « Et certes les pompes et parures de lors (1438) « n'étoient pas celles de présent ; car les princes joustoyent en pa- « rures de drap de laine, de bougran ou de toile, garnis et enjolivés « d'or clinquant, ou de peinture seulement, et si n'en laissoyent « point à rompre grosses lances et d'endurer la rudesse de la jouste

« des armes; comme font aujourd'huy les plus jolis [1].... » Il faut
considérer que les armes de joutes françaises atteignirent leur poids
le plus fort vers la fin de la première moitié du xvᵉ siècle. De l'autre
côté du Rhin on renchérit encore, s'il est possible, sur ces pesantes
armes de joute; elles sont façonnées à peu près comme celle présentée figure 11, mais avec grand fautre, rondelles aux aisselles, et
heaume d'un poids considérable, non plus attaché par des courroies
au corselet et à la dossière, mais par de larges pattes de fer avec broches. Le musée d'artillerie possède une de ces armures allemandes,
le musée de Pierrefonds trois, M. le comte de Nieuwerkerke une
cinquième, et le musée de Saint-Pétersbourg une sixième, munie
de ses garde-cuisses analogues à ceux figurés planche LV.

Vers 1460, on faisait encore des joutes libres, sans barrières,
sans *toiles*, ainsi qu'on disait alors ; mais ce genre de combats devenait de plus en plus rare, et les joutes à la barrière étaient moins
un exercice militaire qu'une occasion de déployer un luxe prodigieux
en harnais. Cependant on rompait force lances, mais elles étaient
moins pesantes qu'au temps passé. Olivier de la Marche décrit les
joutes qui se firent à l'occasion du mariage de Charles le Téméraire
avec Marguerite d'York, sœur du roi d'Angleterre (1474). Ces
joutes durèrent neuf jours. C'était ce qu'on appelait alors *un pas*,
d'où est venue la locution *passe d'armes*. Elles furent organisées
sur la place du marché de Bruges, avec enceinte, deux entrées seulement, et barrière couverte de toiles peintes. Le pas était, comme dit
le texte des *Mémoires*, fondé sur un géant prisonnier, conduit par
un nain ; le poursuivant était nommé Arbre-d'or [2]. « Au regard de
« la place ordonnée pour la jouste, à l'entrée, devers la chapelle
« Saint-Christofle, estoit une grande porte peinte à un arbre d'or,
« et y pendoit un marteau doré, et à l'autre bout à l'opposite, contre
« l'hostel de ville, avoit une grande porte pareillement à l'arbre
« d'or ; et cette porte estoit faicte à tournelles moult gentement ;
« et sur icelle estoyent des clairons de mondict seigneur le bastard
« (de Bourgogne, qui tenait le pas) à grandes bannières de ses
« armes, et vestus de sa livrée (qui fut pour celuy jour robes rouges,
« petits arbres d'or mis sur la manche, en signe du pas) ; et sur les
« deux tours de la dicte porte avoit deux bannières blanches à deux
« arbres d'or. A l'opposite des dames, du côsté des grandes halles,
« fut l'arbre d'or planté, qui fut un moult grand pin tout doré d'or,

---

[1] *Mém. d'Olivier de la Marche*, liv. I, chap. vi.
[2] *Ibid.*, liv. II, chap. iv.

« exceptées les feuilles ; et d'emprès iceluy pin avoit un perron à trois
« pilliers moult gentement faict, ou se tenoit le nain, le géant, et
« Arbre-d'or le poursuivant, par qui se conduisoit le pas et le mistère
« de la jouste ; et à l'encontre dudict pillier avoit escript quatre
« lignes, qui disoyent ainsi :

> « De ce perron nul ne prenne merveille ;
> « C'est une emprise qui nobles cueurs réveille,
> « Au service de la tant honnorée
> « Dame d'honneur, et de l'Isle-Célée.

« Au plus près dudict perron avoit un hourd tapicé, ou estoyent
« les juges commis de par Monsieur pour garder ledict pas en
« justice et en raison... Devant le hourd des juges se ferroyent et
« mesuroyent toutes les lances ; ne de tout le pas ne fut lance tenue
« pour rompue, qu'elle ne fust mesurée à la mesure par lesdicts
« juges ordonnés, ne lance courue sans mesure... Les maisons, les
« tours, et tout à l'entour desdictes lices, tant loing comme près,
« tout estoit si plein de gens que c'estoit belle chose à voir... »
Tout cela demande quelques explications.
Un pas ou passage était une entreprise à tenter. C'était une habitude de la chevalerie errante de se poster sur un passage, un pont, un
croisement de routes, en armes et à cheval, et de ne laisser franchir
le pas à tout chevalier qu'autant qu'il aurait admis sans conteste la
proposition faite par le tenant. Ainsi ce tenant sommait le chevalier
qui voulait franchir le passage, de déclarer, par exemple, que telle
dame était entre toutes la plus belle et la plus honorée. Si le survenant se refusait à faire cette déclaration — et il y avait beaucoup à
parier qu'il s'y refuserait — il fallait, pour passer, qu'il vainquît à la
lance le chevalier qui tenait le pas. Si le survenant était vaincu, il
devait, toutes affaires cessantes, aller se mettre à la discrétion de la
dame en lui disant que tel chevalier l'avait forcé par armes à cette
démarche. Cela ne contribuait pas à faciliter les voyages et se passait
plus souvent dans les romans que dans la vie ordinaire ; mais le fait
se présentait parfois, surtout à l'époque où la chevalerie errante était
fort en honneur.
Au xve siècle, les pas d'armes étaient donc un souvenir de cet
usage.
Le joueur qui voulait tenter l'aventure faisait frapper à la porte
du pas par un héraut. Après de nombreuses formalités racontées
par le menu dans les Mémoires d'Olivier de la Marche, le chevalier

de l'Arbre-d'or et le nouveau venu s'armaient, et la joute commençait. Elle durait une demi-heure, au sablon, c'est-à-dire tout le temps que mettait à s'écouler le sablon d'une horloge tenue par le nain. Celui des deux jouteurs qui, pendant ce temps, avait rompu le plus de lances, était vainqueur de la course. On courait ainsi plusieurs joutes dans une après-dînée, et le vainqueur de l'entreprise était celui qui, au total, avait rompu le plus de lances. Olivier de la Marche décrit en détail les harnais des nobles jouteurs et des chevaliers, écuyers, pages, etc., qui les accompagnent. Or, chaque jouteur changeait de costume à chaque joute, et ne reparaissait pas deux fois avec le même. On peut se faire une idée du luxe de ces fêtes et de ce qu'elles devaient coûter.

Parmi un grand nombre, nous prenons l'équipement du sire Jacques de Luxembourg, seigneur de Riquebourg, frère de monsieur de Saint-Pol, connétable de France. « Devant luy aloyent, pour « l'accompagner, le comte d'Escalles et messire Jehan d'Oudeville, « tous deux frères de la royne d'Angleterre ; monsieur de Roussi, « monsieur de Fiennes, et messire de Jehan de Luxembourg et tous « cinq neveux dudict messire Jacques. Pareillement l'accompagnoyent « monsieur de Renty, et le marquis de Ferrare, tous richement « vestus et montés. Son cheval (de Jacques de Luxembourg) estoit « houssé de drap bleu ; à une grande bordure de drap d'argent cra- « moisi, et son escu de mesme. Il avoit six chevaux de pareure après « luy, dont le premier estoit couvert de velours cramoisy, à une « grande bordure d'hermines, et par-dessus le cramoisy avoit gros « chardons d'orfevrerie dorée, élevés moult bien apparens sur la « housseure. Le second fut couvert de velours bleu, à grandes lettres « de brodure de sa devise, et fut frangé d'or. Le tiers estoit couvert « de velours noir, à grandes lettres de brodure comme le premier « et semé de grandes campanes d'argent. Le quart de satin violet « semé de grans chardons d'orfevrerie à grandes feuilles de mesme ; « et estoit celle couverture bordée de velours noir, la dicte bordure « semée de larmes d'or. Ses pages estoyent vestus de satin blanc, « à lettres de brodure de sa devise ; et après iceux pages venoit un « varlet vestu de mesme, sur un cheval couvert de damas blanc, « violet et noir semé de brodures de lettres d'or à sa devise, et par « dessus semé de grosses campanes d'argent. Ledict varlet menoit « un destrier en main, couvert de drap d'or violet ; et en celuy « estat fit son tour devant les dames, par-devant l'Arbre-d'or et par- « devant les juges, puis prit son rang au bout de la toile. »

Après les joutes à la lance où les jouteurs se frappaient en plein

'et rompaient le bois, on faisait des joutes à la targe futéc ou à la
bavière.. Il ne s'agissait plus alors de pousser la lance en plein écu,

17

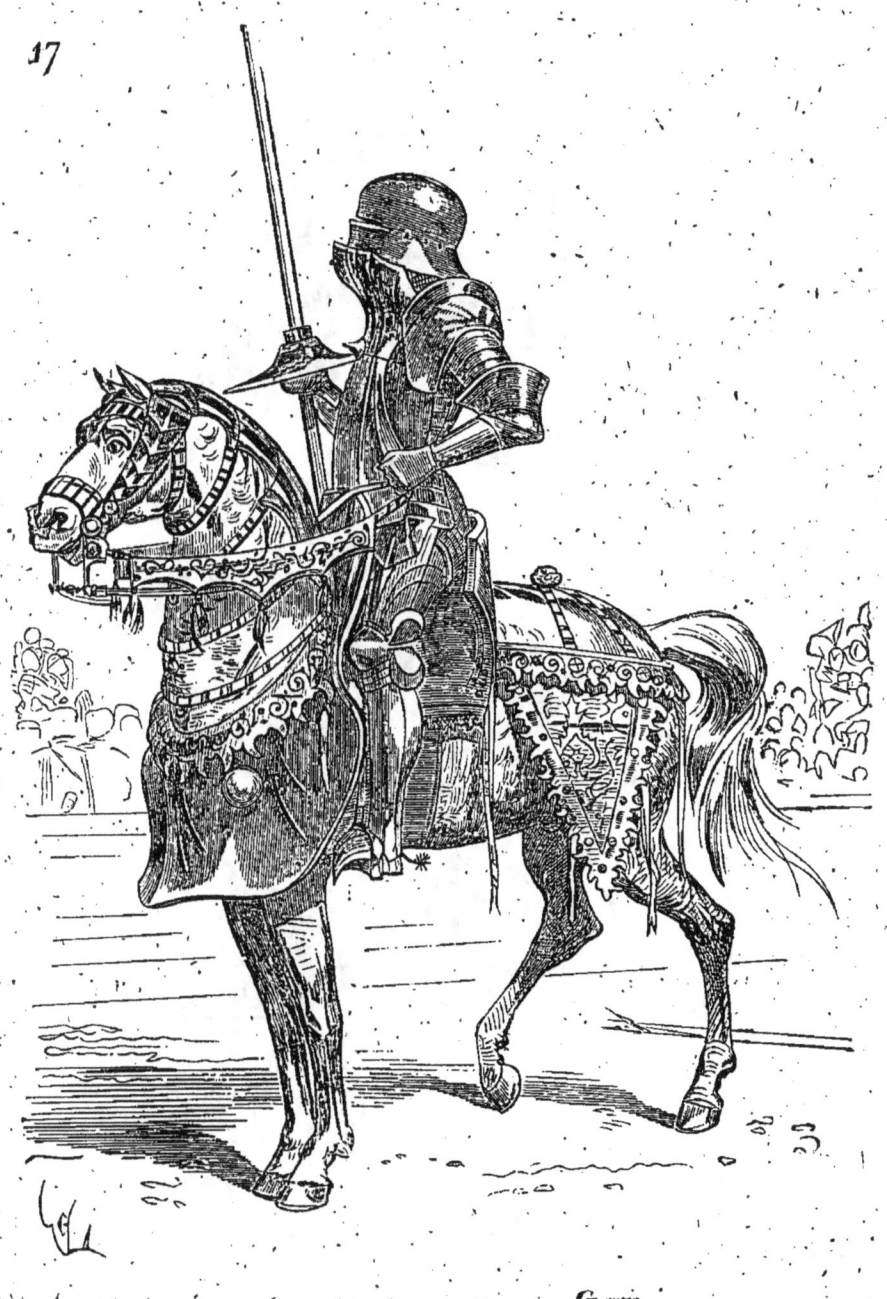

mais d'enlever une pièce de l'armure rapportée. Cette sorte de joute
paraît avoir été surtout fort prisée de l'autre côté du Rhin et dans
les Flandres.

Pour ce genre de course, le harnais du jouteur différait de ceux précédemment donnés. L'habillement de tête consistait en une salade forgée d'une seule pièce, avec vue. Devant le plastron était fixée une doublure épaisse qui couvrait la poitrine, partie du ventre, et s'élevait jusqu'au-dessous de la vue. Sur cette doublure ou

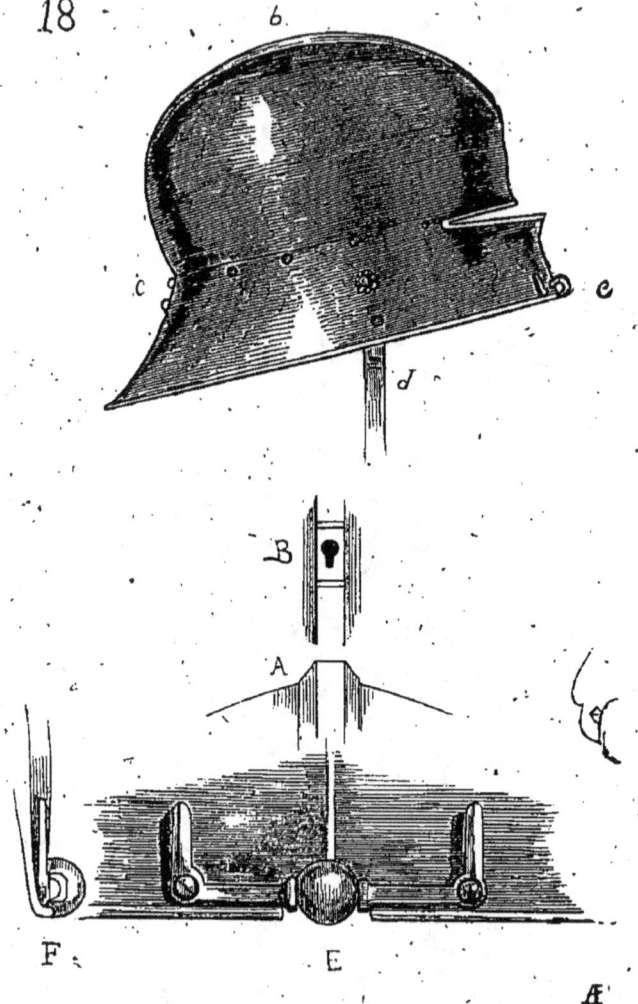

bavière était rapportée une seconde doublure composée de pièces minces d'acier retenues légèrement entre elles. Le cavalier n'avait pas d'écu. Il s'agissait de frapper cette doublure en plein à la hauteur de l'estomac. Un ressort disposé sur la bavière décliquait sous le choc, et faisait sauter la doublure de lames d'acier en plusieurs morceaux, comme si elle se fût brisée.

Voici (fig. 17) un jouteur ainsi armé. Pour ces passes, le rochet de la lance était à une seule pointe émoussée, afin de frapper le

milieu du plastron. Examinons d'abord la salade (fig. 18)[1]. Forgée
d'une seule pièce, ainsi que nous l'avons dit, elle porte sur le
sommet du timbre un cimier bas, dont le profil est tracé en A,
percé d'un trou B en *b*, pour attacher un lambrequin ou un ornement. La coiffe intérieure était fixée par des rivets en *c*, et des
courroies *d* rivées latéralement maintenaient la salade sous le
menton. En *e* est une boule d'acier roulant sur un axe (voyez
le détail E et le profil F moitié d'exécution), qui permettait au bas
du mézail, lorsque le jouteur baissait la tête, de rouler à l'intérieur
de la bavière sans l'accrocher. Ici cette boule est accompagnée de
deux branches se retournant d'équerre et quelque peu en saillie
sur le nu de la salade. Nous verrons tout à l'heure à quoi servaient
ces branches.

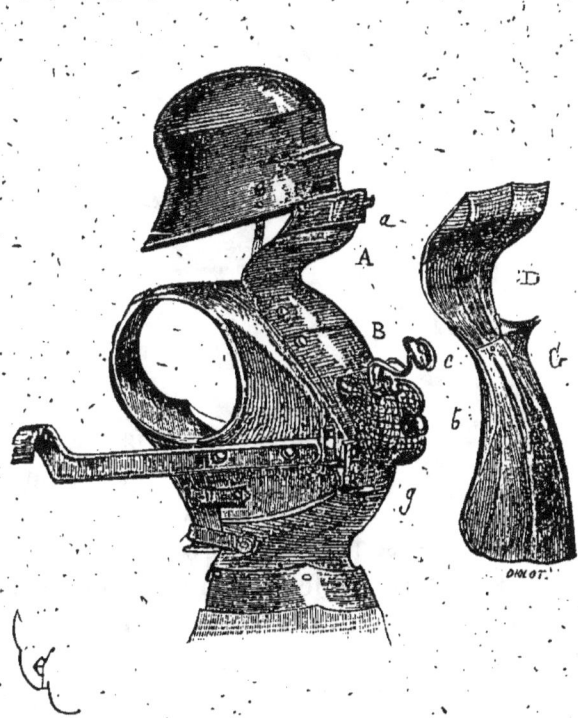

La figure 19 donne l'habillement de corps et de tête ensemble.
La cuirasse, avec l'arrêt de la lance et le fautre comme dans les
exemples précédents, est doublée d'une pièce en deux parties, la
bavière A et le plastron B. Sur le plastron est disposé un mécanisme
qui, lorsqu'on appuie fortement sur le bouton *b*, fait saillir vive-

ment deux tampons *c,* lesquels jettent en avant la doublure D, composée de plusieurs pièces que le choc fait disjoindre et qui semblent ainsi voler en éclats. Le mécanisme est noyé dans un fort coussin de peau rembourrée, afin de rendre le choc moins rude. La figure 20 présente le détail du mécanisme. En A, on voit comme les deux tampons: *t,* montés sur ressorts à boudin, sont maintenus par la bascule à ressort *b.* Lorsqu'un choc violent agit sur le bouton *a,* la bascule double *b* se renverse et les deux ressorts à boudin agissent, ainsi

20

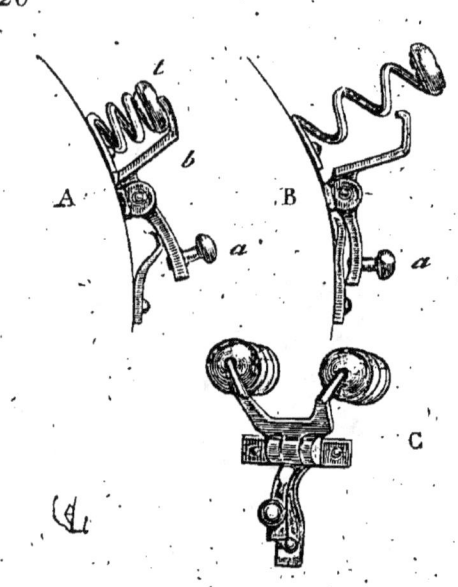

qu'on le voit en B. En C, le mécanisme est présenté de face en perspective. Il faut se rendre compte de la structure des pièces de doublure volante de la bavière. La figure 21 les montre assemblées du côté intérieur. Ces pièces sont au nombre de huit : six à la partie supérieure, deux à la partie inférieure, plus une petite rondelle médiane extérieurement conique. La figure 19 montre en *a,* à la partie supérieure de la bavière, une pièce saillante qui laisse entre elle et la pièce de dessous une rainure. Dans cette rainure entrent les cramponnets *c* figurés à l'intérieur de chacune des six pièces supérieures (fig. 21). L'extrémité inférieure de ces six pièces vient s'engager dans les rainures formées à l'intérieur des deux pièces inférieures par deux bandelettes de fer *d* rivées. Ces deux bandelettes, terminées chacune par un crochet, se réunissent ainsi dans un œil pratiqué dessous la rondelle conique. Deux crochets *e* rivés aux pièces intérieures s'agrafent entre les deux bascules qui retiennent les tampons *b* (fig. 20). Deux autres crochets mousses *f* entrent dans deux pitons rivés au bas du corselet en *g* (fig. 19).

Ainsi, les six plaques supérieures bridées entre la pièce *a* de la figure 19 et les bandelettes *d* de la figure 21 forment elles-mêmes ressorts. Si un choc se produit au-dessous de la rondelle conique ou même sur cette rondelle, le bouton *a* de la figure 20 fait décliquer les deux tampons *t*. Les six pièces supérieures de la doublure volante

21

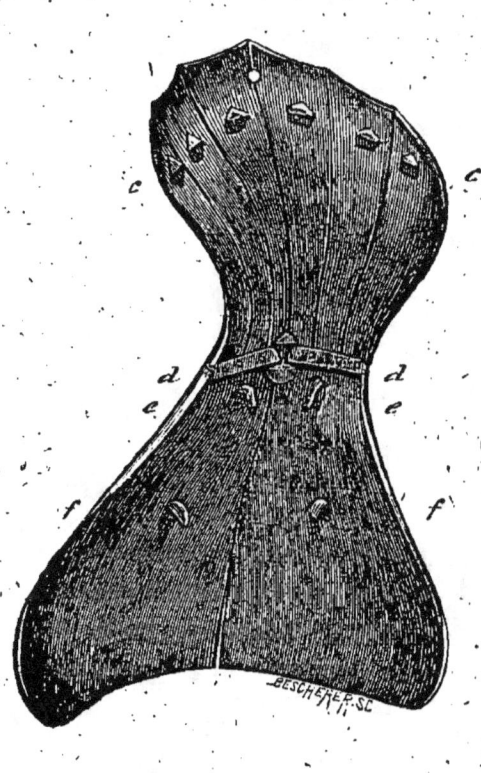

s'échappent des deux rainures, sautent en l'air, et les deux pièces inférieures elles-mêmes se décrochent et sont projetées en avant. Pour courir cette joute, les cavaliers prenaient, comme il est dit ci-dessus, des lances ferrées de rochets à une seule pointe mousse, et il fallait toucher l'adversaire juste au-dessous de la rondelle conique, en G (fig. 19) ; alors toute la doublure de la bavière volait en éclats. Ces sortes de joutes étaient fort en vogue vers la seconde moitié du xve siècle [1]. D'autres consistaient à enlever une bavière

[1] On les appelait courses à *la large julée*.

d'étoffe posée en avant de la bavière fixe. L'habillement du cavalier
était le même que celui présenté figure 19 ; mais à la place des
pièces de doublure D était attaché un voile appelé *queue,* maintenu
à une bandelette de fer légère, qui entrait dans les deux vides

22

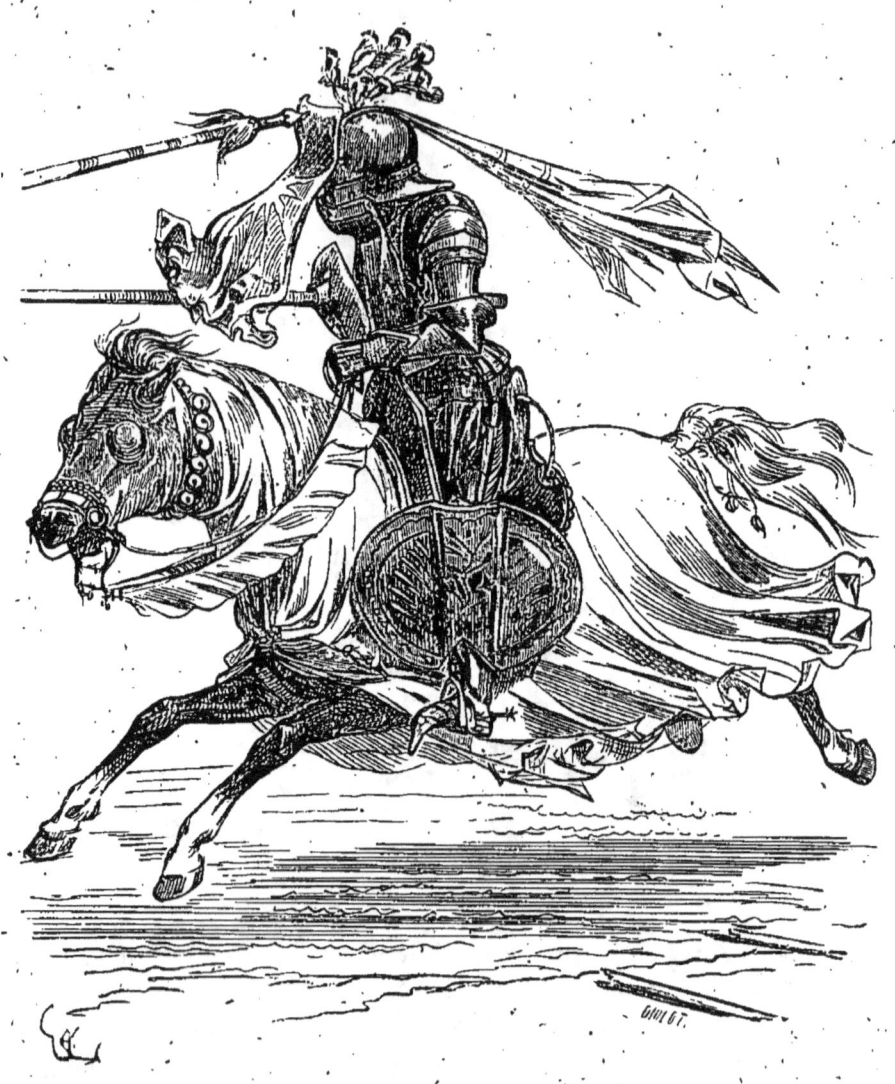

laissés entre le mézail de la salade et les deux cramponnets verticaux
indiqués dans le détail E de la figure 18. Ce voile descendait jusqu'au milieu du ventre. Quand le rochet de l'adversaire le piquait
en plein plastron ou au sommet de la bavière, il le décrochait, l'enlevait et le faisait voler au-dessus de la tête du jouteur. La figure 22

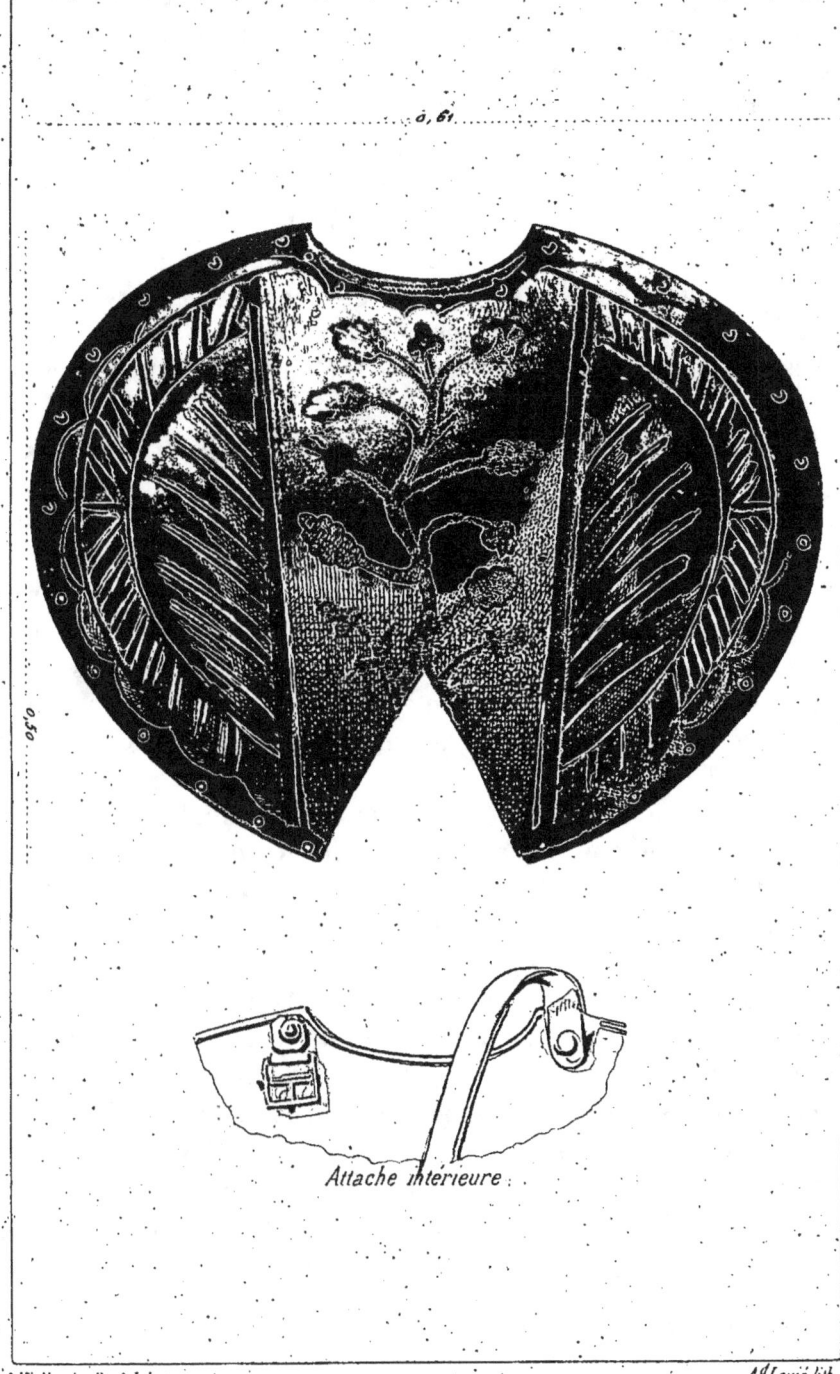

Viollet Le Duc del.                                  Aᵈ Levié lith.

GARDE-CUISSE DE JOUTEUR A LA BARRIÈRE
XVᵉ Siècle

Vᵛᵉ A. Morel & Cⁱᵉ Editeurs.                    Imp. R. Engelmann, Paris.

indique ce coup [1]. Le cavalier est monté sur un cheval houssé et dont les yeux sont masqués. Il arrivait souvent que, pendant les joutes, les chevaux, au moment de l'atteinte des lances, se dérobaient et faisaient ainsi manquer la passe. Or, pour la course à la queue, représentée dans notre figure, il fallait que les lances frappassent le voile sur un point déterminé sans déviation ; le moindre écart du cheval pouvait faire manquer l'atteinte. Pour éviter cet inconvénient, la housse couvrait les yeux de la monture. De plus, on observera que le jouteur a la jambe gauche couverte d'un large garde-cuisse de fer qui était destiné à parer le froissement du cheval contre la barrière à l'instant où les deux jouteurs croisaient leurs lances. Le musée d'artillerie possède une très belle pièce de ce genre, que représente la planche LVI. Elle est de fer repoussé, avec incrustations de cuivre jaune très habilement rivées. On l'attachait par une courroie au-dessus du genou, et dans l'échancrure inférieure passaient l'extrémité des grèves, les étrivières et le soleret.

Il y avait encore la course à la poêle. La poêle [2] consistait en une sorte de targe carrée ou de gril d'acier fixé sur la poitrine, et que l'adversaire devait enlever avec le rochet. Les jouteurs, dans cette sorte de course, n'avaient pas la tête armée, aussi était-elle considérée comme très dangereuse, et n'était engagée qu'entre jouteurs expérimentés [3]. »

Les salades de joute étaient aussi pourvues de doublures mobiles qu'un adroit jouteur pouvait faire sauter. Il existe de belles salades de ce genre dans le musée d'artillerie, dans celui de Pierrefonds et dans la collection de M. le comte de Nieuwerkerke. Voici l'une de ces salades (fig. 23) [4].

Cette salade est composée de trois pièces : la bombe, forgée d'un seul morceau ; le mézail, qui fait le tour de la bombe et laisse un intervalle devant pour la vue ; le couvre-nuque. Ces pièces sont soigneusement rivées les unes aux autres, ainsi qu'on le voit en a. En B, sur l'arête antérieure et aplatie du cimier, est vissé fortement un ressort à deux branches détaillé en C. Les deux griffes de ce ressort maintiennent contre le frontal de la bombe deux doublures, c'est-à-dire deux plaques d'acier qui sont, en outre, fixées par deux

[1] C'était la course à *la queue*.

[2] Le *rost*.

[3] L'annotateur français du *Triomphe de l'empereur Maximilien* prétend que, pendant ces sortes de courses, il était d'usage de placer un cercueil ouvert dans les lices au moment où les champions s'apprêtaient à jouter.

[4] Du musée de Pierrefonds (1470 environ).

23.

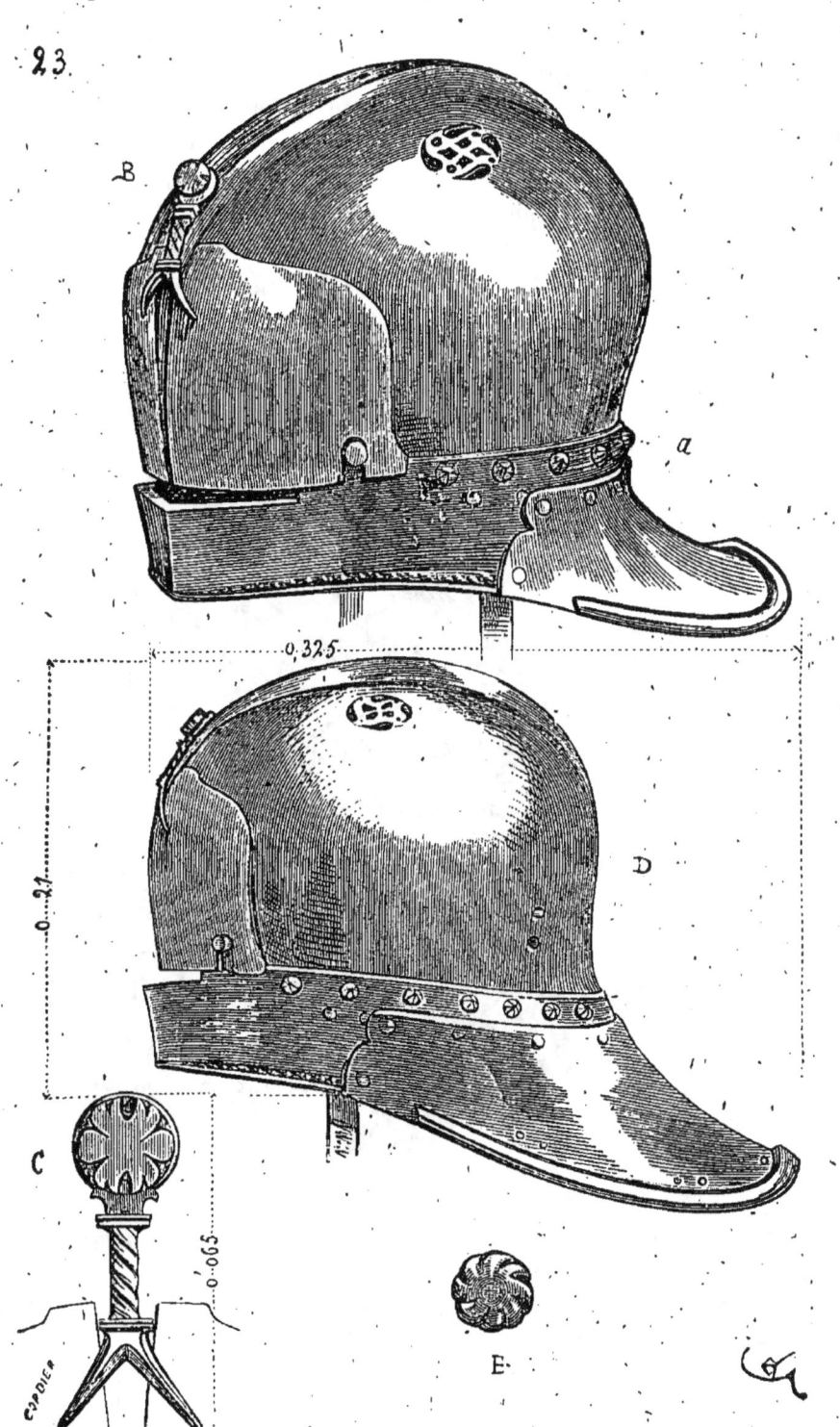

arrêts placés de chaque côté de la vue. Lorsque le rochet prenait

l'une de ces plaques près de l'arrêt, il la faisait sauter en l'air.
C'était là un beau coup de jouteur. En D, est figurée la salade de
profil. Les trous percés à la partie postérieure de la salade sont
pour l'ouïe, et au sommet de la bombe sont disposés deux venti-
lateurs. Un *couvre-chef,* c'est-à-dire un voile long, était attaché à la
partie culminante du cimier. En E, est tracé un des rivets grandeur
d'exécution. Cette pièce est fort belle et bien forgée. Là bombe et le
mézail sont d'une forte épaisseur sur le devant.

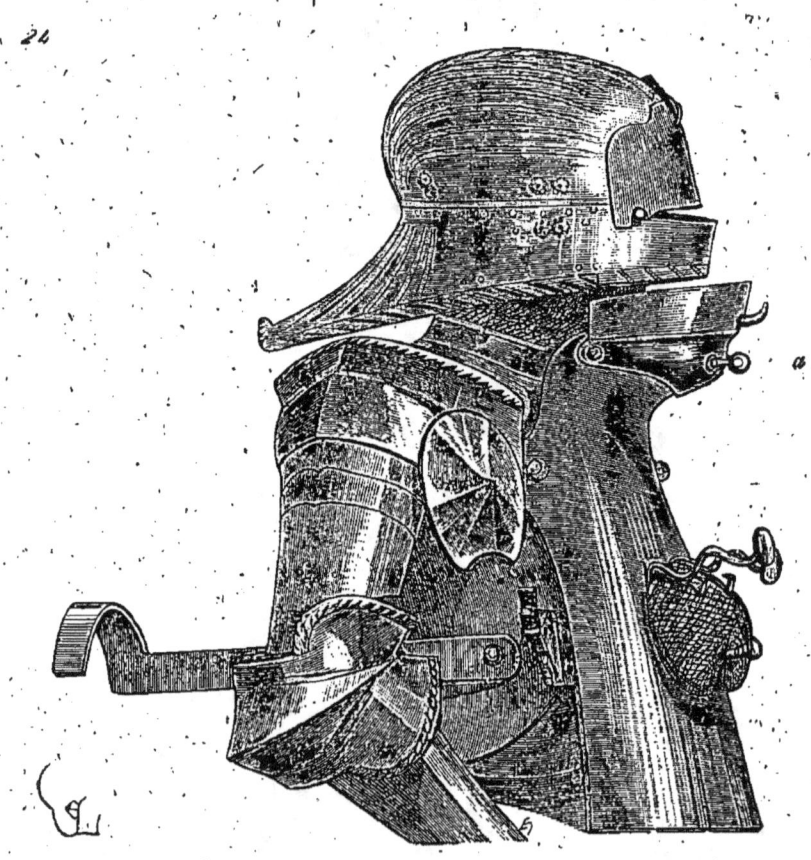

Les jouteurs à la queue pouvaient avoir la tête armée de ces
salades avec doublures frontales.

Ainsi on enlevait le voile, puis les plaques de doublures par le
choc du rochet. La figure 24 montre l'habillement supérieur d'un de
ces jouteurs. La salade[1] est finement côtelée. Son couvre-nuque est

---

[1] Très belle pièce faisant partie de la collection de M. le comte de Nieuwerkerke
(fin du xv° siècle).

coupé carrément par derrière. Elle n'est percée de chaque côté que de quatre trous pour l'ouïe, et postérieurement de deux paires de trous pour la ventilation. La bavière, vissée au plastron, est munie d'une doublure devant le menton, qui porte un crochet et une bille de fer sur un axe. Un ressort, semblable à celui tracé figure 20, faisait sauter le panneau de cuir sur lequel était posé le voile, lorsque le rochet le frappait au milieu de la poitrine. Par l'effet de ce ressort, ce panneau se décrochait du haut, et la bille *a*, roulant sur son axe, empêchait l'étoffe de s'arrêter au menton de la bavière.

Ces sortes d'armures de joute ne sont plus usitées en France à dater de la fin du xv° siècle ; on ne les voit alors employées qu'en Allemagne jusque vers 1520. Les joutes françaises, à partir du xvi° siècle, se font avec des armures qui ne diffèrent de celles de guerre que par certaines doublures ajoutées à l'armet et à la cuirasse. Cette dernière pièce est appelée manteau de joute. Elle consiste en une targe fixe de fer souvent treillissée en losanges sur la face externe concave au moyen de bandes de fer, afin d'arrêter le rochet et de faire briser le bois de la lance.

**QUINTAINE.** Exercice à la lance et à cheval, appelé aussi *cuitaine*, et qui consistait à frapper en plein écu un mannequin armé de toutes pièces. Ce mannequin était posé sur un pivot. Si le cavalier, courant à toute bride, touchait le milieu de la targe, cette sorte de trophée tournait sur lui-même ; mais si le jouteur adressait mal son coup, les pièces du mannequin tombaient ou venaient frapper le cavalier maladroit.

Du Cange prétend que ce mannequin tenait un bâton ou une épée qui, si le coup était mal adressé, venait frapper le cavalier qui l'avait porté[1]. Quoi qu'il en soit, la quintaine était un des exercices adoptés pendant le moyen âge, non seulement par la noblesse, mais par la roture.

Les seigneurs faisaient courir la quintaine à leurs hommes liges pour les habituer aux combats de la lance. Les enfants couraient la quintaine et se préparaient ainsi à la joute ; car il est à observer que les collections d'armes possèdent des armures de joute pour des enfants de douze à quinze ans[2].

---

[1] Du Cange, *Dissert. VII sur l'hist. de saint Louis.*

[2] Le musée des armes de Pierrefonds possède deux de ces armures qui datent du xv° siècle, de fabrication allemande.

L'exercice de la quintaine remonte à l'antiquité. Nos romans de chevalerie du xii° et du xiii° siècle en font mention :

> « Quintaine font drecier en un beau pré fleuri,
> « Dux Naymes et li autres chascuns d'els y feri ;
> « Des noviaus chevaliers nus ne s'en alenti[1]. »

**BEHOURT.** Le *béhourt* ou *bohourd* était un simulacre d'attaque d'un fort ou tout au moins d'un ouvrage palissadé. C'était une des variantes du tournoi. Au milieu d'un champ clos, on dressait un fort de bois que des chevaliers divisés en deux partis attaquaient et défendaient. Ces sortes de sièges simulés n'avaient pas toutefois les conséquences dangereuses des tournois et des joutes, et pouvaient passer pour un spectacle ou un de ces exercices tels que nos petites guerres. D'avance on convenait de quelle part seraient les vainqueurs.

Une couverture de coffret d'os qui fait partie du musée de Boulogne, et qui date de la seconde moitié du xiv° siècle, nous montre une joute à la lance courtoise et l'attaque d'un château par des chevaliers couverts de leurs armures. Le château est défendu par des damoiselles qui jettent des fleurs sur les assaillants montant aux échelles. Au bas du petit bas-relief est un homme d'armes qui remplit la cuiller d'un mangonneau de paquets de fleurs. Du Cange donne sur ces behourts des explications complètes que nous ne croyons pas nécessaire de reproduire ici[2]. Pendant les banquets, parmi les entremets les plus prisés, figuraient ces behourts. On roulait un château plein d'hommes d'armes entre les tables, et une troupe le venait attaquer et prendre, le tout entremêlé de vers en l'honneur des dames et de moralités.

**CHASSE.** Il est entendu que nous ne nous occupons de cet exercice favori de la noblesse féodale qu'au point de vue de l'habillement, des armes, des engins et des usages adoptés par les chasseurs. Nous ne prétendons pas faire un traité historique sur la matière, ce qui nous entraînerait en dehors des limites de cet ouvrage.

Beaucoup de sarcophages chrétiens des premiers siècles figurent en bas-reliefs, sur leur paroi antérieure, des sujets de chasse, à l'imitation d'un usage adopté pendant l'empire païen. Cette habitude

---

[1] *Li Roman de Berte aus grans piés*, chap. cviii.
[2] Du Cange, *Dissert. VII sur l'Hist. de saint Louis.*

persista même assez tard pendant le moyen âge, principalement dans les provinces du Midi et de l'Ouest. On sait le goût des Mérovingiens pour la chasse ; c'était leur passe-temps favori. Nous ne possédons pas toutefois de renseignements précis sur les vêtements et armes que les chefs francs portaient lorsqu'ils se livraient à cet

1

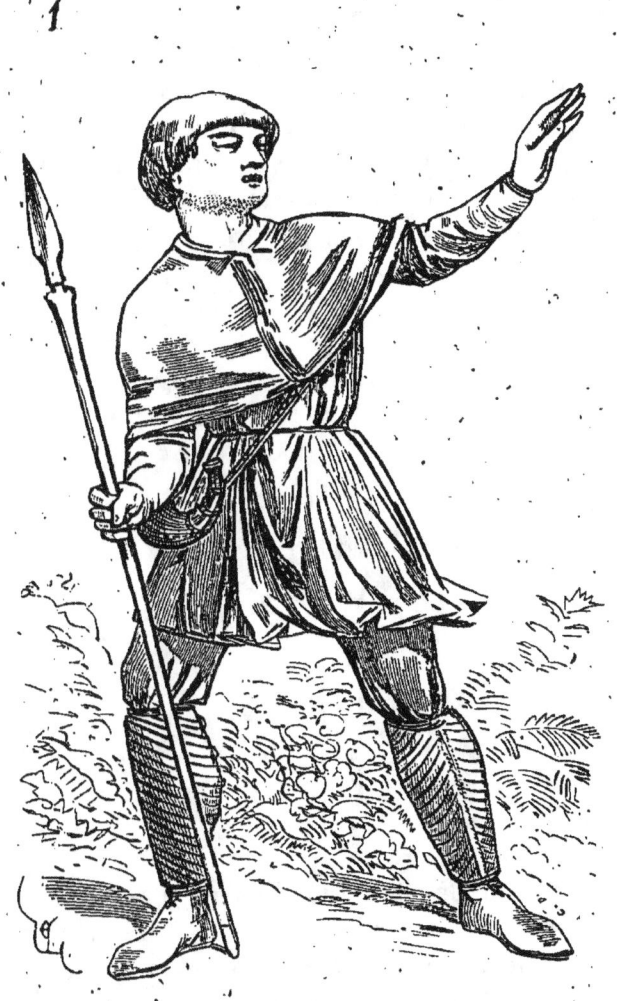

exercice, et si ces armes et vêtements avaient une forme spéciale. Pour les armes, les Mérovingiens se servaient de la javeline, de l'épieu, sorte de lance forte et courte, et de l'arc. Quant à la chasse au panneau, au collet, à la fosse, à la haie, on peut en faire remonter l'origine dans les Gaules, comme dans toutes les contrées couvertes de forêts, à la plus haute antiquité.

La chasse à courre a toujours été le privilège des classes élevées, puisque, pour la suivre, il est besoin de chevaux, de valets, de chiens et de tout un attirail d'un entretien dispendieux. La féodalité s'arrogea le droit de chasse, et le maintint mieux que tout autre, jusqu'à la fin du dernier siècle.

La chasse au vol, qui persista parmi la petite noblesse de province jusque sous le règne de Louis XV, bien qu'elle ne fût plus guère en usage chez les grands seigneurs, remonte, en France, à une époque assez reculée. Ce genre de chasse, fort goûté chez les Orientaux, dut être introduit en France lorsque l'Occident se mit en communication fréquente avec l'empire d'Orient. Il paraît avoir été connu dans la Germanie dès le IVe siècle. Nous en trouvons la trace évidente chez nous, sur des monuments, dès le XIe siècle.

La tapisserie de Bayeux nous montre Guillaume et Harold chevauchant l'oiseau sur le poing.

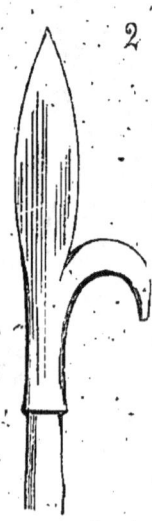

2

Nous parlerons d'abord de l'*adoubement,* des armes et engins des chasseurs à courre. Un des monuments les plus anciens du moyen âge, représentant des veneurs à courre vêtus d'une manière spéciale, est le tympan de la porte de Saint-Ursin à Bourges (1140 environ). Ce bas-relief montre des veneurs à cheval et à pied, forçant un cerf et un sanglier. Hommes de pied et de cheval sont vêtus de la même manière, savoir : d'une cotte ne descendant qu'au-dessus des genoux, avec ceinture, manches justes et camail (fig. 1) serré au cou. Un seul de ces veneurs porte un capuchon, tous les autres ont la tête nue. Les jambes, des genoux aux chevilles, sont couvertes de jambières qui paraissent être faites de cordelettes cousues ou de peau piquée. Une corne de petite dimension pend sur la hanche. Tous sont armés de l'épieu, consistant en un bâton de quatre à cinq pieds, avec renfort au-dessous du fer, forgé en forme de feuille de sauge. Sur le linteau de la porte principale de l'abbaye de Vézelay sont représentés des personnages apportant les produits de la pêche et de la chasse. Des veneurs sont armés d'épieux dont le fer est façonné ainsi que l'indique la figure 2. Dans les bas-reliefs de l'antiquité gallo-romaine qui représentent des chasses, les veneurs sont généralement tête nue. Les jambières étaient évidemment destinées, que les veneurs fussent à pied ou à cheval, à les préserver contre l'atteinte des broussailles ou le froissement des troncs d'arbres.

Des vignettes du xiii° siècle nous montrent des seigneurs chassant à courre, dont le vêtement ne présente aucune particularité remarquable, sinon que le camail est garni d'un capuchon et que la corne est suspendue à leur côté.

Le plus ancien des traités écrits sur la chasse en français est le *Livre du roy Modus et de la royne Racio.* L'auteur inconnu de ce traité vivait au commencement du xiv° siècle. Les détails étendus qu'il donne sur les différents genres de chasses prouvent que, depuis cette époque, les règles et usages touchant la matière n'ont pas été modifiés, ou plutôt qu'on n'a fait autre chose, depuis lors, que de se conformer à ces usages et lois.

Malheureusement le *Livre du roy Modus* ne nous dit rien des vêtements adoptés par les chasseurs de son temps. En revanche, il donne la manière de *prendre à force,* c'est-à-dire de forcer ce qu'il appelle les *cinq bestes rouges,* qui sont : les cerfs, les biches, le daim, le chevreuil et le lièvre ; de forcer les *cinq bestes noires,* qui sont : le sanglier, la truie, le loup, le renard et la loutre. Après quoi il donne les méthodes à employer pour prendre *au filet à buissonner :* les cerfs, les biches et chevreuils, les bêtes noires, telles que le loup et le sanglier ; au filet ou à la haie, les renards et les lièvres. L'auteur décrit les arcs de chasse, et ce chapitre est d'un grand intérêt. Il dit que la corde doit être faite de soie verte (écrue), pour trois raisons. La première, que la soie est plus forte que nulle autre matière ; la seconde, qu'elle est si « singlant, qu'elle envoye « une sayette (flèche) ou bougon plus loing ». La troisième, qu'elle permet de faire la corde aussi « gresle comme on veult ». Il recommande à l'archer : 1° de poser sa flèche de façon que les pennons portent à plat contre l'arc, car, si un des pennons vient à frotter le bois en partant, le projectile dévie ; 2° de « traire à trois dois, et « doit-on tenir la cloche de la sayette entre le doit qui est emprez « le paulz (le pouce), et l'autre doit d'emprez » ; 3° de veiller à ce que, si le fer est léger, les pennons soient courts et peu saillants ; s'il est lourd, les pennons soient plus hauts et plus longs ; 4° de faire en sorte que « le barbel » (les ailes) du fer soit dans la direction de l'encoche de la flèche ; 5° de donner à la flèche « dix poignés » (0ᵐ,80) de long « depuis la coche de la sayette jusques aux barbeaux « du fer d'icelle ; 6° de donner à l'arc en droite, mesure, entre « la coche du bout d'en haut jusques à celle de bout en bas, vingt « deux poignés estroitement » (au moins 1ᵐ,76) ; 7° de tendre l'arc en laissant, de flèche, entre la corde et le bois, « plaine paume, « et deux dois eschardement » (au moins 0ᵐ,16).

Pour tirer, l'archer tient l'arc devant son visage, la main droite à la corde, les épaules serrées ; il allonge ses bras ensemble doucement ; son arc doit être si aisé et si doux, qu'il puisse, une fois bandé, le tenir longuement et viser en suivant la bête. Le fer de la flèche touchera le bois, et la corde sera tirée droit à l'oreille droite. Avant de lâcher la corde, l'archer essaye sa main, c'est-à-dire qu'il fait aller et venir une ou deux fois le fût de la flèche le long de l'arc, pour bien assurer la direction.

Il n'est pas question de l'arbalète dans la *Livre du roy Modus*. Cette arme ne paraît avoir été adoptée par les chasseurs que plus tard, vers la seconde moitié du xivᵉ siècle. Les gentilshommes qui chassaient à courre la bête noire pendant la période carlovingienne, et jusqu'au xiiiᵉ siècle, portaient l'épieu, l'épée et le cor. Il existe un beau récit d'une chasse au sanglier dans le *Roman de Garin le Loherain*[1]. Ce récit est pour nous d'un grand intérêt ; il nous fait connaître bon nombre d'usages de chasse et l'importance que la noblesse attachait alors à ce privilège.

Les gentilshommes partent de bon matin, vêtus de la cotte de chasse, chaussés de houseaux avec éperons d'or, le cor pendu au cou, l'épieu au poing, accompagnés d'une meute de dix chiens :

> « Or va li dus[2] en la forest chascier ;
> « Li chien avant se prinrent à noisier,
> « Quand il commencent ces raimes à brisier,
> « Treuvent les routes dou pors qui a fumé[3].
> « Lis dus demande Brochard son liemier,
> « Par devant lui li amaine uns brenier[4]. »

[1] Li *Romans de Garin le Loherain* (fin du xiiᵉ siècle), troisième chanson.
[2] Bègues de Belin.
[3] Les traces du sanglier qui *a vermillé*, c'est-à-dire qui a remué la terre pour en tirer des racines et des vers.
[4] Valet de chiens.

Le duc le caresse, lui passe la main sur les côtes et les oreilles
« por mieus encouragier ». Le limier fait la trace et conduit les
chasseurs près d'une source entre des troncs de chênes déracinés :

> « Là se gisoit (le sanglier) par son cors refrodier. »

Quand la bête entend les chiens, elle se dresse, sort de sa bauge,
tourne autour et découd le limier d'un coup de boutoir. Le duc
Bègues, qui pour 1,000 marcs d'or n'eût pas voulu perdre son chien,
s'avance l'épieu levé ; mais le sanglier ne l'attend pas et fuit. Plus
de dix chevaliers descendent de cheval pour mesurer les ongles de
ses pieds :

> « Dist l'uns à l'autre : « — Véez quel aversier [1]
> « Jamais par autre n'ert cis sangles changiés;
> « Fors a les dens de la goule plain pié [2]. »
> « Il remontent ens aus auferans destriers,
> « Les cors as bouches por le porc achascier. »

La bête se dirige sur Gaudimont ; c'est le fourré où elle fut
nourrie :

> « Là but de l'iave et se coucha en mi. »

Mais la meute ne lui laisse pas de répit. Alors, le sanglier sort du
bois, et court en plaine quinze grandes lieues droit devant lui, sans
retours. Les veneurs perdent la trace, la plupart ne peuvent suivre.
Vers la neuvième heure du jour, « a ploviner se prist [3] ». Chacun
s'en retourne à Valenciennes. Le duc seul poursuit la bête. Il prend
dans son manteau deux de ses chiens, afin de les avoir frais, et les
met à terre dans un taillis où le sanglier s'est enfin arrêté. Les
chiens le harcèlent ; la meute, attirée par leurs cris, entoure la bête
noire acculée :

> « Li pors les voit, s'a los sorcis levés,
> « Les iex roelle, si rebiffe du nés,
> « Fet une hure, si s'est vers eus tornés ;
> « Trestous les a ocis et afolés.
> « Begues le voit à pou n'est forcenés ;
> « Moult durement escria le sanglé :

[1] « Quel démon ».
[2] « Les dents lui sortent de la bouche d'un bon pied de long ».
[3] « Tomber de la pluie fine ».

« — Hé, fis de truie, com tu mas hui pené !
« Et de mes hommes m'as-tu bien deseuré !
« Las ! je ne sai quel part il sunt torné. »
« Li dus l'escrie, li pors l'a escouté,
« Les iex roelle, si a froncié du nés,
« Plus tost li vient que quarriaus enpannés.
« Begues l'attent que l'a petit douté,
« En droit le cuer li a l'espié branlé,
« Outre le dos li a le fer passé.
« Hors de la plaie ist dou sanc a planté,
« Et li troi chien en laperent assés,
« Tant que il sunt de lor soif respassés,
« De lez le porc se cuichent lez à lez. »

Mais la nuit se fait : le duc ne voit à l'entour ni bourg, ni cité, ni château, ni village, ni âme qui vive ; près de lui seulement son cheval Baucent qui l'a porté. A la façon des héros d'Homère, il lui adresse la parole : « Baucent », lui dit-il, « je te dois bien aimer, de « mainte fatigue tu as préservé mon corps ; si j'avais de l'avoine ou du « blé, je t'en donnerais volontiers. Si je trouve un gîte, tu seras bien « traité. » Le duc s'assied, prend son cor et en sonne à deux reprises, pour appeler son monde. Mais, dit le poète : « A quoi penses-tu, « duc ? cela ne vaut rien. Ceux que tu appelles, jamais ne les rever- « ras. » Il allume du feu[1]. Le garde forestier entend le son du cor ; il voit de loin le duc Bègues, mais n'ose approcher. Il le voit en si bel arroi ! chaussé d'éperons d'or fin, le cor à neuf viroles d'or à son cou ; entre ses mains un bel épieu, devant lui son destrier qui hennit et frappe la terre du pied ! Il court tout droit au château du comte Fromont pour le prévenir. Celui-ci est à table ; le garde ne le peut approcher, mais il s'adresse au sénéchal, et lui conte ce qu'il a vu au bois. « S'il vous plaît, sire », lui dit-il, « donnez-moi de bons com- « pagnons ; messire aura le cor d'ivoire et vous le destrier. » — « Si « tu fais cette besogne », reprend le sénéchal, « tu n'y perdras rien ! » Il lui donne six de ses hommes : « Allez avec ce forestier », leur dit-il, « et si vous trouvez un homme qui ait forfait de rien, tuez-le, je « vous le commande, et réponds de tout. »

Le duc était toujours assis sous un tremble, un de ses pieds sur le sanglier ; d'autre part les chiens.

« Par mon chef », dit l'un des compagnons, « c'est un de ces lar- « rons coutumiers de sangliers prendre et de chasser en forêt ; s'il nous échappe, nous sommes bien sots. » Ils l'entourent :

---

[1] « Prent son fusil (briquet), s'a le feu alumé. »

« Es tu venerres[1], qui desor le tronc siés ?
« De porc ocire qui te donna congié ?
« La forest est à quinze parsonniers[2] ;
« N'i chasse nus sé il n'a d'aus congié.
« La signorie en est Fromont le viel,
« Esta tous cois, nous t'irons mès loier
« Tout droit à Lens te remenrons arrier. »

« Seigneurs », répond Bègues, « excusez-moi par Dieu ; traitez-moi
« honorablement, car je suis chevalier. Si j'ai forfait envers Fromont
« le viel, je lui en ferai droit de plein gré. Le duc Garin répondra
« de moi ; le roi de France est mon fils et Auberi mon neveu. » Puis
après une pause : « Mais je serais un homme sans cœur si je me
« rendais à sept pautonniers ; avant que je meure, je vendrai cher
« ma vie... Ce matin, quand j'ai attaqué ce sanglier, j'avais avec moi
« trente-six chevaliers, maîtres veneurs, sages et habiles. Il n'est pas
« un parmi eux qui ne tienne fief de moi, ou bourg, ou ville, ou
« donjon. Il est arrivé ce qui n'arriva jamais : cette bête nous a
« fait courir quinze lieues. » — « Bah ! » dit l'un des compagnons,
« il cherche à s'excuser ! Allez avant, mes amis ! couplez les chiens
« pour les maintenir. »
Le forestier s'approche du duc et veut prendre son cor. D'un coup
de poing Bègues l'étend mort à ses pieds.

« Puis li a dit : — Moult feites que fol ;
« A col de conte ne penrez jamais cor. »

Voyant cela, le plus hardi de la bande encourage ses compagnons :
« S'il nous échappe, nous serons honnis, le comte Fromont ne
« nous voudra voir, et nous n'oserons jamais retourner à Lens. »
Tous assaillent le duc. Celui-ci en tue trois à coups d'épieu ; les
autres ne veulent plus en tâter et se sauvent. Mais dans le bois ils
rencontrent un sergent à pied, parent du forestier.

« Arc d'aubour porte et sajetes d'acier. »

« Viens », lui disent-ils, « ton oncle est mort, un brenier[3] l'a tué
« devant nous. Pense à le venger ! » Courroucé, le sergent se dirige
vers Bègues :

[1] Veneur.
[2] Copossesseurs.
[3] Un valet.

« Met en la corde un grant quarrel d'acier,
« Le conte avise et maintenant le fiert.
« De la sajete li mist el cors plain pié,
« Le maistre veine del cuer li a tranchié.
« Li quens s'abaisse et sa vertu li chiet ;
« Fors de ses poins li chaï son espié. »

Les trois manants se ruent sur le corps du duc pour l'achever ; ils le dépouillent, emmènent le cheval et placent le sanglier sur un roussin ; mais les chiens ne veulent les suivre :

« Seul ont Begon en la foret laissié ;
« Et jouste li revindrent li troi chien,
« Hulent et braient com fuissent enragié. »

La suite du récit est remarquablement belle ; mais ce serait sortir de notre sujet de l'analyser. Nous n'ajouterons qu'un trait. Lorsqu'on apporte le corps du duc Bègues dans le palais de Fromont, on le couche sur la table à manger ; les trois chiens n'ont pas voulu quitter les restes de leur maître, ils hurlent autour de ce corps et lèchent ses plaies. Tous les gens du château sont là, et en voyant ce beau visage, ne peuvent croire que le mort ne soit de noble lignage :

« Gentis hons fu, moult l'amoient si chien ! »

Plusieurs faits intéressants ressortent de la lecture de ce poème. Indépendamment des détails concernant la chasse, on voit que les bois étaient soigneusement gardés, et ce qu'on appelle le braconnage aujourd'hui rigoureusement puni ; que ces droits de chasse pouvaient appartenir à plusieurs gentilshommes dans une même forêt ; qu'indépendamment des forestiers, des archers à pied étaient préposés à la garde des chasses.

Les monuments figurés ne donnent pas aux chasseurs des vêtements spéciaux avant la fin du xiv<sup>e</sup> siècle. Il faut arriver à cette date pour trouver des documents certains à cet égard. Le plus beau spécimen en ce genre est le *Livre de Chasse* de Gaston Phœbus [1]. Ce manuscrit, enrichi de charmantes miniatures, donne sur l'art de la vénerie des détails précieux, aussi bien que sur les usages et vêtements

[1] Biblioth. nationale, français, *Des deduiz de la chasse des bestes sauvaiges et des oyseaux de proye*. Gaston, comte de Foix, surnommé Phœbus, à cause de sa blonde chevelure, était né en 1331 et mourut en 1391. Le manuscrit dont il est ici question appartient aux dernières années du règne de Charles V.

des veneurs à cette époque. La figure 3 montre un veneur à cheval. Il est vêtu de chausses collantes bleues, avec souliers de cuir. La cotte de dessous, à manches justes, est également bleue. Par dessus,

3

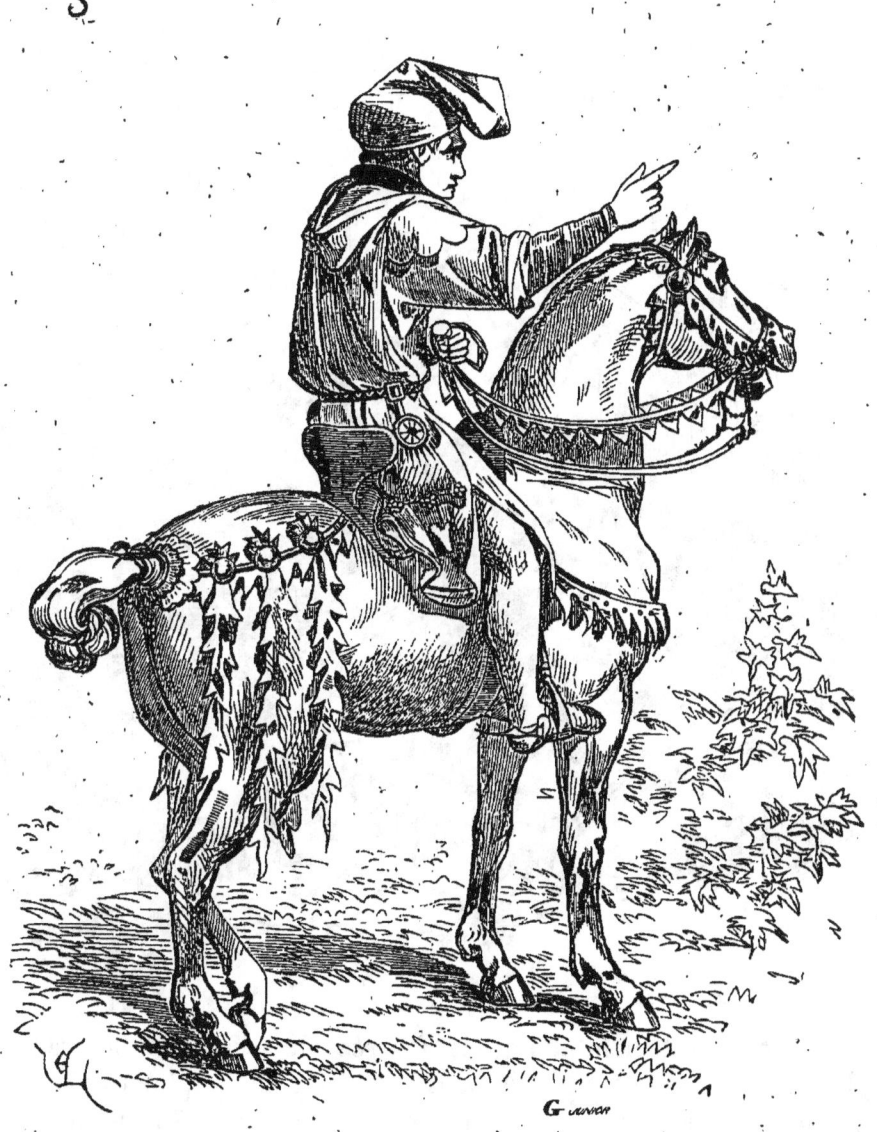

le chasseur a endossé l'escoffle de drap pourpre [1]; serrée à la taille par une ceinture noire à laquelle pend une escarcelle noire et or. Un chaperon recouvre les épaules et est de même couleur que l'escoffle. La pointe du chaperon est pincée dans la ceinture, afin

[1] Voyez ce mot dans la partie des VÊTEMENTS.

qu'elle ne puisse s'embarrasser dans les branches d'arbres. Sur le cou est un collet de fourrure noire, et sur la tête un bonnet vert, en manière de petit chaperon. Toute la *cuirie* de la selle est noire, les harnais rouge et or. De longs chasse-mouches barbelés pendent à la croupière et sont retenus par des bossettes dorées. L'extrémité de la croupière enveloppe la racine de la queue. Les souliers du cavalier sont ronds au bout, et renforcés sur ce point pour éviter les froissements du pied contre les arbres.

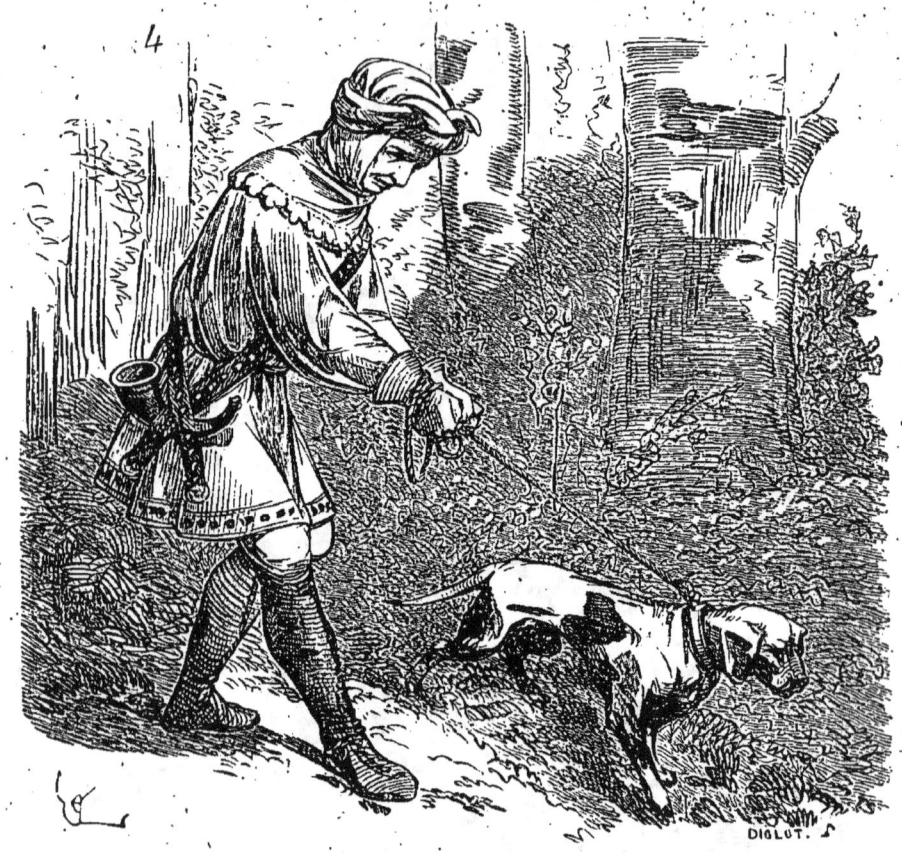

L'escoffle est habituellement fourrée de peau de loutre. S'il pleuvait, le veneur pouvait, à la place du bonnet, mettre le chaperon ; il se trouvait ainsi parfaitement couvert, ne laissant à l'air que son visage. Ce cavalier n'a pas de corne pendue à son côté ; il dirige les varlets de limiers pour trouver la piste. Voici, figure 4, un de ces varlets de limiers[1]. Il est complètement vêtu de vert,

---

[1] « Cy après devise comment on doit mener en queste son varlet pour aprendre à « cognoistre le grant cerf pas le pié. »

sauf les guêtres-bottes, qui sont faites de cuir fauve et lacées de l'orteil au gras de la jambe en passant par le cou-de-pied. La guige, à laquelle son cor est appendu est noire avec clous d'argent. La tête est couverte du chaperon, dont la queue forme turban, pour ne pas s'accrocher dans les broussailles. Les varlets de limiers, devant

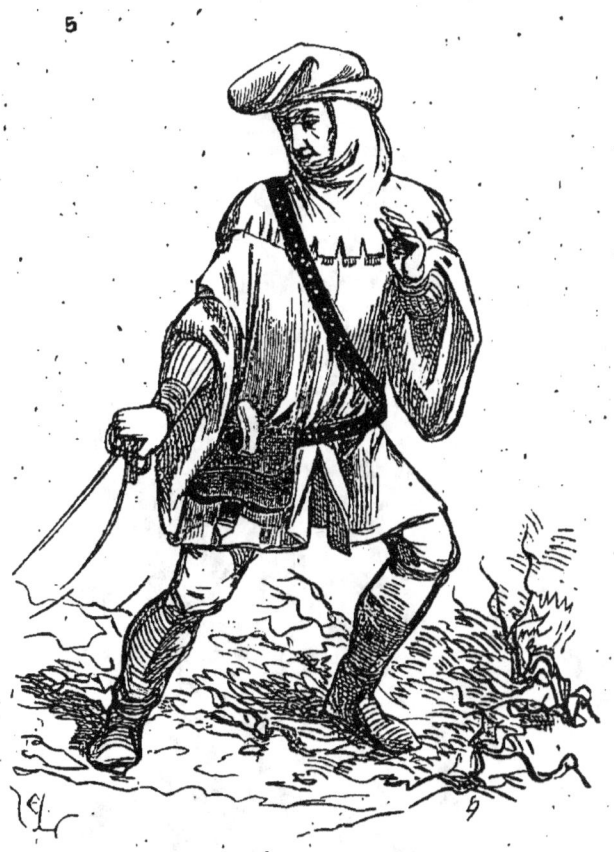

chercher les traces, étaient vêtus de vert, afin de mieux se dissimuler à la vue des grandes bêtes en passant dans les fourrés. La figure 5 montré un varlet de chiens. Il est de même vêtu de vert, porte des brodequins et une ceinture basse avec escarcelle garnie de son couteau[1], le cor suspendu à la guige de cuir noir.

Le veneur (fig. 6) est à cheval; il a *enfourmé* le chaperon, dont la queue forme turban. Il est, comme le précédent, vêtu de l'escoffle à manches très amples : il fait le bois; son vêtement est complètement vert, sauf les bottes, qui sont noires. Les harnais des montures

---

[1] « Cy devise comment on doit mener les chiens à faire la suyte. »

de ces veneurs à cheval sont garnis de longues lanières tombantes, afin d'éloigner les mouches, si nombreuses sous les futaies.

L'escoffle du veneur (fig. 6) est fendue latéralement, devant et derrière, pour ne point gêner le cavalier; elle est serrée à la taille par une ceinture de cuir. Les manches, doublées de fourrure de

6

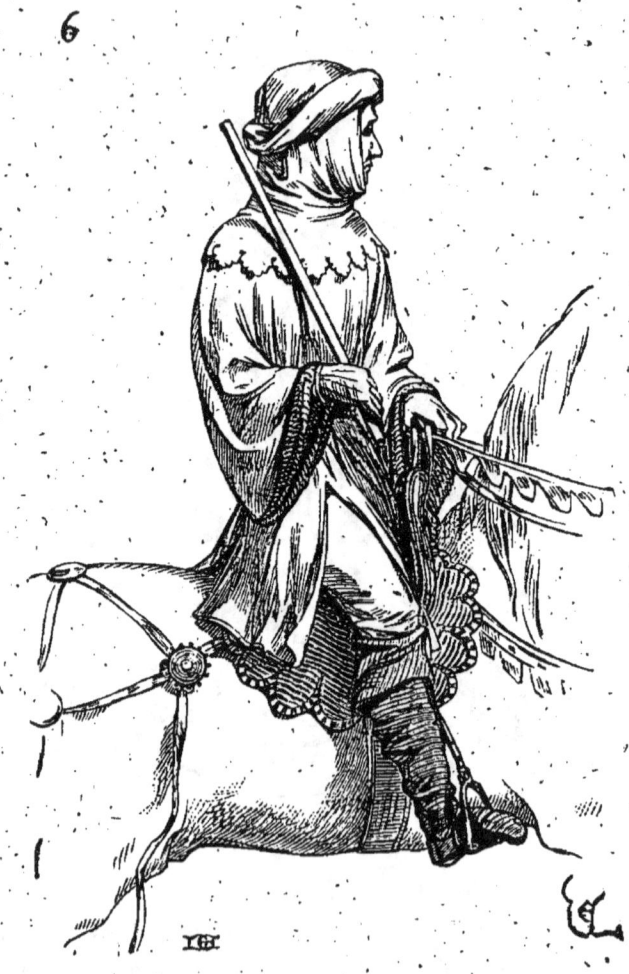

loutre, peuvent couvrir les mains en temps de pluie. Ce veneur guide les varlets qui font le bois; il n'a pas de corne, et porte un bâton qui lui sert à écarter les branches dans les fourrés; ses mains sont gantées. Alors l'arbalète était employée pour tirer les *bêtes noires*, c'est-à-dire les sangliers et les loups. Cette arbalète ne différait pas des arbalètes de guerre, si ce n'est qu'elles étaient plus légères[1]. Pour la bander, le chasseur portait un crochet suspendu

----

[1] Voyez, dans la partie des Armes, le mot Arbalète.

à une ceinture basse à laquelle était attachée la trousse contenant les carreaux ou viretons, et une épée (fig. 7). Cette épée n'était pas inutile, si la bête, blessée seulement, venait sur le chasseur.

Notre figure montre l'arbalétrier tirant[1]. Il est vêtu d'une sur-cotte à manches larges serrées aux poignets, bombée sur la poitrine, suivant la mode du temps, et serrée à la taillle. A la hauteur des

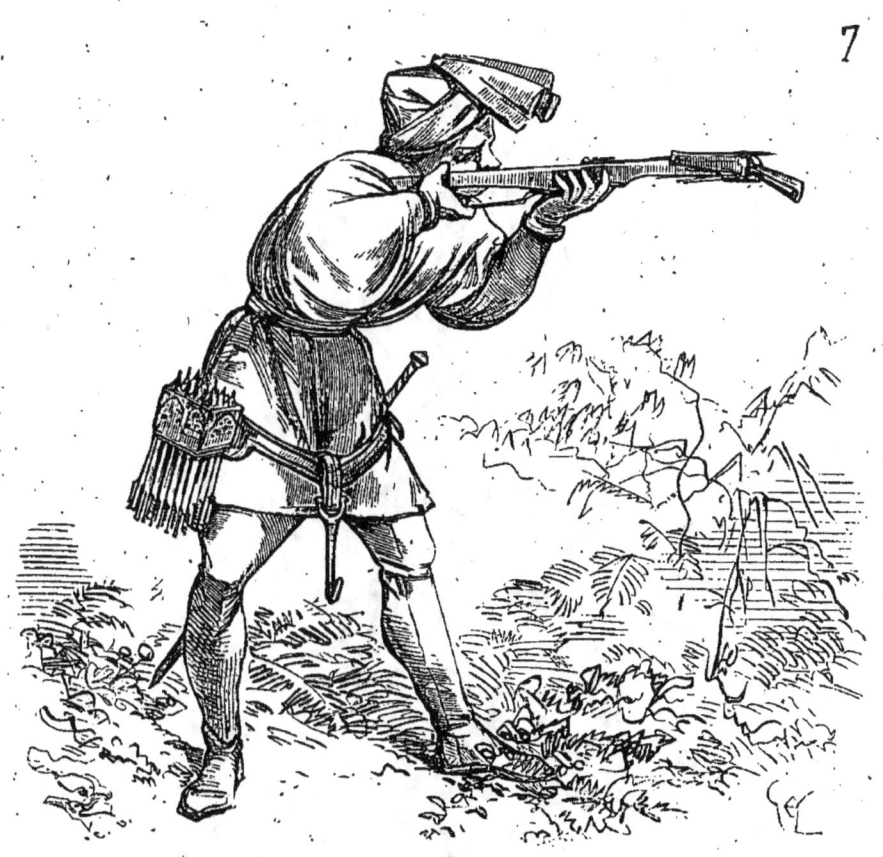

7

hanches est une seconde ceinture faite de cuir piqué, qui retient sur la cuisse droite la trousse contenant les carreaux, sur la cuisse gauche une épée longue, et devant, un bout de cuir auquel est soli-dement fixé par une bielle un long crochet de fer. Lorsque le chasseur voulait bander son arbalète (fig. 8), il passait un pied dans l'étrier de fer fixé à l'extrémité de l'arme, ayant retourné celle-ci, la noix de son côté. Il passait la corde de l'arc d'acier dans le cro-chet suspendu à sa ceinture en le maintenant de la main droite; puis, allongeant la jambe engagée dans l'étrier et redressant le corps,

____
[1] Le *Livre de chasse* de Gaston Phœbus, manuscr. Bibliot. nationale, fin du xivᵉ siècle.

il amenait la corde sur l'arrêt de-la noix. La trousse aux carreaux
se composait d'une boîte carrée ou cylindrique de cuir bouilli et
sans fond. Une peau souple percée de trous fermait seulement le
dessus de cette enveloppe. Les fers des carreaux de chasse étant
barbelés, on les entrait par dessous, les pennes en bas, libres. La
barbelure de ces fers les empêchait de tomber en repassant par les

8

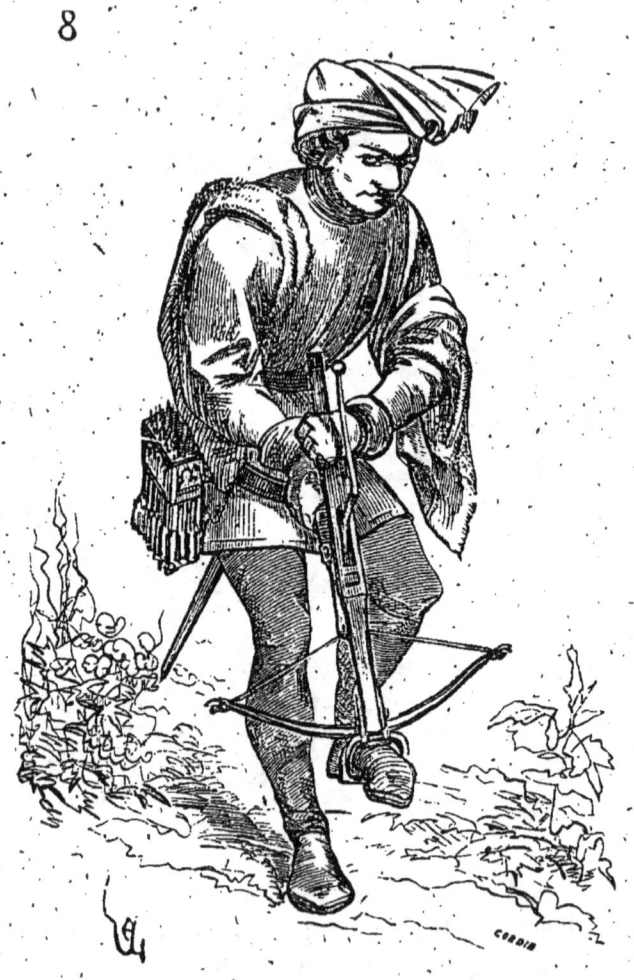

mêmes trous. Le chasseur prenait donc chaque carreau par son
fer : les pennes, flexibles, passaient par les trous sans se froisser. La
figure 8 montre le chasseur à l'arbalète vêtu de l'escoffle par-dessus
la cotte, les manches très larges de ce vêtement de dessus sont
doublées de peau de loutre. Elles pouvaient être retroussées complètement sur l'épaule, afin de ne pas gêner les mouvements du bras.
Si le temps était mauvais, ces manches enveloppaient entièrement

les bras et même les mains. Pour marcher dans le bois, le chasseur fixait l'extrémité du crochet dans la ceinture. Quelquefois la
trousse aux carreaux était munie d'un morceau de peau qui permettait de couvrir les fers.

La figure 9 donne un de ces carreaux d'arbalète de chasse [1]
muni de deux pennes seulement, tandis que les flèches d'archer
en possédaient trois. Les chasseurs à l'arbalète se servaient aussi

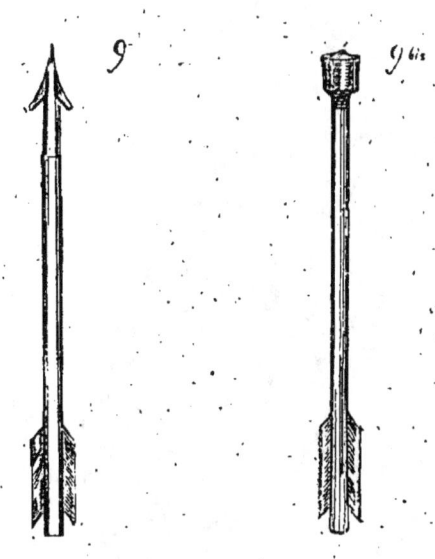

de carreaux terminés par un fer en forme de croissant, afin de
couper les jarrets des bêtes et de les pouvoir prendre vivantes. On
chassait la bête noire avec l'arbalète aussi bien à pied qu'à cheval,
et, dans ce dernier cas, la corde de l'arc était bandée au moyen du
*pied-de-biche* [2].

Pour tirer le lièvre, les carreaux d'arbalète étaient terminés par
un cylindre de bois ferré (fig. 9 *bis*). Ainsi le chasseur étourdissait
l'animal sans gâter sa fourrure et sans répandre son sang. On considérait ce gibier comme d'autant meilleur qu'il n'était pas saigné.

Tous les veneurs représentés dans le manuscrit de Gaston Phœbus
sont vêtus à peu près de même, c'est-à-dire qu'ils portent généralement l'escoffle ample comme vêtement de dessus. Cependant, vers
la même époque, les chasseurs sont souvent figurés habillés de
vêtements justes. Alors la vénerie de chaque seigneur tenait à porter
un vêtement de chasse spécial, une sorte d'uniforme.

[1] Même manuscrit.
[2] Voyez ARBALÈTE, partie des ARMES.

Le *Trésor de vénerie*, composé en 1394 par messire Hardoin de Fontaines Guérin [1], nous montre tous les veneurs vêtus de la même manière : d'un surcot juste avec manches rembourrées à l'arrière-bras ; taille très serrée, plastron bombé à la hauteur de l'estomac, chausses justes, et bottes molles à grands revers pour préserver le bas des cuisses du frottement de la selle.

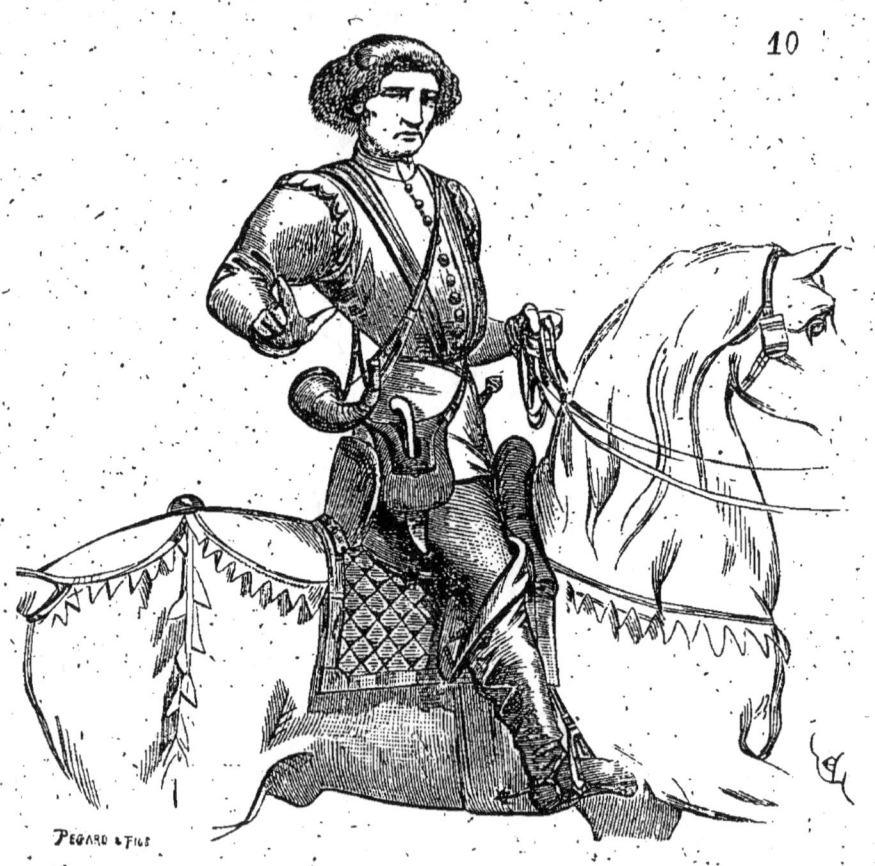

10

Ces veneurs (fig. 10) sont tous représentés la tête nue. Il semble qu'ils ne missent le chaperon que pendant le mauvais temps. Dans le *Livre de chasse* de Gaston Phœbus, on voit également des veneurs courant à cheval tête nue. Sous bois, par le beau temps, cette habitude était justifiée.

Notre veneur, outre la corne pendue à son côté droit, porte l'escarcelle avec le couteau, et l'épée attachée à la ceinture très serrée à la taille.

---

[1] Ce *Trésor de vanerie* est écrit envers ; il a été publié en 1855 par M. le baron Jérôme Pichon.

Ces cornes de chasse ne pouvaient guère donner qu'un son, et les *cornures* différaient par l'étendue et la disposition des *mots* brefs ou longs. La réunion de plusieurs *mots* s'appelait alors (à la fin du xiv° siècle) *alenée :*

« Et si vous plaist l'eauve corner [1],
« Un lonc mot, et puis quatre après
« Doubles-de-chasse près à près,
« Et tout autant qu'une autre alaine
« Dont cy véés figure plaine [2]. »

Voici en effet (fig. 11) comment l'auteur note la cornure de l'eau :

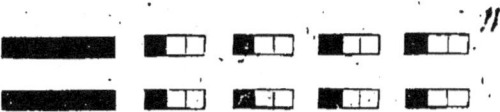

Ces sonneries n'indiquent évidemment que des sons brefs et longs, semi-brefs, ou longs doubles [3].

Les varlets de chiens, ou *braconniers* [4]...

« Mais là le sage braconnier
« Doit savoir, com bon costumier,
« S'il a chien qui se pregne garde
« Du change et celuy ayure et garde [5]... »

sont vêtus à peu près de même que les veneurs, si ce n'est qu'ils portent, à la place de bottes molles, des houseaux ou basses chausses de cuir lacées ; ils sont armés de l'épieu (fig. 12), et à leur côté pend un barillet.

Le traité de Gaston Phœbus distingue plusieurs espèces de chiens de chasse et leur consacre un chapitre tout entier dont nous croyons utile d'extraire quelques passages. Ce chapitre a pour titre : « *Cy « devise des alans et de toute leur nature.* — Alans est une nature « et maniere de chiens, et les uns sont que on appelle alanz gentilz, « les autres sont que on appelle alans veautres. Les autres sont

[1] Lorsque le cerf est à l'eau.
[2] *Le Trésor de vanerie :* « Cornure de l'eauve. »
[3] Voyez, à ce sujet, la note 6 de l'éditeur du *Trésor de vanerie.*
[4] C'était alors le nom qu'on donnait aux valets de chiens, chargés de soigner des chiens courants. On a vu que ces mêmes valets sont appelés, dans le *Roman de Garin,* des *breniers.*
[5] Même manuscrit.

« alans de boucherie. Les alans gentilz si doyvent estre faiz et
« tailliés droitément comme un levrier de toutes choses, fors que
« la tête qui doit estre grosse et courte, et combien qu'il en ait
« de chascun poil, le droit poil et de bon alan et qui est plus commun

12

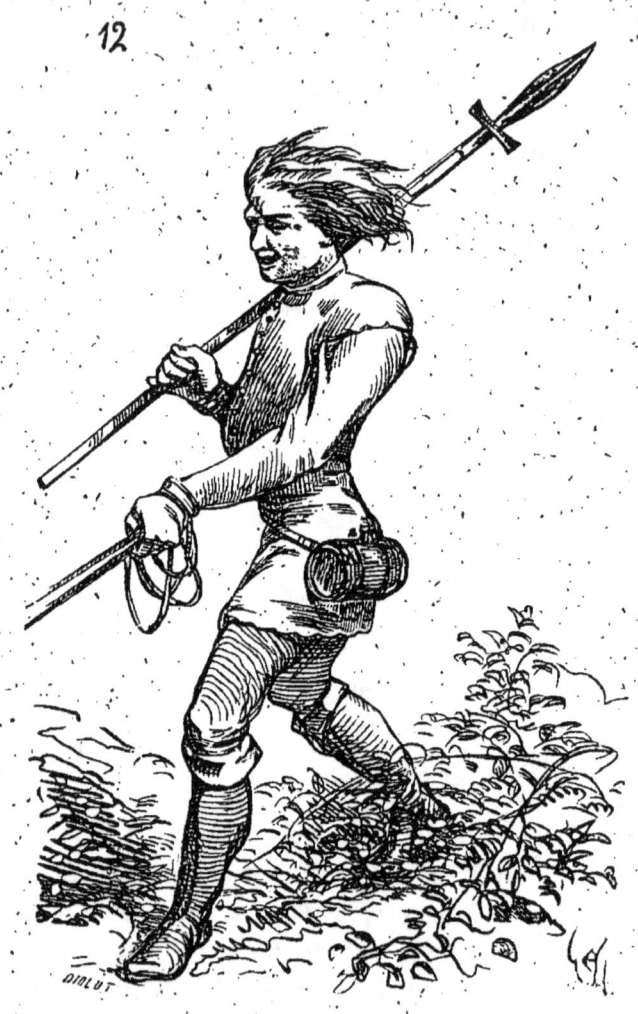

« si doit estre blanc avec aucune tache noire environ l'oreille. Les
« oyeulz bien petiz et blans et les narines blanches, les oreilles
« droites et agusiées et aussi les y a faite l'en[1]. Alan faut mielx
« acoutumer que nulle autre beste, car il est miels taillé et plus
« fort pour faire mal que nulle autre beste. Et aussi les alanz sont
« voulentiers estourdiz de leur nature, et n'ont mie si bon sens

---

[1] « Aussi les leur a-t-on faites » (taillées).

« comme moult autres chiens ont ; car, si on cuert un cheval, ils le
« prennent (suivent) volentiers et vont aux buefs ou brebiz ou
« pourciaux ou autre bestail, ou aux gens, ou autres chiens. Car
« j'ay veu alan qui tuoit son maistre. Et en toutes guises alan sont
« mal gracieux et mal entechiez[1], et plus foulz et étourdiz que autre
« manière de chiens. Et onques je n'en vis trois bien entechiez et
« bien bons, car bon alan doit courir sitot comme un levrier, et ce
« quoy il ataint il y doit metre la dent et ce doit estre sans lessier ;
« car un alan de sa nature tient plus fort sa morsure que ne feroient
« trois levriers les meilleurs qu'on puisse trouver. Et pour ce est le

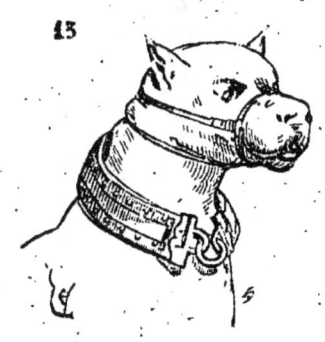

« meilleur chien qu'on puisse tenir pour prendre toute beste et tenir
« fort..... Bon alan doit amer son maistre et suivre, et li aider en
« touz cas et faire ce que li commandera quelque chose que ce
« soit..... L'autre nature d'alans veautres si sont onques tailliez
« comme laide taille de levriers; mais ils ont grosses testes, grosses
« levres et grans oreilles, et de ceulx s'aide l'en très bien à chascier
« les ours et porcs sangliers ; car ils tiennent fort de leur nature....
« et meslez avec levriers qui pincent sont bons, car, quant ilz atai-
« gnent la beste, ilz la tient et tiennent coy, mais d'eulx mesmes
« ils ne la tiendroient jà, se levriers ne metoient la beste en destri[2].
« Donc, tout homme, qui veult hanter la chasce des ours et des san-
« gliers, doit avoir et alanz et levriers et veautres ou de boucherie,
« et mastins, s'il n'en puet avoir des autres. »

Le manuscrit ne se contente pas de ces descriptions, il donne
l'allure des alans. Ces figures rappellent assez la taille et la forme
des grands chiens dits danois.

Quant aux chiens courants, ils sont représentés le museau court,

---

[1] « Ont de mauvais penchants. »
[2] « Aux abois. »

les oreilles longues, les épaules fortes, la queue poilue. Voici comme sont habillées les têtes des chiens alans (fig. 13). Les épieux

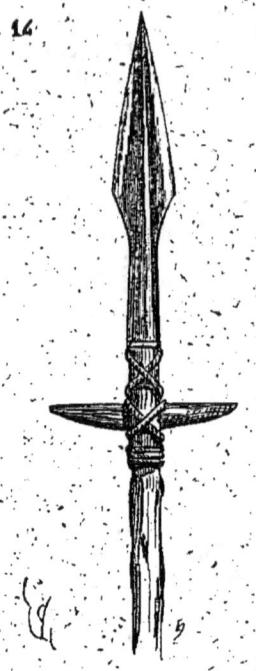

14

que portent les chasseurs dans le manuscrit de Gaston Phœbus sont

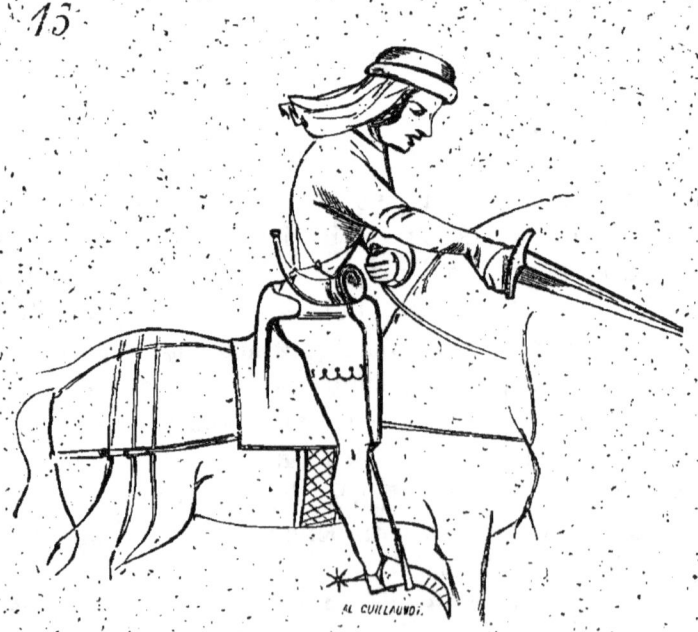

15

façonnés ainsi que l'indique la figure 14. La traverse A est de bois et maintenue à la hampe par un fil croisé. Les veneurs frappant avec cette arme, les sangliers au défaut de l'épaule, il fallait préserver la main contre les atteintes des défenses de l'animal : cette traverse tenait lieu de garde.

On voit, dans le manuscrit du *Livre du roy, Modus*[1], un veneur à cheval recevant, l'épée à la main, un sanglier (fig. 15). Ce chasseur est vêtu d'un surcot très juste, pourpre clair, sur des braies rouges. Son chapeau rouge est posé sur un voile vert qui lui couvre la nuque ; un cor blanc est pendu à son côté.

Les dames nobles ne se privaient pas de suivre les chasses ; mais c'était habituellement pour courre le lièvre, rarement elles chassaient la grosse bête. Leur chasse favorite, comme nous le verrons tout à l'heure, était la chasse au vol.

La *Chanson del roi Guillaume d'Engleterre*[2] fait ainsi parler la reine, s'adressant à son époux :

« Sire, fait-elle, il vos estuet.
« Tout maintenant aler en bois.
« Sarés-me-vos gre se g'i vois ?
« — Sarai, dame ? oïl, voir, molt grant[3]. »

« . . . . . . . . . . . . .
« Tantot la dame a commandé
« Que li chien soient acouplé,
« Enseler fait ses caceours[4]
« Et atorner ses veneours.
« Jà sont atorné por movoir,
« Cascuns à tot son estavoir ;
« Tot ont lor cors et lor harnas.
« Ne finent dusqu'à .j. escars[5]
« U le cerf de .XVI. rains troevent ;
« Tot li cien apres lui s'esmeuvent.
« Li cers s'en vait les saus fuiant,
« Et cil le vont apres huant.

« . . . . . . . . . . . . . »
« Biau sire, par tel convenant,
« Fait la dame, vos doins congié
« De courre apres le cerf con gié.
« Vos courrés ; jou ne courrai pas.
« Toute l'ambleure et le pas,
« M'irai apres vos esbatant. »

[1] Biblioth. nationale, français, n° 12399. Ce manuscrit daté de 1370 à 1380.
[2] Publ. par M. Fr. Michel, du manuscr. français de la Biblioth. nationale, n° 6987, écriture du XIV° siècle.
[3] « Sire, fit-elle, il vous conviendra maintenant d'aller chasser ; vous plairait-il que j'y allasse avec vous ? — Oui certes, madame, et ce me sera un grand plaisir. »
[4] « Elle fait mettre en selle ses chasseurs. »
[5] « Ils ne s'arrêtent pas jusqu'à une terre défrichée » (*escar* pour *essart*).

Les vêtements que portaient les dames à la chasse à courre, à dater du xiv<sup>e</sup> siècle, sont très fermés. Habituellement, les femmes se tenaient en selle comme les hommes, les jambes plus pliées, par

16

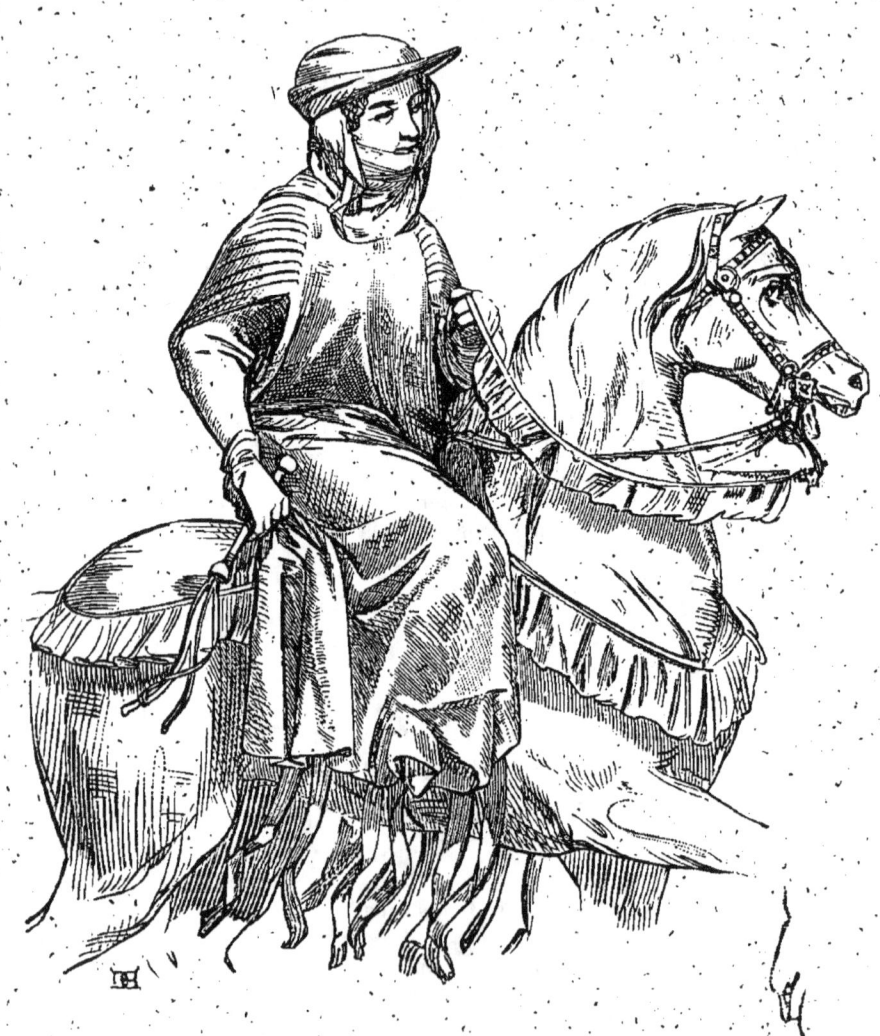

conséquent les étriers tenus courts. Voici la copie d'un ivoire de la première moitié du xiv<sup>e</sup> siècle, qui montre une dame ainsi équipée (fig. 16)[1]. Sur sa cotte elle a endossé un large peliçon sans

---

[1] D'un cadre à miroir provenant de la collection W. Maskell. Cette dame chasse le lièvre accompagnée d'un jeune homme.

manches, couvrant bien les épaules et les arrière-bras. Ce peliçon tombe jusqu'aux pieds ; il doit être fendu en bas par devant et par derrière. L'écuyère porte un voile avec barbette et chapel à visière par-dessus. Dans sa main droite, elle tient un fouet en façon de martinet à trois lanières. La housse de la selle est terminée en bas, de chaque côté, par six lanières chasse-mouches.

Le luxe des chasses fut poussé aussi loin que possible chez les riches gentilshommes, pendant les XIV⁰ et XV⁰ siècles. Bernabo Visconti avait une meute de cinq mille chiens pour la chasse au sanglier. Ce seigneur faisait punir de mort les paysans qui étaient convaincus d'avoir tué un de ces animaux sauvages. L'historien Campo dit à ce sujet : « Je ne veux passer sous silence la cruauté de « Bernabo et la manière dont il faisait condamner aux derniers « supplices les pauvres paysans qui avaient pris ou tué quelque « sanglier. Ayant été réprimandé à ce sujet par les religieux de « l'ordre de saint François, il les fit assassiner. » Ce seigneur ne permettait pas à ses principaux ministres de recevoir des émoluments qu'autant qu'ils prouvaient avoir mis à mort quelque braconnier. Il vivait en 1354. Pour peindre ce personnage, un trait suffit.

Ayant rencontré sur le pont de Lambro, à Melegnano, deux envoyés du pape Innocent VI, chargés de lui remettre des lettres qu'il supposait devoir lui être désagréables, il s'enquit auprès d'eux avec une apparence d'intérêt si, après un si long voyage, ils n'avaient pas faim ou soif. Les messagers, devinant à la figure du seigneur que la question cachait quelque mauvaise pensée, et que, s'ils avouaient avoir soif, ils avaient quelque chance de boire à la rivière, parlèrent seulement de la faim qui les pressait. Bernabo leur laissa le choix, ou d'être jetés par-dessus le pont, ou d'avaler les lettres papalines, ce qu'ils firent, les sceaux de plomb compris.

Le roi Charles VI rendit en 1396 une ordonnance datée de Paris, qui défendait la chasse à toute personne non noble. L'équipage de chasse de son frère Louis, duc d'Orléans, se composait « d'un maître veneur, ayant sous ses ordres deux aides et un chevalier de vénerie ; de dix pages des chiens, dont deux spécialement attachés au service des lévriers ; de huit valets de chiens, et de « deux povres varlez qui « n'ont nulz gaiges et qui gissoient la nuit avec les chiens ». Ces valets étaient seulement habillés.

« La meute comptait quatre-vingt-dix-huit chiens courants, huit limiers et trente-deux chiens lévriers pour le cerf, indépendamment des chiens pour le sanglier, et les lévriers et mâtins de la chambre de Monseigneur [1]. » Les chiens étaient l'objet de soins assidus. On les envoyait en pèlerinage, et l'on disait des messes à leur intention.

En 1359, Edouard d'Angleterre, traversant la France avec son armée, pendant la captivité du roi Jean, menait à sa suite, dit Froissart, « trente fauconniers à cheval chargés d'oiseaux, et bien « soixante couples de forts chiens et autant de lévriers, dont il alloit « chacun jour en chasse [2]. »

Les ducs de Bourgogne possédaient les plus nombreux équipages de vénerie : « Six pages de chiens courants, six de lévriers ; « douze sous-pages de chiens, six gouverneurs de valets de chiens ; « six valets de chiens lévriers, douze valets de chiens courants, six « valets d'épagneuls, six valets de petits chiens, six valets de chiens « anglais et de chiens d'Artois [3]. »

Si les châtelaines ne suivaient les chasses à courre qu'accidentellement, si elles laissaient aux hommes le plaisir des chasses aux *bêtes noires*, elles se livraient avec passion à la chasse au vol, et, en effet, cette chasse était un des exercices les plus charmants qu'on puisse imaginer. Le *Livre du roy Modus* décrit tout au long, et la manière de chasser au vol, et la façon d'élever, d'instruire et de soigner les oiseaux. Il commence par dire quelles sont les trois conditions que doit remplir le chasseur au vol. « La première est de « les aimer parfaitement (les oiseaux), la seconde est de leur être « amiable, la tierce qu'on en soit curieux. » La noblesse féodale, pendant les xiie, xiiie et xive siècles, eut pour la chasse au vol un goût si vif, qu'elle dépensait des sommes considérables et se ruinait pour satisfaire cette passion. Mais, avant de donner quelques détails relatifs à cette chasse, et rentrant dans notre sujet, nous analyserons une pièce de vers donnée par l'auteur du *Livre du roy Modus*, et qui est une peinture de mœurs des châtelains des xiiie et xive siècles.

Cette pièce est intitulée : « *Cy devise le jugement des chiens et* « *des oyseaulx et lesquelz font plus beaux déduiz.* » Il s'agit de savoir, des deux chasses à courre et au vol, quelle est la plus plaisante.

Deux troupes de dames et de chevaliers, l'une venant de chasser au vol, l'autre à courre, se rencontrent à la tombée du jour, toutes

---

[1] Voyez *Louis et Charles d'Orléans, leur influence sur les arts*, etc., par A. Champollion Figeac, ouvr. déd. à monseigneur le duc de Nemours, 1844.

[2] *Chron.* de Froissart, liv. I, chap. cxxi.

[3] Choisy; *Hist. de Charles VI*, p. 222. — Voyez, pour de plus amples détails, le *jurne* de Saint-Palaye, *Mém. sur l'anc. chevalerie*, t. III ; et Legrand d'Aussy, t. I, sect. iii.

deux ayant fait bonne chasse : d'une part un grand cerf a été pris,
de l'autre bon nombre de perdreaux. Les deux châtelaines sont
ravies de se voir :

> « Et alerent droit au manoir
> « Où il leur faloit remanoir,
> « Et les chevaliers autresi
> « S'entrefirent grant joie audui. »

Chevauchant l'une près de l'autre, la dame de la chasse au vol
dit à son amie : « Vous devez être lasse ; pour nous, en volant, nous
avons pris perdreaux à foison sans nous presser : je ne sache pas qu'il
y ait plaisir pareil. N'est-il pas plus agréable de suivre le vol des
oiseaux que de courir à perdre haleine après une bête qui fuit
devant vous ? — Cependant, réplique l'autre dame, n'est-il pas
beau de suivre à travers bois les chiens courants, de les devancer,
de forcer la bête ? Le proverbe du vilain est tel : « Chasse au vol ne
« profite guère. Toujours le fauconnier court après son faucon, il n'a
« pas de répit. » — Soit, reprend la première, laissons cette matière,
nous la discuterons plus à loisir : faisons bonne chère, cette nuit
nous penserons à défendre opinion. » On arrive au château de
la dame au vol, et, s'adressant au châtelain :

> « ..... Lequel vous semble plus bel,
> « Chace de chiens ou vol d'oiseaulx ?
> « Vostre femme tient plus à beaux
> « Et à meilleur la volerie,
> « Et rien ne prise véneric ;
> « Si en fera un argument. »

Le seigneur se garde de se prononcer et dit qu'il soumettra le cas
au comte de Tancarville, plus compétent que nul autre en ces matières. « Bien, disent les deux dames en riant, vous nous avez juge
donné, nous l'acceptons. » Les varlets apportent la venaison.

> « Et le cerf portoit seize cors ! »

« Eh ! dit la dame au cerf, votre épervier serait bien empêché
d'emporter cet oiselet ! »

> « La dame commença à rire,
> « Et si ne voloit nul mot dire. »

On se met à table.

> « Et tantost s'alèrent couchier,
> « Car ils estoient traveilliez,
> « Et si avoient bien veillié. »

« Allons, dirent le matin les chevaliers, allons réveiller ces dames ; nous entendrons leurs arguments. »
Elles sont à leur toilette.

> « Estes vous preztes d'arguer ? »

« Oui, répondent-elles. — Eh bien ! nous descendons au jardin et vous y attendrons. Descendues au verger, assises près de leurs maris :

> « Donc, dist la dame à l'esporvier,
> « Dame, vous devez commencer. »

« — Non pas, dit l'autre, vous avez soulevé la question, veuillez commencer. — Soit... Peut-on comparer chiens et oiseaux ? Les oiseaux que la nature a faits si beaux, si fins, si courtois, si jolis ; qu'ils soient sors[1] ou mués, ne sont-ils pas charmants à voir ? ne les porte-t-on pas avec soi dans les chambres des rois et comtes, tant ils sont nets et propres naturellement ? En peut-on faire autant des chiens, sales, toujours sur les fumiers, et qu'on ne peut approcher sans se boucher le nez ? Puis on peut partout porter oiseaux avec soi ce qu'on ne peut faire des chiens, qui mangent tout où ils se trouvent. Mais n'est-il pas merveilleux qu'un si petit animal comme est le faucon, par son courage, batte une grue ou un cygne sauvage ! Et le héron qui s'élève jusqu'aux nues, ne voyons-nous pas le faucon l'attaquer par devant, par derrière ? ainsi combattant, on les perd tous deux de vue ; puis l'oiseau chasseur prend son temps, saisit le héron par la tête, et tous deux, comme un tourbillon, se précipitent à terre. Qu'y a-t-il de plus plaisant que de chasser en rivière avec un faucon hautain ou deux ? Si en plaine est un étang bien peuplé de canes, de malarts, — il n'y faut pas de petit gibier, — on laisse aller les faucons. Ils s'élèvent tout d'abord si haut, qu'on les perd de vue. Alors, on frappe les tambours pour faire

---

[1] Les faucons *sors* sont ceux qui sont encore à leur premier pennage. *Sor* s'entend comme *roux*. On disait encore, au siècle dernier : cheval *sor* ou *saur*, pour alezan, comme on dit encore : harengs *sors* ou *saurs*, pour à la fumée.

envoler les oiseaux de marais, qui prennent de l'air en troupes. Sur eux fondent les faucons comme la foudre, ils les précipitent à terre, puis semblent rebondir pour s'élever de nouveau et retomber sur d'autres : les uns gisent dans les prés, d'autres sont noyés. Ainsi fait-on belle chasse en peu de temps. Vous parlerai-je de l'épervier ? Est-il une plus jolie chasse, quand dames, chevaliers et damoiselles s'en vont chevauchant, chacune l'épervier sur le poing ? Ces oiseaux volent menu et souvent, chassent, manquent le gibier, volent après, se reprennent, saisissent alouettes et perdreaux ; et chacun de s'écrier, de les suivre. Non, il n'est pas de chasse plus attrayante que celle de l'épervier, quand il est bon. Voyez cet épervier qui poursuit une alouette ; elle s'élève, s'élève toujours, mais lui abandonne sa chasse. On laisse aller un autre épervier ; celui-là part tout droit, monte à l'essor, fond sur l'oiselet, et tous deux tombent à terre comme deux pierres, entre les chevaux des chasseurs. Et, quand l'épervier prend bien l'alouette de randon et l'apporte sur le poing de sa maîtresse, n'est-ce point chose plaisante ? Il y a beaucoup d'autres oiseaux dont je ne parlerai pas, m'en tenant au faucon et à l'épervier. Ma conclusion est que le plaisir de la chasse au vol l'emporte de beaucoup sur celui de la chasse aux chiens courants ; car le vrai plaisir de la chasse est de voir, non d'entendre. Avec les oiseaux, la vue est toujours satisfaite ; avec la chasse à courre, on n'entend que des aboiements, et, quand on arrive à la prise, on est rendu. Et qu'a-t-on vu pendant cette course effrénée ? Rien. »

A cette argumentation, la dame au cerf répond : « Vous vantez avec raison les qualités des oiseaux, mais les chiens en possèdent qui les valent. Vous dites que les oiseaux sont courtois ; mais les lévriers sont chiens, et, sans parler du lévrier qui combattit pour son maître contre Macaire, vous observerez que les lévriers couchent sur le lit du roi de France, lequel les aime, les chérit. Qui voudrait énumérer toutes les qualités des chiens aurait fort affaire. Vos oiseaux vous quittent assez légèrement, et souvent on a grand'peine à les ravoir, tandis que mes lévriers viennent à moi ; je n'ai pas besoin de m'en inquiéter, et, s'ils me perdent, ils savent bien retrouver le logis. Il ne s'agit pas de savoir quels sont les plus beaux des chiens ou des oiseaux, mais quels sont ceux de ces animaux qui méritent le plus notre affection. Or, ce point n'est pas discutable, je craindrais de vous ennuyer par de longs détails ; mais écoutez seulement ceci. Voici un joli temps d'été. De grand matin, les veneurs ont été en quête du cerf ; quand ils ont fait leur rapport, nous voilà tranquilles : on rit, on joue, on s'amuse ; chevaliers et dames sont

en joie ; puis on fait la collation sur l'herbe ; qui sait un bon conte
le dit. On se met en selle. Celui qui a fait le rapport passe devant
avec son lévrier et trouve sa brisée ; puis le lévrier suit la trace,
et les chasseurs vont après, courant, criant. C'est grand plaisir dans
les bois pour ceux qui aiment ce déduit. Quand le lévrier a le cerf
trouvé, le veneur sonne un long mot, et on laisse aller les chiens.
Oh ! alors, vous entendez les cors sonner. Si la forêt est belle et
facile, si la meute est nombreuse, au milieu des grands bois, ces
voix, ces aboiements, remplissent le cœur d'allégresse. Les dames
passent devant, voient le cerf fuyant ; il est grand, il a belle tête. On
le suit, on crie, on corne : les aboiements redoublent si bien, qu'on
n'entendrait pas Dieu tonner. Qu'est-ce qu'un petit oiseau sur le
poing, comparé à cette fête ? Il n'est pas de cœur si triste qui ne
bondisse. Gens et chevaux s'animent à qui mieux mieux, sonnent,
hennissent, huent. Tous sont entraînés après la bête qui fuit. La
voilà à l'eau, et les chiens après elle. Ce spectacle ne vaut-il pas le
vol aux canards ? Parlerai-je de la chasse au sanglier, des retours
de l'animal, de sa lutte contre les chiens...? » Ainsi ces deux dames
défendent chacune leur cause, répliquent jusqu'au moment où l'on
convient de mettre les plaidoiries par écrit, et de les envoyer au
comte de Tancarville qui jugera. « Mais, dit l'époux de la dame au
cerf à son hôte, mari de la dame aux oiseaux :

« Laquelle a le mieux argué ?
« Or me dictes vostre pensé.
« Sire (reprend l'autre), je me tiens à ma femme,
« Affin que je n'en soye infâme.
« Il est escript ès bons hostieux :
« Ce que la femme veult et Dieux.
« Je veul ce que ma femme veult. »

« Bien, réplique le premier, je vois que vous n'oseriez contredire
votre femme : mais, si vous émettez un avis contraire au sien, je
vous donne le meilleur de mes chiens chassant cerf et sanglier ;
seulement n'en dites rien. « L'autre « pense un petit », car il eût
bien désiré posséder ce bon chien ; mais, à tout prendre, il préfère
ne point contredire sa moitié, et répond : « Ami, perdrais-je le
paradis pour un chien... Ma femme a été à Balette...

« Et scet tous les arts de tolette.
« Véez-vous comment elle argue ?
« Tousjours n'a pas esté en mue.
« Je n'oseroye à luy plaidier. »

Gardez votre chien, je me tais. » Et le premier : « Je savais bien
que vous n'auriez pas mon chien :

> « Nous sommes tous parrochiens
> « De la grant-paroisse aux chiens. »

Et chacun de rire..

Nous avons donné cette analyse à peu près complète, parce qu'elle
représente assez fidèlement les mœurs et la vie de ces gentilshommes terriens, et qu'elle donne, sur les chasses, des renseignements curieux.

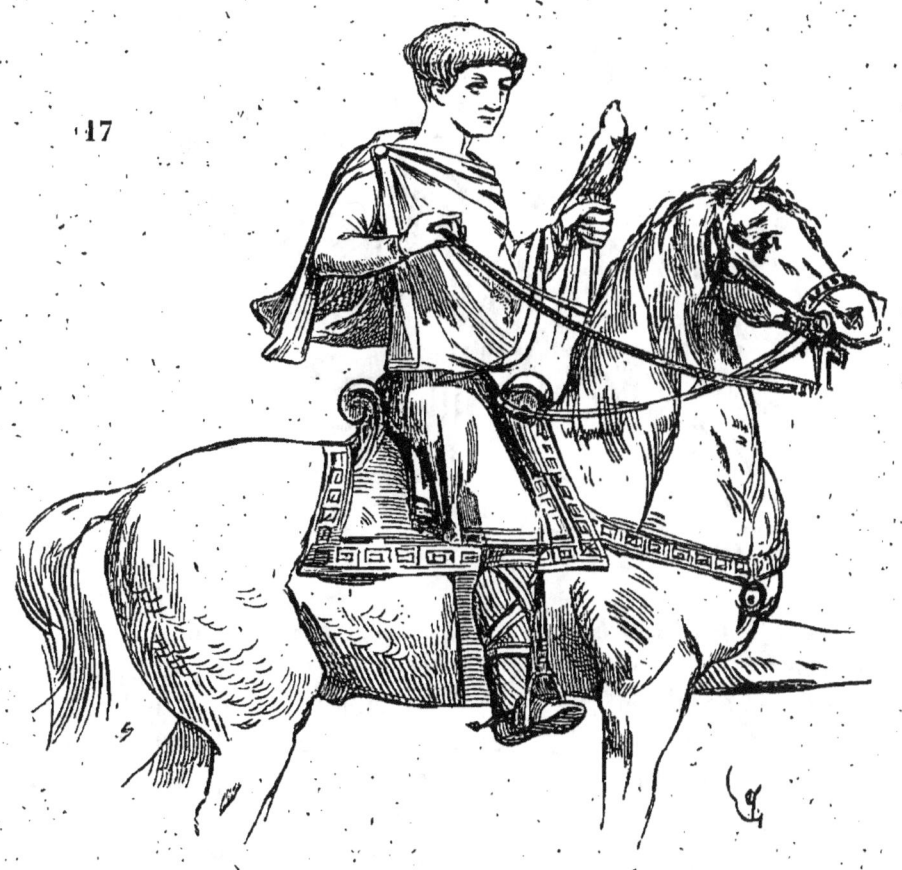

·17

La dame aux oiseaux dit vrai : les personnes nobles avaient pour
les oiseaux une telle affection, qu'elles en portaient en toute circonstance avec elles. La tapisserie de Bayeux nous montre Harold débar-
quant à l'embouchure de la Somme, sur la terre de Gui, comte de
Ponthieu ; il chevauche au milieu de ses compagnons, un oiseau
sur le poing. Guillaume, qui arrive pour le tirer des mains du comte,

est représenté de même (fig. 17). Le duc est vêtu des braies nor-
mandes[1], avec la cotte courte et le petit manteau attaché sur
l'épaule droite. Les jambes sont couvertes de chausses maintenues
par des bandelettes croisées. Il est nu-tête, les cheveux coupés,
suivant la mode normande de cette époque[2]. Un très curieux couvercle d'un sarcophage du milieu du xıı° siècle, déposé dans le

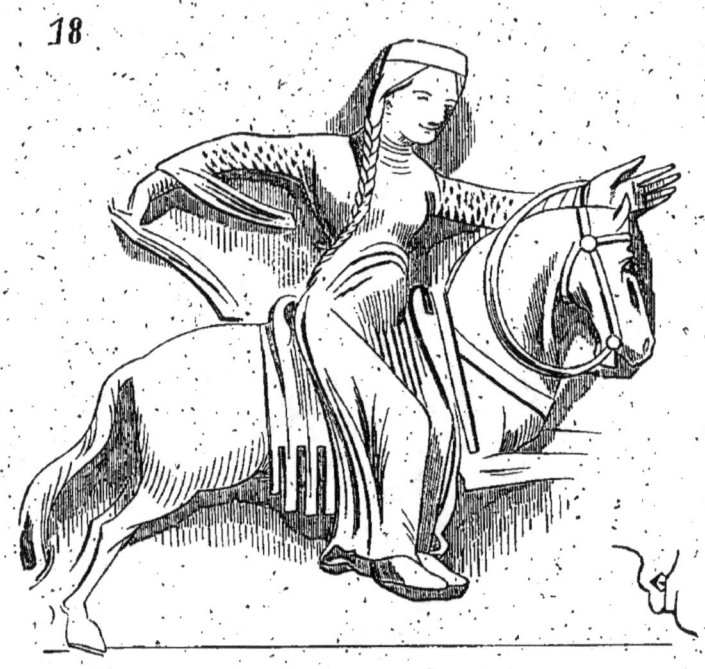

18

musée de Niort, représente des chasses. Sur l'une des faces de ce
couvercle on voit une dame qui a laissé aller le faucon. Cette dame
est en selle, assise du côté droit de la monture. Vêtue du bliaut, les
cheveux nattés en longues tresses, elle fouette son cheval pour suivre
le vol du faucon qui abat une pièce de gibier (fig. 18). Un chien
l'accompagne ; car, pour ce genre de chasse, on avait des chiens
dressés à ramasser le gibier que prenait ou qu'abattait le faucon.
Sur l'autre face est un noble également à cheval, son faucon sur le
poing (fig. 19).

Sans entrer dans de trop longs détails sur la chasse au vol, cependant il faut dire quelques mots des oiseaux propres à ce passe-temps

[1] Voyez, dans la partie des VÊTEMENTS, le mot BRAIES, fig. 2 et 3.
[2] En 1065.

et des usages de fauconnerie[1]. L'auteur du livre intitulé : *Le roy Modus*[2] dit qu'il y a huit espèces d'oiseaux « de quoy homme se « peut déduire. Ce sont quatre de quoy où vole, qui volent à tour, « et quatre qui volent de poing, et prennent de randon[3]. Ceux qui « volent à tour hault sont : le faucon, le lasnier, le sacre et le hobe ; « et ceux qui volent de poing et prennent de randon sont : l'otoir[4], « le gerfaut, l'espervier et l'esmerillon. »

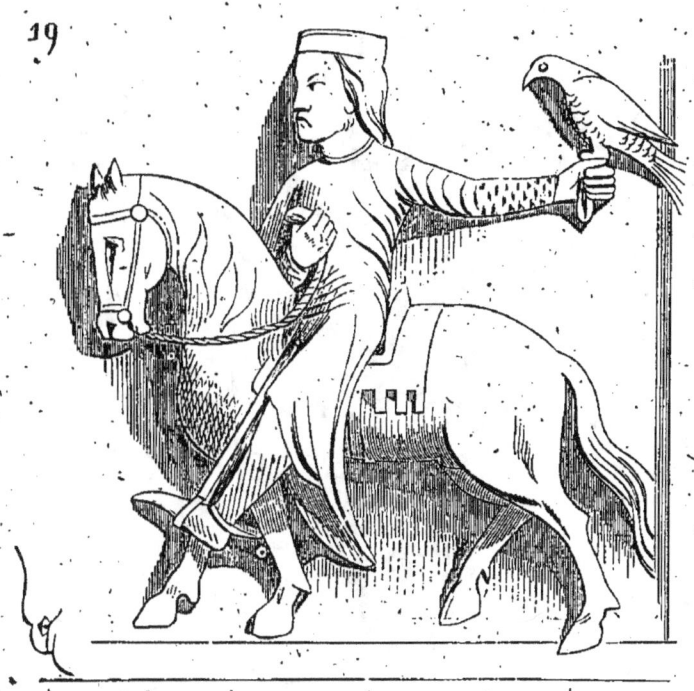

19

Le faucon est niais au passager, c'est-à-dire pris au nid ou au filet lorsqu'il est mué. Le fauconnier doit aimer ses oiseaux et s'en faire aimer ; il doit être sobre, se lever au jour, ne manger ni ail, ni oignons crus. Il faut qu'il coure bien, qu'il monte à cheval adroitement et légèrement d'un côté ou de l'autre. Il ne doit jamais rentrer sans avoir retrouvé son oiseau, s'il fait de grandes fuites.

[1] Voyez la *Fauconnerie ancienne et moderne*, par MM. Chenu et des Murs (Paris, 1862).

[2] Écrit au commencement du xive siècle, mais sur des documents d'une date antérieure.

[3] C'est-à-dire, quatre qui volent en tournoyant, et quatre qui, du poing du chasseur, se jettent sur la proie avec impétuosité.

[4] L'autour.

Les quatre oiseaux de haut vol sont oiseaux de leurre, c'est-à-dire
qu'ils sont *réclamés* ou rappelés à l'aide du leurre ; les quatre
autres, qui sont oiseaux de poing ou de *basse volerie*, sont dressés
à revenir sur le poing du fauconnier. Le leurre était, jusqu'à la fin
du XIVe siècle, une lanière de cuir rouge garnie de deux ailes à l'une

20

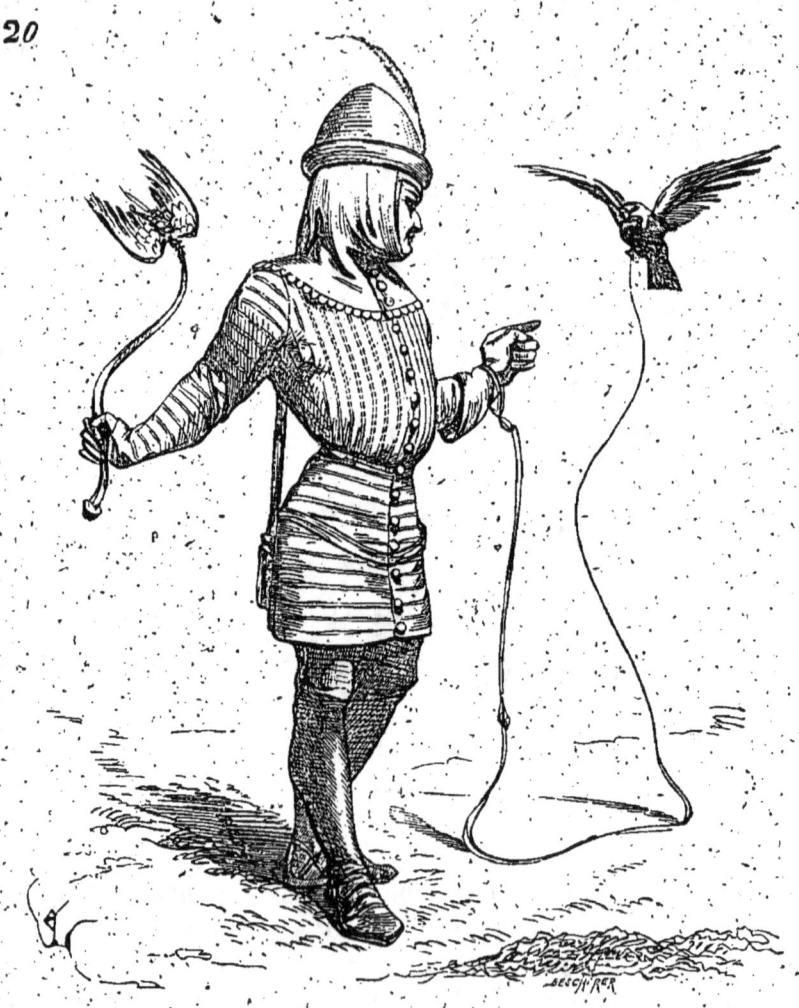

de ses extrémités ; depuis cette époque jusqu'au XVIe siècle, le leurre
avait une souche de cuir rouge qui servait d'attache aux ailes. Pour
rappeler l'oiseau, le fauconnier faisait tourner le leurre autour de
sa main et haut. La figure 20 montre un fauconnier dressant un
oiseau de haut vol à venir au rappel du leurre[1]. Ce fauconnier est

---

[1] Manuscr. Biblioth. nationale, *le Livre du roy Modus*, français, milieu du XIVe siècle ;
« *Cy devise comment l'on doit loirrer un faucon nouvel affailié.* »

vêtu de braies rouges, d'un surcot blanc rayé de jaune, d'un chaperon vert avec chapel de feutre rouge. Quand le fauconnier a fait
manger deux ou trois fois le faucon neuf sur le leurre, il s'en va de
bon matin en un pré avec un compagnon, l'oiseau chaperonné sur
le poing, le leurre *encharné* sur les deux faces [1]. Là il laisse l'oiseau manger deux ou trois becquées sur le leurre, puis le *décharne*
et le chaperonne [2], ajoute une cordelle à sa laisse, et le donne à tenir
au compagnon, qui s'éloigne de la longueur de la cordelle. Alors, le

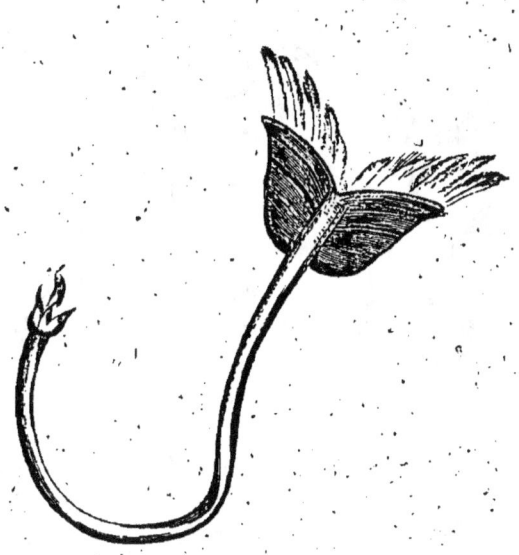

fauconnier fait tourner le leurre ; le compagnon ôte doucement le
chaperon au faucon. Si le faucon vole droit au leurre, il faut lui
laisser manger deux ou trois becquées sur le leurre à terre ; puis le
chaperonner de nouveau, le porter plus loin que la première fois,
le faire manger sur le leurre à terre, en criant : « Hae ! hae ! » Et
recommencer en éloignant toujours l'oiseau du leurre.

Quand il est habitué ainsi à venir au leurre, il faut le faire manger
au milieu de plusieurs personnes, puis des chevaux, puis le fauconnier étant à cheval ; puis le faucon nouveau est amené avec d'autres
faucons [3].

A la fin du xve siècle, le leurre était fait ainsi que l'indique la

[1] C'est-à-dire, garni de viande fraîchement tuée.
[2] C'est-à-dire, l'enlève de dessus la pâture et lui remet le chaperon.
[3] Voyez le chapitre cité plus haut du *Livre du roy Modus*.

figure 21. Les ailes étaient pincées dans une enveloppe plate de cuir rouge, et c'était sur cette enveloppe qu'on attachait les morceaux de viande chaude pour acharner le faucon nouveau.

Quand on était en chasse et qu'on voulait rappeler l'oiseau, le fauconnier faisait tourner le leurre au-dessus de sa tête.

« Pour un nouveau faucon il faut gant neuf de cuir de cerf bien blanc, laisse neuve de bon cuir, laquelle doit être attachée au gant ; cordelette avec bâtonnet pour caresser l'oiseau, car il faut le toucher

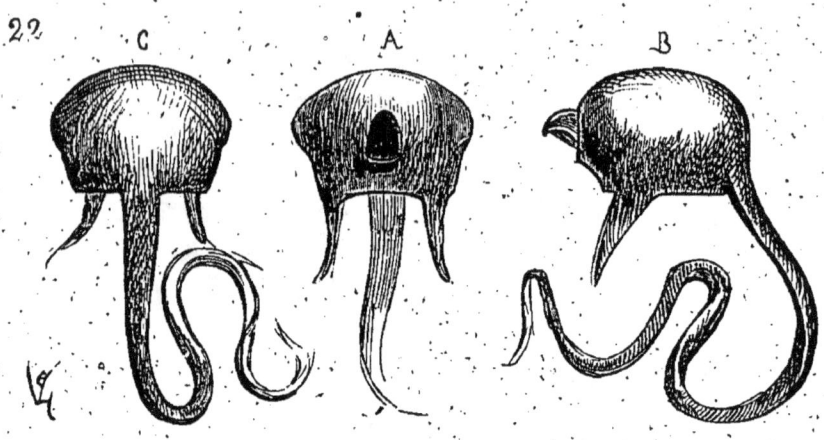

souvent, mais non avec la main. Il faut deux sonnettes attachées à ses pattes, afin qu'on l'entende remuer et gratter, puis un chaperon de cuir, bien fait et bien enfourmé, dont la forme soit élevée et saillante au droit des yeux, profonde et assez étroite par le bas pour tenir à la tête. »

La forme des chaperons n'est pas constamment restée la même. Pendant les xii⁰ et xiii⁰ siècles, les chaperons sont garnis postérieurement d'une longue queue (fig. 22), qui est la *tiroire*, c'est-à-dire la prise qui sert au fauconnier à enlever le chaperon. Cette tiroire est ainsi très longue pour que le fauconnier tienne son extrémité dans la main gantée, afin d'empêcher l'oiseau de se déchaperonner.

Notre figure montre en A le chaperon de face, en B de profil, et en C par derrière. Plus tard, et jusqu'au xvi⁰ siècle, les chaperons ont la forme présentée figure 23. Ils sont taillés droit par le bas, avec fente par derrière, et courroie pour serrer le cou de l'oiseau et l'empêcher de se déchaperonner. L'extrémité *a* de la courroie sert de tiroire. On chaperonnait l'oiseau par le bec d'abord, puis de la main droite on fixait la courroie au bouton.

Le fauconnier est habituellement ganté de la main gauche, et de là main droite il tire la tiroire[1] pour déchaperonner l'oiseau leste-

23

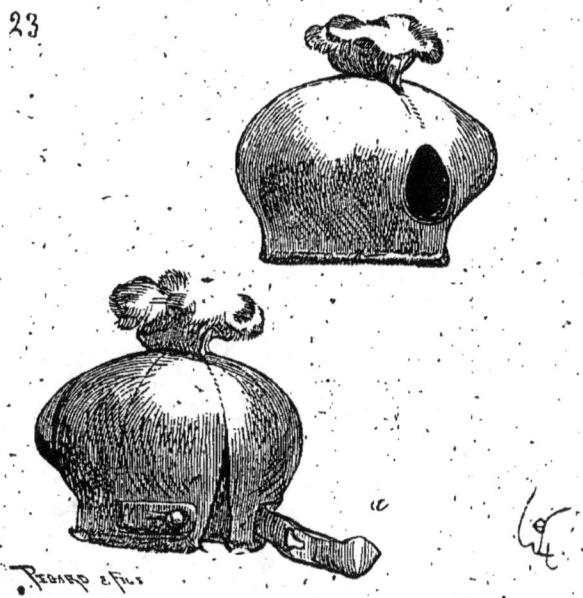

nent et sans le froisser. Il faut une certaine adresse pour déchapc-

24

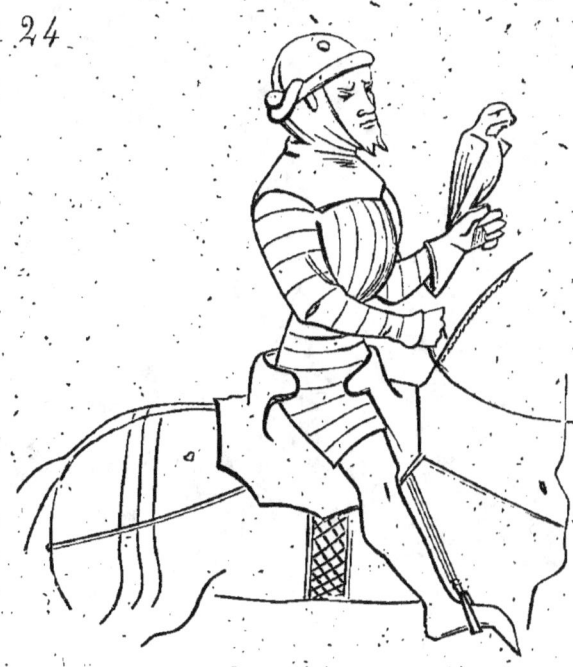

ronner le faucon, ne pas le distraire, afin que, sitôt le chaperon ôté,

[1] La courroie postérieure, qui, en se dégrafant, permet d'enlever le chaperon d'arrière en avant.

il voie la proie. Le bien porter n'est pas non plus chose indifférente,
afin de ne le point fatiguer et de le tenir en bon état. Il faut que le
fauconnier serre le coude au côté et porte le bras un peu loin du

25.

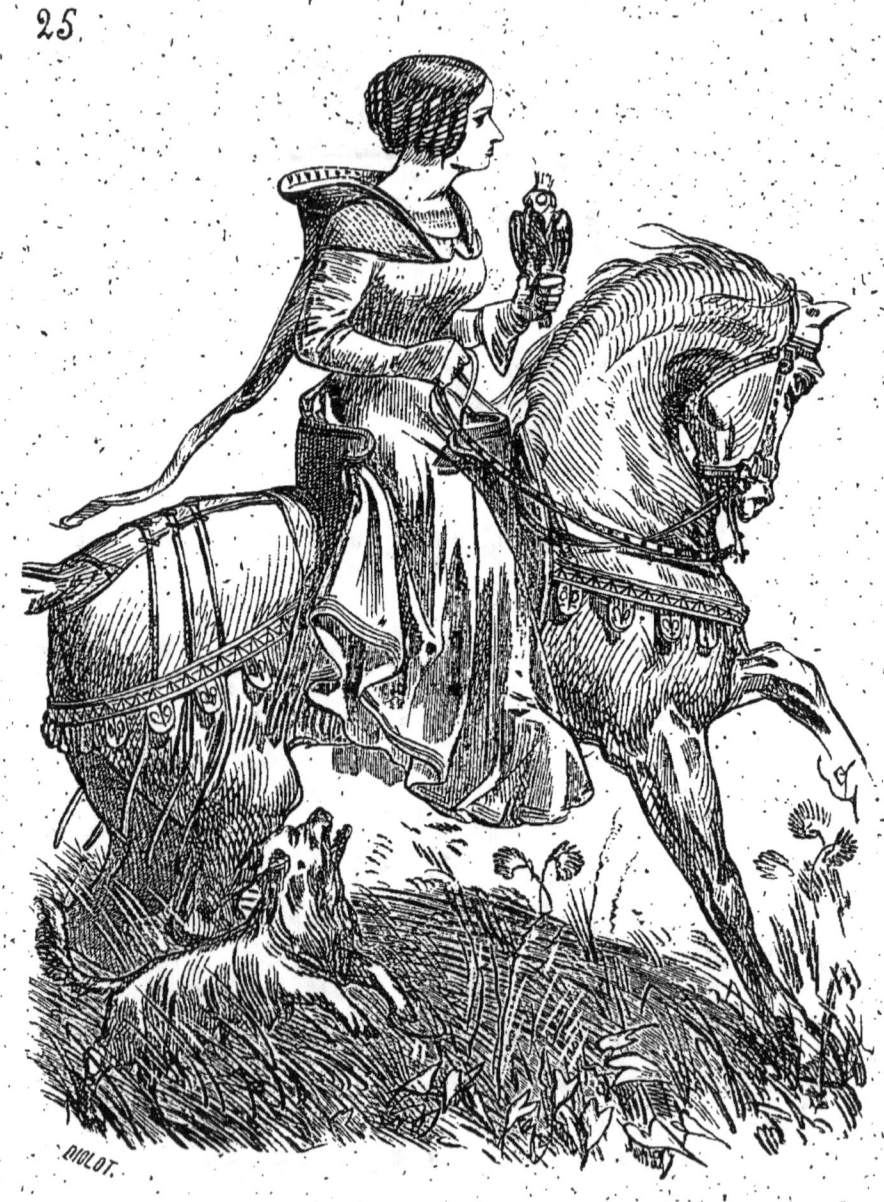

corps, droit et ferme ; que le faucon soit assis droit sur le poing,
non sur le côté de la main ou entre les doigts. Celui qui sait bien
tenir un faucon ne fait pas tinter ses sonnettes.

La figure 24 est la copie d'une vignette du manuscrit de la Bibliothèque nationale [1], représentant un fauconnier à cheval. Ce personnage est vêtu d'un surcot ou corset blanc rayé de jaune, le chaperon rouge enfourmé ; par dessus, la queue du chaperon enroulée autour de la tête pour le bien maintenir. Les braies sont rouges. La figure 25 montre une dame provenant du même manuscrit. Elle est vêtue d'une robe-corset bleu de roi, avec chaperon rose doublé de fourrure blanche. La selle est rouge. Sous le chaperon on voit la chemisette à petits plis qui couvre la poitrine. Elle est accompagnée d'un chien « d'oysel », suivant la désignation du traité de Gaston Phœbus. En effet, ce chien est figuré dans ce traité sous le nom de « chien d'oysel et espagnol » pour prendre perdrix et cailles, c'est-à-dire pour rapporter les pièces terrassées par l'oiseau de poing (épervier).

La figure 26 présente une autre dame à cheval, tenant son épervier déchaperonné, prêt à voler [2]. Elle est vêtue d'un ample surcot boutonné par devant, avec fentes latérales pour permettre de passer les mains ; par dessus, le chaperon dont le devant est retroussé sur le haut de la tête. Le surcot est ouvert sur le devant et par derrière, pour ne point gêner sur la selle, car on observera que cette écuyère, ainsi que la précédente, enfourche sa monture comme le fait un cavalier.

La fauconnerie exigeait des soins infinis. Un petit traité fort précieux, intitulé *le Fauconnier parfait*, écrit vers 1730 par Jacques-Élie Manceau, seigneur de Boissoudan, donne quantité de détails sur la chasse au vol et sur la manière d'élever et de soigner les oiseaux [3]. On peut reconnaître, en lisant ce traité, que cette chasse, au XVIIIe siècle, n'avait abandonné aucun des usages déjà mentionnés dans le *Livre du roy Modus*, bien qu'alors elle ne fût guère admise que chez quelques hobereaux vivant sur leurs terres.

Les gentilshommes, depuis le XIe jusqu'au XVIe siècle, portaient souvent un faucon ou un épervier avec eux dans leurs promenades, assemblées et visités. C'était un signe de noblesse. Ces beaux oiseaux, bien traités et élevés, s'attachaient à leur maître et n'étaient chaperonnés qu'au moment de la chasse. D'ailleurs une laisse était fixée à l'une de leurs pattes. Tout gentilhomme qui chevauchait par passe-temps avec des dames prenait un oiseau sur son poing. Si l'on approchait d'un étang, le faucon était déchaperonné, un des

[1] *Le Livre du roy Modus*, français (milieu du XIVe siècle).

[2] D'après un ivoire, collection Sauvageot, Louvre (environ 1360)...

[3] Ce traité a été imprimé dans la seconde partie des *Mélanges de littérature et d'histoire*, par les soins de la Société des bibliophiles français (Paris, Lahure, 1867).

pages, suivant à pied, faisait lever le héron s'il s'en trouvait ; et de lancer le faucon[1].

26

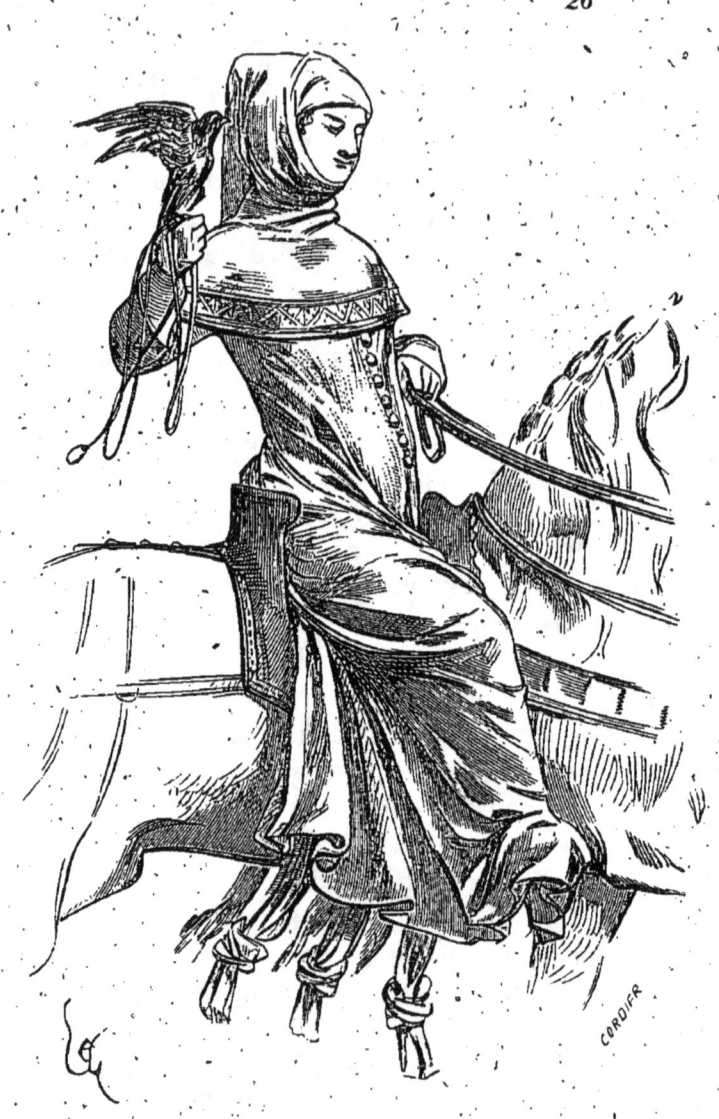

La figure **27**, copiée sur un cadre à miroir du commencement du xiv° siècle[2], nous montre un jeune homme et une jeune femme à cheval. La jeune femme caresse le menton de son amant, qui tient

[1] Voyez, dans le 1ᵉʳ volume du *Dictionnaire du mobilier*, l'article Mœurs féodales.
[2] Collection du rév. W. Sneyd.

un épervier sur le poing. Un page, armé d'un épieu, suit par derrière à pied. L'écuyère est en selle comme un homme, les jambes
plus pliées. Elle est vêtue d'une cotte à manches, couvrant complè-

27

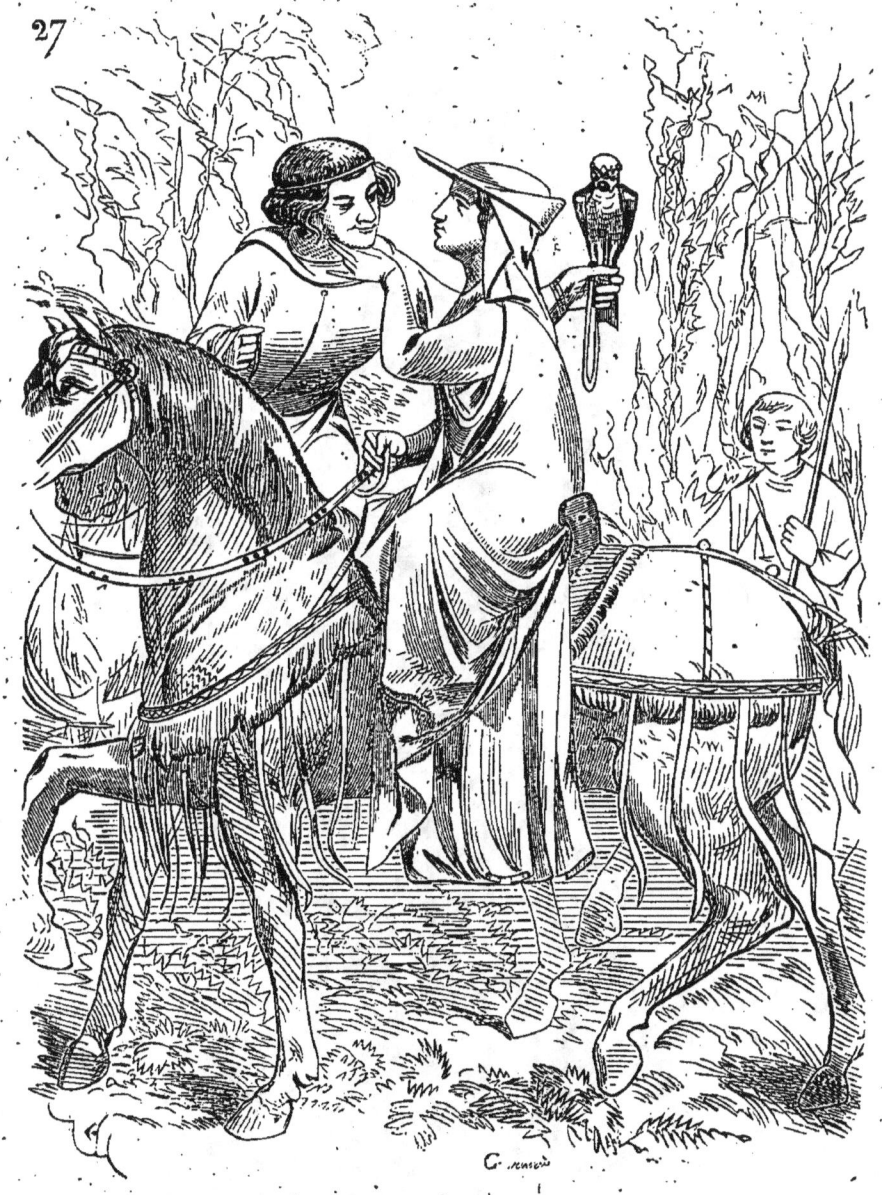

tement les jambes. Elle est coiffée d'un voile sous un chapel de
feutre dont le bord antérieur forme visière. Le jeune homme est
nu-tête, le chaperon rabattu; ses cheveux, longs latéralement, sont
maintenus par un cercle. La selle de la femme est couverte d'une
housse qui tombe droit jusqu'au-dessous du ventre de la monture.

28.

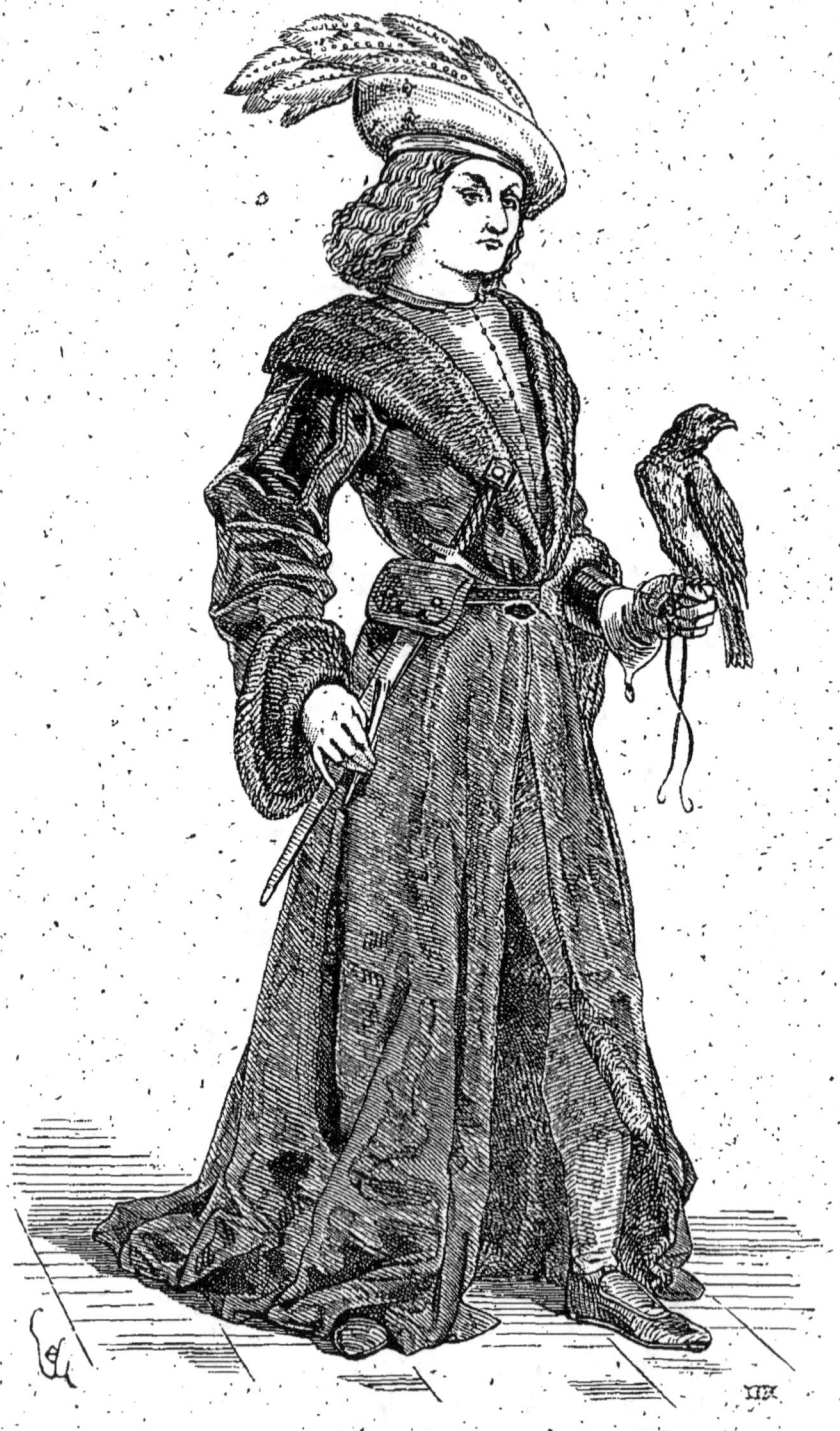

La charge de fauconnier était une des plus enviées à la cour des princes. Le grand fauconnier de France était un seigneur. Sur le frontispice du *Livre des tournois*, manuscrit exécuté vers la fin du xv° siècle par les ordres de Louis de Bruges, seigneur de Gruthuyse [1], pour être offert au roi Charles VIII, on voit le jeune prince assis sous un riche dais fleurdelisé ; à ses pieds est couché un lévrier. A sa droite sont rangés debout les seigneurs de sa cour, parmi lesquels, au premier plan, est un jeune noble très richement vêtu, tenant un faucon (fig. 28) : c'est le grand fauconnier. Sa robe de

**29**

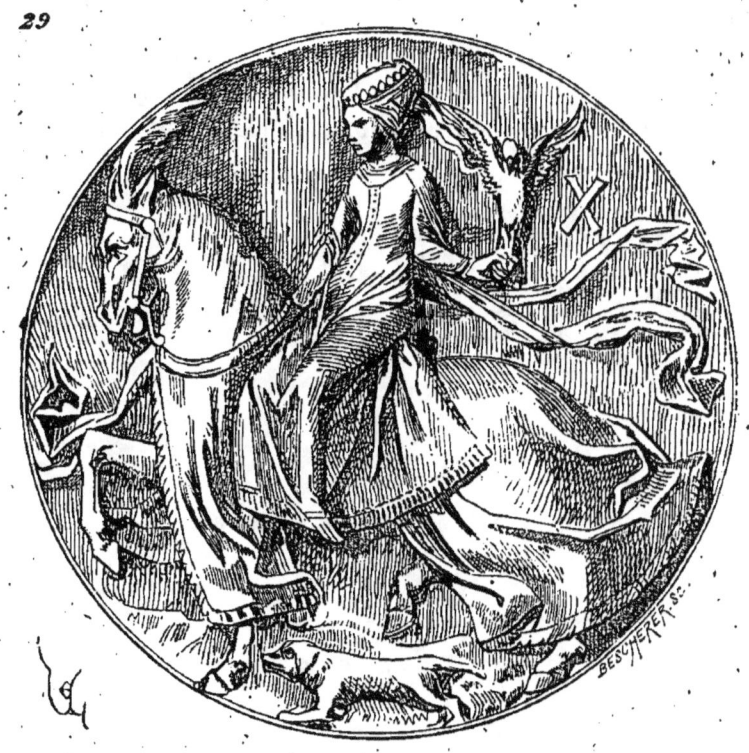

dessus, qui tombe jusqu'à terre, est de velours lilas, doublée de martre ; les manches, simples, sont fendues au droit de l'arrière-bras ; ses chausses sont vertes, avec souliers rouges ; son pourpoint est gris, avec boutons d'or, manches écarlates et bas collet brun. Sous son chapeau de fourrure blanche et garni de plumes rouges avec perles d'or, est une coiffe violette ; une ceinture rouge, avec escarcelle de même, enserre la robe. Une épée courte passe derrière

[1] Biblioth. nationale (français).

l'escarcelle; sa poignée est d'or et son fourreau blanc. Le gant sur lequel le faucon est assis est de peau blanche. Dans sa main droite ce seigneur tient le bâtonnet qui sert à caresser le faucon, lequel est déchaperonné.

Les gentilshommes n'étaient pas seuls à porter des oiseaux sur le poing, en certaines solennités, comme figure de noblesse, les dames de haut lignage se montraient souvent aussi parées, à cheval, portant un épervier. La figure 29 que nous donnons ici, copiée sur un bronze appartenant à M. le comte de Nieuwerkerke[1], montre une jeune femme coiffée d'une couronne oblongue avec voile, vêtue d'un riche corset avec très longues manches d'étoffe légère; non plus à califourchon, mais assise sur une haquenée houssée richement et ayant un plumail entre les oreilles. Le petit épagneul nécessaire à la chasse au vol accompagne le cheval. Cette fonte est une œuvre d'art exquise.

[1] Grandeur de l'original (fin du xvᵉ siècle).

# DIVERTISSEMENTS, DANSE, MOMERIES, MASCARADES, JEUX
# DE COMBINAISON ET DE HASARD, JEUX D'ENFANTS

On sait le goût des Romains pour les pantomimes pendant les repas. A la suite des représentations publiques du célèbre mime Pylade, qui seul, sur la scène antique, représentait tout un drame, les riches Romains voulurent avoir chez eux des représentations mimiques. Tibère tenta vainement d'interdire cette coutume, qui ne fit que se développer pendant les derniers siècles de l'empire. A la suite des repas, les jeunes gens, chez les Germains, exécutaient des danses simulant des combats. Les Mérovingiens conservèrent cette mode, contre laquelle s'élevèrent sans succès les évêques des premiers siècles chrétiens. Sous l'empire, un seul pantomime exécutait, pendant les festins, plusieurs actes d'un drame; il changeait de masque et de costume suivant les scènes qu'il devait traduire. A ce propos, Lucian rapporte une anecdote curieuse : « Un barbare, dit-il, ayant vu cinq masques préparés pour un acteur pantomime, car la pièce était divisée en cinq parties, et n'apercevant qu'un danseur, demanda où étaient ceux qui devaient représenter les autres personnages. Quand il eut appris que le même acteur les remplirait tous : — Vraiment, s'écria-t-il, je ne savais pas que dans ce seul corps vous eussiez plusieurs âmes [1]. » Il ne paraît pas que dans les premiers siècles du moyen âge les pantomimes eussent conservé le masque antique ; mais, d'ailleurs, ils exécutaient au son de la musique, et quelquefois avec accompagnement de chants (cantica), des danses et des scènes dramatiques. Loin d'avoir détruit cet usage, le christianisme le vit se répandre partout et même parmi les clercs dans l'enceinte des églises. Vers la fin du vi° siècle,

---

[1] Lucian, *De saltat.*, cap. 60. Voyez les *Origines du théâtre antique et du théâtre moderne*, par C. Magnin.

Aunacaire ou Aunaire, évêque d'Auxerre[1], dans un synode tenu sous sa présidence, défend dans le premier canon, « aux calendes de janvier, certaines pratiques venues du paganisme »[2]. Or, ces

1

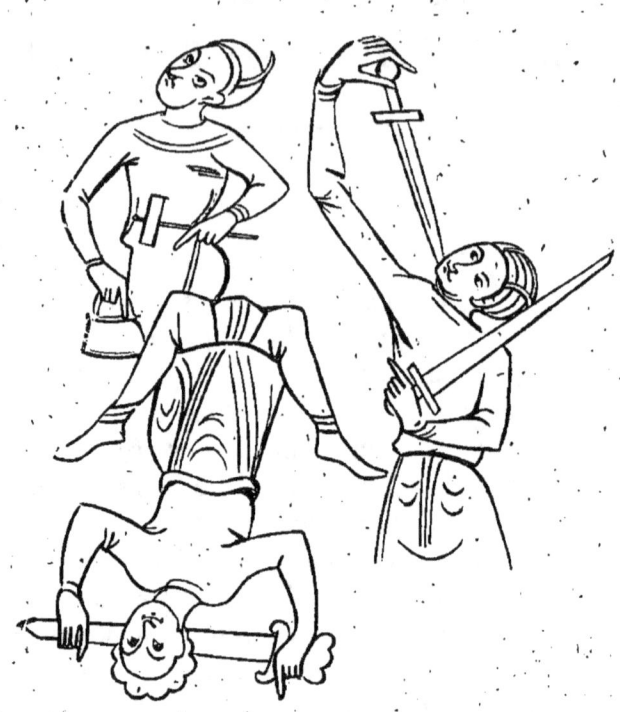

pratiques consistaient à banqueter et à danser dans les églises au son des instruments[3]. Le peuple était attiré ainsi dans les temples, non seulement par les exercices religieux, mais pour ses affaires et ses plaisirs. L'église était le temple, le forum ou l'hôtel de ville et le théâtre[4]. Ces souvenirs des usages antiques et des agapes des premiers chrétiens disparurent peu à peu des églises et n'eurent plus de place que dans la vie civile ; souvent alors les danses antiques firent place aux exercices les plus grossiers d'histrions et de funambules.

[1] 572 à 603.
[2] *Mém. concernant l'hist. civ. et ecclésiast. d'Auxerre*, par l'abbé Lebœuf, t. I, p. 129.
[3] *Concil. Autissiod.*, ann. 585 ; dans Labbe, *Concil.*, t. V. p. 956.
[4] Voyez la préface du *Cartulaire de l'église Notre-Dame de Paris*, publiée par M. Guérard.

C'étaient des poses lascives, des tours d'adresse et de souplesse exécutés avec accompagnement d'instruments.

Nous voyons ces sortes de jeux représentés dans les vignettes d'une Bible du x° siècle [1] (fig. 1). Au son des flûtes doubles, des

2

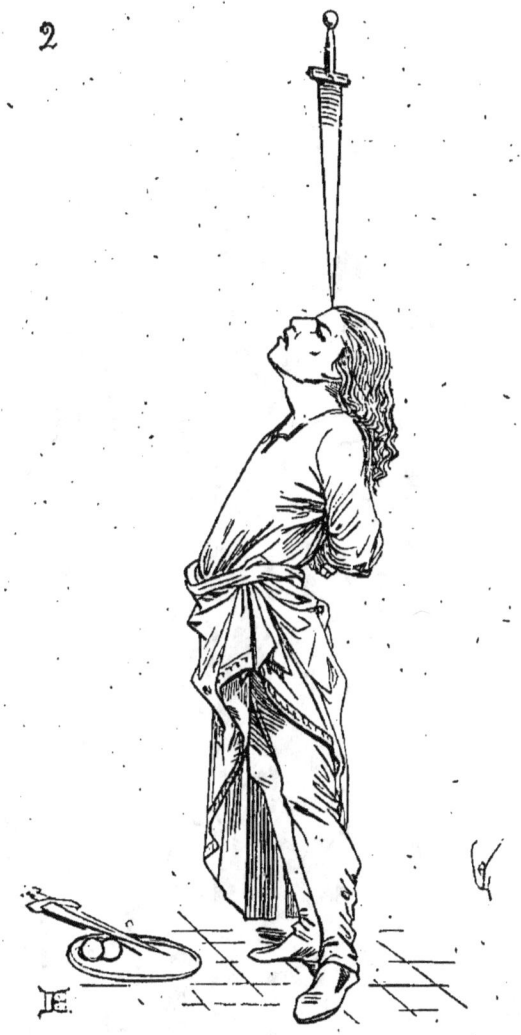

psaltérions, harpes, lyres et clochettes, deux histrions exécutent des danses et tours avec des épées. C'était une tradition de la danse pyrrhique des Germains.

Les monuments des xi° et xii° siècles représentent souvent des repas pendant lesquels des hommes et femmes exécutent des danses, font des tours d'équilibristes (fig. 2), sautent sur les mains [2],

[1] Biblioth. nation., manuscr. latin, G-3.
[2] Manuscr. du commencement du xii° siècle ; anc. collect. Garneray.

toujours avec accompagnement d'instruments de musique. Ces représentations sont fréquentes jusqu'au xive siècle. Alors les jeux d'histrions sont remplacés par ce qu'on appelait des *entremets,*

3

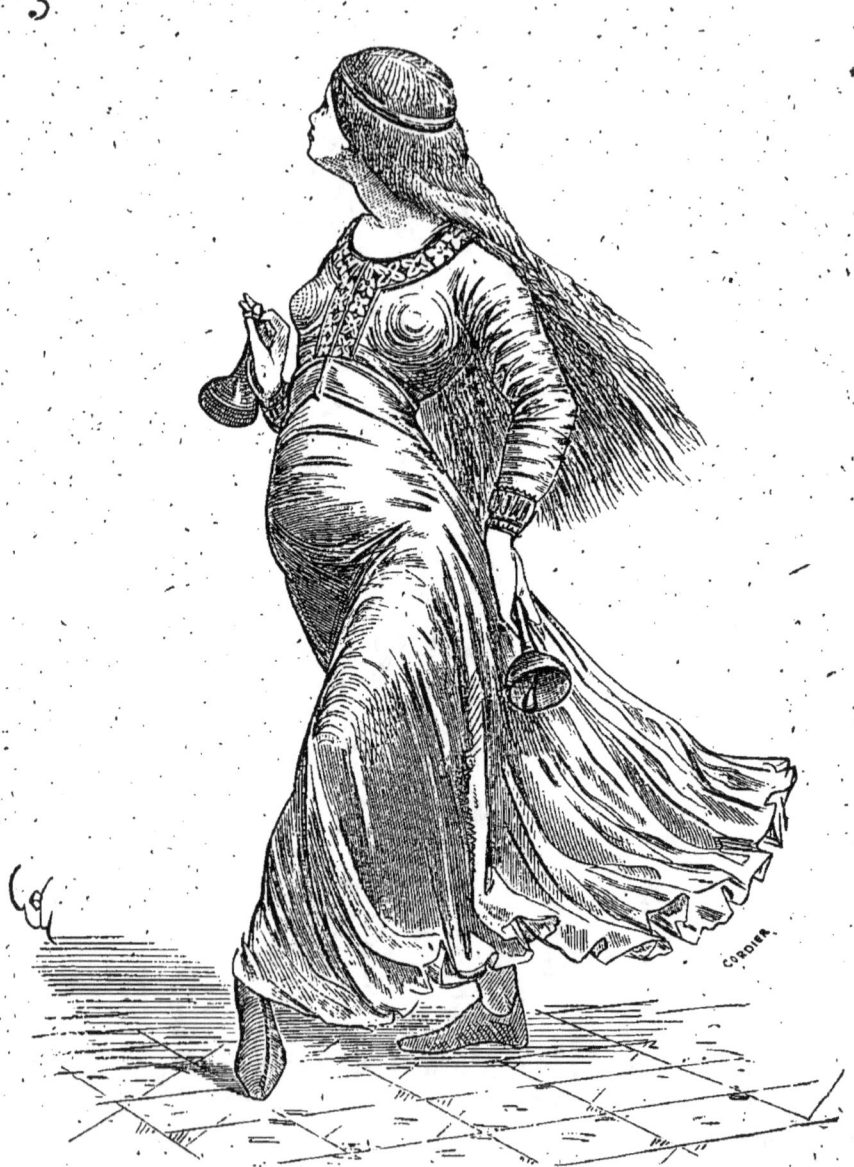

c'est-à-dire des scènes récitées ou chantées pendant les intervalles qui séparaient les services des festins.

Le goût pour les pas exécutés pendant les banquets, par une seule danseuse, paraît avoir été fort en vogue pendant le **xiie siècle**. Peut-être cet usage était-il une importation orientale.

Le vêtement de ces danseuses était léger, long, mais dessinant les formes du corps. Les vignettes des manuscrits, les monuments sculptés, nous ont conservé beaucoup de ces danseuses qui s'accompagnaient habituellement de clochettes (fig. 3) [1]. Cette femme est vêtue d'une robe sans bliaut, collante sur la poitrine et les hanches,

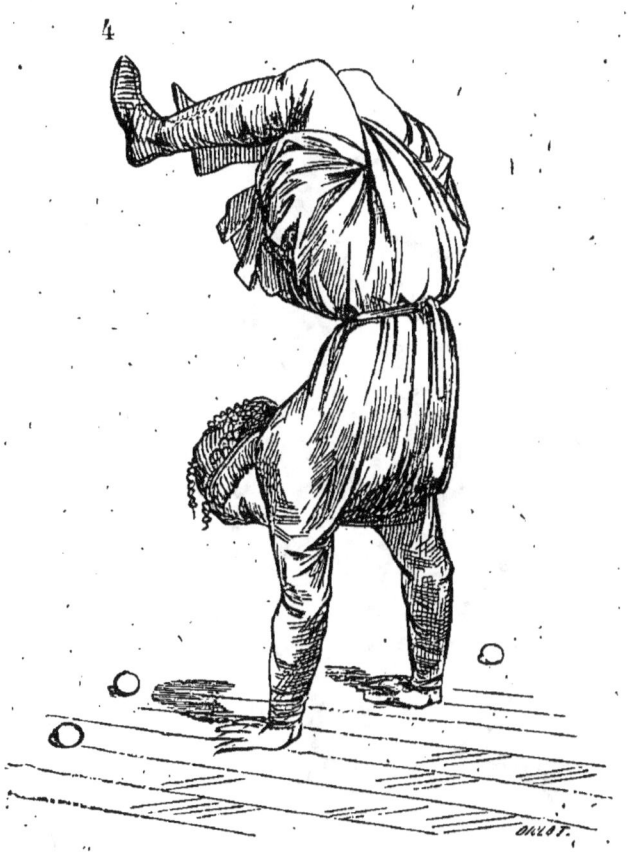

4

et formant des plis très fins, suivant la mode orientale. Le col du vêtement est bordé d'une passementerie très riche, terminée au bas de la fente par un petit crochet long qui retient le corsage et forme un pli transversal accusant la taille. Des plis en spirale entourent les seins. Les manches sont justes, plissées transversalement et terminées aux poignets par une riche passementerie. La jupe est flottante, à plis fins et répétés; les cheveux, retenus autour des tempes par un cercle, tombent sur les épaules. Ce vêtement paraît être taillé dans une étoffe de soie crêpelée, suivant la mode adoptée

[1] D'un chapiteau déposé dans le musée de Toulouse, représentant Hérode à table et Salomé dansant devant lui.

alors par les dames nobles pour les robes portées sous le bliaut. Cette danseuse ne porte pas de ceinture. On voit fréquemment, dans les bas-reliefs de cette époque et du XIII<sup>e</sup> siècle, des histrions qui pendant les repas se livrent à des exercices funambulesques et de bateleurs (fig. 4) [1]. Les seigneurs, après ces divertissements, s'ils

5

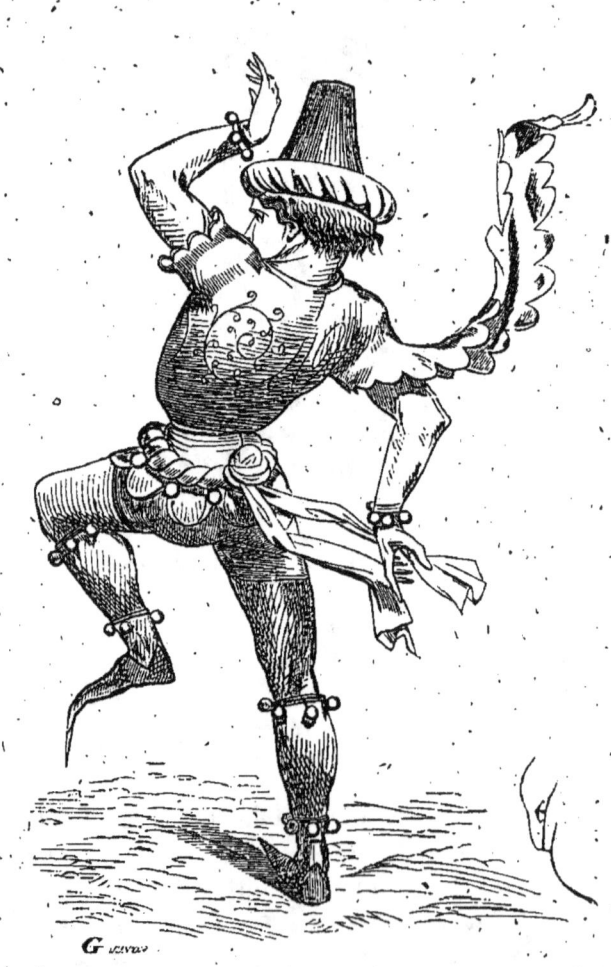

étaient satisfaits, faisaient de riches présents à ces bateleurs, consistant en habits et joyaux, ce qui était de la part du clergé l'occasion d'amères remontrances. Mais le goût pour ces spectacles ne persistait pas moins parmi la noblesse. Les trouvères, poètes

[1] Voyez, entre autres sculptures, le linteau de la porte septentrionale de l'église de Semur-en-Auxois, représentant le repas du roi Godoforus. (Légende de saint Thomas, apôtre. )

ambulants, s'élevaient dans leurs vers contre cette concurrence qui faisait tort à l'art de la poésie, considéré par eux comme étant d'une nature autrement noble et digne d'être spécialement encouragé. Ni leurs satires, ni les exhortations du clergé, n'empêchaient les bate-

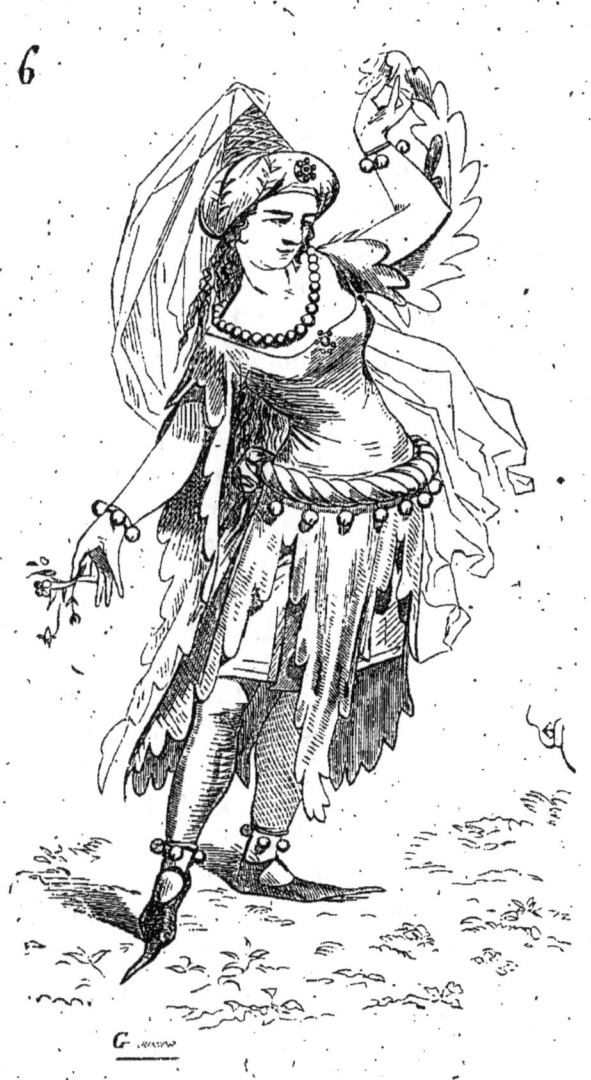

leurs d'être reçus dans les châteaux et d'être bienvenus dans les fêtes populaires. Cependant, vers la fin du XIII° siècle, le goût de la noblesse des châteaux pour ces divertissements semble s'être beaucoup affaibli. Il reparaît vers le milieu du XV° siècle, mais alors les danseurs et danseuses de profession ne portent plus, comme précédemment, les habits en usage dans la société élevée : ils sont vêtus d'une manière bizarre, élégante ou grotesque, ainsi que nos saltimbanques.

Dans un joli manuscrit de la Bibliothèque nationale, datant de 1440 environ[1], une miniature délicate nous montre un danseur et une danseuse dont les vêtements et les postures indiquent l'abandon des traditions qui s'étaient conservées dans les siècles précédents. Le danseur (fig. 5) est vêtu d'un corset bleu clair brodé de blanc, ayant une seule manche longue taillée en barbes d'écrevisse et doublée de violet. Sa tête est couverte d'un turban jaune surmonté d'un cône pourpre et or. Un caleçon blanc très court laisse voir ses jambes nues ornées d'anneaux avec grelots ; des bracelets de même entourent ses poignets. Une écharpe tordue entoure ses hanches ; elle est accompagnée d'une sorte de lambrequin avec grelots. La danseuse (fig. 6) est vêtue d'un corset lilas, dont la jupe, taillée en barbes d'écrevisse, est doublée de blanc, et dont les longues manches ouvertes et taillées de même sont doublées d'orange. Un collier d'or couvre sa gorge ; une courte jupe verte paraît sous le corset ; les jambes ainsi que les bras sont nus, avec bracelets à grelots. Les souliers sont pourpre. Le turban est rouge avec broderies et joyau d'or ; il est terminé par un cône lilas et or, avec voile blanc et léger. L'écharpe est verte avec grelots or. Ce sont là des costumes de fantaisie, comme ceux que nos saltimbanques revêtent aujourd'hui.

Il ne faudrait pas croire que la danse fût réservée exclusivement, pendant le moyen âge, à des danseurs et danseuses de profession. Il n'y avait pas de fête chez les nobles, les bourgeois ou les paysans, qui ne fût terminée par des danses. C'était un des divertissements favoris de toutes les classes auquel les femmes se livraient avec passion. On dansait le jour sur les prés, et le soir dans la grande salle des châteaux, pourvu que la compagnie fût assez nombreuse. Les caroles ou karoles, sorte de rondes, étaient fréquemment dansées par les damoiselles seules. Dans le roman de *Gui de Nanteuil*, les damoiselles font dresser une tente entre les partis ennemis, et avant le combat :

« Plus en i ot de .xxx. as bliaus entaillés
« Es ombres sunt alécz dessous les oliviers,
« La karole commenchent, que les corps sont legiers.
« Li amirans du Coine les ot moult volontiers[2]. »

[1] Français, *le Miroir historial*.
[2] *Gui de Nanteuil*, vers 2440 et suiv. (XIIIe siècle).

Et plus loin :

> « Li très ¹ as damoiselles fu en .ı. pré tendus ;
> « Plus en i a de .xxx. qui ont bliaus vestus,
> « La karole commenchent desor le pin ramus ². »

Ces rondes étaient accompagnées de chansons.

Il est dans le *Roman de Méraugis de Portlesguez* un joli épi-sode. C'est quand le héros arrive au château des *damoiselles qui carolent*. S'arrêtant devant la porte du manoir, il voit sous un pin verdoyant des pucelles qui chantent en carolant, et parmi elles un seul chevalier chantant et carolant de son mieux, l'écu au cou, l'épée au côté, le bacinet en tête. Or, ce chevalier est son ennemi mortel. Plein de courroux, Méraugis va vers lui et lui crie :

> « Fui, chevalier ! ne chante mie.
> « Je te deffi, tu mourras ja ! »

Mais aussitôt il oublie sa vengeance, le chevalier qui là était, sa mie ; et l'écu au cou, l'épée au côté, il se met à chanter et à caroler à son tour avec les pucelles pendant que son ennemi quitte la partie. Sitôt dehors, celui-ci reconnaît à son tour Méraugis, et se met aux aguets pour l'attendre ; il y renonce bientôt, car Méraugis carole et chante ainsi pendant dix semaines. Délivré à son tour par un survenant :

> « . . . . . . . .Trop ai lonc temps
> « Quarolé, »

dit-il, car le printemps est venu, le rossignol chante. Dans le châ-teau fée il était entré en plein hiver ³.

Le roman en vers de *la Charrette* ⁴ décrit les passe-temps de damoiselles et de chevaliers sur un pré. Quelques-uns de ces jeunes gens tiennent de gais propos, d'autres jouent aux tables (trictrac) et aux échecs, au dé, à la courte-paille. Plusieurs rappellent les souvenirs de leur enfance :

---

¹ « La tente ».

² Vers 2667 et suiv.

³ Voyez le *Roman de Méraugis de Portlesguez*, xiiiᵉ siècle, par Raoul de Houdenc, publ. par M. H. Michelant.

⁴ Attribué à Chrestiens de Troyes et Godefroy de Leigni, manuscr. de la Biblioth. nation., fonds de Cangé, nº 73.

« Baules et queroles et dances
« Et chantent et tubent et saillent,
« Et au luitier se retravaillent [1]. »

La chronique de D. Pedro Niño [2], dans la partie si curieuse qui traite de son voyage en France, rapporte comment il est reçu chez le seigneur de Sérifontaine, Renaud de Trie, capitaine du château de Rouen, amiral de France. « Pendant le repas, dit-il, il y avait « des jongleurs qui jouaient agréablement de divers instruments. « Les grâces dites et les tables enlevées, venaient les ménestrels, et « madame dansait avec Pero Niño, et chacun des siens avec sa de- « moiselle. Cette danse durait une heure. Quand elle était finie, « madame donnait la paix au capitaine [3], et chacun à celle avec qui « il avait dansé. Ensuite on apportait les épices, on servait le vin, « et l'on allait faire la sieste. » Ceci se passait à l'heure du dîner, c'est-à-dire de midi à deux heures. « A la nuit, on soupait, si c'était « l'hiver ; si c'était l'été, on mangeait plus tôt, et après cela madame « allait s'ébattre à pied par la campagne, et l'on jouait aux boules « jusqu'à la nuit, après quoi on se rendait dans la salle avec des « torches ; alors venaient les ménestrels. On dansait bien avant « dans la nuit [4]... »

On a vu comme, pendant la durée des joutes et tournois, chaque soir, après le souper, on dansait jusqu'à une heure avancée. Il était d'usage de mener à la danse la dame ou damoiselle auprès de laquelle on était placé à table, et de ne point changer de danseuse pendant la soirée : ainsi s'établissaient des relations sociales qui donnaient à ces assemblées un intérêt très vif, intérêt qu'elles ont perdu de nos jours.

Les salles de danse étaient jonchées d'herbes odoriférantes et de fleurs :

« Oultre plus en lieu d'herbe verd
« Qu'on ha accoustumé d'espendre,
« Tout le parquet estoit couvert
« De rosmarin et de lavande [5]. »

On dansait au *chapellet, trois à trois, la ronde.*

---

[1] Vers 1647 et suiv.

[2] *Le Victorial*, chron. de D. Pedro Niño (1379-1449), traduit de l'espagnol d'après le manuscrit, par le comte Albert de Circourt et le comte de Puymaigre (1867).

[3] Embrassait son danseur. Usage conservé dans quelques provinces françaises.

[4] Voyez la traduction de tout ce passage dans le tome I<sup>er</sup> du *Dict. du mobilier.*

[5] Martial d'Auvergne, *les Arrêts d'Amour*, prologue (fin du xv<sup>e</sup> siècle).

Quelques-unes de nos danses, conservées dans les campagnes éloignées de nos grands centres, ne sont que des traditions de ces danses du moyen âge.

Les mascarades étaient aussi fort du goût de nos aïeux. C'était un des divertissements habituels lors des grandes réunions, banquets et bals. Souvent elles n'étaient qu'une satire des mœurs du temps, une occasion de se moquer des ridicules ou des travers de certains personnages. Les mascarades avaient même pris dans certaines villes les proportions d'une institution. En face de la féodalité, le travail, aussi bien que la manifestation de l'opinion, n'avaient d'autre recours que l'association. Il y avait donc des corporations de *fous*, qui, à certaines époques de l'année, usaient du privilège de se moquer de tout le monde, des grands aussi bien que des petits. A Paris, ce sont les *Badins*, les *Turlupins*, les *Enfants sans souci*; à Poitiers, la bande joyeuse de l'abbé de *Mau-gouverne*; à Dijon, la *Mère folle*; à Rouen, ce sont les *Conards*, qui, masqués, chevauchaient par la ville, ayant à leur tête un abbé mitré, crossé, monté sur un char et jetant aux passants des *rébus*, des *satyres* et des *pasquils*. Ces Conards, à l'approche des jours gras, se présentaient un matin à la grande chambre du parlement de Rouen, apportant une requête le plus souvent en vers. Les magistrats, toute affaire cessante, répondaient à la requête bouffonne en octroyant la mascarade, c'est-à-dire le droit aux Conards de se promener par la ville en masques, de dire ce que bon leur semblait, et d'accorder aux habitants, moyennant finance, la permission de se masquer. Ces Conards, en effet, sous le masque, se permettaient de jeter le ridicule sur tout et sur tous, suivant leur bon plaisir, parodiant les faits et gestes du clergé, de la noblesse, et n'épargnant pas la bourgeoisie. Ils avaient parmi eux des *enquêteurs* chargés de s'informer de toutes les histoires scandaleuses de la cité, de tous les abus, de toutes les sottises. Ces enquêteurs faisaient leur rapport à l'*abbé des Conards*, aux *cardinaux* et *patriarches* réunis en conclave: Et l'on décidait ainsi quelles étaient les affaires dignes de figurer aux *rôles*. Alors se tenaient les audiences en plein air, où toutes les affaires étaient évoquées. « Trois jours durant, ce tri- « bunal siégeait par les rues. Tambours, flûtes, trompettes, annon- « çaient de loin le cortège. Les Conards cheminaient ainsi à travers « la foule, partagés en bandes, dont chacune avait pour mission de « ridiculiser une sottise, de flétrir un vice, de censurer un abus. « Les marchands de mauvaise foi, les juges suspects, les prêtres « simoniaques, les enfants prodigues, les pères avares, les gentils-

« hommes glorieux, les parvenus qui s'oubliaient trop, les prati-
« ciens qui ne s'oubliaient pas assez, étaient tous malmenés en
« ces rencontres au-delà de ce qu'on ne saurait croire. Les sots
« mariages, les folles entreprises, les intrigues de toutes sortes,
« étaient encore un texte fécond, toujours exploité sans qu'on pût
« l'épuiser jamais. Les édits fiscaux n'avaient pas meilleure fortune,
« non plus que les hommes inventifs qui les avaient imaginés ; et
« la misère du peuple y fut décrite maintes fois avec plus de har-
« diesse que dans les cahiers des états de la province [1]..... » Cette
confrérie, née, paraîtrait-il, vers le commencement du xv⁰ siècle,
persista jusqu'au xvii⁰. La fête finissait par un grand banquet donné
aux halles de la Vieille-Tour, transformées en palais de l'abbé des
Conards ; après le banquet, danses, mascarades ; puis le prix à dé-
cerner au bourgeois de la ville qui, au dire des prud'hommes, se
trouverait avoir fait la plus folle chose de l'année !

Beaucoup de grandes villes du royaume de France avaient ainsi,
au moins une fois l'an, le moyen de manifester leur opinion sur
les abus et les ridicules du temps, sur les misères du peuple et la
tyrannie des seigneurs. Ces Conards, ces Badins, ces Turlupins,
avaient grand soin, sous le masque, de ménager la personne du
roi ; aussi le suzerain était-il le premier à rire des jugements portés
par ces cours bouffonnes, et maintenait-il leurs privilèges malgré
les réclamations du clergé, de la noblesse et des magistrats municipaux.

Pendant les banquets, aux cours des riches seigneurs, les entremets n'étaient souvent que des entrées de masques exécutant quelque scène ou pantomime. On sait la mascarade qui faillit être si
funeste au malheureux Charles. VI, et que décrit Froissart d'une manière saisissante dans le chapitre xxxii du livre IV : « *L'aventure
d'une danse faite en semblance de hommes sauvages, là où le roi
fut en peril.* » C'était à l'occasion du mariage d'un jeune chevalier
de Vermandois et d'une des damoiselles de la reine. Sur les six
jeunes gens qui se revêtirent d'un vêtement juste de toile et de lin
recouvert de poil, et dont était le roi, quatre périrent brûlés, le
feu ayant pris à leur déguisement, par l'imprudence du duc d'Orléans. Cette funeste issue d'une fête, au milieu d'une cour jeune et
brillante s'il en fut, fit une profonde sensation à Paris et dans tout
le royaume ; mais, dit Froissart : « Si se passa et oublia cette chose

---

[1] Voyez l'*Histoire des Conards de Rouen*, par M. A. Floquet, auquel nous empruntons
ce passage (*Biblioth. de l'École des chartes*, tome Ier, p. 105).

« petit à petit, et fit-on obsèques, prieres, et aumosnes pour les
« morts! »

Ces divertissements nous amènent à parler des jeux de société.

« Item, et si ne jouerez
« Au *siron*, ne à *clignettes* ;
« Au jeu de *mon amour aurez*,
« A la *queuleuleu*, aux *billettes*,
« Au *tiers*, au *perier*, aux *bichettes* ;
« A getter au sain et au dos l'herbe ;
« Au *propos*, pour dire sornettes ;
« Ne *que paist-on, ne qui paist herbe ?* [1] »

Il y avait le jeu *au roi qui ne ment,* lequel fait le sujet d'un bon
conte [2]. On nommait un roi où une reine qui, faisant le tour de
l'assemblée, adressait à chacun une question à laquelle on devait
répondre sans rien celer.

A son tour, la reine ou le roi se présentait devant chaque personne et répondait sans mentir à chaque question qui lui était
adressée.

On trouvait de ces sortes de jeux tous les jours, et dans le *Lai
d'Ignaurès* des damoiselles inventent le jeu du *confesseur.* Elles
désignent l'une d'elles pour remplir cette fonction, et toutes, à tour
de rôle, doivent lui dire le nom de leur amant. Or, les *pénitentes*
(elles sont douze) nomment à la dame-confesseur Ignaurès qui est
aussi son amant. Il y avait aussi le jeu de *saint Coisne.* Un des personnages fait le saint, chacun se met à genoux devant lui et lui
présente un don. Si le saint, par ses gestes et grimaces, parvient
à faire rire l'agenouillé, celui-ci donne un gage.

Parmi les jeux de combinaison, le jeu d'échecs paraît être un des
plus anciens. On jouait aux échecs à la cour de Charlemagne, et le
cabinet des antiques de la Bibliothèque nationale conserve un jeu
d'échecs d'ivoire sculpté, provenant du trésor de Saint-Denis, qui
passe pour avoir appartenu à ce prince. Les pièces de ce jeu d'échecs
sont de très grande dimension [3].

Les tables et pièces d'échiquier étaient fabriquées avec un grand
luxe :

---

[1] *L'Amant rendu cordelier* (fin du xvᵉ siècle).
[2] Poésies de Baudoin et Jehan de Condeit (xiiiᵉ siècle) (voyez *Contes anciens,*
Barbazan).
[3] Voyez, dans la partie des Armes, quelques pièces de ce jeu.

« Puis mandent les eschés, si s'asient au ju.
« On les a apportés, en un doublier velu,
« De pene de fenis menuement cousu.
« Tels ert li eschekiers, qu'onques mieudres ne fu :
« Les listes sont d'or fin, à trifoire fondu [1],
« E li point d'esmeraudes, verdes comme pré herbu,
« E de rubins vermaux, aussi cour d'ardant fu.
« Li eschec de saphirs le roi Assueru
« E de riches topasses à toute lor vertu,
« Pigmalyum les fist, li fiex Candeolu.
« Molt sont bel à veoir drechié e espandu.

« Sos les tapis de soie estendu en l'erbier,
« Fist le viex Cassamus aporter l'eschequier ;
« Il meismer a pris les eschés à drechier,
« Puis a dit en riant : « Li quel veulent juer? [2] »

Le jeu des échecs était une passion chez la noblesse, et souvent les parties dégénéraient en rixes.

Les romans et chroniques font naître des guerres terribles d'une partie de jeu d'échecs. Dans le roman d'*Ogier l'Ardenois*, le fils de Charlemagne joue aux échecs avec Bauduinet, le fils d'Ogier :

« Li fix au roi traist son paon premier,
« Bauduinés traist son aufin arier,
« Li fix au roi le volt forment coitier,
« Sus l'autre aufin a trait son chevalier,
« Tant traist li uns avant et l'autre arier,
« Bauduinés lit dist mat en l'angler ;
« Voit le Callos, le sens quidé cangier ;
« Bauduinet comence à laidengier.
« — Bastars, dist-il, mult es outrequidiés,
« Fel et quvers et trop en remanciés,
« Ogier tes pères, li miens hom cavagiés,
« N'en desist tant por tot l'or de sos ciel,
« Que tos les membres li fesisse trancher,
« Ardoir en fu, en un coupieg noier.
« Mal le pensastes, vos le conperrés chier. —
« A ses deus mains a saisi l'esqueker.
« Bauduinet en feri el fronter,
« Le test li fent, s'en salt li cerveler ;
« Desus le marbre le fist mort justicher [3]. »

Ailleurs, c'est Jean, fils du roi Henri d'Angleterre, et frère de

---

[1] « A émaux transparents ».
[2] *Li Roman d'Alexandre*, manuscr. biblioth. Bodléienne, n° 264 (xiiie siècle).
[3] *Ogier l'Ardenois*, vers 3162 et suiv., édit. de Techener, 1842.

Richard Cœur-de-Lion, qui jette l'échiquier à la tête de Foulques
Fitz-Warin, et Foulques riposte par un coup de pied dans le ventre[1].

Le jeu des échecs tient dans les romans une grande place, ce
qui prouverait que ce jeu était, en effet, chez les gentilshommes une
affaire importante.

Huon de Bordeaux se déguise en valet de ménestrel pour s'introduire dans le château de l'amiral Yvarins. Celui-ci, voyant un si beau
page au service d'un coureur de châteaux, se doute de quelque
tour : « — Eh! lui dit-il en l'examinant, c'est grand dommage que tu
« serves un ménestrel, il te conviendrait mieux, ce me semble, de
« garder un château : tu as quelque projet caché?. D'où viens-tu,
« et quel métier sais-tu faire? — Sire, répond Huon, je sais
« beaucoup de métiers et je vous les dirai s'il vous plaît. — Soit,
« répond l'amiral, je suis prêt à t'écouter : mais garde-toi de te
« vanter de choses que tu ne saurais faire, car je te mettrai à
« l'épreuve. — Sire, je sais muer un épervier; je sais chasser le
« cerf ou le sanglier; quand je l'ai pris, je sais corner la prise, et
« mettre les chiens sur la voie. Je sais servir à table; je sais jouer
« aux tables et aux échecs de façon à battre qui que ce soit. —
« Bon, réplique l'amiral, là je t'arrête, et au jeu d'échecs je vais
« t'éprouver. — Laissez-moi achever, sire, puis vous me mettrez
« à l'épreuve sur tel point qui vous conviendra. — Continue
« donc, tu parles bien. — Sire, je sais encore endosser un hau-
« bert, porter l'écu au cou et la lance, diriger un cheval et vaincre
« à la joute qui voudra se présenter. Je sais encore entrer dans les
« chambres des dames et m'en faire aimer. — Voilà bien des
« métiers; je m'en tiens aux échecs. J'ai une fille, la plus belle qu'on
« puisse voir et qui sait fort bien jouer aux échecs, car je n'ai
« jamais vu un gentilhomme la mater. A toi revient, par Mahomet,
« de jouer avec elle; si elle te fait mat, tu auras le cou coupé. Mais,
« écoute :

> « Que se tu pues me fille au ju mater,
> « Dedens ma cambre ferait .i. lit parer,
> « Aveuc ma fille tote nuit vous girés,
> « De li ferés toutes vos volontés,
> « Et le matin, quant il ert ajornés,
> « De mon avoir .c. livres averés
> « Dont porés faire totes vos volontés. »

« — Il en sera, répond Huon, comme vous voudrez. »

---

[1] *Hist. de Foulques Fitz-Warin*, manuscr. du Musée Britannique (xiii° siècle.)

L'amiral s'en va raconter cela à sa fille.

« — Mon père est fol, assurément, se dit la damoiselle ; par le « respect que je lui dois, plutôt que de voir périr un si beau garçon, « par lui je me laisserai mater. »

On apporte un riche tapis au milieu de la salle. « — Vous m'avez « bien compris ? dit l'amiral. Il convient que vous jouiez avec ce « varlet ; si vous le battez au jeu, il aura la tête tranchée aussitôt ; « si c'est vous qui êtes matée,

> « De vous doit faire tote sa volonté. »

« — Puisque vous le voulez ainsi, réplique la damoiselle, je le « dois vouloir, que cela me convienne ou non. »

> « Puis dist en bas, coiement, à celé :
> « — Par Mahommet, il le fait bon amer.
> « Par son gent cors et sa grande biauté,
> « Vauroi ja ke li jus fust finé.
> « . . . . . . . . . . . »

L'amiral recommande à tous ses barons de ne souffler mot.

> « Li jus est grans, nus ne s'en doit meller.
> « . . . . . . . . . . . »
> « A dont on fait l'eskekier aporter,
> « Qui estoit d'or et d'argent painturé,
> « Li eskiec furent de fin or esmeré,
> « — Dame, dist Hues, quel ju volés juer ?
> « Volés as trais, u vous volés as dés ?
> « — Or soit as trais, dist la dame al vis cler. »

La partie s'engage, et le bachelier est bien près de la perdre, car il regarde plus souvent la damoiselle que l'échiquier, et celle-ci s'en aperçoit :

> « — Vasal, dist ele, à coi penses ?
> « Près ne s'en faut que vous n'estes matés.
> « Ja maintenant arés le cief copé ! »

« — Attendez un peu, dit Huon, le jeu n'est pas fini. Ne

> « Sera-ce pas grand honte et vilenie
> « Quant à mes bras toute nue gerrés,
> « Qui sui sergans du povre menestrel ? »

Les barons de rire, et la damoiselle à son tour de regarder Huon et de ne plus faire attention à son jeu ; si bien

« Qu'ele perdi son ju à mesgarder. »

« — Maintenant, dit Huon à l'amiral, vous voyez si je sais jouer ; « encore un peu et votre fille est sûrement matée. — Maudite soit « l'heure où je vous ai engendrée, ma fille ! dit le père furieux. Vous « avez battu à ce jeu tant de hauts barons, et vous vous laissez ma- « ter par ce garçon ! — Calmez-vous, répond Huon, les choses pour- « ront en rester là, et votre fille se retirer en sa chambre ; pour « moi, j'irai servir mon ménestrel. — Si vous agissez ainsi, je « vous donnerai cent marcs d'argent. — Soit ! » répond le ba- chelier. Mais la damoiselle s'en retourne le cœur plein de dépit : « — Si j'eusse su cela, se dit-elle, je t'aurais bien maté. »

Le conte est un peu leste ; mais il s'agit de païens, et l'on voit que Huon se comporte en gentilhomme. Tout est bien qui finit bien [1].

Dans un autre roman du même temps [2], la fille de Géri s'éprend de Bernier ; elle envoie son chambellan le prier de la venir visiter une nuit :

« — Di li par moi salus et amistié,
« Et qu'en mes chambres se vaigne esbanoier [3]
« Et as esché et as tables joier.
« Je te donrai xx livres de deniers. »

« — J'irai volontiers », dit le chambellan. La scène est charmante et se passe le plus convenablement du monde, mais les jeunes gens oublient les échecs.

Les dames jouaient donc aux échecs, et d'ailleurs de nombreux monuments figurés nous montrent des parties engagées entre des personnages de sexe différent. Voici (fig. 1) la copie d'une boîte à miroir d'ivoire, du commencement du xive siècle, qui représente un jeune homme et une dame jouant aux échecs ; deux autres per- sonnages très attentifs regardent la partie, l'un d'eux tient un éper- vier sur le poing [4].

Les jeux d'échecs, de tables, de dés, étaient un des délassements

[1] *Huon de Bordeaux*, vers 7366 et suiv. (xiiie siècle) (*les Anciens poètes de la France*, publ. sous la direct. de M. Guessard).
[2] *Li Romans de Raoul de Cambrai*.
[3] « Se divertir ».
[4] De la collect. Sauvageot, musée du Louvre.

favoris des gentilshommes dans les camps ; si bien que les chefs
d'armée durent souvent interdire ces passe-temps, qui étaient la
cause de négligences funestes, de pertes d'argent et de querelles.
Quand le roi Louis IX s'en vint à Acre après sa captivité, de tant de

1

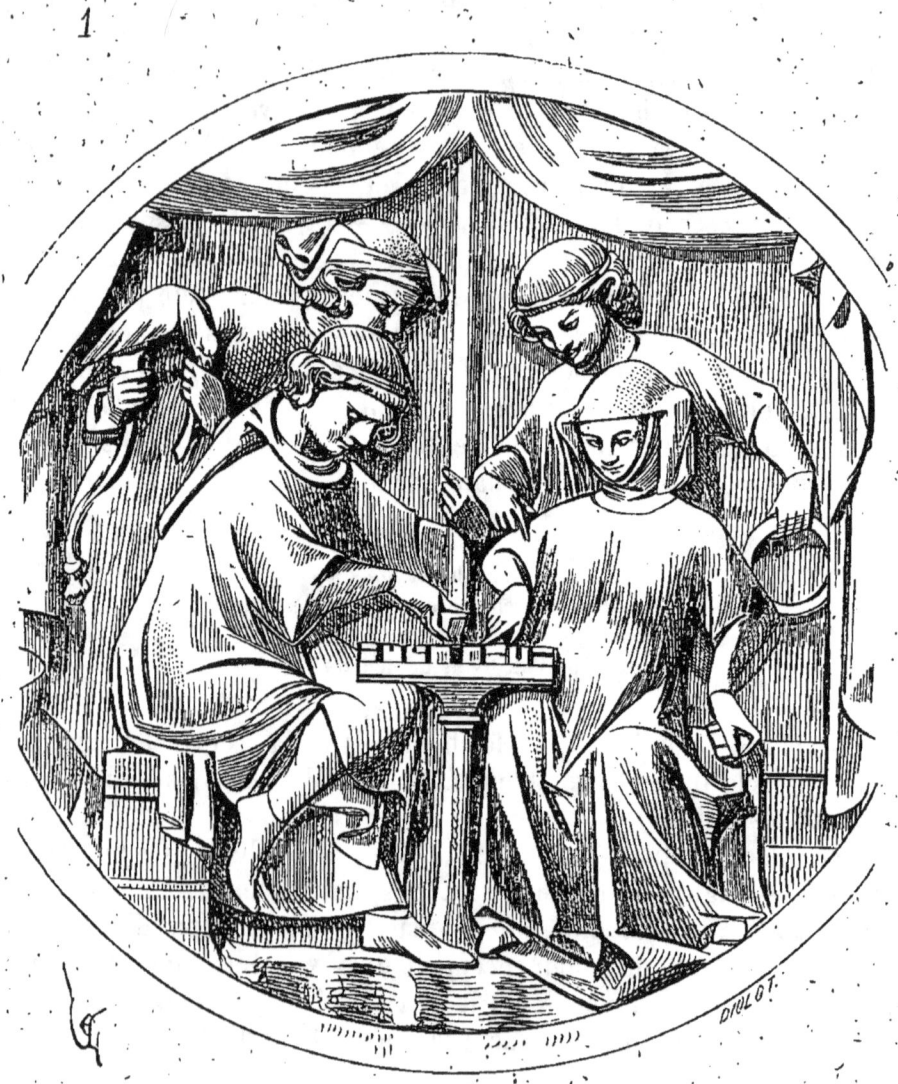

pertes qu'il avait faites, celle du comte d'Artois, son frère, lui était
la plus sensible. En mer, il se plaignait à son sénéchal de ce que le
comte d'Anjou, qui était avec lui dans sa nef, ne lui faisait nulle
compagnie. Un jour, il le demanda ; on lui dit qu'il jouait « aus
« tables à monseignour Gautier d'Anémoes [1]. Et il ala (le roi) là

¹ De Nemours.

« touz chancelans pour la flebesce de sa maladie, et prist les dez et
« les tables et les geta en la mer, et se courouça moult fort à son
« frere de ce qu'il s'estoit sitost pris à jouer aus deiz. Mais messires
« Gautiers en fut li miex paiez, car il geta tous les deniers qui
« estoient sus le tablier (dont il y avoit grant foison) en son giron,
« et les emporta [1]. » Ce jeu des tables était ce que nous appelons
aujourd'hui le *trictrac*, et que l'on jouait avec des dés et des tablettes
ou disques de bois ou d'ivoire.

Du xiiᵉ au xivᵉ siècle, dans les pièces de l'échiquier étaient : le
*paon* ; la tour, le *roc* ; la reine, la *fierge* ou *firge* (vierge) ; le cavalier, le *chevalier* ; le fou, l'*aufin* [2].

L'évêque de Paris, Eudes de Sully, sous Philippe-Auguste, dé-
fendit aux clercs de jouer aux échecs et même d'en avoir chez eux.
Saint Louis voulut infliger des amendes à tous ceux qui jouaient
aux échecs, aux tables et dés. Mais ces ordonnances ne purent être
mises à exécution, non plus que beaucoup d'autres de ce genre prétendant modifier les mœurs.

La vogue du jeu des échecs devrait faire revenir un peu sur l'opinion que l'on a des habitudes de la noblesse féodale. Ce jeu demande une certaine culture d'esprit et une habitude d'appliquer
l'intelligence à des combinaisons suivies. Il n'était pas une dame, du
xiiᵉ au xvᵉ siècle, qui ne sût jouer aux échecs ou aux tables ; on n'en
peut dire autant aujourd'hui.

Outre le jeu des tables, il y avait le *trémerel*, qui se jouait avec
trois dés, et qui paraît être une variante du trictrac. Les jeux de
hasard furent l'objet de défenses fréquentes. Parmi les bans publiés dans l'échevinage d'Hénin Liétard, au xiiiᵉ siècle, il en est qui
concernent ces jeux. Défenses sont faites aux taverniers de les tolérer
chez eux : « En cui maison on aura jue as dés, et en cui maison on
« aura jue au tremeriel, son le semont il est a LX s. de fourfait s'il
« en est convencus ; et son li met sus con nen ait verte lui quint len
« convenra desfendre. » A Douai, des mesures sont également
prises contre ce jeu dans un ban intitulé : « Con ne suefre con just
« as dés en son pourpris [3]. »

---

[1] Joinville, *Hist. de saint Louis*, publ. par M. Natalis de Vailly, p. 143.
[2] Voyez l'extrait du *Roman d'Alexandre* de la biblioth. Bodléienne, publié dans les
notes des *Chron. des ducs de Normandie*, t. II, p. 515 (*Coll. des docum. inédits de
l'hist. de France*). Ce passage démontre qu'au xiiiᵉ siècle, le jeu des échecs ne différait
pas du nôtre.
[3] Cartul. L, fᵒ xii. (Voyez *Recueil d'actes des xiiᵉ et xiiiᵉ siècles en langue rom.
wallone du nord de la France*, publ. par Tailliar, 1849, Douai, p. 400).

La *berlenc, bellens* ou *brelenc*, était la table sur laquelle on jouait aux dés.

> « Lors fait aporter ses berlens .
> « Et les escuiers¹ por juer
> « L'avoir dont se velt descombrer ². »

Dans l'inventaire de l'argenterie du roi dressé en 1353, on trouve cet article : « Pour 1 eschequier de bateure et de cristal, à « perles dedens, garny des jeux de cristal et de marbre vermeil... »

En 1412, la plupart des pièces de l'échiquier avaient pris les noms qu'elles ont aujourd'hui. « Pour un roy, une royne, deux roz « (tours) et six paonnez (pions) d'yvoire blanc ; pour le jeu d'eschez « et un fol et plusieurs paonnez noirs ³. »

Et dans une de ses ballades Charles d'Orléans parle ainsi :

> « En ma Dame j'avoye mon secours,
> « Plus qu'en autre, car souvent d'encombrier
> « Me delivroit, quant venoit à son cours,
> « Et en gardes faisoit mon jeu lier ;
> « Je n'envoye Pion, ne Chevalier,
> « Auffin né Rocq qui peussent ma querelle
> « Si bien aidier ; il y pert vrayement,
> « Car j'ay perdu mon jeu entierement ;
> « Se je ne fais une Dame nouvelle ⁴. »

Dans le journal de la dépense du roi Jean en Angleterre, il est aussi question de jeux de tables (trictrac).

Un des corbeaux sculptés portant les poutres de la salle des mercenaires, dans le château de Pierrefonds, représente un gentilhomme et une dame jouant aux tables. Ces représentations sont fréquentes sur les vignettes de nos manuscrits des xiii°, xiv° et xv° siècles.

Outre le jeu de tables, qui demande des combinaisons, les jeux de hasard étaient répandus dans toutes les classes de la société, malgré les édits royaux, les décrets des conciles, les excommunications. Le jeu des dés particulièrement était une occasion de pertes de sommes considérables chez les gentilshommes, souvent de querelles et de rixes.

---

¹ « Les échecs ».
² Gautier d'Arras, *li Romans de l'empereur Eracle.*
³ Archives nationales (K. reg. 44, fol. 85 verso).
⁴ *Poésies de Charles d'Orléans* (1ʳᵉ moitié du xv° siècle).

Le trouvère Rutebeuf, au xiiie siècle, parle ainsi des dés dans *li Diz de la griesche d'yver*[1] :

> « Li dé qui li détier ont fet
> « M'ont de ma robe tout desfet ;
> « Li dé m'ocient,
> « Li dé m'aguetent et espient,
> « Li dé m'aissaillent et deffient,
> « Ce poise moi. »

Eustache Deschamps consacre une pièce de vers tout entière au jeu des dés et à ses conséquences funestes[2]. Avec cette verve qui caractérise ses poésies, il nous montre comment, une nuit, Coucy et plusieurs bons chevaliers et écuyers s'en allèrent, après souper :

> « En un retrait où ilz trouverent
> « Grant feu et belle table mise. »

Là on se met à jouer aux trois dés de Paris.

Le poète peint l'émotion des joueurs, traduit leurs propos, leurs blasphèmes quand ils perdent, leurs colères s'en prenant à tout et à tous. Tantôt c'est un fétu de paille qui est accusé d'avoir fait tourner la chance, tantôt l'éternument d'un des assistants, tantôt une chandelle qui carbonne. Son *dit* conclut ainsi :

> « De jouer se fait bon tenir,
> « Se ce n'est par esbatement
> « Jusqu'à deux flourins seulement,
> « Sanz convoitise et sanz jurer,
> « Sanz mal et sans injurier,
> « Car plus est homme saige et grant,
> « Plus si meffait ; et si di tant,
> « Que maints gentilz hommes très hauls
> « Y ont perdu armes, chevaulx,
> « Argent, honneur et seignourie,
> « Dont c'estoit horrible folie,
> « Quant estoient en une armée,
> « Pour perdre une noble journée
> « Pour ce qu'ilz n'avoient harnois. »

Un manuscrit de la Bibliothèque nationale[3] contient un autre

---

[1] Sur la rigueur de l'hiver.

[2] *Le Dit du gieu des dez* (xive siècle).

[3] Anc. suppl. français, n° 1112. Ce *dit* a été publié dans le recueil de M. A. Jubinal, faisant suite à Legrand d'Aussy, Barbazan et Méon, 1842.

*dit* sur le jeu des dés. C'est le diable en personne qui enseigne à l'homme à fabriquer les dés :

> « — Frère, dit li mauvès, je me sui porpensez ;
> « Tu feras une chose qui son nom sera DEZ ;
> « Maint homme en iert encore honnis et vergendez ;
> « Li un en iert pendu et li autre tuez.
>
> « Tu feras cele chose de six costés quarrée,
> « . . . . . . . . . .
> « En la premiere coste tu feras un seul point... »

Et ainsi le diable fait mettre sur chaque face deux, trois, quatre, cinq ou six points.

La table sur laquelle on jetait les dés — car il y avait plusieurs combinaisons de jeux de dés — s'appelait, comme on l'a vu plus haut à propos des échecs, le *bellens, bellan, brelan* :

> « Li dé furent d'ivoire, de marbre li bellens [1]. »

Dans les camps, les chefs d'armée défendaient les jeux de dés, qui étaient souvent la cause de sanglants conflits ; mais l'habitude était plus forte, et ces défenses, sans cesse renouvelées, n'arrêtaient pas les joueurs.

Dans les *Grandes Chroniques* de Jehan le Bel, qui furent écrites vers le milieu du xive siècle, on lit ce passage : « Après disneiz « grant hustin comencha entre les garchons des Hennewiers et des « archiers d'Angleterre, qui entre eux astoient hebergies ensemble, « a ocquison del jeu de deis, dons grans mals avient si come vos « oreis. »

En effet, au bruit de la querelle, tous les archers qui étaient répandus dans la ville se réunirent armés, et blessèrent ou tuèrent plusieurs de ces garçons Hennuyers, lesquels se retirèrent en leurs hôtels. Il fallut que leurs maîtres se missent de la partie, et trois cents archers restèrent sur le carreau [2].

Les recherches savantes faites sur le jeu des cartes par quelques auteurs du dernier siècle et de celui-ci ne permettent pas de faire remonter l'invention de ces cartes avant le xive siècle. Les documents

[1] *Du jeu de dez (Ditz des xiiie, xive et xve siècles*, recueillis par A. Jubinal, t. II, p. 22).

[2] Voyez les *Vrayes Chroniques de Jehan le Bel*, publ. par M. Polain.

les plus anciens qui les mentionnent datent de 1299. Il ressort assez
clairement de l'ouvrage de M. Merlin, qui a su réunir sur la matière
tous les documents connus, que les premières cartes, ou *naïbis*,
avaient été fabriquées en Italie pour amuser et instruire en même
temps les enfants, et qu'on eut l'idée plus tard de se servir de ces
images sur petits cartons pour en composer des jeux de hasard et de
combinaison propres à remplacer le jeu des dés [1]. Nous ne pouvons
mieux faire que de citer ici l'auteur de cet excellent traité sur les
jeux de cartes :

« Les cartes ne sont ni d'origine arabe, ni d'origine indienne.
« Rien n'autorise ces deux suppositions; aucun monument, aucune
« citation d'écrivains de l'Orient ne vient les appuyer. Ces jeux
« sont, du reste, contraires au génie, aux mœurs et à la religion des
« Arabes [2]..... Les cartes sont une invention européenne, sans
« nul doute italienne. Voici ce qu'on peut supposer de plus vraisem-
« blable sur leur origine.

« Au XIVe siècle, il y avait en Italie une suite de dessins, un
« album de cinquante pièces, très propres à amuser les enfants
« par la variété des images, et à aider leur instruction en ser-
« vant de sujet d'interrogation aux maîtres ou aux parents : c'était
« une nomenclature étendue des connaissances d'alors, un pro-
« gramme de questions, un aide-mémoire encyclopédique pour les
« yeux.

« Cette suite de dessins se nommait *naïbis* ; nous en avons là
« copie dans les gravures anonymes attribuées à tort ou à raison au
« peintre Mantegna.

« Vers la fin de ce même siècle, un esprit inventif, probablement
« un Vénitien, crut voir dans les *naïbis* des enfants les éléments
« d'un jeu nouveau propre à servir à l'âge mûr de récréation atta-
« chante..... — Pourquoi, se dit-il, n'imaginerait-on pas un jeu qui,
« sans exclure complètement les chances du hasard, n'y serait pas
« livré tout entier comme les dés, et qui, moins sérieux que les
« échecs, moins bruyant et plus portatif que le trictrac, exigerait,
« comme ces jeux, une attention soutenue, du calme et de la ré-
« flexion [3] ?... »

---

[1] Voyez, à ce sujet, l'excellent ouvrage que vient de publier M. Merlin sur l'*Origine
des cartes à jouer*, Paris, 1870.

[2] Ce passage est une sorte de conclusion des preuves accumulées par M. Merlin
à l'appui de son opinion.

[3] Page 57.

Cette explication paraît vraisemblable. Le fait est que les cartes, du jour qu'elles purent être fabriquées à l'aide de la gravure sur bois, et devinrent par conséquent très communes, remplacèrent peu à peu le jeu des dés, et même ceux des tables et des échecs. Les cartes se prêtaient à des combinaisons variées à l'infini, et permettaient à un plus ou moins grand nombre de personnes de participer au jeu, tandis que l'on ne pouvait jouer aux tables ou aux échecs qu'à deux. La société élevée, aussi bien que les classes inférieures, s'en tinrent donc aux cartes ; le jeu des dés et du trémerel, qui passionnaient si fort nos aïeux[1], tombèrent en discrédit. A peine si à la fin du xvi° siècle on voyait quelques soudards recourir aux dés pendant les heures perdues et dans les mauvais lieux, où les jeux de hasard persistèrent fort tard.

Pendant les loisirs du jour, lorsque les dames, chevaliers et écuyers s'en allaient *aux vergers,* les hommes jouaient parfois aux boules et au *billart.* Ce jeu consistait à chasser au ras du sol des boules au moyen de crosses de bois. Il persista en Angleterre, en Écosse, et paraît avoir été remplacé en France, vers le xvi° siècle, par le *mail :*

> « Item, et je adjoinctz à la grosse[2]
> « Celle de la rue Saint-Anthoine,
> « Et un billart de quoy on crosse[3]. »

Des groupes aimant les plaisirs plus tranquilles causaient pendant que les dames tressaient des chapels (couronnes) de fleurs qu'elles offraient à leurs amis (fig. 2[4]). Ces sujets sont répétés très fréquemment sur les ivoires, sur les coffrets, sur les menus objets

---

[1] Le *trémerel*, jeu de hasard à trois dés, ainsi que nous l'avons dit plus haut, fut l'objet de défenses spéciales, et paraît avoir été en vogue particulièrement dans les tavernes et les lieux de débauche :

> « Volentiers alez au bordel :
> « Et où l'en jeu au trémerel,
> « Et gaigniez mult a envis ;
> « Por ce estès-vous trop chétis. »

*Les Gens d'aventures.* (A. Jubinal, *Jongleurs et trouvères des* xiii° *et* xiv° *siècles.* 1 vol., Paris, 1835.)

[2] « Au contrat ».

[3] *Petit Testament* de Villon, st. xxix.

[4] Boîte à miroir à deux faces, du commencement du xiv° siècle, au musée du Louvre.

de toilette des XIII<sup>e</sup> et XIV<sup>e</sup> siècles ; ce qui permet de supposer que la façon des chapels de fleurs était un des passe-temps favoris des dames et damoiselles [1].

2

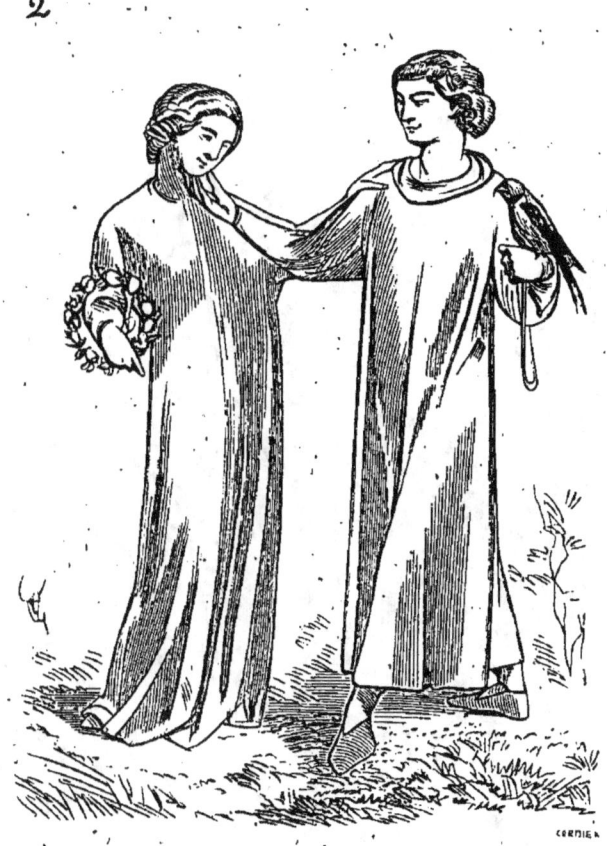

Les chevauchées *à deux* étaient encore un des plaisirs auxquels se livraient le plus habituellement les jeunes gens des deux sexes. On avait des selles disposées exprès pour ces promenades, et pendant le XV<sup>e</sup> siècle encore les femmes, montant en croupe, enfourchaient la selle, ainsi que cela se pratique dans les campagnes de la Normandie et de la Bretagne. La figure 3 est copiée sur la vignette d'un manuscrit de cette époque [2]. Le jeune homme est vêtu d'un corset brodé d'or, avec collet et manches bleu de roi. Il porte des

[1] Voyez, dans la partie des VÊTEMENTS, l'article CHAPEAU.
[2] Manuscr. Biblioth. nationale, missel latin (1450 environ).

garde-cuisses d'étoffe d'or, et ses jambes sont armées de grèves. Son bonnet est rouge. La jeune femme est coiffée d'un escoffion d'or avec barbette blanche. Sa robe est gorge de pigeon. Les harnais du cheval sont rouge et or.

3

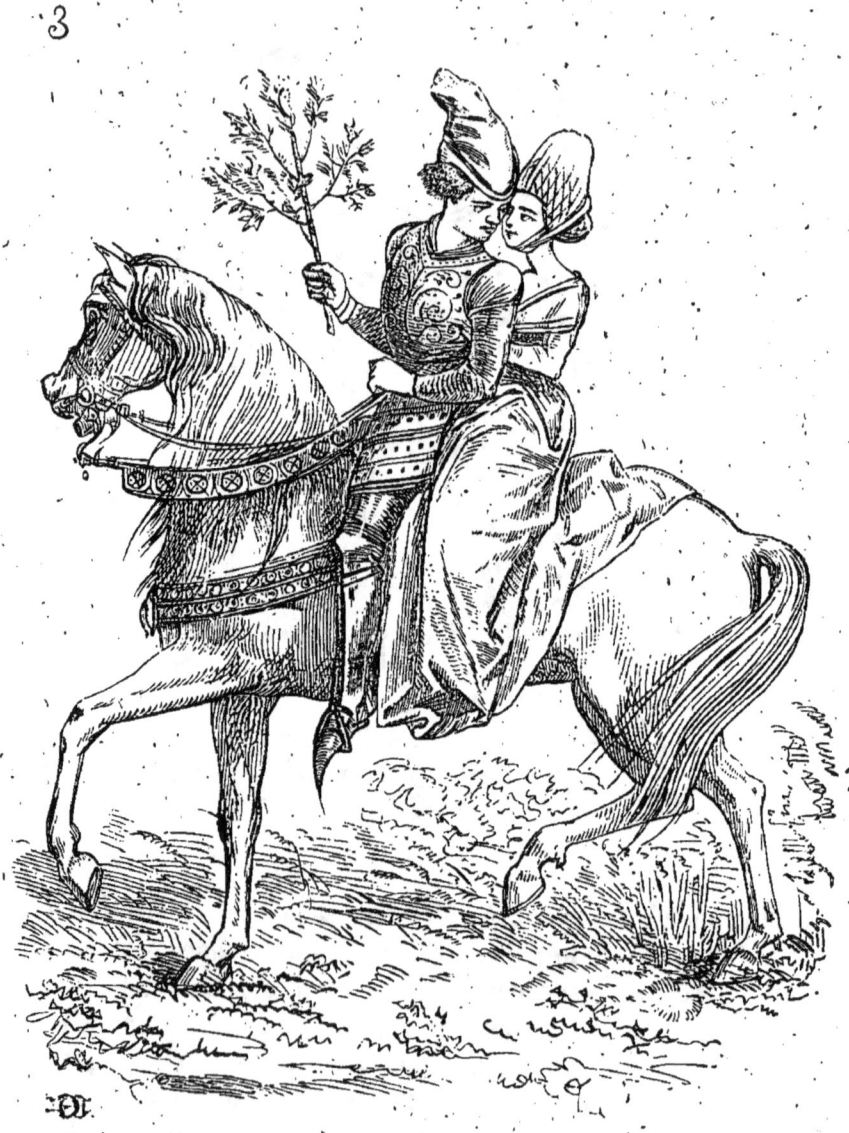

Certains jeux, ou plutôt exercices profanes, étaient permis aux ecclésiastiques, aux chanoines des cathédrales, pendant les fêtes de Noël et de Pâques. Ces exercices consistaient en une danse et jeu de balle, suivis d'un banquet. Ces divertissements, appelés *pila-*

*pilota* et *bergeretta*, furent particulièrement usités dans l'église cathédrale d'Auxerre, d'où ils ne disparurent que vers le milieu du xvi° siècle (1538)[1]. Cet usage paraît remonter aux premiers temps du christianisme. Jean Beleth, qui vivait au xii° siècle, dit que les évêques et archevêques ne dédaignaient pas de participer au jeu de la balle et aux danses auxquels se livraient leurs clercs. Guillaume Durand décrit ainsi ces fêtes[2] : « En certains endroits « encore, en ce jour (de Pâques) et dans d'autres, le jour de Noël, « les prélats se divertissent avec leurs clercs, soit dans les cloîtres, « soit dans les maisons épiscopales, et vont jusqu'à jouer à la paume, « et même à former des chœurs de danse et à se livrer aux chants « que l'on appelle *liberté de décembre*[3], parce qu'anciennement, « chez les Gentils, en ce mois des esclaves, les bergers et les « servantes jouissaient d'une certaine liberté, exerçaient le pouvoir « avec leurs maîtres, festoyaient avec eux, et se livraient aux fes- « tins après la rentrée des moissons. Cependant il vaut mieux s'abs- « tenir de semblables fêtes. » Malgré le conseil de l'évêque de Mende, l'usage persista longtemps dans plusieurs églises cathédrales. Chaque nouveau chanoine devait, ce jour-là, offrir une grosse balle ou ballon à la compagnie[4]. Les chanoines commençaient alors une ronde accompagnée de chants et se renvoyaient la balle en dansant. Le ballon était donné par le nouvel élu au doyen, lequel, ayant *enfourmé* son aumusse pour ne point être embarrassé dans ses mouvements, appuyait la balle contre sa poitrine, et, donnant la main à un chanoine, commençait un branle suivi par tous les autres membres du chapitre ; on entonnait la prose *Victimæ paschali laudes*. Alors le doyen, ou même l'évêque, se plaçait au milieu de la ronde, et il envoyait la pelote à chacun des danseurs, qui la lui renvoyait. Après ce divertissement, on se mettait à table jusqu'à l'heure de vêpres.

Il nous reste à dire quelques mots des jeux d'enfants. Les choses, à cet égard, ont peu changé, et les jeux des enfants, pendant la durée du moyen âge, étaient ce que sont ceux de notre temps, c'est-à-dire qu'ils n'étaient qu'un diminutif des occupations des grandes personnes. La poupée pour les filles, les petites armes pour les

---

[1] Voyez, à ce sujet, la notice que M. Ch. Barthélemy a introduite dans sa traduction du *Rationale* de Guillaume Durand, t. IV, p. 447.

[2] *Rationale divin. off.*, lib. VI, cap. LXXXVI, 9.

[3] En souvenir des Saturnales.

[4] Cette balle était assez grosse pour qu'on ne pût la tenir d'une seule main.

garçons, les chevaux de bois, faisaient le fond de ces divertissements de l'enfance. Le manuscrit de Herrade de Landsberg[1] nous montre deux très jeunes gens qui jouent aux marionnettes (fig. 4). Ces marionnettes sont deux chevaliers suspendus à des cordes qui les traversent par le ventre. Le plomb qui chargeait leurs jambes,

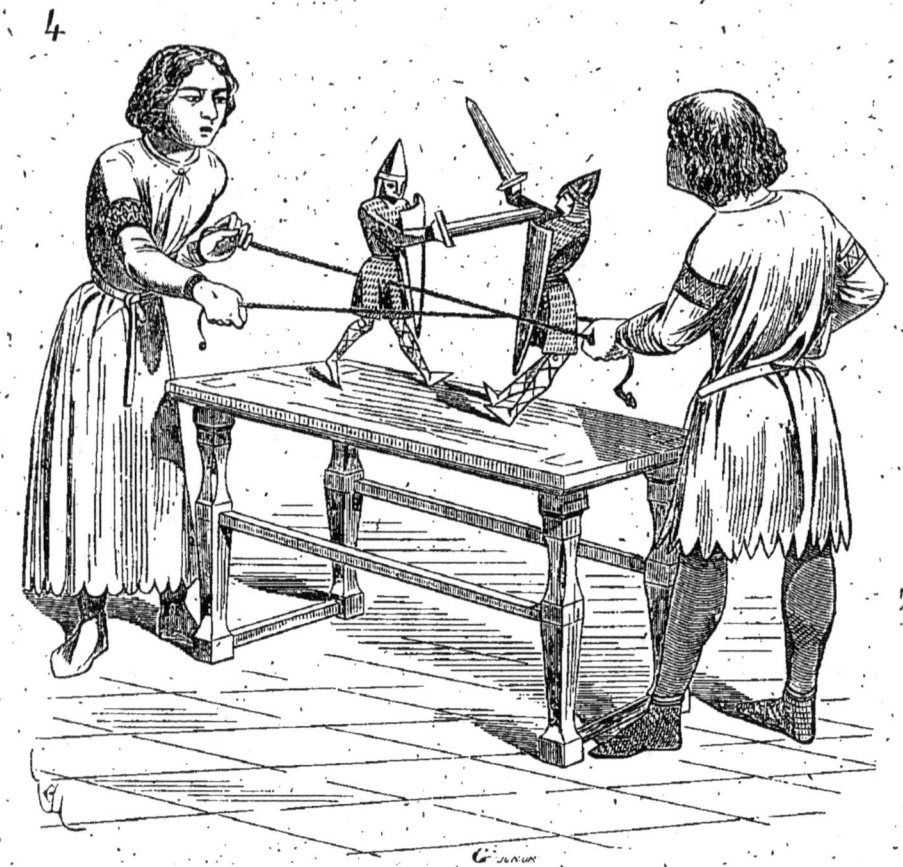

4

probablement, les empêchait de basculer. En faisant aller et venir ces cordes, on simulait une sorte d'escrime. Les marionnettes sont vêtues comme les hommes d'armes de ce temps (xIIe siècle). Elles sont couvertes du heaume conique à nasal, de la cotte de mailles courte, du long écu, et armées d'épées.

Les petits moulins tournant au vent, les animaux de terre cuite pouvant servir de sifflets, les poupées, les vessies remplies de pois, etc., étaient les jeux de la première enfance; puis venaient les

1 Biblioth. de Strasbourg (xIIe siècle). Ce manuscrit a été détruit par l'armée allemande.

exercices, l'escarpolette, le tape-cul, les échasses (fig. 5 [1]), les billes, les barres, la pelote ; puis, plus tard encore, l'escrime, l'équitation, les joutes, les bagues, les simulacres de chasses, de combats, qui parfois devenaient sérieux, ainsi que nous le prouve l'histoire

5

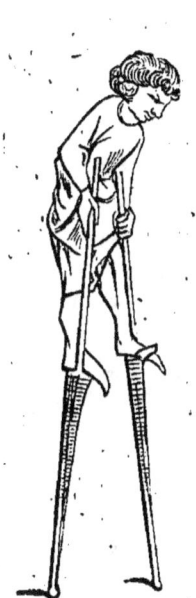

des premières années de du Guesclin. Les traditions passées d'une génération d'enfants à celle qui la suit ne se perdent pas, et les jeux encore usités aujourd'hui, tels que ceux du berger et du loup, du chat perché, des quatre coins, des barres, etc., remontent bien haut dans notre histoire et se perpétueront longtemps, probablement.

[1] Manuscr. Biblioth. nationale, *Hist. du saint Graal jusqu'à l'empire de Néron* dans les entourages (fin du XIIIe siècle).

# SIXIÈME PARTIE

## OUTILS, OUTILLAGES

# SIXIÈME PARTIE

## OUTILS, OUTILLAGES

**AUGE**, s. f. *(auget)*. Vaisseau de bois servant aux maçons et propre à contenir le mortier ou du plâtre gâché. Les plus anciens monuments du moyen âge montrent des maçons portant l'augée de mortier ou de plâtre sur leur tête, ainsi que cela se pratique encore aujourd'hui dans les bâtiments en construction. Les auges les plus anciennes paraissent être évidées dans un demi-tronçon de tronc d'arbre. Cette forme persiste jusqu'au xv siècle (fig. 1). Dans cette auge est posée la truelle,

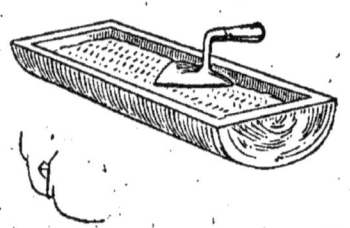

dont la forme ne diffère pas de celle en usage de notre temps. On voit aussi figurées parfois des auges en forme de boîtes évasées par le haut et façonnées au moyen d'ais cloués.. Il ne faut pas confondre l'auge avec l'*oiseau* (voyez ce mot).

**BALAI**, s. m. *(escoube)*. Les balais employés pendant le moyen âge sont, comme forme, exactement semblables à ceux qu'on em-

---

[1] Manuscr. Biblioth. nationale, *Historial français*, provenant de la bibliothèque du duc Charles Ier de Bourbon, mort en 1456.

ploie encore dans la plupart de nos provinces, c'est-à-dire faits de brindilles de bouleau assemblées en paquet et ammanchées à l'extrémité d'un bâton ; ou de bottes de joncs réunies en façon d'éventail avec un manche. Les balais de crin ne paraissent pas remonter au delà du XVII° siècle.

**BATON**, s. m. (*bastoncel, bouhours, escoper, fût, escoberge, fust,*

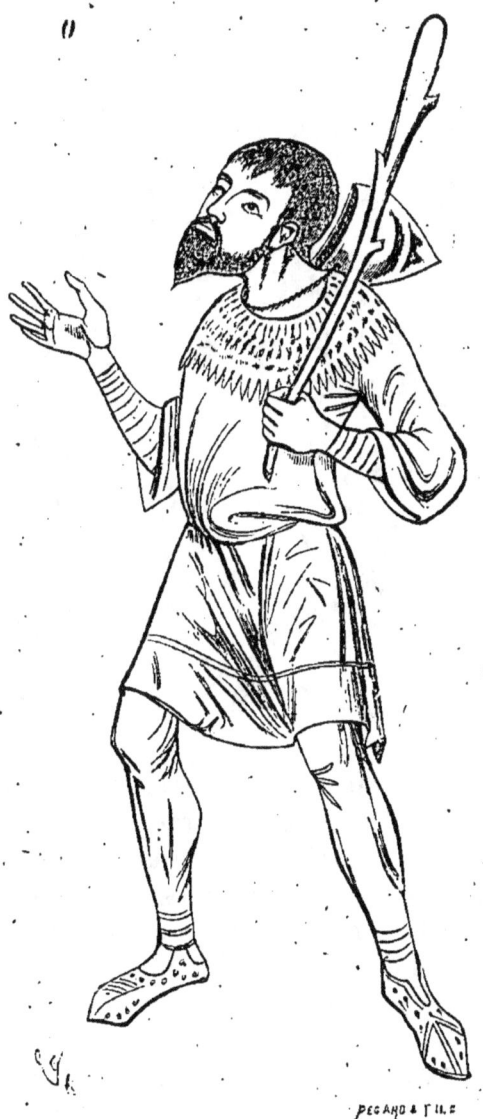

PEGARD & FILS

*waroqueau, locque, santon, saton, vaule ;* — BATON FERRÉ : *bedail, couffourt, gaffe, gayar, panchon, princhon, picuchon, sappe, tineul, tournot, thorte*). La quantité de mots pour désigner un même objet indique les usages divers auxquels le bâton était destiné. Parmi les gens de guerre on désignait même par mot général de *bâton* toute arme d'hast (voyez la partie des ARMES). Tout paysan était muni d'un bâton ; c'était la seule arme qu'il pût porter, et s'en servait habilement. Les bergers, jusqu'au XIVᵉ siècle, portaient un bâton terminé par un gros bout ou une crosse, afin de pouvoir lancer des mottes de terre aux brebis qui s'écartaient du troupeau. La figure O montre un de ces bergers[1] du XIᵉ siècle. Il est vêtu de

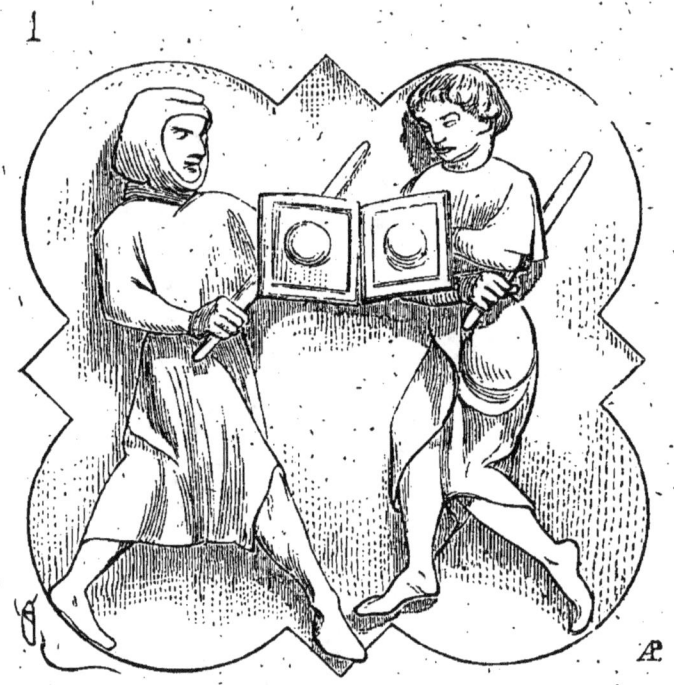

braies, avec souliers attachés, d'une cotte ou tunique à manches courtes et larges sous lesquelles apparaissent les manches justes de la tunique-chemise. Sur ses épaules est un camail de peau de bête, le poil en dessus, et son chaperon, qui semble fait d'une étoffe feutrée roide, est attaché à son cou par une cordelette. La houlette avec cuiller de fer ne date guère que du XVᵉ siècle. Quand les combats judiciaires étaient autorisés entre vilains, ils devaient se servir de bâtons de mesure et d'un bouclier ou large carrée tenue de la main gauche (fig. 1 [2]). Froissart raconte ainsi le soulèvement des paysans du Beauvaisis, de la Brie, du Valois Laonnais et Soissonnais, en 1358.

---

[1] Manuscr. Biblioth. nationale, *Evangile festiv.* (XIᵉ siècle).
[2] Des bas-reliefs de la façade de la cathédrale de Lyon (commencement du XIVᵉ siècle).

« Aucuns gens des villes champestres, sans chef, s'assemblèrent en
« Beauvoisis, et en furent mie cent hommes les premiers, et dirent
« que tous les nobles du royaume de France, chevaliers et escuyers,
« honnissoient et trahissoient le royaume, et que ce seroit grand
« bien qui tous les détruiroit. Et chacun d'eux dit : — Il dit voir ! il

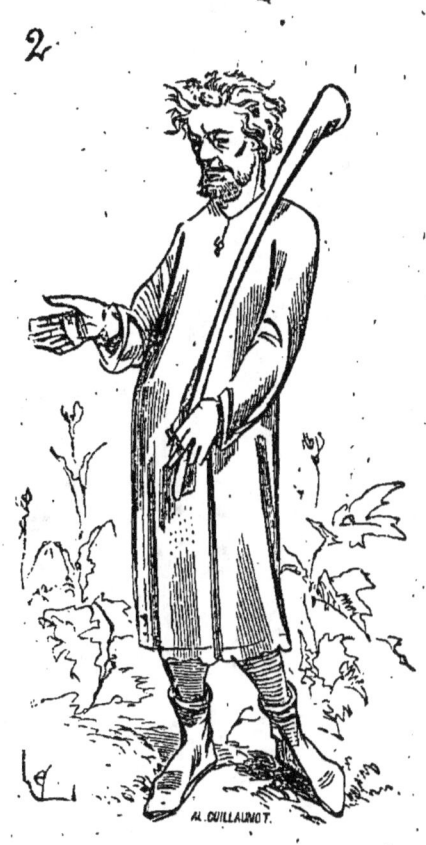

« dit voir ! Honni soit celui par qui il demeurera que tous les gen-
« tilshommes ne soient détruits ! Lors se assemblèrent et s'en al-
« lèrent, sans autre conseil et sans nulles armures, fors que bastons
« ferrés et de couteaux, en la maison d'un chevalier qui près de là
« demeuroit[1]..... » Ces *jacques,* qui dévastèrent toutes les provinces
au nord de Paris, et qui, rassemblés au nombre de dix mille
environ, finirent par être détruits à Meaux par le comte de Foix,
le captal de Buch, le duc d'Orléans et leurs lances, ne se servirent
pendant leurs expéditions que de ces bâtons et de leurs couteaux.

[1] *Chron. de Froissart*, liv. I, chap. LXV.

Ils étaient hideux à voir, disent les contemporains ; ce que nous n'avons pas de peine à croire. A cette triste époque de notre histoire, les paysans de ces provinces dévastées par les partis anglais et français, par les gens du roi de Navarre, étaient réduits à la dernière misère et n'étaient vêtus que d'une chemise de grosse toile. La figure 2[1], qui représente un vilain de ce temps, donne assez l'aspect de ces terribles *jacques* de 1358.

Les seigneurs terriens faisaient exercer leurs vassaux, qui devaient le service de piétons, au jeu du bâton long de six pieds, et, pendant les xiv° et xv° siècles, les gentilshommes eux-mêmes apprenaient à jouer du bâton, c'est-à-dire de la lance courte (voyez la partie des ARMES).

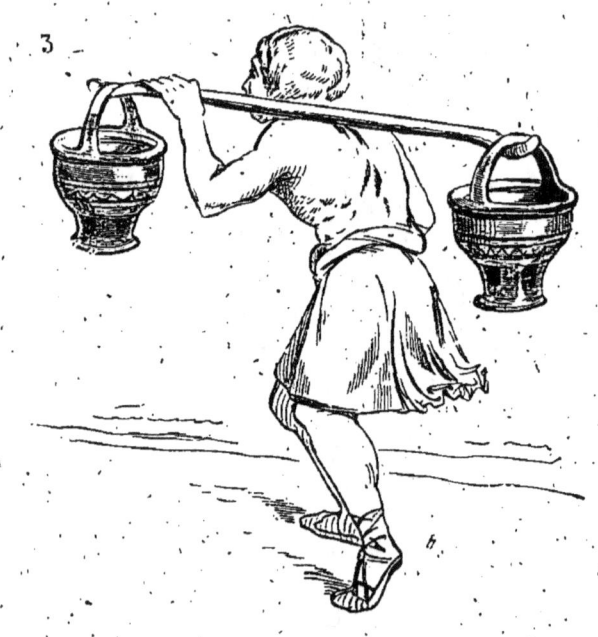

Les pèlerins étaient munis d'un bâton (*hourdon, bordon*) (voyez, dans la partie des VÊTEMENTS, l'article ESCLAVINE).

Le *tineul* était un gros bâton qui pouvait servir au besoin de levier ou de support horizontal. Les porteurs d'eau se servaient du tineul ou *tournot* pour transporter les vases de terre ou de métal contenant un liquide (fig. 3.°). Ce porteur n'est vêtu que d'une jupe.

[1] Manuscr. Biblioth. nationale. *Histor. Hierosolymit.*, latin (xiv° siècle).
[2] Manuscr. Biblioth. nationale, *Lancelot du Lac*, français (1340 environ).

**BÊCHE,** s. f. (*besche, truble*). Outil d'agriculture propre à remuer la terre. Les bêches figurées dans les monuments du moyen âge sont faites de bois et ferrées. Les tapisseries de Saint-Médard de

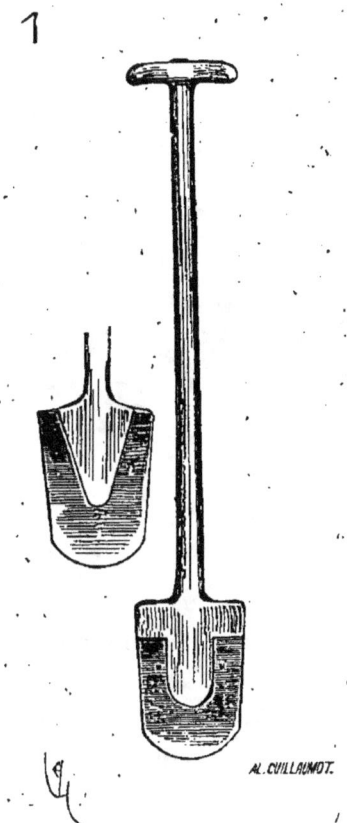

Paris montrent des paysans armés de bêches dont la forme est reproduite dans la figure 1. Le manche est muni à sa partie supérieure d'une petite traverse pour appuyer la main droite, et la spatule de bois est garnie d'un fer coupant qui enveloppe ses deux faces inférieures. Dans des manuscrits de la fin du XIII° siècle, on voit des bêches dont la partie inférieure est façonnée ainsi que l'indique la figure 2. Le manche A entre dans une douille latérale B ; le fer de la bêche, divisé en deux coquilles, permet d'introduire entre

Collect. Gaignières. biblioth. Bodléienne d'Oxford (ces tapisseries dataient du XIII° siècle), et d'un manuscr. de la Biblioth. nationale, *Historial français*, ayant appartenu à Charles de Bourbon, mort en 1456.

elles la palette de bois dur C. Ainsi le pied avait-il un large espace
pour appuyer sur l'axe du fer. Une encoche D, ménagée à l'extrémité inférieure du manche, empêchait cette palette de sortir de sa
rainure. L'effort du pied, se produisant suivant l'axe tranchant du

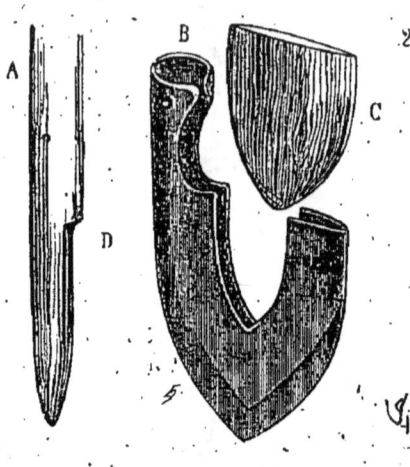

fer, ne perdait rien de sa puissance. Il est difficile d'expliquer pourquoi ce système excellent a été abandonné. La traverse supérieure
du manche est figurée sur toutes les représentations de bêches jusqu'au xvie siècle. Il n'est pas besoin de dire que cette traverse facilite beaucoup le travail de l'agriculteur.

**BÉQUILLE,** s. f. (*anicotle, eschace, potence*). Bâton garni d'une
traverse à son extrémité supérieure pour appuyer la main, ou placer
sous l'aisselle, lorsque les jambes ne peuvent porter leur homme.
Bien que la ligature des artères ne fût pas connue au moyen âge, dès
le xiie siècle on trouve des représentations de personnages ayant
des jambes de bois, *jambes de fust, eschace.*

**BESAIGUË,** s. f. (*bisaguë*). Outil de charpentier composé d'une
lame de fer de trois pieds de longueur environ, munie d'un manche
court à son milieu, aiguisée sur le plat à l'une de ses extrémités et
affûtée en bec de burin à l'autre extrémité. Cet outil remonte à
l'antiquité, on le voit figuré sur des monuments des premiers siècles
du moyen âge. Et en effet on ne peut faire une mortaise dans du
bois de charpente sans le secours de la besaiguë. Avec la hache, la

doloire, le compas, le fil à plomb et la tarière, la besaiguë compose
l'outillage de tout ouvrier charpentier, et cela depuis des siècles :

> « Li carpentier qui après viendrent, grans coignies
> « En leurs coul tindrent, doloucres et besagues
> « Orent à leur costez pendues [1]... »

La figure 1 montre un charpentier muni de ses outils [2]. A sa cein-

1

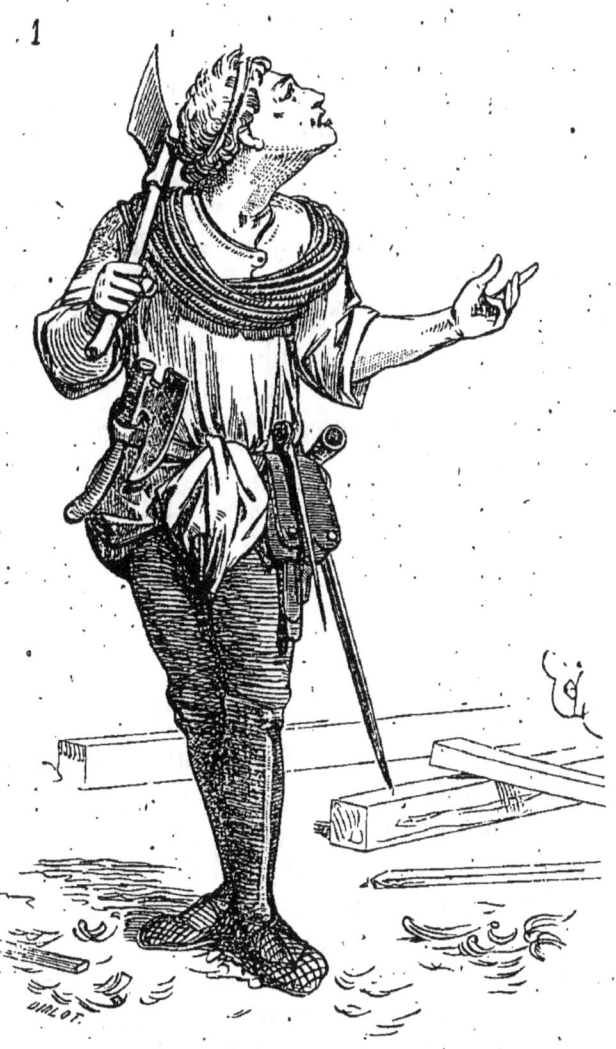

ture de cuir est attachée l'escarcelle avec le compas ; la doloire est

[1] *Roman de Rou.*
[2] Vitraux de la cathédrale de Bourges (xiiie siècle) ; tapisseries de Saint-Médard de Paris, Collect. Gaignières de la biblioth. Bodléienne d Oxford (fin du xiiie siècle).

passée à droite dans la courroie, et la besaiguë à gauche, derrière l'escarcelle. Les pans postérieurs de sa cotte sont ramenés par devant, entre les cuisses, et retenus dans la ceinture. Il porte la cognée sur l'épaule et un fil de manœuvre autour du cou. Des chausses couvrent ses jambes. Si ce n'est la doloire, qui a changé de forme, cet outillage est encore, ainsi que nous l'avons dit, celui de nos ouvriers charpentiers. (Voyez Doloire.)

**BIGORNE,** s. f. (*bigourne*). — Voy. Enclume.

**BURIN,** s. m. (*grafière, grafe, grefe*). Style, tige d'acier aiguisée servant à la gravure des armes, des objets faits de plaques de métal ; coffrets, selles, harnais, etc. Les ouvriers du moyen âge étaient habiles burineurs ; et, quand on voit avec quelle sûreté de main sont faites les délicates gravures qui décorent quantité d'objets de métal qui nous restent des xii$^e$, xiii$^e$, xiv$^e$ et xv$^e$ siècles, on s'étonne que l'idée de reproduire ces gravures par l'apposition d'une matière colorée et ductile dans les sillons du burin ne soit pas venue plus tôt, d'autant que les nielles ne sont autre chose que de la gravure remplie d'une matière noire. (Voyez la partie de l'Orfèvrerie.)

**CHARRUE** (*araire, aréau, ayreau, areyre, tantée, chérue*). L'*aratrum* antique se composait d'un coutre emmanché à l'extrémité d'une branche fourchue à laquelle s'attachait un timon. Point de roues, point de soc et versoir. La charrue égyptienne (fig. 1)[1] se composait d'une fourche recourbée munie du coutre. Les branches de la fourche sont réunies par des échelons entre lesquels passe la flèche de la charrue. Le coutre est attaché à la flèche par un lien. Celle-ci, au moyen des échelons, peut être plus ou moins inclinée, de manière à permettre au laboureur d'enfoncer plus ou moins le coutre en terre. Ces sortes de charrues ne pouvaient que faire une trace peu profonde dans des terrains

[1] Du tombeau de Chamhati, intendant des domaines, xviii$^e$ dynastie. (Voy. Hist. de l'art égyptien, par M. Prisse d'Avennes.)

légers et faciles comme tous ceux qui forment le bas bassin du Nil.

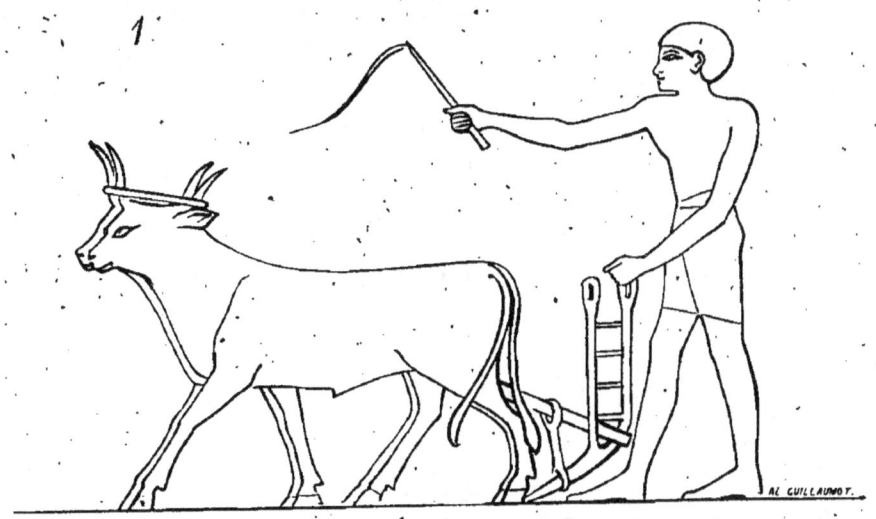

Mais, dans les Gaules, où les terres sont le plus souvent fortes, argi-

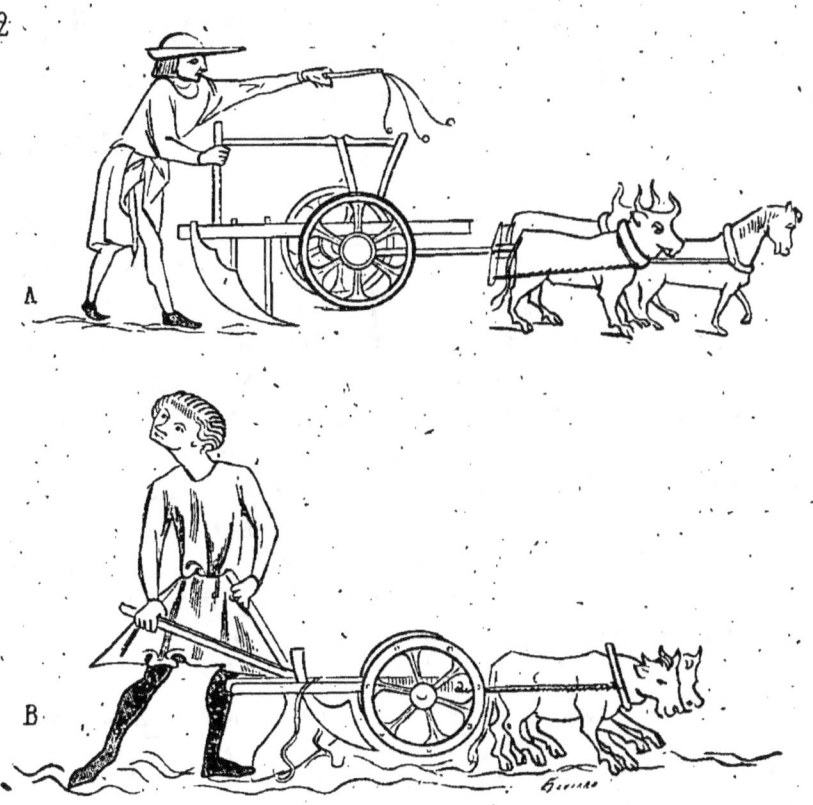

leuses, il fallait des instruments plus puissants et beaucoup plus

lourds par conséquent. Dès le XIe siècle, on voit apparaître la charrue
à roués sur nos monuments figurés. Au XIIIe siècle, l'araire est relativement perfectionné. L'âge où l'*agiau* est horizontal, posé sur
l'essieu, auquel est fixé un timon avec palonnier ou une double
paire de cordes. La figure 2 présente deux charrues de cette
époque[1]. La première a son coutre emmanché à une flèche passant sur l'essieu ; la position du coutre est maintenue par deux
étais. A l'essieu est attaché un timon avec palonnier, auquel sont
attelés deux bœufs tirant, non sur un joug, mais à l'aide de colliers.

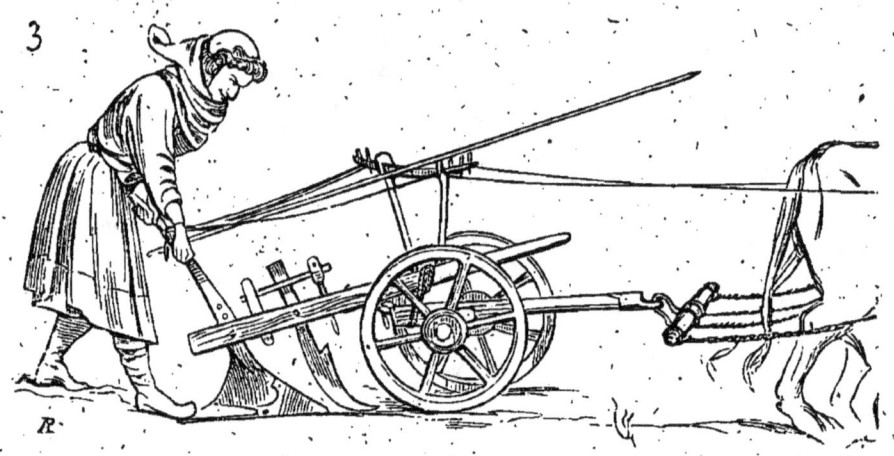

Un cheval est, en outre, attelé en flèche. La seconde paraît posséder
un soc avec versoir derrière le coutre. La paire de bœufs est attelée
avec des cordes et tire sur des colliers. La figure 3[2] présente une
charrue de la fin du XIIIe siècle. Elle possède le coutre et le soc avec
versoir. C'est un instrument qui ne diffère guère de ceux dont
on se servait dans nos campagnes au commencement du siècle.
Au moyen de la traverse supérieure, percée de plusieurs trous, le
coutre peut être incliné plus ou moins ; le soc peut s'allonger. La
flèche est arrêtée au timon, qui passe sur l'essieu par un crochet et
une cordelle qui empêche le crochet de sortir de son piton dans les
cahots. La figure 4 montre une charrue de la fin du XVe siècle[3]. Le
coutre est fixé plus ou moins incliné à l'aide de cales, le soc et son

---

[1] L'exemple A est copié sur une vignette du manuscrit de la Biblioth. nationale, *la
Naissance des choses*, français (1250 environ); l'exemple B, sur une vignette de manusc.
de la Biblioth. nationale, *Psalmiste*, latin, ancien fonds Saint-Germain (même époque).

[2] Du manuscr. de la Biblioth. du séminaire de Soissons, intitulé *les Miracles de la
Vierge* (commencement du XIVe siècle).

[3] Manuscr. Biblioth. nationale, *Tite-Live*, français (1480 environ).

versoir sont arrêtés par des chevilles passant dans des douilles. La flèche et l'age sont à genouil, pour pouvoir tourner facilement, et le tirage sur le palonnier D se fait au point B par la chaîne passant sous l'essieu. Ce tirage agit donc juste au-dessus du point de résistance, qui est le coutre ; ainsi n'y a-t-il point de force perdue. La flèche C étant mobile dans l'alvéole D, le corps de la charrue ne subit

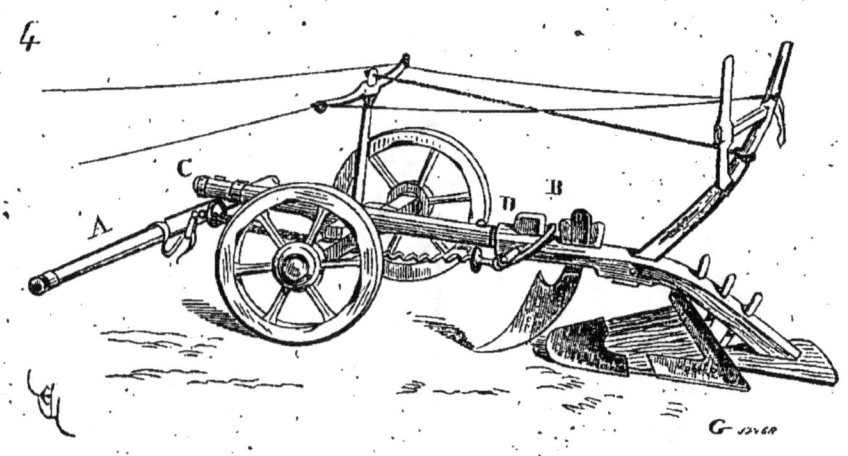

aucune des influences produites sur le train par les cahots ou un tirage inégal des bêtes. Au midi de la Loire, les charrues sont de toute ancienneté tirées par des bœufs sous le joug ; mais dans les provinces du Nord on voit, dès les premiers siècles du moyen âge, des chevaux attelés aux charrues aussi bien que des bœufs, et ces derniers animaux ne sont pas placés sous le joug ; ils tirent, comme les chevaux sur des colliers. Le joug remonte cependant assez haut dans les provinces du littoral occidental. On pourrait en conclure que le joug est une importation romaine, et que le lourd collier que l'on voit encore posé sur le cou de nos chevaux de rouliers, dans les provinces septentrionales, est une tradition gauloise. (Voy. HARNAIS *de charrois.*)

**CISEAUX,** s. m. (*cisiax, chisel, cisailles, cisel, escherpie, force, forcesces, forcettes, forghes, forsselle, fisel, tézoires*). Les ciseaux à deux branches tranchantes réunies par un axe, et terminées par deux anneaux dans lesquels on passe les doigts, sont représentés dans les vignettes du x⁰ siècle (fig. 1 ¹). Cependant, la forme la plus ordinaire donnée à cet outil d'un usage si fréquent est, pendant le

¹ Manuscr. Biblioth. nationale, Bible, latin, 6-3.

moyen âge, celle que reproduit la figure 2. Ce sont les *forces*. Deux lames tranchantes comme deux couteaux passent l'une sur l'autre et sont rendues solidaires par une double tige formant ressort A. En appuyant les doigts et la paume de la main sur ces deux tiges, on fait glisser les deux tranchants l'un sur l'autre. Ces ciseaux sont encore en usage dans l'extrême Orient, et sont employés chez nous pour

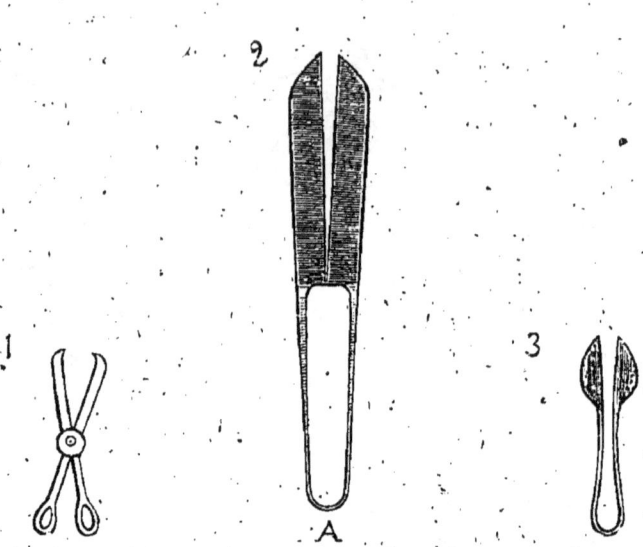

tondre les draps, pour couper le poil des chevaux. Des ciseaux de ce genre, plus petits (fig. 3), sont fréquemment représentés sur des miniatures des xiiie et xive siècles. Nous en avons trouvé plusieurs fragments dans les fouilles du château de Pierrefonds, lesquels n'ont que 12 centimètres de longueur. Les ciseaux *forces* ou à deux branches, servant aux dames, étaient renfermés dans des étuis de fer ou de cuir gaufré. Les barbiers se servaient de ciseaux et de rasoirs, ainsi que le démontre ce passage du *Roman du renart* :

« Cisiaux bien tranchans et bacin,
« Et un rasoir et bon et fin
« Ne nos faut qu'eve solement [1]. »

*Ciseau* (au singulier) était et est encore un outil long, tranchant à son extrémité aplatie, et muni d'un manche en bois. Les menuisiers se servaient de cet outil dont les tranchants sont plus ou moins

[1] Vers 3273.

larges, pour évider les mortaises, entailler le bois, etc. La figure 4 représente un menuisier travaillant, sur son établi, un morceau de bois retenu par le *valet*. Il se sert d'une longue gouge à manche en

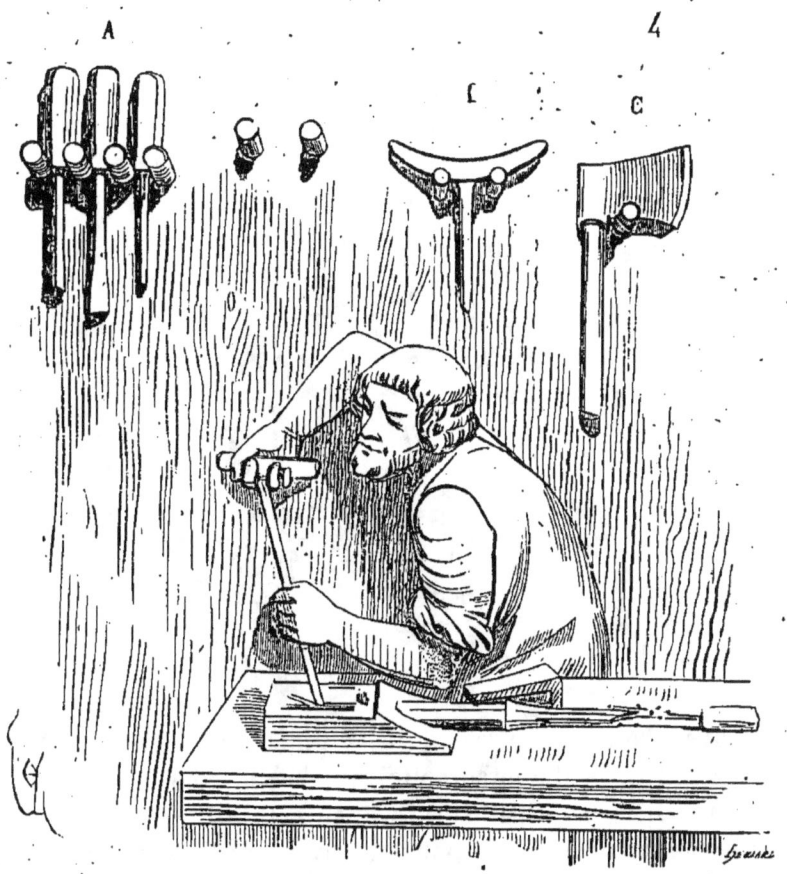

béquille pour préparer une mortaise. En A, sont suspendus des ciseaux de diverses formes ; en B, est une tarière ; en C, une cognée ou hache pour équarrir le bois. On voit que l'outillage de ces ouvriers ne s'est guère modifié[1].

**CLIQUETTE,** s. f. Les lépreux, pendant le moyen âge, lorsqu'ils sortaient, étaient tenus d'avoir à la main un petit instrument fait de trois lames de bois réunies à leur extrémité inférieure, et qui, par le mouvement qu'on leur imprimait, produisaient un son sec en frappant les unes sur les autres. La figure 1, copiée sur une vignette du xvᵉ siècle, montre un de ces lépreux[2] tenant sa cliquette. La

---

[1] Des stalles de l'église de Montréale (Yonne), fin du xvᵉ siècle.
[2] Manuscr. Biblioth. nationale, *le Miroir historial*, français (1440 environ).

lèpre étant considérée comme contagieuse par le simple attouche-
ment, les malheureux atteints de cette maladie devaient, au moyen
de cet instrument, prévenir les passants de leur présence, afin qu'on
pût éviter de les approcher. Ce lépreux est habillé de chausses

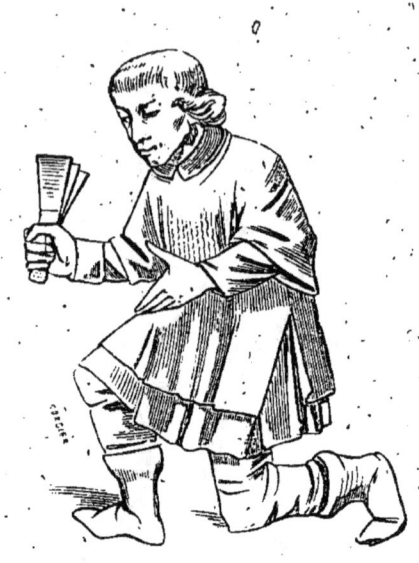

brunes avec bottines noires, d'une première cotte à manches longues gris foncé, et d'une surcotte à manches courtes brune. Le col
de la cotte est rabattu par-dessus la surcotte. La cliquette, produisant un son particulier, ne pouvait être remplacée par aucun autre
instrument du même genre, comme la crécelle, par exemple, dont
se servaient certains marchands ambulants pour attirer les ache-
teurs. Il y a une trentaine d'années, nous avons vu encore dans
une petite chapelle de Bretagne, parmi un grand nombre d'*ex-voto*,
des cliquettes déposées là depuis quelques cents ans, et dont la
forme se rapportait exactement à celle donnée dans notre figure.

**COGNÉE**, s. f. (*cugniée*). Outil composé d'un fer de hache épais,
à dos large et carré, emmanché fortement. La cognée était l'outil des
bûcherons, des charpentiers ; les paysans l'employaient, comme ils
l'emploient encore aujourd'hui, à toutes sortes d'usages. On retrouve
la cognée figurée sur les monuments de l'antiquité romaine ; sa forme
n'a guère varié.

La cognée est aussi, pendant le moyen âge, ce qu'on appelle

aùjourd'hui vulgairement un *merlin*, c'est-à-dire une hache tres épaisse, à tranchant court, à dos large et carré :

    « Cascuns prist pic d'acier ou grant mail, ou quaignie ;
    « La porte Saint-Étienne ont par force trenchie [1]. »

Pendant les xii°, xiii° et xiv° siècles, on voit très fréquemment figurés dans les bas-reliefs ou peintures qui représentent les tra-

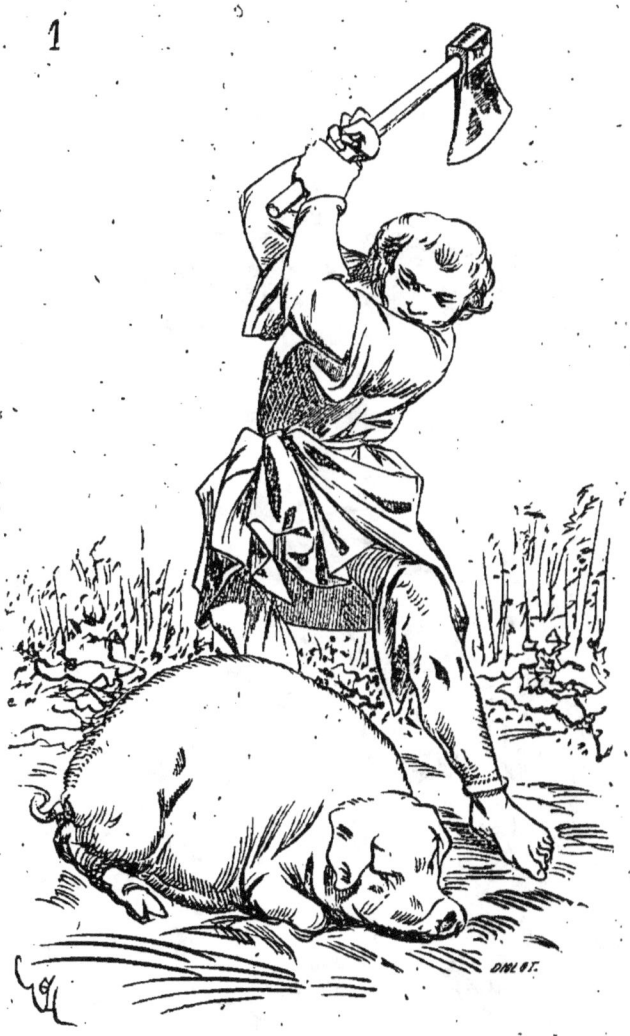

1

vaux de l'année, des bûcherons qui se servent de la cognée à lame assez large. Le dos de cet outil, dans les mêmes monuments, sert à assommer les porcs, que l'on ne saignait pas vivants, ainsi qu'on le fait aujourd'hui (fig. 1²). Les cognées des charpentiers sont, ou

---

[1] *La Conquête de Jérusalem*, vers 4248.
[2] Ms. Biblioth. nation., *le Bréviaire d'amour*, en vers patois de Béziers (xiii° siècle).

à dos carré plat ou à douille, alors la cognée est une véritable hache et sert à équarrir les bois. La cognée du charpentier à dos carré est à deux fins : avec le tranchant l'ouvrier taille et fend le bois ; avec le dos il enfonce les chevilles et cales. La cognée de charpentier à dos carré est emmanchée assez court ; la cognée-hache, usitée pour l'équarrissage en grand, possède au contraire un long manche, et par conséquent un puissant abatage. Ces outils et la manière de s'en servir ne changent pas depuis des siècles.

**COMPAS,** s. m. Cet outil, qui n'a pas besoin d'être décrit, re-

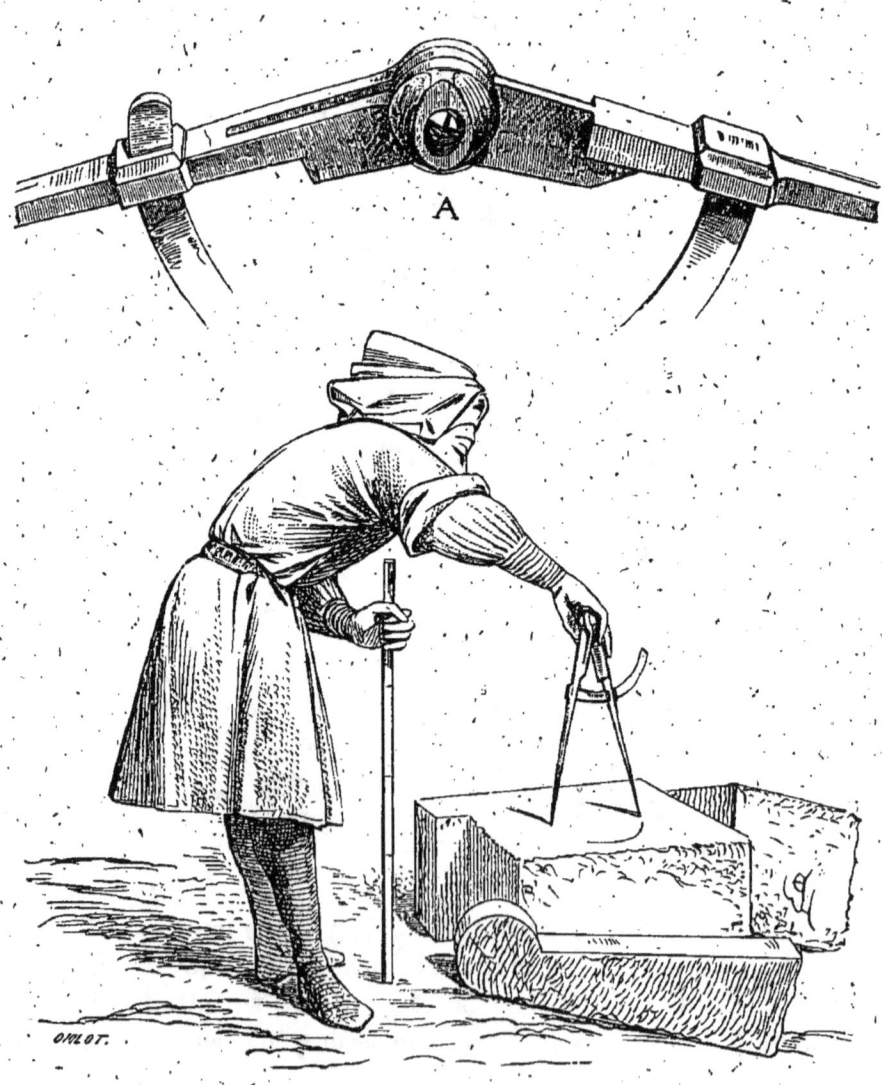

monte aux origines de l'humanité. Pendant le moyen âge, les maîtres

des œuvres sont toujours représentés le compas à la main. L'architecte était alors ce qu'il doit toujours être, appareilleur, traceur.
Ces compas sont habituellement munis entre leurs deux branches d'un
segment de cercle, tant pour empêcher le devers de ces branches
que pour prendre des angles. Le segment de cercle étant gradué, et
la distance laissée entre ce segment et les pointes étant relative à la
distance entre la tête du compas et ce segment, l'instrument devient
ainsi un compas de proportion. La figure 1[1] montre un maître
de l'œuvre opérant sur un lit de pierre à l'aide d'un compas de
moyenne grandeur. Ces sortes de compas étaient faits de fer; ceux
de plus grande dimension étaient de bois avec pointes de fer. Nous
donnons en A une tête de petit compas d'appareilleur, moitié d'exécution[2]. Les charpentiers se servaient et se servent encore du petit
compas de fer. Cet outil appartient à beaucoup d'autres corps d'états :
aux menuisiers, aux tonneliers, aux charrons, aux serruriers, aux

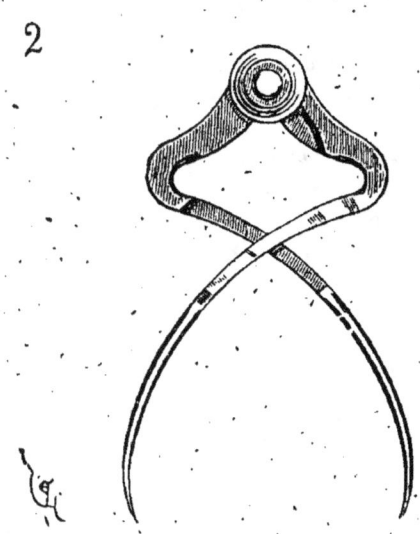

2

potiers, etc. Le compas d'épaisseur, usité pendant le moyen âge
comme encore aujourd'hui, et dont les deux branches recourbées
en forme de pince se rapprochent à la pointe, servaient aux tailleurs
de pierre pour prendre le diamètre des cylindres, aux sculpteurs
statuaires pour mettre au point. Dans les vitraux, dans les vignettes
des manuscrits, on voit ces sortes de compas figurés entre les mains
de ces artistes. Ces compas d'épaisseur ont habituellement la forme
indiquée dans la figure 2. L'une des deux branches passe à travers

[1] Manuscr. Biblioth. nationale, *Chron. d'Angleterre,* français (xii° siècle).
[2] Cabinet de l'auteur. Cet instrument de fer paraît dater du xiv° siècle.

une rainure pratiquée dans l'autre. Ces compas, très sensibles, et dont les branches pouvaient être arrêtées au moyen d'une vis de pression, permettaient de reporter exactement une mesure d'un lieu à un autre, sans avoir à craindre le rapprochement ou l'éloignement des deux pointes. On voit de ces compas figurés sur les bas-reliefs des stalles de la cathédrale de Poitiers, sur des bas-reliefs de la cathédrale de Chartres et dans maintes vignettes des XIII⁰ et XIV⁰ siècles.

**DOLOIRE**, s. f. (*doloeres, doleiere*). Outil en forme de hache à long tranchant, court collet et douille, dont se servaient les charpentiers, les tonneliers, les charrons.

> « Feure ¹ si sont de tel renon,
> « Qu'ils font haches et doloeres,
> « Et besagües et tareres,
> « Dont li charpentiers font mesons
> « Et les sales et les donjons ². »

La doloire était un des instruments le plus en usage dans les

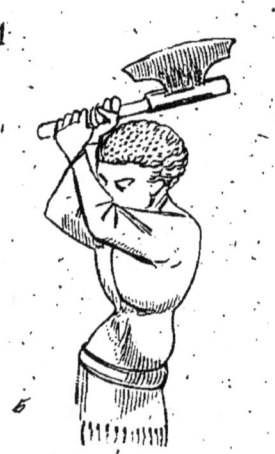
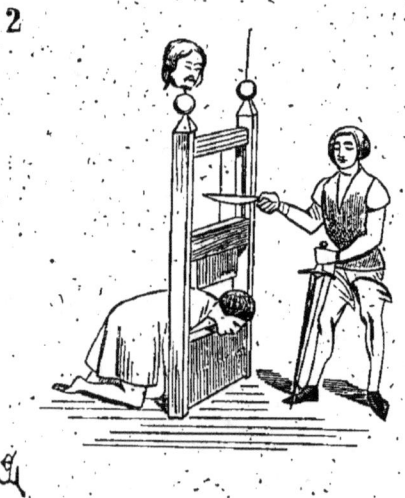

corps d'états qui travaillaient le bois, et même chez les gens de la

¹ Forgeron.
² *Le Dit des feures* (A. Jubinal, *Jongleurs et trouvères des* XIII⁰ *et* XIV⁰ *siècles*, 1835).

campagne. « Les instrumens de ce mesnage (la coupe des taillis)
« sont doloires ou haches bien tranchantes, avec lesquelles le bois
« se coupera de tous côtés, de peur d'en rien escorcer n'esclatter[1]. »

En Angleterre, on tranchait la tête aux criminels (nobles) avec
la doloire : « ... qu'elle eust la teste couppée comme l'on fait en
« France avec une espée, et non avec un doulouere à la façon d'An-
« gleterre[2]. »

On voit cet usage adopté dès le XIVe siècle (fig. 1[3]). D'ailleurs il
paraîtrait que plusieurs moyens étaient usités pour trancher la tête
aux criminels ; il n'y avait pas que l'épée et la hache ou doloire, il
y avait aussi un instrument semblable à notre guillotine, ainsi que
le démontre de la manière la plus évidente la vignette d'un manuscrit du XVe siècle[4] dont nous donnons (fig. 2) la copie. Le bourreau
coupe la corde qui suspend un large couteau glissant entre deux
montants rainés. Si chargé qu'il fût, ce couteau à tranchant horizontal pouvait ne pas produire l'effet qu'on en attendait, aussi le
bourreau est-il muni d'une épée.

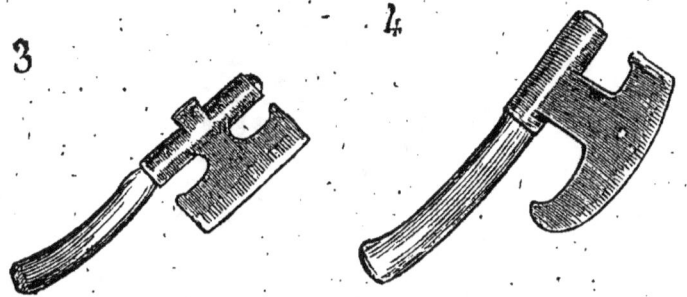

3          4

La forme la plus ancienne donnée aux doloires des gens de
métiers est représentée figure 3[5]. Plus tard, au XIIIe siècle, elles
n'ont plus ce renfort carré postérieur pouvant servir de marteau ;
leur tranchant est sensiblement recourbé (fig. 4).

---

[1] Voyez les citations au mot DOLOIRE, *Dictionnaire* de Littré.

[2] Castelnau, 32 (XVIe siècle).

[3] Manuscr. Biblioth. nationale, *le Miroir historial*, franç. (1395 environ, vignettes au trait).

[4] Biblioth. nationale, *Missel* (latin, n° 9470, 1450 environ).

[5] Manuscr Biblioth. nationale, *Histor. Jerosolimit.*, latin (fin du XIe siècle).

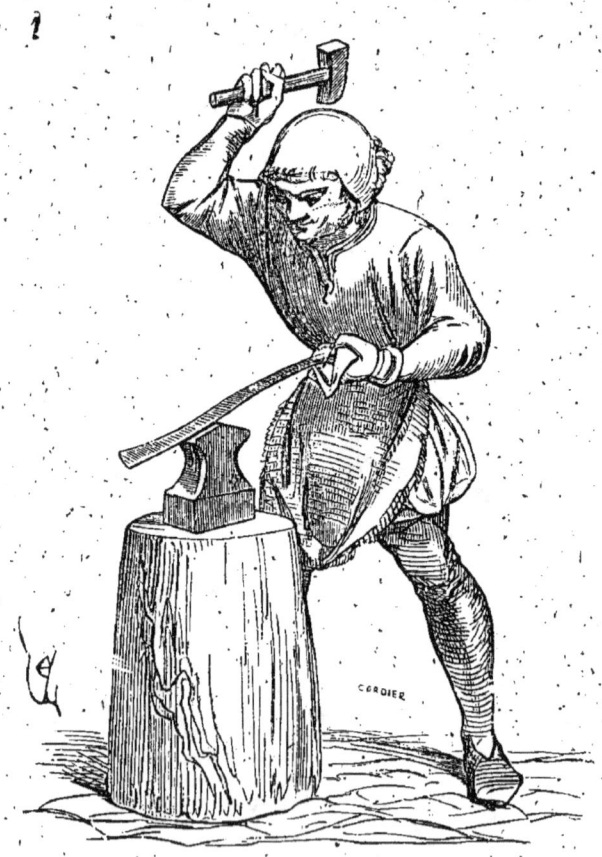

**ENCLUME,** s. f. (*englume, engluge, bigourne*). Masse de fer
aciérée affectant diverses formes suivant le besoin, fichée sur une
bille de bois, et servant à battre le fer à chaud ou à froid. Les
armures de fer, la grande quantité d'ustensiles et de membrures

de fer dont on se servait pendant le moyen âge en France, en Angleterre et dans le nord de l'Italie, firent que les forgerons acquirent
une grande habileté. Avant même l'emploi des armures de *plates*,
c'est-à-dire jusqu'à la fin du XIII° siècle, la fabrication des heaumes,
des mailles, des armes offensives, exigeait déjà beaucoup d'adresse
dans le maniement du fer. Les forgerons se servaient donc d'en-
clumes de formes variées suivant la nature du travail. Il y en avait
de plates et de carrées, sortes de tas, pour battre le fer à froid ou

faire des rivets; d'étroites à faces inclinées, pour amincir des pièces
longues (fig. 1¹). Il y en avait dont une ou deux des extrémités laté-

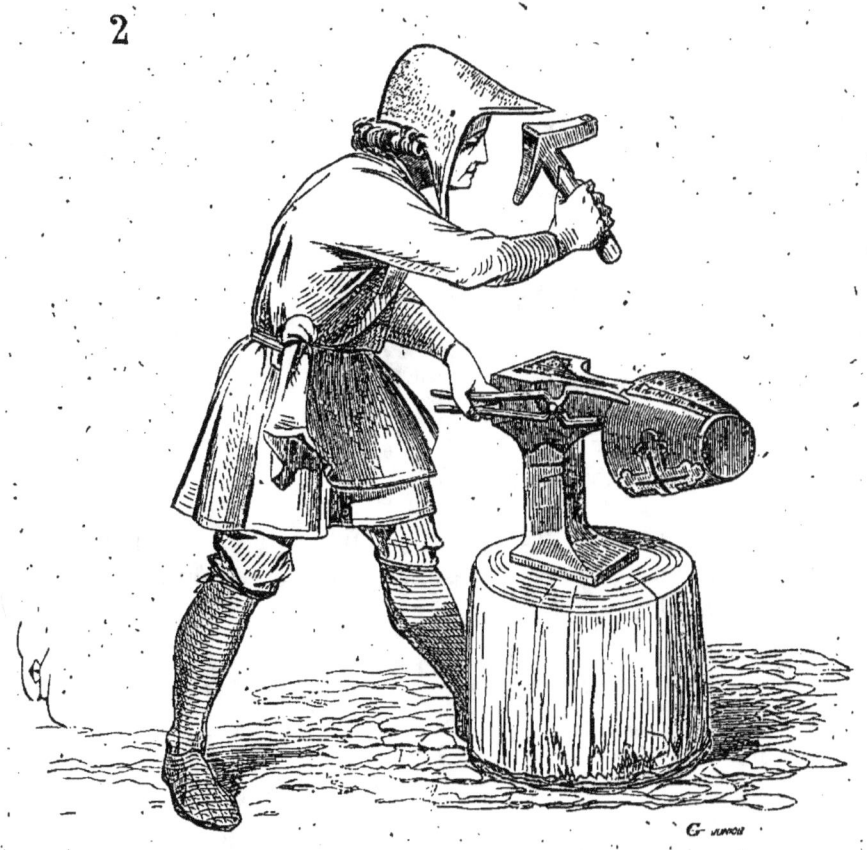

**2**

rales se terminaient en cône horizontal (bigornes), afin de permettre
d'arrondir les pièces de fer au marteau.

> « Le chasteau semble tonner,
> — « Tandis qu'on tourne et retourne
> « Le harnois sur le bigourne,
> « Pour le buste (corselet de fer) façonner². »

La figure 2 montre un forgeron rivant les pièces d'un heaume³.
Ces deux forgerons ont des tabliers de peau devant leur cotte. Le
dernier est coiffé d'un chapeau de feutre, dont la visière permet de
garantir les yeux contre les escarbilles incandescentes du fer ou l'ar-
deur du feu de forge. Cet outillage du forgeron est resté le même.

¹ Manuscr. Biblioth. nation., *Psalm.*, anc. fonds St-Germain, latin (1250 environ).
² Amadis Jayn, *Poésies*, p. 58.
³ Manuscr. Biblioth. nationale, *Romans d'Alixandre*, français (fin du xiii° siècle).

**ÉTRILLE,** s. f. Plaque de fer garnie de dents et emmanchée, pour enlever la poussière du poil des chevaux :

« Et aus escuiers fet estrilles
« Dont il conroient lor chevaux [1]. »

Nous avons souvent trouvé des fragments d'étrilles anciennes, composées simplement d'un demi-cylindre de fer battu emmanché

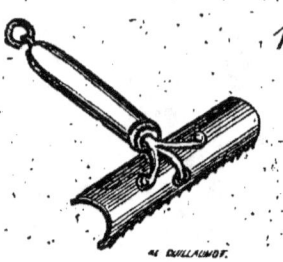

sur son travers et dont un des bords était dentelé. Un manuscrit de la Bibliothèque nationale [2] représente une de ces étrilles (fig. 1) à un seul rang de dents.

**FAUCILLE,** s. f. (*faucillon, fausague*). Lame de fer recourbée en forme de croissant et dont le tranchant est placé du côté de la con-

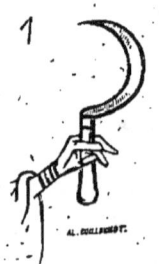

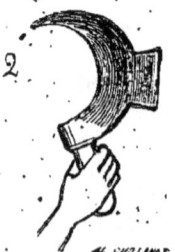

cavité. Au moyen d'une douille, cette lame est emmanchée d'un morceau de bois cylindrique et court. Dès les XIIe et XIIIe siècles,

---

[1] *Le Dit des feures* (forgerons).
[2] Manuscr., *Proverbes, adages, allégories, portraits* (fin du XVe siècle).

les représentations de faucilles reproduisent exactement la forme de celles usitées aujourd'hui dans nos campagnes (fig. 1¹). Cependant, vers la fin du XIII° siècle, on voit entre les mains des cultivateurs des faucilles munies au dos d'un tranchant droit, de revers, peu étendu. Ces outils servaient à émonder les arbustes. Avec le tranchant du dos, en donnant un coup sec, on faisait une entaille vive et franche. La figure 2 montre une de ces faucilles². Dans un

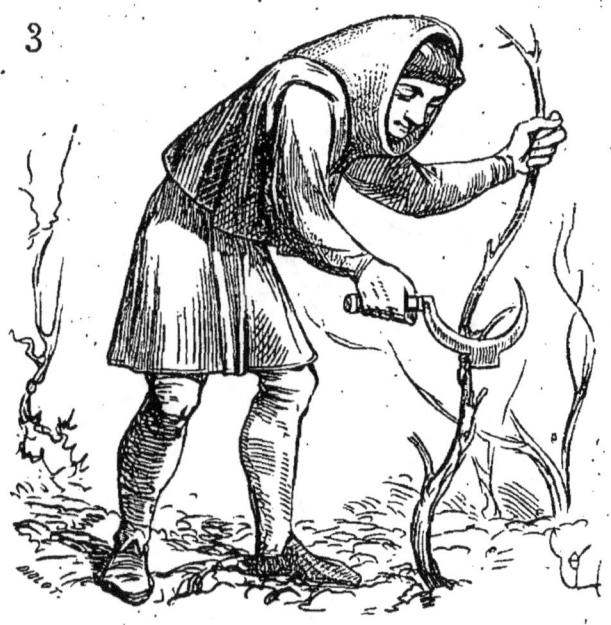

3

missel latin de la Bibliothèque nationale, du XIII° siècle ³, des vignettes représentent les travaux de l'année : un cultivateur taille sa vigne avec un faucillon semblable à celui que nous venons de donner figure 3. Ce paysan est vêtu d'une cagoule sans manches pardessus sa cotte. Cette cagoule est bleue et la cotte à manches pourpre. Ses chaussures sont bleues.

**FAUX**, s. f. (*fauz, faulx*). Lame de fer battu, longue et recourbée légèrement, tranchant du côté de sa concavité, fixée à un long manche de bois manœuvré des deux mains, et servant à couper les

---

¹ Manuscr. Biblioth. nationale, *Apocalypse*, français (XIII° siècle).
² Manuscr. provenant de la biblioth. de M. B. Delessert, *Apocalypse*. Miniature représentant l'ange qui vendange, avec ce titre : « Et l'ange envoia sa fausague et vendenga la vigne de la terre. »
³ N° 17319.

plantes fourragères et certaines céréales. Cet outil d'agriculture

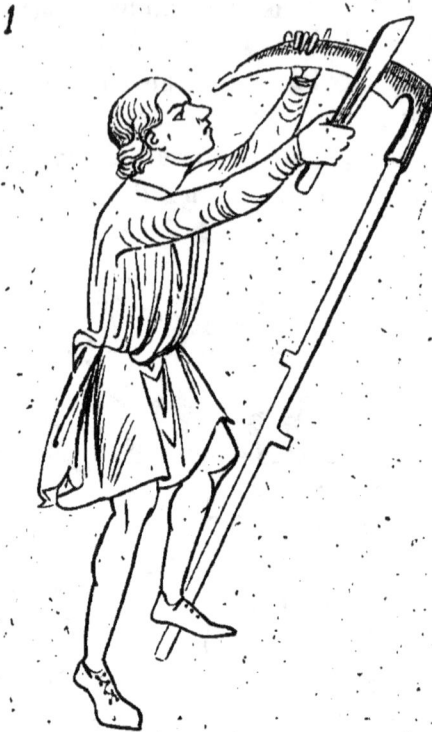

remonte à une haute antiquité. On le voit représenté, pendant le

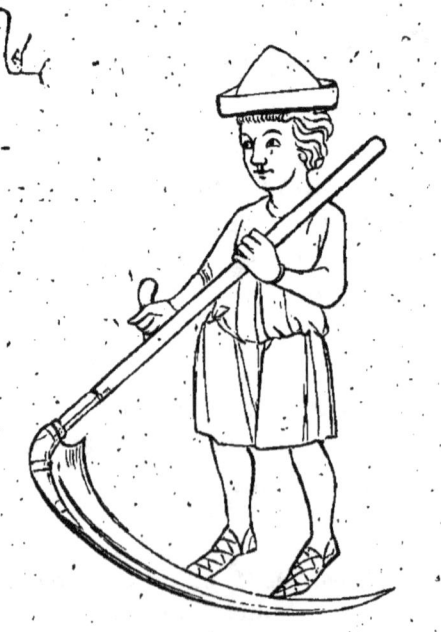

moyen âge, sur les monuments depuis le xi⁰ siècle, avec quelques

variantes. Le fer est parfois muni d'une douille dans laquelle entre
le manche de bois (fig. 1[1]). Ici le faucheur aiguise le fer à l'aide
d'une pierre de grès ou de calcaire schisteux. Le manche, vers sa
partie moyenne, laisse voir deux saillies, deux arrêts qui maintiennent la main droite. Dans l'exemple figure 2[2], c'est le manche

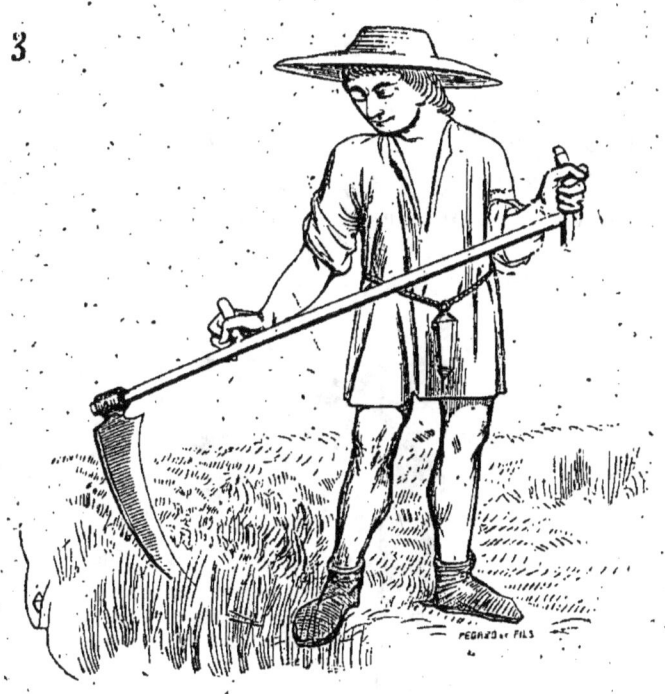

recourbé qui entre dans des frettes tenant au dos du fer. Une poignée perpendiculaire est fixée au milieu de ce manche pour servir
de prise à la main droite. Les deux paysans sont vêtus de cottes et
de chausses. Le second a la tête couverte d'un chapeau de paille
(or) à bords retroussés. Plus tard, le manche de la faux est muni
souvent de deux poignées, l'une à l'extrémité, pour la main gauche,
l'autre vers son milieu, pour la main droite (fig. 3[3]). Ce faucheur
est vêtu d'une simple chemise de toile. Devant lui est suspendue à une
cordelle la pierre à repasser la faux.

[1] Manuscr. Biblioth. nationale, *Psaiter.*, latin (première année du xiii° siècle).

[2] Manuscr. Biblioth. nationale, *le Bréviaire d'amour*, en vers patois de Béziers
(xiii° siècle).

[3] Manuscr. Biblioth. nationale, Missel, latin, n° 8⁷3 (1460 environ).

Entre les mains des paysans, la faux était, au besoin, une arme de guerre. (Voyez, dans la partie des Armes, l'article Fauchard.)

**FORCES.** — Voy. Ciseaux.

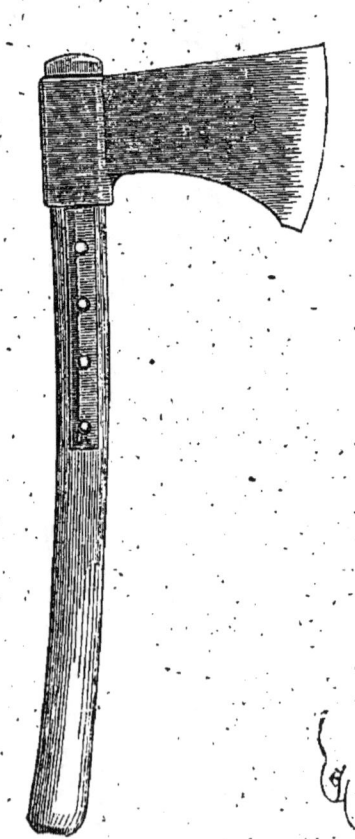

**HACHE,** s. f. (*hasche, hachon, barde, hachette, clache; destrau, dosse, hapiette, happe, paffus, piarde, queugniette*). Cette quantité de noms donnés à un même objet indique les usages variés aux-

quels il était destiné. Indépendamment de la hache, arme de guerre, fort usitée depuis les Mérovingiens jusqu'au xvie siècle, la hache, outil, était entre les mains de tous les hommes qui travaillaient le bois, depuis le bûcheron jusqu'au menuisier. La hachette même était, comme aujourd'hui encore, un outil des maçons. La doloire (voyez ce mot) n'était qu'une hache à manche très court, et la cognée des charpentiers, une hache à manche long. La grande hache, employée pour l'équarrissage des bois, était un très bel outil, bien emmanché, ayant une grande puissance d'abatage (fig. 1[1]). Ces haches sont de la même dimension que celles employées encore par nos charpentiers, mais plus fortement emmanchées et retenues au bois par un long étrier.

**HARNAIS** DE CHARROIS. Nous comprenons dans l'outillage les pièces qui composent les harnais de charrois, chars, charrettes, coches, litières. Les habitudes casanières que l'on commence à perdre en France ne datent pas de si loin. Pendant le moyen âge, tous ceux qui n'étaient pas attachés à la terre par leur état social se déplaçaient facilement. Nobles, marchands, religieux, aventuriers, jongleurs et trouvères, étaient souvent par voies et chemins. Les chroniques, les romans, les contes font mention des pérégrinations entreprises souvent pour de légers motifs par nos aïeux. Les foires qui se tenaient dans des centres éloignés les uns des autres, et qui étaient le moyen ordinaire des transactions commerciales, exigeaient, de la part des marchands, des déplacements longs et répétés. Des expéditions étaient entreprises d'autant plus volontiers par la noblesse qu'elle s'ennuyait souvent dans ses manoirs.

Certaines églises attiraient des masses prodigieuses de pèlerins.

Dans un temps où la poste n'existait pas, c'était par des messagers qu'on pouvait établir des communications. Beaucoup de petits marchands, des trouvères, des jongleurs, n'avaient d'autre moyen de gagner leur vie que d'aller de ville en ville et de château en château pour débiter leur marchandise ou leurs chansons. Pendant les XIe, XIIe et XIIIe siècles, les fréquents voyages en Orient avaient familiarisé toutes les classes de la société avec les longs déplacements. Et, d'ailleurs, dès l'époque de César, on voit avec quelle rapidité Gaulois et Romains se transportaient d'un lieu à un autre, et combien l'habitude des voyages était familière aux habitants de la Gaule. Ce n'est pas à dire que les routes, pendant le moyen âge, dussent être bien entretenues et nombreuses, mais les moyens de transport étaient en raison de cette insuffisance de la viabilité. On

[1] Fouilles du château de Pierrefonds (xve siècle).

voyageait à cheval, mais, aussi, beaucoup plus qu'on ne le suppose généralement, dans des chariots et des litières. Ces véhicules étaient de véritables tombereaux couverts ou découverts, posés sur deux essieux et quatre roues de diamètres égaux. Bien entendu, ces voitures ne tournaient que difficilement, puisqu'elles n'avaient pas d'avant-train et que les roues de devant ne pouvaient passer sous la caisse du char. Cependant, à force de chevaux et avec du

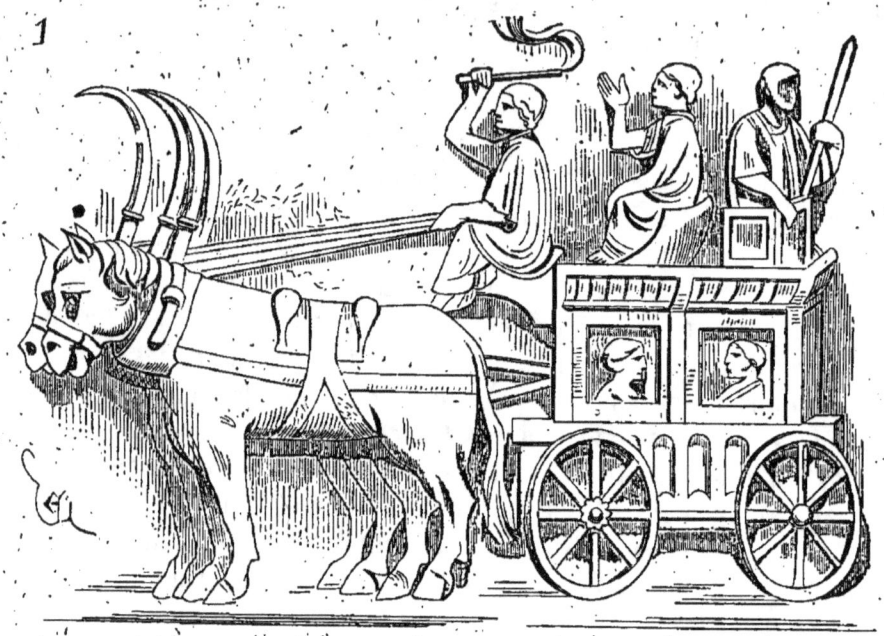

temps, on arrivait malgré les fondrières, grâce à la simplicité même de ces véhicules. L'une des voitures gallo-romaines dont nous ayons une reproduction se trouve sur un bas-relief provenant de Vaison et déposé aujourd'hui au musée d'Avignon. Cette voiture (fig. 1) est une sorte d'*omnibus* à quatre roues traîné par deux chevaux. Des voyageurs sont placés dans la caisse et sur l'impériale, garnie de sièges et de balustrades. Le cocher est assis sur un encorbellement dominant les chevaux. Ceux-ci sont attelés au moyen de colliers surmontés de deux longues cornes. Les larges courroies de tirage sont maintenues le long du ventre des chevaux par une sangle qui passe sur une sorte de selle et forme sous-ventrière double. Beaucoup plus tard, nous voyons ce grand chariot gaulois encore en usage (fig. 2 [1]). Les voyageurs sont assis, voyant un côté du chemin.

[1] Manuscr. Biblioth. nationale, *Vita santi Dionysii*, latin (xiiie siècle).

Le char à quatre roues de diamètres égaux, posé sur les essieux,

2

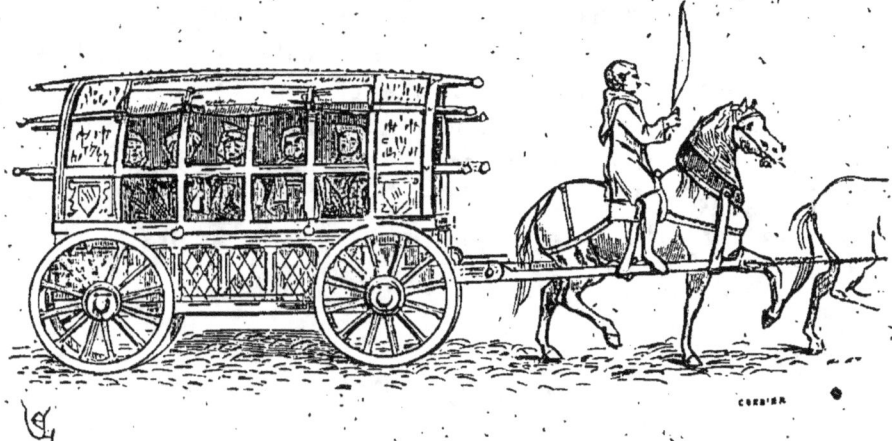

est couvert par sept demi-cercles de bois réunis par cinq traverses

3

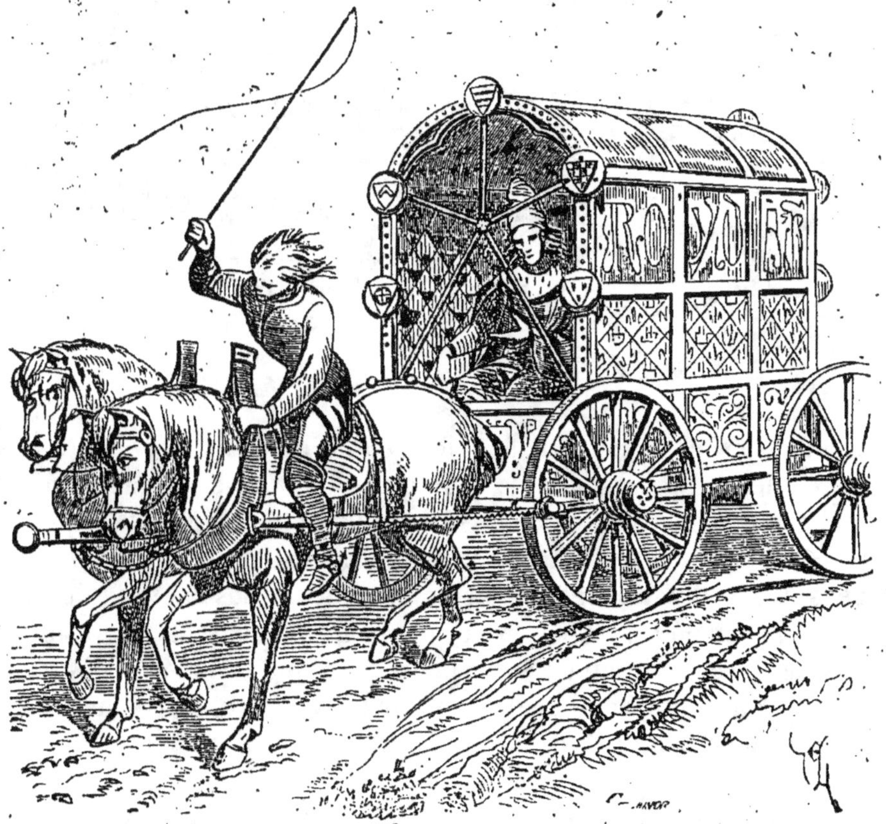

Le tout est couvert d'étoffe, et un rideau peut être relevé en roulant

sur lui-même sur chacun des côtés. Deux chevaux attelés en flèche
traînent ce chariot. Un postillon est monté sur le premier, placé
entre les brancards. Il est évident qu'on ne pouvait faire beaucoup
de chemin par jour dans une voiture ainsi fabriquée. C'était ce
qu'on appelait *une coche*. Les bêtes sont habillées comme le sont
encore aujourd'hui les chevaux de nos charrettes ; c'est-à-dire que
les brancards sont (pour le limonier) suspendus au collier et à une
large courroie passant sous la selle. Plus tard encore, ces coches
sont tirées par des chevaux de front attelés à un timon et à des
palonniers (fig. 3[1]). C'est le roi Darius que le peintre représente

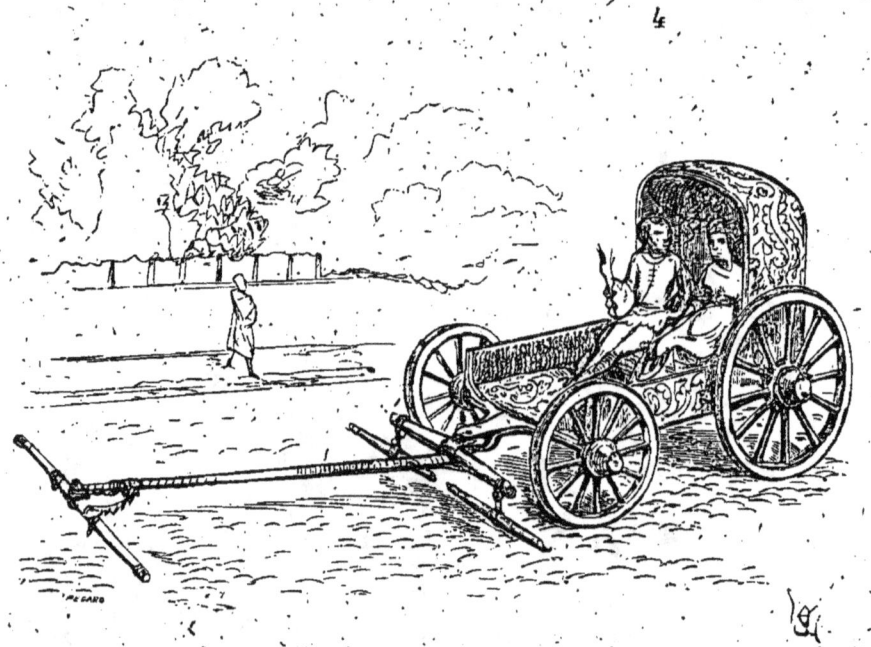

ainsi dans ce char couvert, doublé d'étoffe en dedans, peint et doré
à l'extérieur. Le croisillon de courroies placé dans le vide antérieur
est destiné à empêcher le *hiement* de cette charpente, que les
cahots auraient, sans cette précaution, disloquée promptement. Les
chevaux sont attelés ainsi que l'étaient encore nos chevaux de poste
il y a moins d'un siècle. Des chars beaucoup plus petits, et qui ne
pouvaient contenir qu'une ou deux personnes, étaient, dès avant
cette époque, attelés de quatre chevaux (fig. 4[2]) : deux chevaux de
timon et deux chevaux en avant tirent sur le palonnier suspendu à

[1] Manuscr. Biblioth. nationale, *Quinte-Curce*, français, dédié à Charles le Téméraire.
[2] Manuscr. Biblioth. nationale, *le Miroir historial*, français (1440 environ).

5

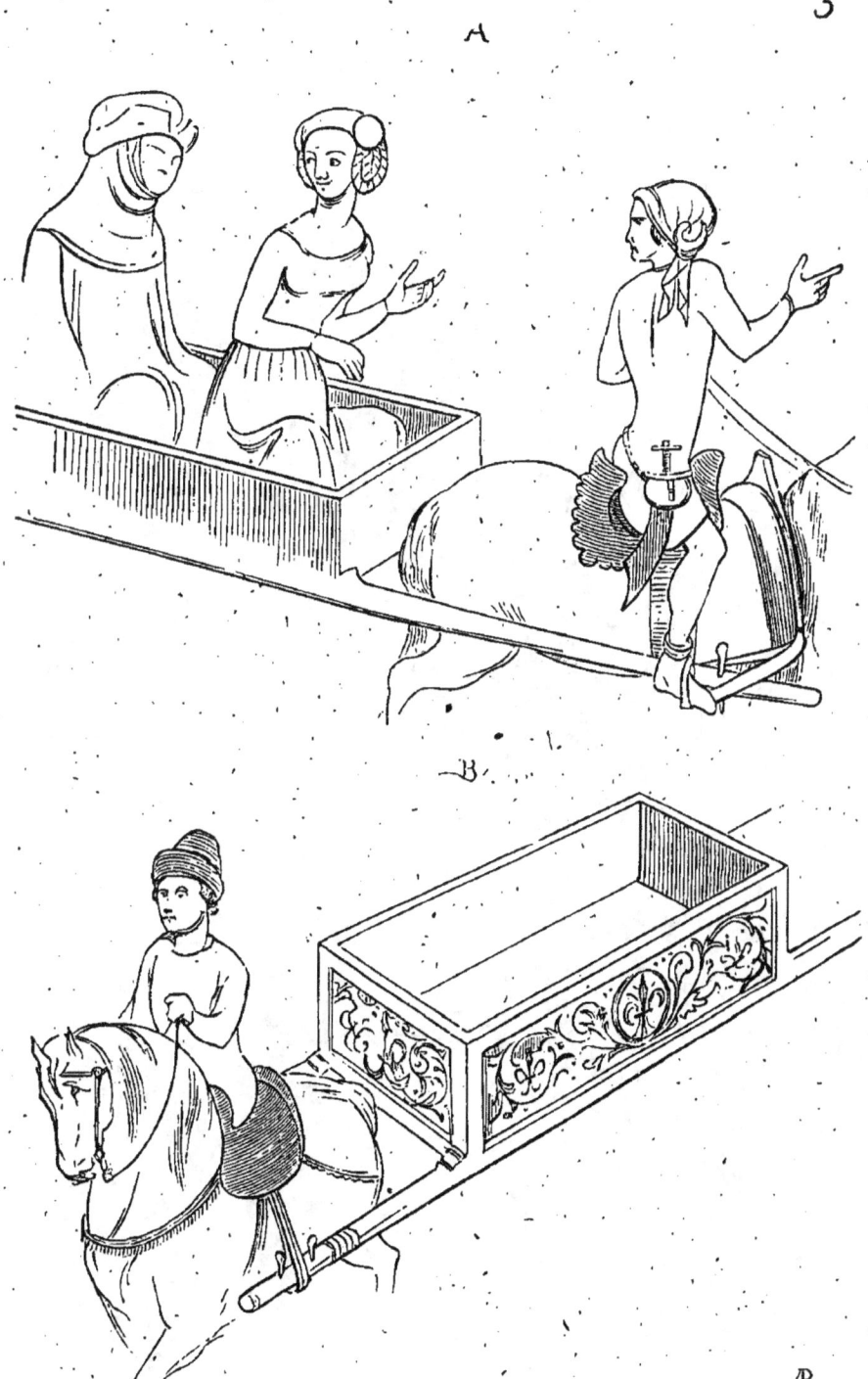

l'extrémité de ce timon. Avec un char aussi léger et quatre chevaux,

6

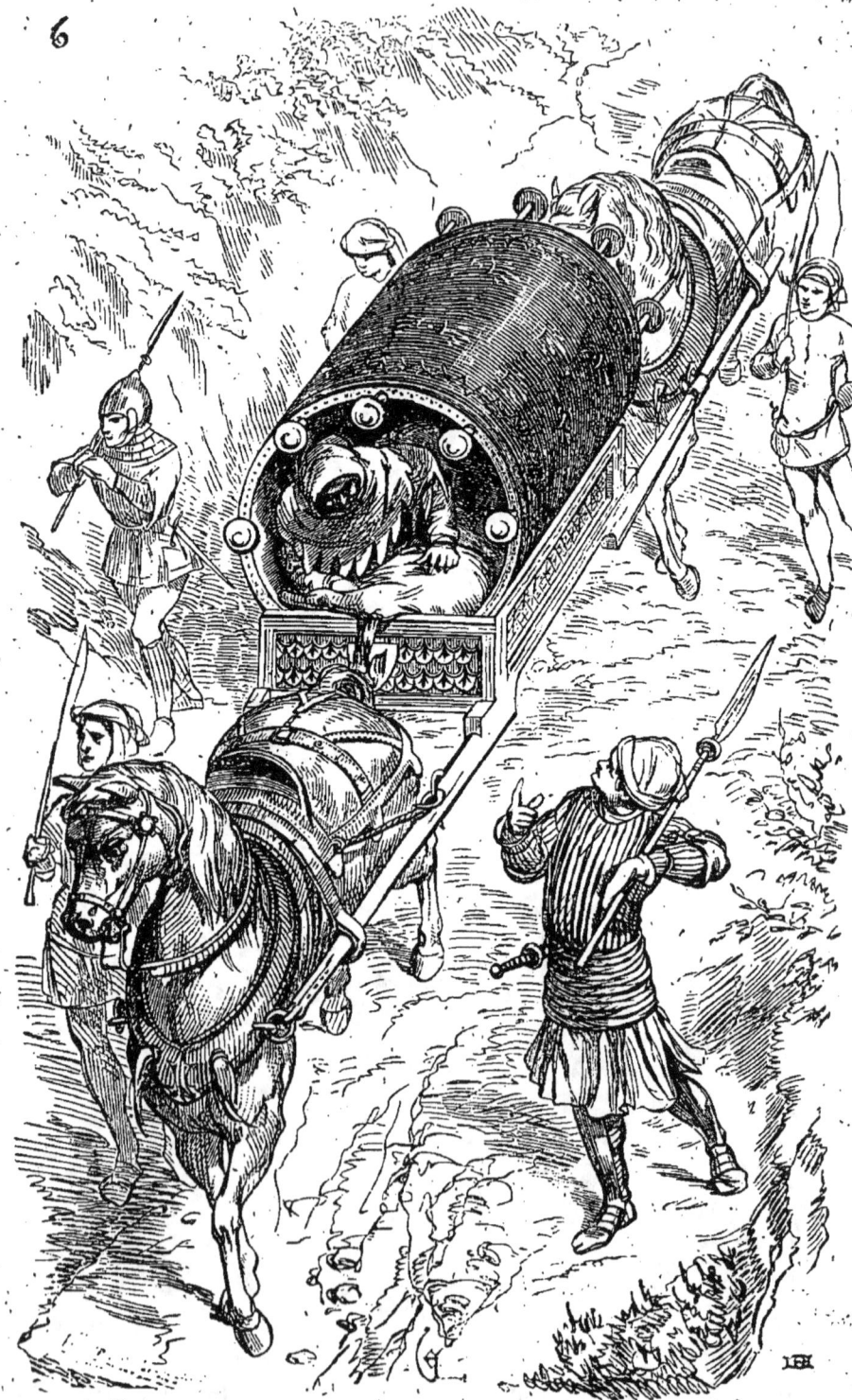

on pouvait franchir rapidement de grandes distances, mais il ne fallait pas redouter les cahots. Ces chars étaient, d'ailleurs, abondamment pourvus de coussins, puisque les inventaires des xiv° et xv° siècles mentionnent quantité de *coutes* et de tentures pour chars.

Les femmes, les grands seigneurs qui ne pouvaient voyager à cheval pour une cause ou une autre, se servaient de la litière, qui est, certes, de toutes les manières de se faire transporter, la plus agréable[1]. Les litières sont représentées ou découvertes ou couvertes. Dans le premier cas, elles consistent en un coffre oblong, bas, dans lequel on peut tenir, au besoin, deux personnes assises, ou une seule couchée. Ces coffres sont montés sur de longs brancards devant et derrière, suspendus aux harnais de deux chevaux, l'un devant, l'autre derrière. Souvent un postillon monte le cheval de devant. La figure 5 montre en A une de ces litières dans laquelle deux personnes sont assises[2]. Les brancards sont passés dans des boucles attachées au collier du cheval. En B, la litière est vide[3], ornée de peintures et de dorures extérieurement. Les brancards sont suspendus à la selle, sur laquelle le postillon est assis. Quand les litières sont couvertes, ou elles sont faites en façon de palanquin, de lit à colonnes, avec une entrée de chaque côté[4], ciel et courtines, ce qui était fort lourd ; ou, sur le coffre dont nous venons de parler, on passait des cercles de bois reliés par des longrines, le tout couvert d'étoffe. Alors, on ne pouvait se placer dans la litière qu'en enlevant cette couverture ou qu'en s'introduisant en rampant par l'une des deux extrémités (fig. 6[5]). Il est évident qu'on ne pouvait se tenir dans une litière que couché ou assis très bas, ainsi que dans les gondoles de Venise. Avec de bons coussins et une couverture bien rembourrée, on devait voyager ainsi le plus doucement du monde. Aussi plaçait-on dans les litières de ce genre les malades, les blessés, les femmes qui ne pouvaient supporter le cheval. Cette litière est, comme on peut le voir, fort bien disposée pour porter sur le harnais des bêtes. Le collier tire et retient ; de plus, sous la selle sont attachées des cordes qui tirent sur le brancard. Un postillon peut monter sur le cheval de devant, mais le plus souvent les conducteurs étaient à pied. Nous avons, dans la partie des ARMES,

---

[1] Voyez, dans le tome I⁰⁰ du *Dictionnaire du mobilier*, le mot LITIÈRE.

[2] Manuscr. Biblioth. nationale, *Tite-Live*, français (1350 environ), de la biblioth. du roi Jean, et *Tite-Live*, français, n° 30 (de 1395 environ).

[3] Même manuscrit.

[4] Voyez à l'article LITIÈRE, t. I⁰⁰, la planche 6.

[5] Manuscr. Biblioth. nationale, *Lancelot du Lac*, français (1390 environ).

l'occasion de revenir sur l'habillement du soudoyer qui marche en avant.

**HERMINETTE**, s. f. Outil de charpentier, de menuisier et de tonnelier, composé d'un fer battu, plat, recourbé, présentant son taillant très large perpendiculairement au manche (fig. 1). La forme

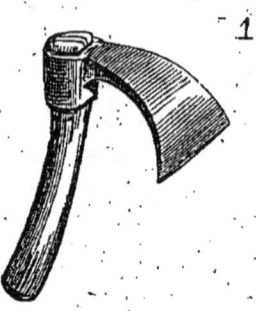

de l'herminette est restée à peu près ce qu'elle était pendant les xiv° et xv° siècles. Cet outil remonte à la plus haute antiquité, et certaines de ces pierres taillées et polies, dites haches de l'âge de

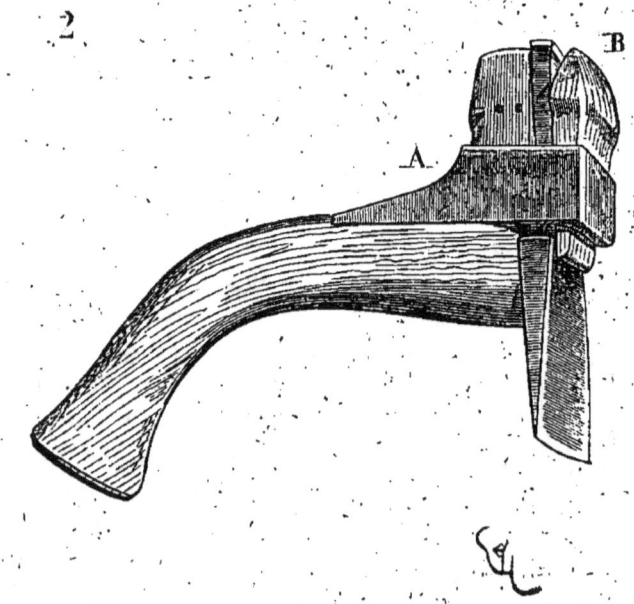

pierre, étaient certainement emmanchées en manière d'herminette. ce sont celles qui sont plates avec queue longue et terminées carrément. Comme preuve, on peut donner une herminette égyptienne que possède le musée du Louvre (fig. 2). Le taillant de cet outil[1]

---

[1] Au tiers de l'exécution.

est forgé ainsi que l'embrasse de fer A. Le coin B ainsi que le manche à double courbure sont de bois. Il y a tout lieu de croire que les premières herminettes de pierre, et plus tard celles forgées, étaient emmanchées de cette façon. Dans le premier cas, l'embrasse de fer A était remplacée par un lien de cordelles.

**HOTTE,** s. f. Vaisseau fait de bois ou d'osier, conique, avec partie aplatie, propre à porter des fardeaux, reposant sur les épaules et les reins, et maintenu par deux courroies. On voit des hottes figu-

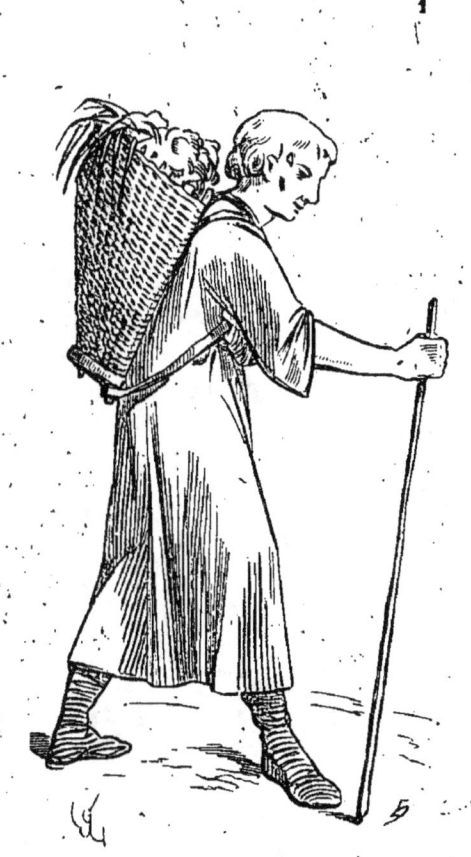

rées sur des monuments des premiers temps du moyen âge. Elles ne diffèrent que bien peu de celles dont on se sert aujourd'hui dans nos campagnes et qui n'ont pas de dossier. Voici (fig. 1.) un hotteux copié sur une vignette d'un manuscrit du commencement du xiv<sup>e</sup> siècle[1]. C'est un paysan revêtu de la longue cotte simple, à manches courtes.

[1] Manuscr. Biblioth. nationale, *Fables et apologues*, latin (xiv<sup>e</sup> siècle), portra t de Philippe le Bel en tête.

**HOUE,** s. f. (*ayssade, besay, besoche, chercel, deschaussoere, mourtadelle, fourche-houe, magle, mesgle, picasse, heue, pic, picois, piochet*). Outil encore en usage chez les agriculteurs, les mineurs, les terrassiers. Il se compose d'une large lame de fer battu, légèrement recourbée, emmanchée à angle droit au moyen d'une

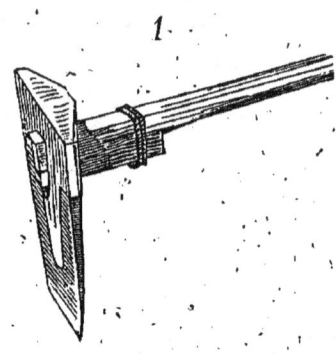

1.

douille. La houe primitive, dans les Gaules, était probablement faite de bois avec garniture de fer (fig. 1). C'était une planchette de bois épaisse vers son centre, amincie à son extrémité, percée d'un trou long dans lequel passait le manche, retenu au moyen d'une clef serrée par une cordelle. L'extrémité de la planchette était doublée de fer battu [1].

La houe des XIVe et XVe siècles attribuée aux agriculteurs est légère, emmanchée à l'aide d'une longue douille (fig. 2 [2]).

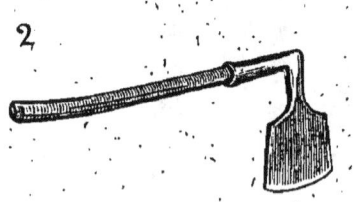

2.

Le picois, outil de mineur, est épais près de la tête, recourbé et pointu (fig. 3). On le voit souvent représenté sur des monuments des XIIe et XIIIe siècles. C'est le *pic* moderne. Notre exemple [3] pré-

[1]. Bas-relief (chapiteau) de Valcabrère (Haute-Garonne). Des vignettes japonaises présentent des houes ainsi fabriquées.

[2] Manuscrit de la Bibliothèque nationale, *Quinte-Curce*, français, dédié à Charles le Téméraire.

[3] Manuscr. Biblioth. nationale, *Roman de Troie*, comp. par Benoist de Sainte-More, français (XIIIe siècle).

sente un mineur du xiii° siècle. Il est vêtu entièrement de mailles, avec surcotte d'étoffe, et est coiffé du chapel de fer à larges bords, pour

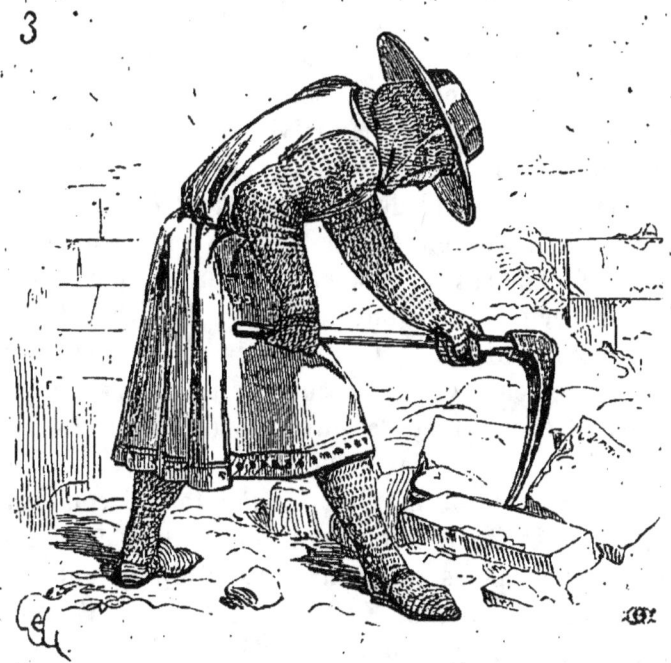

garantir la tête contre les projectiles jetés du haut des murailles sapées.

> « Mais tot furent à pié maint et communalment,
> « Portent heues et peles, por oster le chiment,
> « Et grans picois d'achier, por piquier ensement,
> « Glaives et cros de fer por sachier roidement[1]. »

> « A picois et a houes ont tote jor houé ;
> « Onques ne s'aresterent, si vinrent au fossé[2]. »

> « Cascuns prist pic d'acier ou grant mail, ou quignie[3] ;
> « La porte Saint-Estienne ont par force trenchie[4]. »

> « A picois et à hoes la pierre esquartelant[5]. »

Ces pics sont très épais au collet, afin de servir de levier pour disjoindre les pierres.

[1] *La Conquête de Jérusalem*, par le pèlerin Richard, et renouvelée par Graindor de Douai au xi° siècle, publ. par C. Hippeau, vers 2952 et suiv.
[2] *Ibid.*, vers 3116.
[3] Cognée.
[4] Vers 4246.
[5] Vers 6851.

La fourche-houe est la houe divisée en deux branches, qui conviennent mieux dans les terres fortes que la houe ordinaire. On la voit représentée sur des bas-reliefs et vignettes des xiii° et xiv° siècles [1].

Les bourgeois et manants d'une ville fermée devaient être munis de houes, pics et cognées pour, au besoin, travailler aux défenses. Parmi les bans publiés en 1265 par la ville de Douai, pour mettre l'enceinte en état de défense, on trouve celui-ci : « On fait le ban
« que tout li borgois ou li fil de borgois et tout cil ki sunt manant
« en cette vile soient apareilliet por aler en le besoigne medame
« le contesse de Flandres et Haynau et en le besoigne de la
« vile avoec les eschevins, avoec le bailliu et avoec le castelain
« de Douay, tantost que li bancloke de vile sonnera sans nul delai
« et sans nul detriement ; et que cascuns soit bien warnis (muni) de
« pele u de hauel (hoyau) et de quingnie (cognée). Et kiconques
« ni venroit ensi warnis comme il deveroit, il kieroit ou forfait de
« x lb. et si seroit banis de la vile ; et que tout li counestable de
« cesta vile semoignent leurs homes par nom en leur counestablie, et
« kil soient warnit de peles et de hauiaus et de quignies por aler
« avoec als en cesti besoingne. Et hil siucent (suivent) leur baniere
« et le baniere des eschevins tantot que li bancloke sonnera. Et li
« counestable ki ensi ne le feroient, seroient a x lb. et banis [2] »......

LAYE, s. f. (*bretture*). Outil de tailleur de pierre, qui servait à faire les parements et même à ravaler les profils larges. On commence à se servir de la laye ou bretture au xii° siècle, et on ne l'emploie plus à dater de la seconde moitié du xv° siècle. Cet outil, en forme de marteau taillant, dentelé plus ou moins fin, avait l'avantage de donner un beau grain aux parements et à obliger l'ouvrier à bien dresser les surfaces. La figure 1 [3] montre un tailleur de pierre se servant de la laye à un seul tranchant et terminée de l'autre côté en pointe, pour piquer les parements et les préparer.

---

[1] Zodiaques, travaux de l'année.

[2] *Recueil d'actes des xii° et xiii° siècles en langue rom. wallonne du nord de la France*, publ. par Taillar, Douai, 1849, p. 274.

[2] Manuscr. Biblioth. nationale, *le Miroir historial*, français (1320 environ).

En A, est une laye double, semblable à celle dont on se sert encore
aujourd'hui. Les ouvriers des XIIIᵉ et XIVᵉ siècles étaient singulièrement habiles pour se servir de la laye; car ils l'employaient non

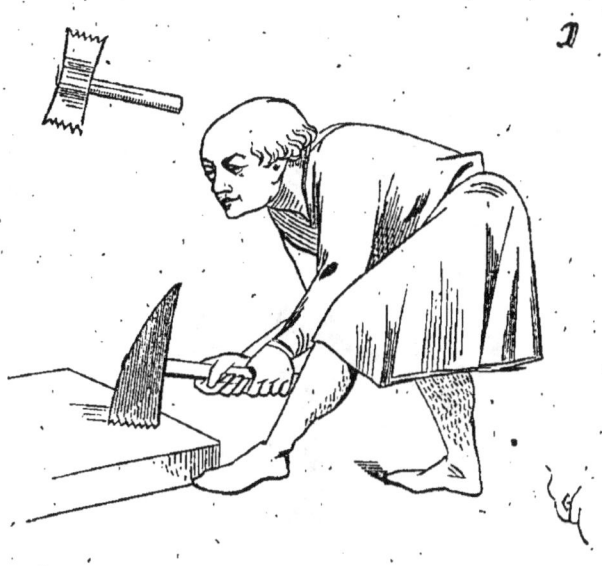

seulement pour profiler les moulures, mais même pour tailler les
draperies des grandes statues. (Voyez l'article BRETTURE dans le
*Dictionnaire de l'architecture française.*)

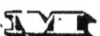

**MAILLET,** s. m. Au XIIᵉ siècle, dans certaines provinces, les

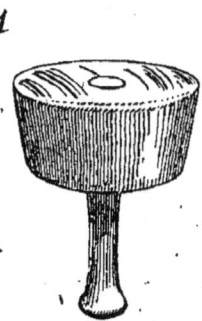

tailleurs de pierre se servaient d'un maillet de bois pour frapper sur

le ciseau à large tranchant avec lequel on faisait les ciselures et
les parements[1]. Ces maillets étaient en forme de cône tronqué
(fig. 1), et le tailleur de pierre prenait l'habitude de le tourner dans
la main à chaque coup, afin de ne le pas creuser sur un point.
Les menuisiers se servent du maillet plat pour frapper sur la tête
du ciseau, ainsi que cela se pratique encore de nos jours.

**MARTEAU,** s. m. (*pilonete*, petit marteau). Cet outil n'a pas
changé de forme, mais les fers des marteaux étaient finement forgés

1

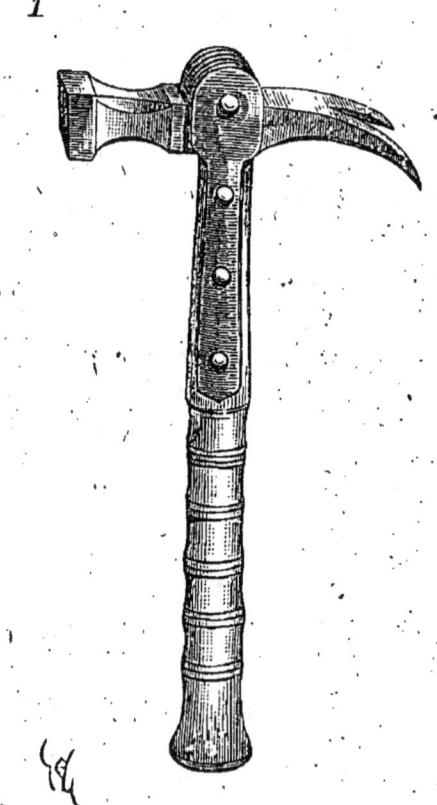

souvent et de manière à *donner du coup*. Les marteaux simples,
à pince, à pied-de-biche, se retrouvent dans les représentations
sculptées et peintes, dès le xiii° siècle. Ils sont fortement emman-
chés et ferrés avec étriers (fig. 1 [2]).

[1] On se sert du maillet de bois dans les Vosges pour tailler le grès rouge. En Angleterre, on se sert encore de ce maillet pour tailler la pierre.

[2] Fin du xv° siècle.

**MASSE.** s. f. Marteau presque cubique de fer, avec manche de bois, dont les sculpteurs et tailleurs de pierre se servaient et se servent encore pour frapper sur la tête du ciseau ou du poinçon de fer.

**MÉTIER** (*à tisser*), s. m. C'était à l'aide de métiers à tisser très grossiers, si on les compare aux nôtres, que les fabricants d'étoffes façonnaient pendant le moyen âge ces beaux tissus dont quelques collections conservent des fragments. Nous n'avons sur la forme de ces métiers que des données fort vagues. On sait cependant qu'à Paris et à Reims, dès le xiie siècle, on fabriquait des draps de soie et des velours[1]. On sait aussi que les beaux tissus qui nous viennent de l'Inde, de la Perse, de la Chine et du Japon, sont fabriqués à l'aide de métiers d'une construction primitive.

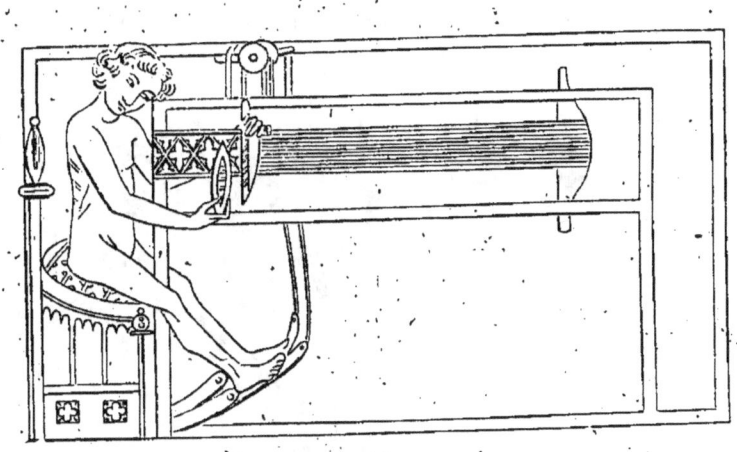

Cianpini, dans le tome Ier, page 104, des *Vetera monumenta*, donne une copie d'un métier antique; mais cette gravure est difficile à expliquer d'une manière satisfaisante. Dans le *Roman d'Alixandre*[2], qui date de la fin du xiiie siècle ou du commencement du xive, une vignette représente un homme nu occupé à tisser une étoffe à dessins réguliers (fig. 1). Ce métier est indiqué d'une façon trop incorrecte pour qu'on puisse le décrire en détail. Cependant on reconnaît l'*ensouple*, chargée de la chaîne roulée; les *marches* ou pédales, à l'aide desquelles l'ouvrier élève les systèmes

[1] Voyez, à ce sujet, *Recherches sur les étoffes de soie, d'or et d'argent pendant le moyen âge*, par M. Fr. Michel, t. 1, p. 94.

[2] Manuscr. Biblioth. nationale, fonds Lavallière, n° 45.

de fils qui permettent à la navette de couler entre eux ; la *planchette,* destinée à serrer les fils après le passage de la navette ; la *navette,* chargée et l'étoffe façonnée. Au XIVᵉ siècle, l'industrie des tissus, en France, avait pris un grand développement ; les corporations des drapiers en laine et soie étaient riches et puissantes dans plusieurs villes du Nord et en Champagne, puisqu'elles faisaient des dons considérables aux églises, des fondations de chapelles, qu'elles jouissaient de privilèges nombreux. Les tisserands étaient d'ailleurs soumis, au XIVᵉ siècle, à une réglementation sévère qui maintenait la perfection de la fabrication [1].

**OISEAU,** s. m. Sorte de hotte composée de deux planchettes

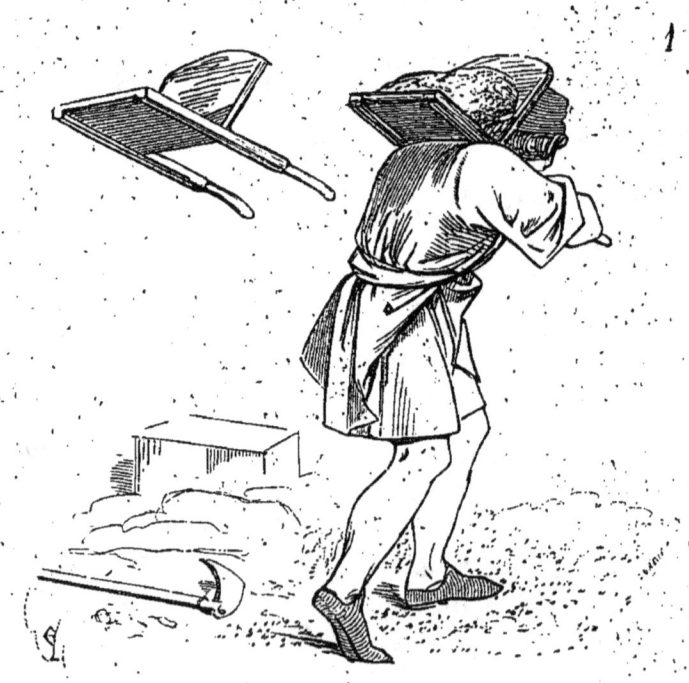

disposées en équerre, garnies de deux bras, destinée à porter le

---

[1] Voyez le titre XL des *Registres des mestiers et marchandises de la ville de Paris* intitulé : *C'est l'ordenance du mestier des ouvriers de draps de soye de Paris et veluyaus, et de bourserie en lac, qui affèrent audit mestier.* (Voyez, dans la partie VÊTEMENTS, l'article ÉTOFFE.)

mortier sur les bâtiments en construction. On retrouve l'oiseau sur les bas-reliefs de la colonne Trajane et dans nos monuments, dès les premiers temps du moyen âge. Les deux bras de l'oiseau sont posés sur les épaules du manœuvre et sont maintenus dans une position oblique par les deux mains (fig. 1'), de sorte que les planchettes forment un angle rentrant dans lequel le mortier assez épais peut être maintenu. On ne pouvait se servir de l'oiseau s'il fallait monter à l'échelle, puisque les mains n'étaient pas libres ; mais alors le service des constructions, de ce qu'on appelle le *tas,* se faisait au moyen de plans inclinés composés de plats-bords sur lesquels on clouait des tasseaux en travers. Les manœuvres montaient ainsi à bras tous les matériaux légers. Dans quelques provinces de France on se sert encore de l'oiseau, et partout les couvreurs en font usage pour porter les ardoises.

**PELLE,** s. f. (*getoire*). Cet outil, bien connu, n'a pas changé de forme, et était fabriqué en bois, quelquefois garni de fer comme les bèches (voyez ce mot), à l'extrémité de la palette, et d'une béquille en haut du manche.

**PICOIS,** s. m. — Voy. Houe.

**PIOCHE,** s. f. (*esqueppart, esquipart, feuille de sauge*). Outil

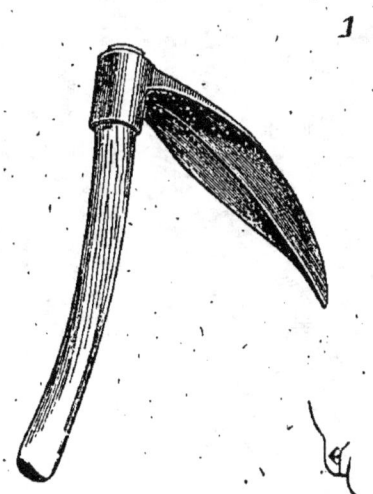

1

propre à remuer la terre avant de la pelleter, à défricher les champs.

' Manuscr. Biblioth. nationale, *Biblia sacra,* fonds Saint-Germain, latin (XIII° siècle,.

Les pioches, des XIII° et XIV° siècles affectent la forme d'une feuille longue et pointue (figure 1¹), avec arrête saillante en dedans de la courbure, pour donner plus de nerf au fer. La tête est forte et épaisse, lourde par conséquent, pour donner plus d'effet au coup.

**POINÇON,** s. m. (*aleigne, alenas*). Tige de fer pointue et aciérée à l'une de ses extrémités, plate à la tête, servant aux tailleurs de pierre pour préparer les tailles ou faire des refouillements. Les serruriers emploient aussi le poinçon, ainsi que tous les ouvriers qui travaillent les métaux. Cet outil appartient à tous les âges qui ont travaillé le fer.

**PRESSOIR,** s. m. (*pressouer*). Appareil propre à extraire des rai-

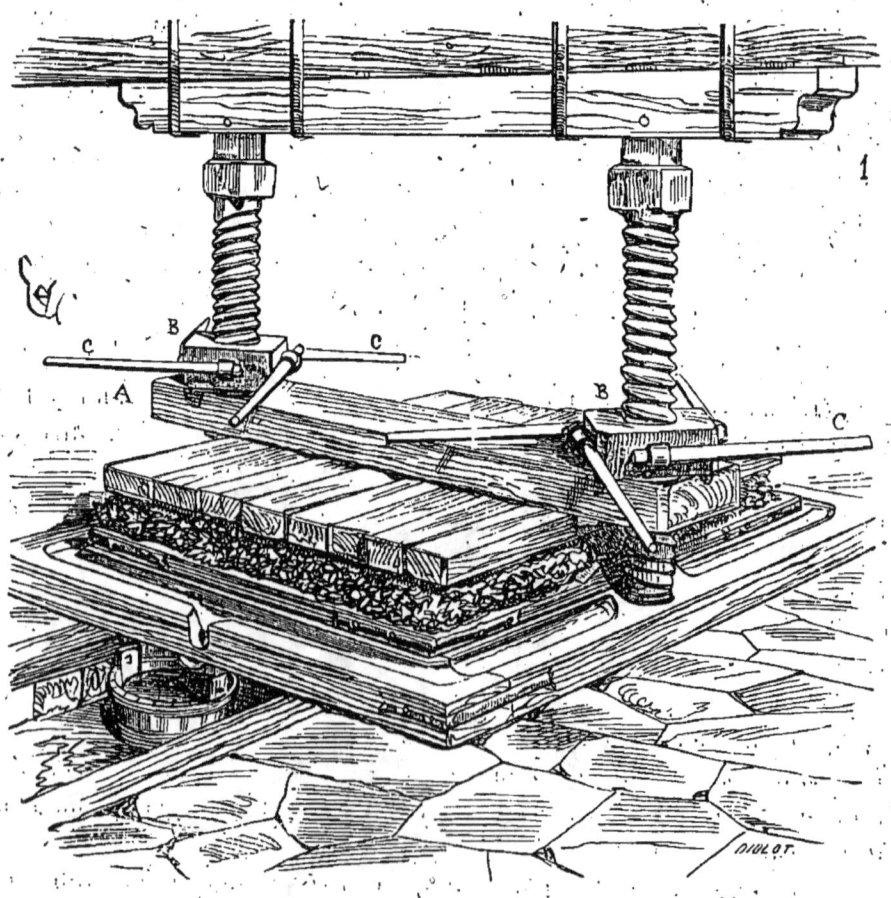

sins déjà soumis au foulage ce qui reste de liquide vineux ; à presser

¹ Portail de la cathédrale d'Amiens, les travaux de l'année.

les graines oléagineuses, les olives ; à broyer les pommes et poires pour en exprimer la liqueur dont on fait le cidre et le poiré. Les pressoirs du moyen âge se composent de deux plateaux pressés par de forts écrous de bois engagés dans des vis également de bois. Les pressoirs sont à une ou deux vis. Celui que nous donnons ici (fig. 1) est tiré d'une vignette d'un manuscrit de la fin du XIII° siècle[1]. Un plateau inférieur, établi au moyen de forts madriers parfaitement jointifs, est entouré d'une rigole qui recueille le liquide sur les quatre faces. Sur ce plateau sont disposés les résidus ou fruits à presser en couche épaisse, puis de gros madriers libres. Une forte traverse de bois A coule dans les deux arbres verticaux façonnés en vis, puis deux écrous B sont engagés dans les deux pas de vis, qui sont fixes. A l'aide de barres C, des hommes font manœuvrer ces écrous, qui serrent à volonté sur la traverse A, laquelle appuie sur les madriers supérieurs. Ce mécanisme, d'une grande simplicité, est encore employé aujourd'hui dans la plupart de nos campagnes.

**QUENOUILLE,** s. f. (*coloigne, quelongne*). L'art de filer le lin, la laine et le chanvre par le procédé le plus simple, c'est-à-dire au moyen de la quenouille et du fuseau, appartient à tous les âges historiques, et les quenouilles représentées sur les monuments du moyen âge ne diffèrent pas de celles dont nos paysannes se servent encore lorsqu'elles gardent leurs vaches. Cependant les dames nobles employaient aussi leurs loisirs à filer, soit au fuseau, soit au rouet. Cette mode paraît toutefois avoir cessé au XII° siècle, pour être reprise beaucoup plus tard, c'est-à-dire vers la fin du XV°. A cette époque, en effet, on fabriqua des quenouilles très élégantes et dignes des jolies mains qui devaient s'en servir. C'était une contenance alors de faire pirouetter le fuseau avec grâce, tout en se promenant et devisant.

Quelques collections conservent, en effet, des quenouilles du commencement du XVI° siècle, qui sont finement travaillées dans de l'ivoire et des bois précieux.

[1] *L'Apocalypse de saint Jean*, de la biblioth. de M. B. Delessert.

La chose était prise plus au sérieux par les dames de haute nais-sance pendant les viie et viiie siècles, si l'on en croit la tradition. Berthe, la mère de Charlemagne, passait pour une fileuse d'une adresse remarquable. Cet empereur, dit Éginhard, voulut que ses filles sussent manier la quenouille et le fuseau [1], pour les préserver de l'oisiveté :

> « Ses filles fist bien doctriner
> « Et apprendre keudre et filer... »

dit un chroniqueur du xiiie siècle [2]. Cette habitude des dames nobles paraît s'être perdue vers le commencement du xiie siècle. Alors les gentilles femmes employaient plus volontiers leurs loisirs à broder ou à faire de menus ouvrages au métier : « à ouvrer soie en tau-lièles », dit le même chroniqueur [3].

**R**

**RABOT**, s. m. Lame d'acier aiguisée à l'un de ses bouts, emman-chée obliquement dans une petite pièce de bois oblongue, et servant

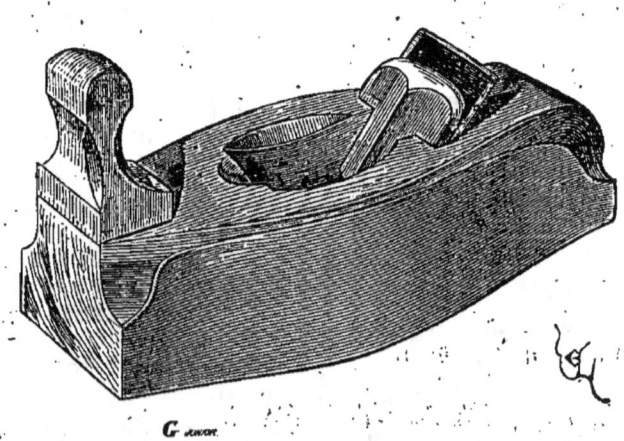

G. ANON.

aux menuisiers à planer les bois. Nous n'avons pas trouvé d'exem-

---

[1] *Œuvres compl. d'Eginhard*, édit. de M. Teulet, t. I, pp. 64, 65.

[2] *Chron. rimée de Philippe Mouskès*, publ. par le baron de Reittenberg ; vers 2850.

[3] *Taulièle* ne peut s'entendre que comme métier à tisser ; *taulier* veut dire un établi relevé sur lequel travaillent les tailleurs.

ples figurés du rabot avant le milieu du xv⁰ siècle, et cependant cet
outil (à considérer les œuvres de menuiserie antérieures à cette
époque) devait être en usage depuis longtemps. Le rabot du
xv⁰ siècle est muni d'une poignée verticale à l'avant (fig. 1), qui
facilite la poussée. Il n'a pas, comme le nôtre aujourd'hui, ses deux
flancs parallèles, mais renflés, afin de mieux s'asseoir sur le bois
à planer. Les rabots étaient faits de bois de poirier, de charme,
d'érable, et façonnés, paraît-il, avec beaucoup de soin, comme tous
les outils de cette époque. Le long rabot, ou *varlope,* employé pour
dresser des membrures très longues et relativement minces, ne
paraît pas dans les monuments figurés avant le xvi⁰ siècle.

**RASOIR,** s. m. (*raseur, rasour*). Les Romains connaissaient
le rasoir *(novacula)* et en faisaient grand usage. Les Gaulois, avant
l'occupation romaine, ne paraissent s'être servis que de pinces épilatoires lorsqu'ils voulaient dépouiller leur menton et laisser paraître
seulement de longues moustaches. Dans toutes les localités où les
Gaulois ont eu des campements, on trouve en effet quantité de pinces
épilatoires de bronze d'une longueur de 5 à 6 centimètres. Pendant
toute la durée du moyen âge, le rasoir a donc été en usage, et il est
souvent fait mention de cet objet. Nous ne citerons qu'un exemple.
Quand Renart veut tonsurer Primaut :

> « Tantost a trovée une aurmoire
> « Si con nos trovons en l'estoire :
> « Sachiez, c'est vérité aperte,
> « Maintenan l'a Renart overte,
> « S'a dedenz un rasoir trové
> « Qui moult estoit bien afilé,
> « Et un cisiux et un bacin
> « De laton bon et cler et fin,
> « Maintenant l'a saisi Renart [1]. »

**ROUET,** s. m. (*charret, tournette, tour, touroit*). Le rouet à filer
le chanvre ou le lin ne paraît pas en usage avant le xv⁰ siècle.

[1] *Roman du Renart,* vers 3259 et suiv. (xiii⁰ siècle).

**SCIE**, s. f. (*sée, serre, seryete,*). — Les Romains faisaient usage de la scie à bois, et nous la voyons figurée sur nos monuments dès

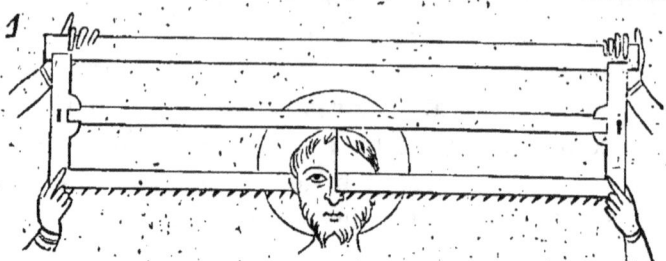

l'époque carlovingienne (fig. 1 [1]). A voir les ouvrages de menuiserie des XIIIe, XIVe et XVe siècles, on se servait de la scie *à tourner*, c'est-à-dire propre à découper le bois suivant certaines courbures. Les scies *à main* étaient aussi en usage. On ne se servit de la scie sans dents, à scier les pierres dures, qu'au XVIe siècle. Il ne paraît pas qu'on l'employât ni chez les Romains, ni pendant le moyen âge. Mais alors déjà on se servait de la scie à dents (passe-partout), pour scier les pierres tendres.

**SERPE**, s. f. (*sarpel, sarpe, sermeau, aillot, serpier*). Taillant recourbé, le coupant du côté concave, ayant un manche de bois. Les cultivateurs, pendant le moyen âge, se servaient de la serpe, comme aujourd'hui, pour tailler la vigne et les jeunes arbres. Parfois la serpe était munie au dos d'un renfort saillant et coupant

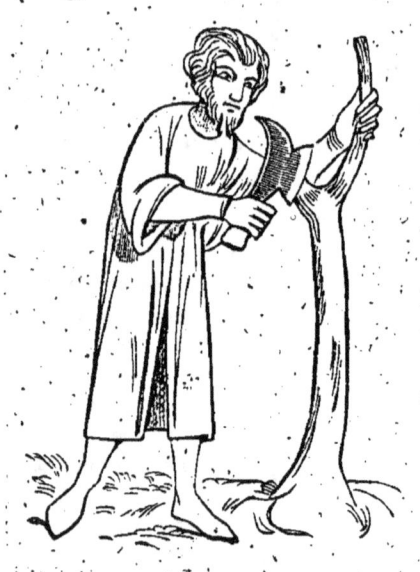

(fig. 1 [2]), qui permettait d'user de cet outil comme d'une hachette.

[1] Manuscr. Biblioth. nationale, Bible, latin, 6-3.
[2] Manuscr. Biblioth. nationale, *le Bréviaire d'amour*, en vers patois de Béziers, XIIIe siècle.

**TARIÈRE,** s. f. Les charpentiers, menuisiers et charrons se servaient de la tarière, dont la forme ne différait pas de celle adoptée aujourd'hui.

**TENAILLE,** s. f. Les tenailles et pinces employées par les serruriers n'ont pas changé de forme.

**TOUR** (*à tourner*), s. m. Le tour simple paraît avoir été en usage dès les temps les plus reculés. Il se compose, comme on le sait, de

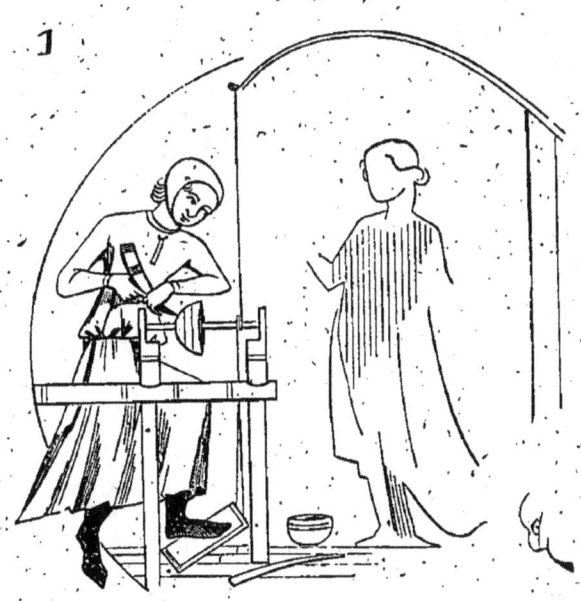

deux barres horizontales jumelles assemblées dans quatre jambages verticaux posant sur des semelles. Entre les jumelles on place deux *poupées* munies de pointes ou percées de trous (*lunettes*), qu'au moyen de clefs on éloigne ou l'on rapproche l'une de l'autre plus ou moins, suivant la dimension de l'objet à tourner. Une corde attachée à une pédale enveloppe deux ou trois fois l'axe et se fixe à une perche flexible qui se relève et fait tourner cet axe dès que le pied n'appuie plus sur la pédale. Une vignette d'un manuscrit du XIII° siècle représente un de ces tours (fig. 1 [1]). On connaissait évidemment, dès le XII° siècle, le *tour en l'air,* qui permet de tourner des pièces creuses, puisque les objets de cette époque montrent clairement qu'ils ont été façonnés à l'aide de ce mécanisme. Dès le XI° siècle on taillait aussi des colonnettes de pierre, des bases, au tour. Quant au tour à potier, il date de la plus haute antiquité.

**TREUIL,** s. m. Cylindre de bois, muni d'un axe avec deux tourillons, et autour duquel s'enroule une corde servant à monter des fardeaux. On fait agir le treuil au moyen d'une manivelle ou de bras de leviers. On adaptait des treuils aux grues, servant à monter les matériaux propres à bâtir. Un encliquetage empêchait le cylindre de se dérouler. On adaptait aussi des treuils à des puits, de manière que les seaux fissent contrepoids, et que le frottement de la corde sur le treuil supprimât une partie du poids le plus lourd. Ces treuils n'étaient qu'une poulie sur laquelle la corde s'enroulait plusieurs fois. (Voyez, dans le *Dictionnaire de l'architecture,* l'article ENGIN.)

**TRUELLE,** s. f. Outil de fer pour l'emploi du mortier, et de cuivre pour le plâtre, dont se servent les maçons pour garnir les joints et faire des enduits. La forme de cet outil n'a pas changé depuis l'époque romaine.

[1] Manuscr. Biblioth. nationale, *Psalm.,* anc. fonds Saint-Germain.

**VAN**, s. m. Ouvrage de vannerie, en forme de coquille, qui sert aux agriculteurs à séparer du grain la poussière et l'enveloppe légère

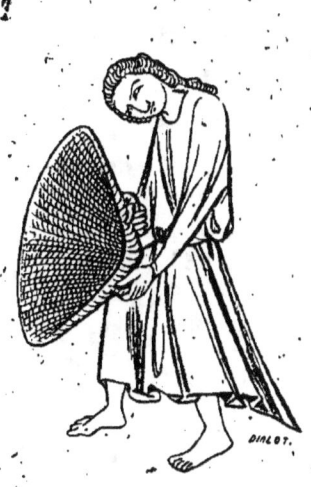

qui le recouvre. La figure 1[1] représente un jeune homme tenant un van muni de deux poignées. Il est vêtu de la cotte longue avec ceinture, suivant l'usage des paysans pendant le XIIIᵉ siècle.

[1] Manusc. Biblioth. nationale, *Psalm.*, anc. fonds Saint-Germain (XIIIᵉ siècle).

FIN DU TOME DEUXIÈME

# TABLE

DU

# DICTIONNAIRE DU MOBILIER FRANÇAIS

## Deuxième partie. — Ustensiles.

## Troisième partie. — Orfévrerie, p. 169

(Voy. le *Glossaire* relatif à l'ORFÉVRERIE, p. 238.)

## Quatrième partie. — Instruments de musique

# Cinquième partie. — Jeux, Passe-temps

# Sixième partie. — Outils, Outillages

FIN DE LA TABLE DES MOTS

# DISPOSITION DES PLANCHES

## CONTENUES DANS CE VOLUME

FIN DE LA TABLE DES PLANCHES